सभी विषयों का **chapterwise concept** और वस्तुनिष्ठ प्रश्न उसके उतर के साथ और **subjective** प्रश्न भी उसके उतर के साथ डायरेक्ट परीक्षा में आने वाले **concept** पढो और ज्यादा नम्बर लाओ

Matric समग्र

All in one

Science, Math, SocialScience, Hindi, Sanskrit

Author - Ritik Kumar Sahani

Copyright Disclaimer: -

For Any Question Contact Me on
(thinkbeyondsoul@gmail.com)

Also visit my Website

ritikstudy.com

Ritik kumar Sahani
MATRIC SAMAGRA

1

प्रेरणा

यह किताब MATRIC समग्र को लिखने मे मेरे गुरुजनो और सहपाठियों का बहुत बड़ा योगदान और आशीर्वाद रहा मै गुरुजनों और अपने मित्रो और अपने माता पिता का सदा आभारी रहूँगा क्योकि इन सबके सहयोग और उम्मीदों ने मुझे हमेशा MOTIVATION दिया और सही रास्ते पर सही लोगो से मुझे गाइडेंस मिला और KNOWLEDGE से जितना संभव हो सका मैंने लिखने का प्रयास किया

THANK YOU SO MUCH

Ritik Kumar Sahani

गुरुजनों के नाम- **VINOD PRASAD YADAV, RAVI SINGH , SANJAY SHARMA , VIJAY SIR , OMPRAKASH KUSHWAHA, OMPRAKASH BAITHA**

यह किताब Amazon,flipkart और Notion press के website पर भी उपलब्ध है|

Published by- Notionpress

Table of Content

विज्ञान

- **रसायन शास्त्र**
  रासायनिक अभिक्रिया ....
  अम्ल , क्षार एवं लवण ....
  धातु और अधातु ....
  कार्बनिक यौगिक ....
  आवर्त सारणी ....
- **जीवविज्ञान**
  जैप्रक्रम ....
  निषेचन...
  अनुवान्शिकता इत्यादि ....
- **भौतिकी**
  परावर्तन ,अपवर्तन ....
  मानव नेत्र , रंग विरंगा दुनिया .....
  विधुत ....
  विधुत धारा के चुम्बकीय प्रभाव ...
  Objective question..........

गणित

युक्लिड विभाजन प्रमेयिका ....
द्विघात बहुपद ....
दो चार वाले रैखिक समिकरण ...
द्विघात समीकरण ....
सामान्तर श्रेणी ....
त्रिभुज ....
निर्देशांक ज्यामीती ....
वृत्त ....
पृष्ठीय क्षेत्रफल ....
संखियिकी ....
प्रायिकता ....
objective question ....

सामाजिक विज्ञान

- **राजनीति शास्त्र**
- **इतिहास**
- **भूगोल**
- **अर्थशास्त्र**
- **Objective question**
- **हिंदी**
- **Objective और subjective question**
- **संस्कृत**
- **Objective और subjective question**

रासायनिक अभिक्रिया क्या है:-

जब किसी रासायनिक अभिक्रिया (Chemical Reaction) में एक या एक से अधिक पदार्थ (**अभिकारक - Reactants**) मिलकर नए पदार्थ (**उत्पाद - Products**) बनाते हैं, तो इस प्रक्रिया को **रासायनिक अभिक्रिया** कहा जाता है। इसे संक्षेप में **रासायनिक समीकरण** (Chemical Equation) द्वारा दर्शाया जाता है।

✓ पदार्थ जो **अभिक्रिया** में भाग लेता है **अभिकारक** कहलाता है और जो नये पदार्थ बनता है **उत्पाद** कहलाता है |

उदहारण- **मैग्नीशियम + ऑक्सीजन → मैग्नीशियम ऑक्साइड**
(अभिकारक)　　　　(उत्पाद)

Note:- किसी भी रासायनिक अभिक्रिया में द्रव्यमान का न तो निर्माण होता है न ही विनाश। अर्थात रासायनिक अभिक्रिया के पहले एवं उसके पश्चात प्रत्येक तत्व के परमाणुओ की संख्या समान रहती है। इसलिए हमें **समीकरण को संतुलित** करना आवश्यक है।

समीकरण के संतुलन का महत्व-

रासायनिक समीकरण को संतुलित करना बहुत आवश्यक होता है क्योंकि यह **द्रव्य संरक्षण का नियम (Law of Conservation of Mass)** और **परमाणु संरक्षण के सिद्धांत** का पालन सुनिश्चित करता है। यदि कोई रासायनिक समीकरण असंतुलित है, तो वह वास्तविक रासायनिक प्रक्रिया का सही प्रतिनिधित्व नहीं करेगा।

1. द्रव्य संरक्षण का नियम (Law of Conservation of Mass)

इस नियम के अनुसार:
"किसी भी रासायनिक अभिक्रिया में पदार्थ न तो उत्पन्न होता है और न ही नष्ट होता है, बल्कि वह एक रूप से दूसरे रूप में परिवर्तित होता है।"
इसका अर्थ है कि **अभिकारकों (Reactants)** और उत्पादों **(Products)** में परमाणुओं की संख्या समान होनी चाहिए।
उदाहरण:असंतुलित समीकरण:

$H_2 + O_2 \rightarrow H_2O$ (यह गलत है क्योंकि यहाँ ऑक्सीजन के परमाणु असंतुलित हैं क्योंकि LHS यानि अभिकारक में ऑक्सीजन की 2 परमाणु बल्कि RHS यानि उत्पाद में केवल एक ही है इसलिए यह असंतुलित अभिक्रिया है)

संतुलित समीकरण: - $2H_2 + O_2 \rightarrow 2H_2O_2$

यह संतुलित है क्योंकि इसमें हाइड्रोजन और ऑक्सीजन के परमाणुओं की संख्या दोनों ओर समान है।

2. परमाणु संरक्षण का सिद्धांत (Law of Conservation of Atoms)

रासायनिक अभिक्रिया में परमाणु नष्ट नहीं होते, बल्कि वे पुनः संयोजित होकर नए पदार्थ बनाते हैं।
यदि समीकरण असंतुलित रहेगा, तो इसका मतलब होगा कि कुछ परमाणु कहीं गायब हो गए हैं, जो असंभव है।

3. सही उत्पाद की मात्रा निर्धारित करने के लिए

संतुलित समीकरण से हम यह जान सकते हैं कि अभिक्रिया में कौन-कौन से पदार्थ कितनी मात्रा में मिलेंगे और कितनी मात्रा में उत्पाद बनेगा।
उदाहरण: $2H_2 + O_2 \rightarrow 2H_2O_2$ (इससे पता चलता है कि **2 अणु हाइड्रोजन और 1 अणु ऑक्सीजन मिलकर 2 अणु पानी बनाएंगे**)

रसायनिक समीकरण के संतुलन का मतलब-

दोनों तरफ तत्वों की परमाणुओं की संख्या सामान होना हि संतुलन कहलाता है| संतुलित करने की इस विधि को **हिट एंड ट्रायल विधि** कहते है| क्योंकि सबसे छोटी पूर्णांको की संख्या के गुणांको का उपयोग करके समीकरण को संतुलित करने का प्रयत्न करते हैं।

➤ **वायु में मैग्नीशियम रिबन को जलाने से पहले साफ करने का कारण:**

मैग्नीशियम (Mg) एक अत्यधिक अभिक्रियाशील धातु है। जब इसे वायु में रखा जाता है, तो यह ऑक्सीजन (O_2) और नमी के साथ अभिक्रिया करके **मैग्नीशियम ऑक्साइड (MgO)** की एक पतली परत बना लेता है।

मुख्य कारण:

🤍 **मैग्नीशियम ऑक्साइड की परत जलने में बाधा डालती है**, जिससे मैग्नीशियम को जलाना कठिन हो जाता है।

☑ **इसलिए जलाने से पहले रिबन को रगड़कर साफ किया जाता है**, ताकि सतह से ऑक्साइड परत हट जाए और शुद्ध मैग्नीशियम हवा के संपर्क में आकर आसानी से जल सके

मैग्नीशियम ऑक्साइड बनने की प्रक्रिया:

$2Mg + O_2 \rightarrow 2Mgo$

🤍 **जलने की प्रक्रिया:**

$Mg + O_2 \rightarrow MgO + ऊर्जा$ (**तेज सफेद रोशनी**)⎯⎯➤ (**महत्वपूर्ण** याद रखे)

रासायनिक अभिक्रियाओ के प्रकार-

➤ **संयोजन अभिक्रिया:-** ऐसी अभिक्रिया जिसमें दो या दो से अधिक अभिकारक मिलकर एकल उत्पाद का निर्माण करते हैं उसे <u>संयोजन अभिक्रिया</u> कहते हैं।
उदाहरण:- $CaO(s) + H_2O(1) \rightarrow Ca(OH)_2(aq) + ऊष्मा$
(बिना बूझा हुआ चना) (बूझा हुआ चना)

➤ **ऊष्माक्षेपी अभिक्रिया:-** जिन अभिक्रियाओ में **उत्पाद** के निर्माण के **साथ-साथ ऊष्मा** भी उत्पन्न होती है उन्हें <u>**ऊष्माक्षेपी रासायनिक अभिक्रिया**</u> कहते हैं।
उदाहरण:- $CH_4(g) + 2O_2(g) \rightarrow CO_2(g) + 2H_2O(g) + ऊर्जा$
नोट- ऊष्माक्षेपी अभिक्रिया का अन्य उदाहरण :-
  ▪ *श्वसन प्रक्रिया , सब्जियों का विघटन होकर कम्पोस्ट बनना*

➤ **वियोजन/अपघटन अभिक्रिया :-** इस अभिक्रिया में एकल अभिकर्मक टूट कर छोटे-छोटे उत्पाद प्रदान करता है। यह एक <u>वियोजन अभिक्रिया</u> है|

उदाहरण:- $2FeSO_4(s) \xrightarrow{HEAT} Fe_2O_3(s) + SO_2(g) + SO_3(g)$
ऊष्मा के द्वारा की गई वियोजन अभिक्रिया को ऊष्मीय वियोजन अभिक्रिया कहते हैं|

$CaCO_3(s) \xrightarrow{HEAT} CaO(s) + CO_2(g)$
(चुना पत्थर)   (बूझा हुआ चना)

अपघटन/वियोजन अभिक्रिया तीन प्रकार की होती है:

1. **ऊष्मीय अपघटन (Thermal Decomposition)** - गर्म करने से होता है।
   कैल्सियम कार्बोनेट ($CaCO_3$) का अपघटन: $CaCO_3 \rightarrow CaO + CO_2$ (चूना पत्थर गर्म करने पर कैल्सियम ऑक्साइड और कार्बन डाइऑक्साइड में टूट जाता है।)
2. **विद्युत अपघटन (Electrolysis)** - बिजली प्रवाहित करने से होता है।
   $2H_2O \longrightarrow 2H_2 + O_2$ (जल का विद्युत अपघटन करने पर हाइड्रोजन और ऑक्सीजन गैस प्राप्त होती है।)
   ◆ **कैथोड (-) पर:** $2H^+ + 2e^- \rightarrow H_2$ (हाइड्रोजन गैस बनती है)
   ◆ **एनोड (+) पर:** $2O^{2-} \rightarrow O_2 + 4e^-$ (ऑक्सीजन गैस बनती है)
3. **प्रकाश अपघटन (Photolysis)** - प्रकाश के प्रभाव से होता है।

$2AgBr \longrightarrow 2Ag + Br_2$ (सिल्वर ब्रोमाइड सूर्य के प्रकाश में चाँदी और ब्रोमीन गैस में टूट जाता है।)
◆ **उपयोग:** यह अभिक्रिया **फोटोग्राफी (Photography)** में प्रयोग होती है, जहाँ कैमरे की फिल्म में सिल्वर हैलाइड यौगिकों का उपयोग किया जाता है।

- ➢ **ऊष्माशोसी अभिक्रिया :-** वियोजन अभिक्रिया में अभिकारकों को तोड़ने के लिए ऊष्मा, प्रकाश या विधुतीय उर्जा की आवश्यकता होती है। जिन अभिक्रियाओं में ऊर्जा अवशोषित होती है, उन्हें <u> **ऊष्माशोषी अभिक्रिया**</u> कहते हैं।
- ➢ **ऊष्माक्षेपी अभिक्रिया (Exothermic Reaction):-**जिन अभिक्रियाओं में **ऊर्जा (गर्मी) उत्पन्न होती है**, उन्हें **ऊष्माक्षेपी अभिक्रिया** कहते हैं, ये अभिक्रियाएँ आमतौर पर जलने और ऑक्सीकरण से जुड़ी होती है। **उदाहरण:** $C + O_2 \rightarrow CO_2 + ऊष्मा$
- ➢ **एकल विस्थापन अभिक्रिया:-** वैसी अभिक्रिया जिसमे एक तत्व दुसरे तत्व को उसके विलयन से विस्थापित कर देता है उसे <u>**विस्थापन अभिक्रिया**</u> कहते हैं| **उदाहरण :-** $Zn(s) + CuSO_4(aq) \rightarrow ZnSO_4(aq) + Cu(s)$
- ➢ **द्विविस्थापन अभिक्रिया:-** जिस अभिक्रिया में अवक्षेप का निर्माण होता है, उसे <u>**अवक्षेपण अभिक्रिया**</u> कहते हैं। वे अभिक्रियाएँ, जिनमें अभिकारकों के बीच आयनों का आदान-प्रदान होता है, उन्हें <u>**द्विविस्थापन अभिक्रियाएँ**</u> कहते हैं। **उदाहरण:-** $Na_2SO_4(aq) + BaCl_2(aq) \rightarrow BaSO_4(s) + 2NaCl(aq)$
- ➢ **उपचयन-अपचयन अभिक्रिया :-** वैसी अभिक्रिया जिसमे **ऑक्सिजन की वृधी** हो तो उसे **उपचयन(ऑक्सीकरण)**, और जिसमे **ऑक्सिजन की हास** हो तो उसे **अपचयन अभिक्रिया(अवकरण अभिक्रिया)** कहते है| परन्तु जिन अभिक्रिया में एक उपचयित और दूसरा अपचयित हो रह हो तो उसे <u>**उपचयन-अपचयन, अर्थात, रेडोक्स अभिक्रिया**</u> कहते है|

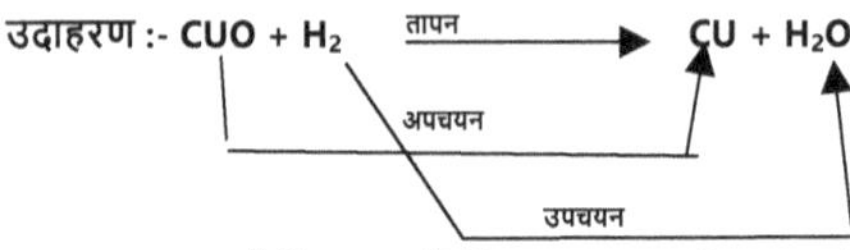

- ➢ **उदासीनीकरण अभिक्रिया :-** अम्ल एवं क्षारक की अभिक्रिया के परिणामस्वरूप लवण तथा जल प्राप्त होते हैं तथा इसे उदासीनीकरण अभिक्रिया कहते है| **उदाहरण :-** $NaOH(aq) + HCl(aq) \longrightarrow NaCl(aq) + H_2O(l)$

दैनिक जीवन उपचयन अभिक्रिया का प्रभाव:-

- ➢ **संक्षारण:-** धातू अपने आस-पास **अम्ल, आद्रता** आदि के संपर्क में आती है तब ये संक्षारित होती हैं और इस प्रक्रिया को **संक्षारण** कहते हैं। **चाँदी के ऊपर काली पर्त** व **ताँबे के ऊपर हरी पर्त चढ़ना** संक्षारण के अन्य उदाहरण हैं|
- ➢ **विकृतगंधिता:-** उपचयित होने पर तेल एवं वसा विकृतगंधी हो जाते हैं तथा उनके स्वाद तथा गंध बदल जाते हैं। प्रायः तैलीय तथा वसायुक्त खाद्य सामग्रियों में उपचयन रोकने वाले पदार्थ (प्रति ऑक्सीकारक) मिलाए जाते हैं। वायुरोध बर्तनों में खाद्य सामग्री रखने से उपचयन की गति धीमी हो जाती है।

Note :- चिप्स बनाने वाले चिप्स की थैली में से **ऑक्सीजन हटाकर** उसमें **नाइट्रोजन** जैसी कम सक्रिय गैस से युक्त कर देते हैं ताकि चिप्स का उपचयन न हो सके

अम्ल, क्षारक एवं लवण

- ➢ **लिटमस एक प्राकृतिक सूचक** होता है। इसी प्रकार हल्दी (turmeric) भी एक ऐसा ही सूचक है|
- ➢ **लिटमस विलयन** बैंगनी रंग का रंजक होता है, जो **थैलोफ़ाइटा** समूह लिचेन (lichen) पौधे से निकाला जाता है|
- ➢ लिटमस विलयन जब **न तो अम्लीय** होता है **न ही क्षारकीय**, तब यह **बैंगनी रंग** का होता है।

उदहारण :- $2NaOH(aq) + Zn(s) \longrightarrow Na_2ZnO_2(s) + H_2(g)$

अम्ल एवं क्षार में अंतर:-

अम्ल	क्षार(भष्म)
अम्लों का स्वाद **खट्टा** होता है|	**क्षारकों** का स्वाद **कड़वा** होता है|
यह **नीले** लिटमस पत्र को **लाल** कर देते हैं।	यह **लाल** लिटमस पत्र को **नीला** कर देते हैं।
धात्विक ऑक्साइड अम्ल के साथ अभिक्रिया करके लवण एवं जल प्रदान करते हैं|	**धात्विक ऑक्साइड** को क्षारकीय ऑक्साइड भी कहते हैं।
जब अम्ल, धातु से अभिक्रिया करती है तो लवण बनता है और **हाइड्रोजन गैस मुक्त** होती है|	धात्विक ऑक्साइड क्षार के साथ अभिक्रिया करके **अवक्षेप एवं जल** निर्माण करती हैं|
अधात्विक ऑक्साइड अम्लीय प्रकृति के होते हैं।	जब क्षार, **धातु से** अभिक्रिया करती है तो लवण एवं हाइड्रोजन गैस बनता है|

अम्ल जल में हाइड्रोजन आयन उत्पन्न करता है|	क्षारक जल में हाइड्रॉक्साइड (OH–) आयन उत्पन्न करते है|

अम्ल एवं क्षार का धातु से अभिक्रिया –

- ➢ अम्ल, धातु से अभिक्रिया करके लवण बनाते है एवं हाइड्रोजन गैस निकलती है|
- ➢ सभी धातू के कार्बोनेट एवं हाइड्रोजनकार्बोनेट अम्ल के साथ अभिक्रिया करके **लवण, कार्बन डाइऑक्साइड एवं जल** बनाते हैं।

उदाहरण- कैल्सियम कार्बोनेट ($CaCO_3$) और हाइड्रोक्लोरिक अम्ल (HCl) की अभिक्रिया: $CaCO_3 + 2HCl \rightarrow CaCl_2 + H_2O + CO_2$

- ➢ सभी क्षारक जल में **घुलनशील नहीं** होते हैं। जल में **घुलनशील क्षारक को क्षार** कहते हैं।

अम्ल एवं क्षार के बिच अभिक्रिया- **अम्ल और क्षार** अभिक्रिया करके लवण एवं जल बनाते है जो प्राय उदासीनीकरण अभिक्रिया कहलाता है| जैसे- NaOH + HCL ⟶ NaCL + H_2O

अम्ल क्या है?

- वे पदार्थ जो **हाइड्रोजन आयन (H^+)** या **हाइड्रोनीयम आयन (H_3O^+)** प्रदान करते हैं, इनका स्वाद **खट्टा (Sour)** होता है, ये **नीले लिटमस (Blue Litmus)** को **लाल** कर देते हैं और इनकी **pH मान 7 से कम** होती है।

अम्ल के जलीय विलयन में व्यवहार:- जब कोई अम्ल पानी में घुलता है, तो यह **आयनों में आयनन (Ionization)** करके H^+ आयन उत्पन्न करता है। **उदाहरण:- हाइड्रोक्लोरिक अम्ल (HCl):-** HCl $\xrightarrow{H_2O}$ $H^+ + Cl^-$

क्षार क्या है?

- वे पदार्थ जो हाइड्रॉक्साइड आयन (OH^-) प्रदान करते हैं।

- इनका स्वाद कड़वा (Bitter) होता है और स्पर्श फिसलनदार (Soapy) होता है।

- ये लाल लिटमस (Red Litmus) को नीला कर देते हैं।

- इनकी pH मान 7 से अधिक होती है।

क्षार के जलीय विलयन में व्यवहार:- जब कोई क्षार (Bases) पानी में घुलता है, तो यह हाइड्रॉक्साइड आयन (OH^-) उत्पन्न करता है। **उदाहरण:-** सोडियम हाइड्रॉक्साइड (NaOH):- **NaOH $\xrightarrow{H_2O}$ $Na^+ + OH^-$**

अम्ल एवं क्षार के विलायनो की प्रबलता- अम्ल एवं क्षार की प्रबलता इसके PH मान पर निर्भर करता है जिस विलयन का मान 7 से जितना कम होता है वह उसकी प्रबलता को सूचित करता है और 7 से जितनी अधिक होता वह उसकी क्षारीय प्रबलता को दर्शाता है|

- ➢ **PH स्केल:-** किसी विलयन में उपस्थित **हाइड्रोजन आयन की सांद्रता** ज्ञात करने के लिए एक स्केल विकसित किया गया, जिसे pH स्केल कहते हैं। इस pH में p सूचक है|
- ➢ **किसी** विलयन में उपस्थित **हाइड्रोजन आयन** अम्ल की सांद्रता को और **हाइड्रोऑक्साइड आयन** क्षार की सांद्रता को निर्धारित करता है|
- ➢ विलयन जिसका **PH मान "7"** हो वो "**उदासीन**" और "**7 से कम**" हो तो "**अम्लीय**" तथा "**7 से अधिक**" हो तो "**क्षारीय**" विलयन कहलाता है|

दैनिक जीवन में pH का महत्त्व:-

- ➢ **शरीर 7.0 से 7.8 pH** परास के बीच कार्य करता है। जीवित प्राणी केवल संकीर्ण pH परास (परिसर) में ही जीवित रह सकते हैं। **वर्षा के जल** का **pH मान जब 5.6 से कम** हो जाता है तो वह **अम्लीय वर्षा** कहलाती है|

- ➤ पेट **हाइड्रोक्लोरिक अम्ल** (Hydrochloric acid) उत्पन्न करता है। यह पेट को हानि पहुँचाए बिना **भोजन के पाचन में सहायक** होता है। **अपच की स्थिति में** पेट अत्यधिक मात्रा में अम्ल उत्पन्न करता है, जिसके कारण **पेट में दर्द एवं जलन** का अनुभव होता है। इस दर्द से **मुक्त** होने के लिए **एन्टैसिड (antacid) जैसे क्षारकों** का उपयोग किया जाता है

- ➤ **मुँह के pH मान 5.5 से कम होने पर** दाँतों का क्षय प्रारंभ हो जाता है। दाँतों का इनैमल (दत्तवल्क) कैल्सियम हाइड्रोक्सीएपेटाइट (कैल्सियम फॉस्फेट का क्रिस्टलीय रूप) से बना होता है, जो कि शरीर का सबसे कठोर पदार्थ है। यह जल में नहीं घुलता है , लेकिन मुह के pH का मान 5.5 से कम होने पर यह संक्षारित हो जाता है|

- ➤ प्राकृतिक स्रोत एवं उनमे उपस्थित अम्ल :-

प्राकृतिक स्रोत	अम्ल	प्राकृतिक स्रोत	अम्ल
सिरका	एसिटिक एसिड	दही	लैक्टिक एसिड
संतरा/निम्बू के रस	सिट्रिक एसिड	निम्बू	सिट्रिक एसिड
इमली	टाटरिक एसिड	चिन्टी का डंक	फार्मिक(मेथेनोइक) एसिड
टमाटर	औक्जेलिक एसिड	नेटल का डंक	MATAINOIC एसिड

- ➤ तत्व और उनके रासायनिक नाम:-

साधाराण नमक	$NaCl$
विरंजक चूर्ण	$CaoCl_2$
बेकिंग सोडा	$NaHCO_3$
धोने का सोडा	$Na_2CO_3 . 10H_2O$
प्लास्टर ऑफ़ पेरिस	$CaSO4.1/2H_2O$
जिप्सम	$CaSO_4.2H_2o$

- ➤ **बिरंजक चूर्ण($CaoCl_2$) के मुख्य उपयोग**

1. जल शुद्धिकरण (Water Purification)

◆ बिरंजक चूर्ण को पीने के पानी, कुओं, तालाबों और जलाशयों में डाला जाता है, जिससे कीटाणु और हानिकारक सूक्ष्मजीव नष्ट हो जाते हैं।
◆ यह बैक्टीरिया और वायरस को मारकर पानी को पीने योग्य (Potable Water) बनाता है।

उदाहरण: $Ca(OCl)_2 + H_2O \rightarrow Ca(OH)_2 + Cl_2$ **(क्लोरीन मुक्त होकर जल को शुद्ध करता है।)**

2. कीटाणुनाशक और रोगनाशक (Disinfectant & Germicide)

◆ इसका उपयोग अस्पतालों, शौचालयों, घरों और सार्वजनिक स्थानों को कीटाणुरहित (Disinfect) करने के लिए किया जाता है।
◆ हैजा (Cholera), टाइफाइड (Typhoid) और डेंगू जैसी बीमारियों को फैलने से रोकने में सहायक है।

3. कपड़ों और कागज का विरंजन (Bleaching of Clothes & Paper)

◆ कपास, लिनन और ऊनी कपड़ों को सफेद करने के लिए इस्तेमाल किया जाता है।
◆ कागज और लकड़ी की लुगदी (Pulp Industry) में भी इसे सफेदी के लिए उपयोग किया जाता है।

रासायनिक अभिक्रिया:
$Ca(OCl)_2 + CO_2 + H_2O \rightarrow CaCO_3 + 2HOCl$ (हाइपोक्लोरस अम्ल (HOCI) विरंजन करता है।)

4. औद्योगिक उपयोग (Industrial Uses)

◆ रंग उद्योग (Dye Industry): रंगों को ऑक्सीकृत करने और साफ करने में सहायक
◆ कागज और वस्त्र उद्योग (Paper & Textile Industry): वस्त्रों और कागज को सफेद करने में उपयोग
◆ रासायनिक उत्पादन (Chemical Manufacturing): क्लोरीन और अन्य यौगिक बनाने में प्रयोग

5. फलों और सब्जियों का संरक्षण (Food Preservation)

◆ इसका उपयोग फलों, सब्जियों और खाद्य पदार्थों को बैक्टीरिया और कवक से बचाने के लिए किया जाता है।

6. गटर और नालियों की सफाई (Sanitation & Waste Management)

◆ बिरंजक चूर्ण का छिड़काव गटर, सीवर और सार्वजनिक शौचालयों में किया जाता है ताकि बदबू दूर हो और कीटाणु मर जाएं

- ➤ **बेकिंग सोडा($NaHCO_3$) के प्रमुख उपयोग**

1. बेकिंग और खाना पकाने में (Baking & Cooking)

◆ बेकिंग सोडा का प्रमुख उपयोग बेकिंग में होता है, खासकर केक, बिस्कुट, पैनकेक, ब्रेड आदि बनाने में।

◆ यह एक रासायनिक खमीर (leavening agent) के रूप में काम करता है, जो गैस (CO_2) उत्पन्न करता है और इस प्रकार पेस्ट्री और अन्य बेक्ड उत्पादों को हल्का और फूला हुआ बनाता है।

रासायनिक अभिक्रिया: $NaHCO_3 \rightarrow Na_2CO_3 + H_2O + CO_2$
(यह गैस बेकिंग उत्पाद को हल्का और फूला हुआ बनाती है।)

2. घरेलू सफाई (Household Cleaning)

◆ बेकिंग सोडा का उपयोग घरेलू सफाई में भी किया जाता है। यह कीटाणुनाशक, दुर्गंध नाशक और दाग हटाने वाला होता है।
◆ इसका उपयोग फ्रिज, माइक्रोवेव, ओवन, बर्तन, वॉशबेसिन और बाथरूम की सफाई के लिए किया जाता है।
◆ दाग-धब्बे हटाने, किचन के तेल और ग्रीस को साफ करने, और गंध को नष्ट करने के लिए बेकिंग सोडा बहुत प्रभावी है।

3. स्वच्छता और सौंदर्य में (Personal Care & Hygiene)

◆ दांतों की सफाई: बेकिंग सोडा का हल्का स्क्रबिंग प्रभाव दांतों की सफाई के लिए उपयोगी होता है। यह दांतों के बीच से दाग हटाने और माउथवॉश के रूप में भी काम करता है।
◆ डियोड्रेंट (Deodorant): बेकिंग सोडा को शरीर की गंध को कम करने के लिए सीधे त्वचा पर भी लगाया जा सकता है।
◆ स्किन एक्सफोलिएट (Skin Exfoliation): इसे स्किन के मृत कोशिकाओं को हटाने के लिए चेहरे पर लगाया जा सकता है।
◆ फुट बाथ: पैरों की बदबू और गंध को कम करने के लिए बेकिंग सोडा का पानी में घोलकर प्रयोग किया जाता है।

4. स्वास्थ्य में (Health Uses)

◆ एसिडिटी और जलन (Acidity & Heartburn): बेकिंग सोडा को जल में घोलकर पीने से एसिडिटी और गैस की समस्या को कम किया जा सकता है क्योंकि यह एक अच्छा एंटासिड (antacid) है।
◆ सांस की बदबू (Bad Breath): मुँह की गंध को दूर करने के लिए इसे माउथवॉश के रूप में उपयोग किया जा सकता है।
◆ कीटों के काटने और खुजली (Insect Bites & Itching): बेकिंग सोडा को पानी में घोलकर कीटों के काटने और खुजली पर लगाया जा सकता है।
◆ कान का दर्द और संक्रमण (Ear Infection): बेकिंग सोडा का घोल कान की सफाई के लिए उपयोगी हो सकता है।

5. गंध और दुर्गंध का नाश (Odor & Stain Removal)

◆ फ्रिज और डस्टबिन में गंध हटाने के लिए बेकिंग सोडा का इस्तेमाल किया जाता है। यह गंध को अवशोषित (absorb) करता है और हवा को ताजगी प्रदान करता है।
◆ कपड़ों से दाग-धब्बे हटाने के लिए बेकिंग सोडा का इस्तेमाल किया जा सकता है। इसे पानी में घोलकर दागों पर लगाया जा सकता है।

6. बगीचे में उपयोग (Garden Uses)

◆ बेकिंग सोडा को कीटों और फफूंदी को नियंत्रित करने के लिए बगीचे में भी इस्तेमाल किया जा सकता है।
◆ यह पौधों की वृद्धि (Growth) को भी सुधार सकता है, खासकर उन पौधों के लिए जिन्हें अधिक अम्लीय मृदा की आवश्यकता होती है।

> ### धोने का सोडा (Washing Soda)

रासायनिक नाम: सोडियम कार्बोनेट
रासायनिक सूत्र: Na_2CO_3

धोने का सोडा एक सफेद, क्रिस्टलीय, क्षारीय पदार्थ होता है, जिसका उपयोग मुख्य रूप से सफाई, बर्तन धोने, और जल के शोधन में किया जाता है। यह पानी को नरम बनाता है और दाग-धब्बों को हटाने में मदद करता है। धोने का सोडा सोडियम बाइकार्बोनेट से अलग होता है, जो बेकिंग सोडा के रूप में जाना जाता है।

धोने के सोडा के प्रमुख उपयोग

1. कपड़े धोने में (Laundry Use)

◆ धोने के सोडा का मुख्य उपयोग कपड़े धोने में होता है। यह पानी को नरम करता है और साबुन के प्रभाव को बढ़ाता है, जिससे कपड़े अच्छे से साफ होते हैं।
◆ यह दाग-धब्बों को हटाने, गंध को खत्म करने और कपड़ों को ताजगी देने में मदद करता है।

उदाहरण:

- यदि कपड़ों पर तेल या ग्रीस के दाग हैं, तो धोने के सोडे को पानी में घोलकर कपड़ों पर लगाकर धोने से दाग हट सकते हैं।

2. बर्तन धोने में (Dishwashing)

◆ बर्तन धोने के लिए धोने का सोडा प्रभावी होता है। यह बर्तन से चिपके हुए खाने के अवशेष और चाय, कॉफी के दाग को हटाता है।
◆ चमचमाते बर्तन प्राप्त करने के लिए धोने के सोडे का प्रयोग किया जा सकता है।

3. जल शोधन (Water Softening)

◆ धोने का सोडा जल को नरम (Softening Water) बनाने में मदद करता है। यह खराब पानी में घुले हुए कैल्शियम और मैग्नीशियम आयनों को बाइंड करता है और उन्हें अवक्षिप्त करता है, जिससे पानी साबुन से बेहतर झाग बनाता है और साफ करता है।

◆ यह विशेष रूप से कठोर पानी (Hard Water) के मामले में उपयोगी होता है।

4. घरेलू सफाई में (Household Cleaning)

◆ धोने का सोडा कीटाणुनाशक और सफाई एजेंट के रूप में काम करता है। यह सीवेज पाइपलाइन, नालियों और सिंक की सफाई में मदद करता है।

◆ इसके अलावा, बाथरूम की सफाई, टाइल्स और सिंक की सफाई, दाग-धब्बों को हटाने, और बर्फ के गंदे दाग हटाने में भी यह प्रभावी है।

5. गंध हटाने में (Odor Removal)

◆ धोने का सोडा गंध को अवशोषित (Absorb) करता है और उसे खत्म करने में मदद करता है।

◆ इसे फ्रिज, डस्टबिन, और अन्य जगहों पर रखकर बदबू को रोका जा सकता है।

6. बागवानी में उपयोग (Gardening Use)

◆ धोने का सोडा कीटों और रोगों से लड़ने में भी मदद करता है। इसे पानी में घोलकर पौधों की पत्तियों पर छिड़काव किया जा सकता है, जिससे फफूंदी और अन्य फंगल रोग कम होते हैं।

◆ यह मिट्टी के pH को नियंत्रित करने में भी सहायक होता है।

7. घरेलू प्रयोगों में (Miscellaneous Household Uses)

◆ पानी की पाईपलाइन में जमा गंदगी को हटाने के लिए धोने के सोडे का उपयोग किया जाता है।

◆ सफेद बर्तन और रजाई को साफ करने के लिए धोने के सोडे का उपयोग किया जा सकता है, जिससे बर्तन या कपड़े अधिक सफेद और साफ हो जाते हैं

CHAPTER 3 — धातु एवं अधातु

➤ धातु और अधातु के भौतिक गुणधर्म में अंतर :-

धातु	अधातु
➤ शुद्ध रूप में धातु की **सतह चमकदार** होती है। धातु के इस गुणधर्म को **धात्विक चमक** कहते है|	➤ अधातुएँ **चमकदार नहीं** होती है| अपवाद:- आयोडीन
➤ धातुएँ समान्यतः **कठोर** होती हैं। प्रत्येक धातु की **कठोरता अलग-अलग** होती है। NOTE:- **मर्करी** को छोड़कर सारी धातुएँ कमरे के ताप पर ठोस अवस्था में पाई जाती है|	➤ अधातुएँ सामान्यत **कठोर नहीं** होती है| अपवाद:- **हीरा** कार्बन का एक अपररूप है। यह *सबसे कठोर* प्राकृतिक पदार्थ है एवं इसका **गलनांक तथा क्वथनांक बहुत अधिक** होता है।
➤ कुछ धातुओं को पीटकर **पतली चादर** बनाया जा सकता है। इस गुणधर्म को **आघातवर्ध्यता** कहते हैं। **सोना तथा चाँदी** सबसे **अधिक आघातवर्ध्य धातुएँ हैं।**	➤ इन्हें पीटकर चादर नहीं बनाया जा सकता है|
➤ धातु के **पतले तार** के रूप में खींचने की क्षमता को **तन्यता** कहा जाता है। **सोना** सबसे अधिक तन्य धातु है।	➤ ये तन्य नहीं होते है|
➤ धातु **ऊष्मा एवं विधुत के सुचालक हैं** *सिल्वर तथा कॉपर* ऊष्मा के सबसे अच्छे चालक हैं। अपवाद- लेड जो ऊष्मा एवं विधुत का कुचलक होती है।	➤ ये **विधुत के कुचालक** होते है| *अपवाद:-* **ग्रेफाइट**, विधुत का सुचालक है जो एक अधातु है।
➤ धातुएँ कठोर सतह से *टकराने पर आवाज़* उत्पन्न करती हैं, उन्हें *ध्वानिक (सोनोरस)* कहते हैं।	➤ कार्बन, सल्फर, आयोडीन, ऑक्सीजन, हाइड्रोजन आदि **अधातुओं** के कुछ उदाहरण हैं|
➤ धातुएं:- आयरन, कॉपर, एल्युमिनियम, मैग्नीशियम, सोडियम, लेड, जिंक इत्यादि	➤ **ब्रोमीन** ऐसी अधातु है, जो **द्रव होती** है। इसके अलावा *सारी अधातुएँ* या तो *ठोस या फिर गैसें* होती है|

धातु	अधातु
➤ इनका **गलनांक** *बहुत* अधिक होता *है।* *अपवाद:-* गैलियम और सीज़ियम का गलनांक बहुत कम होता है।	➤ इनके **घनत्व तथा गलनां क कम** होते हैं। क्षारीय धातु (लीथियम, सोडियम, पोटैशियम) इतनी मुलायम होती हैं कि उनको चाकू से भी काटा जा सकता है।

➤ **सोडियम, पोटासियम, लीथियम** इत्यादि धातु को आसानी से चाकु से कटा जा सकता है। तथा इन्हें **खुले छोड़ने पर** तेजी से अभिक्रिया कर लेती है। और *आग पकड़* लेती है, इसलिए इन्हें **केरोसिन में डुबो कर रखा जाता है।**

➤ **धातु एवं अधातु का रासानिक गुणधर्म में अंतर :-**

धातु	अधातु
➤ धातुएँ **ऑक्सीजन के साथ मिलकर धात्विक ऑक्साइड** बनाती हैं। उदाहरण- $2Cu + O_2 \rightarrow 2CuO$ (कॉपर) [कॉपर ऑक्साइड]	➤ अधातुये **ऑक्सीजन से अभिक्रिया करके अम्लीय और उदासीन ऑक्साइड** बनाती है।
➤ धातू की ऑक्साइड क्षारकीय होती है, लेकिन एल्युमिनियम ऑक्साइड, जिं क ऑक्साइड जैसी कुछ धातुएँ की ऑक्साइड अम्लीय तथा क्षारकीय दोनों प्रकार के व्यवहार प्रदर्शित करती हैं।	➤ **इसकी ऑक्साइड अम्लीय होती है।** ये ऋणात्मक आयन बनाती है।
➤ अधिकांश धातु ऑक्साइड जल में अघुलनशील हैं, लेकिन इनमें से कुछ जल में **घुलकर क्षार** प्रदान करते हैं। उदाहरण - सोडियम ऑक्साइड एवं पोटैशियम ऑक्साइड जो क्षार बनाती है।	➤ **अधातुए जल में घुलकर अम्ल बनाता है।** ➤ आमतौर पर अधातु कमरे के ताप पर गैस अवस्था में होती है।
➤ **जल के साथ अभिक्रिया करके धातूएँ हाइड्रोजन गैस तथा धातु ऑक्ससाइड** उत्पन्न करती हैं। जो धातु ऑक्साइड **जल में घुलनशील** हैं, जल में घुलकर **धातु हाइड्रॉक्साइड** प्रदान करते हैं।	➤ **आमतौर पर पानी के साथ अभिक्रिया नहीं करती है ये ऑक्सीजन से अभिक्रिया करके गैर-धातु के ऑक्साइड बनाती है।**
➤ **लेड, कॉपर, सिल्वर तथा गोल्ड** जैसी धातुएँ **जल के साथ बिल्कुल अभिक्रिया नहीं** करती हैं।	➤ अधातु जल से अभिक्रिया नहीं करती है।
➤ कैथोड (ऋण आवेशित इलैक्ट्रोड) पर धातुएँ निक्षेपित हो जाती है।	➤ एनोड (धन आवेशित इलैक्ट्रोड) पर अधातुएँ निक्षेपित होती है।
➤ धातुए विधुत धनात्मक होती है।	➤ अधातुए विधुत ऋणात्मक होती है।

धातुए एवं अधातुए की अभिक्रिया-

1. धातु + अधातु (Metal + Non-Metal)

यह रासायनिक अभिक्रिया बहुत सामान्य है, जिसमें धातु और अधातु के बीच इलेक्ट्रॉन का आदान-प्रदान होता है। धातु आमतौर पर इलेक्ट्रॉन दान करती है, जबकि अधातु इलेक्ट्रॉन प्राप्त करती है। इस प्रक्रिया में साधारण लवण (Salt) का निर्माण होता है।

उदाहरण: - सोडियम + क्लोरीन → सोडियम क्लोराइड $(2Na + Cl_2 \rightarrow 2NaCl_2)$

यहाँ सोडियम (Na) एक धातु है जो इलेक्ट्रॉन देता है और क्लोरीन (Cl) एक अधातु है जो इलेक्ट्रॉन प्राप्त करता है, परिणामस्वरूप सोडियम क्लोराइड (NaCl) का निर्माण होता है। यह आयनिक बंधन के माध्यम से होता है।

2. धातु + जल (Metal + Water)

कुछ धातुएं पानी के साथ अभिक्रिया करती हैं और हाइड्रॉक्साइड और हाइड्रोजन गैस उत्पन्न करती हैं। यह प्रतिक्रिया धातु के सक्रिय होने पर होती है, जैसे सोडियम, पोटेशियम, कैल्शियम आदि।

उदाहरण:

- सोडियम + जल → सोडियम हाइड्रॉक्साइड + हाइड्रोजन गैस $2Na + 2H_2O \rightarrow 2NaOH + H_2$

यहाँ सोडियम (Na) जल (H_2O) के साथ मिलकर सोडियम हाइड्रॉक्साइड (NaOH) और हाइड्रोजन गैस (H_2) उत्पन्न करता है।

3. अधातु + जल (Non-Metal + Water)

अधातु और जल के बीच भी कुछ अभिक्रियाएं होती हैं, लेकिन यह बहुत सामान्य नहीं है। जब अधातु जैसे ऑक्सीजन या सल्फर जल के साथ अभिक्रिया करते हैं, तो यह अम्ल उत्पन्न करता है।

उदाहरण: कार्बन डाइऑक्साइड + जल → कार्बोनिक अम्ल
$CO_2 + H_2O → H_2CO_3$

कार्बन डाइऑक्साइड (CO_2) जल (H_2O) के साथ मिलकर कार्बोनिक अम्ल (H_2CO_3) बनाता है।

4. धातु + अम्ल (Metal + Acid)

धातु और अम्ल के बीच की अभिक्रिया बहुत सामान्य है, जिसमें हाइड्रोजन गैस और लवण (Salt) उत्पन्न होते हैं।

उदाहरण:- जस्ता + सल्प्यूरिक अम्ल → जस्ता सल्फेट + हाइड्रोजन गैस $Zn + H2SO4 → ZnSO_4 + H_2$

यहाँ जस्ता (Zn) सल्प्यूरिक अम्ल (H_2SO_4) के साथ अभिक्रिया करके जस्ता सल्फेट ($ZnSO_4$) और हाइड्रोजन गैस (H_2) उत्पन्न करता है।

5. अधातु + अम्ल (Non-Metal + Acid)

अधातु और अम्ल की अभिक्रिया में अम्ल से प्राप्त होने वाले आयन के साथ अम्लीय गैसों का उत्सर्जन होता है।

उदाहरण:- सल्फर डाइऑक्साइड + जल → सल्प्यूरिक अम्ल $SO_2 + H_2O → H_2SO_3$

6. धातु + धातु (Metal + Metal)

उदाहरण: - तांबा + टिन → ब्रॉन्ज $Cu + Sn → Bronze$ तांबा (Cu) और टिन (Sn) के मिश्रण से ब्रॉन्ज (Bronze) एलॉय बनता है।

➤ ऐसे **धातु ऑक्साइड** जो *अम्ल तथा क्षारक दोनों* से अभिक्रिया करके *लवण तथा जल* प्रदान करते हैं, **उभयधर्मी ऑक्साइड** कहलाते है।

जैसे – $Al_2O3 + 6HCl → 2AlCl + 3H_2O$
(लवण)   (जल)

➤ **ऐनोडीकरण(Anodising)-** एल्युमिनियम पर मोटी ऑक्साइड की परत बनाने की प्रक्रिया है। वायु के सपंर्क में आने पर *एल्युमिनियम पर ऑक्साइड की पतली परत* का निर्माण होता है। एल्युमिनियम ऑक्साइड की परत इसे **संक्षारण से बचाती** है। इस परत को मोटा करके इसे संक्षारण से अधिक सुरक्षित किया जा सकता है।
➤ **मैग्नीशियम** *शीतल जल के साथ अभिक्रिया नहीं करता* है, परंतु *गर्म जल* के साथ अभिक्रिया *करके वह मैग्नीशियम हाइड्रॉक्साइड एवं हाइड्रोजन गैस* उत्पन्न करता है। चूँकि हाइड्रोजन गैस के बूलबुले मैगनीशियम धातू की सतह से चिपक जाते हैं। अतः यह भी तैरना प्रारंभ कर देते हैं।
➤ **एक्वा रेजिया(Aqua regia):-** (रॉयल जल का लैटिन शब्द) 3:1 के अनुपात में *सांद्र हाइड्रोक्लोरिक अम्ल एवं सांद्र नाइट्रिक अम्ल* का ताज़ा मिश्रण होता है। यह **गोल्ड को गला** सकता है

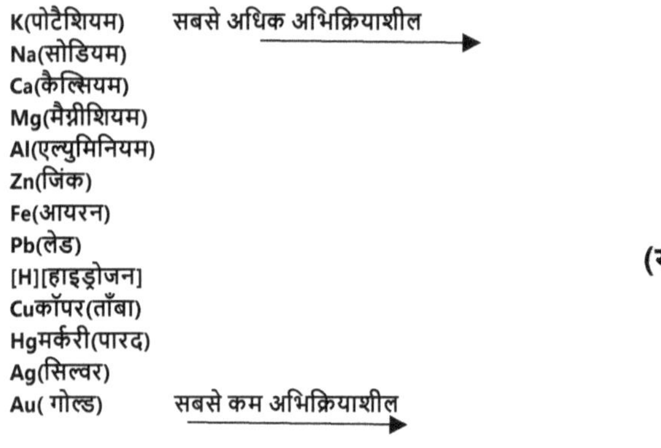

➤ उल्कृष्ट गैसों (जैसे हीलियम,नीयन,आर्गन,क्रिप्टन,xenon) की रासायनिक अभिक्रियाएँ बहुत कम होती हैं।

➤ धातु से अधातु में इलेक्ट्रान के स्थानांतरण से बने यौगिकों को **आयनिक यौगिक या वैद्युत संयोजक यौगिक** कहा जाता है।

- ➤ **आयनिक यौगिकों के निम्नलिखित सामान्य गुणधर्म:-**
  1. भौतिक प्रकृति
  2. गलनांक एवं क्वथनांक
  3. घुलनशीलता
  4. विधुत चालकता
- ➤ पृथ्वी की भूपर्पटी में प्राकृतिक रूप से पाए जाने वाले तत्वों या यौगिकों को **खनिज** कहते है।

धातुओ की प्राप्ति-

- ➤ खनिजों में कोई विशेष धातु काफ़ी मात्रा में होती है, जिसे निकालना लाभकारी होता है। इन खनिजों को **अयस्क** कहते हैं। **उदाहरण-** सिनाबार (HgS), मर्करी (पारा) का एक अयस्क है।
- ➤ पथ्वी से खनित अयस्कों में मिट्टी, रेत आदि जैसी कई अशुधियाँ होती हैं, जिन्हें **गैंग (gangue)** कहते हैं।
- ➤ अयस्क को वायु की उपस्थिति में अधिक ताप पर गर्म करने पर यह ऑक्साइड में परिवर्तित हो जाता है। इस प्रक्रिया को **भर्जन** कहते हैं। अयस्क को सीमित वायु में अधिक ताप पर गर्म करने से यह ऑक्साइड में परिवर्तित हो जाता है। इस प्रक्रिया को **निस्तापन** कहा जाता है।
- ➤ **खनिज और अयस्क में अंतर-**

- ➤ **आयरन ऑक्साइड (Fe2O3)** के साथ एल्युमिनियम की अभिक्रिया का उपयोग रेल की पटरी एवं मशीनी पुर्जों की दरारों को जोड़ने के लिए किया जाता है। इस अभिक्रिया को **थर्मिट अभिक्रिया** कहते हैं।
- ➤ **विद्युत अपघटनी परिष्करण—** इस प्रकम में अशुद्ध धातु को एनोड तथा शुद्ध धातु की पतली परत को कैथोड बनाया जाता है।
- ➤ पेंट करके , तेल लगाकर, ग्रीज़ लगाकर, यशदलेपन (लोहे की वस्तुओ पर जस्ते की परत चढ़ाकर), क्रोमियम लेपन, एनोडीकरण या मिश्रधातु बनाकर **लोहे को जंग लगने** से बचाया जा सकता है।
- ➤ लोहे एवं इस्पात को जंग से सुरक्षित रखने के लिए उन पर जस्ते (जिंक) की पतली परत चढ़ाने की विधि को **यशदलेपन** कहते हैं।
- ➤ दो या दो से अधिक धातुओ के समांगी मिश्रण को **मिश्रधातु** कहते हैं।
- ➤ **शूद्ध सोने को 24 कैरट** कहते हैं तथा यह काफ़ी नर्म होता है। इसलिए, आभूषण बनाने के लिए यह उपयुक्त नहीं होता है। इसे **कठोर बनाने** के लिए इसमे **चाँदी या ताँबा** मिलाया जाता है। भारत में अधिकांशतः आभूषण बनाने के लिए **22 कैरट सोने** का उपयोग होता है।
- ➤ यदि कोई एक धातु पारद है तो इसके मिश्रधातु को **अमलगम** कहते है।

खनिज	अयस्क
यह प्राकृतिक रूप से पाया जाने वाला ठोस पदार्थ है।	यह प्राकृतिक रूप से पाया जाने वाला ठोस पदार्थ है।
खनिज की रासायनिक संरचना निश्चित होती है।	अयस्क में धातु का अंश ज्यादा होता है, लेकिन अन्य अवांछनीय पदार्थ भी होते हैं।
खनिज का उपयोग औद्योगिक या वैज्ञानिक उद्देश्यों के लिए किया जाता है।	अयस्क से धातु निकाली जाती है, जो औद्योगिक कार्यों में प्रयोग होती है।
उदाहरण-कार्ट्ज, गैलना, हेलाइट, आदि	उदाहरण- लौह अयस्क, बॉक्साइट, कॉपर अयस्क, आदि
खनन के बाद खनिज को सीधे उपयोग किया जा सकता है।	अयस्क से धातु को निकालने के लिए अतिरिक्त प्रसंस्करण और शोधन की आवश्यकता होती है।

कार्बन और इसके यौगिक

- ➤ वायुमंडल में **0.03% कार्बन डाइऑक्साइड** उपस्थित होती है।
- ➤ आयनिक यौगिक बनाने वाले तत्व सबसे **बाहरी कोश** से **इलेक्ट्रॉन प्राप्त** करके या उनका ह्रास करके इसे प्राप्त करते हैं।
- ➤ दो परमाणुओं के बीच इलेक्ट्रॉन के एक युग्म की साझेदारी के द्वारा बनने वाले आबंध **सहसंयोजी आबंध** कहलाते हैं। सहसंयोजी आबंध वाले अणुओ में भीतर तो प्रबल आबंध होता है, लेकिन इनका **अन्तरआण्विक बल दुर्बल** होता है।

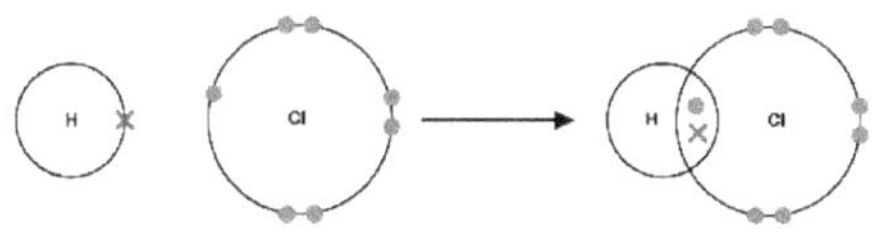

- **फुलेरीन कार्बन अपररूप** का अन्य वर्ग है। सबसे पहले C-60 की पहचान की गई, जिसमें कार्बन के परमाणु **फुटबॉल के रूप** में व्यवस्थित होते हैं। चुंकि , यह अमेरिकी आर्किटेक्ट **बकमिसंटर फुलर** (Buckminster Fuller) द्वारा डिज़ाइन किए गए जियोडेसिक गुंबद के समान लगते हैं, इसीलिए, इस अणु को फुलेरीन नाम दिया गया।
- कार्बन में कार्बन के ही अन्य परमाणुओ के साथ आबंध बनाने की अद्वितीय क्षमता होती है, जिससे बड़ी संख्या मे अणु बनते हैं। इस गुण को **श्रीन्खलन(catenation)** कहते है|
- कार्बन के परमाणु एक, द्वि अथवा त्रि आबंध से जूड़े हो सकते हैं। कार्बन परमाणुओ के बीच केवल **एक आबंध** से जुड़े कार्बन के यौगिक **संतृप्त यौगिक** कहलाते हैं। **द्वि अथवा त्रि-आबंध** वाले कार्बन के यौगिक **असंतृप्त यौगिक** कहलाते हैं।
- **सल्फर(S_8)** की संरचना ताज यानि राजा के मुकुट के सामान दीखता है क्योकि यह यह **आठ परमाणुओं** से बना होता है
- **बेन्जीन का सूत्र — C_6H_6**

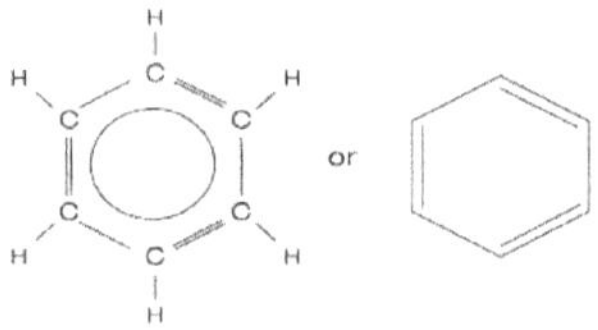

- कार्बनिक यौगिक का प्रकार्यात्मक(Functional) समूह-

यौगिक का प्रकार		संकेत
1.	हैलोजन	—Cl , —Br
2.	एल्कोहल	—OH
3.	एल्डिहाईड	—CHO
4.	किटोन	—CO
5.	कार्बोक्सिलिकएसिड	—COOH

- एल्केन का सामान्य फार्मूला – C_nH_{2n+2} (जहां n= **1,2,3,etc**)
- एल्किन का समान्य सूत्र - C_nH_{2n}
- एल्काइनका सामान्य सूत्र - C_nH_{2n-2}

हर हाल इसे याद रखे सीरीज वाइज-

1-	मीथ(उदहारण- मेथेन)
2-	एथ(उदाहरण- एथेन)
3-	प्रोप(उदहारण- प्रोपेन)
4-	ब्यूट(उदहारण- ब्युटेन)
5-	पेंट
6-	हेक्स
7-	हेप्ट
8-	ऑक्ट
9-	नॉन
10-	डेक

➢ **कार्बनिक यौगिक के नामपधती-**

यौगिक के प्रकार	अनुलग्न
हैलो ऐल्केंन	**पूर्वलग्न**- क्लोरो, ब्रोमो आदि
अल्कोहल	**अनुलग्न**- ol(अल)
एल्डीहाइड	Al(अल)
कीटोन	ओन
कर्बोक्सिलकअम्ल	ओइक अम्ल
एल्किन	इन
एल्काइन	आइन

➢ **संतृप्त और असंतृप्त कार्बन यौगिक में अंतर-**

संतृप्त	असंतृप्त
कार्बन परमाणु एक-दूसरे से **सिंगल बंधन** से जुड़े होते हैं।	कार्बन परमाणु के बीच **डबल या ट्रिपल बंधन** होते हैं।
रासायनिक क्रियाएँ **कम** होती हैं।	रासायनिक क्रियाएँ **अधिक** होती हैं।
अधिक स्थिर होते हैं	**कम स्थिर** होते हैं, अधिक प्रतिक्रियाशील होते हैं।
एथेन (C_2H_6), प्रोपेन (C_3H_8) आदि	एथिलीन (C_2H_4), एसीटिलीन (C_2H_2) आदि
प्रत्येक कार्बन के साथ अधिक हाइड्रोजन जुड़ा होता है।	कम हाइड्रोजन होता है, क्योंकि कार्बन-कार्बन बंधन में अतिरिक्त जोड़ होते हैं।

➢ सब्जी तेल स्वस्थ्य होता है जो असंतृप्त वसिय अम्ल होते है,जबकि जानवर का तेल संतृप वसिय अम्ल होते है जो स्वस्थ्य के हानिकारक होते है।

➢ एथेनॉल कमरे के ताप पर तरल अवस्था में होती है, यह एक सामान्यत: अल्कोहोल है यह एक अच्छी से घुल जाते है इसलिए इसे दवाई बनाने में भी उपयोग किया जाता है।जैसे की टिंकचर आयोडीन, कफ़ सिरप इत्यादि

➢ मिथेनॉल चाक्षुष तंत्रिका को हानि करती है जो अंधेपन का कारण बनती है

➢ एस्टरीकरण अभिक्रिया — एस्टर मुख्य रूप से अम्ल एवं एल्कोहल की अभिक्रिया से निर्मित होते हैं।एथेनॉइक अम्ल किसी अम्ल उत्प्रेरक की उपस्थिति में परिशुध एथनॉल से अभिक्रिया करके एस्टर बनाते है।

➢ अधिकांश **मैल तैलीय** होते हैं, क्योंकि *तेल पानी में अघुलनशील* है। साबुन का आयनिक भाग जल, से जबकि कार्बन श्रृंखला तेल से पारस्परिक क्रिया करती है। इस प्रकार साबुन के अणु मिसेल संरचना तैयार करते हैं।

ऑक्सीकरण अभिक्रिया (Oxidation Reaction):- रासायनिक अभिक्रिया का एक प्रकार है, जिसमें एक पदार्थ **ऑक्सीजन** प्राप्त करता है या **इलेक्ट्रॉनों की हानि** करता है। यह आमतौर पर तब होता है जब किसी तत्व या यौगिक का ऑक्सीजन के साथ संयोजन होता है या उसमे से इलेक्ट्रॉन निकल जाते हैं।

उदाहरण- $C_6H_{12}O_6 + O_2 \rightarrow CO_2 + H_2O$

संकलन अभिक्रिया (Combination Reaction) पैलेडियम अथवा निकेल जैसे उत्प्रेरक(अभिक्रिया के गति को तेज करती है) की उपस्थिति में असंतृप्त हाइड्रोकार्बन जोड़कर संतृप्त हाइड्रोकार्बन देते है निकेल का उपयोग सामान्यतः वनस्पति तेलों के हाइड्रोजनिकरण में इस अभिक्रिया का उपयोग किया जाता है।

जैसे - $4Fe + 3O_2 \rightarrow 2Fe_2O_3$

प्रतिस्थापन अभिक्रिया :- इसमें एक तत्व अपने स्थान पर दूसरे तत्व को सूर्य के उपस्थिति में प्रतिस्थापित करता है, ये अभिक्रियाएँ सामान्यतः धातुओं और अधातुओं के बीच होती हैं, जैसे धातु और अम्ल के बीच प्रतिस्थापन, या धातु और लवण के बीच प्रतिस्थापन हालाँकि इस अभिक्रिया में क्लोरिन का हाइड्रोकार्बन में संकलन होता है और क्लोरिन एक एक कर हाइड्रोजन के परमाणुओ को प्रतिस्थापित कर देता है।

उदाहरण- $CH_4 + Cl_2 \longrightarrow CH_3Cl + HCl$

$CH_3Cl + Cl_2 \longrightarrow CH_2Cl_2 + HCl$

$CH_2Cl_2 + Cl_2 \longrightarrow CHCl_3$(क्लोरोफोर्म) $+ HCl$

$CHCl_3 + Cl_2 \longrightarrow CCl_4$(कार्बन टेट्राक्लोराइड) $+ HCl$

एथेनॉल के गुण:

रासायनिक संरचना:

- रासायनिक सूत्र: C_2H_5OH

- यह दो कार्बन (C), पाँच हाइड्रोजन (H) और एक हाइड्रॉक्सिल (OH) समूह से बना होता है।

- यह अल्कोहल समूह से संबंधित है, जिसमें OH समूह होता है।

द्रव अवस्था में: एथेनॉल एक द्रव होता है जो कमरे के तापमान (25°C) पर सामान्यतः पारदर्शी, गंधहीन और हल्का सुगंधित होता है।

जल में घुलनशीलता: एथेनॉल जल में पूरी तरह से घुल जाता है, और इसका मिश्रण संपूर्ण होता है।
वाष्प दबाव और उबालने की तापमान: इसका उबालने का तापमान 78.37°C है, और इसका वाष्प दबाव कम होता है, जिससे यह वाष्पीकरण के दौरान हवा में जल्दी फैलता है।

एथेनॉल का गुणधर्म:
एथेनॉल का हल्का, ताजगी और तीव्र सुगंध होता है, जो आल्कोहल की पहचान के रूप में प्रकट होता है। यह वाष्पशील होता है, जिससे यह आसानी से वातावरण में फैलता है और एक मधुर गंध का अनुभव कराता है। यही कारण है कि एथेनॉल आधारित तरल जैसे इत्र, माउथवाश और सैनिटाइज़र में इसकी गंध पाई जाती है।

एथेनॉल की रासायनिक अभिक्रियाएं:
1. दहन अभिक्रिया (Combustion Reaction):-एथेनॉल के दहन से कार्बन डाइऑक्साइड (CO_2) और जल (H_2O) उत्पन्न होते हैं। यह एक उष्मीय अभिक्रिया है जो ऊर्जा मुक्त करती है। $C_2H_5OH+3O_2 \rightarrow 2CO_2+3H_2O$
2. ऑक्सीकरण अभिक्रिया (Oxidation Reaction):
जब एथेनॉल को ऑक्सीजन के साथ प्रतिक्रिया में लाया जाता है, तो वह एसीटाल्डिहाइड (CH_3CHO) और फिर एसीटिक एसिड (CH_3COOH) में बदल सकता है। यह ऑक्सीकरण की एक सामान्य प्रक्रिया है।

- एथेनॉल से एसीटाल्डिहाइड:-
  $C_2H_5OH+O_2 \rightarrow CH_3CHO+H_2O$

- एसीटाल्डिहाइड से एसीटिक एसिड:-
  $CH_3CHO+O_2 \rightarrow CH_3COOH$

3. विसंयोजन अभिक्रिया (Dehydration Reaction):-
एथेनॉल का विसंयोजन अभिक्रिया में पानी (H_2O) निकलता है और एथेनॉल से एथीलीन (C_2H_4) गैस का निर्माण होता है।
यह अभिक्रिया सामान्यतः अम्लीय उत्प्रेरक (acid catalyst) के साथ होती है।

- $C_2H_5OH \rightarrow C_2H_4+H_2O$ (यह अभिक्रिया पेट्रोलियम उद्योग में एथीलीन प्राप्त करने के लिए उपयोग की जाती है)

4. हाइड्रोक्लोरिक अम्ल के साथ अभिक्रिया (Reaction with Hydrochloric Acid):-एथेनॉल जब हाइड्रोक्लोरिक अम्ल (HCl) के साथ प्रतिक्रिया करता है, तो एथाइल क्लोराइड (C_2H_5Cl) बनता है। यह क्लाइडे प्रकिया का उदाहरण है। $C_2H_5OH+HCl \rightarrow C_2H_5Cl+H_2O$

5. इथर निर्माण (Ether Formation):-जब दो एथेनॉल अणु एक अम्ल उत्प्रेरक की उपस्थिति में प्रतिक्रिया करते हैं, तो इथर ($C_2H_5OC_2H_5$) बनता है। यह एथाइल एथर के रूप में जाना जाता है।

$$2C_2H_5OH \xrightarrow{H_2SO_4} C_2H_5OC_2H_5+H_2O$$

एथेनॉल के उपयोग:

1. **ईंधन के रूप में:** एथेनॉल का उपयोग ऑटोमोबाइल ईंधन में इथेनॉल मिश्रण (Ethanol-blended fuels) के रूप में किया जाता है। यह पर्यावरणीय दृष्टि से कम प्रदूषण उत्पन्न करता है।

2. **औद्योगिक उपयोग:** एथेनॉल का उपयोग घरेलू और औद्योगिक सफाई, सैनिटाइज़र और रासायनिक उत्पादों के निर्माण में भी किया जाता है।

3. **स्वास्थ्य और चिकित्सा:** हाइड्रोपॉनी (Hydroponic) और चिकित्सा उपचार में एथेनॉल आधारित दवाओं का इस्तेमाल होता है।

4. **शराब:** यह मुख्य रूप से शराब बनाने में उपयोग किया जाता है, जैसे बीयर, वाइन, और व्हिस्की में

एथेनोइक अम्ल के गुणधर्म (Properties of Acetic Acid):

1. **रासायनिक संरचना:**

- **सूत्र: CH_3COOH**

- इसमें एक **कार्बोक्सिल (–COOH)** समूह होता है, जो इसे अम्लीय गुण प्रदान करता है।

2. **द्रव अवस्था:**

- एथेनोइक अम्ल सामान्यतः **रंगहीन द्रव** होता है, जो तीव्र खट्टा स्वाद और गंध से युक्त होता है।

- यह **25°C पर पानी में पूरी तरह से घुलनशील** होता है और बहुत कम वाष्पीकरण करता है।

3. **बोइलिंग पॉइंट और फ्रीज़िंग पॉइंट:**

रितिक कुमार सहनी

○ इसका **बॉयलिंग पॉइंट** 118°C है।

○ **फ्रीज़िंग पॉइंट** 16.6°C है, जो इसे ठंडे मौसम में ठोस बना सकता है।

4. **खट्टापन**:

○ एथेनोइक अम्ल खट्टे स्वाद का कारण बनता है। इसका पीएच मान लगभग **2.4** होता है, जो इसे एक शक्तिशाली अम्ल बनाता है।

5. **विलयन गुण**:

○ यह **जल में पूरी तरह से घुलनशील** होता है और एक **द्रव अम्लीय विलयन** बनाता है।

○ इसे **वाइनगर** के रूप में उपयोग किया जाता है, जिसमें **4% - 8% एथेनोइक अम्ल** होता है।

6. इथेनोइक अम्ल का **पारदर्शिता**:

○ यह एक **संवेदनशील** द्रव है और कुछ रासायनिक पदार्थों को घोलने के लिए उपयोगी होता है।

एथेनोइक अम्ल की रासायनिक अभिक्रियाएँ (Reactions of Acetic Acid):

1. **दहन अभिक्रिया (Combustion Reaction)**: एथेनोइक अम्ल जब जलता है, तो **कार्बन डाइऑक्साइड (CO_2)** और **जल (H_2O)** उत्पन्न होता है। $2CH_3COOH + 5O_2 \rightarrow 4CO_2 + 4H_2O$

यह अभिक्रिया उष्मीय (exothermic) होती है, यानी इसमें ऊर्जा का मुक्त होना होता है।

2. **स्नायु प्रतिस्थापन (Esterification Reaction)**: एथेनोइक अम्ल एक **कार्बोक्सिलिक अम्ल** है, जो **एस्टर** बनाने के लिए **एल्कोहल (जैसे एथेनॉल)** के साथ प्रतिक्रिया कर सकता है। इस प्रक्रिया में **एस्टर** और **जल** उत्पन्न होते हैं।

$$CH_3COOH + C_2H_5OH \rightarrow CH_3COOC_2H_5 + H_2O$$

यहाँ, **एथेनोइक अम्ल** (CH_3COOH) और **एथेनॉल** (C_2H_5OH) मिलकर **एथिल एसीटेट** ($CH_3COOC_2H_5$) और जल (H_2O) बनाते हैं।

3. **ऑक्सीकरण अभिक्रिया (Oxidation Reaction)**: एथेनोइक अम्ल का ऑक्सीकरण करने पर **एसीटिक एसिड** को **एसीटाल्डिहाइड** और फिर **एसीटिक एसिड** में बदलने की प्रक्रिया होती है।

$$CH_3COOH + O_2 \rightarrow CH_3COOH_2$$

4. **न्यूक्लियाईकरण (Nucleophilic Attack)**: एथेनोइक अम्ल से **साइडर वाइन** के संयोजन में उपयोग होने पर **फ्यूचरकिंग** (startling in structure) विस्तार उत्तेजना में उपयुक्त चलनेवाले सामग्री उत्पन्न होते हैं।

एथेनोइक अम्ल के उपयोग (Uses of Acetic Acid):

1. **खाद्य उद्योग**:

○ एथेनोइक अम्ल का सबसे आम उपयोग **वाइनगर (सिरका)** के रूप में होता है, जो सलाद ड्रेसिंग, अचार, और अन्य खाद्य पदार्थों में खट्टा स्वाद देने के लिए इस्तेमाल होता है।

2. **रासायनिक उद्योग**:

○ यह **एस्टर निर्माण** में उपयोग किया जाता है, जो **फ्रूट फ्लेवरिंग एजेंट्स** और **परफ्यूम** में पाया जाता है।

3. **दवाओं में**:

○ एथेनोइक अम्ल का उपयोग कुछ दवाओं के उत्पादन में किया जाता है, और **विटामिन C** के उत्पादन में भी सहायक होता है।

4. **सिंथेटिक रेजिन**:

○ यह **सिंथेटिक रेजिन** के निर्माण में उपयोग किया जाता है, जैसे **पॉलिएस्टर रेजिन**

5. **प्राकृतिक सुरक्षा उपाय**:

○ इसका उपयोग **द्रव रंग** और **सफाई** के काम में भी किया जाता है।

➢ जब हम एथेनॉल (C_2H_5OH) को एथेनोइक अम्ल (CH_3COOH) में बदलने की प्रक्रिया को **ऑक्सीकरण** कहते हैं, तो इसका कारण यह है कि इस परिवर्तन में **एथेनॉल से एक हाइड्रोजन अणु (H) और एक इलेक्ट्रॉन (e^-) का त्याग** होता है और इसके बदले **ऑक्सीजन (O_2)** का समावेश होता है।
यह प्रक्रिया ऑक्सीकरण के रूप में मानी जाती है क्योंकि:
इसमें **ऑक्सीजन** का समावेश हो रहा है, और साथ ही, **हाइड्रोजन का हटना** या **इलेक्ट्रॉन का त्याग** भी हो रहा है। इसलिए, एथेनॉल से एथेनोइक अम्ल में परिवर्तन को **ऑक्सीकरण** कहा जाता है।

तत्वों की आवर्त सारणी

आवर्त- आवर्त सरणी में क्षैतिज पंक्तियों को आवर्त कहते है
वर्ग- आवर्त सरणी में उधर्व स्तभ को वर्ग कहते है|

डॉबनेनर का त्रियक नियम:

डॉबनेनर ने यह निष्कर्ष निकाला कि जब कुछ रासायनिक तत्वों को त्रिगुटों (Triads) के रूप में व्यवस्थित किया जाता है, तो हर त्रिगुट में मध्य तत्व का औसत परमाणु द्रव्यमान (atomic mass) पहले और तीसरे तत्व के औसत के समान होता है।

नियम का विवरण:

1. डॉबनेनर के अनुसार, तीन तत्वों का एक समूह (त्रिगुट) इस प्रकार होता है:

- पहला और तीसरा तत्व के बीच का मध्य तत्व का औसत परमाणु द्रव्यमान पहले और तीसरे तत्व के परमाणु द्रव्यमान के औसत के बराबर होता है।

मध्य तत्व का परमाणु द्रव्यमान =

$$\frac{\text{पहले तत्व का परमाणु द्रव्यमान} + \text{तीसरे तत्व का परमाणु द्रव्यमान}}{2}$$

2. डॉबनेनर ने इस नियम के आधार पर विभिन्न तत्वों के त्रिगुटों की पहचान की। उदाहरण के रूप में:

- लिथियम (Li), सोडियम (Na), और पोटेशियम (K) का त्रिगुट:

  - लिथियम का परमाणु द्रव्यमान = 7

  - सोडियम का परमाणु द्रव्यमान = 23

  - पोटेशियम का परमाणु द्रव्यमान = 39

सोडियम का औसत परमाणु द्रव्यमान = (7 + 39) / 2 = 23, जो सोडियम के परमाणु द्रव्यमान के बराबर है।

न्यूसलैंड का अष्टक नियम (Octaves Law) का विवरण:

न्यूसलैंड का अष्टक नियम यह कहता है कि जब रासायनिक तत्वों को उनके **परमाणु द्रव्यमान** के अनुसार बढ़ते क्रम में व्यवस्थित किया जाता है, तो हर आठवें तत्व का गुणधर्म पहले तत्व के समान होता है, ठीक उसी तरह जैसे संगीत में **आठवें स्वर** (octave) का स्वर पहले स्वर के समान होता है।

उदाहरण के रूप में:

- हाइड्रोजन (H), हिलियम (He), लिथियम (Li), बेरिलियम (Be), बोरॉन (B), कार्बन (C),

नाइट्रोजन (N), और **ऑक्सीजन (O)** के गुणधर्म एक जैसे थे, जहां हर आठवें तत्व के गुणधर्म पहले के तत्व से मेल खाते थे

नियम का स्वरूप:

- न्यूलैंड ने यह देखा कि जब उन्होंने तत्वों को उनके **परमाणु द्रव्यमान** के आधार पर बढ़ते क्रम में रखा, तो हर आठवें तत्व का गुणधर्म पहले के तत्व के गुणधर्म से मिलता-जुलता होता था

- उन्होंने इसे **अष्टक (Octave)** कहा, क्योंकि संगीत में आठ स्वर होते हैं और इन तत्वों का गुणधर्म भी संगीत के अष्टक के समान दोहराया जाता था

न्यूसलैंड के अष्टक नियम का महत्व:

1. यह तत्वों के गुणधर्मों के बीच एक पैटर्न की पहचान करता था, जिससे तत्वों को व्यवस्थित करने की एक विधि मिलती थी।

2. यह तत्वों के गुणधर्मों और उनके परमाणु द्रव्यमान के बीच संभावित संबंध की ओर इशारा करता था।

न्यूसलैंड के अष्टक नियम की सीमाएं:

1. यह नियम केवल पहले 20 तत्वों तक ही सही था, और इसके बाद इस पैटर्न का पालन नहीं हुआ। उदाहरण के तौर पर, **ऑक्सीजन और फ्लोरीन** जैसे तत्वों के गुणधर्म एक जैसे नहीं थे, जबकि वे आठवें स्थान पर थे।

2. कुछ तत्वों ने इस नियम का पालन नहीं किया, खासकर भारी तत्वों में।

3. इस नियम में **हाइड्रोजन** और **हिलियम** के गुणधर्मों का मेल नहीं होता था, क्योंकि हाइड्रोजन का गुणधर्म अन्य तत्वों से काफी अलग था।

मेंडलीव की आवर्त सारणी (Mendeleev's Periodic Table):-

रासायनिक तत्वों के वर्गीकरण का एक महत्वपूर्ण सिद्धांत था, जिसे दिमित्री मेंडलीव (Dmitri Mendeleev) ने 1869 में प्रस्तुत किया। यह आवर्त सारणी तत्वों के गुणधर्मों और उनके परमाणु द्रव्यमान के आधार पर व्यवस्थित की जाती है। इस सारणी ने तत्वों के बीच के पैटर्न को स्पष्ट किया और रासायनिक विज्ञान में एक नया दृष्टिकोण प्रदान किया

मेंडलीव की आवर्त सारणी का विवरण:

1. आवर्त सारणी का सिद्धांत:

- मेंडलीव ने तत्वों को उनके **परमाणु द्रव्यमान के आधार पर बढ़ते क्रम** में व्यवस्थित किया।

- उन्होंने पाया कि जब तत्वों को इस तरह से व्यवस्थित किया गया, तो हर आठवें तत्व के गुणधर्म समान होते थे, जिससे एक आवर्त चक्र (periodicity) का पता चलता था

- तत्वों को आवर्तों (rows) और समूहों (columns) में विभाजित किया गया

- आवर्त (Period): एक आवर्त में तत्वों के गुणधर्मों में एक पैटर्न होता है, जो अगले आवर्त में दोहराया जाता है।

- समूह (Group): एक समूह में समान गुणधर्म वाले तत्व होते हैं।

2. आवर्त सारणी की संरचना:

- आवर्त (Periods): ये पंक्तियाँ होती हैं, जिनमें प्रत्येक पंक्ति में समान गुणधर्म वाले तत्व एकत्रित होते हैं।

- समूह (Groups): ये स्तंभ होते हैं, और प्रत्येक समूह में रासायनिक गुणों के हिसाब से तत्व होते हैं।

- इस आवर्त सारणी में 7 आवर्त और 18 समूह थे

3. सिद्धांत का महत्व:

- मेंडलीव की आवर्त सारणी ने तत्वों के गुणधर्मों और उनके परमाणु द्रव्यमान के बीच संबंध को स्पष्ट किया

- उन्होंने सारणी में खाली स्थान (gaps) छोड़े, जो भविष्य में नए तत्वों की खोज का मार्गदर्शन करते थे। उन्होंने यह भविष्यवाणी की थी कि ये स्थान कुछ तत्वों के लिए हैं, जो अभी तक खोजे नहीं गए थे

मेंडलीव की आवर्त सारणी की उपलब्धियां:

1. तत्वों का व्यवस्थित वर्गीकरण:

- मेंडलीव की आवर्त सारणी ने रासायनिक तत्वों को एक व्यवस्थित तरीके से वर्गीकृत किया, जिससे उनके गुणधर्मों को समझने में आसानी हुई

- उन्होंने दिखाया कि तत्वों के गुणधर्म उनके परमाणु द्रव्यमान से संबंधित होते हैं, जो बाद में परमाणु संख्या के सिद्धांत में बदल गया

2. नए तत्वों की भविष्यवाणी:

- मेंडलीव ने सारणी में कुछ खाली स्थान छोड़े और भविष्य में खोजे जाने वाले तत्वों की भविष्यवाणी की। उन्होंने गैलियम (Ga), गर्मनियम (Ge), और स्कैंडियम

(Sc) जैसे तत्वों की भविष्यवाणी की, जो बाद में खोजे गए और उनके गुणधर्मों से मेल खाते थे

3. आवर्त चक्र का सिद्धांत:

- मेंडलीव ने तत्वों के गुणधर्मों में आवर्त (periodicity) की अवधारणा को स्थापित किया, यानी तत्वों के गुणधर्म नियमित अंतराल पर दोहराए जाते हैं। यह एक महत्वपूर्ण विचार था, जिसने तत्वों के गुणधर्मों के पैटर्न को स्पष्ट किया

4. समान गुणधर्म वाले तत्वों का समूह बनाना:

- मेंडलीव ने तत्वों को उनके रासायनिक गुणों के आधार पर समूहों में रखा, जिससे विभिन्न समूहों के तत्वों के बीच समानता दिखाई दी

5. सिद्धांत का स्वीकार्यता:

- मेंडलीव की आवर्त सारणी ने रासायनिक तत्वों के वर्गीकरण के लिए एक नया दृष्टिकोण पेश किया, और इसने बाद में मॉस्ली की आवर्त सारणी और मॉस्ली की आवर्त सारणी के सिद्धांत को प्रेरित किया, जो परमाणु संख्या के आधार पर तत्वों का वर्गीकरण करते हैं।

मेंडलीव की आवर्त सारणी की सीमाएं:

1. परमाणु द्रव्यमान के आधार पर वर्गीकरण:

- मेंडलीव ने तत्वों को उनके परमाणु द्रव्यमान के आधार पर व्यवस्थित किया, लेकिन कुछ तत्वों का स्थान सही नहीं था, क्योंकि उनके गुणधर्म परमाणु द्रव्यमान के हिसाब से मेल नहीं खाते। उदाहरण के लिए, आयनियम (Iodine) और टेलीयम (Tellurium) का स्थान बदलना पड़ा क्योंकि उनके गुणधर्म द्रव्यमान के आधार पर सही नहीं थे।

2. नए तत्वों का अस्तित्व:

- हालांकि मेंडलीव ने भविष्यवाणी की थी कि कुछ खाली स्थानों पर नए तत्व होंगे, लेकिन कुछ तत्वों के लिए उनकी भविष्यवाणियां पूरी नहीं हुईं।

आधुनिक आवर्त सारणी-

आधुनिक आवर्त सारणी (Modern Periodic Table) रासायनिक तत्वों का वर्गीकरण करने की एक प्रणाली है, जो परमाणु संख्या (atomic number) के आधार पर तत्वों को व्यवस्थित करती है। इसे सबसे पहले हेनरी मोजले (Henry Moseley) ने 1913 में परमाणु संख्या के सिद्धांत का उपयोग करते हुए पेश किया। यह आधुनिक आवर्त सारणी में परमाणु द्रव्यमान की जगह परमाणु संख्या को आधार बनाया गया है,

जो कि तत्वों के गुणधर्मों को बेहतर तरीके से समझने में मदद करता है।

आधुनिक आवर्त सारणी का विवरण:

आधुनिक आवर्त सारणी में तत्वों को उनके परमाणु संख्या के आधार पर व्यवस्थित किया जाता है। इसमें कुछ महत्वपूर्ण विशेषताएँ हैं:

1. **आवर्त (Periods):**

○ आवर्त सारणी में कुल 7 आवर्त होते हैं।

○ प्रत्येक आवर्त में तत्वों के गुणधर्मों में एक पैटर्न होता है, और एक आवर्त समाप्त होने पर गुणधर्म अगली आवर्त में दोहराए जाते हैं।

○ जैसे-जैसे हम एक आवर्त से दूसरे आवर्त की ओर बढ़ते हैं, तत्वों के गुणधर्म बदलते जाते हैं।

2. **समूह (Groups):**

○ आवर्त सारणी में कुल 18 समूह होते हैं।

○ प्रत्येक समूह में रासायनिक गुणों के आधार पर समान तत्व होते हैं।

○ उदाहरण के लिए, समूह 1 में आल्कली धातुएं (alkali metals) जैसे लिथियम (Li), सोडियम (Na), पोटेशियम (K) होते हैं, जिनमें समान रासायनिक गुण होते हैं।

○ समूह 17 में हलोजन (halogens) होते हैं, जैसे फ्लोरीन (F), क्लोरीन (Cl), आदि।

○ समूह 18 में गैसें (noble gases) होती हैं, जैसे हेलियम (He), नियॉन (Ne), आर्गन (Ar), जो रासायनिक दृष्टिकोण से असक्रिय होते हैं।

3. **ब्लॉक्स (Blocks):**

○ आवर्त सारणी को **s-block, p-block, d-block, और f-block** में विभाजित किया गया है:

■ s-block: समूह 1 और 2 के तत्व (आल्कली धातुएं और अल्कली अर्थ धातुएं)

■ p-block: समूह 13 से 18 तक के तत्व

■ d-block: संक्रमण धातुएं (transition metals)

■ f-block: लैण्थेनाइड्स और ऐक्टिनाइड्स

4. **परमाणु संख्या:**

○ आधुनिक आवर्त सारणी में तत्वों को उनके परमाणु संख्या के आधार पर क्रमबद्ध किया गया है। परमाणु संख्या एक तत्व के परमाणु में प्रोटॉन की संख्या होती है। यह महत्वपूर्ण है क्योंकि यह तत्व के रासायनिक गुणों को नियंत्रित करता है।

5. **भविष्यवाणी (Prediction of Properties):**

○ आधुनिक आवर्त सारणी से यह भी संभव है कि हम किसी तत्व के गुणधर्मों की भविष्यवाणी कर सकें, जैसे कि उसकी धातुता, गैस या ठोस अवस्था, संयोजकता आदि

आधुनिक आवर्त सारणी की विशेषताएँ:

1. **गुणसूत्र और आवर्तों का पैटर्न:**

○ प्रत्येक आवर्त में गुणधर्मों में एक नियमित पैटर्न होता है। जैसे-जैसे हम बाएं से दाएं जाते हैं, तत्वों की रासायनिक गतिविधि कम होती जाती है और उनकी धात्विक प्रकृति घटती जाती है।

○ उदाहरण के लिए, आल्कली धातुएं (Group 1) उच्च रासायनिक प्रतिक्रियाशील होती हैं, जबकि noble gases (Group 18) रासायनिक दृष्टि से बहुत स्थिर और कम प्रतिक्रिया करती हैं।

2. **अंतराल (Gaps):**

○ आधुनिक आवर्त सारणी में तत्वों के बीच के अंतराल (gaps) को खाली स्थान के रूप में छोड़ा गया है, जिनके बारे में बाद में भविष्यवाणी की गई थी कि वे नए तत्वों के रूप में सामने आएंगे

3. **आधुनिक आवर्त सारणी का विकास:**

○ आधुनिक आवर्त सारणी को हेनरी मोजले के द्वारा परमाणु संख्या के आधार पर व्यवस्थित किया गया। इससे पहले, मेंडलीव की आवर्त सारणी परमाणु द्रव्यमान के आधार पर थी, लेकिन मोजले ने सिद्धांत प्रस्तुत किया कि परमाणु संख्या तत्वों के गुणधर्मों के लिए अधिक महत्वपूर्ण है।

आधुनिक आवर्त सारणी के लाभ:

1. **तत्वों के गुणधर्मों की भविष्यवाणी:**

○ यह आवर्त सारणी तत्वों के गुणधर्मों का पैटर्न प्रदान करती है और हमें तत्वों के गुणधर्मों की भविष्यवाणी करने में मदद करती है।

2. **नए तत्वों की खोज:**

- ○ इस सारणी के द्वारा वैज्ञानिकों ने कई नए तत्वों की खोज की और उनकी पहचान की

3. **रासायनिक गुणों की समझ:**

- ○ तत्वों को आवर्त सारणी में व्यवस्थित करने से वैज्ञानिकों को तत्वों के रासायनिक गुणों की बेहतर समझ प्राप्त हुई

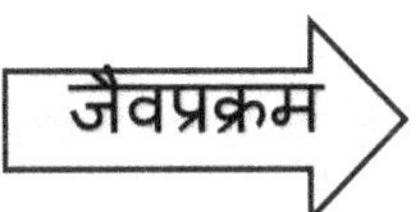

जीवविज्ञान

- ➢ **जैवप्रक्रम:-** वे सभी प्रक्रम जो सम्मिलित रूप से अनुरक्षण का कार्य करते हैं, जैव प्रक्रम कहलाते हैं।
- ➢ **पोषण-** शरीर द्वारा भोजन और अन्य पौष्टिक पदार्थो को ग्रहण करने और उनका उपयोग करने की प्रक्रिया को पोषण कहते है|

पोषण के प्रकार :-

स्वपोषी पोषण :- इस पोषण में जीव अपना भोजन स्वयं बनाते है | जैसे- पौधे जो अपना भोजन स्वयं बनाते है|

परपोषी पोषण- इस पोषण में जीव अपना भोजन स्वयं बनाते है| जैसे- सभी मनुष्य इत्यादि

प्रकाश संश्लेषण की प्रक्रिया-

प्रकाश संश्लेषण (Photosynthesis) एक जैव रासायनिक प्रक्रिया है, जिसके द्वारा हरे पौधे, शैवाल, और कुछ बैक्टीरिया सूर्य की प्रकाश ऊर्जा को रासायनिक ऊर्जा में परिवर्तित करते हैं। इस प्रक्रिया के दौरान, पौधे कार्बन डाइऑक्साइड (CO_2) और पानी (H_2O) का उपयोग करके ग्लूकोज ($C_6H_{12}O_6$) और ऑक्सीजन (O_2) का निर्माण करते हैं। यह प्रक्रिया न केवल पौधों के लिए आवश्यक ऊर्जा का स्रोत प्रदान करती है, बल्कि यह पृथ्वी पर जीवन के अस्तित्व के लिए भी अत्यंत महत्वपूर्ण है।

प्रकाश संश्लेषण की अभिक्रिया (Photosynthesis Reaction):

प्रकाश संश्लेषण का रासायनिक समीकरण निम्नलिखित है:

$$6CO_2 + 6H_2O + \text{light energy} \xrightarrow{\text{क्लोरोफिल}} C_6H_{12}O_6 + 6O_2$$
(OR)
$$6CO_2 + 12H_2O + \text{light energy} \xrightarrow{\text{क्लोरोफिल}} C_6H_{12}O_6 + 6O_2 + 6H_2O$$

इस अभिक्रिया में:

- CO_2 **(कार्बन डाइऑक्साइड)** और H_2O **(पानी)** संयोजन होते हैं।

- **सूर्य की ऊर्जा** का उपयोग इस रासायनिक अभिक्रिया को संचालित करने के लिए किया जाता है।

- इस प्रक्रिया के दौरान **ग्लूकोज** (जो पौधों के लिए ऊर्जा का स्रोत है) और **ऑक्सीजन** (जो वातावरण में उत्सर्जित होता है) का उत्पादन होता है।

प्रकाश संश्लेषण के चरण:

प्रकाश संश्लेषण दो मुख्य चरणों में होता है:

1. **प्रकाश प्रतिक्रिया (Light Reaction):**

- यह प्रतिक्रिया क्लोरोप्लास्ट के **थाइलाकोइड झिल्ली (thylakoid membrane)** में होती है।
- इस चरण में सूर्य की ऊर्जा अवशोषित की जाती है, और पानी (H_2O) का अपघटन होता है। परिणामस्वरूप ऑक्सीजन (O_2) उत्पन्न होता है

प्रकाश ऊर्जा को **ATP (एडिनोसिन ट्राइफास्फेट)** और **NADPH (निकोतिनामाइड एडेनाइन डाइन्यूक्लियोटाइड फॉस्फेट)** जैसे उच्च ऊर्जा वाले अणुओं में परिवर्तित किया जाता है, जो अगले चरण में उपयोग होते हैं।

2. **अंधकार प्रतिक्रिया (Dark Reaction) / कैल्विन चक्र (Calvin Cycle):**

- यह प्रतिक्रिया क्लोरोप्लास्ट के **स्टोमा** (stroma) में होती है।
- इस चरण में **ATP** और **NADPH** का उपयोग करके **कार्बन डाइऑक्साइड (CO$_2$)** से ग्लूकोज ($C_6H_{12}O_6$) जैसे कार्बोहाइड्रेट अणुओं का निर्माण होता है।
- कैल्विन चक्र को **C$_3$ चक्र** भी कहा जाता है, क्योंकि इसमें कार्बन डाइऑक्साइड को 3-कार्बन यौगिक (3-phosphoglycerate) में परिवर्तित किया जाता है।

प्रकाश संश्लेषण की महत्वता:

1. **जीवों के लिए ऊर्जा का स्रोत:**

○ प्रकाश संश्लेषण पृथ्वी पर अधिकांश जीवन के लिए प्राथमिक ऊर्जा स्रोत है। पौधे और शैवाल इस प्रक्रिया के द्वारा अपने लिए ऊर्जा उत्पन्न करते हैं, और इस ऊर्जा को खाद्य श्रृंखला में अन्य जीवों द्वारा उपयोग किया जाता है।

2. **ऑक्सीजन का उत्पादन:**

○ इस प्रक्रिया से उत्पन्न **ऑक्सीजन** पृथ्वी के वायुमंडल में जाता है, जो सभी श्वसन करने वाले जीवों के लिए आवश्यक होता है।

3. **कार्बन डाइऑक्साइड का अवशोषण:**

○ प्रकाश संश्लेषण के दौरान **CO$_2$** का अवशोषण होता है, जो वायुमंडलीय CO$_2$ की मात्रा को कम करने में मदद करता है और पर्यावरण को संतुलित करता है।

➢ पौधों के हरे पते में हरे बिंदु कोशिकांग हैं, जिन्हें क्लोरोप्लास्ट कहते हैं, इनमें क्लोरोफिल होता है।

➢ **प्रकाश संश्लेषण** के लिए **क्लोरोफिल** आवश्यक है।

➢ रंध्र, जो पत्ती की सतह पर सूक्ष्म छिद्र होते हैं। प्रकाश संश्लेषण के लिए **गैसों का अधिकांश आदान-प्रदान** इन्हीं छिद्रों के द्वारा होता है, **गैसों का आदान-प्रदान तने, जड़ और पत्तियों की सतह** से भी होता है। इन रंध्रों से पर्याप्त मात्रा में जल की भी हानि होती है

➢ **पाचन तंत्र की प्रक्रिया**

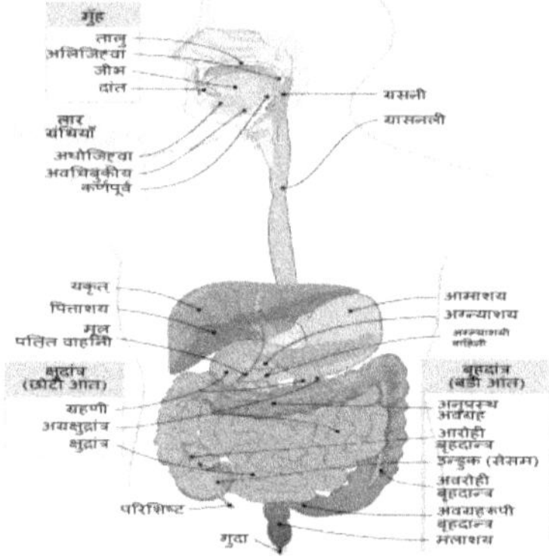

➢ भोजन करने के दौरान हम भोज खाते जो मुखगुहा में जाती है यही पाचन क्रिया शुरू हो जाती है और महीन कणों में बदल जाती है।

➢ लार में भी एक एनजाइम होता है, जिसे **लार एमिलेस** कहते हैं। यह जटिल अणु को सरल शर्करा में खंडीत कर देता है।

➢ मुह से आमाशय तक भोजन को ग्रसिका या इसोफेगस द्वारा ले जाया जाता है। आमाशय एक बृहत अंग है|

➢ पाचन कार्य आमाशय की भिति में उपस्थित जठर ग्रंथियो के द्वारा संपन्न होते हैं। **ये हाइड्रोक्लोरिक अम्ल**, एक प्रोटीन पाचक एंजाइम पेप्सिन तथा श्लेष्मा का स्रावण करते हैं।

➢ अग्न्याशय अग्न्याशयिक रस का स्रावण करता है जिसमें प्रोटीन के पाचन के लिए ट्रिप्सिन एंजाइम होता है तथा इमल्सीकृत वसा का पाचन करने के लिए लाइपेज एंजाइम होता है।

➢ आमाशय से भोजन अब क्षुद्रांत्र(छोटी आंत) में प्रवेश करता है।

➢ विभिन्न जंतुओ में क्षुद्रांत्र(छोटी आंत) की लंबाई(मनुष्य में 18 फिट लंबी होती है) उनके भोजन के प्रकार के अनुसार अलग-अलग होती है। घास खाने वाले **शाकाहारी** का सेल्युलोज़ पचाने के लिए **लंबी क्षुद्रांत्र(छोटी आंत)** की आवश्यकता होती है। मांस का पाचन सरल है। अतः मांसाहारी की **क्षुद्रांत्र छोटी(छोटी आंत)** होती है।

➢ छोटी आंत में ही भोजन का पाचन पूर्ण होता है और आवश्यक चीज़े शरीर के विभिन्न भागो में पहुँच जाती है और अपशिष्ट पदार्थ शरीर से बाहर निकल जाती है|

दंतक्षय क्या है?

➢ **दतंक्षरण या दंतक्षय** इनैमल तथा डैंटीन के धीरे-धीरे क्षरण के कारण होता है। इसका प्रारंभ होता है, जब जीवाणु शर्करा पर क्रिया करके अम्ल बनाते है| और धीरे धीरे क्षय होने लग जाता है|

श्वसन की प्रक्रिया-

श्वसन की प्रक्रिया (Respiration Process) एक जैविक प्रक्रिया है, जिसके द्वारा जीव ऊर्जा प्राप्त करते हैं। श्वसन में जीवों के शरीर में स्थित कोशिकाओं में ऑक्सीजन (O_2) की मदद से ग्लूकोज ($C_6H_{12}O_6$) का अपघटन किया जाता है, जिससे ऊर्जा, कार्बन डाइऑक्साइड (CO_2) और पानी (H_2O) उत्पन्न होते हैं। यह प्रक्रिया मुख्य रूप से जीवों के जीवन में ऊर्जा की आपूर्ति करने के लिए होती है और इसका संबंध कोशिकीय कार्यों जैसे मांसपेशियों का संकुचन, रक्त प्रवाह, और अन्य जैविक कार्यों से है।

श्वसन का रासायनिक समीकरण:-

$$C_6H_{12}O_6 + 6O_2 \rightarrow 6CO_2 + 6H_2O + ऊर्जा$$

यह समीकरण बताता है कि:

● ग्लूकोज ($C_6H_{12}O_6$) और ऑक्सीजन (O_2) मिलकर कार्बन डाइऑक्साइड (CO_2), पानी (H_2O) और ऊर्जा का उत्पादन करते हैं।

श्वसन की प्रक्रिया के चरण:

श्वसन मुख्य रूप से तीन चरणों में होता है:

1. **ग्लाइकोलाइसिस (Glycolysis):**

○ यह चरण साइटोप्लाज्म में होता है और इसमें एक ग्लूकोज अणु ($C_6H_{12}O_6$) को दो तीन-कार्बन यौगिकों (पायरुवेट) में तोड़ा जाता है।

○ इस प्रक्रिया में थोड़ी मात्रा में ATP (ऊर्जा) उत्पन्न होती है।

○ यह चरण ऑक्सीजन-स्वतंत्र (anaerobic) होता है, यानी इसमें ऑक्सीजन की आवश्यकता नहीं होती

2. **साइट्रिक एसिड चक्र (Citric Acid Cycle) / क्रीब्स चक्र (Krebs Cycle):**

○ यह चरण माइटोकॉन्ड्रिया में होता है और यहाँ पायरुवेट को और अधिक तोड़ा जाता है।

○ इस प्रक्रिया में CO_2 उत्सर्जित होता है, और साथ ही NADH और $FADH_2$ जैसे उच्च ऊर्जा वाले यौगिकों का निर्माण होता है, जो अगले चरण में ऊर्जा देने के लिए उपयोग किए जाते हैं।

3. **ऑक्सीडेटिव फॉस्फोराइलेशन (Oxidative Phosphorylation) / इलेक्ट्रॉन परिवहन श्रृंखला (Electron Transport Chain):**

○ यह भी माइटोकॉन्ड्रिया में होता है।

○ NADH और $FADH_2$ द्वारा प्रदान की गई ऊर्जा का उपयोग ATP बनाने के लिए किया जाता है।

○ यहाँ ऑक्सीजन (O_2) का उपयोग होता है, जो अंतिम इलेक्ट्रॉन रिसीवर के रूप में काम करता है, और कार्बन डाइऑक्साइड (CO_2) और पानी (H_2O) उत्पन्न होते हैं।

○ यह प्रक्रिया ऊर्जा का सबसे महत्वपूर्ण स्रोत होती है।

श्वसन के प्रकार:

1. **वायवीय श्वसन (Aerobic Respiration):**

- इस प्रकार की श्वसन प्रक्रिया में ऑक्सीजन की आवश्यकता होती है।

- यह प्रक्रिया अधिक ऊर्जा प्रदान करती है।

- इसमें ग्लाइकोलाइसिस, साइट्रिक एसिड चक्र, और ऑक्सीडेटिव फॉस्फोराइलेशन के तीनों चरण शामिल होते हैं।

- उदाहरण: मनुष्य, जानवर, पौधे

2. अवायवीय श्वसन (Anaerobic Respiration):

- इस प्रकार की श्वसन प्रक्रिया में ऑक्सीजन की आवश्यकता नहीं होती है।

- यह प्रक्रिया कम ऊर्जा उत्पन्न करती है और इसमें केवल ग्लाइकोलाइसिस ही होता है।

- इस प्रक्रिया में उत्पन्न होने वाली ऊर्जा का उपयोग सीमित होता है।

- इसके परिणामस्वरूप लैक्टिक एसिड (Lactic Acid) या एथेनॉल (Ethanol) और CO_2 उत्पन्न होते हैं।

- उदाहरण: मांसपेशियों में तीव्र व्यायाम के दौरान, खमीर (Yeast) में शराब बनाने की प्रक्रिया

श्वसन का महत्व:

1. ऊर्जा का उत्पादन:

- श्वसन का मुख्य उद्देश्य ऊर्जा प्राप्त करना है, जो जीवन के विभिन्न कार्यों जैसे मांसपेशियों के संकुचन, कोशिका विभाजन, और अन्य जैविक कार्यों के लिए आवश्यक होती है।

2. CO_2 का उत्सर्जन:

- श्वसन के दौरान कार्बन डाइऑक्साइड (CO_2) उत्सर्जित होता है, जिसे श्वसन के बाद फेफड़ों द्वारा शरीर से बाहर निष्कासित किया जाता है।

3. ऑक्सीजन का उपयोग:

- ऑक्सीजन का उपयोग कोशिकाओं में ऊर्जा उत्पादन के लिए किया जाता है, और यह जीवन के लिए आवश्यक है।

- ग्लूकोज़ अर्थात एक छः कार्बन वाले अणु का तीन कार्बन वाले अण पायरुवेट में विखंडन है। यह प्रक्रम कोशिकाद्रव्य में होता है। इसके पश्चात पायरुवेट इथेनॉल तथा कार्बन डाइऑक्साइड में परिवर्तित हो

सकता है। यह प्रक्रम किण्वन के समय यीस्ट में होता है| क्योंकि यह प्रक्रम वायु (ऑक्सीजन) की अनुपस्थिति में होता है|

- वैसा प्रक्रम जो **वायु (ऑक्सीजन) की अनुपस्थिति में** होता है| इसे **अवायवीय श्वसन** कहते हैं। पायरुवेट का विखं डन ऑक्सीजन का उपयोग करके माइटोकॉन्ड्रिया में होता है। यह प्रक्रम तीन कार्बन वाले पायरुवेट के अणु को विखंडित करके तीन कार्बन डाइऑक्साइड के अणु देता है।

- वैसा प्रक्रम जो **वायु (ऑक्सीजन) की उपस्थिति में** होता है| इसे **वायवीय श्वसन** कहते हैं।

- कभी-कभी जब हमारी पेशी कोशिकाओं में **ऑक्सीजन का अभाव** हो जाता है, पायरुवेट के विखंडन के लिए दूसरा पथ अपनाया जाता है, यहाँ पायरुवेट एक अन्य तीन कार्बन वाले अणु **लैक्टिक अम्ल** में परिवर्तित हो जाता है। लैक्टिक अम्ल का निर्माण होना क्रैम्प का कारण हो सकता है|

- कोशिकीय प्रक्रमों के लिए ए.टी.पी ऊर्जा मुद्रा है। श्वसन प्रक्रम में मोचित ऊर्जा का उपयोग ए.डी.पी. (ADP) तथा अकार्बनिक फॉस्फेट से ए.टी.पी. अणु बनाने में किया जाता है।

- हृदय एक पेशीय अंग है| ऑक्सीजन व कार्बन डाइऑक्साइड दोनों का ही वहन करना होता है। अतः ऑक्सीजन प्रचुर रुधिर को कार्बन डाइऑक्साइड युक्त रुधिर से मिलने को रोकने के लिए हृदय कई कोष्ठों में बँटा होता है। कार्बन डाइऑक्साइड प्रचुर रुधिर को कार्बन डाइऑक्साइड छोड़ने के लिए फुप्फुस में जाना होता है तथा फुप्फुस से वापस ऑक्सीजनित रुधिर को हृदय में लाना होता है। यह ऑक्सीजन प्रचुर रुधिर तब शरीर के शेष हिस्सों में पंप किया जाता है।

- धमनी के अदंर रुधिर का दाब निलय प्रंकुचन (संकुचन) के दौरान प्रकुंचन दाब तथा निलय अनुशिथिलन (शिथिलन) के दौरान धमनी के अदंर का दाब अनुशिथिलन दाब कहलाता है। सामान्य प्रकुंचन दाब लभगग **120 mm (पारा)** तथा अनुशिथिलन दाब लगभग **80 mm (पारा)** होता है।

- **स्फाईग्मोमैनोमीटर** नामक यंत्र से रक्तदाब नापा जाता है|

- **जाइलम**, जो मृदा से प्राप्त जल और खनिज लवणों को वहन करता है। फ्लोएम, पत्तियों से जो प्रकाश संश्लेषण के उत्पाद संश्लेषित होते हैं, उसको पौधों के हरेक भाग में पहुंचाता है|

- जल को जड़ों में उपस्थित जाइलम कोशिकाओ द्वारा खींचता है। पादप के वायवीय भागों द्वारा वाष्प के रूप में जल की हानि **वाष्पोत्सर्जन** कहलाती है|

- **हृदय पंप की प्रक्रिया के चरण:**

हृदय में चार कक्ष होते हैं:

- ➢ **दाएँ अलिंद** (Right Atrium)
- ➢ **बाएँ अलिंद** (Left Atrium)
- ➢ **दाएँ निलय (Right Ventricle)**
- ➢ **बाएँ निलय (Left Ventricle)**

हृदय पंप की प्रक्रिया में यह कक्ष एक निश्चित क्रम में रक्त को पंप करते हैं:

1. रक्त का शरीर से हृदय में प्रवेश:

- ➢ शरीर के विभिन्न अंगों से अपवर्तित (deoxygenated) रक्त **सर्विकालिका** (superior vena cava) और **निम्न वियागिका (inferior vena cava)** के माध्यम से **दाएँ अलिंद (right atrium)** में आता है।
- ➢ यहाँ रक्त ऑक्सीजन की कमी वाला होता है, क्योंकि शरीर के अंगों से कोशिकाओं द्वारा उपयोग की गई ऑक्सीजन अवशोषित हो चुकी होती है।

2. दाएँ अलिंद से दाएँ प्रकोष्ठ में रक्त का प्रवाह:

- ➢ जब **दाएँ अलिंद** में रक्त भर जाता है, तो यह **त्रिकोणीय वाल्व** (tricuspid valve) के माध्यम से **दाएँ निलय** (right ventricle) में प्रवाहित होता है।
- ➢ त्रिकोणीय वाल्व इस प्रक्रिया में रक्त के पीछे वापस लौटने से रोकता है।

3. दाएँ निलय से रक्त का फेफड़ों में संचार (Pulmonary Circulation):

- ➢ अब, **दाएँ निलय** में रक्त भरने के बाद, यह **पल्मोनरी वाल्व** (pulmonary valve) के माध्यम से **फेफड़ों की धमनियों (pulmonary arteries)** में जाता है।
- ➢ इस प्रकार का रक्त ऑक्सीजन की कमी वाला होता है, लेकिन फेफड़ों में ऑक्सीजन के साथ पुनः मिश्रित होने के लिए भेजा जाता है।
- ➢ **फेफड़ों में** रक्त में ऑक्सीजन भरकर, कार्बन डाइऑक्साइड (CO_2) को छोड़ दिया जाता है।

4. फेफड़ों से बाएँ अलिंद में रक्त का आगमन (Oxygenated Blood):

- ➢ **फेफड़ों से वापस रक्त अब फेफड़ों की शिराओं (pulmonary veins)** के माध्यम से **बाएँ अलिंद (left atrium)** में आता है।
- ➢ अब रक्त में ऑक्सीजन की अधिकता होती है और इसे शरीर के अंगों में भेजने के लिए तैयार किया जाता है।

5. बाएँ अलिंद से बाएँ निलय में रक्त का प्रवाह:

- ➢ **बाएँ अलिंद** में रक्त भरने के बाद, यह **माइट्रल वाल्व** (mitral valve) के माध्यम से **बाएँ निलय** (left ventricle) में प्रवेश करता है।

6. बाएँ निलय से शरीर में रक्त का संचार (Systemic Circulation):

- ➢ अब, **बाएँ निलय** में रक्त भरने के बाद, यह **एओर्टिक वाल्व** (aortic valve) के माध्यम से **एओर्टा** (aorta) में प्रवाहित होता है।
- ➢ **एओर्टा** शरीर के सभी अंगों को रक्त भेजता है, जिससे शरीर के विभिन्न भागों को आवश्यक ऑक्सीजन और पोषक तत्व मिलते हैं।

7. पूरा चक्र (Complete Cycle):

- ➢ यह रक्त का एक पूरा चक्र होता है, जिसमें रक्त शरीर के विभिन्न हिस्सों से होकर वापस हृदय में आता है और फिर से फेफड़ों में ऑक्सीजन प्राप्त करने के लिए भेजा जाता है।

हृदय की पंपिंग क्रिया के महत्व:

रक्त का संचार:

- ➢ हृदय शरीर के विभिन्न हिस्सों में रक्त भेजता है, जिससे सभी अंगों तक ऑक्सीजन और पोषक तत्व पहुंचते हैं, और शरीर से अपशिष्ट पदार्थ (जैसे CO_2) को निकालने में मदद मिलती है।

ऑक्सीजन और पोषक तत्वों का आपूर्ति:

- ➢ यह सुनिश्चित करता है कि शरीर के सभी अंगों को आवश्यक ऑक्सीजन और पोषक तत्व प्राप्त हों, ताकि कोशिकाओं का स्वस्थ कार्य जारी रह सके

हृदय के वाल्व:

हृदय में चार प्रमुख वाल्व होते हैं जो रक्त के प्रवाह को नियंत्रित करते हैं। ये वाल्व रक्त के प्रवाह को एक दिशा में सुनिश्चित करते हैं और किसी भी प्रकार की पुनःवापसी (backflow) को रोकते हैं।

लसिका (Lymph) क्या है?
लसिका (Lymph) एक रंगहीन, पारदर्शी तरल पदार्थ है जो शरीर में **लसिका तंत्र (Lymphatic System)** के माध्यम से प्रवाहित होता है। यह शरीर की **रोग प्रतिरोधक प्रणाली (Immune System)** में महत्वपूर्ण भूमिका निभाता है और ऊतकों से अतिरिक्त तरल पदार्थ को हटाने, पोषक तत्वों के परिवहन और संक्रमण से बचाव में सहायक होता है।

उत्सर्जन

- ➢ वह जैव प्रक्रम, जिसमें हानिकारक उपापचयी पदार्थों का निष्कासन होता है, **उत्सर्जन** कहलाता है।
- ➢ मानव के उत्सर्जन तंत्र में एक जोड़ा वृक्क, एक मूत्र वाहिनी, एक मूत्राशय तथा एक मूत्रमार्ग होता है।

वृक्क उदर में रीढ़ की हड्डी के दोना ओर स्थित होते हैं।

- कई कारक,जैसे– संक्रमण, आघात या वृक्क में सीमित रुधिर प्रवाह,वृक्क की क्रियाशीलता को कम कर देते हैं। यह शरीर में विषैले अपशिष्ट को संचित कराता है, जिससे मृत्यु भी हो सकती है। वृक्क के अपक्रिय होने की अवस्था में कृत्रिम वृक्क का उपयोग किया जा सकता है। एक कृत्रिम वृक्क नाइट्रोजनी अपशिष्ट उत्पादो को रुधिर से अपोहन (dialysis) द्वारा निकालने की एक युक्ति है।
- **मनुष्य में उत्सर्जन तंत्र के प्रमुख अंग:**
1. **गुर्दे (Kidneys)** – रक्त को छानने और मूत्र बनाने का कार्य करते हैं।
2. **मूत्रवाहिनी (Ureters)** – मूत्र को गुर्दों से मूत्राशय तक ले जाती है।
3. **मूत्राशय (Urinary Bladder)** – मूत्र को अस्थायी रूप से संग्रहित करता है।
4. **मूत्रमार्ग (Urethra)** – मूत्र को शरीर से बाहर निकालता है।

गुर्दों में मूत्र निर्माण की प्रक्रिया:

गुर्दे (Kidneys) रक्त को छानकर **नाइट्रोजनयुक्त अपशिष्ट (जैसे यूरिया और यूरिक एसिड)** को मूत्र के रूप में बाहर निकालते हैं। यह प्रक्रिया तीन चरणों में पूरी होती है:

1. **ग्लोमेरुलर निस्यंदन (Glomerular Filtration)**

   रक्त गुर्दे के नेफ्रॉन (Nephrons) में प्रवेश करता है।

   ग्लोमेरुलस (Glomerulus) में उच्च दबाव से रक्त निस्यंदन (Filtration) होता है और अपशिष्ट पदार्थ छान लिए जाते हैं।

2. **पुनः अवशोषण (Reabsorption)**

   आवश्यक पोषक तत्व, जल और लवण फिर से रक्त में अवशोषित कर लिए जाते हैं।

3. **नलिकीय स्राव (Tubular Secretion)**

   अतिरिक्त आयन और विषैले पदार्थ नेफ्रॉन की नलिकाओं में छोड़े जाते हैं और मूत्र का निर्माण होता है।

मूत्र का निष्कासन (Urine Excretion):

तैयार मूत्र **मूत्रवाहिनी (Ureters)** से होकर **मूत्राशय (Bladder)** में संग्रहित होता है।

मूत्राशय में पर्याप्त मात्रा में मूत्र भर जाने पर **मूत्रमार्ग (Urethra)** द्वारा इसे शरीर से बाहर निकाल दिया जाता है।

अन्य उत्सर्जन प्रक्रियाएँ:

फेफड़े (Lungs): कार्बन डाइऑक्साइड (CO_2) और जल वाष्प निकालते हैं।

त्वचा (Skin): पसीने के रूप में जल और लवण निकालती है।

यकृत (Liver): हानिकारक रसायनों को निष्क्रिय कर पित्त (Bile) के रूप में बाहर निकालता है।

नियंत्रण एवं समन्वय

- पर्यावरण में किसी घटना की अनुक्रिया के फलस्वरूप अचानक हुई क्रिया की चर्चा करते हैं तो बहुधा **प्रतिवर्त** शब्द का प्रयोग करते हैं।
- मेरुरज्जु तंत्रिकाओं की बनी होती है, जो सोचने के लिए सुचनाएँ प्रदान करती हैं। मस्तिष्क तथा मेरुरज्जु केंद्रीय तंत्रिका तंत्र बनाते है ये शरीर के सभी भागों से सुचनाएँ प्राप्त करते हैं तथा इसका समाकलन करते हैं।
- सभी अनैच्छिक क्रियाएँ, जैसे– रक्तदाब, लार आना तथा वमन पश्चमस्तिष्क स्थित मेदुला द्वारा नियंत्रित होती हैं।
- ये पश्चमस्तिष्क में स्थित भाग अनमुस्तिष्क द्वारा ही संभव है, जो एच्छिक क्रियाओ की परिशुद्धि तथा शरीर की संस्थिति तथा संतुलन के लिए उत्तरदायी है।
- **पादप में हार्मोन-**
(1) **ऑक्सिन** - यह प्ररोह के अग्रभाग(टिप) में संश्लेषित होता है तथा कोशिकाओ की लंबाई में वृद्धि में सहायक होता है। जब पादप पर एक ओर से प्रकाश आ रहा है तब ऑक्सिन विसरित होकर प्ररोह के छाया वाले भाग में आ जाता है। प्ररोह की प्रकाश से दुर वाली साइड में ऑक्सिन का सांद्रण कोशिकाओ को लंबाई में वृधि के लिए उद्दीपित करता है।
(2) **जिब्बेरेलिन**- ऑक्सिन की तरह तने की वृधि में सहायक होते हैं।
(3) **साइटोकाइनिन**- कोशिका विभाजन को प्रेरित करता है और इसीलिए यह उन क्षेत्रों में जहाँ कोशिका विभाजन तीव्र होता है, विशेष रूप से फलों और बीजों में अधिक सांद्रता में पाया जाता है।
(4) **एब्सिसिक अम्ल**- यह **वृद्धि का विरोध** करने वाले हॉर्मोन का एक उदाहरण है। **पत्तियों का मुरझाना** इसके प्रभावों में सम्मिलित है।
(5) **एथिलीन**- फल पकाने में सहायक होती है।
- **जन्तुओ में हार्मोन-**

हॉर्मोन अंतःस्रावी ग्रंथियो का भाग हैं, जो हमारे शरीर में नियंत्रण एवं समन्वय का दूसरा मार्ग है।

(1) **अधिवृक्क ग्रंथि से स्रावित एड्रीनलीन हॉर्मोन-** द्वारा मनष्यु सहित अनेक जंतुओं में यह किया जाता है। **एड्रीनलीन** सीधा **रुधिर में स्रावित** हो जाता है और शरीर के विभिन्न भागों तक पहुँचा दिया जाता है। हृदय सहित यह लक्ष्य अंगों या विशिष्ट ऊतकों पर कार्य करता है। परिणामस्वरूप हृदय की धड़कन बढ़ जाती है ताकि हमारी पेशियों को अधिक ऑक्सीजन की आपूर्ति हो सके, पाचन तंत्र तथा त्वचा में रुधिर की आपूर्ति कम हो जाती है, क्योंकि इन अंगों की छोटी धमनियों के आस-पास की पेशियाँ सिकुड़ जाती हैं।

(2) **अवटु ग्रंथि(थाइरोइड ग्रंथि) को थायरॉक्सिन हॉर्मोन-** बनाने के लिए **आयोडीन** आवश्यक है। थॉयरॉक्सिन कार्बोहाइड्रेट, प्रोटीन तथा वसा के उपापचय कर, हमारे शरीर में नियंत्रण करता है ताकि वृद्धि के लिए उत्कृष्ट संतुलन उपलब्ध कराया जा सके, थायरॉक्सिन के संश्लेषण के लिए आयोडीन अनिवार्य है। हमारे आहार में आयोडीन की कमी होने से हम **गॉयटर(घेंघा रोग)** से ग्रसित हो सकते हैं। इस बीमारी का एक लक्षण **फूली हुई गर्दन** है।

(3) **पीयूष ग्रंथि(पिट्यूटरी ग्रंथि) से स्रावित होने वाले हॉर्मोन में एक वृद्धि हॉर्मोन** है। वृद्धि हॉर्मोन शरीर की वृद्धि और विकास को नियंत्रित करता है। यदि बाल्य अवस्था में इस हॉर्मोन की कमी हो जाती है तो यह **बौनापन का कारण** बनता है।

(4) **इंसुलिन हॉर्मोन का उत्पादन अग्न्याशय** में होता है और जो रुधिर में शर्करा स्तर को नियंत्रित करने में सहायता करता है। यदि यह उचित मात्रा में स्रावित नहीं होता है तो रुधिर में शर्करा स्तर बढ़ जाता है और कई हानिकारक प्रभाव का कारण बनता है। इन्सुलिन की **कमी से** एक प्रमुख **रोग मधुमेह नामक बीमारी** होती है|

(5) **नर में टेस्टोस्टेरोन** तथा **मादा में एस्ट्रोजन** का स्रावण होता है।जो शरीर में हों रहे कई परिवर्तनों में सहायक होता है|

जंतु तंत्रिका तंत्र -

तंत्रिका तंत्र (Nervous System) जंतुओं में सूचनाओं को संचारित करने, प्रतिक्रिया उत्पन्न करने और शरीर के विभिन्न अंगों का समन्वय करने वाली जटिल प्रणाली है। यह मुख्य रूप से मस्तिष्क (Brain), रीढ़ की हड्डी (Spinal Cord), तंत्रिकाएँ (Nerves) और संवेदी अंगों (Sense Organs) से मिलकर बना होता है।

न्यूरॉन (Neuron) का विवरण

न्यूरॉन (Neuron) या तंत्रिका कोशिका (Nerve Cell) तंत्रिका तंत्र की संरचनात्मक और कार्यात्मक इकाई है। यह एक विशेषीकृत कोशिका होती है, जो विद्युत और रासायनिक संकेतों (Electrical & Chemical Signals) के माध्यम से सूचनाओं का संचार करती है।

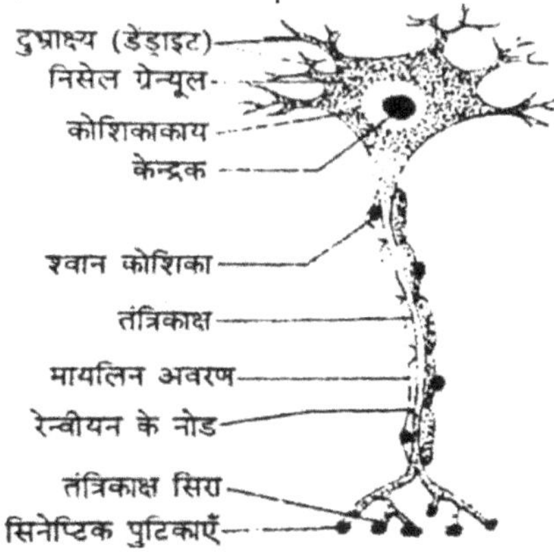

[न्यूरॉन की संरचना (Structure of Neuron)]

न्यूरॉन मुख्य रूप से तीन भागों से मिलकर बना होता है:

1. **कोशिका शरीर (Cell Body or Soma):**

○ इसे **पेरिकैरियन (Perikaryon)** भी कहा जाता है।

○ इसमें **नाभिक (Nucleus)** और कोशिकांग (Organelles) होते हैं।

○ यह कोशिका के चयापचय (Metabolism) और विकास को नियंत्रित करता है।

2. **डेंड्राइट्स (Dendrites):**

○ ये छोटे, शाखित प्रक्षेप (Projections) होते हैं।

○ यह अन्य न्यूरॉनों से संकेत (Signals) ग्रहण करने का कार्य करते हैं और उन्हें कोशिका शरीर तक पहुँचाते हैं।

3. **एक्सॉन (Axon):**

○ यह एक लंबी, पतली संरचना होती है, जो संकेतों को कोशिका शरीर से दूर ले जाती है।

○ कुछ न्यूरॉनों में एक्सॉन **माइलिन शीथ (Myelin Sheath)** से ढका होता है, जो संकेतों के तेजी से संचार में मदद करता है।

न्यूरॉन के प्रकार (Types of Neurons):

1. **संवेदी न्यूरॉन (Sensory Neurons):**

○ ये बाहरी पर्यावरण से संवेदी जानकारी (जैसे प्रकाश, ध्वनि, तापमान) को ग्रहण कर मस्तिष्क और रीढ़ की हड्डी तक पहुँचाते हैं।

2. **गति न्यूरॉन (Motor Neurons):**

○ ये मस्तिष्क और रीढ़ की हड्डी से प्राप्त संकेतों को मांसपेशियों (Muscles) और ग्रंथियों (Glands) तक पहुँचाते हैं।

3. **मध्यस्थ न्यूरॉन (Interneurons):**

○ ये संवेदी और गति न्यूरॉनों के बीच सूचनाओं का आदान-प्रदान करते हैं।

○ ये मुख्य रूप से मस्तिष्क और रीढ़ की हड्डी में पाए जाते हैं।

न्यूरॉन की कार्यप्रणाली (Functioning of Neuron):

1. **सिग्नल ग्रहण (Signal Reception):**

○ डेंड्राइट्स बाहरी संकेतों को पकड़ते हैं और उन्हें कोशिका शरीर तक पहुँचाते हैं।

2. **सिग्नल संचार (Signal Transmission):**

○ कोशिका शरीर इन संकेतों को विद्युत आवेग (Electrical Impulse) में बदलता है।

3. **सिग्नल प्रसार (Signal Propagation):**

○ एक्सॉन इस विद्युत आवेग को अगले न्यूरॉन तक पहुँचाता है।

4. **सिग्नल संचारण (Signal Transfer):**

○ न्यूरॉन के अंतिम भाग **(Axon Terminals)** से न्यूरोट्रांसमीटर (Neurotransmitters) नामक रसायन निकलते हैं, जो अगले न्यूरॉन को सक्रिय करते हैं।

मनुष्य का मस्तिष्क: संरचना, कार्य और कार्यप्रणाली:-
मनुष्य का मस्तिष्क (Human Brain) तंत्रिका तंत्र का प्रमुख अंग है, जो शरीर की सभी क्रियाओं को नियंत्रित करता है। यह **सोचने, स्मृति, तर्क, भावनाओं, संतुलन, संवेदी जानकारी** को ग्रहण करने और प्रतिक्रियाएँ उत्पन्न करने का कार्य करता है।

मस्तिष्क की संरचना (Structure of Brain)

मनुष्य का मस्तिष्क **लगभग 1.2 से 1.4 किलोग्राम** का होता है और यह खोपड़ी (Skull) के अंदर स्थित रहता है। यह तीन प्रमुख भागों में बँटा होता है:

1. **मस्तिष्क अग्रभाग (Forebrain)**

2. **मध्य मस्तिष्क (Midbrain)**

3. **पश्च मस्तिष्क (Hindbrain)**

1. मस्तिष्क अग्रभाग (Forebrain):

● यह मस्तिष्क का सबसे बड़ा और सबसे विकसित भाग है।

● इसमें **सेरिब्रल हेमिस्फियर (Cerebral Hemisphere), थैलेमस (Thalamus), और हाइपोथैलेमस (Hypothalamus)** शामिल होते हैं।

(i) सेरिब्रम (Cerebrum):

● यह मस्तिष्क का सबसे बड़ा भाग है और इसे दो भागों में बाँटा गया है—**बाएँ और दाएँ गोलार्द्ध (Left & Right Hemispheres)।**

● यह **सोचने, स्मृति, भाषा, निर्णय लेने, और संवेदी जानकारी** को नियंत्रित करता है।

● इसमें चार मुख्य लोब होते हैं:

○ **फ्रंटल लोब (Frontal Lobe):** तर्क, योजना, समस्या-समाधान, और गति नियंत्रण

- ○ **पैरिएटल लोब (Parietal Lobe):** स्पर्श, तापमान और दर्द का अनुभव

- ○ **टेम्पोरल लोब (Temporal Lobe):** श्रवण (सुनने) और भाषा की समझ

- ○ **ऑक्सिपिटल लोब (Occipital Lobe):** दृष्टि (Vision) का नियंत्रण

(ii) थैलेमस (Thalamus):

- यह संवेदी सूचनाओं को मस्तिष्क के विभिन्न भागों में भेजता है।

(iii) हाइपोथैलेमस (Hypothalamus):

- यह शरीर के **तापमान, भूख, प्यास, नींद, और भावनाओं** को नियंत्रित करता है।

- यह **हार्मोन स्राव** में महत्वपूर्ण भूमिका निभाता है।

2. मध्य मस्तिष्क (Midbrain):

- यह मस्तिष्क अग्रभाग और पश्च मस्तिष्क को जोड़ने का कार्य करता है।

- यह श्रवण (Hearing) और दृष्टि (Vision) से संबंधित जानकारी को नियंत्रित करता है।

3. पश्च मस्तिष्क (Hindbrain):

- यह शरीर के मूलभूत और अनैच्छिक कार्यों को नियंत्रित करता है।

- इसमें तीन प्रमुख भाग होते हैं:

(i) सेरिबेलम (Cerebellum):

- यह शरीर के संतुलन (Balance) और समन्वय (Coordination) को नियंत्रित करता है।

(ii) पोंस (Pons):

- यह मस्तिष्क और रीढ़ की हड्डी के बीच संदेशों का आदान-प्रदान करता है।

- यह चेहरे की गतिविधियों और श्वसन को नियंत्रित करता है।

(iii) मेडुला ओब्लांगाटा (Medulla Oblongata):

- यह **हृदयगति (Heart Rate), श्वसन (Breathing), पाचन (Digestion)** जैसी अनैच्छिक क्रियाओं को नियंत्रित करता है।

- यह प्रतिवर्त क्रियाओं (Reflex Actions) का भी नियंत्रण करता है, जैसे छींकना, हिचकी आना आदि

मस्तिष्क की कार्यप्रणाली (Functioning of Brain)

1. **संवेदी सूचना ग्रहण (Sensory Input):**

- ○ हमारी आँखें, कान, त्वचा, नाक, और जीभ बाहरी दुनिया से सूचनाएँ एकत्र करते हैं।

- ○ यह सूचना **तंत्रिकाओं (Nerves)** के माध्यम से मस्तिष्क में भेजी जाती है।

2. **जानकारी का विश्लेषण (Processing of Information):**

- ○ मस्तिष्क इन संवेदी सूचनाओं का विश्लेषण करता है और उचित प्रतिक्रिया तैयार करता है।

3. **प्रतिक्रिया उत्पन्न (Motor Response):**

- ○ मस्तिष्क द्वारा दिए गए आदेशों के अनुसार मांसपेशियाँ (Muscles) और ग्रंथियाँ (Glands) प्रतिक्रिया देती हैं।

मस्तिष्क को सुरक्षित रखने वाले कारक (Protection of Brain)

1. **खोपड़ी (Skull):** यह मस्तिष्क को बाहरी चोटों से बचाती है।

2. **मस्तिष्कावरण (Meninges):** यह तीन परतों वाली झिल्ली होती है, जो मस्तिष्क को सुरक्षा प्रदान करती है।

3. **मस्तिष्कमेरु द्रव (Cerebrospinal Fluid - CSF):**

- ○ यह मस्तिष्क और रीढ़ की हड्डी के चारों ओर मौजूद रहता है।

- ○ यह मस्तिष्क को झटकों और संक्रमण से बचाता है।

मस्तिष्क से जुड़ी प्रमुख बीमारियाँ (Brain Disorders)

1. **माइग्रेन (Migraine):** गंभीर सिरदर्द, मतली और प्रकाश संवेदनशीलता

2. **पार्किंसन रोग (Parkinson's Disease):** शरीर में अनियंत्रित कंपन और गति में कठिनाई

3. **अल्जाइमर रोग (Alzheimer's Disease):** स्मृति हानि और मानसिक क्षमताओं में गिरावट

4. **स्ट्रोक (Stroke):** मस्तिष्क में रक्त प्रवाह बाधित होने से स्नायुतंत्र को नुकसान

5. **मस्तिष्क ट्यूमर (Brain Tumor):** मस्तिष्क में असामान्य कोशिका वृद्धि

जनन

जीवो का नए संतति को उत्पन्न करने की विधी प्रजनन या जनन कहलाती है|

कोशिका के केंद्रक में पाए जाने वाले गुणसुत्रों के डी.एन.ए.– DNA (डिआक्सी राइबो न्यूकलीक अम्ल) के अणुओ में आनुवंशिक गुणों का संदेश होता है, जो जनक से संतति पीढ़ी में जाता है। कोशिका के केंद्रक के डी.एन.ए. में प्रोटीन संश्लेषण हेतु सुचना निहित होती है।

➢ **विखंडन-** एककोशिक जीवों में कोशिका विभाजन अथवा विखंडन द्वारा नए जीवों की उत्पत्ति होती है।

विखंडन के प्रकार-

(1) **एककोशिकीय विखंडन-** वैसे जीवो में होता है जिसमे एक कोशिका होती है| जैसे- अमीबा, प्रोटोजोआ इत्यादि

(2) **बहुकोशिकीय विखंडन -** वैसे जीवो में होता है जिसमे एक या एक से अधिक कोशिका होती है| जैसे- प्लाजमोडियम, मलेरिया परजीवी इत्यादि

➢ **खंडन –** इस प्रक्रिया द्वारा जिव विकसित होकर छोटे-छोटे टुकड़ो में खंडित हो जाते है| जैसे- स्पाइरोगाइरा

➢ **पुनरुद्ध्रवन (पुनर्जनन)-** मुख्य शरीर से पूर्णरूपेन विभाजित होकर नए जिव के रूप में विकसित होना पुनर्जनन कहलाता है| जैसे-**हाइड्रा और प्लेनेरिया इत्यादि**

➢ **मुकुलन-** एक स्थान पर उभार विकसित होना, वृधि कर नन्हे जीव में बदल जाना तथा पुर्ण विकसित होकर जनक से अलग होकर स्वतंत्र जीव बन जाना , मुकुलन कहलाता है| जैसे- **हाइड्रा**

➢ **कायिक प्रवर्धन-** कुछ भाग जैसे जड़, तना तथा पत्तियाँ उपयुक्त परिस्थितियों में विकसित होकर नया पौधा उत्पन्न करते हैं। अधिकतर जंतुओ के विपरीत, एकल पौधे इस क्षमता का उपयोग जनन की विधि के रूप में करते हैं। **परतन, कलम अथवा रोपण** जैसी कायिक प्रवर्धन की तकनीक का उपयोग कृषि में भी किया जाता है। **गन्ना, गुलाब अथवा अंगूर इसके कुछ उदाहरण हैं। ब्रायोफिलम की पत्तियों** की कोर पर कुछ कलिकाएँ विकसित होकर मृदा में गिर जाती हैं तथा नए पौधो में विकसित हो जाती हैं।

➢ **ऊतक सवर्धन** तकनीक में पौधे के ऊतक अथवा उसकी कोशिकाओं कों पौधे के शीर्ष के वर्धमान भाग से पृथक कर **नए पौधे उगाए** जाते हैं। इन कोशिकाओ को कृत्रिम पोषक माध्यम में रखा जाता है, जिससे कोशिकाएँ विभाजित होकर अनेक कोशिकाओ का छोटा समुह बनाती हैं, जिसे **कैलस** कहते हैं।

➢ **बीजाणु समासंघ-** अनेक सरल बहुकोशिकिय जीवों में भी विशिष्ट जनन संरचनाएँ पाई जाती हैं। **राइपोज** में इसी विधि से जनन होता है|

जनन के प्रकार –

(1) **लैंगिक जनन-** जिसमें नई संतति उत्पन्न करने हेत दो वयष्टि (एकल जीवों) की भागीदारी होती है। जीवों में नवीन संतति उत्पन्न करने हेतु नर एवं मादा दोनों लिंगों की आवश्यकता होती है। उसे लैंगिक जनन कहते है| जैसे- मनुष्य इत्यादि

(2) **अलैंगिक जनन-** नवीन संतति उत्पन्न करने केवल एक नर या मादा लिंग ही आवश्यक हो उसे अलैंगिक जनन कहते है|

(3) **पुष्पी पौधों में लैंगिक जनन :-**

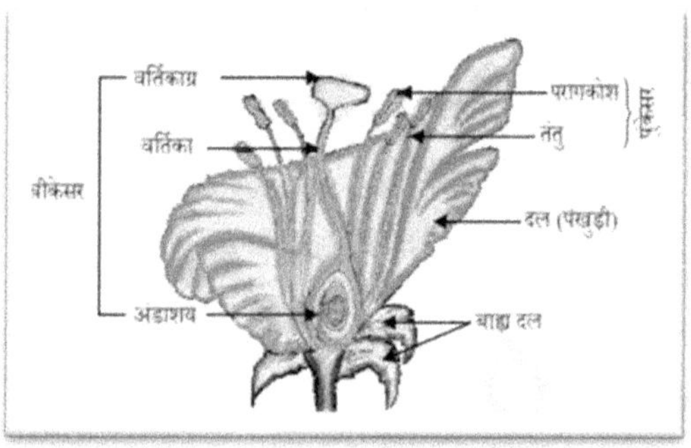

➤ आवृतबीजी (एजियोस्पर्म) के जननांग पुष्प में अवस्थित होते हैं।

➤ पुष्प के विभिन्न भागों – **बाह्यदल, दल(पंखुड़ी), पुंकेसर एवं स्त्रीकेसर**

➤ **पुंकेसर एवं स्त्रीकेसर** पुष्प के **जनन भाग** हैं, जिनमें जनन-कोशिकाएँ होती हैं।

➤ पुष्प एकलिंगी (पपीता, तरबजू) कहलाते हैं। जब पुष्प में पुंकेसर एवं स्त्रीकेसर दोनों उपस्थित होते हैं, (गड़हल, सरसों) तो उन्हें उभयलिंगी पुष्प कहते हैं।

➤ **पुंकेसर नर जननांग** है, जो परागकण बनाते हैं। **परागकण सामान्यतः पीले हो सकते हैं।**

➤ **स्त्रीकेसर पुष्प के केंद्र** में अवस्थित होता है तथा यह पुष्प का **मादा जननांग** है। यह तीन भागों से बना होता है-

(1) **आधार पर उभरा-फूला भाग अंडाशय** है

(2) **मध्य में लंबा भाग वर्तिका** है तथा

(3) **शीर्ष भाग वर्तिकाग्र** है, जो प्रायः चिपचिपा होता है।

✓ **अंडाशय में बीजांड** होते हैं तथा प्रत्येक **बीजांड में एक अंड-कोशिका** होती है।

✓

✓ परागकण द्वारा उत्पादित नर युग्मक अंडाशय की अंडकोशिका (मादा युग्मक) से संलयित हो जाता है। जनन कोशिकाओ के इस युग्मन अथवा निषेचन से युग्मनज बनता है, जिसमें नए पौधे में विकसित होने की क्षमता होती है।

✓ परागकणों को पुंकेसर से वर्तिकाग्र तक स्थानांतरण की आवश्यकता होती है।

(1) यदि परागकणों का यह स्थानांतरण उसी पुष्प के वर्तिकाग्र पर होता है तो यह **स्वपरागण** कहलाता है।

(2) परंतु एक पुष्प के परागकण दुसरे पुष्प पर स्थानांतरित होते हैं, तो उसे **परपरागण** कहते हैं। एक पुष्प से दुसरे पुष्प तक परागकणों का यह **स्थानांतरण वायु, जल अथवा प्राणी** जैसे वाहक द्वारा संपन्न होता है।

(3) **निषेचन के बाद**, युग्मनज में अनेक विभाजन होते हैं तथा **बीजांड में भ्रूण** विकसित होता है। बीजांड से एक **कठोर आवरण** विकसित होता है तथा यह **बीज में** **परिवर्तित** हो जाता है। अंडाशय तीव्रता से वृद्धि करता है तथा **परिपक्व होकर फल** बनाता है। इस अंतराल में बाह्यदल, पंखुड़ी, पुंकेसर, वर्तिका एवं वर्तिकाग्र प्रायः मुरझाकर गिर ज

मानव में लैंगिक जनन

नर जनन तंत्र-

➤ **नर जनन-** कोशिका अथवा शुक्राणु का निर्माण वृषण में होता है। यह उदर गुहा के बाहर वृषण कोष में स्थित होते हैं। इसका कारण यह है कि शुक्राणु उत्पादन के लिए आवश्यक ताप शरीर के ताप से कम होता है।

➤ वृषण शुक्राणु उत्पादन के नियंत्रण के अतिरिक्त टेस्टोस्टेरॉन लड़कों में यौवनावस्था के लक्षणों का भी नियंत्रण करता है।

➤ मुत्रमार्ग (urethra) शुक्राणु एंव मुत्र दोनों के प्रवाह के एक ही मार्ग है

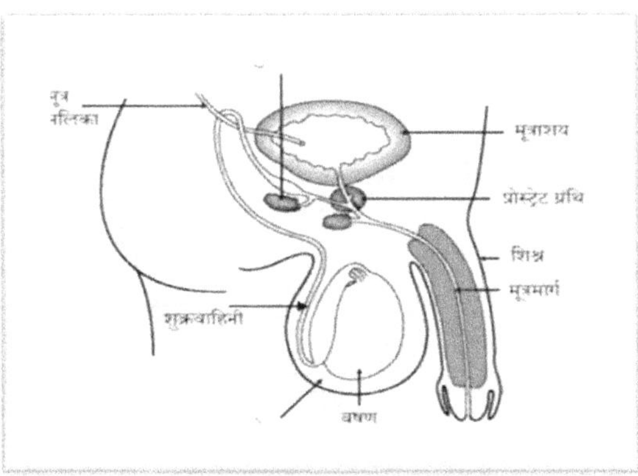

मादा जनन तंत्र

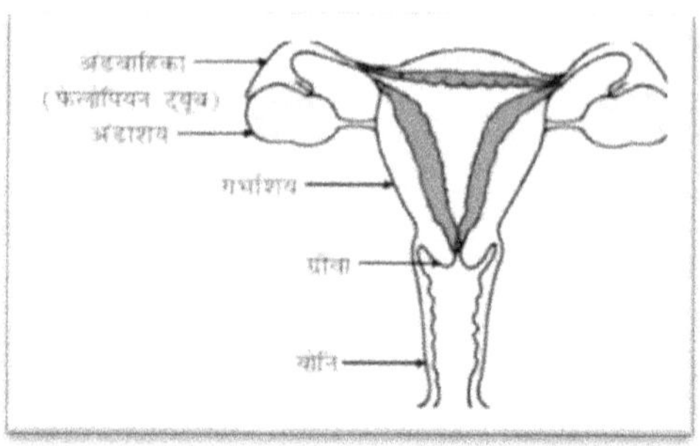

- **मादा जनन-कोशिकाओ** अथवा अंड-कोशिका का निर्माण **अंडाशय में** होता है। वे कुछ हार्मोन भी उत्पादित करती हैं।
- लड़की के **जन्म के समय** ही अंडाशय में **हज़ारों अपरिपक्कव अंड** होते हैं। **यौवनारंभ** में इनमें से **कुछ परिपक्कव** होने लगते हैं। दो में से एक अंडाशय द्वारा प्रत्येक माह एक अंड परिपक्कव होता है। महीन अंडवाहिका अथवा **फेलोपियन ट्युब** द्वारा यह अंड कोशिका गर्भाशय तक ले जाए जाते हैं। दोनों अंड वाहिकाएँ संयुक्त होकर एक लचीली थैलेनुमा संरचना का निर्माण करती हैं, जिसे **गर्भाशय** कहते हैं। गर्भाशय, ग्रीवा द्वारा योनि में खुलता है।
- शुक्राणु योनि मार्ग से अडंवाहिका तक पहुँचते हैं, जहाँ अंडकोशिका से मिल कर निषेचित अंडा विभाजित होकर कोशिकाओ की गेंद जैसी संरचना या भ्रूण बनाता है।
- अंडकोशिका का निषेचन नहीं हो तो यह लगभग एक दिन तक जीवित रहती है, क्योंकि अंडाशय पर्त प्रत्येक माह एक अंड का मोचन करता है।
- निषेचन न होने की अवस्था में इस पर्त की भी आवश्यकता नहीं रहती। अतः यह पर्त धीरे-धीरे टूटकर योनि मार्ग से रुधिर एवं म्यूकस के रूप में निष्कासित होती है। इस **चक्र** में लगभग **एक मास का समय** लगता है तथा इसे **ऋतु- स्राव अथवा रजोधर्म अथवा मासिक चक्र** कहते हैं। इसकी **अवधि लगभग 2 से 8** दिनों की होती है।
- यौनक्रिया से **शारीरिक संबंध** स्थापित होते हैं। अतः **अनेक रोगों** का लैंगिक **संचरण** भी हो सकता है। इसमें **जीवाणु जनित रोग**- जैसे– **गोनेरिया** तथा **सिफलिस एवं वाइरस सक्रंमण**- जैसे कि **मस्सा (Wart)** तथा **HIV-AIDS** इत्यादि शामिल हैं।
- गर्भधारण रोकने के लिए कुछ अन्य युक्तियाँ जैसे कि लूप अथवा कॉपर-टी (Copper-T) को गर्भाशय में स्थापित करके भी किया जाता है, परंतु गर्भाशय के उत्तेजन से भी कुछ विपरीत प्रभाव हो सकते हैं।
- यदि पुरुष की शुक्रवाहिकाओं को अवरुद्ध कर दिया जाए तो शुक्राणुओ का स्थानांतरण रुक जाता है। यदि स्त्री की अंडवाहिनी अथवा फेलोपियन नलिका को अवरुद्ध कर दिया जाए, तो अंड गर्भाशय तक नहीं पहुँच पाते है, दोनों ही अवस्थाओ में निषेचन नहीं हो पता है।

अनुवांशिकता

पूर्ववर्ती पीढ़ी एवं माता-पिता से संतानों को एक आधारिक शारीरिक अभिकल्प (डिज़ाइन) एवं कुछ विभिन्नताएँ प्राप्त होती है जिसे **अनुवांशिकता** कहते है।

- **लक्षणों की वंशागति के नियम— मेंडल का योगदान**
- मानव में लक्षणों की वंशागति के नियम इस बात पर आधारित हैं कि **माता एवं पिता** दोनों ही **समान मात्रा में अनुवांशिक पदार्थ को संतति** (शिशु) **में स्थानांतरित करते** हैं। इसका अर्थ यह है कि प्रत्येक लक्षण पिता और माता के डी.एन.ए. से प्रभावित हो सकते हैं।

मेंडल द्वारा मटर के पौधों का चयन (Why Mendel Chose Pea Plants?)
मेंडल ने मटर के पौधों को अपने प्रयोग के लिए चुना क्योंकि:
1. स्व-परागण (Self-Pollination) और पर-परागण (Cross-Pollination) करना आसान था।
2. संक्षिप्त जीवन चक्र (Short Life Cycle) था, जिससे जल्द ही परिणाम प्राप्त हुए।
3. प्रत्येक पीढ़ी में स्पष्ट अंतर वाले लक्षण (Traits) पाए जाते थे।
4. एक पौधे से कई संतान प्राप्त की जा सकती थी, जिससे आँकड़े इकट्ठा करना आसान था।

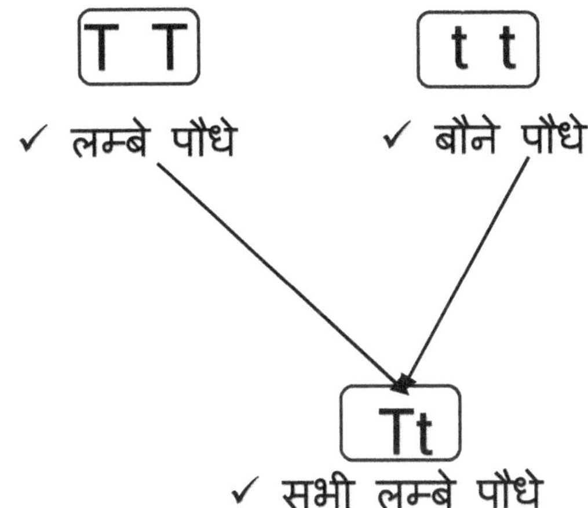

मेंडल के प्रयोग और निष्कर्ष (Mendel's Experiments and Conclusions)

1. एकल लक्षण संकरण (Monohybrid Cross) - एक लक्षण का अध्ययन

- मेंडल ने लंबे (Tall) और बौने (Dwarf) पौधों को संकरण (Cross) कराया

- प्रथम पीढ़ी (F1) में सभी पौधे लंबे निकले

- द्वितीय पीढ़ी (F2) में **3 लंबे : 1 बौना पौधे** का अनुपात **3:1** मिला

☞ **निष्कर्ष:**

- कुछ लक्षण प्रभावी (Dominant) होते हैं और कुछ दुर्बल (Recessive) होते हैं।

- आनुवंशिक लक्षणों का गुणसूत्रों (Chromosomes) द्वारा संचरण होता है।

2. द्विलक्षणी संकरण (Dihybrid Cross) - दो लक्षणों का अध्ययन

- मेंडल ने बीज के रंग (पीला/हरा) और बीज के आकार (गोल/सिकुड़ा हुआ) का अध्ययन किया

- F1 पीढ़ी में सभी पौधे पीले और गोल बीज वाले निकले (प्रभावी लक्षण)

- F2 पीढ़ी में **9:3:3:1** का अनुपात मिला

☞ **निष्कर्ष:**

- स्वतंत्र वर्गीकरण का नियम (Law of Independent Assortment) प्रतिपादित किया।

- प्रत्येक लक्षण अलग-अलग पीढ़ी में स्थानांतरित होता है।

- ✓ मेंडल ने **मटर के पौधे** के अनेक विकल्पी लक्षणों का अध्ययन किया, जो स्थूल रूप से दिखाई देते हैं-
- ✓ 'TT' एवं 'Tt' दोनों ही लंबे पौधे हैं, 'T' जैसे लक्षण **प्रभावी** लक्षण कहलाते हैं, जबकि जो लक्षण 't' की तरह व्यवहार करते हैं '**अप्रभावी**' कहलाते है।

✓ डी.एन.ए. का वह भाग जिसमें किसी प्रोटीन संश्लेषण के लिए सुचना होती है, उस प्रोटीन का जीन कहलाता है।

लिंग निर्धारण लैंगिक जनन में भाग लेने वाले दो एकल जीव किसी न किसी रूप में एक-दुसरे से भिन्न होते हैं, जिसके कई

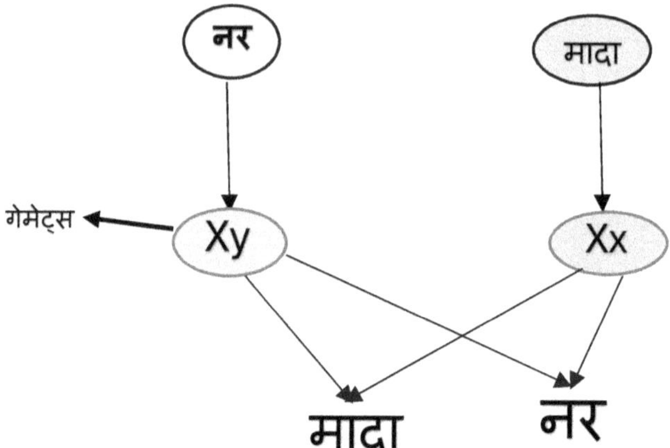

कारण हैं।

✓ मानव में अधिकतर गुणसुत्र माता और पिता के गुणसुत्रों के प्रतिरूप होते हैं। इनकी संख्या 22 जोड़े हैं। परंतु एक युग्म जिसे लिंग सुत्र कहते हैं, जो सदा पूर्ण जोड़े में नहीं होते, स्त्री में गुणसुत्र का पूर्ण युग्म होता है तथा दोनों 'X' कहलाते हैं। लेकिन पुरुष (नर) में यह जोड़ा परिपूर्ण जोड़ा नहीं होता, जिसमें एक गूणसुत्र सामान्य आकार का 'X' होता है तथा दुसरे गूणसुत्र छोटा होता है, जिसे 'Y' गुणसुत्र कहते हैं। अतः स्त्रियों में 'XX' तथा पुरुष में 'XY' गुणसुत्र होते हैं।

चार्ल्स डार्विन का प्रयोग और सिद्धांत -

चार्ल्स डार्विन (Charles Darwin) एक प्रसिद्ध जीवविज्ञानी थे, जिन्होंने **"विकासवाद का सिद्धांत"** प्रतिपादित किया। उन्होंने यह सिद्ध किया कि जीवों की प्रजातियाँ **"प्राकृतिक चयन"** (Natural Selection) के माध्यम से समय के साथ विकसित होती हैं।

डार्विन के प्रयोग और अवलोकन

1. गैलापागोस द्वीप समूह पर अध्ययन

डार्विन ने 1831-1836 के बीच एच.एम.एस. बीगल (HMS Beagle) जहाज से यात्रा की। इस दौरान उन्होंने गैलापागोस द्वीप (Galápagos Islands) पर कई जीवों का अध्ययन किया।

☞ **अवलोकन:**

- **फिंच पक्षी (Finches)** की विभिन्न प्रजातियों में चोंच का आकार और आकार अलग-अलग था।

- अलग-अलग द्वीपों पर रहने वाले पक्षियों की चोंच भोजन के प्रकार के अनुसार विकसित हुई थी।

- कठोर बीज खाने वाले पक्षियों की चोंच मोटी और मजबूत थी।

- कीड़े खाने वाले पक्षियों की चोंच पतली और नुकीली थी।

☞ **निष्कर्ष:**

- **प्राकृतिक चयन (Natural Selection)** के कारण विभिन्न पर्यावरणीय परिस्थितियों में जीव अपने अनुकूल लक्षण विकसित करते हैं।

- समय के साथ ये परिवर्तन नई प्रजातियों के निर्माण में सहायक होते हैं।

2. कृत्रिम चयन (Artificial Selection) का अध्ययन

- डार्विन ने देखा कि किसान और पशुपालक अपनी फसलों और पालतू जानवरों में इच्छित गुणों को बढ़ाने के लिए **चयनात्मक प्रजनन (Selective Breeding)** का उपयोग करते हैं।

- उदाहरण:

- दूध देने वाली अच्छी गायों का प्रजनन

○ अधिक अनाज देने वाली फसलों का चयन

☞ **निष्कर्ष:**

- यदि मनुष्य चयन कर सकता है, तो प्रकृति भी लाखों वर्षों में अनुकूल जीवों का चयन कर सकती है।

3. जीवाश्म (Fossils) और जैविक समानता का अध्ययन

- डार्विन ने जीवाश्मों (Fossils) का अध्ययन किया और देखा कि पुराने जीवों के अवशेष आधुनिक जीवों से मिलते-जुलते थे।

- उन्होंने यह भी देखा कि विभिन्न प्रजातियों के बीच शरीर की संरचना में समानता (Homologous Structures) थी।

☞ **निष्कर्ष:**

- जीव समय के साथ क्रमशः विकसित होते हैं।

- सभी जीव एक ही पूर्वज (Common Ancestor) से विकसित हुए हैं।

डार्विन का विकासवाद का सिद्धांत (Darwin's Theory of Evolution)

1. जैव विविधता (Variation):

- एक ही प्रजाति के सभी जीव एक समान नहीं होते; उनमें कुछ प्राकृतिक अंतर (Variations) होते हैं।

- उदाहरण: कुछ हिरण तेज दौड़ सकते हैं, जबकि कुछ धीमे होते हैं।

2. संघर्ष (Struggle for Existence):

- संसाधन (भोजन, पानी, आश्रय) सीमित होते हैं, इसलिए जीवों के बीच संघर्ष (Competition) होता है।

- जो जीव अधिक अनुकूल होते हैं, वे जीवित रहते हैं और प्रजनन करते हैं।

3. प्राकृतिक चयन (Natural Selection):

- प्रकृति उन्हीं जीवों का चयन करती है, जो अपने वातावरण में अनुकूल होते हैं।

- जो जीव कमजोर होते हैं, वे धीरे-धीरे विलुप्त हो जाते हैं।

4. अनुकूलन (Adaptation):

- जीव अपने पर्यावरण के अनुसार धीरे-धीरे परिवर्तन करते हैं।

- जैसे: ऊँट रेगिस्तान में जीवित रहने के लिए पानी संचित करता है।

5. नई प्रजातियों का निर्माण (Speciation):

- जब कोई समूह बहुत अधिक परिवर्तनों से गुजरता है, तो वह नई प्रजाति का निर्माण करता है।

डार्विन के सिद्धांत के प्रभाव

1. आधुनिक जीवविज्ञान और आनुवंशिकी (Modern Genetics) की नींव रखी

2. जीवों की उत्पत्ति और विविधता को समझने में मदद मिली

3. मानव विकास (Human Evolution) को समझने में सहायता मिली

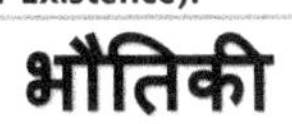

प्रकाश के परावर्तन एवं अपवर्तन

सीधी सरल रेखा में गमन करने वाली किरण जिसके सामने कोई अपारदर्शी वस्तु रखने पर वह वस्तु की एक छाया बनाती है, जिसे प्रायः **प्रकाश किरण** कहते हैं।

- प्रकाश के पथ में रखी **अपारदर्शी वस्तु अत्यंत छोटी** हो तो प्रकाश सरल रेखा में चलने की बजाय इसके **किनारों पर मुड़ने** की प्रवृति **प्रकाश का विवर्तन** कहलाता हैं।
- प्रकाश को उसके पथ से किसी वस्तु (जैसे **दर्पण)** से टकरा कर **मुड़ने** की घटना **प्रकाश का परावर्तन** कहलाता है।

प्रकाश के परावर्तन के दो नियम होते है –

(1) **आपतन कोण, परावर्तन कोण** के **बराबर** होता है, अर्थात I=R

(2) आपतित किरण, दर्पण के आपतन बिंदु पर अभिलंब तथा परावर्तित किरण, सभी एक ही तल में होते हैं।

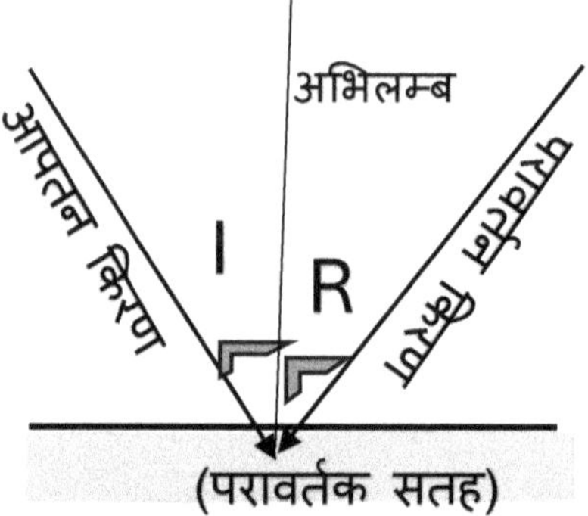

➤ ऐसे दर्पण जिनका परावर्तक **पृष्ठ गोलीय** है, **गोलीय दर्पण** कहलाते हैं।
इसके दो प्रकार होते है –(1)उतल दर्पण (2) अवतल दर्पण

➤ **उतल दर्पण**- जिसका परावर्तक सतह उभरा हुआ रहता है उसे उतल दर्पण कहते है।

➤ **अवतल दर्पण**- जिसका परावर्तक सतह धस्सा रहता है उसे अवतल दर्पण कहते है।

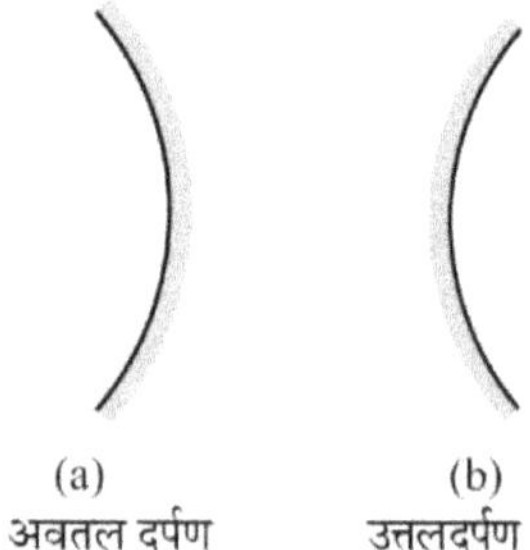

(a) अवतल दर्पण (b) उतलदर्पण

➤ गोलिय दर्पण के जिस बिंदु से प्रकाश का परावर्तन होता है उसे गोलीय दर्पण का **वक्रता केंद्र** कहलाता है। इसे C से निरूपित किया जाता है।

➤ गोलीय दर्पण का परावर्तक पृष्ठ जिस गोले का भाग है, उसकी त्रिज्या दर्पण की **वक्रता त्रिज्या** कहलाती है। इसे अक्षर R से निरूपित किया जाता है।

➤ दर्पण के केंद्र से होकर गुजरने वाली सीधी सरल रेखा **मुख्य अक्ष या प्रधान अक्ष** कहलाता है।

➤ परावर्तित किरणे दर्पण के मुख्य अक्ष को एक बिंदु पर प्रतिछेद करती है जिसे **मुख्य फोकस** कहते है। इसे F से सूचित किया जाता है।

➤ दर्पण के केंद्र और मुख्य फोकस के बिच की दुरी **फोकस दुरी** कह्लाती है। इसे f से सूचित किया जाता है।

➤ **किसी अवतल दर्पण द्वारा बिंब की विभिन्न स्थितियों के लिए बने प्रतिबिंब-**

वस्तु की स्थिति	प्रतिबिम्ब की स्थिति	प्रतिबिम्ब की आकार	प्रतिबिम्ब की प्रकृति
अनंत	फोकस पर	अत्यधिक छोटा, बिंदु साइज़	वास्तविक एवं उलटा
F तथा C के बीच	C और अनंत के बिच	छोटा	वास्तविक और उल्टा
C पर	C पर ही	सामान आकर के	वास्तविक और उल्टा
F पर	अनंत पर	बहुत बड़ा	वास्तविक एवं उल्टा
P तथा F के बिच	दर्पण से पीछे	बड़ा	आभासी और सीधा

➤ **किसी उतल दर्पण द्वारा बिंब की विभिन्न स्थितियों के लिए बने प्रतिबिंब-**

वस्तु की स्थिति	प्रतिबिम्ब की स्थिति	प्रतिबिम्ब की आकार	प्रतिबिम्ब की प्रकृति
अनंत	फोकस पर	अत्यधिक छोटा, बिंदु साइज़	आभासी एवं सीधा
P तथा C के बीच	P और F के बिच	छोटा	आभासी और सीधा

उत्तल दर्पणों के उपयोग-

- एक छोटे उत्तल दर्पण में किसी ऊँचे भवन/पेड़ का पूर्ण लंबाई का प्रतिबिंब देख सकते हैं। आगरा किले की एक दीवार में ऐसा ही एक दर्पण ताजमहल की ओर लगा हुआ है।
- उत्तल दर्पणों का उपयोग सामान्यतः वाहनों के पश्च-दृश्य (wing) दर्पणों के रूप में किया जाता है। ये दर्पण वाहन के पाश्वर् (side) में पाश्वर् लगे होते हैंतथा इनमें ड्राइवर अपने पीछे के वाहनों को देख सकते है|
- गोलीय दर्पणों द्वारा प्रकाश के परावर्तन पर विचार करते समय हम एक निश्चित चिन्ह परिपाटी का उपयोग किया जाता है, जिसे नई कार्तीय चिन्ह परिपाटी कहते हैं|

(i) वस्तु को सदैव दर्पण के बाई ओर रखा जाता है।

(ii) मुख्य अक्ष के समानांतर सभी दुरीयाँ दर्पण के ध्रुव से मापी जाती हैं।

(iii) मूलबिंदू के दाई ओर (+x-अक्ष के अनदिश) मापी गई सभी दूरियाँ धनात्मक मानी जाती हैं, जबकि मूलबिंदू के बाई ओर (–x-अक्ष के अनदिश) मापी गई दूरियां ऋणात्मक मानी जाती हैं।

(iv) मुख्य अक्ष के लंबवत तथा ऊपर की ओर (+y-अक्ष के अनुदिश) मापी जाने वाली दूरियां धनात्मक मानी जाती हैं।

(v) मुख्य अक्ष के लंबवत तथा नीचे की ओर(y-अक्ष के अनुदिश) मापी जाने वाली दूरियाँ ऋणात्मक मानी जाती हैं।

- गोलीय दर्पण में इसके ध्रुव से बिंब की दुरी, बिंब दुरी (u) कहलाती है। दर्पण के ध्रुव से प्रतिबिंब की दुरी, प्रतिबिंब दुरी (v) कहलाती है। ध्रुव से मुख्य फोकस की दूरी , फोकस दुरी (f) कहलाती हैं
- इस सुत्र को निम्नलिखित प्रकार से व्यक्त करते हैं— **1/v + 1/u = 1/f**
- प्रतिबिंब की ऊँचाई तथा वस्तु की ऊँचाई के अनुपात आवर्धन कहा जाता है।
- यदि h वस्तु की ऊँचाई हो तथा h' प्रतिबिंब की ऊँचाई हो तो गोलीय दर्पण द्वारा उत्पन्न आवर्धन **m = h'/ h**

- आवर्धन m वस्तु दुरी (u) तथा प्रतिबिंब दुरी (v) से भी संबंधित है। इसे व्यक्त किया जाता है—**आवर्धन (m) = h'/h या -v/u**
- आवर्धन के मान में ऋणात्मक चिह्न से ज्ञात होता है कि प्रतिबिंब वास्तविक है। आवर्धन के मान में धनात्मक चिह्न बताता है कि प्रतिबिंब आभासी है।
- प्रकाश का एक पारदर्शी माध्यम से दूसरे पारदर्शी माध्यम में जाने की घटना प्रकाश का अपवर्तन कहलाता हैं। उदाहरण - पेंसिल को पानी में डुबोकर रखने पर पेंसिल का टेढ़ा दिखाई देना अपवर्तन के कारण ही होता है।
- विरल माध्यम से सघन माध्यम में गमन करने वाली प्रकाश की किरण धीमी हो जाती है तथा अभिलंब की ओर झुक जाती है। जब ये सघन माध्यम से विरल माध्यम में गमन करती है तो इसकी चाल बढ़ जाती है तथा यह अभिलंब से दुर हट जाती है।
- **प्रकाश का अपवर्तन के नियम-**

(i) आपतित किरण, अपवर्तित किरण तथा दोनों माध्यमों को पृथक करने वाले पृष्ठ के आपतन बिंदु पर अभिलंब सभी एक ही तल में होते हैं।

(ii) प्रकाश के किसी निश्चित रंग तथा निश्चित माध्यमों के युग्म के लिए आपतन कोण की ज्या (sine) तथा अपवर्तन कोण की ज्या (sine) का अनुपात स्थिर होता है। इस नियम को स्नेल का अपवर्तन का नियम भी कहते हैं।

- यदि i आपतन कोण हो तथा r अपवर्तन कोण हो तब Sin i / sin r = स्थिरांक
- **अपवर्तनांक (Refractive Index)** एक भौतिक गुण है जो किसी माध्यम में प्रकाश की गति को दर्शाता है. यह एक संख्या के रूप में परिभाषित होता है और बताता है कि प्रकाश किसी माध्यम में किस प्रकार मोड़ता है।
- प्रकाश वायु में सबसे उच्च चाल 3×10^8 m/s से गमन करती है।
- **जल का अपवर्तनांक=1.33**
- **हीरे का अपवर्तनांक=2.42** होता है
- दो पृष्ठों से घिरा हुआ कोई पारदर्शी माध्यम, जिसका एक या दोनों पृष्ठ गोलीय हैं, लेंस कहलाता है।
- **लेंस के प्रकार-**

(1) उत्तल लेंस या अभिसारी लेंस

(2) अवतल लेंस या अपसारी लेंस

➤ लेंस के प्रकाशिक केंद्र से गूजरने वाली प्रकाश किरण बिना किसी विचलन के निर्गत होती है। गोलीय लेंस की वृत्ताकार रूपरेखा का प्रभावी व्यास इसका द्वारक (aperture) कहलाता है।

➤ लेंस में दो फोकस होती है अर्थत दो दो फोकस दुरी होती है।

➤ किसी लेंस द्वारा प्रकाश किरणों को अभिसरण या अपसरण करने की मात्रा (degree) को उसकी क्षमता कहलाती है।

➤ इसे अक्षर **P** द्वारा निरूपित करते हैं, किसी **f फोकस दुरी** के लेंस की क्षमता, P = 1/f

➤ **लेंस की क्षमता का SI मात्रक 'डाइऑप्टर' (Dioptre)** है। इसे अक्षर **D** द्वारा दर्शाया जाता है। यदि **f** को मीटर में व्यक्त करें **तो क्षमता,**

   $$1D = 1m^{-1}$$

➤ उत्तल लेंस की क्षमता धनात्मक तथा अवतल लेंस की क्षमता ऋणात्मक होती है।

➤ प्रतिबिंब को अधिक आवर्धित तथा सुस्पष्ट बनाने के लिए संयोजित किया जाता है। इस प्रकार संपर्क में रखे लेंसों की कुल क्षमता (P) उन लेंसों की संयोजी क्षमताओं के बराबर होती है। $P = P_1 + P_2 + P_3 + ...$

मानव नेत्र तथा रंग-बिरंगा संसार

➤ मानव नेत्र एक कैमरे की भाँति है। इसका लेंस-निकाय एक प्रकाश-सुग्राही परदे, जिसे रेटिना या दृष्टिपटल कहते हैं, पर प्रतिबिंब बनाता है। प्रकाश एक पतली झिल्ली से होकर नेत्र में प्रवेश करता है। इस झिल्ली को **कॉर्निया या स्वच्छ मंडल** कहते हैं। यह झिल्ली नेत्र गोलक के अग्र पृष्ठ पर एक पारदर्शी उभार बनाती है।

➤ **नेत्र गोलक** की आकृति लगभग गोलाकार होती है तथा इसका **व्यास लगभग 2.3 cm** होता है।

➤ कॉर्निया के पीछे एक संरचना होती है, जिसे परितारिका कहते हैं।

➤ परितारिका गहरा पेशीय डायफ्राम होता है, जो पतुली के साइज़ को नियंत्रित करता है। पुतली नेत्र में प्रवेश करने वाले प्रकाश की मात्रा को नियंत्रित करती है।

➤ अभिनेत्र लेंस **रेटिना** पर किसी **वस्तु का उल्टा तथा वास्तविक** प्रतिबिंब बनता है। रेटिना एक कोमल सूक्ष्म झिल्ली होती है, जिसमें बृहत संख्या में प्रकाश-सुग्राही कोशिकाएँ होती हैं। प्रदीप्त होने पर प्रकाश-सुग्राही कोशिकाएँ सक्रिय हो जाती हैं तथा विद्युत सिग्नल उत्पन्न करती हैं। ये सिग्नल तंत्रिकाओं द्वारा मस्तिष्क तक पहुँचा दिए जाते हैं। मस्तिष्क इन सिग्नलों की व्याख्या करता है तथा अतः इससे सूचना को संसाधित करता है, जिससे कि हम किसी वस्तु को जैसा वस्तु है, वैसा ही देख लेते हैं।

➤ अभिनेत्र लेंस की वह क्षमता, जिसके कारण वह अपनी फोकस दरी को समायोजित कर लेता है, **समंजन क्षमता** कहलाती है।

➤ **नेत्र का न्यूनतम दुरी 25cm** होती है, तथा **अधिकतम दूरी अनंत** होती हैं।

➤ कभी-कभी अधिक आयू के कुछ व्यक्तियों के नेत्र का क्रिस्टलीय लेंस दूधियाँ तथा धुंधला हो जाता है। इस स्थिति को मोतियाबिंद (cataract) कहते हैं।

➤ वैसा दोष जिसकी वजह से नेत्र रखी वस्तु को सुस्पष्ट नहीं देख पाती है, नेत्र की दृष्टिदोष कहते हैं। यह निम्नलिखित प्रकार के होते हैं:-

(1) निकट दृष्टिदोष या मायोपिआ (2) दीर्घ दृष्टिदोष या हाइपर मेट्रोपिया (3) जारा दूरदृष्टता या प्रेसबायोपिया

➤ **निकट दृष्टिदोष या मायोपिआ-** व्यक्ति निकट रखी वस्तु को स्पष्ट देख सकता है, परंतु दुर रखी वस्तु को वह सुस्पष्ट नहीं देख पाता। ऐसे दोषयूक्त व्यक्ति का दूर बिंदु अनंत पर न होकर नेत्र के पास आ जाता है।

✓ **निकट-दृष्टि** दोषयूक्त नेत्र में, किसी दूर रखी वस्तु का प्रतिबिंब दृष्टिपटल (रेटिना) पर न बनकर दृष्टिपटल के सामने बनता है। इस दोष को किसी उपयूक्त क्षमता के अवतल लेंस (अपसारी लेंस) के उपयोग द्वारा संशोधित किया जा सकता है।

➤ **दीर्घ दृष्टिदोष या हाइपर मेट्रोपिया-** दीर्घ-दृष्टि दोषयुक्त कोई व्यक्ति दुर की वस्तु को तो स्पष्ट देख सकता है, परंतु निकट रखी वस्तु को सुस्पष्ट नहीं देख पाता। ऐसे दोषयूक्त व्यक्ति का

✓ निकट-बिंदु समान्य निकटबिंदु (25 cm) से दुर हट जाता है। ऐसे व्यक्ति को आराम से सुस्पष्ट पढ़ने के लिए पठन सामग्री को नेत्र से 25 cm से काफ़ी अधिक दूरी पर रखना पड़ता है। इसका कारण यह है कि पास रखी वस्तु से आने वाली प्रकाश किरणें दृष्टिपटल (रेटिना) के पीछे फोकसित होती है, उत्तल लेंस यूक्त चश्मे दृष्टिपटल पर वस्तु प्रतिबिंब फोकसित करने के लिए आवश्यक अतिरिक्त क्षमता प्रदान करते हैं।

➤ **जारा दूरदृष्टता या प्रेसबायोपिया-** आयू में वृधि होने के साथ-साथ मानव नेत्र की समंजन-क्षमता घट जाती है। अधिकांश व्यक्तियों का निकट-बिंदु दुर हट जाता है। जिससे व्यक्ति को आराम से सुस्पष्ट देखने में कठिनाई होती है। इस दोष को जरा-दुरदृष्टिता कहते हैं।

✓ ऐसे व्यक्तियों को वस्तु को सुस्पष्ट देख सकने के लिए प्रायः द्विफोकसी लेंसों (Bi-focal lens) की आवश्यकता होती है। जिसमें ऊपरी भाग अवतल लेंस तथा निचली भाग उतल लेंस होता है।

➤ **प्रीज्म-** काँच के एक त्रिभुजाकार संरचना तथा आयताकार पृष्ठ वाली संरचना को प्रिज्म कहते हैं। इसके पृष्ठ एक दसरे पर झुके होते हैं। इसके दो फलकों के बीच के कोण को प्रिज़्म कोण कहते हैं।

रितिक कुमार सहनी

➤ प्रिज्म पर आपतित किरण एवं निर्गत किरण के बीच का कोण विचलन कोण कहलाता हैं।

➤ जब श्वेत प्रकाश प्रिज्म पर पड़ती है तो सात रंगों में विभाजित हो जाती है सात रंगों की रंगीन पट्टी पर्दे पर दिखाई देती है जिसे **स्पेक्ट्रम** कहते है।

➤ प्रकाश के विभिन्न रंगों या वर्णों में विभाजन को **विक्षेपण** कहते हैं।

➤ इंद्रधनूष, वर्षा के पश्चात आकाश में जल के सूक्ष्म कणों में दिखाई देने वाला प्राकृतिक स्पेक्ट्रम है। यह वायुमंडल में उपस्थित जल की सूक्ष्म बूंदों द्वारा सुर्य के प्रकाश के परिक्षेपण के कारण प्राप्त होता है। इंद्रधनूष सदैव सुर्य के विपरीत दिशा में बनता है। जल की सूक्ष्म बूंदों छोटे प्रिज्मों की भाँति कार्य करती हैं।

जो सूर्य की किरणों को विक्षेपित करती हैं, तत्पश्चात इसे **आंतरिक परावर्तित** करती हैं।

➤ **तारो का टिमटिमाना अपवर्तन** के कारण ही होता है।

➤ **सूर्य का उदय और अस्त** के समय **लालिमा** दिखाई देना ,आकाश का नीला रंग, गहरे समुद्र के जल का रंग, **प्रकाश के प्रकीर्णन** के कारण होता है।

➤ पृथ्वी का वायुमंडल सूक्ष्म कणों का एक विषमांगी मिश्रण है। जब कोई प्रकाश किरणपुंज ऐसे महीन कणों से टकराता है तो उस किरण पुंज का मार्ग दिखाई देने लगता है। इन कणों से विसरित प्रकाश परावर्तित होकर हमारे पास तक पहुँचता है। **कोलॉइडी कणों** द्वारा प्रकाश के प्रकीर्णन की परिघटना **टिंडल प्रभाव** उत्पन्न करती है

विधुत

➤ किसी विधुतधारा के सतत तथा बंद पथ को विद्युत परिपथ कहते हैं। अब यदि परिपथ कहीं से टूट जाए तो विधूत धारा का प्रवाह समाप्त हो जाता है तथा बल्ब दीप्त नहीं करता है

➤ विद्युत आवेश के प्रवाह की दर को विद्युत धारा कहते हैं। विधुत धारा को I से सूचित किया जाता है। I =Q/t (जहां, **Q= विधुत आवेश, t= समय**)

➤ विधुत आवेश का **SI मात्रक कूलॉम (C)** है।

➤ विधुत धारा **का S.I मात्रक एम्पीियर (A)** होता है।
 1 A = 1 C/1 s

➤ 1 मिलीअम्पियर = 10^{-3}

➤ 1माइक्रो एम्पीयर = 10^{-6}

➤ 1नैनो एम्पीयर = 10^{-9}

➤ 1पिको एम्पीयर = 10^{-12}

➤ 1फेमटो= 10^{-15}

➤ 1एटो= 10^{-18}

➤ परिपथों की विधुत धारा मापने के लिए जिस यंत्र का उपयोग करते हैं, उसे **ऐमीटर** कहते हैं।

➤ इलेक्ट्रॉन केवल तभी गति करते हैं, जब चालक के अनुदिश वैधुत दाब में कोई अंतर होता है, जिसे **विभवांतर** कहते हैं। विभव में यह अंतर एक या अधिक विधुत सेलों से बनी बैटरी द्वारा उत्पन्न किया जा सकता है।

➤ दो बिंदुओ के बीच विभवांतर (V) = V = W/Q

➤ विधुत विभवांतर का **SI मात्रक वोल्ट (V)** है, यदि किसी विधुत धारावाही चालक के दो बिंदुओ के बीच एक कूलॉम आवेश को एक बिंदु से दुसरे बिंदु तक ले जाने में 1 जल का कार्य किया जाता है तो उन दो बिंदुओ के बीच विभवांतर 1 वोल्ट होता है। अतः

➤ **1 वोल्ट = 1जूल/1कूलॉम , 1V = 1JC^{-1}**

➤ एक विधुत परिपथ में धातु के तार के दो सिरों के बीच विभवान्तर उसमें प्रवाहित होने वाली विधुत धारा के समानुपाती होता है, परंतु तार का ताप समान रहना चाहिए। इसे ओम का नियम कहते हैं।

$$V \propto I$$

अथवा V/I = नियतांक

$$V/I = R$$

अथवा **V = IR**

➤ R एक नियतांक है, जिसे तार का प्रतिरोध कहते हैं। प्रतिरोध का SI मात्रक ओम है, इसे Ω से निरूपित करते हैं। ओम के नियम के अनुसार— **R = V/I**

➤ यदि किसी चालक के दोनों सिरों के बीच विभवांतर **1V** है तथा उससे **1A** विधुत धारा प्रवाहित होती है, तब उस चालक का प्रतिरोध R, 1Ω होता है।

➤ परिपथ की विधुत धारा को नियंत्रित करने के लिए उपयोग किए जाने वाले अवयव को परिवर्ती प्रतिरोध कहते हैं। किसी विधुत पर परिपथ में परिपथ के प्रतिरोध को परिवर्तित करने के लिए प्रायः एक यूक्ति का उपयोग करते हैं, जिसे धारा नियंत्रक कहते हैं।

$$R \propto I$$

तथा $R \propto 1/A$

$R \propto I/A$ अथवा **R = ρI /A**

- यहाँ ρ (रो) आनुपातिकता स्थिरांक है, जिसे चालक के पदार्थ की **वैधूत प्रतिरोधकता** कहते हैं। प्रतिरोधकता का **SI मात्रक Ωm है।**
- R_1, R_2 तथा R_3 प्रतिरोध के तीन प्रतिरोधकों को एक सिरे से दूसरे सिरा से मिलाकर जोड़ा गया है। प्रतिरोधकों के इस संयोजन को श्रेणीक्रम संयोजन कहा जाता है।
- विभवांतर V अन्य तीन विभवांतरों, V_1, V_2 तथा V_3 के योग के बराबर है अर्थित प्रतिरोधक के **श्रेणीक्रम संयोजन** के सिरों के बीच कुल विभवांतर व्यष्टिगत प्रतिरोधकों के विभवांतरों के योग के बराबर है अर्थात—
- $V = V_1 + V_2 + V_3$
- $IR = IR_1 + IR_2 + IR_3......$
- अतः $R_s = R_1 + R_2 + R_3....$
- प्रतिरोधक के **समानांतर क्रम संयोजन**-
- $1/R_p = 1/R_1 + 1/R_2...$
- किसी स्थायी विधूत धारा (I) द्वारा समय t में उत्पन्न ऊष्मा की मात्रा **H = VIt**

ओम का नियम लागु करने पर हमें प्राप्त होता है— H = I^2Rt

- किसी विधूत परिपथ में **उपभूक्त अथवा क्षयित** विधुत ऊर्जा की दर प्राप्त होती है। इसे विधुत शक्ति भी कहते हैं। शक्ति P को इस प्रकार व्यक्त करते हैं—

  P = VI

  अथवा **P = I^2R**

  P = V^2/R

- विधूत शक्ति का **SI मात्रक वाट (W)** है। यह उस यूक्ति द्वारा उपभूक्त शक्ति है, जिससे उस समय **1A** विधूत धारा प्रवाहित होती है, जब उसे 1 V विभवांतर पर प्रचालित कराया जाता है।

इस प्रकार—
1 W = 1 वोल्ट × 1 ऐम्पियर = **1 V A**
1 kW h = 1000 वाट × 3600 सेकंड
= 3.6 × 106 वाट सेकंड
= 3.6 × 106 जल (J)

विधुत धारा के चूंबकीय प्रभाव

- उत्तर दिशा की ओर संकेत करने वाले सिरे को उत्तरोमुखी ध्रुव अथवा उत्तर ध्रुव कहते हैं। दूसरे सिरा, जो दक्षिण दिशा की ओर संकेत करता है, उसे दक्षिणोमुखी ध्रुव अथवा दक्षिण ध्रुव कहते हैं।
- किसी चुंबक के चारों ओर का वह क्षेत्र जिसमें उसके बल का आभास किया जा सकता है, उस चुंबक का चुंबकीय क्षेत्र कहलाता है। वह रेखाएँ जिनके अनुदिश लौहचुर्ण स्वयं संरेखित होता है,इसे चुंबकीय क्षेत्र रेखा द्वारा निरूपण किया जाता हैं।
- चूंबकीय क्षेत्र एक **सदिश राशि** है, जिसमें परिमाण तथा दिशा दोनों होते हैं।

के चारों ओर **चूंबकीय क्षेत्र** की क्षेत्र रेखाओ की दिशा को ,इसे दक्षिण-हस्त (दायाँ हाथ) अंगुष्ठ नियम कहते हैं। इसे **मैक्सवेल के कॉर्कस्क्रू के नियम** भी कहते है।
- पास-पास लिपटे विधूतरोधी ताँबे के तार की **बेलन की आकृति** की अनेक फेरों वाली कुंडली को **परिनालिका** कहते हैं।
- परिनालिका के भीतर उत्पन्न प्रबल चुंबकीय क्षेत्र का उपयोग किसी चुंबकीय पदार्थ, जैसे नर्म लोहे, को परिनालिका के भीतर रखकर चुंबक बनाने में किया जा सकता है। इस प्रकार बने चुंबक को विद्युत चुंबक कहते हैं।

| दक्षिण-हस्त अंगुष्ठ नियम- |

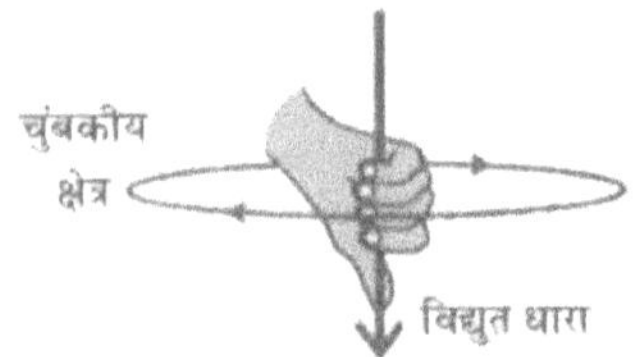

- किसी विधूत धारावाही चालक से संबद्ध चूंबकीय क्षेत्र की दिशा ज्ञात करने का एक सुगम उपाय है।
- इस नियम में **दाहिने हाथ में विधूत धारावाही चालक** को इस प्रकार पकड़ते हैं कि **अँगुठा विधूत धारा की दिशा** की ओर संकेत करता है, तो **अँगुलियाँ चालक**

फ्लेमिंग का वामहस्त (बायाँ हाथ) नियम

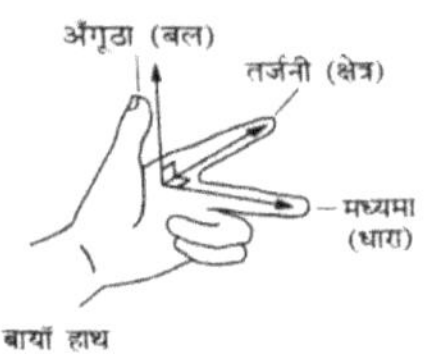

- इस नियम के अनसार, अपने बाएँ हाथ की **तर्जनी, मध्यमा तथा अँगुठे** को इस प्रकार फैलाए कि ये **तीनों एक-दुसरे के परस्पर लंबवत हों।** यदि **तर्जनी चूंबकीय क्षेत्र की दिशा** और मध्यमा चालक में **प्रवाहित विधूत धारा की दिशा** की ओर संकेत करती

रितिक कुमार सहनी

है तो **अँगुठा चालक की गति की दिशा** अथवा चालक पर आरोपित बल की दिशा की ओर संकेत करता है।

➤ विधूत मोटर, विधूत जनित्र, ध्वनि विस्तारक यंत्र, माइक्रोफ़ोन तथा विधूत मापक यंत्र कुछ ऐसी युक्तियाँ हैं, जिनमें विधूत धारावाही चालक तथा चूंबकीय क्षेत्रों का उपयोग होता है।

➤ तारों में से एक तार को जिस पर प्रायः लाल विधूतरोधी आवरण होता है, विद्युन्मय तार (अथवा धनात्मक तार) कहते हैं। अन्य तार को जिस पर काला आवरण होता है, उदासीन तार (अथवा ऋणात्मक तार) कहते हैं। हमारे देश में इन दोनों तारों के बीच 220 V का विभवांतर होता है।

➤ विधूत परिपथ में लगा फ्यूज परिपथ तथा सानधित्र को अतिभारण के कारण होने वाली क्षति से बचाता है। जब विधूनमय तार तथा उदासीन तार दोनों सीधे संपर्क में आते हैं तो **अतिभारण** हो सकता है।

➤ किसी परिपथ में **विधूत धारा अकस्मात बहुत अधिक** हो जाती है। इसे **लघुपथन(short Circuit)** कहते है।

विद्युत जनित्र (Electric Generator):- विद्युत जनित्र **(Electric Generator)** एक ऐसी युक्ति (Device) है जो **यांत्रिक ऊर्जा (Mechanical Energy) को विद्युत ऊर्जा (Electrical Energy)** में परिवर्तित करती है। यह विद्युत उत्पादन के लिए विद्युत चुम्बकीय प्रेरण (Electromagnetic Induction) के सिद्धांत पर कार्य करता है।

विधुत मोटर-जो विधुत उर्जा को यांत्रिक उर्जा में बदलता है |

विद्युत जनित्र का कार्य सिद्धांत (Working Principle of Electric Generator)

विद्युत जनित्र **फैराडे के विद्युत चुम्बकीय प्रेरण नियम (Faraday's Law of Electromagnetic Induction)** पर कार्य करता है।

☞ **फैराडे का नियम:**
"यदि किसी बंद कुण्डली (Coil) में चुम्बकीय फ्लक्स (Magnetic Flux) में परिवर्तन किया जाए, तो उसमें विद्युत धारा प्रेरित होती है।"

जब कोई चालक कुंडली (Conducting Coil) किसी चुम्बकीय क्षेत्र (Magnetic Field) में घुमाई जाती है, तो उसमें विद्युत धारा उत्पन्न होती है।

विद्युत जनित्र के प्रकार (Types of Electric Generators)

विद्युत जनित्र दो प्रकार के होते हैं:

1. **ए.सी. जनित्र (AC Generator - Alternator)**

○ यह प्रत्यावर्ती धारा (Alternating Current, AC) उत्पन्न करता है।

○ घरेलू व औद्योगिक उपयोग में आता है।

○ इसमें **अनुवर्तनी (Slip Rings)** का उपयोग होता है।

2. **डी.सी. जनित्र (DC Generator)**

○ यह दिष्ट धारा (Direct Current, DC) उत्पन्न करता है।

○ बैटरी चार्जिंग और इलेक्ट्रॉनिक उपकरणों में उपयोग होता है।

○ इसमें **आयताकार युग्मक (Commutator)** का उपयोग होता है।

विद्युत जनित्र की संरचना (Construction of Electric Generator)

मुख्य भाग:

1. **चुंबक (Magnet):** यह स्थायी चुंबक (Permanent Magnet) या विद्युत चुंबक (Electromagnet) हो सकता है, जो चुंबकीय क्षेत्र प्रदान करता है।

2. **आर्मेचर (Armature):** ताँबे की तारों से बनी कुंडली, जिसमें विद्युत धारा प्रेरित होती है

3. **घूर्णन यंत्र (Rotating Mechanism):** जिससे कुंडली घुमती है (पानी, भाप, या इंजन)

4. **अनुवर्तनी (Slip Rings) या युग्मक (Commutator):** ए.सी. या डी.सी. धारा के लिए

5. **ब्रश (Brushes):** धारा को बाहरी परिपथ में प्रवाहित करने के लिए

विद्युत जनित्र की कार्यप्रणाली (Working of Electric Generator)

1. जब जनित्र की कुंडली को बाहरी यांत्रिक ऊर्जा से घुमाया जाता है, तो यह चुंबकीय क्षेत्र को काटती है।

2. **विद्युत चुम्बकीय प्रेरण** के कारण कुंडली में **विद्युत धारा** उत्पन्न होती है।

3. यह उत्पन्न धारा ब्रशों द्वारा बाहरी परिपथ में प्रवाहित होती है।

4. यदि अनुवर्तनी (Slip Rings) का उपयोग किया जाए तो **AC धारा** उत्पन्न होती है।

5. यदि युग्मक (Commutator) का उपयोग किया जाए तो **DC धारा** उत्पन्न होती है।

विद्युत जनित्र के उपयोग (Uses of Electric Generator)

1. **विद्युत उत्पादन (Electricity Generation):** घरों, कारखानों और उद्योगों में

2. **वाहनों में (In Vehicles):** ऑटोमोबाइल में बैटरी चार्ज करने के लिए

3. **वैकल्पिक ऊर्जा स्रोतों में (Alternative Energy Sources):** पवन ऊर्जा, जल ऊर्जा, और सौर ऊर्जा संयंत्रों में

4. **आपातकालीन विद्युत आपूर्ति (Emergency Power Supply):** अस्पतालों, कार्यालयों और दूरस्थ क्षेत्रों में

रासायनिक अभिक्रिया (Chemical Reaction):- वस्तुनिष्ठ प्रश्न (Objective Questions) और उत्तर:

भाग - 1: रासायनिक अभिक्रिया का परिचय

Q1. रासायनिक अभिक्रिया में अभिकारक और उत्पाद को दर्शाने के लिए किसका उपयोग किया जाता है?
(A) गणितीय समीकरण (B) रासायनिक समीकरण
(C) भौतिक समीकरण (D) यांत्रिक समीकरण
☞ उत्तर: (B) रासायनिक समीकरण

Q2. किसी रासायनिक अभिक्रिया में नए पदार्थ बनने की प्रक्रिया को क्या कहते हैं?
(A) भौतिक परिवर्तन (B) रासायनिक परिवर्तन
(C) यांत्रिक परिवर्तन (D) ऊष्मीय परिवर्तन
☞ उत्तर: (B) रासायनिक परिवर्तन

Q3. वह पदार्थ जो किसी रासायनिक अभिक्रिया में भाग लेता है, क्या कहलाता है?
(A) उत्प्रेरक (B) उत्पाद (C) अभिकारक (D) विलयन
☞ उत्तर: (C) अभिकारक

Q4. निम्नलिखित में से कौन-सा एक उत्पाद नहीं है?
(A) H_2O (B) CO_2 (C) O_2 (D) H_2
☞ उत्तर: (D) H2 (यह आमतौर पर अभिकारक के रूप में कार्य करता है)

भाग - 2: द्रव्य संरक्षण का नियम और संतुलित समीकरण

Q5. द्रव्य संरक्षण के नियम के अनुसार, किसी रासायनिक अभिक्रिया में -
(A) पदार्थ का निर्माण होता है(B) पदार्थ नष्ट होता है
(C) पदार्थ न तो उत्पन्न होता है और न ही नष्ट होता है
(D) उपरोक्त सभी
☞ उत्तर: (C) पदार्थ न तो उत्पन्न होता है और न ही नष्ट होता है

Q6. निम्नलिखित में से कौन-सा असंतुलित रासायनिक समीकरण है?
(A) 2H2 + O2 → 2H2O (B) N2 + 3H2 → 2NH3
(C) Fe + O2 → Fe2O3 (D) 2Mg + O2 → 2MgO
☞ उत्तर: (C) Fe + O2 → Fe2O3 (यह असंतुलित है)

Q7. संतुलित रासायनिक समीकरण किस नियम का पालन करता है?
(A) ऊर्जा संरक्षण का नियम(B) न्यूटन का गति का नियम
(C) द्रव्य संरक्षण का नियम (D) ऊष्मा संरक्षण का नियम
☞ उत्तर: (C) द्रव्य संरक्षण का नियम

भाग - 3: रासायनिक अभिक्रियाओं के प्रकार

Q8. ऐसी अभिक्रिया जिसमें दो या अधिक पदार्थ मिलकर एक नया पदार्थ बनाते हैं, उसे क्या कहते हैं?
(A) वियोजन अभिक्रिया (B) विस्थापन अभिक्रिया
(C) संयोजन अभिक्रिया (D) उपचयन अभिक्रिया
☞ उत्तर: (C) संयोजन अभिक्रिया

Q9. निम्नलिखित में से कौन-सा एकल विस्थापन अभिक्रिया का उदाहरण है?
(A) Zn + CuSO4 → ZnSO4 + Cu
(B) AgNO3 + NaCl → AgCl + NaNO3
(C) H2 + O2 → H2O
(D) CaCO3 → CaO + CO2
☞ उत्तर: (A) Zn + CuSO4 → ZnSO4 + Cu

Q10. एकल विस्थापन अभिक्रिया में क्या होता है?
(A) दो तत्वों का परस्पर आदान-प्रदान
(B) एक तत्व दूसरे तत्व को विस्थापित करता है
(C) दो तत्व मिलकर एक नया यौगिक बनाते हैं
(D) एक यौगिक टूटकर दो या अधिक पदार्थ बनाता है
☞उत्तर: (B) एक तत्व दूसरे तत्व को विस्थापित करताहै

भाग - 4: ऊष्माक्षेपी और ऊष्माशोषी अभिक्रियाएँ

Q11. वह अभिक्रिया जिसमें ऊष्मा उत्पन्न होती है, क्या कहलाती है?
(A) ऊष्माक्षेपी अभिक्रिया (B) ऊष्माशोषी अभिक्रिया
(C) वियोजन अभिक्रिया (D) संयोजन अभिक्रिया
☞ उत्तर: (A) ऊष्माक्षेपी अभिक्रिया

Q12. निम्नलिखित में से कौन-सी ऊष्माशोषी अभिक्रिया का उदाहरण है?
(A) CH4 + 2O2 → CO2 + 2H2O + ऊष्मा
(B) CaCO3 → CaO + CO2
(C) C + O2 → CO2 + ऊष्मा

(D) NaOH + HCl → NaCl + H2O

☞ उत्तर: (B) CaCO3 → CaO + CO2

भाग - 5: दैनिक जीवन में रासायनिक अभिक्रियाएँ

Q13. धातुओं का संक्षारण एक प्रकार की कौन-सी अभिक्रिया है?

(A) वियोजन अभिक्रिया   (B) उपचयन-अपचयन अभिक्रिया   (C) संयोजन अभिक्रिया   (D) विस्थापन अभिक्रिया

☞ **उत्तर: (B) उपचयन-अपचयन अभिक्रिया**

Q14. चिप्स की थैली में किस गैस को भरा जाता है जिससे चिप्स खराब न हो?

(A) ऑक्सीजन (B) हाइड्रोजन (C) नाइट्रोजन (D) CO_2

☞ उत्तर: (C) नाइट्रोजन

Q15. श्वसन प्रक्रिया किस प्रकार की अभिक्रिया का उदाहरण है?

(A) ऊष्माक्षेपी अभिक्रिया   (B) ऊष्माशोषी अभिक्रिया
(C) संयोजन अभिक्रिया   (D) वियोजन अभिक्रिया

☞ उत्तर: (A) ऊष्माक्षेपी अभिक्रिया

भाग - 6: सूचक और उनके प्रयोग

Q16. हल्दी का रंग अम्लीय विलयन में कैसा होता है?

(A) लाल   (B) पीला   (C) नीला   (D) हरा

☞ उत्तर: (B) पीला

Q17. लिटमस प्राकृतिक रूप से किस रंग का होता है?

(A) लाल   (B) नीला   (C) बैंगनी   (D) हरा

☞ उत्तर: (C) बैंगनी

Q18. जब लाल लिटमस को क्षारक में डाला जाता है, तो वह किस रंग में बदल जाता है?

(A) लाल   (B) नीला   (C) पीला   (D) हरा

☞ उत्तर: (B) नीला

भाग - 7: महत्वपूर्ण रासायनिक समीकरण

Q19. निम्नलिखित में से कौन-सा समीकरण संतुलित है?

(A) H2 + O2 → H2O

(B) Fe + HCl → FeCl3 + H2

(C) 2H2 + O2 → 2H2O

(D) Na + H2O → NaOH + H2

☞ उत्तर: (C) 2H2 + O2 → 2H2O

Q20. जब मैग्नीशियम जलता है तो किस रंग की ज्योति उत्पन्न होती है?

(A) हरी   (B) लाल   (C) नीली   (D) सफेद

☞ उत्तर: (D) सफेद

Q21. वियोजन अभिक्रिया कितने प्रकार की होती है?

(A) 2   (B) 3   (C) 4   (D) 5

☞ **उत्तर: (B) 3**

Q22. निम्नलिखित में से कौन-सी ऊष्मीय अपघटन अभिक्रिया का उदाहरण है?

(A) $CaCO_3 → CaO + CO_2$ (B) $2H_2O → 2H_2 + O_2$
(C) $2AgBr → 2Ag + Br_2$
(D) $NaOH + HCl → NaCl + H_2O$

☞ उत्तर: (A) $CaCO_3 → CaO + CO_2$

Q23. जल का विद्युत अपघटन होने पर कौन-कौन सी गैसें प्राप्त होती हैं?

(A) हाइड्रोजन और नाइट्रोजन
(B) ऑक्सीजन और कार्बन डाइऑक्साइड
(C) हाइड्रोजन और ऑक्सीजन
(D) नाइट्रोजन और सल्फर डाइऑक्साइड

☞ उत्तर: (C) हाइड्रोजन और ऑक्सीजन

Q24. सिल्वर ब्रोमाइड (AgBr) का अपघटन किसके प्रभाव में होता है?

(A) ऊष्मा   (B) बिजली   (C) प्रकाश   (D) जल

☞ उत्तर: (C) प्रकाश

ऊष्माक्षेपी और ऊष्माशोषी अभिक्रिया

Q25. ऊष्माशोषी अभिक्रिया में क्या होता है?

(A) ऊर्जा अवशोषित होती है (B) ऊर्जा मुक्त होती है
(C) केवल गैस उत्पन्न होती है (D) कोई परिवर्तन नहीं होता

☞ उत्तर: (A) ऊर्जा अवशोषित होती है

Q26. निम्नलिखित में से कौन-सी ऊष्माक्षेपी अभिक्रिया का उदाहरण है?

(A) $CaCO_3 → CaO + CO_2$

(B) $C + O_2 → CO_2 + ऊष्मा$

(C) $2AgBr → 2Ag + Br_2$

(D) $2H_2O → 2H_2 + O_2$

☞ उत्तर: (B) $C + O_2 → CO_2 + ऊष्मा$

एकल विस्थापन अभिक्रिया (Single Displacement Reaction)

Q27. निम्नलिखित में से कौन-सी एकल विस्थापन अभिक्रिया का उदाहरण है?

(A) $Zn + CuSO_4 → ZnSO_4 + Cu$

(B) $AgNO_3 + NaCl → AgCl + NaNO_3$

(C) $NaOH + HCl → NaCl + H_2O$

(D) $2H_2 + O_2 → 2H_2O$

☞ उत्तर: (A) $Zn + CuSO_4 → ZnSO_4 + Cu$

Q28. एकल विस्थापन अभिक्रिया में क्या होता है?

(A) दो तत्व आपस में बदल जाते हैं
(B) एक तत्व दूसरे तत्व को विस्थापित करता है
(C) एक यौगिक टूटकर दो या अधिक पदार्थ बनाता है
(D) कोई परिवर्तन नहीं होता

☞ उत्तर: (B) एक तत्व दूसरे तत्व को विस्थापित करता है

द्विविस्थापन अभिक्रिया (Double Displacement Reaction)

Q29. द्विविस्थापन अभिक्रिया में क्या होता है?

(A) केवल गैस उत्पन्न होती है
(B) आयनों का आदान-प्रदान होता है
(C) एक तत्व दूसरे तत्व को विस्थापित करता है
(D) कोई नया पदार्थ नहीं बनता

☞ उत्तर: (B) आयनों का आदान-प्रदान होता है

Q30. निम्नलिखित में से कौन-सी द्विविस्थापन अभिक्रिया का

उदाहरण है?
(A) Zn + CuSO$_4$ → ZnSO$_4$ + Cu
(B) Na$_2$SO$_4$ + BaCl$_2$ → BaSO$_4$ + 2NaCl
(C) 2H$_2$ + O$_2$ → 2H$_2$O
(D) Fe + HCl → FeCl$_3$ + H$_2$
☞ **उत्तर:** (B) Na$_2$SO$_4$ + BaCl$_2$ → BaSO$_4$ + 2NaCl

उपचयन-अपचयन (Redox Reaction)

Q31. उपचयन और अपचयन की संयुक्त अभिक्रिया को क्या कहा जाता है?
(A) वियोजन अभिक्रिया (B) संक्षारण अभिक्रिया
(C) रेडोक्स अभिक्रिया (D) उपचयन अभिक्रिया
☞ **उत्तर:** (C) रेडोक्स अभिक्रिया

Q32. निम्नलिखित में से किस अभिक्रिया में ऑक्सीजन की वृद्धि होती है?
(A) उपचयन अभिक्रिया (B) अपचयन अभिक्रिया
(C) उदासीनीकरण अभिक्रिया (D) विस्थापन अभिक्रिया
☞ **उत्तर:** (A) उपचयन अभिक्रिया

Q33. निम्नलिखित में से कौन-सा उपचयन-अपचयन अभिक्रिया का उदाहरण है?
(A) Zn + CuSO$_4$ → ZnSO$_4$ + Cu
(B) CuO + H$_2$ → Cu + H$_2$O
(C) NaOH + HCl → NaCl + H$_2$O
(D) 2H$_2$ + O$_2$ → 2H$_2$O
☞ **उत्तर:** (B) CuO + H$_2$ → Cu + H$_2$O

उदासीनीकरण अभिक्रिया (Neutralization Reaction)

Q34. उदासीनीकरण अभिक्रिया में क्या होता है?
(A) अम्ल और क्षार की अभिक्रिया से लवण और जल बनते हैं
(B) ऑक्सीजन की वृद्धि होती है (C) केवल ऊष्मा उत्पन्न होती है (D) कोई परिवर्तन नहीं होता
☞ **उत्तर:** (A) अम्ल और क्षार की अभिक्रिया से लवण और जल बनते हैं

Q35. निम्नलिखित में से कौन-सी उदासीनीकरण अभिक्रिया का उदाहरण है?
(A) NaOH + HCl → NaCl + H$_2$O
(B) Zn + CuSO$_4$ → ZnSO$_4$ + Cu
(C) C + O$_2$ → CO$_2$ + ऊष्मा
(D) Fe + HCl → FeCl$_3$ + H$_2$
☞ **उत्तर:** (A) NaOH + HCl → NaCl + H$_2$O

दैनिक जीवन में रासायनिक अभिक्रियाएँ

Q36. धातुओं का संक्षारण किस प्रकार की अभिक्रिया है?
(A) रेडोक्स अभिक्रिया (B) उदासीनीकरण अभिक्रिया
(C) संयोजन अभिक्रिया (D) विस्थापन अभिक्रिया
☞ **उत्तर:** (A) रेडोक्स अभिक्रिया

Q37. खाद्य पदार्थों के विकृतगंधिता (Rancidity) का मुख्य कारण क्या है?
(A) जल का वाष्पीकरण (B) ऑक्सीकरण
(C) ऊष्मीय अपघटन (D) अम्ल और क्षार की प्रतिक्रिया

☞ **उत्तर:** (B) ऑक्सीकरण

Q38. चिप्स के पैकेट में किस गैस को भरा जाता है ताकि वे अधिक समय तक सुरक्षित रहें?
(A) ऑक्सीजन (B) हाइड्रोजन
(C) नाइट्रोजन (D) कार्बन डाइऑक्साइड
☞ **उत्तर:** (C) नाइट्रोजन

रसायन विज्ञान (39 से आगे) - वस्तुनिष्ठ प्रश्न (Objective Questions) और उत्तर

39. विरंजक चूर्ण का रासायनिक नाम क्या है?
A) कैल्शियम ऑक्सीक्लोराइड (B) सोडियम क्लोराइड
C) कैल्शियम सल्फेट (D) सोडियम बाइकार्बोनेट
उत्तर: A) कैल्शियम ऑक्सीक्लोराइड

40. विरंजक चूर्ण (CaOCl$_2$) का उपयोग किसके लिए किया जाता है?
A) जल शुद्धिकरण B) रंग उद्योग
C) खाद्य संरक्षण D) उपरोक्त सभी
उत्तर: D) उपरोक्त सभी

41. विरंजक चूर्ण पानी में डालने से कौन सी गैस मुक्त होती है?
A) ऑक्सीजन (B) हाइड्रोजन (C) क्लोरीन (D) नाइट्रोजन
उत्तर: C) क्लोरीन

42. विरंजक चूर्ण (Bleaching Powder) का उपयोग मुख्यतः किसके विरंजन में किया जाता है?
A) तेल B) लोहे (C) कागज और कपड़े (D) लकड़ी
उत्तर: C) कागज और कपड़े

43. बेकिंग सोडा का रासायनिक सूत्र क्या है?
A) NaHCO$_3$ (B) Na$_2$CO$_3$ (C) CaCO$_3$ (D) NH$_4$Cl
उत्तर: A) NaHCO$_3$

44. बेकिंग सोडा को पानी में गर्म करने पर कौन सा यौगिक बनता है?
A) सोडियम क्लोराइड B) सोडियम कार्बोनेट
C) कैल्शियम ऑक्साइड D) सोडियम सल्फेट
उत्तर: B) सोडियम कार्बोनेट

45. बेकिंग सोडा को बेकिंग में क्यों उपयोग किया जाता है?
A) यह भोजन को स्वादिष्ट बनाता है
B) यह अम्लीय स्वाद प्रदान करता है
C) यह CO$_2$ गैस उत्पन्न करता है जिससे उत्पाद फूलता है
D) यह भोजन को कठोर बनाता है
उत्तर: C) यह CO$_2$ गैस उत्पन्न करता है जिससे उत्पाद फूलता है

46. बेकिंग सोडा का उपयोग कौन से स्वास्थ्य लाभ के लिए किया जाता है?
A) एसिडिटी से राहत (B) जलने पर उपचार
C) कीटों के काटने पर राहत (D) उपरोक्त सभी
उत्तर: D) उपरोक्त सभी

47. धोने के सोडा (Washing Soda) का रासायनिक नाम क्या है?
A) सोडियम हाइड्रॉक्साइड (B) सोडियम कार्बोनेट

C) कैल्शियम कार्बोनेट   (D) पोटैशियम क्लोराइड
उत्तर: B) सोडियम कार्बोनेट

48. धोने के सोडा का मुख्य उपयोग क्या है?
A) कपड़े धोने में   B) जल शुद्धिकरण में
C) साबुन और डिटर्जेंट बनाने में (D) उपरोक्त सभी
उत्तर: D) उपरोक्त सभी

49. धोने के सोडा का रासायनिक सूत्र क्या है?
A) $NaHCO_3$ B) $Na_2CO_3.10H_2O$
C) Na_2CO_3 D) $CaCO_3$
उत्तर: B) $Na_2CO_3.10H_2O$

50. कठोर जल को नरम करने के लिए कौन सा पदार्थ उपयोग किया जाता है?
A) बेकिंग सोडा   B) विरंजक चूर्ण
C) धोने का सोडा   D) चूना जल
उत्तर: C) धोने का सोडा

51. बेकिंग सोडा और धोने के सोडा में मुख्य अंतर क्या है?
A) बेकिंग सोडा क्षारीय होता है, जबकि धोने का सोडा अम्लीय
B) बेकिंग सोडा अम्लीय होता है, जबकि धोने का सोडा क्षारीय
C) बेकिंग सोडा भोजन में उपयोग होता है, जबकि धोने का सोडा सफाई में
D) दोनों एक ही हैं
उत्तर: C) बेकिंग सोडा भोजन में उपयोग होता है, जबकि धोने का सोडा सफाई में

52. जिप्सम (Gypsum) का रासायनिक नाम क्या है?
A) $CaSO_4.2H_2O$ (B) $CaCO_3$ (C) Na_2CO_3 (D) CaO
उत्तर: A) $CaSO_4.2H_2O$

53. प्लास्टर ऑफ पेरिस (POP) का रासायनिक सूत्र क्या है?
A) $CaSO_4.\frac{1}{2}H_2O$ (B) $CaCO_3$ (C) $NaHCO_3$ (D) $Ca(OH)_2$
उत्तर: A) $CaSO_4.\frac{1}{2}H_2O$

54. प्लास्टर ऑफ पेरिस का उपयोग किसमें किया जाता है?
A) मूर्तियाँ बनाने में   B) हड्डी जोड़ने में
C) भवन निर्माण में   D) उपरोक्त सभी
उत्तर: D) उपरोक्त सभी

55. विरंजक चूर्ण का उपयोग किस रोग को फैलने से रोकने में किया जाता है?
A) मलेरिया   B) टाइफाइड (C) हैजा   D) क्षय रोग
उत्तर: C) हैजा

56. बेकिंग सोडा का उपयोग मुँह की बदबू दूर करने में कैसे मदद करता है?
A) यह बैक्टीरिया को मारता है
B) यह अम्लता को कम करता है
C) यह दुर्गंध को अवशोषित करता है
D) उपरोक्त सभी
उत्तर: D) उपरोक्त सभी

57. कौन सा पदार्थ पानी की पाइपलाइन की सफाई के लिए उपयोग किया जाता है?
A) बेकिंग सोडा   B) धोने का सोडा
C) विरंजक चूर्ण   D) जिप्सम
उत्तर: B) धोने का सोडा

58. अम्लीय वर्षा का pH मान कितना होता है?
A) 7 से अधिक   B) 7 के बराबर
C) 5.6 से कम   D) 9 से अधिक
उत्तर: C) 5.6 से कम

59. शरीर का सामान्य pH मान कितना होता है?
A) 5.5   B) 6.0   C) 7.0 से 7.8 (D) 8.5
उत्तर: C) 7.0 से 7.8

60. पेट में अम्लीयता को कम करने के लिए किसका उपयोग किया जाता है?
A) विरंजक चूर्ण   B) बेकिंग सोडा
C) प्लास्टर ऑफ पेरिस   D) जिप्सम
उत्तर: B) बेकिंग सोडा

61. साबुन और डिटर्जेंट में मुख्य अंतर क्या है?
A) साबुन प्राकृतिक वसा से बनता है, जबकि डिटर्जेंट कृत्रिम होते हैं
B) साबुन कठोर जल में प्रभावी होते हैं, जबकि डिटर्जेंट नहीं
C) साबुन क्षारीय होते हैं, जबकि डिटर्जेंट अम्लीय
D) उपरोक्त सभी
उत्तर: A) साबुन प्राकृतिक वसा से बनता है, जबकि डिटर्जेंट कृत्रिम होते हैं

62. पानी में घुलने पर साबुन के अणु किस रूप में कार्य करते हैं?
A) विलेय   B) कोलाइड C) पायस   D) माइसेल
उत्तर: D) माइसेल

63. हाइड्रोक्लोरिक एसिड का रासायनिक सूत्र क्या है?
A) H_2SO_4 B) HCl C) HNO_3 D) H_2CO_3
उत्तर: B) HCl

64. पेट में हाइड्रोक्लोरिक एसिड का क्या कार्य होता है?
A) भोजन को पचाने में मदद करना
B) एंजाइम सक्रिय करना
C) हानिकारक बैक्टीरिया को नष्ट करना
D) उपरोक्त सभी
उत्तर: D) उपरोक्त सभी

65. अम्ल और क्षार के बीच प्रतिक्रिया को क्या कहा जाता है?
A) न्यूट्रलाइज़ेशन (उदासीनता)   B) ऑक्सीकरण
C) अपचयन   D) पायसीकरण
उत्तर: A) न्यूट्रलाइज़ेशन (उदासीनता)

66. अम्लीय पदार्थों का स्वाद कैसा होता है?
A) मीठा   B) खट्टा
C) कड़वा   D) नमकीन
उत्तर: B) खट्टा

67. दूध के फटने का कारण क्या होता है?
A) वसा का जमना   B) प्रोटीन का जमना
C) अम्ल का मिलना   D) तापमान में वृद्धि
उत्तर: C) अम्ल का मिलना

68. हल्दी प्राकृतिक रूप से कौन सा संकेतक

(Indicator) है?

A) अम्लीय संकेतक   B) क्षारीय संकेतक
C) सार्वत्रिक संकेतक   D) तटस्थ संकेतक

उत्तर: B) क्षारीय संकेतक

69. क्षार का स्वाद कैसा होता है?

A) मीठा   B) खट्टा
C) कड़वा   D) नमकीन

उत्तर: C) कड़वा

70. लिटमस पेपर किससे प्राप्त किया जाता है?

A) फंगस   B) लाइकेन
C) बैक्टीरिया   D) पौधों की जड़

उत्तर: B) लाइकेन

71. **प्राकृतिक रूप से पाए जाने वाले तत्वों या यौगिकों को क्या कहते हैं?**
a) मिश्रधातु   b) खनिज
c) अयस्क   d) धातु
Answer: b) खनिज

72. **किसी विशेष धातु के अधिक मात्रा में पाए जाने वाले खनिज को क्या कहते हैं?**
a) अयस्क   b) गैंग
c) मिश्रधातु   d) ऊष्मा चालक
Answer: a) अयस्क

73. **धातुओं को शुद्ध करने के लिए कौन-सी विधि का उपयोग किया जाता है, जिसमें अशुद्ध धातु को एनोड तथा शुद्ध धातु को कैथोड बनाया जाता है?**
a) निस्तापन   b) भर्जन
c) विद्युत अपघटनी परिष्करण   d) धात्विक चमक
Answer: c) विद्युत अपघटनी परिष्करण

74. **धातु की सतह चमकदार होती है, इस गुण को क्या कहा जाता है?**
a) तन्यता (b) आघातवर्ध्यता (c) धात्विक चमक (d) चालकता
Answer: c) धात्विक चमक

75. **कौन-सी अधातु अपवाद स्वरूप चमकदार होती है?**
a) फास्फोरस   b) आयोडीन
c) सल्फर   d) कार्बन
Answer: b) आयोडीन

76. **निम्नलिखित में से कौन-सी धातु कमरे के तापमान पर द्रव अवस्था में पाई जाती है?**
a) पोटैशियम b) मर्करी (c) सोडियम (d) लोहा
Answer: b) मर्करी

77. **कौन-सी अधातु अपवाद स्वरूप अत्यधिक कठोर होती है?**
a) सल्फर (b) फास्फोरस (c) हीरा (d) ब्रोमीन
Answer: c) हीरा

78. **किसी धातु को पीटकर पतली चादर बनाने की क्षमता को क्या कहते हैं?**
a) तन्यता   b) आघातवर्ध्यता
c) चालकता   d) कठोरता
Answer: b) आघातवर्ध्यता

79. **निम्नलिखित में से कौन-सी सबसे अधिक आघातवर्ध धातु है?**
a) तांबा (b) लोहा (c) चाँदी (d) जिंक
Answer: c) चाँदी

80. **किसी धातु को पतले तार के रूप में खींचने की क्षमता को क्या कहा जाता है?**
a) तन्यता   b) आघातवर्ध्यता
c) संक्षारण   d) धात्विक चमक
Answer: a) तन्यता

81. **निम्नलिखित में से कौन-सी धातु ऊष्मा एवं विद्युत का सबसे अच्छा चालक है?**
a) लोहा   b) जिंक
c) सिल्वर   d) सोडियम
Answer: c) सिल्वर

82. **कौन-सी अधातु अपवाद स्वरूप विद्युत का सुचालक है?**
a) ऑक्सीजन   b) ग्रेफाइट
c) नाइट्रोजन   d) क्लोरीन
Answer: b) ग्रेफाइट

83. **कौन-सी अधातु द्रव अवस्था में पाई जाती है?**
a) क्लोरीन   b) ब्रोमीन
c) ऑक्सीजन   d) सल्फर
Answer: b) ब्रोमीन

84. **कौन-सी धातु अत्यधिक अभिक्रियाशील होने के कारण केरोसिन में रखी जाती है?**
a) आयरन   b) सोडियम
c) एल्यूमिनियम   d) तांबा
Answer: b) सोडियम

85. **जब धातु और अधातु की अभिक्रिया होती है, तो कौन-सा यौगिक बनता है?**
a) एसिड (b) बेस (c) लवण (d) ऑक्साइड
Answer: c) लवण

86. **निम्नलिखित में से कौन-सा धातु + जल की अभिक्रिया का सही उदाहरण है?**
a) $Zn + HCl \rightarrow ZnCl_2 + H_2$
b) $Na + H_2O \rightarrow NaOH + H_2$
c) $C + O_2 \rightarrow CO_2$

d) $S + H_2O \rightarrow H_2SO_4$

Answer: b) $Na + H_2O \rightarrow NaOH + H_2$

87. **जब अधातु जल से अभिक्रिया करती है, तो किस प्रकार का यौगिक बनता है?**
a) क्षार (b) अम्ल (c) लवण (d) बेस
Answer: b) अम्ल

88. **धातु + अम्ल की अभिक्रिया से क्या उत्पन्न होता है?**
a) केवल लवण b) केवल जल
c) हाइड्रोजन गैस और लवण d) कार्बन डाइऑक्साइड
Answer: c) हाइड्रोजन गैस और लवण

89. **कौन-सी धातु अम्ल के साथ कोई अभिक्रिया नहीं करती?**
a) जिंक (b) तांबा (c) मैग्नीशियम (d) सोडियम
Answer: b) तांबा

90. **दो या दो से अधिक धातुओं के समांगी मिश्रण को क्या कहा जाता है?**
a) खनिज b) अयस्क
c) मिश्रधातु d) धात्विक यौगिक
Answer: c) मिश्रधातु

91. **तांबा और टिन के मिश्रण से कौन-सी मिश्रधातु बनती है?**
a) पीतल b) कांस्य (ब्रॉन्ज)
c) स्टील d) ड्यूरालुमिन
Answer: b) कांस्य (ब्रॉन्ज)

92. **आयरन ऑक्साइड और एल्यूमिनियम की अभिक्रिया को क्या कहा जाता है, जिसका उपयोग रेल की पटरी जोड़ने में किया जाता है?**
a) भर्जन b) निस्तापन
c) थर्मिट अभिक्रिया d) एलॉय निर्माण
Answer: c) थर्मिट अभिक्रिया

93. **धातुओं को जंग से बचाने के लिए लोहे पर जस्ते की परत चढ़ाने की विधि को क्या कहा जाता है?**
a) एनोडीकरण b) यशदलेपन
c) क्रोमियम लेपन d) मिश्रधातुकरण
Answer: b) यशदलेपन

94. **कौन-सी धातु सर्वाधिक अभिक्रियाशील होती है?**
a) आयरन b) पोटैशियम
c) तांबा d) जिंक
Answer: b) पोटैशियम

95. **उत्कृष्ट गैसों की विशेषता क्या है?**
a) अत्यधिक अभिक्रियाशील होती हैं
b) विद्युत की अच्छी चालक होती हैं
c) रासायनिक अभिक्रियाएँ बहुत कम करती हैं

d) भारी धातुओं में पाई जाती हैं
Answer: c) रासायनिक अभिक्रियाएँ बहुत कम करती हैं

96. **खनिज और अयस्क में क्या अंतर है?**
a) खनिज में धातु की मात्रा अधिक होती है, जबकि अयस्क में नहीं
b) अयस्क से धातु निकाली जाती है, जबकि खनिज सीधे उपयोग किए जाते हैं
c) खनिज केवल धातु युक्त होते हैं
d) अयस्क का कोई औद्योगिक उपयोग नहीं होता
Answer: b) अयस्क से धातु निकाली जाती है, जबकि खनिज सीधे उपयोग किए जाते हैं

97. **वायुमंडल में कार्बन डाइऑक्साइड की मात्रा कितनी होती है?**
A) 0.03% B) 0.3%
C) 3% D) 30%
ANS- A

98. **सहसंयोजी आबंध में कौन-सा बल दुर्बल होता है?**
A) परमाण्विक बल B) अन्तरआणविक बल
C) वैद्युत बल D) चुम्बकीय बल
ANS-B

99. **फुलेरीन के अणु की संरचना किसके समान होती है?**
A) हीरा B) ग्रेफाइट
C) फुटबॉल D) नैनोट्यूब
ANS-C

100. **कार्बन-कार्बन आबंध की श्रृंखला बनाने की क्षमता को क्या कहते हैं?**
A) आइसोमर B) हाइड्रोजनन
C) श्रृंखलन (Catenation) D) ऑक्सीकरण
ANS-C

101. **कार्बन परमाणु एकल, द्वि, या त्रि-आबंध से जुड़ सकते हैं, इनमें केवल एकल आबंध वाले यौगिक को क्या कहा जाता है?**
A) असंतृप्त यौगिक B) संतृप्त यौगिक
C) कार्बोक्सिलिक एसिड D) एल्कोहल
ANS-B

102. **बेन्जीन का आणविक सूत्र क्या है?**
A) C_5H_{10} B) C_6H_{12}
C) C_6H_6 D) C_7H_{14}
ANS-C

103. एल्केन का सामान्य सूत्र क्या होता है?
A) CnH2n+2 B) CnH2n

C) CnH2n-2   D) CnHn
ANS-A

104. एल्किन का सामान्य सूत्र क्या है?
A) CnH2n+2   B) CnH2n
C) CnH2n-2   D) CnHn
ANS-B

105. संतृप्त और असंतृप्त कार्बनिक यौगिकों में मुख्य अंतर क्या है?
A) संतृप्त यौगिक अधिक प्रतिक्रियाशील होते हैं
B) असंतृप्त यौगिकों में केवल एकल आबंध होते हैं
C) असंतृप्त यौगिकों में द्वि या त्रि-आबंध होते हैं
D) संतृप्त यौगिक अस्थिर होते हैं
ANS-C

106. संतृप्त वसा अम्ल अधिकतर कहाँ पाए जाते हैं?
A) जानवरों के वसा में   B) वनस्पति तेल में
C) केवल जल में   D) कार्बनिक अम्लों में
ANS-A

107. एथेनॉल का सामान्य प्रयोग कहाँ किया जाता है?
A) ईंधन में   B) दवाईयों में
C) सैनिटाइज़र में   D) उपर्युक्त सभी
ANS-D

108. मिथेनॉल का अधिक सेवन किस अंग को प्रभावित कर सकता है?
A) फेफड़े   B) चक्षुष तंत्रिका (Optic nerve)
C) यकृत   D) गुर्दा
ANS-B

109. एस्टरीकरण अभिक्रिया में कौन-कौन से पदार्थ भाग लेते हैं?
A) केवल एल्कोहल   B) केवल अम्ल
C) अम्ल और एल्कोहल दोनों   D) केवल एल्डिहाइड
ANS-C

110. साबुन की मिसेल संरचना में जल से कौन-सा भाग क्रिया करता है?
A) कार्बन श्रृंखला   B) आयोनिक भाग
C) ऑक्सीजन परमाणु   D) कार्बोक्सिलिक समूह
ANS-B

111. एथेनॉल का रासायनिक सूत्र क्या है?
A) CH3OH   B) C2H6
C) C2H5OH   D) CH4
ANS-C

112. एथेनॉल का उबालने का तापमान कितना होता है?
A) 60°C   B) 78.37°C
C) 100°C   D) 120°C
ANS-B

113. एथेनॉल जल में कैसा होता है?
A) अघुलनशील   (B) आंशिक रूप से घुलनशील
C) पूर्ण रूप से घुलनशील(D) गैसीय अवस्था में
ANS-C

114. एथेनॉल और ऑक्सीजन की अभिक्रिया से क्या उत्पाद बनते हैं?
A) एसीटिक अम्ल   (B) हाइड्रोजन परॉक्साइड
C) कार्बन डाइऑक्साइड और जल(D) क्लोरोफॉर्म
ANS-C

115. एथेनॉल से एसीटिक अम्ल बनने की अभिक्रिया को क्या कहा जाता है?
A) प्रतिस्थापन   B) संकलन
C) ऑक्सीकरण   D) हाइड्रोजनन
ANS-C

116. एथेनॉल को अम्लीय उत्प्रेरक की उपस्थिति में गर्म करने पर कौन सी गैस बनती है?
A) कार्बन डाइऑक्साइड   B) हाइड्रोजन
C) एथीलीन   D) ऑक्सीजन
ANS-C

117. एथेनॉल और हाइड्रोक्लोरिक अम्ल की अभिक्रिया से कौन-सा उत्पाद बनता है?
A) मिथाइल क्लोराइड   B) एथाइल क्लोराइड
C) एसीटिक अम्ल   D) एथीलीन
ANS-B

118. एथेनॉल को अम्लीय उत्प्रेरक की उपस्थिति में गर्म करने पर क्या उत्पाद बनता है?
A) एसीटिक अम्ल   B) एथीलीन गैस
C) एथेन   D) प्रोपेन
ANS-B

119. एथेनोइक अम्ल का रासायनिक सूत्र क्या है?
A) CH3COOH   B) C2H5OH
C) HCOOH   D) C3H7OH
ANS-A

120. सिरके में कौन सा प्रमुख अम्ल उपस्थित होता है?
A) हाइड्रोक्लोरिक अम्ल   B) एथेनोइक अम्ल
C) सल्फ्यूरिक अम्ल   D) नाइट्रिक अम्ल
ANS-B

121. एथेनोइक अम्ल और एथेनॉल की अभिक्रिया से क्या बनता है?
A) बेंजीन   B) मिथेन

C) एथाइल एसीटेट   D) क्लोरोफॉर्म
ANS-C

122. एथेनोइक अम्ल के जलीय विलयन का pH मान लगभग कितना होता है?
A) 1   B) 7   C) 5   D) 2.4
ANS-D

123. एथेनोइक अम्ल को जलाने से कौन-कौन से पदार्थ बनते हैं?
A) एथेनॉल और जल
B) कार्बन डाइऑक्साइड और जल
C) हाइड्रोजन परॉक्साइड
D) क्लोरोफॉर्म
ANS-B

124. साबुन के अणु के कौन-से भाग जल के साथ घुलनशील होते हैं?
A) आयोनिक भाग   (B) हाइड्रोकार्बन भाग
C) केवल हाइड्रोजन (D) ऑक्सीजन परमाणु
ANS-A

125. साबुन के अणु के कौन-से भाग तेल के साथ पारस्परिक क्रिया करते हैं?
A) आयोनिक भाग   (B) हाइड्रोकार्बन भाग
C) जल   (D) अम्लीय भाग
ANS-B

126. आवर्त सारणी में क्षैतिज पंक्तियों को क्या कहते हैं?
(A) वर्ग   (B) समूह   (C) आवर्त   (D) ब्लॉक
Answer: (C) आवर्त
127. आवर्त सारणी में ऊर्ध्व स्तंभ को क्या कहते हैं?
(A) वर्ग   (B) समूह   (C) आवर्त   (D) ब्लॉक
Answer: (A) वर्ग
128. डॉबेनर के त्रियक नियम के अनुसार मध्य तत्व का परमाणु द्रव्यमान किसके बराबर होता है?
(A) पहले और तीसरे तत्व के परमाणु द्रव्यमान के योग के बराबर
(B) पहले तत्व के परमाणु द्रव्यमान के बराबर
(C) तीसरे तत्व के परमाणु द्रव्यमान के बराबर
(D) पहले और तीसरे तत्व के परमाणु द्रव्यमान के औसत के बराबर
Answer: (D) पहले और तीसरे तत्व के परमाणु द्रव्यमान के औसत के बराबर
129. निम्नलिखित में से कौन-सा त्रिगुट डॉबेनर के त्रियक नियम का उदाहरण है?
(A) हाइड्रोजन, हीलियम, लिथियम
(B) लिथियम, सोडियम, पोटेशियम
(C) नाइट्रोजन, ऑक्सीजन, फ्लोरीन
(D) कार्बन, नाइट्रोजन, ऑक्सीजन
Answer: (B) लिथियम, सोडियम, पोटेशियम

130. न्यूसलैंड के अष्टक नियम के अनुसार हर कितने तत्व बाद गुणधर्मों की पुनरावृत्ति होती है?
(A) 4   (B) 6   (C) 8   (D) 10
Answer: (C) 8
131. न्यूसलैंड के अष्टक नियम की मुख्य सीमा क्या थी?
(A) यह केवल हल्के तत्वों तक ही सीमित था
(B) यह सभी तत्वों के लिए सही था
(C) यह परमाणु संख्या के आधार पर था
(D) इसमें कोई त्रुटि नहीं थी
Answer: (A) यह केवल हल्के तत्वों तक ही सीमित था
132. मेंडलीव की आवर्त सारणी किस आधार पर बनाई गई थी?
(A) परमाणु संख्या   (B) परमाणु भार
(C) इलेक्ट्रॉनिक संरचना (D) ऑक्सीडेशन अवस्था
Answer: (B) परमाणु भार
133. मेंडलीव की आवर्त सारणी में कुल कितने आवर्त थे?
(A) 5   (B) 6   (C) 7   (D) 8
Answer: (C) 7
134. मेंडलीव ने अपनी सारणी में कुछ स्थान खाली क्यों छोड़े थे?
(A) तत्वों को संतुलित करने के लिए
(B) भविष्य में खोजे जाने वाले तत्वों के लिए
(C) त्रुटि के कारण
(D) स्थिरता बनाए रखने के लिए
Answer: (B) भविष्य में खोजे जाने वाले तत्वों के लिए
135. आधुनिक आवर्त सारणी किस वैज्ञानिक द्वारा प्रस्तुत की गई थी?
(A) डॉबनेनर (B) न्यूसलैंड (C) हेनरी मोजले (D)मेंडलीव
Answer: (C) हेनरी मोजले
136. आधुनिक आवर्त सारणी में तत्वों को किस आधार पर व्यवस्थित किया गया है?
(A) परमाणु भार   (B) परमाणु संख्या
(C) आयनिक द्रव्यमान   (D) घनत्व
Answer: (B) परमाणु संख्या
137. आधुनिक आवर्त सारणी में कुल कितने समूह होते हैं?
(A) 8   (B) 10   (C) 16   (D) 18
Answer: (D) 18
138. s-ब्लॉक के तत्व कौन-से समूहों में पाए जाते हैं?
(A) समूह 1 और 2   (B) समूह 13 से 18
(C) समूह 3 से 12   (D) समूह 17 और 18
Answer: (A) समूह 1 और 2
139. निम्नलिखित में से कौन-सा तत्व p-ब्लॉक में आता है?
(A) लिथियम (B) कैल्शियम (C) क्लोरीन (D) सोडियम
Answer: (C) क्लोरीन
140. आधुनिक आवर्त सारणी में कुल कितने आवर्त होते हैं?
(A) 6 (B) 7 (C) 8 (D) 9
Answer: (B) 7
141. d-ब्लॉक के तत्व किसे कहा जाता है?
(A) क्षारीय धातु   (B) संक्रमण धातु
(C) अधातु   (D) निष्क्रिय गैसें
Answer: (B) संक्रमण धातु
142. f-ब्लॉक तत्वों को किस नाम से जाना जाता है?
(A) अधातु (B) निष्क्रिय गैसें
(C) लैन्थेनाइड्स और एक्टिनाइड्स (D) क्षारकीय धातुएं
Answer: (C) लैन्थेनाइड्स और एक्टिनाइड्स

143. मेंडलीव की आवर्त सारणी में कौन-सा तत्व गलत क्रम में रखा गया था?
(A) सोडियम (B)टेल्यूरियम (C)ऑक्सीजन (D) हीलियम
Answer: (B) टेल्यूरियम
144. निष्क्रिय गैसों का समूह कौन-सा है?
(A) समूह 16 (B) समूह 17 (C) समूह 18 (D) समूह 15
Answer: (C) समूह 18
145. कौन-सा तत्व सबसे हल्का है?
(A) हीलियम   (B) हाइड्रोजन
(C) लिथियम   (D) ऑक्सीजन
Answer: (B) हाइड्रोजन
146. मेंडलीव की सारणी में कितने समूह थे?
(A) 8   (B) 10   (C) 12   (D) 18
Answer: (A) 8
147. कौन-सा तत्व सबसे अधिक प्रतिक्रियाशील है?
(A) फ्लोरीन (B) हीलियम (C) कार्बन (D) लिथियम
Answer: (A) फ्लोरी

Biology

147. प्रकाश संश्लेषण में कौन सी गैस का अवशोषण किया जाता है?
a) ऑक्सीजन   b) कार्बन डाइऑक्साइड
c) नाइट्रोजन   d) हाइड्रोजन
उत्तर: b) कार्बन डाइऑक्साइड
148. स्वपोषी पोषण में कौन से जीव भोजन बनाते हैं?
a) मानव   b) जानवर   c) पौधे   d) बैक्टीरिया
उत्तर: c) पौधे
149. श्वसन प्रक्रिया में ऊर्जा का निर्माण किस अणु से होता है?
a) ATP   b) NADPH   c) CO_2 d) O_2
उत्तर: a) ATP
150. पाचन में "लार एमिलेस" किसका पाचन करता है?
a) प्रोटीन   b) शर्करा   c) वसा   d) पानी
उत्तर: b) शर्करा
151. अग्न्याशय किस प्रकार का रस स्रावित करता है?
a) अम्लीय रस (b) लवणीय रस (c) अग्न्याशयिक रस (d) पानी
उत्तर: c) अग्न्याशयिक रस
152. श्वसन प्रक्रिया के दौरान, कोशिकाओं में किसका उपयोग किया जाता है?
a) शर्करा   b) ऑक्सीजन
c) नाइट्रोजन   d) कार्बन डाइऑक्साइड
उत्तर: b) ऑक्सीजन
153. पाचन क्रिया की प्रक्रिया कहां से शुरू होती है?
a) आमाशय   b) छोटे आंत
c) मुखगुहा   d) आहार नली
उत्तर: c) मुखगुहा
154. पाचन के दौरान, अग्न्याशय किस एंजाइम का उपयोग करता है?
a) लाइपेज   b) पेप्सिन   c) ट्रिप्सिन   d) एमिलेस
उत्तर: c) ट्रिप्सिन
155. लसिका तंत्र का प्रमुख कार्य क्या है?

a) ऑक्सीजन का परिवहन b) शरीर से अपशिष्ट निकालना
c) ऊर्जा का निर्माण   d) रक्त का प्रवाह बढ़ाना
उत्तर: b) शरीर से अपशिष्ट निकालना
156. श्वसन के "ऑक्सीडेटिव फॉस्फोराइलेशन" का प्रमुख कार्य क्या है?
a) ग्लूकोज का अपघटन   b) ATP का निर्माण
c) CO_2 का उत्सर्जन   d) लैक्टिक एसिड का निर्माण
उत्तर: b) ATP का निर्माण
157. कैल्विन चक्र (Dark Reaction) में किसका उपयोग किया जाता है?
a) NADH   b) CO_2 c) ATP   d) सभी उपर्युक्त
उत्तर: d) सभी उपर्युक्त
158. पाचन तंत्र में "रंध्र" का क्या कार्य होता है?
a) पानी का अवशोषण   (b) गैसों का आदान-प्रदान
c) पोषक तत्वों का परिवहन (d) सभी उपर्युक्त
उत्तर: b) गैसों का आदान-प्रदान
159. श्वसन प्रक्रिया में किसका अपघटन होता है?
a) प्रोटीन   b) ग्लूकोज   c) वसा   d) पानी
उत्तर: b) ग्लूकोज
160. वायवीय श्वसन में कौन सा चरण शामिल होता है?
a) केवल ग्लाइकोलाइसिस (b) साइट्रिक एसिड चक्र
c) केवल ऑक्सीडेटिव फॉस्फोराइलेशन (d) सभी उपर्युक्त
उत्तर: d) सभी उपर्युक्त
161. पाचन तंत्र में "पेप्सिन" किसका पाचन करता है?
a) शर्करा   b) प्रोटीन   c) वसा   d) जल
उत्तर: b) प्रोटीन
162 हृदय के रक्त पंप करने की प्रक्रिया के दौरान कौन सा वाल्व रक्त का वापस लौटना रोकता है?
a) त्रिकोणीय वाल्व   b) पल्मोनरी वाल्व
c) माइट्रल वाल्व   d) एओर्टिक वाल्व
उत्तर: a) त्रिकोणीय वाल्व
163. श्वसन प्रक्रिया में "ग्लाइकोलाइसिस" कहां होती है?
a) माइटोकॉन्ड्रिया   b) कोशिकाद्रव्य
c) नाभिक   d) राइबोसोम
उत्तर: b) कोशिकाद्रव्य
164. "अवायवीय श्वसन" में कौन सा यौगिक उत्पन्न होता है?
a) लैक्टिक एसिड (b) एथेनॉल (c) CO_2 (d) सभी उपर्युक्त
उत्तर: d) सभी उपर्युक्त
165. शरीर में रक्त का प्रवाह किस प्रणाली द्वारा नियंत्रित किया जाता है?
a) रक्त परिसंचरण प्रणाली   b) श्वसन प्रणाली
c) पाचन प्रणाली   d) लसीका प्रणाली
उत्तर: a) रक्त परिसंचरण प्रणाली

166. मानव उत्सर्जी प्रणाली में गुर्दे का मुख्य कार्य क्या है?

A) हार्मोन का उत्पादन करना (B) रक्त को छानना और मूत्र बनाना
C) मूत्र का संग्रह करना   (D) मूत्र का परिवहन करना
उत्तर: B) रक्त को छानना और मूत्र बनाना

167. निम्नलिखित में से कौन मानव उत्सर्जी प्रणाली का एक घटक है?
A) हृदय (B) फेफड़े (C) गुर्दे (D) लिम्फ नोड्स
उत्तर: C) गुर्दे

168. गुर्दों में ग्लोमेरुलर निस्पंदन के दौरान कौन-सी प्रक्रिया होती है?
A) पानी का अवशोषण
B) उच्च दबाव में रक्त का निस्पंदन
C) विषाक्त पदार्थों का स्राव
D) ग्लूकोज का पुनः अवशोषण
उत्तर: B) उच्च दबाव में रक्त का निस्पंदन

169. गुर्दों में पुनः अवशोषण की प्रक्रिया मुख्य रूप से किसे शामिल करती है?
A) विषाक्त पदार्थों का अवशोषण
B) पानी और पोषक तत्वों का रक्त में पुनःअवशोषण
C) मूत्र में अपशिष्ट का स्राव
D) हार्मोन का उत्पादन
उत्तर: B) पानी और पोषक तत्वों का रक्त में पुनः अवशोषण

170. निम्नलिखित में से कौन त्वचा का उत्सर्जी कार्य नहीं है?
A) कार्बन डाइऑक्साइड का निष्कासन
B) लवण का निष्कासन
C) पानी का निष्कास
D) यूरिया का निष्कासन
उत्तर: A) कार्बन डाइऑक्साइड का निष्कासन

171. उत्सर्जन में यकृत का मुख्य कार्य क्या है?
A) रक्त को छानना
B) पाचन के लिए पित्त का स्राव करना
C) विषाक्त पदार्थों को तटस्थ करना और उन्हें पित्त के रूप में जारी करना
D) अतिरिक्त पोषक तत्वों का भंडारण करना
उत्तर: C) विषाक्त पदार्थों को तटस्थ करना और उन्हें पित्त के रूप में जारी करना

172. न्यूरॉन्स का मुख्य कार्य क्या है?
A) ऊर्जा का भंडारण करना
B) विद्युत संकेतों का संचरण करना
C) हार्मोन का उत्पादन करना
D) ऊतकों तक ऑक्सीजन पहुंचाना
उत्तर: B) विद्युत संकेतों का संचरण करना

173. एक न्यूरॉन में डेंड्राइट्स का मुख्य कार्य क्या है?
A) अन्य न्यूरॉन्स को संकेत भेजना
B) अन्य न्यूरॉन्स से संकेत प्राप्त करना
C) विद्युत आवेगों का उत्पादन करना
D) न्यूरॉन को चोट से बचाना
उत्तर: B) अन्य न्यूरॉन्स से संकेत प्राप्त करना

174. मस्तिष्क का कौन सा भाग संतुलन और समन्वय को नियंत्रित करता है?
A) सेरेब्रम   B) सेरेबेलम

C) थैलेमस   D) मेदुला ऑब्लोंगाटा
उत्तर: B) सेरेबेलम

175. मस्तिष्क में हाइपोथैलमस का कार्य क्या है?
A) गति और बोलचाल को नियंत्रित करना
B) भूख, प्यास और शरीर का तापमान नियंत्रित करना
C) हृदय गति और श्वसन को नियंत्रित करना
D) संवेदी जानकारी को संसाधित करना
उत्तर: B) भूख, प्यास और शरीर का तापमान नियंत्रित करना

176. कौन सा हार्मोन थायरॉयड ग्रंथि द्वारा स्रावित होता है?
A) इंसुलिन (B)थायरोक्सिन (C एड्रेनलिन(D) एस्ट्रोजेन
उत्तर: B) थायरोक्सिन

177. मानव शरीर में इंसुलिन का मुख्य कार्य क्या है?
A) हृदय गति को नियंत्रित करना
B) रक्त शर्करा स्तर को नियंत्रित करना
C) मांसपेशियों का विकास करना
D) प्रजनन कार्यों को नियंत्रित करना
उत्तर: B) रक्त शर्करा स्तर को नियंत्रित करना

178. तनाव या आपातकाल के दौरान एड्रेनलिन का क्या कार्य होता है?
A) हृदय गति को घटाना
B) पाचन अंगों में रक्त आपूर्ति बढ़ाना
C) हृदय गति को बढ़ाना और मांसपेशियों को क्रियाशील करने के लिए तैयार करना
D) मांसपेशियों को ऑक्सीजन आपूर्ति घटाना
उत्तर: C) हृदय गति को बढ़ाना और मांसपेशियों को क्रियाशील करने के लिए तैयार करना

179. निम्नलिखित में से कौन सा हार्मोन पिट्यूटरी ग्रंथि द्वारा स्रावित होता है?
A) एस्ट्रोजेन   B) टेस्टोस्टेरोन
C) वृद्धि हार्मोन   D) इंसुलिन
उत्तर: C) वृद्धि हार्मोन

180. मस्तिष्क का कौन सा भाग स्वचालित क्रियाओं जैसे हृदय गति और श्वास को नियंत्रित करता है?
A) सेरेब्रम   B) मेदुला ऑब्लोंगाटा
C) सेरेबेलम   D) पॉन्स
उत्तर: B) मेदुला ऑब्लोंगाटा

181. नर्वस सिस्टम का कौन सा भाग संवेदी अंगों से मस्तिष्क तक संकेतों का संचरण करता है?
A) संवेदी न्यूरॉन्स   B) मोटर न्यूरॉन्स
C) इंटरन्यूरॉन्स   D) रीढ़ की हड्डी
उत्तर: A) संवेदी न्यूरॉन्स

182. मस्तिष्क का कौन सा भाग निर्णय लेने और तर्क करने के लिए जिम्मेदार है?
A) अस्थायी लोब   B) ओसीपिटल लोब
C) फ्रंटल लोब   D) पैरेटल लोब
उत्तर: C) फ्रंटल लोब

183. न्यूरॉन्स में मायलीन आवरण का क्या कार्य है?
A) न्यूरॉन को क्षति से बचाना
B) विद्युत आवेगों के संचरण की गति बढ़ाना
C) मस्तिष्क तक संकेतों का संचरण करना
D) न्यूरोट्रांसमीटर का उत्पादन करना
उत्तर: B) विद्युत आवेगों के संचरण की गति बढ़ाना

184. मस्तिष्क का कौन सा भाग श्रवण की भावना के लिए जिम्मेदार है?
A) पैरेटल लोब B) अस्थायी लोब
C) ओसीपिटल लोब D) सेरेबेलम
उत्तर: B) अस्थायी लोब

185. कौन सा अंग प्रणाली कार्बन डाइऑक्साइड और पानी वाष्प का उत्सर्जन करती है?
A) उत्सर्जी प्रणाली B) श्वसन प्रणाली
C) पाचन प्रणाली D) परिसंचरण प्रणाली
उत्तर: B) श्वसन प्रणाली

186. जीवों में प्रजनन की प्रक्रिया को क्या कहा जाता है?
a) मेटाबोलिज्म (b) प्रजनन (c) श्वसन (d) उत्सर्जन
उत्तर: b) प्रजनन

187. कोशिका में DNA कहां स्थित होता है?
a) माइटोकॉन्ड्रिया b) नाभिक
c) राइबोसोम d) कोशिका द्रव्य
उत्तर: b) नाभिक

188. एककोशिकीय जीवों में प्रजनन की प्रक्रिया को क्या कहा जाता है?
a) द्वैतीय विभाजन (b) खंडन (c) बुडिंग (d) पुनःनिर्माण
उत्तर: a) द्वैतीय विभाजन

189. किस प्रकार के जीवों में बहुकोशिकीय विभाजन होता है?
a) अमीबा b) हाइड्रा c) प्लाज्मोडियम (d) खमीर
उत्तर: c) प्लाज्मोडियम

190. निम्नलिखित में से कौन सा जीव प्रजनन के लिए खंडन करता है?
a) अमीबा b) स्पाइरोगायरा c) हाइड्रा d) मशरूम
उत्तर: b) स्पाइरोगायरा

191. वह प्रक्रिया क्या कहलाती है जिसमें शरीर का कोई हिस्सा टूटकर एक नए जीव में बदल जाता है?
a) पुनःनिर्माण b) द्वैतीय विभाजन
c) बुडिंग d) खंडन
उत्तर: a) पुनःनिर्माण

192. वह प्रक्रिया जिसे पौधों के विभिन्न हिस्सों से नए पौधे उत्पन्न होते हैं, क्या कहलाती है?
a) आनुवंशिक विविधता b) संवर्धन प्रजनन
c) बुडिंग d) निषेचन
उत्तर: b) संवर्धन प्रजनन

193. उस तकनीक का नाम क्या है जिसमें पौधों के उगते हुए सिरों से कोशिकाएं लेकर नए पौधे उगाए जाते हैं?
a) ऊतक संस्कृति b) ग्राफ्टिंग
c) क्लोनिंग d) क्रॉस-ब्रीडिंग
उत्तर: a) ऊतक संस्कृति

194. निम्नलिखित में से कौन सा पौधा संवर्धन प्रजनन का उदाहरण है?
a) गुलाब b) आम c) केला d) सेब
उत्तर: a) गुलाब

195. वह प्रकार की परागण प्रक्रिया क्या कहलाती है, जिसमें एक फूल से पराग उस ही फूल के स्त्री अंग में पहुंचता है?
a) क्रॉस-परागण b) आत्म-परागण
c) पवन परागण d) कीट परागण

उत्तर: b) आत्म-परागण

196. वह प्रक्रिया क्या कहलाती है जिसमें पराग एक फूल से दूसरे फूल के स्त्री अंग में जाता है?
a) आत्म-परागण b) क्रॉस-परागण
c) निषेचन d) अंकुरण
उत्तर: b) क्रॉस-परागण

197. पौधों में नर और मादा युग्मजों का संलयन को क्या कहा जाता है?
a) निषेचन b) अंकुरण c) परागण d) बीज निर्माण
उत्तर: a) निषेचन

198. मनुष्यों के पुरुष प्रजनन प्रणाली का कौन सा भाग है?
a) अंडाशय b) गर्भाशय c) अंडकोष d) फैलोपियन ट्यूब
उत्तर: c) अंडकोष

199. महिलाओं में अंडाणु (अंडा) कोशिकाओं का निर्माण कहां होता है?
a) अंडाशय b) गर्भाशय c) फैलोपियन ट्यूब (d) योनि
उत्तर: a) अंडाशय

200. वह प्रक्रिया क्या कहलाती है जब निषेचन नहीं होने पर गर्भाशय की परत निकल जाती है?
a) मासिक धर्म (b) अंडोत्सर्ग (c) निषेचन (d) प्रत्यारोपण
उत्तर: a) मासिक धर्म

201. वह अवधि क्या कहलाती है जब अंडाणु अंडाशय से बाहर निकलता है?
a) मासिक धर्म (b) अंडोत्सर्ग (c) निषेचन (d) गर्भावस्था
उत्तर: b) अंडोत्सर्ग

202. मानव प्रजनन में निषेचन के दौरान क्या होता है?
a) शुक्राणु अंडाणु से मिलकर युग्मज बनाता है
b) अंडाणु अंडाशय से बाहर निकलता है
c) भ्रूण गर्भाशय में विकसित होता है
d) शुक्राणु योनि में जारी किया जाता है
उत्तर: a) शुक्राणु अंडाणु से मिलकर युग्मज बनाता है

203. मासिक धर्म चक्र सामान्यत: कितने दिन का होता है?
a) 10-15 दिन b) 15-30 दिन
c) 20-28 दिन d) 28-30 दिन
उत्तर: c) 20-28 दिन

204. वह वैज्ञानिक कौन थे जिन्होंने वंशानुक्रम के नियमों का प्रतिपादन किया था?
a) चार्ल्स डार्विन b) मेंडेल
c) वाटसन और क्रिक d) लैमार्क
उत्तर: b) मेंडेल

205. मेंडेल ने अपनी प्रयोगशाला में मटर के पौधों का चुनाव क्यों किया?
a) वे दुर्लभ थे
b) उनका जीवनकाल लंबा था
c) उनके लक्षण आसानी से देखे जा सकते थे
d) वे विभिन्न पर्यावरण में उगते थे
उत्तर: c) उनके लक्षण आसानी से देखे जा सकते थे

206. मेंडेल के एकल-लक्षणीय संकरण के F_2 पीढ़ी में ऊंचे और बौने पौधों का अनुपात क्या था?
a) 1:1 b) 2:1 c) 3:1 d) 9:1
उत्तर: c) 3:1

207. मेंडेल ने वंशानुक्रम के बारे में क्या निष्कर्ष

निकाला?
a) लक्षण स्वतंत्र रूप से विरासत में प्राप्त होते हैं
b) लक्षण संतान में मिश्रित हो जाते हैं
c) कुछ लक्षण प्रमुख होते हैं और कुछ अप्रत्यक्ष
d) लक्षण केवल मां से ही विरासत में प्राप्त होते हैं
उत्तर: c) कुछ लक्षण प्रमुख होते हैं और कुछ अप्रत्यक्ष

208. वह प्रक्रिया क्या कहलाती है जिसमें नर और मादा युग्मज मिलकर युग्मज का निर्माण करते हैं?
a) परागण   b) निषेचन   c) अंकुरण   d) संकरण
उत्तर: b) निषेचन

209. प्राकृतिक चयन की प्रक्रिया क्या कहलाती है, जिसमें केवल उन जीवों को जीवन जीने और प्रजनन करने का मौका मिलता है जिनमें लाभकारी गुण होते हैं?
a) विकास   b) जातिवाद   (c) कृत्रिम चयन   (d) प्राकृतिक चयन
उत्तर: d) प्राकृतिक चयन

210. कृत्रिम चयन का एक उदाहरण क्या है?
a) जंगली जानवरों का प्राकृतिक प्रजनन
b) किसानों द्वारा अधिक पैदावार वाले बीजों का चयन
c) पक्षियों का अपने पर्यावरण के अनुसार अनुकूलित होना
d) एक प्रजाति का बेहतर तरीके से जीवित रहने के लिए विकसित होना
उत्तर: b) किसानों द्वारा अधिक पैदावार वाले बीजों का चयन

211. गैलापागोस द्वीपों पर डार्विन के द्वारा किए गए गौर किए गए मुख्य अवलोकन क्या थे?
a) सभी फिंच के चोंच का आकार एक जैसा था
b) फिंच अपने भोजन स्रोतों के आधार पर विभिन्न प्रकार के चोंच विकसित हुए थे
c) फिंच अपने पर्यावरण के अनुसार अनुकूलित नहीं हुए थे
d) फिंच ने भिन्न-भिन्न पर्यावरणों में समान लक्षण विकसित किए थे
उत्तर: b) फिंच अपने भोजन स्रोतों के आधार पर विभिन्न प्रकार के चोंच विकसित हुए थे

212. किस सिद्धांत के अनुसार जो जीव अनुकूल गुणों से लैस होते हैं, वे जीवित रहते हैं और प्रजनन करते हैं?
a) सापेक्षता का सिद्धांत   (b) विकास का सिद्धांत
c) प्राकृतिक चयन का सिद्धांत (d) आनुवंशिकी का सिद्धांत
उत्तर: c) प्राकृतिक चयन का सिद्धांत

213. वह प्रक्रिया क्या कहलाती है जिसमें प्रजातियां समय के साथ प्राकृतिक चयन के कारण बदलती रहती हैं?
a) उत्परिवर्तन b) अनुकूलन (c) विकास   d) जातिवाद
उत्तर: c) विकास

भौतिकी

214. प्रकाश के परावर्तन का नियम कौन सा है?
A) I > R   B) I = R   C) I < R   D) कोई नहीं
उत्तर: B) I = R

215. गोलिय दर्पण का वक्रता केंद्र क्या कहलाता है?
A) फ़ोकस   B) C(केंद्र)   C) P(ध्रुव)   D) R(त्रिज्या)
उत्तर: B) C

216. दर्पण के परावर्तक पृष्ठ की त्रिज्या को क्या कहते हैं?
A) वक्रता त्रिज्या   B) फोकस त्रिज्या
C) गोलीय त्रिज्या   D) पृष्ठ त्रिज्या
उत्तर: A) वक्रता त्रिज्या

217. अवतल दर्पण के द्वारा उत्पन्न प्रतिबिंब का आकार क्या होता है, जब वस्तु F तथा C के बीच हो?
A) बड़ा और आभासी   B) छोटा और वास्तविक
C) छोटा और आभासी   D) बहुत बड़ा और वास्तविक
उत्तर: B) छोटा और वास्तविक

218. लेंस की क्षमता क्या होती है?
A) फोकस दूरी का व्युत्क्रम (B) फोकस दूरी का योग
C) वस्तु दूरी का व्युत्क्रम   (D) प्रतिबिंब दूरी का योग
उत्तर: A) फोकस दूरी का व्युत्क्रम

219. अपवर्तनांक (Refractive Index) क्या दर्शाता है?
A) किसी माध्यम में प्रकाश की गति (B) प्रकाश की तरंगदैर्घ्य
C) प्रकाश के विक्षेपण का गुणांक (D) प्रकाश की तीव्रता
उत्तर: A) किसी माध्यम में प्रकाश की गति

220. दृष्टिदोष के कारण किसी व्यक्ति को दूर की वस्तु स्पष्ट क्यों नहीं दिखाई देती है?
A) निकट दृष्टिदोष   B) दीर्घ दृष्टिदोष
C) जारा दूरदृष्टता   D) मोतियाबिंद
उत्तर: B) दीर्घ दृष्टिदोष

221. जब प्रकाश किरण प्रिज्म से गुजरती है तो वह किस कारण रंगों में विभाजित हो जाती है?
A) परावर्तन   B) विक्षेपण (C) अवशोषण   (D) अपवर्तन
उत्तर: B) विक्षेपण

222. इंद्रधनुष का रंग कौन सी घटना के कारण उत्पन्न होता है?
A) परावर्तन   B) विक्षेपण   C) अपवर्तन   D) प्रकीर्णन
उत्तर: B) विक्षेपण

223. प्रकाश का अवतल दर्पण पर किस बिंदु से परावर्तन होता है?
A) फोकस   B) वक्रता केंद्र (C) वस्तु बिंदु (D) आपतन बिंदु
उत्तर: B) वक्रता केंद्र

224. एक उत्तल लेंस किस प्रकार के प्रकाश किरणों को अभिसरित करता है?
A) सजीव   B) अवतल   C) अपसारित (D) अभिसारित
उत्तर: D) अभिसारित

225. एक उत्तल दर्पण में बिंब की प्रकृति क्या होगी जब वस्तु P तथा C के बीच स्थित हो?
A) आभासी और सीधा   B) वास्तविक और उल्टा
C) आभासी और उल्टा   D) वास्तविक और सीधा
उत्तर: A) आभासी और सीधा

226. प्रकाश के अपवर्तन का नियम क्या है?
A) Sin i / Sin r = स्थिरांक   B) i = r
C) Sin i = Sin r   D) कोई नहीं
उत्तर: A) Sin i / Sin r = स्थिरांक

227. लेंस की क्षमता के लिए SI मात्रक क्या है?
A) मीटर   B) डाइऑप्टर
C) सेंटीमीटर   D) किलोमीटर
उत्तर: B) डाइऑप्टर

228. किसी वस्तु की छाया किस प्रकार बनती है?
A) परावर्तन से   B) अपवर्तन से
C) विवर्तन से   D) कोई नहीं
उत्तर: A) परावर्तन से

229. दृष्टिदोष के कारण निकट दृष्टिदोष में किस प्रकार का लेंस उपयोग होता है?
A) उत्तल लेंस   B) अवतल लेंस

C) द्विफोकसी लेंस   D) दोनों में से कोई नहीं
उत्तर: B) अवतल लेंस
230. गोलिय दर्पण का वक्रता केंद्र किसे दर्शाता है?
A) केंद्र   B) C   C) F   D) P
उत्तर: B) C
231. प्रकाश का परावर्तन क्या कहलाता है?
A) विवर्तन   (B) परावर्तन (C) अपवर्तन (D) विक्षेपण
उत्तर: B) परावर्तन
232. उत्तल दर्पण का परावर्तक पृष्ठ किस प्रकार का होता है?
A) उभरा हुआ (B) धस्सा हुआ(C) समतल (D) गोलाकार
उत्तर: A) उभरा हुआ
233. गोलीय दर्पण का वक्रता केंद्र क्या कहलाता है?
A) F   B) C   C) P   D) V
उत्तर: B) C
234. उत्तल दर्पण का प्रतिबिंब कैसा होता है जब वस्तु अनंत पर होती है?
A) आभासी और सीधा   B) वास्तविक और उल्टा
C) बिंदु आकार   D) बहुत बड़ा
उत्तर: A) आभासी और सीधा
235. आपतन और परावर्तन के नियमों में कौन सा सत्य है?
A) आपतन कोण और परावर्तन कोण हमेशा अलग होते हैं।
B) आपतन और परावर्तन कोण बराबर होते हैं।
C) आपतन कोण कभी भी परावर्तन कोण से अधिक होता है।
D) आपतन कोण और परावर्तन कोण के बीच कोई संबंध नहीं होता।
उत्तर: B) आपतन और परावर्तन कोण बराबर होते हैं।
236. दीर्घ दृष्टिदोष का उपचार किस प्रकार किया जाता है?
A) अवतल लेंस   B) उत्तल लेंस
C) द्विफोकल लेंस   D) कोई नहीं
उत्तर: A) अवतल लेंस
237. प्रकाश का अपवर्तन किस नियम से नियंत्रित होता है?
A) साइन नियम   (B) स्नेल का नियम
C) हाइड्रोडायनामिक नियम (D) न्यूटन का नियम
उत्तर: B) स्नेल का नियम
238. विकिरण (स्पेक्ट्रम) में कितने रंग होते हैं?
A) 5   B) 6   C) 7   D) 8
उत्तर: C) 7
239. किस दोष के कारण एक व्यक्ति निकट की वस्तु को देख नहीं पाता है?
A) निकट दृष्टिदोष   B) दीर्घ दृष्टिदोष
C) मोतियाबिंद   D) जारा दूरदृष्टता
उत्तर: A) निकट दृष्टिदोष
240. वर्णविक्षेपण का कारण क्या है?
A) प्रकाश का परावर्तन   B) प्रकाश का अपवर्तन
C) प्रकाश का प्रकीर्णन   D) प्रकाश का समवाय
उत्तर: B) प्रकाश का अपवर्तन
241. तारों का टिमटिमाना किस कारण होता है?
A) परावर्तन   (B) अपवर्तन (C) प्रकीर्णन   (D) आपतन
उत्तर: B) अपवर्तन
242. प्रकाश का किसी माध्यम से दूसरे माध्यम में प्रवेश करते समय उसकी दिशा में होने वाला परिवर्तन क्या कहलाता है?
A) परावर्तन   (B) अपवर्तन (C) विक्षेपण (D) विवर्तन
उत्तर: B) अपवर्तन
243. कॉर्निया और रेटिना के बीच में कौन सी संरचना होती है?
A) परितारिका (B) दृष्टिपटल (C) लेंस (D) पुतली
उत्तर: C) लेंस
244. प्रकाश की गति वायु में क्या होती है?
A) 3×10^6 m/s   B) 3×10^8 m/s
C) 3×10^4 m/s   D) 3×10^2 m/s
उत्तर: B) 3×10^8 m/s
245. प्रिज्म से होकर गुजरने पर श्वेत प्रकाश किस प्रकार विभाजित होता है?
A) सात रंगों में   B) तीन रंगों में
C) दो रंगों में   D) कोई विभाजन नहीं होता
उत्तर: A) सात रंगों में
246. आंख का न्यूनतम दृष्टि दूरी कितनी होती है?
A) 15 cm   B) 20 cm   C) 25 cm   D) 30 cm
उत्तर: C) 25 cm
247. विधुत धारा को किससे सूचित किया जाता है?
A) Q   B) I   C) R   D) V
उत्तर: B) I
248. विधुत धारा का SI मात्रक क्या है?
A) कूलॉम (C) (B) ऐम्पियर (A) (C) वोल्ट (V) (D) ओम (Ω)
उत्तर: B) ऐम्पियर (A)
249. 1 मिलीअम्पियर (mA) के बराबर कितना ऐम्पियर होता है?
A) 10^{-6} B) 10^{-3} C) 10^{-9} D) 10^{-12}
उत्तर: B) 10^{-3}
250. विधुत विभवांतर का SI मात्रक क्या है?
A) कूलॉम (C)   B) ऐम्पियर (A)
C) वोल्ट (V)   D) ओम (Ω)
उत्तर: C) वोल्ट (V)
251. 1 वोल्ट (V) को किस प्रकार से परिभाषित किया जाता है?
A) 1 जूल/1 कूलॉम   B) 1 कूलॉम/1 जूल
C) 1 वोल्ट/1 ऐम्पियर   D) 1 जूल/1 सेकंड
उत्तर: A) 1 जूल/1 कूलॉम
252. ओम के नियम के अनुसार V ∝ I, इसका मतलब क्या है?
A) विद्युत विभवांतर विधुत धारा के समानुपाती है
B) विद्युत धारा विद्युत विभवांतर के समानुपाती है
C) प्रतिरोध और धारा का कोई संबंध नहीं है
D) विद्युत विभवांतर और धारा में कोई संबंध नहीं है
उत्तर: A) विद्युत विभवांतर विधुत धारा के समानुपाती है
253. किसी चालक का प्रतिरोध (R) निम्नलिखित में से किससे प्रभावित होता है?
A) चालक का लंबाई (I)   B) चालक का क्षेत्रफल (A)
C) चालक के पदार्थ की वैधूत प्रतिरोधकता (ρ)
D) सभी विकल्प
उत्तर: D) सभी विकल्प
254. श्रृंगीय संयोजन में प्रतिरोधकों का कुल प्रतिरोध (Rs) किस प्रकार निकाला जाता है?
A) Rs = R1 + R2 + R3
B) Rs = 1/R1 + 1/R2 + 1/R3

C) Rs = R1 × R2 × R3
D) Rs = R1 - R2 - R3
उत्तर: A) Rs = R1 + R2 + R3

255.परिपथ में प्रवाहित विधुत धारा द्वारा उत्पन्न ऊष्मा की मात्रा (H) किस समीकरण से दी जाती है?

A) $H = I^2Rt$
B) $H = VIt$
C) $H = VI$
D) $H = V^2/R$

उत्तर: A) $H = I^2Rt$

256. विधुत शक्ति (P) का SI मात्रक क्या है?

A) वोल्ट (V) B) ऐम्पियर (A) (C) वाट (W) (D) जूल (J)

उत्तर: C) वाट (W)

257. 1 वाट (W) को किस रूप में व्यक्त किया जाता है?

A) $1 V \times 1 A$
B) $1 A \times 1 C$
C) $1 V \times 1 C$
D) $1 V \times 1 \Omega$

उत्तर: A) $1 V \times 1 A$

258.किसे 'लघुपथन' (Short Circuit) कहा जाता है?

A) जब विधुत धारा अचानक बहुत अधिक हो जाती है
B) जब परिपथ टूट जाता है
C) जब विद्युत धारा नियंत्रित होती है
D) जब विद्युत परिपथ सही तरीके से कार्य करता है

उत्तर: A) जब विधूत धारा अचानक बहुत अधिक हो जाती है

259. विधुत जनित्र (Electric Generator) का कार्य सिद्धांत किस पर आधारित है?

A) विद्युत चुम्बकीय प्रेरण (B) विद्युत विभवांतर
C) ओम का नियम (D) चुंबकीय क्षेत्र

उत्तर: A) विद्युत चुम्बकीय प्रेरण

260. ए.सी. जनित्र किस प्रकार की धारा उत्पन्न करता है?

A) दिष्ट धारा (DC) (B) प्रत्यावर्ती धारा (AC)
C) स्थिर धारा (D) कोई नहीं

उत्तर: B) प्रत्यावर्ती धारा (AC)

261. डी.सी. जनित्र का मुख्य उपयोग क्या है?

A) घरेलू विद्युत आपूर्ति (B) बैटरी चार्जिंग
C) शहरी विद्युत आपूर्ति (D) पवन ऊर्जा उत्पादन

उत्तर: B) बैटरी चार्जिंग

262. विद्युत जनित्र में 'अनुवर्तनी' (Slip Rings) का उपयोग किसे उत्पन्न करने के लिए किया जाता है?

A) दिष्ट धारा (DC) (B) प्रत्यावर्ती धारा (AC)
C) स्थिर धारा (D) कोई नहीं

उत्तर: B) प्रत्यावर्ती धारा (AC)

263. फ्लेमिंग का बायां हाथ नियम किसकी दिशा ज्ञात करने के लिए है?

A) चुंबकीय क्षेत्र की दिशा
B) चालक पर आरोपित बल की दिशा
C) विधुत धारा की दिशा
D) सभी दिशाएँ

उत्तर: B) चालक पर आरोपित बल की दिशा

264. विद्युत जनित्र के मुख्य भाग में से कौन सा भाग चुंबकीय क्षेत्र प्रदान करता है?

A) आर्मेचर   B) चुंबक   C) घूर्णन यंत्र D) ब्रश

उत्तर: B) चुंबक

Mathematics

वास्तविक संख्या

युक्लिड विभाजन प्रमेयिका एवं एल्गोरिथ्म

(a=bq+r , 0 ≤ r ≥ b) [इससे सम्बंधित प्रश्न]

इसमें सबसे बड़े वालो को a मानो और छोटे वालो को b हमेशा तब हल करो जैसे की

उदाहरण :- 135और 225 का HCF युक्लिड विभाजन प्रमेयिका से निकाले |

sol:- माना की a = 225 और b = 135

225 = 135 x 1 + 90

135 = 90 x 1 + 45

90 = 45 x 2 + 0

यहाँ HCF (135,225) = 45

- ❖ कुछ महत्वपूर्ण प्रश्न -
  - ➢ धनात्मक विषम / सम पूर्णांक/ पूर्णांक का युग्म से सम्बंधित Question
- ❖ पूर्णांक के युग्म क H.C.F और L.C.M ज्ञात करना जैसे की-
  - ➢ 26 और 91 का H.C.F और L.C.M निकाले
  - ➢ 12 , 15 और 21 का H.C.F और L.C.M निकाले

सूत्र :- दो संख्याओं का गुणनफल = H.C.F × L.C.M

अर्थात पहली संख्या x दूसरी संख्या = H .C .F x L .C .M

सिद्ध कीजिय की √5 , √7 और √11 , 6+ √2 इत्यादि एक अपरिमेय संख्या है|

उदाहरण - √5 एक अपरिमेय संख्या है |

Solⁿ-मान लीजिए कि √5 एकपरिमेय संख्या है। इसका मतलब है कि इसे दो पूर्णांकों के अनुपात के रूप में व्यक्त किया जा सकता है। यानी, 5=p/q

जहाँ p और q पूर्णांक हैं और q≠0,और p और q का अनुपात सरलतम रूप में है

अब, दोनों तरफ़ का वर्ग करके:

$(5)^2$ = p2/q2

p2=5 x q2 (समीकरण 1)

यह एक महत्वपूर्ण समीकरण है। अब, हम देख सकते हैं **कि p2,** 5 के गुणक के रूप में है। इसका मतलब है कि **p2,** 5 से विभाज्य है, और चूंकि **p2** एक पूर्णांक है, इसका मतलब है कि **p** भी 5 से विभाज्य होगा

आइए, मान लें **कि p=5k,** (जहाँ k एक पूर्णांक है)

अब, इस p के मान को **समीकरण 1** में रखने पर:

$(5k)^2$=5 x q2

अब, दोनों तरफ़ से 5 से विभाजित करने पर:

$25k^2$ = 5q2

$5k^2$ = q2

यहाँ से हम देखते हैं कि **q2 ,** 5 के गुणक के रूप में है, जिसका मतलब है कि **q2,** 5 से विभाज्य है और इस प्रकार q भी 5 से विभाज्य होगा|

अब हमने यह दिखा दिया कि ppp और qqq दोनों 5 से विभाज्य हैं, लेकिन यह हमारी शुरूआत के सिद्धांत के खिलाफ है। अत: यह एक परिमेय संख्या नहीं है यह प्रमाणित होता है की **√5 एक अपरिमेय संख्या है**

कुछ अतिरिक्त अवधारणाएं –

समिश्र संख्या

1. वास्तविक संख्या
2. काल्पनिक संख्या

वास्तविक संख्या

- ➢ **परिमेय संख्या** - जिसे p/q के रूप में लिखा जा सकता है, जहाँ q 0 के बराबर नहीं है। **उदाहरण-** 2/3,1,2आदि।
- ➢ **अपरिमेय सं.** – जिसे p/q के रूप में नहीं लिखा जा सकता है, जहाँ Q 0 के बराबर नहीं है। **उदाहरण-** √2,π,√3+1 आदि।
- ➢ **पूर्ण संख्या** - 0 के साथ गिनती की संख्या को मिलाकर एक पूरी संख्या बनाई जाती है। **जैसे-** 0,1,2,......
- ➢ **प्राकृतिक संख्या** - गिनती की संख्या को प्राकृतिक संख्या कहा जाता है। **जैसे-**1,2,3,4....
- ✓ सम
- ✓ विषम
- ✓ प्रधान
- ✓ यौगिक

दशमलव

- ➢ **शांत दशमलव** (जैसे- 1.5,2.4 आदि)

शांत दशमलव प्रसार का भिन्न = कोई भी संख्या / 2^n x 5^m के रूप में होता है अत: यह कहा जा सकता है शांत दसमलव के भिन्न में हर 2^n x 5^m के रूप में होता है|

- ➢ **अशांत दशमलव** (2.555.... आदि)
  अशांत दशमलव
  - ✓ अशांत आवर्ती (जैसे- 1.3333 , 2.55)
  - ✓ अशांत अनावर्ती (जैसे-1.235..)

इसे p/q के रूप में लिखा जा सकता है।

उदाहरण के लिए, 1.111, जो एक अशांत आवर्ती दशमलव है, इसे p/q के रूप में लिखें।

माना X = 1.111... (समीकरण 1)

10X को दोनों तरफ से 10 से गुणा करने पर = 11.111.. (समीकरण 2)

समीकरण (2) – (1)

 9X = 10

इसलिए x = 10/9

कुछ महत्वपूर्ण तथ्य

सम संख्या – वैसी संख्या जो 2 से पूरी पूरी विभाजित हो जाती है सम संख्या कहलाती है|
जैसे- 2, 4, 6 इत्यादि

विषम संख्या – वैसी संख्या जो 2 से पूरी पूरी विभाजित नहीं होती है विषम संख्या कहलाती है|
जैसे- 1, 3, 5 इत्यादि

अभाज्य संख्या – वैसी संख्या जो 1 और अपने आप से विभाज्य हो उसे अभाज्य संख्या कहते है| **जैसे-** 2, 3, 5 इत्यादि

- ➢ सबसे छोटी अभाज्य संख्या = 2
- ➢ सभसे छोटी सम अभाज्य संख्या = 2

सह-अभाज्य संख्या – जिसका 1 के अलावा कोई और गुणनखंड नहीं होता उसे सह-अभाज्य संख्या कहते है| अर्थात जिसका H.C.F 1 हो उसे सह-अभाज्य संख्या कहते है|
जैसे- (3,7) , (2,3) इत्यादि

- ➢ दो अपरिमेय संख्याओ का योग हमेशा परिमेय एवं अपरिमेय संख्या होता है|

- ➢ दो अपरिमेय संख्याओ का गुणनफल परिमेय एवं अपरिमेय संख्या होता है|

- ➢ दो परिमेय संख्याओ के बिच अनेक अपरिमेय एवं परिमेय संख्या होती है|

- ➢ दो अपरिमेय संख्याओ के बिच अनेक अपरिमेय संख्या होती है|

- ➢ सम संख्या X सम संख्या = सम संख्या

- ➢ सम संख्या X विषम संख्या = सम संख्या

- ➢ विषम संख्या X विषम संख्या = विषम संख्या

- ➢ सम संख्या + सम संख्या = सम संख्या

- ➢ सम संख्या + विषम संख्या = विषम संख्या

- ➢ विषम संख्या + विषम संख्या = सम संख्या

बहुपद

अनुपातो की तुलना	संगत /असंगत	ग्राफीय निरूपण	बिजगणितीय निरूपण
a1/a2 ≠ b1/b2	संगत	प्रतिछेदी/अविरोधी	एक अद्वितीय हल
a1/a2 = b1/b2 ≠ c1/c2	असंगत	सामानांतर/विरोधी	कोई हल नही
a1/a2 = b1/b2 = c1/c2	संगत	संपाती/आश्रित	अनेक हल

बहुपद को पहचानना : -

- ➤ रैखिक बहुपद का व्यापक रूप = **ax+b**
- ➤ द्विघात बहुपद का व्यापक रूप = ax^2+bx+c
- ➤ त्रिघात बहुपद का व्यापक रूप = ax^3+bx^2+c

द्विघात बहुपद से संबंधित :- यदि दो शुन्यक α और β हो तो

- ➤ शून्यको का योग = α + β = -b/a
- ➤ शुन्यको का गुणनफल = αβ = c/a

महत्वपूर्ण प्रश्न -

- ➤ **द्विघात बहुपद के शुन्यको को ज्ञात करना एवं सत्यता की जाँच करना से संबंधित प्रश्न**
- ➤ (Question) - $4u^2+8u$ और t^2-15 का शुन्यक निकले एवं सत्यता की जाचँ करे|
- ➤ (Question) - यदि बहुपद $X^4-6X^3-26X^2+138X-35$ के दो शुन्यक 2± √3 हो तो अन्य शुन्यक ज्ञात करे|

Concept-

- ❖ **द्विघात बहुपद ज्ञात करे यदि शुन्यको का युग्म एवं गुणनफल दिया हो :-**
- $X^2 - (α+β)X+αβ$ (**यदि दो शुन्यक** α और β दिया हो तो उनके योग(α+β) और गुणनफल(αβ) निकालने के बाद)
- ❖ **यदि शुन्यक** α और β हो तो $α^2 + β^2 = (α + β)^2 - 2α.β$

- ❖ द्विघात समीकरण का ग्राफीय एवं बिजगणितीय निरूपण सारणी :-

- ➤ **कुछ महत्वपूर्ण प्रश्न जो परीक्षा में पूछी जाती है**
  - ❖ **प्रतिस्थापन एवं विलोपन विधि से समीकरण को हल करना है** (5 marks)
  - ❖ **भिन्न के अशं और हर वाला प्रश्न का हल** (5 marks)

(कुछ महत्वपूर्ण Question) –

- ✓ दो समरूप कोणो में बड़ा कोण छोटे कोणो से 18 डिग्री अधिक है, तो उसे ज्ञात करे | (5 Marks)
- ✓ दो अंको की एक संख्या एवं उसके अंको को पलटने पर बनी संख्या का योग 66 है| यदि संख्या के अंको का अंतर 2 हो तो संख्या ज्ञात किजिए|(5 marks)
- ✓ ऋतू धारा के अनुकूल 2 घंटे में 20KM तैर सकती है और धारा के प्रतिकूल 2 घंटे में 4KM तैर सकती है, उसकी स्थिर जल में तैरने की चाल तथा धारा की चाल ज्ञात किजिये |

❖ **द्विघात बहुपद से संबंधित :-**

❖ द्विघात समीकरण के मुलो को ज्ञात करे|

✓ द्विघाती सूत्र :- $x = \dfrac{-b \pm \sqrt{b^2 - 4ac}}{2}$

Concept-

- ❖ दो **भिन्न** वास्तविक मूल होते है , यदि $b^2 - 4ac > 0$ हो
- ❖ दो **बराबर** वास्तविक मूल होते है , यदि $b^2 - 4ac = 0$ हो
- ❖ कोई वास्तविक **मूल नहीं** होता, यदि $b^2 - 4ac < 0$ हो

महत्वपूर्ण प्रश्न -

✓ दो संख्याओ के वर्ग का अंतर 180 है, छोटी संख्या का वर्ग बड़ी संख्या का आठ गुना है, दोनों संख्याये ज्ञात कीजिये|

✓ दो वर्गो के गुणनफल का योग $468m^2$ है यिद उनके परिमापो का अतंर 24m हो तो दोनो वर्गो के भजाये ज्ञात कीजिये|

✓ K का मान ज्ञात करे :-(1) $2X^2 + Kx + 3 = 0$, (2) $Kx(x-2) + 6 = 0$

समनांतर श्रेणी

Concepts-

✓ $a_n = a + (n-1)d$
✓ $a_2 = a + d, \; a_3 = a + 2d$
✓ $S_n = n/2 \, [\, 2a + (n-1)d \,]$
✓ $S_n = n/2 \, [\, a + l \,]$
✓ $S_n = n/2 \, [\, a + a_n \,]$

यहाँ **D= सार्व अंतर(दूसरी संख्या – पहली संख्या)**

जैसे – **A.P , 2,4,6,8.....**

D = 4-2= 2, पहली संख्या **(a)=2** , अंतिम संख्या $=(a_n)$, संख्या का योग = s_n

➤ जिस A.P के सार्व अंतर(D) सामान होते है उसको समान्तर श्रेणी कहा जाता है ऐसे ही पहचाना जाता है|

महत्वपूर्ण प्रश्न –(practice question)

❖ तीन अंको वाली कितनी संख्याये 7 से विभाज्य **है|**

❖ 10 और 250 के बीच में 4 के कितने गुणज है |(या और कोई अकं भी हो सकता)

❖ ऐसे 40 धन पूर्णाक का योग ज्ञात करे जो 6 से विभाज्य है|

❖ 8 के 15 गुणजो का योग ज्ञात करे|

❖ 0 और 50 के बीच की विषम संख्याओ का योग ज्ञात कीजिये |(अकं कुछ और भी हो सकता है)

Shorts Tricks – **D(common Different)** = अंतिम संख्या – पहली संख्या(a)/ अंको की संख्या(n) + 1

त्रिभुज

बहुभुज के समरूपता के नियम:-

➢ यदि उनके सभी कोण बराबर हो तो सभी भुजायें एक ही अनुपात में होती है

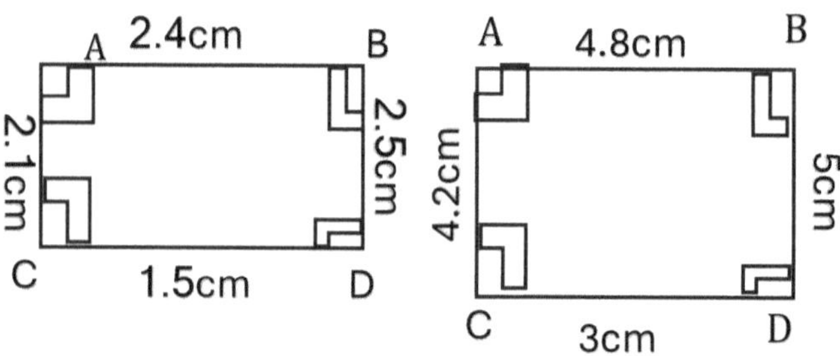

दो त्रिभुज समरूप होंगे यदि

(1)   उनके संगत कोण बराबर हो तथा
(2)   उनकी सांगत भुजाये एकी ही अनुपात में हो

थेल्स प्रमेय – यदि एक रेखा किसी त्रिभुज की दो भुजाओ को एक ही अनुपात में विभाजित करती है तो वह तीसरी भुजा के समनांतर होती है|

इसका उल्टा – एक त्रिभुज को जो इसकी तीसरी भुजा के समनांतर है तो वह शेष दो भुजाओ को एक ही अनुपात में विभाजित करती है|

प्रमेय- यदि कोई रेखा एक DE त्रिभुज ABC की भुजा BC के समानांतर है तो अन्य दो भुजाओ AB और AC को क्रमशः D और E पर प्रतिछेद के एक ही अनुपात में विभाजित करती है

अर्थात $\dfrac{AD}{DB} = \dfrac{AE}{EC}$

प्रमेय- यदि कोई रेखा एक त्रिभुज ABC की भुजाओ AB और AC को क्रमशः D और E पर प्रतिछेद करती है तो वह तीसरी भुजा BC के समानांतर होती है|

प्रमेय- दो समरूप त्रिभुज के क्षेत्रफलो का अनुपात उनकी भुजाओ के वर्गो के अनुपात के बराबर होता है|

अर्थात , $\dfrac{\text{त्रिभुज } ABC \text{ का क्षेत्रफल}}{\text{त्रिभुज } PQR \text{ का क्षेत्रफल}}$ = AB²/PQ² = BC²/QR²= AC²/PR²

उदाहरण - यदि दो समरूप त्रिभुज के क्षेत्रफलो का अनुपात 100:144 है तो उनके भुजाओं का अनुपात क्या होगा

Ans - $\dfrac{\text{त्रिभुज } ABC \text{ का क्षेत्रफल}}{\text{त्रिभुज } PQR \text{ का क्षेत्रफल}}$ = AB²/PQ² = BC²/QR²= AC²/PR²

100/144 = AB²/PQ²

$10^2/12^2 = AB^2/PQ^2$

इसलिए, **AB/PQ = 10/12**

निर्देशांक ज्यामिति

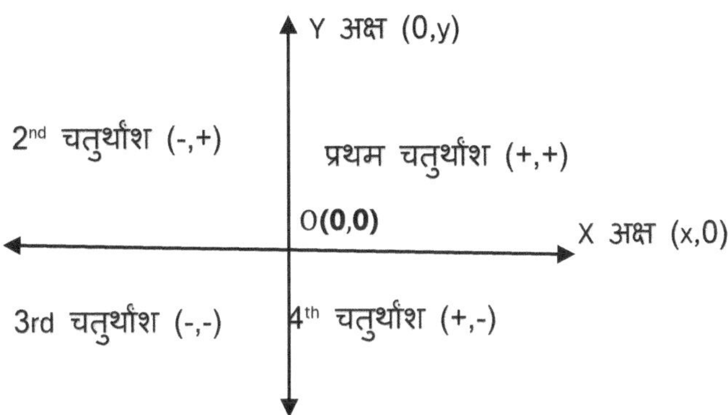

> किसी बिंदु की **y अक्ष** से दुरी उस बिंदु का **x-निर्देशांक** अर्थात **भुज** कहलाता है|
> किसी बिंदु की **x अक्ष** से दुरी उस बिंदु का **y-निर्देशांक** अर्थात **कोटि** कहलाता है|**X अक्ष** पर स्थित किसी बिन्दु का निर्देशांक **(x,0)** होती है|**Y अक्ष** पर स्थित किसी बिन्दु का निर्देशांक **(0,y)** होती है|
> **मूलबिंदु** का निर्देशांक **(0,0)** होता है|

दुरी सूत्र- दो बिंदु P और Q के बिच की दुरी- $PQ = \sqrt{(X2-X1)^2 + (Y2-Y1)^2}$

मुल्बिंदु से दुरी $= \sqrt{X^2 + Y^2}$

विभाजन सूत्र- $(X,Y) = \frac{m1x2+m2x1}{m1+m2}, \frac{m1y2+m2y1}{m1+m2}$ अर्थात

$X = \frac{m1x2+m2x1}{m1+m2}$ और $y = \frac{m1y2+m2y1}{m1+m2}$

मध्य बिंदु का सूत्र $= \frac{x1+x2}{2}, \frac{y1+y2}{2}$

त्रिभुज का क्षेत्रफल $= 1/2[x_1(y_2-y_3) + x_2(y_3-y_1) + x_3(y_1-y_2)]$

त्रिकोंमिति

पाईथागोरस प्रमेय-

P=लंब, B=आधार, H=कर्ण

$H^2 = P^2 + B^2$

$P^2 = H^2 - B^2$

$B^2 = H^2 - P^2$

θ= यह त्रिभुज का कोण है|

$Sin\theta = P/H$; $Cosec\theta = H/P$

$Cos\theta = B/H$; $Sec\theta = H/B$

$Tan\theta = P/B$; $Cot\theta = B/P$

Some advanced theory

- $\sin(A+B) = \sin A \times \cos B + \cos A \times \sin B$
- $\sin(A-B) = \sin A \times \cos B - \cos A \times \sin B$
- $\cos(A+B) = \cos A \times \cos B - \sin A \times \sin B$
- $\cos(A-B) = \cos A \times \cos B + \sin A \times \sin B$

$\text{Sin}^2 A + \text{Cos}^2 A = 1$
$\text{Sin}^2 A = 1 - \text{Cos}^2 A$
$\text{Cos}^2 A = 1 - \text{Sin}^2 A$
$\text{Sec}^2 A - \text{Tan}^2 A = 1$
$\text{Sec}^2 A = 1 + \text{Tan}^2 A$
$\text{Tan}^2 A = \text{Sec}^2 A - 1$
$\text{Cosec}^2 A - \text{Cot}^2 A = 1$
$\text{Cosec}^2 A = 1 + \text{Cot}^2 A$
$\text{Cot}^2 A = \text{Cosec}^2 A - 1$
$\text{SinA.CosA} = 1$
$\text{TanA.CotA} = 1$
$\text{CosecA.SecA} = 1$
$\text{Sin}(90-A) = \cos A$
$\cos(90-A) = \sin A$
$\tan(90-A) = \cot A$
$\cot(90-A) = \tan A$

A(कोण)	30˙	45˙	60˙	90˙	0˙
SinA	½	$1/\sqrt 2$	$\sqrt 3/2$	1	0
CosA	$\sqrt 3/2$	$1/\sqrt 2$	½	0	1
TanA	$1/\sqrt 3$	1	$\sqrt 3$	∞	0
CosecA	2	$\sqrt 2$	$2/\sqrt 3$	1	∞
SecA	$2/\sqrt 3$	$\sqrt 2$	2	∞	1
CotA	$\sqrt 3$	1	$1/\sqrt 3$	0	∞

वृत्त

- वैसी रेखा जो वृत्त को दो बिंदु पर विभाजित करती है उसे **छेदक रेखा** कहते है|
- वह रेखा जो वृत्त को एक ही बिंदु पर प्रतिछेद करती है उसे **स्पर्श रेखा** कहते है|
- वह रेखा जो वृत्त को प्रतिछेद नहीं करती है उसे **अप्रतिछेदी** रेखा कहते है|
- वृत्त के किसी **एक बिंदु** से एक केवल **एक ही स्पर्श रेखा खिंचा** जा सकता है|
- वृत्त पर **अनंत स्पर्श रेखा** खिंचा जा सकता है|
- वृत्त की **अनंत छेदक रेखा** होती है|
- एक वृत्त की अधिकतम दो सामानांतर रेखाए हो सकती है

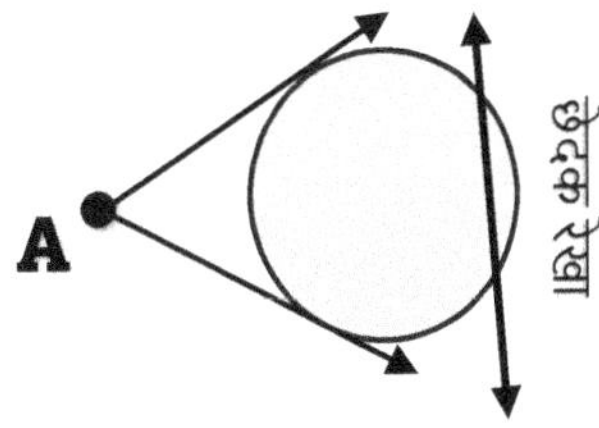

- बाह्य बिंदु से वृत्त पर केवल दो ही स्पर्श रेखा खिंची जा सकती है
- **प्रमेय**- वृत्त पर खिंची गयी स्पर्श रेखा वृत्त की त्रिज्या पर लंब होती है।

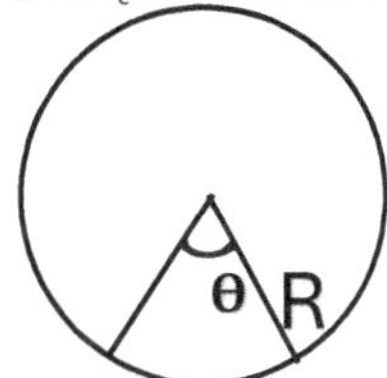

- **बाह्य बिंदु** से वृत्त पर खंची गयी स्पर्श रखो की लम्बाई सामान होती है।
- **वृत्त का क्षेत्रफल** = πr^2
- **वृत्त की परिधि** = $2\pi r$

पृष्ठीय क्षेत्र एवं आयतन

- धन का वक्र पृष्ठीय क्षेत्रफल = **4a²**
- घन का कुल प्रिष्ठिय क्षेत्रफल = **6a²**
  घन का विकर्ण = **√3a**
- घन का आयतन = **a³**
- घनाभ का वक्र पृष्ठीय क्षेत्रफल = **2(लम्बाई + चौड़ाई) x ऊंचाई**
- धनाभ का कुल प्रिथिया क्षेत्रफल = **2(lb x bh x lh)**
- घनाभ का विकर्ण = **√(L²+B²+H²)**
- घनाभ का आयतन = **L x B x H**
- बेलन का वक्र पृष्ठीय क्षेत्रफल = **2πrh**
- बेलन का कुल पृष्ठीय क्षेत्रफल = **2πr(r + h)**
- बेलन का आयतन = **πr²h**
- शंकु का वक्र पृष्ठीय क्षेत्रफल = **$\pi r l$**
- शंकु का कुल पृष्ठीय क्षेत्रफल = **$\pi r(l + r)$**
- शंकु का आयतन = **1/3πr²h**
- गोले का कुल पृष्ठीय क्षेत्रफल = **4πr²**
- गोले का आयतन = **4/3πr³**
- अर्धगोले का वक्र पृष्ठीय क्षेत्रफल = **2πr²**
- अर्धगोले का सम्पूर्ण पृष्ठीय क्षेत्रफल = **3πr²**
- अर्द्धगोले काआयतन=**⅔πr³**

> आयत का क्षेत्रफल = लम्बाई x चौड़ाई
> आयत का परिमाप = 2(लम्बाई + चौड़ाई)
> चारो दीवारों का क्षेत्रफल = 2(लम्बाई + चौड़ाई) x ऊंचाई
> वर्ग का क्षेत्रफल = (भुजा)^2
> वर्ग का परिमाप = 4 x भुजा
> त्रिभुज का क्षेत्रफल = ½ (आधार x ऊंचाई)
> हेरॉन सूत्र = √s(s-a)(s-b)(s-c)
> समबाहु त्रिभुज का क्षेत्रफल = √3/4 x (भुजा)^2
> सामानांतर चतुर्भुज का क्षेत्रफल = (आधार x ऊंचाई)
> समलम्ब चतुर्भुज का क्षेत्रफल = ½ (सामानांतर भुजाओ जीवा) x ऊंचाई

> शंकु के छिन्नक का वक्र पृष्ठीय क्षेत्रफल = $\pi(r_1 + r_2)L$
> शंकु के छिन्नक का सम्पूर्ण पृष्ठीय क्षेत्रफल = $\pi l(r_1+r_2) + \pi(r_1{}^2+r_2{}^2)$
जहाँ $L = \sqrt{h^2 + (r_1 - r_2)^2}$

> शंकु के छिन्नक का आयतन = $1/3\ \pi h(r_1{}^2+r_2{}^2 + r_1 . r_2)$
> लघु त्रिज्यखंड का क्षेत्रफल = $\theta . \pi r^2 / 360$
> दीर्घ त्रिज्यखंड का क्षेत्रफल = $(360-\theta) . \pi r^2 / 360$
> त्रिज्यखंड की सांगत चाप की लम्बाई = $\theta . 2\pi r / 360$
> चतुर्थांश का क्षेत्रफल = $\dfrac{\pi r^2}{4}$

प्रायिकता

> किसी भी प्रयोग के प्रायिकताओंका योग अधिकतम मान **1 से कम** एवं न्यूनतम मान **0 से ज्यादा** होता है अर्थत प्रायिकता का मान **0 एवं 1** के बिच ही होगा हमेशा
> REMEMBER:- **0≤P(E)≥1**
> प्रायिकता के मानो का योग हमेशा 1 ही होता है|
> अर्थात P(E) = **1 – P($\overline{E}$)**
जहा, P(E) = घटना होने की संभावना , P($\overline{E}$)= घटना जो नहीं घटित हुइ हो
> प्रायिकता = $\dfrac{\text{घटना होने संख्या}}{\text{कुल घटित घटनाओ की संख्या}}$

1. सिक्के से संबंधित प्रायिकता:

एक सिक्के को उछालने में **कुल दो प्रकार** के परिणाम होते हैं:

- **सिर(शीर्ष) (Heads)**

- **पंजा (Tails)**

यदि सिक्का निष्पक्ष (fair) है, तो इन दोनों परिणामों की प्रायिकता समान होती है। यानी:

- P(Heads)=1/2

- P(Tails)=1/2

दो सिक्का को एक साथ उछालने पर:

- कुल परिणाम = 4 (HH,TT,TH,HT)

- दूसरे सिक्के में शीर्ष आने की प्रायिकता भी P(Heads)=2/4=1/2

- तो, दोनों बार शीर्ष आने की संयुक्त प्रायिकता होगी: P(Heads and Heads)=1/4

- दूसरे सिक्के पर Tails आने की प्रायिकता = 2/4=1/2

- ● **कम से कम एक सिर(H) आना:**

- ○ 2 सिक्के उछालने पर तीन संभावित परिणाम हो सकते हैं:

  - ▪ HT

  - ▪ TH

  - ▪ HH

- ○ इन तीनों में से किसी में भी कम से कम एक सिर आ सकता है, तो प्रायिकता होगी: P(कम से कम एक head)=3/4

2. ताश के पत्तों से संबंधित प्रायिकता:

ताश के एक पैक में **कुल 52 पत्ते** होते हैं, जिनमें **2 रंग(काला और लाल)** होते हैं और ये चार प्रकार के **(क्लब, डायमंड, हार्ट्स, और स्पेड्स)**, और प्रत्येक रंग में **13 पत्ते** होते हैं (Ace, 2, 3, ..., 10, Jack, Queen, King) और इसमें **तस्वीर वाले तीन पते** होते है|

सामान्य प्रायिकता:

1. **एक पत्ता निकाला जाए और वह "क्लब" हो:**

- ○ कुल 52 पत्तों में से 13 पत्ते क्लब के हैं।

- ○ इसलिए, क्लब आने की प्रायिकता: P(Clubs)=13/52 =1/4

2. **एक पत्ता निकाला जाए और वह "Ace" हो:**

- ○ कुल 4 Ace होते हैं (हर रंग में एक Ace)

- ○ Ace आने की प्रायिकता: P(Ace)=4/52=1/13

3. **एक पत्ता निकाला जाए और वह "रानी" (Queen) हो:**

- ○ कुल 4 Queens होती हैं (हर रंग में एक Queen)

- ○ Queen आने की प्रायिकता: P(Queen)=4/52 = ¼

4. **एक पत्ता निकाला जाए और वह "काले रंग का" (स्पेड्स या क्लब) हो:**

- ○ कुल 26 काले रंग के पत्ते होते हैं (13 स्पेड्स और 13 क्लब)

- ○ काले रंग का पत्ता आने की प्रायिकता: P(Black)=26/52 =1/2

5. **एक पत्ता निकाला जाए और वह "Red" हो (डायमंड्स या हार्ट्स):**

- ○ कुल 26 लाल रंग के पत्ते होते हैं (13 डायमंड्स और 13 हार्ट्स)

- ○ लाल रंग का पत्ता आने की प्रायिकता: P(Red)=26/52 =1/2

संयुक्त प्रायिकता (Combined Probability):

1. **दो पत्ते निकाले जाएं और दोनों "क्लब" हों:**

- ○ पहले पत्ते में क्लब आने की प्रायिकता P(Club)=13/52 =1/4

- ○ दूसरे पत्ते में क्लब आने की प्रायिकता P(Club)=12/51(चूंकि एक क्लब पहले ही निकाला जा चुका है)

- ○ संयुक्त प्रायिकता होगी: P(Club and Club)=13/52×12/51=156/2652 ≈0.0588

2. **दो पत्ते निकाले जाएं और उनमें से एक "Ace" हो:**

- ○ पहला पत्ता Ace का हो: P(Ace)=4/52

- ○ दूसरा पत्ता Ace न हो: P(Ace नहीं)=48/51

- ○ या, पहला पत्ता Ace न हो और दूसरा Ace हो: P(Ace or Ace)=(4/52×48/51)+(48/52×4/51) =192/2652≈0.0725

विशेष प्रायिकता:

- ● **किसी विशेष रैंक का पत्ता (जैसे, 7 का पत्ता) निकालने की प्रायिकता:**

  - ○ प्रत्येक रैंक के 4 पत्ते होते हैं (1 हर रंग में)।

  - ○ 7 का पत्ता आने की प्रायिकता: P(7)=4/52=1/13

- ● **किसी विशेष रंग (जैसे, लाल) और विशेष रैंक (जैसे, Ace) का पत्ता निकालने की प्रायिकता:**

  - ○ 2 लाल रंग के Ace होते हैं (हार्ट्स और डायमंड्स)

  - ○ लाल रंग का Ace आने की प्रायिकता: P(Red Ace)=2/52=1/26

लूडो में डाइस के रोल की प्रायिकता:

लूडो में **डाइस (पासा) 6 पंखुड़ियों** वाला होता है, यानी उसमें 6 संभावित परिणाम होते हैं: 1, 2, 3, 4, 5, 6, प्रत्येक पंखुड़ी की प्रायिकता समान होती है।

* डाइस पर कोई भी अंक (1, 2, 3, 4, 5, या 6) आने की प्रायिकता: चूंकि पासा निष्पक्ष (fair) होता है, इसलिए हर अंक के आने की संभावना समान होती है

P(कोई भी एक संख्या) = 1/6

2. लूडो में किसी विशेष अंक का आने की प्रायिकता:

लूडो में विभिन्न स्थानों पर पहुंचने के लिए डाइस के रोल पर निर्भर होता है। उदाहरण के लिए:

* 1 अंक का आना: P(1) = 1/6

* 2 अंक का आना: P(2) = 1/6

* इसी प्रकार, सभी अंकों की प्रायिकता समान होगी, यानी प्रत्येक अंक के आने की संभावना 1/6 होगी

3. एक रोल में दो अंक का जोड़:

लूडो में अक्सर हम दो अंकों के जोड़ की प्रायिकता की गणना करते हैं, जैसे अगर डाइस दो बार फेंका गया है तो उनका जोड़ क्या हो सकता है।

उदाहरण:

1. **दो रोल्स में 7 का जोड़:** दो डाइस के जोड़ से 7 प्राप्त होने के लिए निम्नलिखित संयोजन हो सकते हैं:
    * (1, 6), (2, 5), (3, 4), (4, 3), (5, 2), (6, 1)

इनमें 6 संभव संयोजन हैं, और **कुल 36 संभव परिणाम** होते हैं (क्योंकि 6 x 6 = 36)

तो, 7 के आने की प्रायिकता:

P(7) = 6/36 = 1/6

2. **दो रोल्स में 2 का जोड़:** दो डाइस के जोड़ से 2 प्राप्त होने के लिए केवल 1 संयोजन हो सकता है:
    * (1, 1)

तो, 2 के आने की प्रायिकता:

P(2) = 1/36

4. लूडो में विशेष परिस्थितियों की प्रायिकता:

लूडो में कुछ और विशेष स्थितियाँ होती हैं जिनकी प्रायिकता हम निकाल सकते हैं, जैसे:

* पहला रोल में 6 आना (जो कि लूडो में खेलने के लिए महत्वपूर्ण होता है, क्योंकि 6 आने पर खिलाड़ी को एक और मौका मिलता है)।

P(6 on first roll) = 1/6

* दो बार 6 आना: लूडो में किसी खिलाड़ी को डाइस पर दो बार 6 का मिलना विशेष अवसर देता है (खिलाड़ी को एक और अतिरिक्त रोल मिलता है) **यदि दो रोल में से दोनों में 6 आना हो, तो इसकी प्रायिकता होगी:**

P(6 दोनों rolls पर) = 1/6 × 1/6 = 1/36

5. लूडो के खेल में कुछ और संभावनाएँ:

1. अलग-अलग अंकों का आना: दो बार पासा फेंकने पर अगर कोई भी अंक अलग-अलग आए (जैसे 1 और 2, 3 और 5, आदि), तो यह 30 संभावनाएँ हो सकती हैं। यह इसलिए क्योंकि 36 कुल संभावनाएँ हैं और इनमें से 6 संभावना दो समान अंकों की होती हैं।

2. चिप का किसी विशेष स्थान पर पहुंचना: लूडो में जब चिप किसी विशेष स्थान पर पहुंचती है, तो उसकी प्रायिकता उसके पहले के रोल्स पर निर्भर करती है। जैसे, यदि चिप को एक विशेष स्थान पर ले जाने के लिए 6 का आना जरूरी है, तो उस स्थिति में प्रायिकता पर विचार करना होगा कि चिप कितने बार डाइस फेंकने के बाद उस स्थान पर पहुंची।

6. लूडो में रोल से जुड़े हुए कुछ अन्य सामान्य प्रायिकताएँ:

1. एक रोल में 1 से 3 तक का अंक आना: डाइस पर 1, 2, या 3 किसी भी अंक का आना:

P(1, 2, or 3) = P(1) + P(2) + P(3) = 1/6 + 1/6 + 1/6 = 3/6 = 1/2

2. दो रोल्स में किसी विशेष अंक का आना (जैसे 4 का आना): दो रोल्स में से एक में 4 आना, तो यह प्रायिकता इस प्रकार होगी: *P(4 on one roll) = P(4 on first roll) + P(4 on second roll) − P(4 on both rolls)*
P(4) = 1/6 + 1/6 − 1/36 = 6/36 + 6/36 − 1/36 = 11/36

सांख्यिकी

$$\text{वर्ग चिन्ह} = \frac{\text{उपरी सीमा} + \text{निचली सीमा}}{2}$$

$$\text{माध्य} = \frac{f_1^{x}1 + f_2^{x}2 + \cdots + f_n^{x}n}{f1 + f2 + \cdots + fn}$$

$$\text{बहुलक} = L + \left[\frac{(f1-f0)}{(2f1-f0-f2)}\right] \times h$$

जहाँ,

- L बहुलक वर्ग की निचली सीमा है

- h वर्ग अंतराल का माप है

- f_1 बहुलक वर्ग की बारंबारता है

- f_0 बहुलक वर्ग से पहले के वर्ग की बारम्बारता है

- f_2 बहुलक वर्ग के ठीक बाद आने वाले वर्ग की बारम्बारता है

माध्यक बिच की संख्या को निकालने का एक माध्यम है
माध्यक = यदि सम संख्या हो तब $\frac{n}{2}$, यदि विषम संख्या हो तब $\frac{n+1}{2}$

$$\text{माध्यक} = L + \left(\frac{\frac{n}{2}-cf}{f}\right) \times h$$

जहाँ,

L = माध्यक वर्ग की निम्न सीमा

n = प्रेक्षणों की संख्या

Cf = माध्यक वर्ग से ठीक पहले वाले वर्ग की संचयी बारम्बारता

f = माध्यक वर्ग की बारंबारता

h = वर्ग माप

माध्यक, बहुलक और मध्य में संबंध :- (3 माध्यक = बहुलक + 2 माध्य)

गणितशास्त्र

1. दो संख्याओं के उच्चतम उभयनिष्ठ गुणनखंड (HCF) को ज्ञात करने के लिए किस एल्गोरिथ्म का उपयोग किया जाता है?
A) जोड़ एल्गोरिथ्म (B) यूक्लिड विभाजन एल्गोरिथ्म
C) घटाव एल्गोरिथ्म (D) गुणन एल्गोरिथ्म

उत्तर: **b)** यूक्लिड विभाजन एल्गोरिथम
2. यदि विभाजन एल्गोरिथ्म को a=bq+r के रूप में दर्शाया जाता है, तो प्रत्येक पद क्या दर्शाता है?
A) a भाजक है, b भागफल है, और r शेषफल है
B) a भाज्य है, b भाजक है, और r शेष है

C) a भागफल है, b शेषफल है, और r भाज्य है
D) a शेषफल है, b भागफल है, और r भाजक है

उत्तर: b) a भाज्य है, b भाजक है, और r शेष है

3. यूक्लिड एल्गोरिथ्म का उपयोग करके 135 और 225 का HCF क्या है?

a) 90　　　b) 45　　　c) 135　　　d) 225

उत्तर: b) 45

4. भाग a=bq+r में, शेषफल r को किस शर्त को पूरा करना चाहिए?

A) r≥br \ b　(B) R = 0 R = 0　(C) 0≤r<b　(D) r≥0r \ 0

उत्तर: C) 0≤r<b

5. यूक्लिड एल्गोरिथ्म में शेषफल 0 होने पर निम्नलिखित में से क्या सत्य है?

A) भागफल HCF है　　　B) उस चरण पर भाजक HCF है
C) शेष HCF है　　　　D) भाज्य HCF है

उत्तर: b) उस चरण पर भाजक HCF है

6. यूक्लिड एल्गोरिथ्म में क्या शामिल है?

A) संख्याओं को गुणा करना
B) संख्याओं को विभाजित करना और शेषफल को बार-बार ज्ञात करना
C) संख्याओं को जोड़ना
D) संख्याओं को बार-बार घटाना

उत्तर: b) संख्याओं को विभाजित करना और शेष को बार-बार खोजना

7. 26 और 91 का H.C.F क्या है?

A) 13　　　B) 26　　　C) 7　　　D) 1

उत्तर: a) 13

8. 26 और 91 का LCM

A) 182　　　B) 130　　　C) 91　　　D) 234

उत्तर: a) 182

9. 12, 15 और 21 HCF क्या है?

A) 3　　　B) 6　　　C) 12　　　D) 1

उत्तर: a) 3

10. 12, 15 और 21 का LCM

A) 210　　　B) 30　　　C) 60　　　D) 105

उत्तर: a) 210

11. निम्नलिखित में से कौन सी एक अपरिमेय संख्या है?

A) √5　　　B) √7　　　C) √11　　　d) उपरोक्त सभी

उत्तर: d) उपरोक्त सभी

12. क्या 6 + √2 एक परिमेय या अपरिमेय संख्या है?

a) परिमेय　(b) अपरिमेय　(c) दोनों नहीं　(d) दोनों

उत्तर: b) अपरिमेय

13. दो संख्याओं के H.C.F. और LCM के बीच क्या संबंध है?

a) HCF. × LCM. = संख्याओं का योग
b) HCF × LCM = संख्याओं का गुणनफल
c) HCF + LCM = संख्याओं का गुणनफल
d) उपरोक्त में से कोई नहीं

उत्तर: b) HCF × LCM = संख्याओं का गुणनफल

14. निम्नलिखित में से कौन सा शांत, अशांत आवर्ती दशमलव का एक उदाहरण है?

A) 2.5　　　B) 3.14　　　C) √2　　　D) 1.333...

उत्तर: c) √2

15. परिमेय संख्या 10/9 का दशमलव विस्तार क्या है?

a) 1.111...　b) 2.222...　c) 0.555...　d) 3.141...

उत्तर: a) 1.111...

16. 2.555.. दशमलव किस प्रकार का होता है

a) दशमलव को समाप्त करना　(b) शांत, अशांत आवर्ती दशमलव
c) शांत, अशांत दशमलव　(d) परिमेय दशमलव

उत्तर: b) शांत, अशांत आवर्ती दशमलव

17. निम्नलिखित में से कौन सी एक परिमेय संख्या है?

A) √5　　　B) 3.141 ...　C) 2.75　　　d) √7

उत्तर: c) 2.75

18. यदि X = 1.111..., भिन्न के रूप में X का मान क्या है?

A) 1/9　　　B) 10/9　　　C) 9/10　　　D) 11/10

उत्तर: b) 10/9

19. 1.333.. किस प्रकार का दशमलव है

a) शांत दशमलव　　　(b) अशांत अनावर्ती दशमलव
c) अशांत आवर्ती दशमलव　(d) परिमेय दशमलव

उत्तर: c) अशांत आवर्ती दशमलव

20. निम्नलिखित में से कौन सी संख्या p/q के रूप में व्यक्त की जा सकती है?

A) √2　　　B) 3.141...　C) 5/6　　　d) √5

उत्तर: c) 5/6

21. दोहराई जाने वाली दशमलव संख्या का सामान्य रूप क्या है?

a) दशमलव बिंदु के बाद अंकों की परिमित संख्या वाली संख्या
b) नहीं दोहराए जाने वाले दशमलव अंकों वाली संख्या
c) दशमलव बिंदु के बाद दोहराए जाने वाले अंकों वाली संख्या
d) एक संख्या जो हमेशा अपरिमेय होती है

उत्तर: c) दशमलव बिंदु के बाद दोहराए जाने वाले अंकों के साथ एक संख्या

22. निम्नलिखित में से कौन सी संख्या एक अपरिमेय संख्या है?

A) 2.5　　　B) ¾　　　C) √3　　　d) 1/7

उत्तर: c) √3

23. दो अपरिमेय संख्याओं का गुणनफल क्या है?

a) हमेशा परिमेय　　　b) हमेशा अपरिमेय
c) यह या तो परिमेय या अपरिमेय हो सकता है
d) हमेशा एक पूर्ण वर्ग

उत्तर: c) यह तर्कसंगत या तर्कहीन हो सकता है

24. निम्नलिखित में से कौन सा दो परिमेय संख्याओं के गुणनफल के बारे में सही कथन है?

a) हमेशा परिमेय　　　b) हमेशा अपरिमेय
c) यह या तो परिमेय या अपरिमेय हो सकता है
d) उपरोक्त में से कोई नहीं

उत्तर: b) उत्पाद हमेशा तर्कसंगत होता है

25. जब एक सम संख्या को एक सम संख्या से गुणा

किया जाता है तो परिणाम क्या होता है?

a) विषम संख्या   b) सम संख्या

c) अभाज्य संख्या   d) परिमेय संख्या

उत्तर: b) सम संख्या

26. जब एक विषम संख्या को एक सम संख्या से गुणा किया जाता है तो परिणाम क्या होता है?

a) सम संख्या   b) विषम संख्या

c) अभाज्य संख्या   d) परिमेय संख्या

उत्तर: a) सम संख्या

27. निम्नलिखित में से कौन सा अभाज्य संख्या का उदाहरण है?

a) 1   b) 4   c) 7   d) 9

उत्तर: c) 7

28. सबसे छोटी अभाज्य संख्या क्या है?

a) 1   b) 2   c) 3   d) 4

उत्तर: b) 2

29. निम्नलिखित में से कौन सह-अभाज्य जोड़ी है?

a) (4, 6)   b) (3, 7)   c) (5, 10)   d) (6, 9)

उत्तर: b) (3, 7)

30. दो विषम संख्याओं को जोड़ने पर परिणाम क्या होता है?

a) सम संख्या   b) विषम संख्या

c) अभाज्य संख्या   d) परिमेय संख्या

उत्तर: a) सम संख्या

31. निम्नलिखित में से कौन सी संख्या अपरिमेय संख्या का उदाहरण है?

a) 7   b) $\sqrt{2}$ c) 4/5   d) 9

उत्तर: b) $\sqrt{2}$

32. सम संख्याओं के बारे में निम्नलिखित में से कौन सा कथन सत्य है?

a) एक सम संख्या 3 से विभाज्य है

b) एक सम संख्या 2 से विभाज्य है

c) एक सम संख्या हमेशा अभाज्य होती है

d) एक सम संख्या हमेशा अपरिमेय होती है

उत्तर: b) एक सम संख्या 2 से विभाज्य है

33. रैखिक बहुपद का सामान्य रूप क्या है?

a) AX +B   b)$AX^2 + BX + C$

c) $AX^3 + BX^2 + C$ d) $AX^2 + B$

उत्तर: a)

34. द्विघात बहुपद का सामान्य रूप क्या है?

a) ax+ b   b) $Ax^2 + B x + C$

c) $AX^3 + BX^2 + C$ d) $AX^2 + B$

उत्तर: b)

35. द्विघात बहुपद $ax^2 + bx + c$ के मूल का योग क्या है?

a) -b/a   B) b / a   C) C/A   D)a/c

उत्तर: a) -b/a

36. द्विघात बहुपद $ax^2 + bx + c$ के मूल का गुणनफल क्या है?

a) b/a   b) -b/a   c) c/a   `d) a/c

Answer: c) c/a

37. घन बहुपद का सामान्य रूप क्या है?

a) ax + b   b) $ax^2 + bx + c$

c) $ax^3 + bx^2 + c$ d) $ax^3 + bx^2 + cx +$

Answer: d) $ax^3 + bx^2 + cx + d$

38. यदि बहुपद $4u^2 + 8u$ के मूल α और β हैं, तो मूलों का ($α^2 + β^2$) क्या है?

a) -2   b) 2   c) -8   d) 8

उत्तर: a) -2

39. यदि बहुपद $t^2 - 15$ के मूल α और β हैं, तो मुलो का गुणनफल क्या है?

a) 15   b) -15   c) 0   d) 1

उत्तर: b) -15

विश्लेषण: बहुपद $t^2 -15$ के लिए मूलो का गुणनफल αβ = c/a = -15/1 = -15 है।

40. बहुपद $X^4 - 6X^3 - 26X^2 + 138X - 35$ के लिए, यदि दो मूल $2 ± \sqrt{3}$ हैं, तो मूलों का दूसरा जोड़ा क्या है?

a) $2 ± \sqrt{5}$ b) $2 ± \sqrt{2}$

c) $-2 ± \sqrt{3}$ d) दी गई जानकारी से निर्धारित नहीं किया जा सकता

उत्तर: d) दी गई जानकारी से निर्धारित नहीं किया जा सकता

41. द्विघात समीकरण का सामान्य रूप क्या है जिसके मूल α और β हैं?

a) (x - α)(x - β)   b) $x^2 - (α + β)x + αβ$

c) $x^2 + (α + β)x + αβ$ d) $x^2 - αx - βx + αβ$

Answer: b) $x^2 - (α + β)x + αβ$

42. समीकरण $(α + β)X + αβ$ क्या दर्शाता है?

a) द्विघात समीकरण के मूलों का योग और गुणनफल

b) एक घन समीकरण की मूल

c) बहुपद में पदों का योग

d) बहुपद का व्युत्पत्र

उत्तर: a) द्विघात समीकरण की मूलो का योग और गुणनफल

43. निम्नलिखित में से कौन सा द्विघात समीकरण $ax^2 + bx + c$ के मूल का गुण है?

a) मूल हमेशा तर्क संगत होती हैं

b) मूलों का योग हमेशा धनात्मक होता है

c) मुलो का गुणनफल हमेशा c/a के बराबर होता है

d) मूल वास्तविक संख्याएँ नहीं हो सकती

उत्तर: c) मुलो का गुणनफल हमेशा c/a के बराबर होता है

44. दो रैखिक समीकरणों के लिए एक अद्वितीय हल होने की शर्त क्या है?

a) $a_1/a_2 = b_1/b_2 ≠ c_1/c_2$ (b) $A_1/a_2 = B_1/B_2 = C_1/C_2$

c) $A_1/a_2 ≠ B_1/B_2$ (d) उपरोक्त में से कोई नहीं

उत्तर: a) $a_1/a_2 = b_1/b_2 ≠ c_1/c_2$

45. यह क्या दर्शाता है कि $a_1/a_2 = b_1/b_2 ≠ c_1/c_2$ है?

a) समीकरणों की प्रणाली के अनंत हल हैं।

(b) समीकरणों के निकाय का कोई हल नहीं है।

(c) समीकरणों के निकाय का एक विशिष्ट हल है।

(d) समीकरणों का निकाय असंगत है।

उत्तर: c) समीकरणों की प्रणाली का एक अनूठा समाधान है।

46. यदि $a_1/a_2 = b_1/b_2 = c_1/c_2$ हो तो क्या होगा?

a) समीकरणों की प्रणाली का कोई हल नहीं है।
(b) समीकरणों के निकाय के अनंत हल हैं।
(c) समीकरणों के निकाय का एक ही हल है।
(d) समीकरणों का निकाय असंगत है।
उत्तर: b) समीकरणों की प्रणाली के अनंत समाधान हैं।

47. यदि $a_1/a_2 = b_1/b_2$ है तो इसका क्या अर्थ है?
a) समीकरण समानांतर हैं और उनका कोई हल नहीं है।
b) समीकरण एक ही रेखा का प्रतिनिधित्व करते हैं और अनंत हल हैं।
c) समीकरणों का एक अनूठा हल है।
(d) समीकरणों का निकाय असंगत है।
उत्तर: a) समीकरण समानांतर हैं और कोई हल नहीं है।

48. निम्नलिखित में से कौन वास्तविक रूप से 'कई/अनेक हल' के साथ समीकरणों की एक प्रणाली का प्रतिनिधित्व करता है?
a) $A_1/A_2 \neq B_1/B_2 \neq C_1/C_2$
b) $A_1/a_2 = B_1/B_2 = C_1/C_2$
c) $a_1/a_2 = b_1/b_2 \neq c_1/c_2$
d) $A_1/A_2 \neq B_1/B_2$
उत्तर: b) $a_1/a_2 = b_1/b_2 = c_1/c_2$

49. रैखिक समीकरणों की एक प्रणाली में, स्थिति $a_1/a_2 \neq b_1/b_2$ क्या इंगित करती है?
a) अनंत हल हैं।	(b) कोई हल नहीं है।
c) प्रणाली का एक अद्वितीय हल है। (d) प्रणाली असंगत है।
उत्तर: c) प्रणाली का एक अद्वितीय हल है

50. समीकरणों की एक प्रणाली को रेखांकन करने में, स्थिति $a_1/a_2 = b_1/b_2 \neq c_1/c_2$ क्या दर्शाती है?
a) रेखाएँ संयोग हैं, जो अनंत समाधानों का प्रतिनिधित्व करती हैं।
b) रेखाएँ समानांतर हैं, कोई हल नहीं दर्शाती हैं।
(c) रेखाएँ ठीक एक बिंदु पर प्रतिच्छेद करती हैं।
d) रेखाएँ अलग-अलग ढालों के साथ दो अलग-अलग समीकरणों को दर्शाती हैं।
उत्तर: b) रेखाएँ समानांतर हैं, कोई समाधान नहीं दर्शाती हैं।

51. एक अद्वितीय समाधान के साथ एक प्रणाली का ग्राफ कैसा दिखता है?
a) दो समानांतर रेखाएँ (b) एक बिंदु पर दो प्रतिच्छेदी रेखाएँ।
c) दो संयोग रेखाएँ।	(d) विभिन्न ढलानों वाली दो रेखाएं।
उत्तर: b) एक बिंदु पर दो प्रतिच्छेदी रेखाएँ।

52. द्विघात समीकरण के दो अलग-अलग वास्तविक मूल होने की क्या शर्त है?
a) $b^2 - 4ac = 0$	b) $b^2 - 4ac > 0$
c) $b^2 - 4ac < 0$	d) $a^2 - b^2 = 0$
उत्तर: b) $) b^2 - 4ac > 0$

53. द्विघात समीकरण के लिए बिल्कुल एक वास्तविक मूल होने की शर्त क्या है?
a) $b^2 - 4ac > 0$	b) $b^2 - 4ac = 0$
c) $b^2 - 4ac < 0$	d) $b^2 + 4ac = 0$
उत्तर: b) $b^2 - 4ac = 0$

54. यदि विभेदक/विवेचक $(b^2 - 4ac)$, '0' से कम है तो इसका क्या अर्थ है?

a) द्विघात समीकरण की कोई वास्तविक मुले नहीं हैं।
b) द्विघात समीकरण के दो वास्तविक और विशिष्ट मूल हैं।
c) द्विघात समीकरण का वास्तव में एक वास्तविक मूल है।
d) द्विघात समीकरण की मुले वास्तविक होती हैं।
उत्तर: a) द्विघात समीकरण की कोई वास्तविक मुले नहीं हैं।

55. समीकरण $ax^2 + bx + c = 0$ के मूल को ज्ञात करने के लिए निम्नलिखित में से कौन सा सही द्विघात सूत्र है?
a) $x = -b \pm \sqrt{(b^2 - 4ac)} / 2a$
b) $x = -b \pm \sqrt{(b^2 + 4ac)} / 2a$
c) $x = -b \pm \sqrt{(b^2 - 4ac)} / 4a$
d) $x = b \pm \sqrt{(4ac - b^2)} / 2a$
उत्तर:- (a) $x = [-b \pm \sqrt{(b^2 - 4ac)}] / 2a$

56. यदि दो संख्याओं के बीच का अंतर 180 है और छोटी संख्या छोटी संख्या का आठ गुना है, तो संख्याएं क्या हैं?
a) 180 और 360	b) 240 और 420
c) 90 और 270	d) 120 और 300
उत्तर: c) 90 और 270

57. निम्नलिखित में से किस समीकरण के मूल वास्तविक हैं?
a) $x^2 + 4x + 5 = 0$	b) $x^2 + 6x + 9 = 0$
c) $x^2 - 4x + 4 = 0$	d) $x^2 + 3x + 2 = 0$
उत्तर: a) $x^2 + 4x + 5 = 0$

58. समीकरण $3x^2 - 12x + 9 = 0$ के लिए, विभेदक(D) या विवेचक क्या है?
a) 0	b) 9	c) 36	d) -36
उत्तर: a) 0

59. यदि समीकरण $ax^2 + bx + c = 0$ के मूल α और β हैं, तो मूलों का योग क्या है?
a) $α + β = -c/a$	b) $α + β = -b/a$
c) $α + β = b/a$	d) $α + β = c/a$
उत्तर: b) $α + β = -b/a$

60. यदि द्विघात समीकरण $2x^2 - 8x + 6 = 0$ के मूल वास्तविक हैं, तो इसके विभेदक/विवेचक के बारे में क्या कहा जा सकता है?
a) यह 0 से कम है।	b) यह 0 से बड़ा है।
c) यह 0 के बराबर है।	(d) यह निर्धारित नहीं किया जा सकता है।
उत्तर: b) यह 0 से अधिक है।

61. अंकगणितीय अनुक्रम का nवाँ पद क्या है?
a) an = a + (n-1)d	b) an = a + nd
c) an = a + (n+1)d	d) an = a + (n-1)d²
Answer: a) an = a + (n-1)d

62. एक अंकगणितीय अनुक्रम का दूसरा पद क्या है जहां पहला पद "a" है और सामान्य अंतर "d" है?
a) a + d	b) a – d	c) a + 2d	d) a + 3d
Answer: a) a + d

63. अंकगणितीय अनुक्रम के पहले "n" पदों का योग क्या है?
a) Sn = n/2 [2a + (n-1)d]
b) Sn = n/2 [a + l]

c) Sn = n/2 [a + an]

d) सभी

उत्तर: d) उपरोक्त सभी

64. एक अंकगणितीय अनुक्रम के पहले "n" पदों का योग क्या है जब पहला पद "a" है और अंतिम पद "l" है?

a) Sn = n/2 [a + (n-1)]

b) Sn = n/2 [a + l]

c) Sn = n/2 [a - an]

d) Sn = n * a

Answer: b) Sn = n/2 [a + l]

65. एक अंकगणितीय अनुक्रम के पहले "n" पदों का योग क्या है यदि पहला पद "a " है और एनवां पद "a" है?

a) Sn = n/2 [2a + (n-1)d]

b) Sn = n/2 [a + l]

c) Sn = n/2 [a + an]

d) Sn = n * a

Answer: c) Sn = n/2 [a + an]

66. निम्नलिखित में से कौन सी तीन अंकीय संख्या 7 से विभाज्य है?

a) 100   b) 210   c) 120   d) 360

उत्तर: b) 210

67. 10 और 250 के बीच 4 के कितने गुणज मौजूद हैं?

a) 60   b) 65   c) 62   d) 64

उत्तर: b) 60

68. पहले 40 धनात्मक पूर्णांकों का योग 6 से विभाज्य क्या है?

a) 240   b) 480   c) 360   d) 720

उत्तर: c) 360

69. 8 के प्रथम 15 गुणजों का योग क्या है?

a) 960   b) 1200   c) 1080   d) 850

उत्तर: a) 960

70. दो त्रिभुजों के समान होने की शर्त क्या है?

a) उनके संगत कोण बराबर हैं।

(b) उनकी संगत भुजाएँ बराबर हैं।

(c) इनकी संगत भुजाएँ आनुपातिक होती हैं।

(d) इनकी संगत भुजाएँ आनुपातिक नहीं होती हैं।

उत्तर: c) उनके संबंधित पक्ष आनुपातिक हैं।

71. समरूप त्रिभुजों के लिए निम्नलिखित में से कौन सा कथन सत्य है?

a) संगत कोण बराबर हैं, और संबंधित पक्ष आनुपातिक हैं।

b) संगत कोण बराबर हैं, और संबंधित पक्ष बराबर हैं।

c) संगत कोण समान नहीं हैं, लेकिन संबंधित पक्ष आनुपातिक हैं।

d) संगत कोण समान नहीं हैं, और संबंधित पक्ष आनुपातिक नहीं हैं।

उत्तर: a) संगत कोण बराबर हैं, और संबंधित पक्ष आनुपातिक हैं।

72. नीचे दिए गए उदाहरण में, क्या त्रिभुज ABC और DEF समान हैं?

त्रिभुज ABC: AB = 2.4 सेमी, BC = 2.1 सेमी, CA = 2.5 सेमी

त्रिभुज DEF: DE = 4.8 सेमी, EF = 4.2 सेमी, FD = 5 सेमी

a) हाँ, क्योंकि संगत पक्ष आनुपातिक हैं।

b) हाँ, क्योंकि संगत कोण बराबर हैं।

c) नहीं, क्योंकि पक्ष आनुपातिक नहीं हैं।

d) नहीं, क्योंकि कोण बराबर नहीं हैं।

उत्तर: a) हां, क्योंकि संबंधित पक्ष आनुपातिक हैं।

73. निम्नलिखित में से कौन सा प्रमेय एक त्रिभुज की दो भुजाओं को समान अनुपात में विभाजित करने वाली रेखा से संबंधित है?

a) पाइथागोरस प्रमेय

b) साइड-साइड-साइड (SSS) समानता प्रमेय

c) क्षारीय आनुपातिकता प्रमेय

d) त्रिभुज असमानता प्रमेय

उत्तर: c) क्षारीय आनुपातिकता प्रमेय

74. मूल आनुपातिकता प्रमेय का उल्टा क्या है?

a) यदि एक रेखा त्रिभुज की एक भुजा के समांतर है, तो वह अन्य दो भुजाओं को समान अनुपात में विभाजित करती है।

b) यदि दो त्रिभुज समान हैं, तो उनके संगत कोण बराबर हैं।

c) यदि कोई रेखा त्रिभुज की दो भुजाओं को विभाजित करती है, तो त्रिभुज समान होते हैं।

d) यदि दो त्रिभुज समान हैं, तो उनकी संगत भुजाएँ आनुपातिक हैं।

उत्तर: a) यदि एक रेखा त्रिभुज के एक पक्ष के समानांतर है, तो यह अन्य दो पक्षों को समान अनुपात में विभाजित करती है।

75. यदि दो त्रिभुजों की संगत भुजाओं का अनुपात 3:5 है, तो उनके क्षेत्रफलों का अनुपात क्या है?

a) 9:25   b) 3: 5

c) 5:3   d) 15:25

उत्तर: a) 9:25

76. यदि एक रेखा त्रिभुज की दोनों भुजाओं को समान अनुपात में विभाजित करती है और तीसरी भुजा के समानांतर होती है तो क्या होगा?

a) त्रिभुज को दो बराबर भागों में विभाजित किया गया है।

b) गठित दो छोटे त्रिभुज मूल त्रिभुज के समान हैं।(c) गठित दो छोटे त्रिभुज मूल त्रिभुज के समान नहीं हैं।

(d) दो छोटे त्रिभुज सर्वांगसम नहीं हैं।

उत्तर: b) गठित दो छोटे त्रिभुज मूल त्रिभुज के समान हैं।

77. यदि AB/DE = BC/EF = CA/FD = 2:4 है, तो त्रिभुज ABC और DEF के बारे में निम्नलिखित में से कौन सा कथन सत्य है?

a) त्रिभुज समान हैं क्योंकि भुजाएँ आनुपातिक हैं।

b) त्रिभुज समान नहीं हैं क्योंकि कोण आनुपातिक नहीं हैं।

c) त्रिभुज समान हैं क्योंकि भुजाएँ समान हैं।

d) त्रिभुज समान नहीं हैं क्योंकि भुजाएँ आनुपातिक नहीं हैं।

उत्तर: a) त्रिभुज समान हैं क्योंकि भुजाएँ आनुपातिक हैं।

78. मूल आनुपातिकता प्रमेय के अनुसार दो त्रिभुजों के समान होने की मुख्य स्थिति क्या है?

a) उनके संगत कोण बराबर होने चाहिए।

b) संगत पक्ष आनुपातिक होने चाहिए।

c) संगत भुजाओं का एक युग्म आनुपातिक होना चाहिए।
d) उनके क्षेत्र समान होने चाहिए।
उत्तर: b) संबंधित पक्ष आनुपातिक होने चाहिए।

79. निर्देशांक (2, -3) किस चतुर्थांश में स्थित हैं?
a) पहला चतुर्थांश   b) दूसरा चतुर्थांश
c) तीसरा चतुर्थांश   d) चौथा चतुर्थांश
उत्तर: d) चौथा चतुर्थांश

80. x-अक्ष पर किसी बिंदु का निर्देशांक क्या है?
a) (x, 0)   b) (0, x)   c) (x, y)   d) (0, 0)
Answer: a) (x, 0)

81. y-अक्ष पर किसी बिंदु का निर्देशांक क्या है?
a) (0, y)   b) (y, 0)   c) (x, y)   d) (0, 0)
Answer: a) (0, y)

82. दो बिंदुओं $P(x_1, y_1)$ और $Q(x_2, y_2)$ के बीच की दूरी क्या है?
a) $PQ = \sqrt{(x_2 - x_1)^2 + (y_2 - y_1)^2}$
b) $PQ = \sqrt{(x_1 + x_2)^2 + (y_1 + y_2)^2}$
c) $PQ = (x_2 - x_1)^2 + (y_2 - y_1)$
d) $PQ = (x_1 - x_2) + (y_1 - y_2)$
उत्तर: a) $PQ = \sqrt{(x_2 - x_1)^2 + (y_2 - y_1)^2}$

83. बिंदु (3, 4) की मूल बिंदु (0, 0) से दूरी क्या है?
a) 5 यूनिट   b) 7 यूनिट   c) 1 इकाई   d) 4 यूनिट
उत्तर: a) 5 यूनिट्स

84. बिंदु (1, 2) और (3, 4) को जोड़ने वाले रेखा खंड का मध्य बिंदु क्या है?
a) (2, 3)   b) (4, 6)   c) (1.5, 2.5)   d) (2, 2)
उत्तर: a) (2, 3)

85. (x_1, y_1), (x_2, y_2), और (x_3, y_3) पर शीर्षों वाले त्रिभुज के केन्द्रक को ज्ञात करने का सूत्र क्या है?
a) $(x_1 + x_2 + x_3)/3, (y_1 + y_2 + y_3)/3$
b) $(x_1 + x_2 + x_3), (y_1 + y_2 + y_3)$
c) $(x_1 - x_2 + x_3)/3, (y_1 - y_2 + y_3)/3$
d) $(x_1 - x_2 - x_3)/3, (y_1 - y_2 - y_3)/3$
उत्तर: a) $(x_1 + x_2 + x_3)/3, (y_1 + y_2 + y_3)/3$

86. (x_1, y_1), (x_2, y_2), और (x_3, y_3) पर शीर्षों वाले त्रिभुज का क्षेत्रफल ज्ञात करने का सूत्र क्या है?
a) क्षेत्रफल $= 1/2 [x_1(y_2 - y_3) + x_2(y_3 - y_1) + x_3(y_1 - y_2)]$
b) क्षेत्रफल $= 1/2 [x_1 + x_2 + x_3]$
c) क्षेत्रफल $= 1/2 [y_1(y_2 - y_3) + y_2(y_3 - y_1) + y_3(y_1 - y_2)]$
d) क्षेत्रफल $= 1/2 [x_1(x_2 + x_3)]$
उत्तर: a) क्षेत्रफल $= 1/2 [x_1(y_2 - y_3) + x_2(y_3 - y_1) + x_3(y_1 - y_2)]$

87. (0, 0), (4, 0), और (0, 6) पर शीर्षों वाले त्रिभुज का केन्द्रक क्या है?
a) (2, 2)   b) (1, 1)   c) (0, 2)   ``d) (2, 3)
उत्तर: d) (2, 3)

88. बिंदु (5, 2) और (1, -2) के बीच की दूरी क्या है?
a) 6 यूनिट   b) 4 यूनिट   c) 5 यूनिट   d) 3 यूनिट
उत्तर: a) 6 यूनिट

89. एक समकोण त्रिभुज में, यदि लंब 3 इकाई है और आधार 4 इकाई है, तो कर्ण क्या है?

a) 5 यूनिट   b) 7 यूनिट   c) 6 यूनिट   d) 8 यूनिट
उत्तर: a) 5 यूनिट्स

90. यदि कर्ण (H) 13 इकाई है और आधार (B) 5 इकाई है, तो लंब (P) की लंबाई क्या है?
a) 12 यूनिट   b) 10 यूनिट   c) 8 यूनिट   d) 6 यूनिट
उत्तर: a) 12 यूनिट्स

91. एक समकोण त्रिभुज में, यदि लंब 7 इकाई है और कर्ण 25 इकाई है, तो $\sin(\theta)$ का मान क्या है?
a) 7/25   b) 7/24   c) 7/23   d) 7/20
उत्तर: a) 7/25

92. एक समकोण त्रिभुज में, यदि आधार 8 इकाई है और कर्ण 10 इकाई है, तो $\cos(\theta)$ का मान क्या है?
a) 8/10   b) 10/8   c) 8/6   d) 10/12
उत्तर: a) 8/10

93. यदि एक समकोण त्रिभुज का कर्ण 15 इकाई है और लंब 9 इकाई है, तो $\tan(\theta)$ का मान क्या है?
a) 9/15   b) 9/12   c) 12/9   d) 9/10
उत्तर: a) 9/15

94. एक समकोण त्रिभुज में, यदि आधार 5 इकाई है और कर्ण 13 इकाई है, तो $\sec(\theta)$ का मान क्या है?
a) 13/5   b) 5/13   c) 13/12   d) 5/12
उत्तर: a) 13/5

95. यदि लंब 4 इकाई है और आधार 3 इकाई है, तो $\csc(\theta)$ का मान क्या है?
a) 5/4   b) 4/5   c) ¾   d) 4/3
उत्तर: a) 5/4

96. यदि एक समकोण त्रिभुज का कर्ण 17 इकाई है और लंब 8 इकाई है, तो $\cot(\theta)$ का मान क्या है?
a) 8/15   b) 15/8   c) 17/8   d) 8/17
उत्तर: a) 8/15

97. निम्नलिखित में से कौन सी त्रिकोणमितीय पहचान एक समकोण त्रिभुज के लिए सही है?
a) $\sin(\theta) = p/H$ b) $\cos(\theta) = P/H$
c) $\tan(\theta) = H/P$ d) $\sec(\theta) = B/H$
उत्तर: a) $\sin(\theta) = p/H$

98. $\sin^2 A + \cos^2 A$ के लिए निम्नलिखित में से कौन सी सही पहचान है?
a) $\sin^2 A + \cos^2 A = 0$ b) $\sin^2 A + \cos^2 A = 1$
c) $\sin^2 A + \cos^2 A = 2$ d) $\sin^2 A + \cos^2 A = \sin A + \cos A$
उत्तर: b) $\sin^2 A + \cos^2 A = 1$

99. $\cos^2 A$ के संदर्भ में $\sin^2 A$ का मान क्या है?
a) $\sin^2 A = 1 + \cos^2 A$ b) $\sin^2 A = 1 - \cos^2 A$
c) $\sin^2 A = \cos^2 A$ d) $\sin^2 A = \cos^2 A - 1$
उत्तर: b) $\sin^2 A = 1 - \cos^2 A$

100. निम्नलिखित में से कौन सा $\sec^2 A - \tan^2 A$ के लिए सही पहचान है?
a) $\sec^2 A - \tan^2 A = 0$ (b) $\sec^2 A - \tan^2 A = 1$
c) $\sec^2 A - \tan^2 A = \cot^2 A$ (d) $\sec^2 A - \tan^2 A = \cos^2 A$
उत्तर: b) $\sec^2 A - \tan^2 A = 1$

101. निम्नलिखित में से कौन सी पहचान सही है?

a) sec²A = 1 + tan²A   b) sec²A = tan²A – 1
c) sec²A = 1 - tan²A   d) sec²A = tan²A
उत्तर: a) sec²A = 1 + tan²A

102. निम्नलिखित में से कौन सा tan²A के लिए सही पहचान है?
a) tan²A = sec²A – 1   b) tan²A = sec²A + 1
c)tan²A = cos²A – 1   d)tan²A = 1 + cos²A
उत्तर: a) tan²A =sec²A – 1

103. निम्नलिखित में से कौन सी पहचान सही है?
a)cosec²A - cot²A = 1   (b) cosec ²A - cot²A = 0
c) cosec ²A-cot²A=tan²A (d) cosec ²A-cot²A=sec²A
उत्तर: a) cosec²A - cot²A = 1

104. निम्नलिखित में से कौन सा cosec² के लिए सही पहचान है?
a) cosec ²A = 1 + cot²A(b) cosec ²A = cot²A – 1
c) cosec A = 1 - cot²A (d) cosec ²A = 1 + tan²A
(उत्तर: a) Cosec²A = 1 + cot²A

105. निम्नलिखित में से कौन cos(90° - A) के लिए सही पहचान है?
a) cos(90° - A) = sinA   b) cos(90° - A) = cosA
c) cos(90° - A) = tanA d) cos(90° - A) = secA
उत्तर: a) cos(90° - A) = sinA

106. sin का मान (90° - A) क्या है?
a) sin(90° - A) = cosA   (b) sin(90° - A) = sinA
c) sin(90° - A) = tanA   (d) sin(90° - A) = secA
उत्तर: a) sin(90° - A) = cosA

107. निम्नलिखित में से कौन सा tan(90° - A) के लिए सही पहचान है?
a) tan (90° - A) = cotA (b) tan (90° - A) = tanA
c) tan(90° - A) = secA (d) tan(90° - A) =cosec
उत्तर: a) tan (90 ° - A) =cotA

108. निम्नलिखित में से कौन सा cot(90° - A) के लिए सही पहचान है?
a) cot(90° - A) = tanA   (b)cot (90 ° - A) = cotA
c) cot(90° - A) = secA   (d) cot(90° - A) =cosec A
उत्तर: a) cot(90° - A) = tanA

109. निम्नलिखित में से कौन सा sec (90° - A) के लिए सही पहचान है?
a) sec(90° - A) = cosA   (b) sec(90° - A) = secA
c) sec(90° - A) = sinA   (d) sec(90° - A) = tanA
Answer: a) sec(90° - A) = cosA

110. निम्नलिखित में से कौन cosec (90° - A) के लिए सही पहचान है?
a) cosec(90° - A) = sinA (b) cosec(90° - A) = cotA
c) cosec(90° - A) = secA (d) cosec(90° - A) = tanA
Answer: a) cosec(90° - A) = sinA

111. sin²A + cos²A का मान क्या है?
a) 1   b) 0   c) sin²A   d) cos²A
उत्तर: a) 1

112. निम्नलिखित में से कौन सा sec ²A के लिए सही

त्रिकोणमितीय पहचान है?
a) sec²A = 1 + tan²A   (b) sec²A = 1 - tan²A
c) sec²A = tan²A   (d) sec²A = sin²A + cos²A
Answer: a) sec²A = 1 + tan²A

113. निम्नलिखित में से कौन सा cosec²A के लिए सही पहचान है?
a) cosec²A = 1 + cot²A (b) cosec²A = 1 - cot²A
c) cosec²A = cot²A   (d) cosec²A = sin²A + cos²A
Answer: a) cosec²A = 1 + cot²A

114. यदि sinA = 1/2 है, तो cosA क्या है?
A) √3/2   B) 1/√2   C) ½   d) √2/2
उत्तर: a) √3/2

115. निम्नलिखित में से कौन सा tan(45°) का मान है?
a) 1   b) 0   c) √3   d) 2
उत्तर: a) 1

116.sin का मान (90° - A) क्या है?
a) cosA   b) sinA   c) tanA   d) secA
Answer: a) cosA

117. cos(90° - A) का मान क्या है?
a) sinA   b) cosA   c) tanA   d) secA
Answer:a) sinA

118. tan(60°) का मान क्या है?
a) 1   b) 0   c) √3   d) 2
उत्तर: c) √3

119. निम्नलिखित में से कौन cos²A + sin²A के लिए सही पहचान है?
a) cos²A + sin²A = 0   b) cos²A + sin²A = 1
c) cos²A + sin²A = 2   d) cos²A + sin²A = sinA + cosA
उत्तर: b) cos²A + sin²A = 1

120. यदि cosA = 3/5 है, तो secA क्या है?
a) 5/3   b) 3/5   c) 1/5   d) 5
उत्तर: a) 5/3

121. sin(A + B) की पहचान क्या है
a) sin(A + B) = sinA + cosB
b) sin(A + B) = sinA x cosB + cosA x sinB
c) sin(A + B) = cosA + cosB
d) sin(A + B) = sinA – cosB
Answer: b) sin(A + B) = sinA x cosB + cosA x sinB

122. Cos (A - B) का सूत्र क्या है?
a) cos(A - B) = cosA x cosB - sinA x sinB
b) cos(A - B) = cosA x cosB + sinA x sinB
c) cos(A - B) = sinA x cosB - cosA x sinB
d) cos(A - B) = sinA x cosB + cosA x sinB
Answer: a) cos(A - B) = cosA * cosB - sinA * sinB

123.sin(A - B) का सूत्र क्या है
a) sin(A - B) = sinA x cosB + cosA x sinB
b) sin(A - B) = sinA x cosB - cosA x sinB
c) sin(A - B) = cosA x cosB - sinA x sinB
d) sin(A - B) = cosA x sinB - sinA x cosB
Answer: b) sin(A - B) = sinA x cosB - cosA x sinB

124. sin 30° का मान क्या है?
a) 1   b) √3/2   c) ½   d) 0
उत्तर: c) ½

125. cos 45° का मान क्या है?
a) ½   b) 1/√2   c) √3/2   d) 1
उत्तर: b) 1/√2

126. tan 60° का मान क्या है?
a) 1   b) √3   c) 1/√3   d) 0
उत्तर: b) √3

127. निम्नलिखित में से कौन सा sin 90° का मान है?
a) 1   b) 0   c) 1/2   d) √3/2
उत्तर: a) 1

128. cos 0° का मान क्या है?
a) 0   b) 1   c) √3/2   d) ½
उत्तर: b) 1

129.tan 45° का मान क्या है?
a) 0   b) 1   c) √3   d) ∞
उत्तर: b) 1

130. यदि sinA = 1/2 है, तो cosA का मान क्या है?
a) √3/2   b) 1/√2   c) ½   d) 0
उत्तर: a) √3/2

131. निम्नलिखित में से कौन सा cos(A + B) का सूत्र है?
a) cos(A + B) = cosA x cosB + sinA x sinB
b) cos(A + B) = cosA x cosB - sinA x sinB
c) cos(A + B) = sinA x cosB + cosA x sinB
d) cos(A + B) = sinA x cosB - cosA x sinB
Answer: b) cos(A + B) = cosA * cosB - sinA * sinB

132. यदि sinA = 1/√2 है, तो cosA का मान क्या है?
a) 1/√2   b) 1   c) √3/2   d) ½
उत्तर: a) 1/√2

133. tan 0° का मान क्या है?
a) 1   B) 0   c) ∞   d) √3
उत्तर: b) 0

134. cos 30° का मान क्या है?
a) ½   b) √3/2   c) 1/√2   d) √2/2
उत्तर: b) √3/2

135. निम्नलिखित में से कौन सा sin (A + B) का सही सूत्र है?
a) sin(A + B) = sinA x cosB + cosA x sinB
b) sin(A + B) = sinA x cosB
c) sin(A + B) = sinA x sinB + cosA x cosB
d) sin(A + B) = sinA – cosB
Answer: a) sin(A + B) = sinA x cosB + cosA x sinB

136. tan 30° का मान क्या है?
a) 1   b) √3   c) 1/√3   d) 0
उत्तर: c) 1/√3

137. cos 45° का मान क्या है?
a) 1/2   b) 1/√2   c) √3/2   d) 1
उत्तर: b) 1/√2

138. cos 60° का मान क्या है?
a) 1/2   b) 1/√2   c) √3/2   d) 0
उत्तर: a) ½

139. sec45° का मान क्या है?
A) 1   B) 1/√2   C) √2   D) 2
उत्तर: c) √2

140. cosec 30° का मान क्या है?
a) 2   b) 1   c) √2   d) 1/√3
उत्तर: a) 2

141. sin²A + cos²A की पहचान क्या है?
a) sin²A + cos²A = 1   b) sin²A + cos²A = 0
c) sin²A + cos²A = 2   d) sin²A + cos²A = sinA
उत्तर: a) sin²A + cos²A = 1

142. tan²A + 1 की पहचान क्या है?
a)tan²A + 1 = cos²A   (b) tan²A + 1 = cosec²A
(c) tan²A + 1 = sec²A   (d) tan²A + 1 = cot²A
उत्तर: c) tan²A + 1 = sec²A

143. 90° sin का मान क्या है?
A) 1   B) 0   C) √2/2   d) ½
उत्तर: a) 1

144. निम्नलिखित में से कौन सा sec ²A के लिए सही पहचान है?
a) sec²A = 1 + tan²A   (b) sec²A = 1 - tan²A
c)sec²A = 1 + sin²A   (d) sec²A = cos²A
उत्तर: a)sec²A = 1 + tan²A

145. cot 45° का मान क्या है?
A) 1   B) 0   c) ∞   d) √3
उत्तर: a) 1

146. sin 60° का मान क्या है?
A) ½   b) √2/2   C) √3/2   D) 1
उत्तर: c) √3/2

147. tan(A + B) का सूत्र क्या है?
a) tan(A + B) = (tanA + tanB) / (1 - tanA * tanB)
b) tan(A + B) = (tanA * tanB) / (1 - tanA * tanB)
c) tan(A + B) = tanA + tanB d) tan(A + B) = tanA * tanB
Answer: a) tan(A + B) = (tanA + tanB) / (1 - tanA * tanB)

148. cos²A + sin²A की पहचान क्या है?
a) cos²A + sin²A = 0   b) cos²A + sin²A = 1
c) cos²A + sin²A = 2   d) cos²A + sin²A = cosA
उत्तर: b) cos²A + sin²A = 1

149. cos 30° का मान क्या है?
a) ½   b) 1/√2   c) √3/2   d) √2/2
उत्तर: c) √3/2

150. tan 90° का मान क्या है?
a) 1   b) 0   c) ∞   d) अपरिभाषित
उत्तर: c) ∞

151. निम्नलिखित में से कौन सा cosec A का मान है जब sin A = 1/√2?
a) √2   b) 2/√3   C) 1   d) ∞
उत्तर: a) √2

152. sec A का मान क्या है जब tan A = 1/√3?

A) 2/√3   b) √2   C) 2   D) 1

उत्तर: a) 2/√3

153. cot A का मान क्या है जब tan A = √3?

a) 1   b) 1/√3   C) √3   d) 0

उत्तर: b) 1/√3

154. वृत्त के लिए एक प्रतिछेदी रेखा क्या है?

a) एक रेखा जो वृत्त को दो बिंदुओं पर काटती है

b) एक रेखा जो एक बिंदु पर वृत्त को काटती है

c) एक रेखा जो वृत्त को प्रतिच्छेद नहीं करती है

d) एक रेखा जो वृत्त के केंद्र से होकर गुजरती है

उत्तर: a) एक रेखा जो वृत्त को दो बिंदुओं पर काटती है

155. वृत्त की स्पशरिखा क्या है?

a) एक रेखा जो वृत्त को दो बिंदुओं पर काटती है

b) एक रेखा जो एक बिंदु पर वृत्त को काटती है

c) एक रेखा जो वृत्त के केंद्र से होकर गुजरती है

d) एक रेखा जो वृत्त को प्रतिच्छेद नहीं करती है

उत्तर: b) एक रेखा जो एक बिंदु पर वृत्त को काटती है

156. एक वृत्त के लिए एक अप्रतिछेदी रेखा की परिभाषा क्या है?

a) एक रेखा जो वृत्त को ठीक एक बिंदु पर छूती है

b) एक रेखा जो वृत्त को दो बिंदुओं पर काटती है

c) एक रेखा जो वृत्त को बिल्कुल भी प्रतिच्छेद या स्पर्श नहीं करती है

d) वृत्त के केंद्र से गुजरने वाली रेखा

उत्तर: c) एक रेखा जो वृत्त को बिल्कुल भी प्रतिच्छेद या स्पर्श नहीं करती है

157. वृत्त के किसी भी बिंदु से एक वृत्त पर कितनी स्पर्श रेखाएँ खींची जा सकती हैं

a) एक   b) दो   c) अनंत   d) कोई नहीं

उत्तर: a) एक

158. वृत्त के बाहर एक बिंदु से एक वृत्त पर कितनी स्पर्श रेखाएँ खींची जा सकती हैं?

a) एक   b) दो   c) अनंत   d) कोई नहीं

उत्तर: b) दो

159. एक वृत्त पर खींची जा सकने वाली स्पर्श रेखाओं की संख्या कितनी है?

a) एक   b) दो   c) अनंत   d) कोई नहीं

उत्तर: c) अनंत

160. एक वृत्त से प्रतिछेदी और स्पशरिखा रेखाओं के बीच क्या संबंध है?

a) एक स्पशरिखा एक बिंदु पर वृत्त को काटती है, जबकि एक **प्रतिछेदी** दो बिंदुओं पर प्रतिच्छेद करती है।

b) स्पशरिखा और सेकेंट दोनों रेखाएँ वृत्त को दो बिंदुओं पर काटती हैं।

c) एक स्पशरिखा एक बिंदु पर वृत्त को काटती है, जबकि एक **प्रतिछेदी** बिल्कुल भी प्रतिच्छेद नहीं करता है।

(D) कोई संबंध नहीं है।

उत्तर: a) एक स्पशरिखा एक बिंदु पर वृत्त को काटती है, जबकि एक **प्रतिछेदी** दो बिंदुओं पर प्रतिच्छेद करती है।

161. वृत्त के क्षेत्रफल का सूत्र क्या है?

a) πr²   b) 2πr   c) πr   d) r²

उत्तर: a) πr²

162. वृत्त की परिधि का सूत्र क्या है?

a) 2πr   b) πr²   c) 2R   d) r²

उत्तर: a) 2πr

163. वृत्त के एक त्रिज्यखंड के क्षेत्रफल का सूत्र क्या है?

a) (θ/360) x πr²   (b) 2πr   (c) πr²   (d) (θ/360) x 2πr

उत्तर: a) (θ/360) * πr²

164. वृत्त के एक खंड के चाप की लंबाई का सूत्र क्या है?

a) (θ/360) x 2πr   b) (θ/360) x πr²

c) 2πr   d) πr²

उत्तर: a) (θ/360) x 2πr

165. स्पर्श रेखा और वृत्त के त्रिज्या के बीच क्या संबंध है?

a) स्पशरिखा त्रिज्या के समानांतर है।

b) स्पशरिखा त्रिज्या के लंबवत होती है।

c) स्पशरिखा और त्रिज्या एक तीव्र कोण पर मिलते हैं।

d) स्पशरिखा हमेशा त्रिज्या से लंबी होती है।

उत्तर: b) स्पशरिखा त्रिज्या के लंबवत है।

166. बाहरी बिंदु से एक वृत्त में कितनी स्पर्श रेखाएँ खींची जा सकती हैं?

a) एक   b) दो   c) अनंत   d) कोई नहीं

उत्तर: b) दो

167. वृत्त के एक त्रिज्यखंड के क्षेत्रफल का सूत्र क्या है?

a) (θ/360) x πr²   b) (360-θ) x πr² / 360

c) 2πr   d) 2πr²

उत्तर: b) (360-θ) x πr² / 360

168. एक चतुर्थांश का क्षेत्रफल क्या है?

a) πr² / 4   b) 2πr   c) πr²   d) r²

उत्तर: a) πr²/4

169. स्पर्श बिंदु पर वृत्त की त्रिज्या और स्पर्श रेखा के बीच का कोण क्या है?

a) 90°   b) 45°   c) 0°   d) 180°

उत्तर: a) 90°

170. केंद्रीय कोण θ वाले वृत्त त्रिज्यखंड के क्षेत्रफल का निम्नलिखित में से कौन सा सूत्र सही है?

a) (θ/360) x πr²   b) 2πr

c) (θ/360) x 2πr   d) R²π

उत्तर: a) (θ/360) * πr²

171. जब त्रिज्या r है और केंद्र पर अंतरित कोण θ है, तो वृत्त में जीवा की लंबाई का सूत्र क्या है?

a) 2r x sin(θ/2)   b) r x cos(θ/2)

C) r x tan(θ)   d) 2r x cos(θ/2)

उत्तर: a) 2r x sin(θ/2)

172. वृत्त के केंद्र पर जीवा द्वारा अंतरित कोण और परिधि के किसी भी बिंदु पर अंतरित कोण के बीच क्या संबंध है?

a) केंद्र पर कोण परिधि पर कोण का दोगुना है।

b) केंद्र पर कोण परिधि पर आधा कोण है।

(c) कोण बराबर हैं।

(d) कोई विशिष्ट संबंध नहीं है।

उत्तर: a) केंद्र पर कोण परिधि पर कोण से दोगुना है।

173. जब θ रेडियन में होता है तो वृत्ताकार क्षेत्रक के क्षेत्रफल का सूत्र निम्नलिखित में से कौन सा है?
a) (1/2) x r^2 x θ b) $πr^2$ x θ
c) (1/2) * $πr^2$ x θ d) πr x θ

उत्तर: c) (1/2) x $πr^2$ x Θ

174. वृत्त में अंकित चतुर्भुज के आंतरिक कोणों का योग क्या है?
a) 180° b) 360° c) 90° d) 270°

उत्तर: b) 360°

175. बाहरी बिंदु से वृत्त तक खींची गई दो स्पर्शरेखाओं की लंबाई बराबर होने की क्या शर्त है?
a) बाहरी बिंदु वृत्त पर स्थित होना चाहिए।
b) वृत्त की त्रिज्या शून्य होनी चाहिए।
c) बाह्य बिंदु दो स्पर्शरेखाओं से समान दूरी पर होना चाहिए।
d) समान स्पर्शरेखाओं के लिए कोई शर्त नहीं है।

उत्तर: c) बाह्य बिंदु दो स्पर्शरेखाओं से समान दूरी पर होना चाहिए।

176. त्रिज्या r वाले अर्धवृत्त का क्षेत्रफल क्या है?
a) $πr^2$ b) 2π r c) $πr^2/2$ d) $2r^2$

उत्तर: c) $πr^2/2$

177. त्रिज्या r के एक वृत्त पर केंद्रीय कोण θ (रेडियन में) द्वारा अंतरित चाप की लंबाई क्या है?
a) Rθ b) $θr^2$ c) 2πr d) πrΘ

उत्तर: a) Rθ

178. यदि परिधि के किसी बिंदु पर कोण 40° है, तो वृत्त के केंद्र पर जीवा द्वारा अंतरित कोण क्या होगा?
a) 40° b) 20° c) 80° d) 160°

उत्तर: c) 80°

179. जब θ डिग्री में है तो किसी सेक्टर के क्षेत्रफल का सूत्र क्या है?
a) (θ/360)x $πr^2$ b) (θ/360) x 2πr
c) (θ/360) x r^2 d) (θ/360) x $2πr^2$

उत्तर: a) (θ/360) x $πr^2$

180. वृत्त के भीतर किसी बिंदु से वृत्त की ओर खींची जा सकने वाली स्पर्शरेखाओं की कुल संख्या क्या है?
a) शून्य b) एक c) दो d) अनंत

उत्तर: a) शून्य

181. आयत के क्षेत्रफल का सूत्र क्या है?
a) लंबाई × चौड़ाई b) 2 (लंबाई + चौड़ाई)
c) लंबाई + चौड़ाई d) लंबाई × ऊंचाई

उत्तर: a) लंबाई × चौड़ाई

182. आयत के परिमाप का सूत्र क्या है?
a) 2 (लंबाई + चौड़ाई) b) लंबाई × चौड़ाई
C) 2 (लंबाई × चौड़ाई) d) लंबाई + चौड़ाई

उत्तर: a) 2 (लंबाई + चौड़ाई)

183. एक वर्ग के क्षेत्रफल का सूत्र क्या है?
a) भुजा × भुजा b) 4 × भुजा
c) 2 × भुजा d) भुजा + भुजा

उत्तर: a) भुजा × भुजा

184. एक वर्ग के परिमाप का सूत्र क्या है?
a) 4 × भुजा b) भुजा × भुजा (c) 2 × भुजा (d) भुजा+ भुजा

उत्तर: a) 4 × साइड

185. त्रिभुज के क्षेत्रफल का सूत्र क्या है?
a) 1/2 (आधार × ऊँचाई) b) आधार × ऊँचाई
c) 2 × (आधार × ऊँचाई) d) आधार + ऊँचाई

उत्तर: a) 1/2 (आधार × ऊँचाई)

186. त्रिभुज के क्षेत्रफल के लिए हिरोन का सूत्र क्या है?
a) √s(s-a)(s-b)(s-c) b) s × (a + b + c)
c) $√a^2 + b^2 + c^2$ d) ½ × a × b × c

Answer: a) √s(s-a)(s-b)(s-c)

187. एक समबाहु त्रिभुज का क्षेत्रफल क्या है?
a) (√3/4) × $(भुजा)^2$ b) 1/2 आधार × ऊँचाई
c) (√3/2) × $(भुजा)^2$ d) (√2/4) × $(भुजा)^2$

उत्तर: a) (√3/4) × $(पक्ष)^2$

188. समांतर चतुर्भुज के क्षेत्रफल का सूत्र क्या है?
a) आधार × ऊँचाई b) 1/2 आधार × ऊँचाई
c) आधार + ऊँचाई d) (आधार × ऊँचाई) / 2

उत्तर: a) आधार × ऊँचाई

189. समकोण समलम्ब चतुर्भुज के क्षेत्रफल का सूत्र क्या है?
a) 1/2 × (समानांतर भुजाओं का योग) × ऊँचाई
b) बेस × हाइट c) 2 × आधार × ऊँचाई
D) 1/2 × (आधार × ऊँचाई)

उत्तर: a) 1/2 × (समानांतर भुजाओं का योग) × ऊँचाई

190. समचतुर्भुज के क्षेत्रफल का सूत्र क्या है?
a) (विकर्ण1 × विकर्ण2) / 2 (b) बेस × हाइट
c) 1/2 × साइड × ऊँचाई (D) (आधार + ऊँचाई) / 2

उत्तर: a) (विकर्ण1 × विकर्ण2) /

191. घन के आयतन का सूत्र क्या है?
a) a^3 B) $2a^3$ c) a^2 d) 4a

उत्तर: a) a^3

192. घनाभ के पृष्ठीय क्षेत्रफल का सूत्र क्या है?
a) 2(lb + bh + lh) b) 2(L + B + H)
c) L × B × H d) 2(l + b + h)

Answer: a) 2(lb + bh + lh)

193. एक घनाभ के आयतन का सूत्र क्या है?
a) L × B × H b) L + B + H
c) 2(L + B + H) d) L^2 × H

Answer: a) L × B × H

194. बेलन के पृष्ठीय क्षेत्रफल का सूत्र क्या है?
a) 2πrh b) $2πr^2h$ c) 2πr(r + h) (d) $πr^2h$

Answer: a) 2πrh

195. बेलन के कुल पृष्ठीय क्षेत्रफल का सूत्र क्या है?
a) $2πr^2h$ b) 2πr(r + h) (c) $4πr^2$ (d) $2πr^2h + πrh$

Answer: b) 2πr(r + h)

196. शंकु के पार्श्व पृष्ठीय क्षेत्रफल का सूत्र क्या है?
a) πrl b) $πr^2l$ c) $2πr^2l$ d) πr(r + h)

Answer: a) πrl

197. शंकु के कुल पृष्ठीय क्षेत्रफल का सूत्र क्या है?
a) πr(l + r) b) $2πr^2$ (c) $3πr^2$ (d) $πr^2 + πrl$

Answer: a) πr(l + r)

198. शंकु के आयतन का सूत्र क्या है?

a) 1/3πr²h   b) 1/2πr²h   c) 3/4πr²h   d) πr²h

Answer: a) 1/3πr²h

199. एक गोले के कुल पृष्ठीय क्षेत्रफल का सूत्र क्या है?

a) 4πr²   b) 4πr³   c) 2πr²   d) πr²ऑ

Answer: a) 4πr²

200. एक गोले के आयतन का सूत्र क्या है?

a) 4/3πr³   b) 4πr³   c) πr²h   d) 2πr³

Answer: a) 4/3πr³

201. गोलार्द्ध का आयतन कितना होता है?

a) ⅔πr³   b) 2/3πr³   c) 1/3πr³   d) 4/3πr³

Answer: a) ⅔πr³

202. शंकु के छिन्नक का पार्श्व पृष्ठीय क्षेत्रफल क्या होता है?

a) π(r1 + r2)L   b) πr²L   c) 2πrL

d) 2πr1r2L

Answer: a) π(r1 + r2)L

203. शंकु के छिन्नक का कुल पृष्ठीय क्षेत्रफल क्या है?

a) πL(r1 + r2) + π(r1² + r2²)   b) πL(r1 + r2)

c) 2πL(r1 + r2)   d) 2πL(r1² + r2²)

Answer: a) πL(r1 + r2) + π(r1² + r2²)

204. शंकु के छिन्नक की तिर्यक ऊँचाई (L) क्या है?

a) √(h² + (r1 - r2)²)   b) √(r1² + r2²)

c) √(h² + r1²)   d) √(h² + r2²)

Answer: a) √(h² + (r1 - r2)²)

205. शंकु के छिन्नक का आयतन क्या होता है?

a) 1/3πh(r1² + r2² + r1r2)   (b) 1/3πh(r1 + r2)²

c) 1/3π(r1² + r2²)h   d) 1/2πh(r1 + r2)

Answer: a) 1/3πh(r1² + r2² + r1r2)

206. किसी भी घटना के लिए प्रायिकता P(E) की सीमा क्या है?

a) 0 ≤ P(E) ≤ 1   b) P(E) ≥ 0   c) P(E) ≥ 1

d) 0 ≤ P(E) < 1

Answer: a) 0 ≤ P(E) ≤ 1

207. किसी घटना के सभी संभावित परिणामों की संभावनाओं का योग क्या है?

a) 0   b) 1   c) P(E)   d) Undefined

Answer- (b)

208. एक घटना E की पूरक प्रायिकता क्या है?

a) P(E) = 1 - P(E)   b) P(E) = 1 + P(E)

c) P(E) = P(E) – 1   d) P(E) = 0 - P(E)

Answer: a) P(E) = 1 - P(E)

209. किसी घटना की प्रायिकता के संबंध में निम्नलिखित में से कौन सा सत्य है?

a) प्रायिकता ऋणात्मक हो सकती है।

b) प्रायिकता 1 से अधिक हो सकती है।

c) प्रायिकता 0 और 1 समावेशी के बीच है।

d) प्रायिकता हमेशा 1 से अधिक होती है।

उत्तर: c) प्रायिकता 0 और 1 समावेशी के बीच है।

210. यदि P(E) किसी घटना E की प्रायिकता का प्रतिनिधित्व करता है, तो P(E') प्रतिनिधित्व करता है:

a) घटना E की प्रायिकता   b) घटना E की पूरक प्रायिकता

c) घटना E के दो बार होने की प्रायिकता

d) घटना E के न होने की प्रायिकता

उत्तर: b) घटना E की पूरक संभावना

211. किसी ऐसी घटना की प्रायिकता क्या है जो घटित नहीं हो सकती?

a) 0   b) 1   c) अपरिभाषित   (d) -1

उत्तर: a) 0

212. किसी घटना के घटित होने की प्रायिकता क्या है?

a) 0   b) 1   c) 1 से कम   d) 1 से अधिक

उत्तर: b) 1

213. यदि घटना E की प्रायिकता 0.7 है, तो घटना E के न होने की प्रायिकता क्या है?

a) 0.7   b) 0.3   c) 1   d) 0.5

उत्तर: b) 0.3

214. यदि घटना A की प्रायिकता 0.4 है, तो घटना A या घटना B के होने की प्रायिकता क्या है, यह मानते हुए कि घटनाएँ परस्पर अनन्य हैं?

a) 0.4   b) 1   c) 0.6   (d) यह निर्धारित नहीं किया जा सकता है

उत्तर: c) 0.6

215. निम्नलिखित में से कौन सा एक असंभव घटना का उदाहरण है?

a) एक पासे को रोल करना और 1 और 6 के बीच एक संख्या प्राप्त करना

B) एक मानक डेक से एक कार्ड खींचना और दिल प्राप्त करना

c) पासे को रोल करना और 6 से अधिक संख्या प्राप्त करना

d) सिक्का उछालना और सिर या पूंछ प्राप्त करन

उत्तर: c) पासे को रोल करना और 6 से बड़ी संख्या प्राप्त करना

216. एक प्रयोग के सभी संभावित परिणामों की संभावनाओं का योग क्या बराबर है?

a) 0   b) 1   c) एक पूरक घटना की संभावना

d) एक असंभव घटना की संभावना

उत्तर: b) 1

217. यदि घटना A की प्रायिकता 0.2 है और घटना B की प्रायिकता 0.5 है, तो घटना A या घटना B के होने की प्रायिकता क्या है, यह मानते हुए कि वे स्वतंत्र हैं?

a) 0.7   b) 0.9   c) 0.5   d) 0.2

उत्तर: a) 0.7

218. संभावनाओं के बारे में निम्नलिखित में से कौन सा कथन सत्य है?

a) संभावनाएँ नकारात्मक हो सकती हैं।

b) संभावनाएँ हमेशा 1 से अधिक होती हैं।

c) स्वतंत्र घटनाओं की संभावनाओं को जोड़ा जा सकता है।

d) प्रायिकताएं 0 और 1 के बीच होनी चाहिए, समावेशी।

उत्तर: d) संभावनाएं 0 और 1 के बीच होनी चाहिए, समावेशी

अर्थशास्त्र

अर्थव्यवस्था और विकास की इकाई

प्राथमिक क्षेत्र	द्वितीयक क्षेत्र	तृतीयक क्षेत्र
इसे कृषि एवं संबद्ध क्षेत्र सेवाओं के रूप में जाना जाता है जैसे- कृषि,पशुपालन,वन इत्यादि	इसे औद्योगिक क्षेत्र के रूप में जाना जाता है जैसे – उद्योग,निर्माण,गैस एवं बिजली	इसे सेवा क्षेत्र के नाम से जाना जाता है जैसे- बैंक,परिवहन etc
यह क्षेत्र वस्तुओं और सेवाओं के लिए कच्चा माल उपलब्ध कराता है	यह क्षेत्र एक वस्तु से अधिक उपयोगिता पैदा करके उसे दूसरी वस्तु में परिवर्तित करता है	तृतीयक क्षेत्र प्राथमिक और द्वितीयक क्षेत्रों के लिए उपयोगी सेवाएं प्रदान करता है
प्राथमिक क्षेत्र असंगठित है और पारंपरिक तकनीकों का उपयोग करता है	द्वितीयक क्षेत्र संगठित है और उत्पादन के बेहतर तरीकों का उपयोग करता है	यह क्षेत्र अच्छी तरह से संगठित है और अपने कार्यों को करने के लिए आधुनिक रसद तकनीकों का उपयोग करता है
इस क्षेत्र की गतिविधियों में कृषि, वानिकी और खनन शामिल हैं	इसमें विनिर्माण इकाइयां, लघु उद्योग इकाइयां, बड़ी कंपनियां और बहुराष्ट्रीय निगम शामिल हैं	बैंकिंग, बीमा व्यापार और संचार इस क्षेत्र के अंतर्गत आते हैं

भारत जैसे अधिकांश विकासशील देशों में, विकसित देशों की तुलना में यह वह क्षेत्र है जहां कार्यबल का एक बड़ा हिस्सा कार्यरत है।

रोजगार दर संतुलन में है क्योंकि इस क्षेत्र में रोजगार पाने के लिए विशेष कौशल की आवश्यकता होती है

आगामी वर्षों में इस क्षेत्र का रोजगार हिस्सा बढ़ा है

अर्थव्यवस्था (Economy)-

अर्थव्यवस्था एक ऐसी व्यवस्था है जिसमें देश के विभिन्न क्षेत्र शामिल होते हैं। यह परस्पर संबंधित उत्पादन और उपभोग गतिविधियों का एक बड़ा समूह है जो संसाधनों की आवाजाही और संसाधनों के रूपांतरण को प्रारंभिक उत्पादन के चरण से अंतिम उपभोग के चरण तक सुगम बनाता है।

ब्राउन के अनुसार – अर्थव्यवस्था आजीविका अर्जन की एक प्रणाली है अर्थात यह समाज के सभी आर्थिक क्रियाओं का योग है |

अर्थव्यवस्था की संरचना -

अर्थव्यवस्था के प्रकार (Types of Economy)

अर्थव्यवस्था को तीन प्रमुख भागों में विभाजित किया जाता है:

1. **पूंजीवादी अर्थव्यवस्था (Capitalist Economy):**

o इसमें निजी स्वामित्व और लाभ कमाने की स्वतंत्रता होती है।सरकार का हस्तक्षेप न्यूनतम होता है।

o उदाहरण: अमेरिका, ऑस्ट्रेलिया

2. **समाजवादी अर्थव्यवस्था (Socialist Economy):**

o इसमें सरकार संसाधनों का नियंत्रण करती है।सार्वजनिक कल्याण को प्राथमिकता दी जाती है।

o **उदाहरण:** चीन, क्यूबा

3. **मिश्रित अर्थव्यवस्था (Mixed Economy):**

o इसमें पूंजीवाद और समाजवाद दोनों के तत्व होते हैं।सरकार और निजी क्षेत्र दोनों की भूमिका होती है।

o उदाहरण: भारत, फ्रांस

अर्थव्यवस्था का अध्ययन हम दो चरणों में करते है |

• **आर्थिक विकास- मेयर और वल्डिन** के अनुसार यह विकास ऐसी प्रक्रिया है जिससे दीर्घकाल में किसी अर्थव्यवस्था की वास्तविक राष्ट्रीय आय में वृद्धि होती है

रेस्टोव के अनुसार – यह श्रम शक्ति में वृद्धि और जनसँख्या में वृद्धि से सम्बंधित है |

समावेसी विकास - वह आर्थिक विकास है जो सामाजिक लाभ प्रदान करता है, असमानताओं से निपटता है तथा लोगों और स्थानों के बीच लाभों को अधिक निष्पक्ष रूप से वितरित करता है।

सतत विकास - यह मानव, प्राकृतिक और आर्थिक संसाधनों का तर्कसंगत प्रबंधन है जिसका उद्देश्य बहुत लंबे समय में मानवता की आवश्यक आवश्यकताओं को पूरा करना है। सतत विकास में कई शर्तों की पूर्ति शामिल है: **समग्र संतुलन बनाए रखना, पर्यावरण का सम्मान करना और प्राकृतिक संसाधनों को खत्म होने से बचाना**

आर्थिक वृद्धि	आर्थिक विकास
आर्थिक वृद्धि मात्रात्मक पहलुओं से संबंधित होता है, जैसे कि किसी अर्थव्यवस्था में अंतिम वस्तुओं और सेवाओं का मापन	आर्थिक विकास मात्रात्मक और गुणात्मक दोनों पहलुओं और जनसंख्या के जीवन स्तर से संबंधित होता है
मैडीसन के अनुसार – आर्थिक वृद्धि = धनी देशों के आय में वृद्धि	**आर्थिक विकाश** = गरीब देशो के आय में वृद्धि

आर्थिक नियोजन- किसी देश के साधनों को ध्यान में रखते हुए एक निश्चित समय में आर्थिक विकास के लक्ष्य को प्राप्त करना भारत में आर्थिक विकास का श्रेय नियोजन को दिया जाता है |

भारत में योजना आयोग का गठन **15 मार्च 1950** को किया गया

- **मौद्रिक विकास (Monetary Development)**

मौद्रिक विकास का अर्थ है किसी देश की मौद्रिक प्रणाली और वित्तीय संस्थानों का विकास, जिससे आर्थिक स्थिरता और वृद्धि को बढ़ावा मिलता है। यह वित्तीय संसाधनों की उपलब्धता, मुद्रा आपूर्ति, बैंकिंग प्रणाली, क्रेडिट विस्तार और ब्याज दरों के समायोजन से जुड़ा होता है। इसके लिए मनुष्य को कठिन परिश्रम करना पड़ता है और मुद्रा का बिकास नहीं हुआ तो वस्तुओ का लेन देन कर अपनी आवश्यक्ताओ को पूर्ण करते है।

मौद्रिक विकास के प्रमुख तत्व:-

मुद्रा आपूर्ति में वृद्धि: देश में मुद्रा की मात्रा और उसका सही परिसंचरण

बैंकिंग प्रणाली का विस्तार: नए बैंकों की स्थापना और वित्तीय सेवाओं का व्यापक वितरण

क्रेडिट सुविधाओं में वृद्धि: उद्योगों, व्यवसायों और व्यक्तियों को ऋण की आसान उपलब्धता

वित्तीय बाजारों का विकास: पूंजी बाजार और ऋण बाजार का सुदृढ़ीकरण

नवाचार और डिजिटल बैंकिंग: डिजिटल भुगतान प्रणाली, ऑनलाइन बैंकिंग और फिनटेक सेवाओं का विस्तार

कोर बैंकिंग प्रणाली : के अंतर्गत एक ब्यक्ति से दुसरे ब्यक्ति के खाते में पैसो का ट्रान्सफर

ATM (automatic teller mechine) : एक इलेक्ट्रॉनिक बैंकिंग डिवाइस है जो ग्राहकों को बैंक टेलर या प्रतिनिधि की आवश्यकता के बिना नकद निकासी, जमा, शेष राशि पूछताछ, बिल भुगतान या फंड ट्रांसफर जैसे वित्तीय लेनदेन करने की अनुमति देता है।

डेबिट कार्ड: एक प्रीपेड कार्ड की तरह होता है जो खरीदारी या सेवा के लिए भुगतान करते समय उपभोक्ता के खाते से सीधे पैसे काट लेता है। डेबिट कार्ड के साथ, उपभोक्ता अपनी बचत से भुगतान कर सकते हैं, और इस तरह उन्हें नकद या भौतिक चेक का उपयोग करने की आवश्यकता नहीं होती है।

क्रेडिट कार्ड: एक भुगतान कार्ड है, जो आमतौर पर बैंक द्वारा जारी किया जाता है, जो अपने उपयोगकर्ताओं को सामान या सेवाएं खरीदने या क्रेडिट पर नकदी निकालने की अनुमति देता है। इस प्रकार कार्ड का उपयोग करने पर कर्ज़ चढ़ जाता है जिसे बाद में चुकाना पड़ता है।

भारतीय विकास की माप एवं सूचकांक –

HDI (मानव विकास सूचकांक) – जीवन आशा सूचकांक + शिक्षा प्राप्ति सूचकांक + जीवन स्तर सूचकांक 8 सितंबर, 2022 को प्रकाशित नवीनतम मानव विकास सूचकांक 2021-2022, 2021 में एकत्र किए गए डेटा के आधार पर HDI मूल्यों की गणना करता है। नवीनतम मानव विकास सूचकांक में भारत 191 देशों में से 132वें स्थान पर है।

राष्ट्रीय मानव विकास रिपोर्ट:- भारत में मानव विकास की स्थिति का मानचित्रण करने का एक प्रयास है। मानव विकास की स्थिति और विशेष रूप से **आर्थिक, शैक्षिक और स्वास्थ्य** उपलब्धियों पर विचार करते हुए, रिपोर्ट मानव विकास के लिए शासन के मुद्दे का विश्लेषण करती है।

इस रिपोर्ट के 1981,1991 तथा 2001 के अनुसार **बिहार , मध्य प्रदेश,असम . राजस्थान,और उत्तर प्रदेश** को **BIMARU राज्य** का दर्जा दिया गया जो HDI रनिंग में सबसे पीछे थे

BPL का मतलब है **गरीबी रेखा से नीचे**, और इसका उपयोग भारत में **गरीबी को मापने** के लिए किया जाता है। वर्तमान गणना पद्धति 2006 में शुरू की गई थी, और तब से इसे कई बार संशोधित किया गया है।

महात्मा गांधी राष्ट्रीय ग्रामीण रोजगार गारंटी अधिनियम (मनरेगा / MNREGA) भारत में लागू एक रोजगार गारंटी योजना है, जिसे 5 सितम्बर 2005 को विधान द्वारा अधिनियमित किया गया। यह योजना प्रत्येक वित्तीय वर्ष में किसी भी **ग्रामीण परिवार के वयस्क सदस्यों को 100 दिन का रोजगार उपलब्ध** कराती है जो **प्रतिदिन 220 रुपये** की सांविधिक न्यूनतम मजदूरी पर सार्वजनिक कार्य-सम्बंधित अकुशल मजदूरी करने के लिए तैयार हैं।

> **बिहार में विकास और पिछड़ेपन के कारण**

बिहार भारत का एक प्रमुख राज्य है, जो अपनी ऐतिहासिक, सांस्कृतिक और आर्थिक विविधता के लिए जाना जाता है। हालांकि, यह राज्य अभी भी आर्थिक पिछड़ेपन की समस्या से जूझ रहा है। बिहार में विकास और पिछड़ेपन के कुछ मुख्य कारण निम्नलिखित हैं:

विकास के कारण:

1. **कृषि और उद्योग:** बिहार कृषि प्रधान राज्य है, जहाँ धान, गेहूँ, मक्का, और गन्ने की खेती प्रमुख रूप से होती है।

2. **बढ़ता बुनियादी ढांचा:** सड़कों, पुलों और बिजली आपूर्ति में सुधार देखा जा रहा है।

3. **शिक्षा क्षेत्र में सुधार:** सरकार द्वारा विभिन्न योजनाएँ चलाई जा रही हैं जैसे मिड-डे मील योजना, साइकिल योजना आदि

रितिक कुमार सहनी

4. **स्वास्थ्य सेवाओं में सुधार:** प्राथमिक स्वास्थ्य केंद्रों की संख्या बढ़ी है और टीकाकरण कार्यक्रम सफल हो रहे हैं।

5. **पर्यटन और सांस्कृतिक धरोहर:** नालंदा, बोधगया और राजगीर जैसे स्थल पर्यटन को बढ़ावा दे रहे हैं।

6. **कौशल विकास कार्यक्रम:** सरकार द्वारा युवाओं को आत्मनिर्भर बनाने के लिए कई प्रशिक्षण कार्यक्रम चलाए जा रहे हैं।

पिछड़ेपन के कारण:

1. **अत्यधिक जनसंख्या:** बिहार की जनसंख्या वृद्धि दर अत्यधिक होने के कारण संसाधनों पर दबाव बढ़ रहा है।

2. **गरीबी और बेरोजगारी:** राज्य में बेरोजगारी की दर अधिक है जिससे युवा पलायन कर रहे हैं।

3. **शिक्षा की निम्न गुणवत्ता:** सरकारी स्कूलों में शिक्षा की गुणवत्ता कमजोर है जिससे छात्रों का कौशल विकास नहीं हो पाता

4. **अत्यधिक प्रवासन:** बिहार के लोग रोजगार की तलाश में अन्य राज्यों में पलायन कर जाते हैं जिससे स्थानीय विकास बाधित होता है।

5. **औद्योगिक विकास की कमी:** बिहार में बड़े उद्योगों की कमी है, जिससे रोजगार के अवसर सीमित हैं।

6. **बाढ़ और प्राकृतिक आपदाएँ:** बिहार में हर साल बाढ़ और सूखे की समस्या से कृषि को भारी नुकसान होता है।

7. **राजनीतिक अस्थिरता और भ्रष्टाचार:** नीति निर्माण और सरकारी योजनाओं के क्रियान्वयन में भ्रष्टाचार और राजनीतिक अस्थिरता बाधा बनते हैं।

समाधान एवं सुझाव:

- औद्योगीकरण को बढ़ावा दिया जाए ताकि रोजगार के अवसर उत्पन्न हों

- शिक्षा की गुणवत्ता में सुधार किया जाए और व्यावसायिक शिक्षा पर ध्यान दिया जाए

- कृषि को आधुनिक तकनीकों से जोड़ा जाए और किसानों को आर्थिक सहायता दी जाए

- बुनियादी ढांचे में सुधार के लिए सरकारी और निजी निवेश को बढ़ावा दिया जाए

- स्वास्थ्य सेवाओं को और मजबूत किया जाए ताकि लोगों की जीवन प्रत्याशा बढ़े

- भ्रष्टाचार पर नियंत्रण किया जाए और सरकारी योजनाओं का प्रभावी कार्यान्वयन सुनिश्चित किया जाए

राज्य एवं राष्ट्र की आय

आय क्या है - आय वह धन है जो आपको अपने श्रम या वस्तुओं के बदले में मिलता है, आय की अलग-अलग परिभाषाएँ संदर्भ के आधार पर हो सकती हैं, जैसे कराधान, वित्तीय लेखांकन या आर्थिक विश्लेषण

1. **बिहार की आर्थिक स्थिति:**

   ○ बिहार भारत के सबसे गरीब और पिछड़े राज्यों में से एक है,2009 के आंकड़ों के अनुसार, बिहार देश में तीसरा सबसे गरीब राज्य है,यहाँ 41.4% आबादी गरीबी रेखा से नीचे जीवनयापन करती है।

2. **प्रतिव्यक्ति आय:**

   ○ बिहार की प्रति व्यक्ति आय पूरे भारत में न्यूनतम है,कम आय के कारण बचत का स्तर भी कम रहता है, जिससे पूंजी निर्माण और निवेश दर प्रभावित होती है।

3. **गरीबी का कुचक्र (Vicious Circle of Poverty):**

   ○ प्रसिद्ध अर्थशास्त्री रैग्नर नर्क्से (Ragnar Nurkse) के अनुसार, गरीबी एक कुचक्र है, जहाँ गरीबी कम आय को जन्म देती है और कम आय फिर से गरीबी को बढ़ावा देती है।

   ○ कम बचत → कम पूंजी निर्माण → कम निवेश → कम उत्पादन → कम आय → गरीबी

4. **विकसित राज्यों से तुलना:**

   ○ अन्य विकसित राज्यों जैसे गोवा और दिल्ली में प्रति व्यक्ति आय अधिक है।

   ○ इन राज्यों में बचत और पूंजी निर्माण की दर भी अधिक होती है, जिससे आर्थिक विकास संभव होता है।

राष्ट्रीय आय :-किसी देश के नागरिको द्वारा (चाहे वो देश के अन्दर हो या बाहर) कुल आय राष्ट्रीय आय कहलाता है | यदि किसी देश कुल पूंजी विदेशो में लगा दी जाती है और उससे प्राप्त आय राष्ट्रीय आय ही है |

राष्ट्रीय आय की धारणा :-

- ➤ **सकल घरेलु उत्पाद (GDP)** - किसी देश में एक निश्चित अवधि या **एक वितीय वर्ष (1 अप्रैल से 31 मार्च)** में देशके सीमा के अन्दर नागरिक और विदेशियो द्वारा उत्पादित वस्तुओं और सेवाओं का कुल मूल्य GDP कहलाता है।
- ➤ **सकल राष्ट्रीय उत्पादः-** देश के निवासियो द्वारा देश में या विदेश में एक वर्ष में किये गये अंतिम रूप से उत्पादित कुल वस्तुओं एवं सेवाओं के मौद्रिक मूल्य को सकल राष्ट्रीय उत्पाद (GNP) कहा जाता है।
- ➤ **शुद्ध राष्ट्रीय उत्पादनः-** शुद्ध राष्ट्रीय उत्पाद (NNP) एक ऐसा उपकरण है जिसका उपयोग आम तौर पर अर्थशास्त्री किसी राष्ट्र-राज्य की वृद्धि और ताकत पर रिपोर्ट करने के लिए करते हैं तथा इसका उपयोग दूसरों की तुलना में उसके विकास का मूल्यांकन करने के लिए किया जा सकता है।

आजादी से पूर्व कई अर्थश्नविदो ने राष्ट्रीय आया का अनुमान लगाया और अंततः भारतीय सरकार ने 1954 में **केंद्रीय संखियिकी संगठन** कि राष्ट्रीय आय की संकलन के लिए स्थापित की।

प्रति व्यक्ति आय:- उस आय को कहा जाता है जब किसी देश के कुल सकल घरेलू उत्पाद को जब उस देश की उस वर्ष की मध्यावधि तिथि की जनसंख्या से विभाजित किया जाता है। यह हमें उस देश के निवासियों को प्राप्त होने वाली औसत आय की मौद्रिक जानकारी देता है।

$$\text{प्रतिव्यक्ति आय} = \frac{\text{राष्ट्रीय आय}}{\text{देश की कुल जनसँख्या}}$$

Note:- देश में **गोवा** की प्रति व्यक्ति आय **दिल्ली और सिक्किम के बाद** सबसे अधिक है। प्रति व्यक्ति आय के मामले में बिहार, उत्तर प्रदेश, मणिपुर, असम और झारखंड **5 सबसे गरीब राज्य हैं।**

राष्ट्रीय आय की गणना:-

इसके तीन तरीको से गणना की जाती है- **आय विधी , उत्पाद विधि और व्यय विधि**

1. **आय विधि :-** राष्ट्रीय आय = किराया + मुआवजा + ब्याज + लाभ + मिश्रित आय सभी का संयोजन राष्ट्रीय आय कहलाता है।
2. **व्यय विधि :-** राष्ट्रीय आयः घरेलू उपभोग + सरकारी व्यय + निवेश व्यय + शुद्ध निर्यात (निर्यात - आयात)
3. **उत्पाद विधि :-** राष्ट्रीय आय की गणना एक वर्ष में अर्थव्यवस्था में उत्पन्न सभी अंतिम उत्पादों और सेवाओं के मौद्रिक मूल्य की गणना करते हैं।

राष्ट्रीय आय की गणना में कठिनाइयाँ

राष्ट्रीय आय की गणना एक जटिल प्रक्रिया है और इसमें कई समस्याएँ आती हैं। मुख्य कठिनाइयाँ निम्नलिखित हैं:

1. **असूचना (Lack of Reliable Data)** – कई बार सटीक आँकड़े उपलब्ध नहीं होते, विशेष रूप से असंगठित क्षेत्र में।
2. **गैर-विपणन लेन-देन (Non-Market Transactions)** – घरेलू श्रम और स्वयं उपभोग के लिए उत्पादित वस्तुओं को गणना में सम्मिलित करना कठिन होता है।
3. **दोहरी गणना (Double Counting)** – यदि उत्पादन प्रक्रिया में विभिन्न चरणों को अलग-अलग गिना जाए तो कुल उत्पादन बढ़ा-चढ़ाकर दिख सकता है।
4. **काला धन (Black Money)** – अनौपचारिक लेन-देन और अवैध आय को आँकड़ों में शामिल करना मुश्किल होता है।
5. **मुद्रास्फीति (Inflation)** – बदलती कीमतों के कारण वास्तविक राष्ट्रीय आय का सही अनुमान लगाना कठिन हो जाता है।
6. **पर्यावरणीय प्रभाव (Environmental Factors)** – प्राकृतिक संसाधनों की खपत और प्रदूषण को राष्ट्रीय आय में सही तरीके से नहीं जोड़ा जाता।
7. **सेवाओं का मूल्यांकन (Valuation of Services)** – कई सेवाओं जैसे कि सरकारी प्रशासन, पुलिस और रक्षा सेवाओं की सटीक गणना कठिन होती है।

मुद्रा एवं साख

मुद्रा/पैसा (Money)

पैसा वह माध्यम है जिसे वस्तुओं और सेवाओं के आदान-प्रदान, मूल्य मापन और संचय के लिए उपयोग किया जाता है।

मार्शल के अनुसार "आधुनिक युग के प्रगति का श्रेय मुद्रा को ही जाता है "

टेसकट के अनुसार "यदि मुद्रा हमारी अर्थव्यवस्था का हृदय नहीं तो रक्त प्रवाह जरुर है"

प्रारंभ में मनुष्य जब पैसे की जगह वस्तुओ का विनिमय करके क्रय विक्रय करते थे

विनिमय के दो रूप है-

1.वस्तु विनिमय प्रणाली- वस्तु विनिमय का तात्पर्य वास्तु शास्त्र के सिद्धांतों के अनुसार संपत्तियों या अचल संपत्ति के आदान-प्रदान से है|

कठिनाइयाँ निम्नलिखित हैं(i) आवश्यकताओं के दोहरे संयोग की कमी (ii) मूल्य के समान मापन की कमी (iii) स्थगित भुगतान के मानक की कमी (iv) मूल्य संचय की कमी

2.मौद्रिक विनिमय प्रणाली – वस्तुओ के मूल्य मुद्रा के अधर पर किया जाना

	देश	मुद्रा
1.	भारत	रुपया
2.	पाकिस्तान	रुपया
3.	बांग्ला देश	टका
4.	नेपाल	रुपया
5.	अमेरिका	डॉलर
6.	इंग्लैंड	पॉण्ड
7.	रूस	रूबल
8.	सिंगापुर	डॉलर
9.	अफगानिस्तान	अफगानी
10.	ईरान	रियाल
11.	इराक	दिनार
12.	स्वीडेन	क्रोना

मुद्रा के कार्य (Functions of Money)

मुद्रा का अर्थ है वह माध्यम जिससे वस्तुओं और सेवाओं का विनिमय किया जाता है। यह आधुनिक आर्थिक प्रणाली का एक महत्वपूर्ण घटक है। मुद्रा के मुख्य कार्य निम्नलिखित हैं:

1. विनिमय का माध्यम (Medium of Exchange)

- मुद्रा के आने से वस्तु-विनिमय प्रणाली (Barter System) की कठिनाइयाँ दूर हो गई, अब लोग आसानी से वस्तुओं और सेवाओं को मुद्रा के माध्यम से खरीद और बेच सकते हैं।

2. मूल्य का मापन (Measure of Value)

- मुद्रा के माध्यम से किसी भी वस्तु या सेवा का मूल्य आसानी से मापा जा सकता है, यह सभी वस्तुओं और सेवाओं के लिए एक सामान्य मापन इकाई (Common Measure) प्रदान करता है।

- उदाहरण: यदि एक मोबाइल फोन की कीमत ₹20,000 है और एक किताब की कीमत ₹500 है, तो मुद्रा की मदद से इनका तुलनात्मक मूल्य आसानी से समझा जा सकता है।

3. मूल्य का स्थिर रखने का साधन (Store of Value)

- मुद्रा को भविष्य में उपयोग के लिए संचित किया जा सकता है, यह संपत्ति को संचित करने का एक सुविधाजनक तरीका है, जिससे लोग अपनी आय का एक हिस्सा भविष्य के लिए बचा सकते हैं।

- **उदाहरण:** यदि किसी व्यक्ति को भविष्य में कोई बड़ी खरीदारी करनी है, तो वह अपनी बचत को मुद्रा के रूप में रख सकता है।

4. स्थगित भुगतान का मानक (Standard of Deferred Payment)

- मुद्रा की सहायता से उधार लेन-देन संभव हो पाता है, इससे लंबी अवधि के वित्तीय अनुबंध करना आसान हो जाता है।

- **उदाहरण:** यदि कोई व्यक्ति बैंक से ऋण लेता है, तो वह मुद्रा में तय समय के बाद ब्याज सहित भुगतान कर सकता है।

5. स्थानांतरण का साधन (Means of Transfer)

- मुद्रा का उपयोग वस्तुओं, सेवाओं और धन को एक व्यक्ति से दूसरे व्यक्ति या एक स्थान से दूसरे स्थान पर स्थानांतरित करने के लिए किया जाता है, डिजिटल भुगतान प्रणाली (UPI, बैंक ट्रांसफर) के कारण अब मुद्रा का स्थानांतरण अधिक सुविधाजनक हो गया है।

- **उदाहरण**: यदि कोई व्यक्ति अपने रिश्तेदार को दूसरे राज्य में पैसे भेजना चाहता है, तो वह बैंक ट्रांसफर या डिजिटल वॉलेट के माध्यम से आसानी से कर सकता है।

मुद्रा का विकास (Evolution of Money)

मुद्रा का विकास समय के साथ धीरे-धीरे हुआ। प्रारंभिक मानव समाज में वस्तु-विनिमय प्रणाली (Barter System) का उपयोग किया जाता था, लेकिन इसकी कई सीमाओं के कारण मुद्रा की आवश्यकता पड़ी। मुद्रा के विकास को निम्नलिखित चरणों में समझा जा सकता है:

1. वस्तु-विनिमय प्रणाली (Barter System)

- इस प्रणाली में वस्तुओं और सेवाओं का प्रत्यक्ष आदान-प्रदान किया जाता था।

2. वस्तु मुद्रा (Commodity Money)

- वस्तु-विनिमय प्रणाली की कठिनाइयों को दूर करने के लिए विशेष वस्तुओं को विनिमय का माध्यम बनाया गया, इनमें धातु, नमक, पशु, अनाज, चमड़ा आदि शामिल थे।

3. धातु मुद्रा (Metal Money)

- धीरे-धीरे लोगों ने सोना, चाँदी, तांबा जैसी धातुओं को मुद्रा के रूप में उपयोग करना शुरू किया, ये धातुएँ टिकाऊ, आसानी से पहचानने योग्य और मूल्यवान थीं, राजा-महाराजाओं ने विभिन्न आकार और चिन्हों के सिक्के जारी किए।

4. कागजी मुद्रा (Paper Money)

- धातु मुद्रा की कठिनाइयों को दूर करने के लिए कागजी मुद्रा का प्रचलन शुरू हुआ, सबसे पहले चीन में कागजी मुद्रा का उपयोग किया गया, सरकारें और बैंक गारंटी के रूप में बैंक नोट जारी करने लगे

5. बैंकिंग मुद्रा (Bank Money)

बैंक में जमा धनराशि को चेक, ड्राफ्ट आदि के माध्यम से लेन-देन में प्रयोग किया जाने लगा, यह मुद्रा अधिक सुरक्षित और सुविधाजनक थी

- **उदाहरण**: चेक, बैंक ड्राफ्ट, क्रेडिट कार्ड, डेबिट कार्ड आदि

6. डिजिटल और क्रिप्टो मुद्रा (Digital and Crypto Money)

तकनीकी प्रगति के साथ अब डिजिटल मुद्रा का प्रचलन बढ़ा है, मोबाइल बैंकिंग, डिजिटल वॉलेट (Paytm, Google Pay), UPI आदि के माध्यम से लेन-देन किया जाता है।

क्रिप्टोकरेंसी (Cryptocurrency): बिटकॉइन (Bitcoin) और अन्य डिजिटल मुद्राएँ जो ब्लॉकचेन तकनीक पर आधारित हैं।

7.सिक्के – धातू मुद्रा में कठिनायो को दूर करने के लिए इसका उपयोग किया गया

8. साख मुद्रा – बिस्वास के अधर पर पैसे देना

** ऋण (Credit)**

ऋण का अर्थ है वह राशि जिसे एक व्यक्ति या संस्था द्वारा उधार लिया जाता है और भविष्य में ब्याज सहित चुकाया जाता है।

प्लास्टिक मुद्रा के प्रकार:

1. **ATM सह डेबिट कार्ड (Debit Card):**

   - यह कार्ड बैंक खाते से सीधा जुड़ा होता है,जब उपयोगकर्ता भुगतान करता है, तो राशि सीधे उसके बैंक खाते से कट जाती है। तथ ATM का उपयोग कर 24 घंटे रूपये निकले जा सकता है।

   - उदाहरण: VISA, MasterCard, RuPay डेबिट कार्ड

2. **क्रेडिट कार्ड (Credit Card):**

   - यह बैंक या वित्तीय संस्थान द्वारा जारी किया जाता है, जिससे उपभोक्ता उधारी पर खर्च कर सकता है, निर्धारित समय के भीतर भुगतान करने पर ब्याज नहीं लगता।

   - उदाहरण: SBI Credit Card, HDFC Credit Card, American Express

3. **प्रीपेड कार्ड (Prepaid Card):**

- इसमें पहले से एक निश्चित राशि भरी जाती है और उसी के अनुसार खर्च किया जा सकता है।
- उदाहरण: गिफ्ट कार्ड, ट्रैवल कार्ड

4. स्मार्ट कार्ड (Smart Card):

- इसमें माइक्रोचिप लगी होती है, जो सुरक्षित डेटा स्टोर करती है,इसका उपयोग पहचान, भुगतान और सुरक्षा उद्देश्यों के लिए किया जाता है।
- उदाहरण: मेट्रो कार्ड, आधार-संबंधित भुगतान कार्ड।

5. कॉन्टैक्टलेस कार्ड (Contactless Card):

- इसमें रेडियो फ्रीकेंसी आइडेंटिफिकेशन (RFID) तकनीक होती है, जिससे बिना स्वाइप किए भुगतान किया जा सकता है।
- उदाहरण: NFC-इनेबल्ड डेबिट और क्रेडिट कार्ड।

प्लास्टिक मुद्रा के लाभ:

- ✔ **सुविधाजनक और सुरक्षित:** नकद ले जाने की आवश्यकता नहीं होती
- ✔ **तेजी से लेन-देन:** डिजिटल भुगतान प्रणाली में तेजी आती है।
- ✔ **ऑनलाइन खरीदारी:** ऑनलाइन खरीदारी में आसानी होती है।
- ✔ **बजट प्रबंधन:** खर्चों को ट्रैक करना आसान होता है।
- ✔ **अंतरराष्ट्रीय उपयोग:** विदेश यात्रा के दौरान भुगतान में सहूलियत

प्लास्टिक मुद्रा के नुकसान:

- ✗ **साइबर धोखाधड़ी:** कार्ड की डिटेल चोरी होने का खतरा रहता है।
- ✗ **अतिरिक्त खर्च की प्रवृत्ति:** क्रेडिट कार्ड के कारण लोग जरूरत से ज्यादा खर्च कर सकते हैं।
- ✗ **तकनीकी निर्भरता:** सर्वर डाउन होने पर लेन-देन प्रभावित हो सकता है।
- ✗ **वार्षिक शुल्क:** कुछ कार्डों पर वार्षिक शुल्क और अन्य शुल्क लगते हैं।

बचत

बचत का अर्थ है अपनी आय का वह हिस्सा जिसे वर्तमान में खर्च न करके भविष्य के लिए सुरक्षित रखा जाता है। यह व्यक्तिगत, व्यावसायिक और राष्ट्रीय स्तर पर आर्थिक स्थिरता बनाए रखने में महत्वपूर्ण भूमिका निभाती है।

बचत की परिभाषा:

अर्थशास्त्री **कैन्स** के अनुसार,
"बचत का अर्थ है उपभोक्ता के खर्च के बाद बची हुई आय"

बचत = कुल आय - कुल व्यय

बचत के प्रकार:

1. व्यक्तिगत बचत (Personal Saving):

- व्यक्ति या परिवार द्वारा की गई बचत, **उदाहरण:** बैंक में जमा धन, फिक्स्ड डिपॉजिट, पोस्ट ऑफिस बचत

2. व्यावसायिक बचत (Corporate Saving):

- कंपनियों द्वारा अर्जित लाभ का वह हिस्सा जिसे आगे निवेश के लिए रखा जाता है, **उदाहरण:** कंपनी का रिजर्व फंड

3. राष्ट्रीय बचत (National Saving):

- किसी देश की कुल आय में से कुल व्यय घटाने पर प्राप्त शेष धन, यह सरकारी, निजी और व्यावसायिक बचत का योग होता है।

साख

विश्वास या भरोसा , जिस व्यक्ति पर जितना ही अधिक विश्वास या भरोसा किया जाता है उसकी साख उतनी ही अधिक होती है, अर्थशास्त्र में साख का मतलब ऋण लौटाने या भुगतान करने की क्षमता में विश्वास से होता है

प्रो0 जीड के अनुसार " **साख एक ऐसा विनिमय कार्य है जो एक निश्चित अवधि के बाद भुगतान करने के बाद पूरा हो जाता है**"

साख के मुख्य आधार निम्न हैं -

1 - विश्वास

2- चरित्र

3 -चुकाने की क्षमता

4 - पूंजी एवं सम्पत्ति

5 -ऋण की अवधि

साख में **दो पक्ष** होते हैं -

(i) ऋणदाता तथा (ii) ऋणी

वितीय संस्थाए

उन संस्थाओं को वित्तीय संस्थाएँ (financial institution) कहते हैं जो अपने **ग्राहकों एवं सदस्यों** को वित्तीय सेवाएँ (जैसे ग्राहक का धन जमा रखना, ग्राहक को ऋण देना, बैंक ड्राफ्ट देना, निधि अन्तरण आदि) देते हैं।

सरकारी वितीय संस्थाए – वैसी संस्थाए जो सरकार द्वारा संपोषित होती है जैसे- state bank of india , PNB इत्यादि

वितीय संस्था के प्रकार- 1.राष्ट्रीय वितीय संस्था 2.राज्य स्तरीय संस्था

राष्ट्रीय वितीय संस्था- जो देश के वितीय और साख निति का निर्धारण औरौर निर्देशन करता है| इसके दो प्रमुख अंग है- 1.भारतीय मुद्रा बाज़ार 2.भारतीय पूंजी बाज़ार

भारतीय मुद्रा बाज़ार- इसे संगठित और असंगठित क्षेत्र में बनता जाता है|

संगठित क्षेत्र में – वाणिज्य बैंक , निजी क्षेत्र बैंक इत्यादि आता है

असंगठित क्षेत्र में – देशी बैंकर और गैर बैंकिंग वितीय संस्था आता है

बैंकिंग वितीय संस्थाएँ (Banking Financial Institutions)

ये संस्थाएँ जमा स्वीकार करती हैं और ऋण प्रदान करती हैं।

(i) केंद्रीय बैंक (Central Bank)

- यह किसी देश की मौद्रिक नीति को नियंत्रित करने वाला मुख्य बैंक होता है।

- उदाहरण: भारतीय रिज़र्व बैंक (RBI)

मुख्य कार्य:

○ मुद्रा आपूर्ति को नियंत्रित करना

○ बैंकों को ऋण देना

○ मौद्रिक नीति का निर्माण

○ विदेशी मुद्रा भंडार का प्रबंधन

(ii) वाणिज्यिक बैंक (Commercial Banks)

- ये बैंक आम जनता से धन जमा करते हैं और ऋण प्रदान करते हैं।

- उदाहरण: स्टेट बैंक ऑफ इंडिया (SBI), पंजाब नेशनल बैंक (PNB)।

मुख्य कार्य:

○ व्यक्तिगत और व्यावसायिक ऋण देना

○ चालू खाता, बचत खाता और सावधि जमा प्रदान करना

○ क्रेडिट कार्ड और डेबिट कार्ड सेवाएँ

(iii) सहकारी बैंक (Cooperative Banks)

- ये बैंक किसानों, छोटे व्यवसायों और निम्न आय वर्ग के लोगों को ऋण प्रदान करते हैं।

- उदाहरण: राज्य सहकारी बैंक, जिला सहकारी बैंक

मुख्य कार्य:

○ कृषि और ग्रामीण क्षेत्रों को ऋण देना

○ निम्न आय वर्ग को वित्तीय सहायता प्रदान करना

2. गैर-बैंकिंग वित्तीय संस्थाएँ (Non-Banking Financial Institutions - NBFIs)

ये संस्थाएँ बैंकिंग सेवाएँ नहीं देतीं, लेकिन वित्तीय सहायता प्रदान करती हैं।

(i) विकास वित्तीय संस्थाएँ (Development Financial Institutions - DFIs)

- ये संस्थाएँ दीर्घकालिक निवेश और आर्थिक विकास के लिए वित्तीय सहायता प्रदान करती हैं।

- उदाहरण: भारतीय औद्योगिक वित्त निगम (IDBI), भारतीय लघु उद्योग विकास बैंक (SIDBI)

मुख्य कार्य:

○ उद्योगों को लंबी अवधि के लिए वित्तीय सहायता देना

○ नए उद्यमों को ऋण उपलब्ध कराना

(ii) बीमा कंपनियाँ (Insurance Companies)

- ये संस्थाएँ जोखिम प्रबंधन सेवाएँ प्रदान करती हैं।

- उदाहरण: भारतीय जीवन बीमा निगम (LIC), न्यू इंडिया एश्योरेंस

मुख्य कार्य:

- जीवन बीमा और स्वास्थ्य बीमा प्रदान करना

- व्यवसायों और व्यक्तिगत संपत्तियों के लिए बीमा कवर देना

(iii) आवास वित्त कंपनियाँ (Housing Finance Companies - HFCs)

- ये कंपनियाँ आवास निर्माण और खरीद के लिए ऋण प्रदान करती हैं।

- उदाहरण: HDFC, LIC Housing Finance

मुख्य कार्य:

- गृह ऋण प्रदान करना

- आवासीय और वाणिज्यिक परियोजनाओं के लिए वित्तीय सहायता

(iv) म्यूचुअल फंड कंपनियाँ (Mutual Fund Companies)

- ये संस्थाएँ निवेशकों के धन को विभिन्न वित्तीय साधनों में निवेश करती हैं।

- उदाहरण: SBI Mutual Fund, HDFC Mutual Fund

मुख्य कार्य:

- विभिन्न क्षेत्रों में धन का निवेश करना

- निवेशकों को लाभांश प्रदान करना।

(v) माइक्रोफाइनेंस संस्थाएँ (Microfinance Institutions - MFIs)

- ये संस्थाएँ गरीबों और छोटे उद्यमियों को छोटे ऋण प्रदान करती हैं।

- उदाहरण: बैंकिंग संवाददाता, ग्रामीण बैंक

मुख्य कार्य:

- महिलाओं और ग्रामीण समुदायों को ऋण उपलब्ध कराना।

- स्वरोजगार को बढ़ावा देना

संस्थागत वितीय स्रोत-

- **प्राथमिक सहकारी समिति-** का तात्पर्य ऐसे सहकारी समिति से है जो समान हितों और उद्देश्यों वाले व्यक्तियों द्वारा स्थापित की जाती है, तथा जिसके सदस्यों की न्यूनतम संख्या इस उद्घोषणा में उत्पादन, सेवा प्रदान करने या दोनों गतिविधियों में संलग्न होने के लिए निर्धारित की गई है।

- **भूमि विकास बैंक** , जिसे संक्षेप में **LDB(Land Development bank) कहा जाता है,** भारत में एक विशेष प्रकार का विकास बैंक है । यह एक अर्ध-वाणिज्यिक प्रकार है जो जमा स्वीकार करने, व्यवसाय ऋण देने और बुनियादी निवेश उत्पादों की पेशकश जैसी सेवाएँ प्रदान करता है।

- **व्यवसायिक बैंक-** वह कोई भी संस्था है जो मुद्रा के लेन-देन को सरल बनाती है। वाणिज्य बैंक (कॉमर्शियल बैंक) उन बैंकों को कहते हैं जो धन जमा करने, व्यवसाय के लिये ऋण देने जैसी सेवाएँ प्रदान करते हैं। इन्हें वाणिज्यिक बैंक या व्यावसायिक बैंक या व्यापारिक बैंक भी कहते हैं।

व्यवसायिक bank का चार प्रमुख जमा राशी-

1. बचत खाता जमा (Savings Account Deposit)

- यह उन ग्राहकों के लिए होता है जो अपनी बचत को सुरक्षित रखना चाहते हैं और उस पर ब्याज अर्जित करना चाहते हैं।

- **विशेषताएँ:**

  - इसमें एक सीमित संख्या में निकासी की अनुमति होती है।,बैंक इस जमा पर ब्याज प्रदान करता है, जो आमतौर पर 3-4% वार्षिक होता है।

- **उदाहरण:** आम नागरिकों, वेतनभोगी व्यक्तियों द्वारा उपयोग किया जाने वाला खाता

2. चालू खाता जमा (Current Account Deposit)

- यह मुख्य रूप से व्यापारियों, कंपनियों और व्यावसायिक संस्थाओं के लिए होता है, जिन्हें बार-बार लेन-देन करने की आवश्यकता होती है।

- **विशेषताएँ:**

  - इस खाते में अनलिमिटेड निकासी और जमा की सुविधा होती है।, बैंक इस खाते पर ब्याज नहीं देता, ओवरड्राफ्ट (Overdraft) की सुविधा उपलब्ध होती

है। (OVERDRAFT= ACCOUNT में पैसे नहीं रहने के बावजूद भी पैसे निकाला जा सकता है)

- **उदाहरण:** व्यापारिक फर्मों और कंपनियों द्वारा उपयोग किया जाने वाला खाता

3. स्थायी जमा (Fixed Deposit - FD)

- इस खाते में एक निश्चित समय के लिए राशि जमा की जाती है और बैंक इस पर अधिक ब्याज प्रदान करता है।

- **विशेषताएँ:**

○ ब्याज दर बचत खाते से अधिक होती है, जो आमतौर पर 5-7% वार्षिक होती है, निश्चित अवधि से पहले निकासी पर दंड (Penalty) लग सकता है, यह निवेश का एक सुरक्षित तरीका होता है।

- **उदाहरण:** रिटायरमेंट सेविंग्स, लंबी अवधि के निवेश के रूप में उपयोग

4. आवर्ती जमा (Recurring Deposit - RD)

- इसमें ग्राहक हर महीने एक निश्चित राशि जमा करता है और एक निश्चित अवधि के बाद एकमुश्त राशि प्राप्त करता है।

- **विशेषताएँ:**

○ यह उन लोगों के लिए उपयुक्त है जो नियमित रूप से बचत करना चाहते हैं,इस पर सावधि जमा के समान ब्याज मिलता है।,अवधि पूरी होने पर जमा राशि और ब्याज का भुगतान किया जाता है।

- **उदाहरण:** नौकरीपेशा लोग और छोटे व्यवसायी जो नियमित बचत करना चाहते हैं।

ऋण (Loan) का अर्थ है वह धनराशि जो किसी व्यक्ति, व्यवसाय या सरकार को किसी वित्तीय संस्था या बैंक से एक निश्चित अवधि के लिए दी जाती है, जिसे बाद में ब्याज सहित चुकाना होता है। ऋण आर्थिक विकास का एक महत्वपूर्ण साधन है क्योंकि यह व्यक्तियों और व्यवसायों को आवश्यक पूंजी उपलब्ध कराता है।

व्यवसायिक bank के ऋण के प्रकार-

➢ **अल्पकालिक ऋण-** वित्तीय दायित्वों से है, जिसे किसी कंपनी या व्यक्ति को एक वर्ष के भीतर चुकाना होता है। ये ऋण आम तौर पर तत्काल जरूरतों को पूरा करने या परिचालन लागतों को कवर करने के लिए लिए जाते हैं **इसके विभिन्न प्रकार-**

➢ **नकद साख-** एक अल्पकालिक ऋण के रूप में वर्णित किया जाता है जिसे बैंक वित्तीय संस्थानों, कंपनियों और व्यवसायों को दिन-प्रतिदिन की कार्यशील पूंजी आवश्यकताओं को पूरा करने के लिए स्वीकृत करते हैं।

➢ **अधिविकर्ष-** अधिविकर्ष या ओवरड्राफ्ट तब होता है जब बैंक खाते से उपलब्ध शेष राशि से अधिक निकासी हो जाती है।

➢ **विनिमय बिलों को भुनाना-** बिल की छूट का मतलब है बिल की परिपक्वता तिथि से पहले उसे भुनाना। बैंक बिल से अपने शुल्क काट लेता है।

➢ **ऋण या अग्रिम-** जब ऋण एक निश्चित अवधि के लिए दिया जाता है तो उसे ऋण या अग्रिम कहते है

अन्य सेवाए-

➢ **Locker की सुविधा-** इसमें ग्राहक उपयोगी चीज़े रख कते है|

➢ **एटीएम या क्रेडिट कार्ड की सुविधा –** 24 घंटे धन की निकासी की जा सकती है|

➢ **आंकड़े एक्कीकरण करना इत्यादि**

सहकारिता क्या है?

यह "एक संयुक्त स्वामित्व वाले और लोकतांत्रिक रूप से नियंत्रित उद्यम के माध्यम से अपनी आम आर्थिक, सामाजिक और सांस्कृतिक आवश्यकताओं और आकांक्षाओं को पूरा करने के लिए स्वेच्छा से एकजुट हुए व्यक्तियों का एक स्वायत्त संघ

स्वयं सहायता समूह- समुदायों को बचत, ऋण और बैंकिंग सेवाओं तक पहुंच प्रदान करके वित्तीय समावेशन को बढ़ावा देते हैं। उनका उद्देश्य प्रशिक्षण, क्षमता निर्माण कार्यक्रमों और ज्ञान साझाकरण के माध्यम से सदस्यों के कौशल और क्षमताओं को बढ़ाना है।

रोजगार एवं सेवाएँ
रोजगार का अर्थ वह आर्थिक गतिविधि है जिसमें व्यक्ति अपनी सेवाएँ प्रदान करके परिश्रमिक (वेतन या मजदूरी) प्राप्त करता है। सेवाएँ उन गतिविधियों को कहते हैं जो उपभोक्ताओं की आवश्यकताओं को पूरा करने के लिए प्रदान की जाती हैं, जैसे कि शिक्षा, स्वास्थ्य, बैंकिंग आदि

आर्थिक विकास के तीन क्षेत्र-

> कृषि क्षेत्र (Primary Sector - Agriculture Sector)कृषि क्षेत्र वह क्षेत्र है जो प्राकृतिक संसाधनों पर आधारित होता है और इसमें फसल उत्पादन, पशुपालन, मत्स्य पालन, वानिकी और खनन शामिल होते हैं। इसे **प्राथमिक क्षेत्र** भी कहा जाता है क्योंकि यह कच्चे माल का उत्पादन करता है।

> **औद्योगिक क्षेत्र (Secondary Sector - Industrial Sector)-** इस क्षेत्र में कच्चे माल को संसाधित करके उपयोगी उत्पादों में बदला जाता है। इसे द्वितीयक क्षेत्र भी कहा जाता है।

> **सेवा क्षेत्र (Tertiary Sector - Service Sector)-** इस क्षेत्र में प्रत्यक्ष रूप से उपभोक्ताओं को सेवाएँ प्रदान की जाती हैं और अन्य क्षेत्रों को समर्थन दिया जाता है। इसे **तृतीयक क्षेत्र** भी कहा जाता है।

सेवा क्षेत्र का भाग-

सरकारी संस्थाएँ (Government Organizations)
सरकारी संस्थाएँ वे संस्थाएँ होती हैं जिन्हें सरकार द्वारा स्थापित और नियंत्रित किया जाता है। इनका उद्देश्य जनता को विभिन्न सेवाएँ प्रदान करना और राष्ट्रीय विकास में योगदान देना होता है।

गैर-सरकारी संस्थाएँ (Non-Government Organizations - NGOs)- गैर-सरकारी संस्थाएँ वे संगठन होते हैं जो सरकार से स्वतंत्र रूप से कार्य करते हैं और सामाजिक, आर्थिक या पर्यावरणीय मुद्दों पर कार्य करते हैं।

राजनीती शास्त्र

लोकतंत्र में सता की साझेदारी

लोकतंत्र में सत्ता की साझेदारी क्या है इसके फायदे और नुकसान क्या है ?

लोकतंत्र में सत्ता की साझेदारी का मतलब है कि देश के शासन में समाज के सभी प्रमुख समूहों को सत्ता का एक स्थाई हिस्सा देना. यह लोकतंत्र की आत्मा है, लोकतंत्र में सत्ता का वितरण आवश्यक है ताकि **कोई भी संस्था** (विधायिका, कार्यपालिका, न्यायपालिका) **असीमित शक्ति न** रखे

सत्ता की साझेदारी के फ़ायदे:
1)इससे सामाजिक समूहों के बीच टकराव कम होता है
2)इससे राजनीतिक व्यवस्था स्थिर रहती है
3)इससे बहुसंख्यकों के अत्याचार से बचा जा सकता है
4)इससे हिंसक संघर्षों की संभावना कम होती है
5)इससे गृहयुद्ध की संभावना खत्म होती है

सत्ता की साझेदारी कैसे होती है:
1)सरकार के तीनों अंगों, विधायिका, कार्यपालिका, और न्यायपालिका में सत्ता का बंटवारा किया जाता है
2)केंद्र सरकार और राज्य सरकारों में भी सत्ता के बंटवारे का सिद्धांत अपनाया जाता है
3)शासन के विभिन्न अंगों के बीच सत्ता का बंटवारा होने से ये अंग एक ही स्तर पर रहकर अपनी शक्तियों का इस्तेमाल करते हैं

उदाहरण:

> **बेल्जियम:** बेल्जियम ने जातीय विविधता को प्रबंधित करने के लिए सत्ता-साझाकरण मॉडल अपनाया।

> डच और फ्रेंच भाषी समुदायों के बीच समानता सुनिश्चित की गई।
क्षेत्रीय सरकारों को स्वायत्तता दी गई।

> **श्रीलंका:** सिंहली बहुमत ने तमिल अल्पसंख्यकों के खिलाफ नीतियाँ लागू कीं, जैसे सिंहली को एकमात्र राजभाषा घोषित करना।

> इस बहुसंख्यकवादी शासन ने तमिलों के साथ भेदभाव किया, जिससे गृहयुद्ध हुआ

सत्ता साझेदारी के प्रकार:

> **क्षैतिज विभाजन:** विधायिका, कार्यपालिका, और न्यायपालिका के बीच

> **ऊर्ध्वाधर विभाजन:** केंद्र और राज्य सरकारों के बीच

> **सामाजिक समूहों के बीच:** कमजोर और अल्पसंख्यक वर्गों को प्रतिनिधित्व देन

> **दबाव समूह और आंदोलन:** सरकार और नीतियों को प्रभावित करने के लिए

महिलाओ की राजनितिक प्रतिनिधित्व

वर्तमान लोक सभा में कुल 542 सदस्य हैं जिनमें से 78 महिला सदस्य हैं।वर्तमान राज्य सभा में कुल 224 सदस्य हैं **जिनमें से 24 महिला सदस्य हैं।**

साम्प्रदायिकता

साम्प्रदायिकता (Communalism) एक सामाजिक और राजनीतिक विचारधारा है जिसमें समाज को विभिन्न धार्मिक, जाति या सांस्कृतिक समूहों में बांटकर देखा जाता है। यह विचारधारा मानती है कि समाज के विभिन्न समूहों के बीच

एक गहरी और अपरिवर्तनीय भिन्नता होती है,भारत जैसे विविधतापूर्ण समाज में, साम्प्रदायिकता एक गंभीर मुद्दा बन सकता है, क्योंकि यह धर्म, जाति, भाषा और संस्कृति के आधार पर विभाजन पैदा करता है।

साम्प्रदायिकता का राजनीति पर गहरा प्रभाव पड़ता है,राजनीति में साम्प्रदायिकता का प्रभाव कई तरह से देखा जा सकता है,जो निम्नलिखित है -

1. साम्प्रदायिक मुद्दों का राजनीतिक हथियार के रूप में उपयोग

1)राजनीतिज्ञ कभी-कभी साम्प्रदायिक मुद्दों का उपयोग अपने राजनीतिक लाभ के लिए करते हैं। वे एक विशेष धार्मिक या जातीय समुदाय के मुद्दों को उठाकर उनका समर्थन प्राप्त करने की कोशिश करते हैं

उदाहरण: चुनावों में धार्मिक ध्रुवीकरण को बढ़ावा देकर एक समुदाय के वोटों को हासिल करने की कोशिश की जाती है।

2. धार्मिक पहचान और वोट बैंक की राजनीति

1)साम्प्रदायिकता का उपयोग करके, राजनेता धर्म और जाति के आधार पर समाज को बांटते हैं और फिर उन समुदायों को एकजुट करने का प्रयास करते हैं ताकि उन्हें चुनावी लाभ मिल सके

2)इस प्रकार की राजनीति वोट बैंक की राजनीति कहलाती है, जिसमें किसी विशेष समुदाय को ध्यान में रखते हुए नीतियाँ बनाई जाती हैं।

3. साम्प्रदायिक दंगे और हिंसा

1)साम्प्रदायिकता के कारण दंगे और हिंसा की घटनाएँ बढ़ सकती हैं। जब राजनीतिक दल किसी विशेष समुदाय को अन्य समुदायों से विरोध में खड़ा करते हैं, तो इसके परिणामस्वरूप साम्प्रदायिक दंगे हो सकते हैं।

उदाहरण: जब धर्म के आधार पर लोगों को एक दूसरे के खिलाफ भड़काया जाता है, तो हिंसक घटनाएँ और दंगे उत्पन्न हो सकते हैं, जो समाज में शांति और समरसता को नुकसान पहुंचाते हैं

धर्मनिरपेक्षता (Secularism)

यह एक ऐसी विचारधारा है, जिसमें राज्य और धर्म को अलग-अलग रखा जाता है। इसका मतलब है कि राज्य अपने निर्णयों और नीतियों में किसी भी धर्म, मजहब या धार्मिक मान्यताओं का हस्तक्षेप नहीं करेगा। धर्मनिरपेक्षता में सभी धर्मों को समान सम्मान दिया जाता है और सभी नागरिकों को अपने धार्मिक विश्वासों का पालन करने की स्वतंत्रता होती है, लेकिन राज्य को धर्म से अप्रभावित रहकर काम करना होता है।

धर्मनिरपेक्षता का उदाहरण:

भारत: भारत का संविधान धर्मनिरपेक्षता का आदर्श प्रस्तुत करता है। भारत में संविधान के अनुसार, राज्य किसी भी धर्म के पक्ष में नहीं है और सभी धर्मों के अनुयायियों को समान अधिकार प्राप्त हैं। धर्मनिरपेक्षता का यह सिद्धांत समाज में धार्मिक स्वतंत्रता, समरसता और विविधता को बढ़ावा देता है

सामाजिक विभिन्नता(विनिमय) (Social Integration) और सामाजिक विभाजन (Social Division)-

ये एक-दूसरे से जुड़े हुए हैं, लेकिन इनकी प्रकृति और प्रभाव समाज में भिन्न होते हैं। जब सामाजिक विनिमय ठीक से काम करता है, तो समाज में एकता और समरसता बनी रहती है, लेकिन यदि सामाजिक विभाजन की प्रक्रिया गहरी हो जाए, तो इससे न केवल समाज में असमानता और संघर्ष उत्पन्न होते हैं, बल्कि इसका प्रभाव राजनीति पर भी पड़ता है। सामाजिक विभिन्नता कैसे सामाजिक विभाजन में बदल सकता है और राजनीति पर इसका क्या असर होता है:

1. सामाजिक विनिमय(विभिन्नता) कब और कैसे सामाजिक विभाजन में बदलता है?

कभी-कभी जब सामाजिक विभिन्नता असफल हो जाता है, तब यह विभाजन में बदल सकता है।

a) असमानता और भेदभाव: जब विभिन्न समुदायों के बीच समानता और न्याय का प्रावधान नहीं होता, तो समाज में असमानता और भेदभाव बढ़ता है। यह असमानता विशेष रूप से जाति, धर्म, लिंग, आर्थिक स्थिति और शिक्षा के आधार पर हो सकती है।

उदाहरण: यदि एक धर्म या जाति को राजनीतिक या सामाजिक समर्थन मिलता है, जबकि दूसरे को लगातार नकारा जाता है, तो इससे दोनों के बीच असहमति और तनाव बढ़ता है, जो सामाजिक विभाजन का कारण बनता है।

जाति,धर्म और लैंगिक मसले
जाति और राजनीति-

- जाति भारतीय समाज का एक प्रमुख सामाजिक विभाजन है।
- राजनीतिक दल चुनाव में जातीय समीकरण को ध्यान में रखते हुए उम्मीदवारों का चयन करते हैं।
- जातिगत भेदभाव को समाप्त करने के लिए संविधान ने **अनुसूचित जाति (SC), अनुसूचित जनजाति (ST)** और **अन्य पिछड़ा वर्ग (OBC)** के लिए आरक्षण प्रदान किया।
- जातिगत राजनीति ने वंचित वर्गों को संगठित होकर अपने अधिकारों के लिए संघर्ष करने का मंच दिया।

धर्म और राजनीति

- धर्मनिरपेक्षता भारतीय संविधान का आधार है।
- सांप्रदायिकता तब होती है जब एक धर्म को दूसरे धर्मों से श्रेष्ठ माना जाता है।
- सांप्रदायिकता के कारण दंगे, हिंसा और समाज में अस्थिरता उत्पन्न होती है।
- गांधीजी ने धर्म और राजनीति को नैतिक मूल्यों से जोड़ने पर बल दिया।

लैंगिक असमानता और राजनीति

- महिलाओं की भागीदारी राजनीति में सीमित रही है।

- 2023 का महिला आरक्षण कानून **संसद और विधानसभाओं** में 33% सीटें महिलाओं के लिए आरक्षित करता है।
- पंचायती राज में महिलाओं को पहले से ही 33% आरक्षण दिया गया है।
- सामाजिक रूढ़ियों के कारण महिलाएं घर और समाज में असमानता का सामना करती हैं।

भारतीय संविधान में वर्तमान में कुल 6 मौलिक अधिकार है जो संविधान के अनुच्छेद 12 से 35 में वर्णित है।

- अनुच्छेद 12 राज्य की परिभाषा को बताता है
- अनु. 13 कुछ नियम कानून जो parliament में द्वारा बनायी जाती है जो नागरिको की मौलिक अधिकारों का हनन करता उसको असंवैधानिक घोषित करता है।
- अनु.14-18 समानता का अधिकार (**अनु.17 भेदभाव की समाप्ति**)
- अनु.19 अभिब्यक्ति की स्वतंत्रता का अधिकार
- अनु.20 अपराधिक कार्यवाही में अधिकारों की रक्षा इत्यादि

महिलाओं की भूमिका और चुनौतियां

- महिलाएं लोकतंत्र में सक्रिय भूमिका निभा सकती हैं, लेकिन पारिवारिक और सामाजिक रूढ़ियां उन्हें बाधित करती हैं।
- समान वेतन और शैक्षणिक अवसर जैसे सुधार महिलाओं की स्थिति में बदलाव ला सकते हैं।

सता की साझेदारी की कार्यप्रणाली

सत्ता की साझेदारी (Power Sharing) क्या है?
सत्ता की साझेदारी लोकतंत्र का एक महत्वपूर्ण सिद्धांत है, जिसके तहत विभिन्न समूहों, समुदायों और सरकारी इकाइयों के बीच शक्ति का बंटवारा किया जाता है। यह शासन को संतुलित और स्थिर बनाए रखने में मदद करता है।

सत्ता की साझेदारी के अलग-अलग तरीके

1. **भौगोलिक सत्ता साझेदारी (क्षेत्रीय सत्ता विभाजन)** - इसमें सत्ता केंद्र और राज्यों/प्रांतों के बीच विभाजित होती है। **उदाहरण:** भारत में केंद्र सरकार और राज्य सरकारों के बीच शक्तियों का विभाजन संविधान के अनुसार किया गया है।

2. **सामाजिक सत्ता साझेदारी (समुदाय आधारित साझेदारी)** - यह विभिन्न जातीय, धार्मिक और भाषाई समुदायों को सत्ता में भागीदारी देने का तरीका है। **उदाहरण:** बेल्जियम में डच और फ्रेंच भाषी समुदायों को सत्ता में बराबर की भागीदारी दी गई है।

3. **राजनीतिक सत्ता साझेदारी (लोकतांत्रिक और संवैधानिक व्यवस्था)** - इसमें विभिन्न राजनीतिक दलों और समूहों के बीच सत्ता का विभाजन होता है। **उदाहरण:** भारत में संसदीय प्रणाली के तहत बहुदलीय प्रणाली और गठबंधन सरकारें

4. **सामुदायिक प्रतिनिधित्व (अल्पसंख्यकों को भागीदारी)** - इसमें समाज के विभिन्न वर्गों और अल्पसंख्यकों को सत्ता में विशेष स्थान दिया जाता है। **उदाहरण:** भारत में अनुसूचित जाति/जनजाति और अन्य पिछड़ा वर्ग (OBC) के लिए आरक्षण प्रणाली

सत्ता की साझेदारी का महत्व

1.)राजनीतिक स्थिरता और एकता - विभिन्न वर्गों को सत्ता में भागीदारी मिलने से समाज में संतुलन बना रहता है।
2.)संघर्ष की रोकथाम - सत्ता की समान भागीदारी से जातीय, धार्मिक और क्षेत्रीय संघर्ष कम होते हैं।
3.)लोकतांत्रिक मूल्यों की रक्षा - सत्ता का विकेंद्रीकरण (Decentralization) लोकतांत्रिक प्रक्रिया को मजबूत बनाता है।
4.)जनता की भागीदारी सुनिश्चित करना - नागरिकों की राजनीतिक भागीदारी बढ़ती है, जिससे सरकारें अधिक जवाबदेह बनती हैं।
5.)अल्पसंख्यकों की सुरक्षा - इससे अल्पसंख्यक समुदायों को भी निर्णय-प्रक्रिया में भाग लेने का अवसर मिलता है।

संघवाद (Federalism):

संघवाद एक शासन प्रणाली है जिसमें सत्ता को केंद्र और राज्य सरकारों के बीच बांटा जाता है। इसमें हर स्तर पर सरकारें स्वतंत्र रूप से काम करती हैं।

भारत में संघीय शासन व्यवस्था

संघीय शासन व्यवस्था क्या है?
संघीय शासन व्यवस्था (Federal System) एक ऐसी राजनीतिक व्यवस्था है जिसमें शक्ति का विभाजन केंद्र और राज्य सरकारों के बीच किया जाता है। भारत एक **संघात्मक (Federal) व्यवस्था** अपनाने वाला देश है, जहाँ केंद्र और

राज्य दोनों के पास अलग-अलग शक्तियाँ होती हैं, लेकिन संविधान के तहत एकता भी बनी रहती है।

भारत में संघीय शासन व्यवस्था की विशेषताएँ

1. दोहरी शासन प्रणाली (Dual Government System)

a) भारत में दो स्तर की सरकारें होती हैं – **केंद्र सरकार और राज्य सरकार** , संविधान ने दोनों के कार्यों को अलग-अलग सूची (List) में विभाजित किया है।

2. शक्तियों का विभाजन (Division of Powers)

भारतीय संविधान के अनुसार, शक्तियों का विभाजन तीन सूचियों में किया गया है:

a) **संघ सूची (Union List)** – इसमें वे विषय आते हैं जिन पर केवल केंद्र सरकार कानून बना सकती है।

- जैसे: रक्षा, विदेश नीति, रेलवे, डाक, दूरसंचार आदि

b) **राज्य सूची (State List)** – इसमें वे विषय आते हैं जिन पर केवल राज्य सरकार कानून बना सकती है।

- जैसे: पुलिस, स्वास्थ्य, कृषि, भूमि, कानून-व्यवस्था आदि

c) **समवर्ती सूची (Concurrent List)** – इसमें वे विषय आते हैं जिन पर केंद्र और राज्य दोनों कानून बना सकते हैं।

- जैसे: शिक्षा, श्रम कानून, वन, आपराधिक कानून आदि

3. संविधान की सर्वोच्चता (Supremacy of the Constitution)- भारत का संविधान संघीय ढांचे को बनाए रखने के लिए सर्वोच्च कानून है।

- कोई भी सरकार संविधान के खिलाफ काम नहीं कर सकती

4. स्वतंत्र न्यायपालिका (Independent Judiciary)

- भारतीय न्यायपालिका स्वतंत्र है और यह केंद्र तथा राज्यों के बीच होने वाले विवादों का समाधान करती है।

- सर्वोच्च न्यायालय (Supreme Court) भारत का सबसे बड़ा न्यायिक निकाय है।

5. वित्तीय संघवाद (Financial Federalism)

- कर संग्रह और वित्तीय संसाधनों का विभाजन केंद्र और राज्यों के बीच किया गया है।

- केंद्र और राज्य दोनों को राजस्व अर्जित करने के अधिकार हैं, और वित्त आयोग (Finance Commission) इसका संतुलन बनाए रखता है।

भारत का संघवाद: विशेषताएँ और चुनौतियाँ

संघात्मक विशेषताएँ:

✓ शक्ति का विभाजन , ✓ संविधान की सर्वोच्चता , ✓ न्यायपालिका की स्वतंत्रता , ✓ दोहरी शासन प्रणाली

एकात्मक (Unitary) विशेषताएँ:

1) केंद्र सरकार के पास अधिक शक्तियाँ हैं (जैसे, आपातकाल के दौरान राज्य सरकारों का नियंत्रण लेना)

2) राज्य पूरी तरह स्वतंत्र नहीं हैं; वे केंद्र सरकार पर निर्भर रहते हैं

भारत में संघीय व्यवस्था के फायदे :-

☑ **स्थिरता और एकता:** पूरे देश में एकता बनाए रखती है।

☑ **प्रशासनिक दक्षता:** क्षेत्रीय सरकारें अपने स्तर पर बेहतर प्रशासन कर सकती हैं।

☑ **स्थानीय जरूरतों पर ध्यान:** राज्यों को अपने मुद्दों को हल करने की स्वतंत्रता मिलती है।

☑ **राजनीतिक विकेंद्रीकरण:** सत्ता का संतुलन बना रहता है।

भारत में संघवाद:-

- भारतीय संघीय ढांचे में केंद्र सरकार और राज्यों के बीच शक्तियों का विभाजन है।

- 1992 में पंचायती राज और नगरपालिकाओं के लिए तीसरे स्तर की सरकार को सशक्त बनाया गया

- भारत में कुछ राज्यों को विशेष अधिकार दिए गए हैं, जैसे असम, नागालैंड, मिजोरम आदि
  भाषाई और सांस्कृतिक विविधता:

- भारत में 22 अनुसूचित भाषाएं हैं। हिंदी राजभाषा है, लेकिन अंग्रेजी और अन्य भाषाओं को भी संरक्षित किया गया है।

- भाषाई आधार पर राज्यों का पुनर्गठन किया गया, जिससे प्रशासनिक सुगमता और क्षेत्रीय संतुलन बना

वर्तमान में 8वीं अनुसूची में 22 भाषाएँ शामिल हैं: - मूल संविधान में **14 भाषाएँ** थीं, बाद में संशोधन करके 22 भाषाएँ शामिल की गईं , **मैथिली, डोगरी, संथाली और बोडो** को 92वें संविधान संशोधन (2003) के तहत जोड़ा गया

◈ अनुच्छेद 33 – सशस्त्र बलों और अन्य सेवाओं के अधिकारों पर प्रतिबंध

- अनुच्छेद 33 संसद को यह शक्ति देता है कि वह कानून बनाकर सशस्त्र बलों (Armed Forces), पुलिस बलों, खुफिया एजेंसियों और अन्य सुरक्षा बलों के कुछ मौलिक अधिकारों (Fundamental Rights) को प्रतिबंधित कर सकती है।

* अनुच्छेद 34 यह प्रावधान करता है कि अगर देश के किसी भाग में सैन्य शासन (Martial Law) लागू किया जाता है, तो कुछ मौलिक अधिकारों को निलंबित किया जा सकता है।

पंचायती राज अधिनियम और बिहार के पंचायती राज प्रणाली ;-

भारतीय लोकतंत्र का एक महत्वपूर्ण हिस्सा हैं, जो गांवों और स्थानीय स्तर पर प्रशासनिक कार्यों को व्यवस्थित करने के लिए बनाए गए हैं। ये दोनों ग्रामीण विकास और स्थानीय स्वशासन को बढ़ावा देने के उद्देश्य से हैं।

पंचायती राज अधिनियम:- पंचायती राज अधिनियम भारतीय संविधान के 73वें संविधान संशोधन (1992) द्वारा लागू किया गया था, जो पंचायतों को स्वायत्तता और शक्ति प्रदान करता है। **इस अधिनियम के प्रमुख उद्देश्य निम्नलिखित हैं:**

1. **स्थानीय स्वशासन की सुदृढ़ता:** पंचायतों को स्थानीय स्तर पर सरकार द्वारा निर्णय लेने का अधिकार दिया गया, जिससे लोकतंत्र की जड़ें मजबूत हुईं। इससे यह सुनिश्चित हुआ कि गांवों में सरकार का प्रतिनिधित्व हो और लोग अपनी समस्याओं के समाधान में भागीदारी कर सकें

2. **तीन स्तरों पर पंचायती राज:** पंचायती राज को तीन स्तरों पर स्थापित किया गया है तथा कार्यकाल 5 वर्षों का है :

   ○ **ग्राम पंचायत:** यह सबसे निचला स्तर है और गांवों के स्तर पर काम करता है।

   ○ **पंचायती समितियां:** ये ब्लॉक स्तर पर काम करती हैं, जो गांवों के समूह का प्रतिनिधित्व करती हैं।

   ○ **जिला परिषद:** यह सबसे उच्च स्तर की पंचायत है और जिला स्तर पर काम करती है।

3. **महिला आरक्षण:** पंचायती राज अधिनियम के तहत महिलाओं के लिए 33% आरक्षण का प्रावधान किया गया, ताकि महिलाएं भी पंचायतों में प्रतिनिधित्व कर सकें

4. **स्वायत्तता और अधिकार:** पंचायतों को विभिन्न प्रकार के अधिकार दिए गए हैं, जैसे कि योजनाओं की योजना बनाना, विकास कार्यों का संचालन, और सरकार से वित्तीय सहायता प्राप्त करना

बिहार के पंचायती राज:

बिहार में पंचायती राज प्रणाली को सुदृढ़ बनाने के लिए विभिन्न कदम उठाए गए हैं। बिहार में पंचायती राज को अधिक प्रभावी बनाने के लिए राज्य सरकार ने निम्नलिखित पहल की हैं:

1. **पंचायती राज अधिनियम, 2006:** बिहार सरकार ने 2006 में बिहार पंचायती राज अधिनियम लागू किया, जो राज्य में पंचायतों के गठन, उनके कार्य, और शक्तियों को निर्धारित करता है। इस अधिनियम के माध्यम से राज्य में पंचायतों का सशक्तिकरण हुआ और अधिक स्वायत्तता मिली

2. **पंचायत चुनाव:** बिहार में पंचायतों के चुनाव नियमित रूप से होते हैं, और इस प्रक्रिया में ग्राम पंचायत से लेकर जिला परिषद तक के प्रतिनिधि चुने जाते हैं। 2006 में बिहार सरकार ने पंचायतों में महिला आरक्षण बढ़ाकर 50% कर दिया, जो राष्ट्रीय स्तर से भी अधिक था

प्रमुख पहल:

* **महिला आरक्षण:** बिहार में पंचायतों में महिला प्रतिनिधित्व को बढ़ावा देने के लिए 50% आरक्षण का प्रावधान किया गया है, जो महिलाओं को पंचायतों में सक्रिय रूप से भागीदारी करने का अवसर देता है।

* **स्वास्थ्य और शिक्षा:** पंचायतों को ग्रामीण स्वास्थ्य केंद्रों और स्कूलों की निगरानी का अधिकार मिला है, जिससे वे अपने क्षेत्र के स्वास्थ्य और शिक्षा के स्तर को सुधारने में सक्षम हैं।

* **न्यायिक प्रक्रिया:** पंचायतों को छोटे-मोटे विवादों के समाधान के लिए लोक अदालत का भी अधिकार दिया गया है।

1. ग्राम पंचायत :

ग्राम पंचायत के कार्य (Functions of Gram Panchayat):- सामाजिक और सांस्कृतिक कार्य, विकास कार्यों का संचालन, स्वास्थ्य सेवाएं, शिक्षा कार्य, स्वच्छता और जल प्रबंधन इत्यादि

ग्राम पंचायत की शक्तियाँ (Powers of Gram Panchayat):

1. **निधि और वित्तीय प्रबंधन:-** ग्राम पंचायत को अपनी आय और व्यय का अधिकार होता है, जैसे ग्राम पंचायत शुल्क (taxes) और राज्य सरकार से मिलने वाली अनुदान राशि का उपयोग करना

2. **स्थानीय स्तर पर निर्णय लेने की शक्ति:-** ग्राम पंचायत को स्थानीय प्रशासन और योजना बनाने की

स्वतंत्रता होती है। यह अपने क्षेत्र के विकास और योजनाओं पर निर्णय लेने में सक्षम होती है।

3. **स्थानीय न्याय:**- ग्राम पंचायत अपने क्षेत्र में छोटे-मोटे विवादों के समाधान के लिए लोक अदालत का आयोजन कर सकती है।

4. **स्वच्छता और स्वास्थ्य से जुड़ी योजनाओं की स्वीकृति:**- पंचायत को अपने क्षेत्र के स्वास्थ्य और स्वच्छता से संबंधित योजनाओं की स्वीकृति देने और कार्यान्वयन करने की शक्ति होती है।

5. **सामाजिक कल्याण योजनाओं का क्रियान्वयन:** - पंचायत सामाजिक कल्याण योजनाओं का संचालन करती है, जैसे वृद्धावस्था पेंशन, विधवा पेंशन, और बच्चों के लिए पोषण योजनाएं

ग्राम पंचायत के अंग (Organs of Gram Panchayat):

1. **ग्राम सभा (Gram Sabha):**

○ ग्राम सभा पंचायत का सर्वोच्च निर्णयात्मक अंग है, जो सभी वयस्क नागरिकों का एकत्रित समूह होता है। इसमें सभी ग्रामीणों को अपने पंचायत के कार्यों में भागीदारी का अधिकार होता है। यह पंचायत के कामकाज की निगरानी करता है और ग्राम पंचायत द्वारा किए गए कार्यों पर चर्चा करता है।

2. **पंचायत सदस्य (Panchayat Members):** - ग्राम पंचायत में पंच (सदस्य) होते हैं, जो ग्राम सभा के प्रतिनिधि होते हैं। पंचायत का कार्य संचालन इन्हीं द्वारा किया जाता है। ग्राम पंचायत के सदस्य आमतौर पर गांव के प्रत्येक वार्ड से चुने जाते हैं।

3. **सरपंच (Sarpanch):** - सरपंच ग्राम पंचायत का अध्यक्ष होता है, जो पंचायत की बैठकों की अध्यक्षता करता है और पंचायत के कार्यों की देखरेख करता है। सरपंच को ग्राम पंचायत के प्रमुख के रूप में माना जाता है और यह आमतौर पर पंचायत चुनाव में सीधे चुना जाता है।

4. **ग्राम पंचायत सचिव (Gram Panchayat Secretary):** - ग्राम पंचायत सचिव एक प्रशासनिक अधिकारी होता है, जो पंचायत के कार्यों को संचालित करता है। सचिव प्रशासनिक गतिविधियों को अंजाम देता है, बैठकें आयोजित करता है, और पंचायत के बजट और वित्तीय मामलों का ध्यान रखता है।

पंचायत समिति (Panchayat Samiti):

पंचायत समिति को ब्लॉक पंचायत भी कहा जाता है। यह ग्राम पंचायत और जिला परिषद के बीच का स्तर है और मुख्यतः ब्लॉक स्तर पर कार्य करती है।

पंचायत समिति के कार्य:

1. **विकास योजनाओं का संचालन:** - पंचायत समिति स्थानीय विकास योजनाओं का कार्यान्वयन करती है, जैसे कि सड़क निर्माण, जल आपूर्ति योजनाएं, कृषि योजनाएं, और शिक्षा के क्षेत्र में सुधार

2. **राज्य योजनाओं का कार्यान्वयन:** - राज्य सरकार की योजनाओं को ब्लॉक स्तर पर लागू करना, जैसे रोजगार गारंटी योजनाएं (MGNREGA) और ग्रामीण विकास योजनाएं

3. **निगरानी और निरीक्षण:** - पंचायत समिति, ग्राम पंचायतों के कार्यों की निगरानी करती है और उनके विकास कार्यों का मूल्यांकन करती है।

4. **स्वास्थ्य, शिक्षा, और सामाजिक कल्याण:** - पंचायत समिति क्षेत्रीय स्वास्थ्य केंद्रों, स्कूलों और समाज कल्याण योजनाओं का संचालन करती है।

पंचायत समिति की संरचना:

1. **सदस्य (Members):**- पंचायत समिति के सदस्य ग्राम पंचायतों के प्रतिनिधि होते हैं। ये सदस्य वार्ड से चुने जाते हैं।

2. **मुख्य कार्यकारी अधिकारी (CEO):**- पंचायत समिति के कार्यों को प्रशासनिक रूप से संचालित करने के लिए मुख्य कार्यकारी अधिकारी होता है। यह राज्य सरकार द्वारा नियुक्त किया जाता है।

3. **समिति की बैठकें:**- पंचायत समिति नियमित रूप से बैठकें आयोजित करती है, जहां स्थानीय विकास योजनाओं पर चर्चा और निर्णय लिया जाता है।

जिला परिषद (Zila Parishad):

जिला परिषद पंचायती राज प्रणाली का उच्चतम स्तर है, जो जिला स्तर पर कार्य करती है। यह ग्राम पंचायतों और पंचायत समितियों के कार्यों की निगरानी करती है और राज्य सरकार के साथ समन्वय बनाती है।

जिला परिषद के कार्य: - विकास योजनाओं का संकलन और निगरानी , राज्य सरकार से वित्तीय सहायता, समाज कल्याण योजनाओं का कार्यान्वयन, निगरानी और मूल्यांकन

जिला परिषद की संरचना:

1. **सदस्य (Members):**- जिला परिषद के सदस्य जिला के विभिन्न क्षेत्रों से चुने जाते हैं। ये सदस्य पंचायत समितियों और ग्राम पंचायतों के प्रतिनिधि होते हैं।

2. **अध्यक्ष (President):-** जिला परिषद का अध्यक्ष चुनाव द्वारा चुना जाता है। अध्यक्ष जिला परिषद की बैठकों की अध्यक्षता करता है और इसके कार्यों की दिशा तय करता है।

3. **मुख्य कार्यकारी अधिकारी (CEO):-** जैसे पंचायत समिति में एक CEO होता है, वैसे ही जिला परिषद में भी एक मुख्य कार्यकारी अधिकारी होता है, जो जिला परिषद के कार्यों का प्रशासनिक संचालन करता है।

नगरिय शासन व्यवस्था (Urban Local Governance)

नगरिय शासन व्यवस्था (Urban Local Governance) का उद्देश्य शहरी क्षेत्रों में प्रशासन और विकास कार्यों का संचालन करना है। यह स्थानीय सरकार के अंतर्गत आता है और शहरी क्षेत्रों की सामाजिक, आर्थिक, और बुनियादी सुविधाओं को सुनिश्चित करने के लिए जिम्मेदार होता है। नगरिय शासन व्यवस्था के विभिन्न अंग, कार्य, और संरचना भारतीय संविधान और पंचायती राज प्रणाली के अंतर्गत आते हैं।

नगरिय शासन की संरचना (Structure of Urban Governance)

भारत में नगरिय शासन व्यवस्था को तीन प्रमुख स्तरों में विभाजित किया गया है:

1. नगर निगम (Municipal Corporation)

2. नगर पालिका (Municipality)

3. नगर पंचायत (Nagar Panchayat)

1. नगर निगम (Municipal Corporation): - नगर निगम बड़े शहरों के लिए होता है, जैसे दिल्ली, मुंबई, कोलकाता, आदि। यह संस्था बड़े शहरी क्षेत्रों के प्रशासन और विकास कार्यों की जिम्मेदार होती है। नगर निगम का मुख्य उद्देश्य शहरी क्षेत्रों में बुनियादी सुविधाओं, जैसे जल आपूर्ति, सीवरेज, सड़क निर्माण, सार्वजनिक परिवहन, और स्वच्छता सेवाएं प्रदान करना होता है।

2. नगर पालिका (Municipality):

- नगर पालिका छोटे और मध्यम आकार के शहरी क्षेत्रों के लिए होती है। यह शहरी विकास और बुनियादी सेवाओं के संचालन में नगरपालिका परिषद की मदद करती है। नगर पालिका का कार्य नगर निगम के समान होता है, लेकिन यह छोटे शहरी क्षेत्रों में लागू होता है।

3. नगर पंचायत (Nagar Panchayat):

- नगर पंचायत छोटे शहरी क्षेत्रों (कस्बे या छोटे शहरों) के लिए होती है। यह छोटे शहरों की प्रशासनिक और विकासात्मक आवश्यकताओं को पूरा करने के लिए जिम्मेदार होती है। नगर पंचायत का कार्य अन्य शहरी निकायों की तरह ही होता है, लेकिन यह छोटे और सीमित क्षेत्र के लिए होता है।

नगरिय शासन के कार्य (Functions of Urban Governance)

1. **स्वच्छता और सफाई:-** शहरी क्षेत्रों में सफाई व्यवस्था सुनिश्चित करना, कचरा प्रबंधन और सार्वजनिक शौचालयों का निर्माण और संचालन करना

2. **जल आपूर्ति:-** शहरी क्षेत्रों में स्वच्छ जल आपूर्ति की व्यवस्था करना और जल वितरण नेटवर्क का रखरखाव करना

3. **सड़क और यातायात व्यवस्था:-** शहरी सड़कों का निर्माण, रखरखाव, और यातायात की व्यवस्था करना। इसके साथ ही पार्किंग, फुटपाथ, और यातायात सुरक्षा के उपायों की योजना बनाना

4. **स्वास्थ्य और शिक्षा:-** शहरी क्षेत्रों में अस्पतालों, स्वास्थ्य केंद्रों और स्कूलों की स्थापना और उनके संचालन की जिम्मेदारी होती है। यह बच्चों के लिए प्राथमिक शिक्षा, चिकित्सा सेवाएं और टीकाकरण कार्यक्रमों का संचालन करता है।

5. **कृषि और व्यापार:-** शहरी क्षेत्रों में बाजारों का नियमन करना, व्यापारिक गतिविधियों को बढ़ावा देना, और उचित स्थानों पर बुनियादी सुविधाएं उपलब्ध कराना

नगरिय शासन के अंग (Organs of Urban Governance)

1. **नगर निगम परिषद/नगर पालिका परिषद:-** यह नगर निगम या नगर पालिका का विधायी अंग होता है, जिसमें विभिन्न वार्डों से चुने गए प्रतिनिधि होते हैं। यह योजना बनाने और निर्णय लेने का कार्य करती है।

2. **महापौर/नगर पालिका अध्यक्ष:-** महापौर या नगर पालिका अध्यक्ष नगर निगम या नगर पालिका का प्रमुख होता है। यह परिषद की बैठक की अध्यक्षता करता है और महत्वपूर्ण निर्णयों पर मार्गदर्शन करता है।

3. **मुख्य कार्यकारी अधिकारी (CEO):-** यह शहरी स्थानीय निकाय का प्रशासनिक प्रमुख होता है, जो नगर निगम या नगर पालिका के कार्यों को संचालित करता है। यह योजनाओं का कार्यान्वयन सुनिश्चित करता है।

लोकतंत्र की प्रतिस्पर्धा और संघर्ष

प्रतिस्पर्धा (Competition):

प्रतिस्पर्धा का अर्थ है दो या दो से अधिक व्यक्तियों, समूहों, या संस्थाओं के बीच किसी विशेष उद्देश्य को प्राप्त करने के लिए संघर्ष या मुकाबला करना। यह संघर्ष किसी विशेष संसाधन, पुरस्कार, या उपलब्धि को पाने के लिए हो सकता है। प्रतिस्पर्धा समाज में आमतौर पर तब होती है जब सीमित संसाधनों के लिए अधिक लोग या समूह प्रयासरत होते हैं।

जनसंघर्ष का अर्थ है समाज में विभिन्न समूहों, वर्गों या व्यक्तियों के बीच मतभेद, विवाद या टकराव। यह संघर्ष सामाजिक, राजनीतिक, आर्थिक या सांस्कृतिक कारणों से उत्पन्न हो सकता है। जनसंघर्ष समाज में असमानताओं, अन्याय, भेदभाव, और संसाधनों की असमान वितरण से उत्पन्न होते हैं।

बिहार का छात्र आन्दोलन-

जयप्रकाश नारायण (JP) का बिहार के छात्र आंदोलन में महत्वपूर्ण और अभूतपूर्व योगदान था। उनका नेतृत्व भारतीय राजनीति और समाज में एक क्रांतिकारी बदलाव का कारण बना, खासकर बिहार में। उन्होंने 1970-80 के दशक में बिहार में छात्रों और युवाओं को जागरूक किया और एक सशक्त आंदोलन की दिशा दी

1. **आंदोलन की शुरुआत:**
   - बिहार के छात्र आंदोलन की शुरुआत 1974 में **जयप्रकाश नारायण** द्वारा की गई। इसे "**संपूर्ण क्रांति आंदोलन**" या "संपूर्ण क्रांति" के नाम से भी जाना जाता है। यह आंदोलन भ्रष्टाचार, सामाजिक असमानता, और सरकारी तंत्र के खिलाफ था।

2. **छात्रों को प्रेरित करना:**
   - जयप्रकाश नारायण ने छात्रों को **सामाजिक बदलाव** और **राजनीतिक सक्रियता** के लिए प्रेरित किया। वे चाहते थे कि छात्र और युवा समाज के प्रति अपनी जिम्मेदारी समझें और शासन के खिलाफ आवाज उठाएं
   - उनका मानना था कि छात्रों को **भ्रष्टाचार, कुरीतियों और अन्याय के खिलाफ आवाज उठानी चाहिए।** बिहार में उस समय भ्रष्टाचार और गरीबों के लिए असमानताएँ प्रमुख समस्याएं थीं, जिनके खिलाफ उन्होंने आंदोलन की शुरुआत की

3. **"संपूर्ण क्रांति" का विचार:**
   - **जयप्रकाश नारायण** ने 1974 में आंदोलन की शुरुआत करते हुए "**संपूर्ण क्रांति**" का विचार प्रस्तुत किया। उन्होंने यह विचार दिया कि समाज में व्याप्त सभी बुराइयों को समाप्त करने के लिए एक समग्र परिवर्तन आवश्यक है। यह आंदोलन सिर्फ राजनीतिक नहीं था, बल्कि इसमें सामाजिक,

सांस्कृतिक और आर्थिक सुधारों की भी आवश्यकता बताई गई थी।

4. **बिहार छात्र आंदोलन:**
   - 1974 में **पटना विश्वविद्यालय** में छात्रों ने जब विश्वविद्यालय प्रशासन के खिलाफ प्रदर्शन किया, तो जयप्रकाश नारायण ने उसे समर्थन दिया। वे छात्रों के साथ मिलकर संघर्ष कर रहे थे और शिक्षा के अधिकार, रोजगार, और अन्य मुद्दों को लेकर संघर्ष कर रहे थे।
   - **बिहार आंदोलन** ने राज्य सरकार के खिलाफ विरोध और असंतोष को बढ़ावा दिया। छात्रों के संघर्ष ने सरकार को हिला दिया, और यह आंदोलन राष्ट्रीय स्तर पर फैलने लगा

5. **नागरिक असहमति और राजनीतिक आंदोलन:**
   - जब 1975 में भारत में आपातकाल लागू किया गया, तो **जयप्रकाश नारायण** ने आंदोलन को और तेज किया। उन्होंने **इंदिरा गांधी सरकार** की तानाशाही के खिलाफ आवाज उठाई और यह आंदोलन अब राजनीतिक स्वरूप लेने लगा।
   - **जेपी आंदोलन** ने न केवल बिहार बल्कि पूरे देश में एक जन जागरूकता पैदा की। उनके नेतृत्व में छात्र और युवा वर्ग ने **लोकतंत्र की रक्षा** के लिए संघर्ष किया और **समान अधिकारों** की मांग की

6. **राजीव गांधी के साथ संबंध:**
   - जयप्रकाश नारायण का बिहार के छात्र आंदोलन पर एक गहरा प्रभाव था। उनके आंदोलन ने राजीव गांधी और उनके समर्थकों को प्रेरित किया। आंदोलन ने **लोकप्रिय सरकार** की आवश्यकता को उजागर किया और यह देशभर में व्याप्त असंतोष को सामने लाया

7. **संविधान और लोकतंत्र की रक्षा:**
   - जयप्रकाश नारायण ने आंदोलन के दौरान यह संदेश दिया कि **लोकतंत्र का महत्व** और **संविधान की रक्षा** सबसे महत्वपूर्ण है। उनका मानना था कि **जनतांत्रिक अधिकारों** की रक्षा की जानी चाहिए, और सरकार को जनता के प्रति जिम्मेदार होना चाहिए

दलित पैंथर्स (Dalit Panthers)

एक महत्वपूर्ण **सामाजिक और राजनीतिक संगठन** था, जिसका उद्देश्य **दलितों** (विशेषकर अनुसूचित जातियों) के अधिकारों की रक्षा करना और उन्हें समाज में बराबरी का दर्जा दिलाना था। यह संगठन मुख्य रूप से **भारत में जातिवाद और सामाजिक भेदभाव** के खिलाफ था। दलित पैंथर्स का गठन 1970 के दशक में हुआ था, और यह आंदोलन भारतीय समाज में दलितों की आवाज़ को उठाने में अहम भूमिका निभाई

दलित पैंथर्स का गठन:- **दलित पैंथर्स** का गठन **1972 में भीम राव अंबेडकर के सिद्धांतों** और **उनकी विचारधारा** से प्रेरित होकर हुआ था। इस संगठन के संस्थापक **विजय लक्ष्मी, कांशीराम, अच्युत पटवर्धन,** और अन्य कई प्रमुख नेताओं ने मिलकर इस संगठन की नींव रखी।

रितिक कुमार सहनी

1. **चिपको आंदोलन (Chipko Movement):-** चिपको आंदोलन 1970 के दशक में **उत्तराखंड** (तब उत्तर प्रदेश का हिस्सा) में शुरू हुआ था। इसका उद्देश्य **वनों की अंधाधुंध कटाई** को रोकना और पर्यावरण को बचाना था। यह आंदोलन **1973 में गोपेश्वर (चमोली)** के पास शुरू हुआ, जब गांववालों ने पेड़ों को बचाने के लिए उन्हें गले लगाकर (चिपक कर) कटाई का विरोध किया ,यह आंदोलन **सुदेश तिवारी, चंडीप्रसाद भट्ट** और **सुनीति देवी** जैसे नेताओं द्वारा नेतृत्वित हुआ , **पर्यावरण संरक्षण** और **वृक्षों की कटाई रोकने** के लिए यह एक ऐतिहासिक संघर्ष बना ,**चिपको आंदोलन** ने पर्यावरण संरक्षण को जन आंदोलन का रूप दिया और **सतत विकास** की दिशा में एक महत्वपूर्ण कदम था।

2. **नर्मदा बचाओ आंदोलन (Narmada Bachao Andolan):-** नर्मदा बचाओ आंदोलन (NBA) एक **सामाजिक आंदोलन** था, जिसे **मेधा पाटकर, आसिफ़ा खान**, और **राजीव यादव** जैसे नेताओं ने **नर्मदा नदी** के किनारे पर स्थित **सिंचाई और जल विद्युत परियोजनाओं** के कारण विस्थापित हो रहे गांववालों और आदिवासियों के अधिकारों की रक्षा के लिए शुरू किया था। इस आंदोलन का मुख्य उद्देश्य नर्मदा नदी पर **नदी घाटी परियोजनाओं** (विशेष रूप से **सरदार सरोवर बांध**) के विरोध में संघर्ष करना था।

3.**ताड़ी विरोधी आंदोलन (Tadi Virodhi Andolan):-** ताड़ी विरोधी आंदोलन मुख्य रूप से **आंध्र प्रदेश** और **कर्नाटिका** में हुआ था, जो **ताड़ी** (खजूर के पेड़ से निकलने वाली एक प्रकार की शराब) के उत्पादन और बिक्री के खिलाफ था। यह आंदोलन **आदिवासी समाज** द्वारा शुरू किया गया था, जिन्होंने ताड़ी के शराब के रूप में उपयोग को अपने सामाजिक और सांस्कृतिक जीवन के लिए हानिकारक माना

4. **सूचना का अधिकार आंदोलन (Right to Information Movement):-** सूचना का अधिकार आंदोलन एक महत्वपूर्ण **लोकतांत्रिक** और **संवैधानिक अधिकार** का संघर्ष था, जिसका उद्देश्य **सरकारी कार्यों में पारदर्शिता** और **सार्वजनिक सूचना तक पहुंच** की स्थापना करना था। यह आंदोलन **भारत** में **राजीव गांधी** के समय में शुरू हुआ, लेकिन यह वास्तविक रूप से 1990 के दशक में व्यापक हुआ।

भारतीय किसान यूनियन (BKU) की स्थापना भारत के किसानों के अधिकारों और उनके हितों की रक्षा के लिए की गई थी। यह एक महत्वपूर्ण **किसान संगठन** है जो विशेष रूप से भारतीय किसानों के लिए काम करता है।

स्थापना वर्ष: 1980
स्थापक: महेंद्र सिंह टिकैत
स्थान: उत्तर प्रदेश, विशेष रूप से **मुजफ्फरनगर** (उत्तर प्रदेश) में।

स्थापना का कारण:- भारतीय किसान यूनियन की स्थापना का मुख्य उद्देश्य भारतीय किसानों की समस्याओं को उठाना और उनके अधिकारों की रक्षा करना था। भारत में किसानों को **समान्यत: भू-स्वामित्व, न्यूनतम समर्थन मूल्य (MSP), सिंचाई के संसाधनों, कर्ज़, और उनकी अन्य आर्थिक समस्याओं** के समाधान के लिए एक मजबूत आवाज की आवश्यकता महसूस हो रही थी।

भारतीय किसान यूनियन का उद्देश्य:
1)किसानों के अधिकारों की रक्षा: किसानों की समस्याओं को सरकार के समक्ष लाना और उनके अधिकारों की सुरक्षा सुनिश्चित करना।
2) सिंचाई और भूमि सुधार: किसानों को उचित सिंचाई सुविधाएं, जमीन के अधिकार, और भूमि सुधार का समर्थन करना।
3) कर्ज़ और ऋण माफी: किसानों के कर्ज़ के मुद्दे पर काम करना और उनसे संबंधित समस्याओं का समाधान करना
4) न्यूनतम समर्थन मूल्य (MSP): किसानों के उत्पादों के लिए उचित MSP (न्यूनतम समर्थन मूल्य) सुनिश्चित करना, ताकि उनकी मेहनत का उचित मूल्य मिल सके
5) सरकारी नीतियों का विरोध: कृषि क्षेत्र से संबंधित नीतियों का विरोध करना, जिनसे किसानों को नुकसान हो रहा हो, जैसे सरकार द्वारा लिए गए गलत निर्णय और कानूनों का विरोध करना

राजनीतिक दलों का महत्व
राजनीतिक दल लोकतंत्र का अभिन्न अंग हैं। वे जनप्रतिनिधियों का चयन करते हैं, नीतियां बनाते हैं, और जनता की समस्याओं को उठाते हैं। बिना राजनीतिक दलों के लोकतंत्र अस्थिर हो सकता है।

राजनीतिक दलों के कार्य
1. चुनाव लड़ना:
   - राजनीतिक दल उम्मीदवारों का चयन करते हैं और चुनाव प्रचार करते हैं।
2. नीतियां और कार्यक्रम:
   - हर दल अपनी नीतियां जनता के समक्ष रखता है।
3. **सरकार बनाना और चलाना:**
   - विजेता दल सरकार का नेतृत्व करता है।
4. **विरोधी भूमिका:**
   - विपक्षी दल सरकार की नीतियों पर नजर रखते हैं और उनकी आलोचना करते हैं।
5. **जनता से संपर्क:**
   - राजनीतिक दल जनता के मुद्दों को सरकार तक पहुंचाते हैं।
   राजनीतिक दलों के प्रकार
1. **राष्ट्रीय दल:**
   - पूरे देश में सक्रिय, जैसे भारतीय जनता पार्टी (BJP), कांग्रेस (INC), आदि।
   - मान्यता प्राप्त होने के लिए चार राज्यों में 6% वोट और लोकसभा में चार सीटों की जरूरत।
2. **क्षेत्रीय दल:**

- विशिष्ट राज्यों में सक्रिय, जैसे समाजवादी पार्टी (SP), DMK, आदि।
- राज्य स्तर पर 6% वोट और कम से कम दो सीटों की आवश्यकता।

राजनीतिक दलों की चुनौतियां

1. आंतरिक लोकतंत्र का अभाव:
- अधिकतर निर्णय पार्टी के शीर्ष नेताओं द्वारा लिए जाते हैं।

2. वंशवाद:
- कई दलों में शीर्ष नेतृत्व एक ही परिवार से आता है।

3. पैसा और अपराध:
- चुनावों में अपराधियों और धन का बढ़ता प्रभाव।

4. नीतिगत समानता:
- दलों के बीच वैचारिक मतभेद कम हो रहे हैं।

राजनीतिक दलों में सुधार के सुझाव

1. पार्टी के भीतर लोकतंत्र:
- सदस्यता सूची सार्वजनिक हो और नियमित आंतरिक चुनाव हों।

2. महिला आरक्षण:
- महिलाओं के लिए टिकट और नेतृत्व में आरक्षण।

3. चुनाव खर्च का प्रबंधन:
- सरकार द्वारा चुनावी खर्च में मदद।

4. पारदर्शिता:
- उम्मीदवारों को संपत्ति और आपराधिक पृष्ठभूमि की जानकारी देना अनिवार्य।

5. दल-बदल रोकने के लिए कानून:
- दल-बदल को रोकने के लिए सख्त नियम

लोकतंत्र की चुनौती

1. लोकतंत्र क्या है और कैसे कार्य करता है?

लोकतंत्र एक ऐसी शासन व्यवस्था है जहाँ जनता स्वयं या अपने चुने हुए प्रतिनिधियों के माध्यम से शासन करती है। तथा यह **जनता का , जनता द्वारा और जनता के लिए(अब्राहम लिंकन)** शासन व्यवस्था है |
इसमें स्वतंत्र और निष्पक्ष चुनाव, नागरिक स्वतंत्रता, बहुसंख्यकवाद के साथ-साथ अल्पसंख्यकों के अधिकारों की रक्षा, तथा कानून का शासन महत्वपूर्ण तत्व हैं।

लोकतंत्र की चुनौतियाँ

लोकतंत्र एक प्रभावी शासन प्रणाली मानी जाती है, लेकिन इसे सफलतापूर्वक लागू करने में कई चुनौतियाँ आती हैं। लोकतंत्र की चुनौतियाँ वे समस्याएँ हैं जो इसकी कार्यप्रणाली को बाधित करती हैं और इसे कमजोर बना सकती हैं।

लोकतंत्र की चुनौतियाँ

1) राजनीतिक अस्थिरता: कमजोर सरकारें, बार-बार चुनाव और राजनीतिक अस्थिरता लोकतंत्र को कमजोर कर सकती हैं।

2) परिवारवाद: राजनीतिक दलों में वंशवाद लोकतांत्रिक

मूल्यों के लिए खतरा है।

3) जातिवाद: चुनावों में जातिगत राजनीति लोकतंत्र की निष्पक्षता को प्रभावित करती है।

4) धनबल और बाहुबल: चुनावों में धनबल और बाहुबल का बढ़ता प्रभाव लोकतांत्रिक मूल्यों को कमजोर करता है।

5) सूचना का अभाव: आम नागरिकों को सही जानकारी न मिलना लोकतांत्रिक प्रक्रिया में बाधा डालता है।

गठबंधन राजनीति और इसका प्रभाव

गठबंधन सरकार तब बनती है जब किसी एक पार्टी को पूर्ण बहुमत नहीं मिलता और कई पार्टियां मिलकर सरकार बनाती हैं।

फायदे: सभी वर्गों और क्षेत्रों का प्रतिनिधित्व बढ़ता है, लोकतांत्रिक संतुलन बना रहता है।

नुकसान: नीति-निर्माण में अस्थिरता, मतभेद के कारण सरकार का गिरना, निर्णय लेने में देरी

नेपाल में शासन व्यवस्था

नेपाल पहले एक राजशाही था लेकिन 2008 में इसे लोकतांत्रिक गणराज्य घोषित किया गया, नेपाल में अब एक संसदीय लोकतंत्र है, जिसमें राष्ट्रपति राष्ट्राध्यक्ष और प्रधानमंत्री सरकार प्रमुख होते हैं। , संवैधानिक सुधारों और राजनीतिक अस्थिरता से नेपाल की लोकतांत्रिक प्रक्रिया प्रभावित होती रही है।

परिवारवाद और जातिवाद -

परिवारवाद: कुछ राजनीतिक दलों में नेताओं के परिवारों का वर्चस्व लोकतंत्र के लिए नुकसानदायक है, क्योंकि यह योग्य उम्मीदवारों को चुनावी प्रक्रिया से बाहर कर सकता है।

जातिवाद: चुनावों में जाति आधारित वोट बैंक लोकतंत्र की निष्पक्षता को प्रभावित करता है। इससे सही उम्मीदवारों की बजाय जातिगत समीकरणों के आधार पर फैसले लिए जाते हैं।

आतंकवाद

आतंकवाद लोकतांत्रिक समाज में भय और अस्थिरता पैदा करता है। ,यह नागरिक स्वतंत्रता, मानवाधिकारों और आर्थिक विकास पर नकारात्मक प्रभाव डालता है। सरकारें आतंकवाद से निपटने के लिए कठोर कानून बनाती हैं, जो कभी-कभी नागरिक स्वतंत्रता को प्रभावित कर सकते हैं।

न्यायपालिका की भूमिका

1) न्यायपालिका लोकतंत्र की रक्षा करने वाली एक स्वतंत्र संस्था है।

2) यह संविधान की रक्षा करती है और कानून के अनुसार सरकार और नागरिकों के अधिकारों की देखरेख करती है।

3) अगर न्यायपालिका स्वतंत्र नहीं होगी तो लोकतांत्रिक प्रणाली कमजोर हो सकती है।

सूचना का अधिकार (RTI)
सूचना का अधिकार अधिनियम (2005) सरकार की

पारदर्शिता बढ़ाने के लिए लागू किया गया, यह नागरिकों को सरकार से जानकारी प्राप्त करने का अधिकार देता है, जिससे भ्रष्टाचार पर अंकुश लगाया जा सके, लोकतंत्र को मजबूत करने में यह कानून एक महत्वपूर्ण भूमिका निभाता है।

आर्थिक अपराध और लोकतंत्र

आर्थिक अपराध, जैसे काला धन, भ्रष्टाचार, घोटाले, और कर चोरी, लोकतंत्र के लिए गंभीर चुनौती हैं। इनसे सरकार की नीति-निर्माण प्रक्रिया प्रभावित होती है और आम जनता को इसका नुकसान उठाना पड़ता है आर्थिक अपराधों को रोकने के लिए सख्त कानूनों और पारदर्शी प्रशासन की जरूरत होती है।

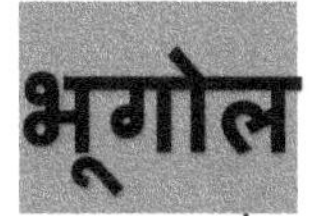

संसाधन और उपयोग

संसाधन वे वस्तुएं या तत्व हैं जो हमारी आवश्यकताओं को पूरा करने में सहायक होती हैं। ये प्राकृतिक, मानव निर्मित और सांस्कृतिक रूप में हो सकते हैं। इनका कुशल और टिकाऊ उपयोग ही संसाधन विकास का उद्देश्य है।

प्रमुख भूगोलविद जिम्मरमैन ने कहा था की "संसाधन होते नहीं बनते है"

संसाधन की विशेषताएं-

- उपयोगी होना।

- प्रौद्योगिकी के माध्यम से उपलब्ध होना।

- आर्थिक और सामाजिक रूप से स्वीकार्य होना।

संसाधन के महत्व-

संसाधन हमारे लिए महत्वपूर्ण हैं क्योंकि हम अपनी इच्छा को पूरा करने के लिए उनका उपयोग करते हैं। विभिन्न खनिजों के निर्माण के लिए कई खनिजों जैसे लोहा, तांबा, अभ्रक आदि का उपयोग उद्योगों में किया जाता है। कोयला और पेट्रोलियम जैसे खनिजों का उपयोग बिजली उत्पादन के लिए किया जाता है। जल और वायु जैसे प्राकृतिक संसाधन मानव जीवन के लिए अपरिहार्य हैं। इन संसाधनों के अभाव में पृथ्वी पर जीवन का अस्तित्व नहीं हो सकता। नाइट्रोजन जैसे खनिजों का उपयोग विनिर्माण उर्वरकों में किया जाता है जो मिट्टी की उर्वरता को-- बढ़ाने में मदद करते हैं। इससे कृषि उत्पादन बढ़ता है।

संसाधनों का प्रकार-

प्राकृतिक संसाधन (Natural Resources):

प्राकृतिक रूप से उपलब्ध संसाधन, जैसे जल, मिट्टी, खनिज, वायु आदि।

मानव निर्मित संसाधन (Man-made Resources):

संसाधन के प्रकार:

1. उत्पत्ति के आधार पर

- ✓ **जैविक**- वे संसाधन जिसकी प्राप्ति जैवमंडल से होती है जिसमे सजीवो के लक्षण मौजूद होती है उसे जविक संसाधन कहते है **जैसे**-(वन, पशु, मछली, मनुष्य इत्यादि)
- ✓ **अजैविक**- निर्जीव वस्तुओ के समूह को अजैविक संसाधन कहते है, **जैसे**- (खनिज, धातु, मिट्टी)।

2. पुनःपूर्ति के आधार पर:

- ✓ **नवीकरणीय:** वे संसाधन जो भौतिक,रासायनिक और यांत्रिक विधि द्वारा पुनः उत्पन्न हो किया जा सकता हैं (जैसे सूर्य की ऊर्जा, जल)
- ✓ **अनवीकरणीय:** सीमित संसाधन जो समाप्त हो सकते हैं और इसे पूरा होने में लाखो वर्ष लगते है (जैसे कोयला, पेट्रोलियम)।

3. स्वामित्व के आधार पर:

- ✓ **व्यक्तिगत**- जो किसी खाश व्यक्ति के अधिकार क्षेत्र में होता हटा है और सरकार इसके बदले भुगतान राशी भी देता है **जैसे**-घर, जायदाद इत्यादि
- ✓ **सामुदायिक**- वैसे संसाधन जो किसी समुदाय के अधिपत्य में होता है **जैसे**- मंदिर , शमशान तालाब इत्यादि
- ✓ **राष्ट्रीय**- देश और राष्ट्र के अंतर्गत सभी संसाधन राष्ट्रीय होते है जैसे-200 km महासागरीय क्षेत्र तक सभी प्राप्य वस्तु राष्ट्रीय संसाधन है |
- ✓ **अंतरराष्ट्रीय**- 200km महासागरीय क्षेत्र को छोड़कर उसके बाहर किसी भी राष्ट्र का अधिपत्य नहीं होता है|
- 3. **विकास के स्तर पर:**
- ✓ **संभावित संसाधन:** वे संसाधन जो उपयोग के लिए संभावित हैं लेकिन अभी उपयोग में नहीं हैं। और यह किसी विशेष क्षत्र में पाए जाते है| **जैसे**- हिमालयी क्षेत्र का खनिज इत्यादि
- ✓ **विकसित संसाधन:** जिनका उपयोग वर्तमान में हो रहा है। और जिसका सर्वेक्षण के उपरांत उसके गुणों और मात्र का निर्धारण हो चूका है|
- ✓ **भंडारित संसाधन:** भविष्य में उपयोग के लिए सुरक्षित किया गया हो लेकिन तकनिकी के अभाव में संसाधनों का उपयोग नहीं कर पा रहे है |

- ✓ **संचित कोष संसाधन:** ऐसे संसाधन भंडार एक अंश है जो तत्काल उपयोग में नहीं हैं।

संसाधन नियोजन- संसाधन नियोजन संसाधनों के समुचित उपयोग की एक तकनीक या कौशल है। इसके **चरण** होते हैं –

- ✓ **संसाधनों की पहचान** और **सूची बनाना**
- ✓ **संसाधन विकास योजनाओं** को लागू करने के लिए उपयुक्त प्रौद्योगिकी
- ✓ **कौशल और संस्थागत** व्यवस्था के साथ **नियोजन संरचना** विकसित करना
- ✓ **संसाधन विकास योजनाओं** को समग्र **राष्ट्रीय विकास योजनाओं** के साथ मिलाना

संसाधन संरक्षण- प्राकृतिक संसाधनों के **टिकाऊ और जिम्मेदार** प्रबंधन ताकि भविष्य की पीढ़ियों के लिए उनकी उपलब्धता सुनिश्चित की जा सके। इसमें संसाधनों का कुशल उपयोग, अपशिष्ट और प्रदूषण को कम करना और टिकाऊ प्रथाओं को बढ़ावा देना शामिल है।

संसाधन संरक्षण के संदर्भ में विभिन्न प्रासंगिक घटनाए-

- ✓ **महत्मा गाँधी –** " हमारे पास पेट भरने के लिए बहुत कुछ है, लेकिन पेटी भरने के लिए कुछ भी नहीं"
- ✓ **मेघा पाटेकर की नर्मदा बचाओ अभियान और सुन्दर लाल बहुगुणा का चिपको आन्दोलन**
- ✓ **प्रथम पृथ्वी सम्मेलन** का आयोजन 3 -14 जून 1992 के रियो डी जेनेरा में किया गया, **द्वितीय समेल्लन** 23-27 जून 1997 और **तृतीय सम्मलेन** 26 अगस्त – 4 सितम्बर 2002 में जोहंस्वर्ग में हुआ था
- ✓ **क्योटो सम्मलेन** 1997 में ग्लोबल वार्मिंग को बचाने के लिए जापान के क्योटो में हुआ था

प्राकृतिक संसाधन

मानव निर्मित संसाधन (Man-made Resources):

प्राकृतिक संसाधनों को प्रौद्योगिकी और कौशल से परिवर्तित कर उपयोगी बनाया जाता है, जैसे भवन, मशीनें।

- ➤ **मानव संसाधन (Human Resources)**

मानव अपने कौशल और ज्ञान के माध्यम से संसाधनों का उपयोग करता है।

संसाधनों का विकास और उनके उपयोग में चुनौतियां

1. अत्यधिक दोहन

- सीमित संसाधनों का अधिक उपयोग उनके समाप्त होने का कारण बनता है।

2. असमान वितरण:

- संसाधन कुछ क्षेत्रों में प्रचुर मात्रा में हैं जबकि अन्य स्थानों में इनकी कमी है।

3. पर्यावरणीय समस्याएं:

- वनों की कटाई, मिट्टी का अपरदन, जल प्रदूषण और जलवायु परिवर्तन।

4. सामाजिक और आर्थिक समस्याएं:

- गरीबी, बेरोजगारी और असमानता।

संसाधन संरक्षण और सतत विकास

संसाधनों का संरक्षण और सतत विकास ही वर्तमान और भविष्य की पीढ़ियों के लिए आवश्यक है।

सतत विकाश- संसाधनों का उपयोग करना सुरक्षित तरीके से भविष्य पीढ़ियों के आवश्यकता को ध्यान में रखते हुए|

****संसाधन संरक्षण के उपाय:****

1. ****पुनर्चक्रण और पुनः उपयोग।****

2. ****अल्प उपयोग:****

- संसाधनों का केवल उतना ही उपयोग करें जितना आवश्यक हो।

3. ****जन जागरूकता:****

- लोगों को संसाधनों के टिकाऊ उपयोग के लिए प्रेरित करें।

4. ****वैकल्पिक संसाधनों का विकास:****

- सौर और पवन ऊर्जा जैसी नवीकरणीय ऊर्जा का उपयोग बढ़ाएं।

****सतत विकास:****

सतत विकास का तात्पर्य ऐसा विकास है जो वर्तमान की जरूरतों को पूरा करते हुए भविष्य की पीढ़ियों की आवश्यकताओं से समझौता न करे।

एजेंडा 21:

यह 1992 के रियो डी जनेरियो में हुए पृथ्वी सम्मेलन में तैयार की गई एक योजना है।
स्थानीय और वैश्विक स्तर पर संसाधनों का टिकाऊ उपयोग सुनिश्चित करने के लिए एक रूपरेखा-**इसका उद्देश्य सतत विकास और पर्यावरण संरक्षण को बढ़ावा देना है।**

भारत में संसाधनों का वितरण

1. भूमि संसाधन (Land Resources):

- भारत में भूमि संसाधन कृषि, उद्योग और आवास के लिए महत्वपूर्ण हैं। इसके कई भौतिक रूप है जैसे- पर्वत, पठार, मैदान और घाटिया इत्यादि

वर्गीकरण:

1. कृषि भूमि

2. वन भूमि

3. गैर-कृषि भूमि (निर्माण, उद्योग)

भूमि संसाधन की समस्याएं:

- मिट्टी का अपरदन

- अति चराई

- असमान भूमि वितरण

मृदा निर्माण- मृदा (Soil) पृथ्वी की ऊपरी परत होती है, जो खनिज पदार्थों, जैविक तत्वों, जल और वायु का मिश्रण होती है, यह पौधों के विकास के लिए आवश्यक पोषक तत्व प्रदान करती है, मृदा निर्माण एक दीर्घकालिक प्रक्रिया है, जो विभिन्न कारकों के कारण होती है।

मृदा निर्माण की प्रक्रिया:

मृदा निर्माण मुख्य रूप से चट्टानों के अपक्षय (Weathering) से होता है। चट्टानें विभिन्न प्राकृतिक और जैविक प्रक्रियाओं के कारण टूटकर छोटे-छोटे कणों में परिवर्तित हो जाती हैं, जिससे मृदा का निर्माण होता है।

मृदा निर्माण के प्रमुख कारक (Factors Affecting Soil Formation):

कारक	विवरण
1. माता चट्टान (Parent Rock)	मृदा किस प्रकार की होगी, यह चट्टानों के प्रकार पर निर्भर करता है। कठोर चट्टानें धीमे अपक्षयित होती हैं जबकि नरम चट्टानें तेजी से मृदा में परिवर्तित होती हैं।
2. जलवायु (Climate)	तापमान और वर्षा मृदा निर्माण को प्रभावित करते हैं। उच्च तापमान से चट्टानें तेजी से टूटती हैं और वर्षा से मृदा की ऊपरी परत धुल सकती है।
3. जैविक कारक (Biological Factors)	पेड़-पौधे, जीवाणु, केंचुए और अन्य जीवाणु मृदा में जैविक तत्वों को जोड़ते हैं, जिससे मृदा उपजाऊ होती है।
4. स्थलाकृति (Topography)	पहाड़ी और समतल क्षेत्रों में मृदा की गहराई और संरचना अलग-अलग होती है। ढलान वाले क्षेत्रों में मृदा कटाव अधिक होता है।
5. समय (Time)	मृदा निर्माण एक लंबी प्रक्रिया है, जिसमें हजारों से लाखों वर्ष लग सकते हैं।

मृदा के प्रकार (Types of Soil)

1. जलोढ़ मिट्टी (Alluvial Soil)

विशेषताएँ:

✔ यह गंगा, ब्रह्मपुत्र और सिंधु नदी के मैदानी क्षेत्रों में पाई जाती है।
✔ इसमें पोटाश, फॉस्फोरस और चूना प्रचुर मात्रा में होते हैं।
✔ यह सबसे उपजाऊ मिट्टी होती है।

उपयुक्त फसलें:

🌾 गेहूँ, चावल, गन्ना, कपास

मुख्य क्षेत्र:

उत्तर भारत के मैदान, पंजाब, हरियाणा, उत्तर प्रदेश, पश्चिम बंगाल और बिहार

2. काली मिट्टी (Black Soil या रेगुर मिट्टी)

विशेषताएँ:

✔ यह ज्वालामुखी चट्टानों से बनी होती है।
✔ इसमें अधिक जल धारण क्षमता होती है।
✔ यह मिट्टी गर्मियों में कठोर हो जाती है और बारिश में नरम हो जाती है।

उपयुक्त फसलें:

🌿 कपास, ज्वार, बाजरा, तिलहन

मुख्य क्षेत्र:

महाराष्ट्र, मध्य प्रदेश, गुजरात, आंध्र प्रदेश, कर्नाटक और तमिलनाडु

3. लाल मिट्टी (Red Soil)

विशेषताएँ:

✔ इसमें लौह ऑक्साइड अधिक मात्रा में होता है, जिससे इसका रंग लाल होता है।
✔ यह जल धारण करने की क्षमता में कमजोर होती है।
✔ इसमें नाइट्रोजन और फास्फोरस की कमी होती है।

उपयुक्त फसलें:

🌿 मोटे अनाज, दालें, तिलहन, कपास

मुख्य क्षेत्र:

ओडिशा, झारखंड, छत्तीसगढ़, तमिलनाडु, कर्नाटक और आंध्र प्रदेश

4. लैटेराइट मिट्टी (Laterite Soil)

विशेषताएँ:

✔ यह अधिक वर्षा वाले क्षेत्रों में पाई जाती है।
✔ इसमें जैविक तत्व कम होते हैं, जिससे यह कम उपजाऊ होती है।
✔ इसे उपजाऊ बनाने के लिए खाद और उर्वरकों की आवश्यकता होती है।

उपयुक्त फसलें:

🌿 चाय, कॉफी, नारियल, सुपारी

मुख्य क्षेत्र:

केरल, तमिलनाडु, कर्नाटक, असम और पश्चिम बंगाल

5. मरुस्थलीय मिट्टी (Desert Soil)

विशेषताएँ:

✔ यह राजस्थान और गुजरात के शुष्क क्षेत्रों में पाई जाती है।
✔ इसमें लवणीयता अधिक होती है, जिससे यह कम उपजाऊ होती है।
✔ जल की कमी के कारण इसमें खेती कठिन होती है।

उपयुक्त फसलें:

🌿 बाजरा, ज्वार, खजूर, ग्वार

मुख्य क्षेत्र:

राजस्थान, गुजरात, हरियाणा और पंजाब के शुष्क क्षेत्र

6. पर्वतीय मिट्टी (Mountain Soil)

विशेषताएँ:

✔ यह हिमालयी क्षेत्रों में पाई जाती है।
✔ इसमें जैविक तत्व अधिक होते हैं।
✔ यह ठंडी जलवायु के अनुकूल होती है।

उपयुक्त फसलें:

🍎 सेब, आलू, चाय, कॉफी

मुख्य क्षेत्र:

हिमाचल प्रदेश, उत्तराखंड, अरुणाचल प्रदेश, सिक्किम

मृदा संरक्षण के उपाय (Soil Conservation Methods)

मिट्टी के कटाव और क्षरण को रोकने के लिए मृदा संरक्षण बहुत आवश्यक है।

मृदा संरक्षण के प्रमुख उपाय:

✔ वनों की कटाई रोकना (Afforestation): पेड़ लगाने से मृदा का कटाव कम होता है।
✔ सीढ़ीदार खेती (Terrace Farming): पहाड़ी क्षेत्रों में मिट्टी के कटाव को रोकने के लिए खेतों को सीढ़ीनुमा बनाया जाता है।
✔ फसल चक्र (Crop Rotation): अलग-अलग मौसम में अलग-अलग फसलें उगाने से मृदा की उर्वरता बनी रहती है।
✔ नदी तटबंध निर्माण (River Embankments): बाढ़ के प्रभाव को रोकने के लिए नदी किनारों पर तटबंध बनाए जाते हैं।
✔ जैविक खाद और उर्वरक (Organic Manure & Fertilizers): रासायनिक खादों के अधिक प्रयोग से बचना चाहिए।

भू- उपयोग के स्वरूप –

किसी भी क्षेत्र के विकास और भूमि उपयोग को प्रभावित करने वाले दो प्रमुख कारक होते हैं:

1. **भौतिक कारक** (Physical Factors) – जो प्राकृतिक रूप से मौजूद होते हैं।

2. **मानवीय कारक** (Human Factors) – जो मानव गतिविधियों के कारण बदलते हैं।

यह दोनों कारक मिलकर किसी क्षेत्र की आर्थिक, सामाजिक और भौगोलिक स्थिति को निर्धारित करते हैं।

1. भौतिक कारक (Physical Factors)

भौतिक कारक वे प्राकृतिक तत्व हैं जो किसी क्षेत्र के भू-उपयोग, कृषि, उद्योग और जीवनशैली को प्रभावित करते हैं।

भौतिक कारक	विवरण
(i) स्थलाकृति (Topography)	पहाड़ी, समतल या पठारी भूमि का भू-उपयोग पर प्रभाव पड़ता है। समतल भूमि में खेती और शहरीकरण अधिक होता है, जबकि पहाड़ी क्षेत्रों में वानिकी और पर्यटन
(ii) जलवायु (Climate)	तापमान, वर्षा और आर्द्रता से कृषि और उद्योग प्रभावित होते हैं। अधिक वर्षा वाले क्षेत्रों में धान की खेती, जबकि शुष्क क्षेत्रों में मोटे अनाज उगाए जाते हैं।
(iii) मिट्टी की प्रकृति (Soil Type)	उपजाऊ मिट्टी (जलोढ़ मिट्टी) कृषि के लिए अनुकूल होती है, जबकि रेतीली मिट्टी में खेती कठिन होती है।
(iv) जल संसाधन (Water Resources)	नदियों और झीलों के पास कृषि, उद्योग और मानव बस्तियाँ विकसित होती हैं। जल की कमी वाले क्षेत्रों में जनसंख्या घनत्व कम होता है।
(v) प्राकृतिक आपदाएँ (Natural Disasters)	बाढ़, भूकंप, सूखा और ज्वालामुखी विस्फोट से भूमि उपयोग प्रभावित होता है। उदाहरण: असम और बिहार में बाढ़ के कारण कृषि प्रभावित होती है।

2. मानवीय कारक (Human Factors)

मानवीय कारक वे तत्व होते हैं जो मनुष्य की गतिविधियों से प्रभावित होते हैं और किसी क्षेत्र के सामाजिक एवं आर्थिक विकास को निर्धारित करते हैं।

मानवीय कारक	विवरण
(i) जनसंख्या घनत्व (Population Density)	घनी आबादी वाले क्षेत्रों में कृषि, व्यापार और शहरीकरण अधिक होता है। कम जनसंख्या वाले क्षेत्रों में जंगल और चरागाह अधिक होते हैं।
(ii) आर्थिक गतिविधियाँ (Economic Activities)	औद्योगीकरण और व्यापारिक गतिविधियाँ भूमि उपयोग को प्रभावित करती हैं। विकसित शहरों में कृषि भूमि को औद्योगिक क्षेत्रों में बदला जाता है।
(iii) परिवहन और संचार (Transport & Communication)	सड़क, रेलवे और एयरपोर्ट की उपलब्धता शहरीकरण और व्यापार को बढ़ावा देती है। अच्छे परिवहन वाले क्षेत्रों में तेजी से विकास होता है।
(iv) विज्ञान और तकनीकी विकास (Science & Technology)	आधुनिक कृषि तकनीकों, सिंचाई सुविधाओं और औद्योगिक मशीनों के कारण भूमि उपयोग में बदलाव आता है।

मानवीय कारक	विवरण
(v) सरकारी नीतियाँ (Government Policies)	भूमि सुधार, औद्योगीकरण, वन संरक्षण, शहरी विकास योजनाओं से भू-उपयोग प्रभावित होता है। उदाहरण: "स्मार्ट सिटी मिशन" और "मेक इन इंडिया"
(vi) सांस्कृतिक और ऐतिहासिक प्रभाव (Cultural & Historical Factors)	धार्मिक स्थलों और ऐतिहासिक धरोहरों के पास पर्यटन और सेवाओं से संबंधित उद्योग विकसित होते हैं। उदाहरण: वाराणसी, ताजमहल के पास होटल और व्यवसाय

जल संसाधन (Water Resources): गंगा और ब्रह्मपुत्र जैसी नदियां भारत के प्रमुख जल संसाधन हैं। विश्व के कुल जल आयतन का 96.5 प्रतिशत जल महासागरो में जिसमे मात्र 2.5 प्रतिशत जल अलावणीय है

जल संसाधन की समस्याएं:

- जल प्रदूषण

- भूजल स्तर में गिरावट

जल के स्रोत-

✓ **भू पृष्ठीय जल** - भूपृष्ठीय जल (Surface Water) वह जल होता है जो पृथ्वी की सतह पर विभिन्न स्रोतों में पाया जाता है। यह जल झीलों, नदियों, तालाबों, जलाशयों और समुद्रों में उपलब्ध होता है। यह वर्षा, हिमपात और ग्लेशियरों के पिघलने से उत्पन्न होता है तथा मनुष्यों, वनस्पतियों और जीव-जंतुओं के लिए जीवन का एक महत्वपूर्ण स्रोत है।

✓ **भूगर्भीय जल (Groundwater)**- वह जल है जो पृथ्वी की सतह के नीचे चट्टानों और मिट्टी के छिद्रों में संचित होता है। यह जल वर्षा, नदियों और झीलों से रिसकर जमीन के अंदर चला जाता है और एक जलभृत (Aquifer) में संग्रहीत हो जाता है। भूगर्भीय जल मनुष्यों, कृषि, उद्योग और पारिस्थितिकी के लिए एक महत्वपूर्ण जल स्रोत है।

जल संसाधन का वितरण- अधिकांश जल दक्षिणी गोलार्ध में ही है उतरी गोलार्ध में केवल स्थल है |

जल संसाधन पृथ्वी पर असमान रूप से वितरित हैं। **पृथ्वी का लगभग 71% भाग जल से ढका हुआ है, लेकिन इसका अधिकांश भाग महासागरों और समुद्रों में स्थित खारा जल है, जो सीधे उपयोग के योग्य नहीं हैं। केवल 2.5 % जल मीठा** जल (Freshwater) है, जिसमें से अधिकांश बर्फ के रूप में जमा है और **केवल 0.3% जल ही पीने योग्य** रूप में उपलब्ध है। जल संसाधनों का वितरण विभिन्न भौगोलिक और जलवायु कारकों पर निर्भर करता है।

✓ प्राणियों में 65% और पौधों में 65-90% जल विद्धमान रहता है|

बहुदेशीय जल परियोजनाएँ- वे परियोजनाएँ होती हैं जो जल संसाधनों का बहुआयामी उपयोग करती हैं। इनका मुख्य उद्देश्य सिंचाई, बिजली उत्पादन, बाढ़ नियंत्रण, जलापूर्ति, मछली पालन, पर्यटन और जल परिवहन को बढ़ावा देना होता है।

1. बहुदेशीय जल परियोजनाओं के प्रमुख उद्देश्य

✓ सिंचाई – कृषि भूमि की सिंचाई के लिए जल आपूर्ति

✓ बिजली उत्पादन – जलविद्युत संयंत्रों द्वारा बिजली उत्पन्न करना

✓ बाढ़ नियंत्रण – वर्षा के मौसम में अतिरिक्त जल को नियंत्रित करना

✓ जल आपूर्ति – शहरों और गाँवों के लिए पीने योग्य जल उपलब्ध कराना

✓ मिट्टी के कटाव को रोकना – नदियों के किनारों को सुरक्षित रखना

✓ मछली पालन – जलाशयों में मत्स्य पालन को प्रोत्साहित करना

✓ पर्यटन और मनोरंजन – जलाशयों और बाँधों को पर्यटन स्थलों के रूप में विकसित करना

2. भारत की प्रमुख बहुदेशीय जल परियोजनाएँ

परियोजना का नाम	नदी	राज्य	उद्देश्य
भाखड़ा नांगल परियोजना	सतलुज	पंजाब, हिमाचल प्रदेश	सिंचाई, जलविद्युत उत्पादन, बाढ़ नियंत्रण
दामोदर घाटी निगम (DVC)	दामोदर	झारखंड, पश्चिम बंगाल	बाढ़ नियंत्रण, सिंचाई, जलविद्युत
हीराकुंड परियोजना	महानदी	ओडिशा	सिंचाई, जलविद्युत, बाढ़ नियंत्रण
सरदार सरोवर परियोजना	नर्मदा	गुजरात, मध्य प्रदेश	सिंचाई, जल आपूर्ति, बिजली उत्पादन

परियोजना का नाम	नदी	राज्य	उद्देश्य
नागार्जुन सागर परियोजना	कृष्णा	तेलंगाना, आंध्र प्रदेश	सिंचाई, जलविद्युत, बाढ़ नियंत्रण
इंदिरा गांधी नहर परियोजना	घग्गर नदी (सतलुज से जुड़ी)	राजस्थान	रेगिस्तानी क्षेत्रों में सिंचाई
कोशी परियोजना	कोसी	बिहार	बाढ़ नियंत्रण, सिंचाई
रिहंद परियोजना	रिहंद	उत्तर प्रदेश	जलविद्युत उत्पादन, सिंचाई
तेहरी बाँध परियोजना	भागीरथी	उत्तराखंड	जलविद्युत, सिंचाई, जल आपूर्ति
कावेरी जल परियोजना	कावेरी	कर्नाटक, तमिलनाडु	जल वितरण, सिंचाई, पेयजल
चम्बल घाटी	चम्बल नदी	राजस्थान	बिजली उत्पादन
तुंगभद्रा परियोजना	कृष्णा नदी	कर्णाटक	कर्णाटक औजर आंध्र में सैकड़ो छोटे बड़े उधोगो में बिजली पहुचाना
शरवती नदी परियोजना	शरवती नदी	कर्नाटक के पश्चिम घाट	बिजली उत्पन्न करना

नर्मदा बचाओ आन्दोलन- नर्मदा बचाओ आंदोलन (NBA) एक जन आंदोलन है, जो **नर्मदा नदी** पर बनाए जा रहे बड़े **बाँधों के खिलाफ** शुरू किया गया था। यह आंदोलन मुख्य रूप से **सरदार सरोवर बाँध परियोजना** के कारण विस्थापित होने वाले हजारों लोगों के अधिकारों की रक्षा के लिए किया गया। इसका नेतृत्व **मेधा पाटकर** ने किया था और यह भारत के सबसे बड़े पर्यावरणीय और मानवाधिकार आंदोलनों में से एक माना जाता है।

भारत में जल संकट और समाधान (Water Crisis & Solutions in India)
(i) जल संकट के कारण:
✖ **असमान वर्षा वितरण** – पश्चिमी भारत में सूखा, पूर्वोत्तर में बाढ़
✖ **भूजल दोहन** – अत्यधिक दोहन से भूगर्भीय जल स्तर गिर रहा है।
✖ **प्रदूषण** – नदियों और झीलों में औद्योगिक और घरेलू कचरा
✖ **जल संरक्षण की कमी** – वर्षा जल संचयन और कुशल सिंचाई प्रणाली का अभाव
(ii) जल संकट के समाधान:

✔ **वर्षा जल संचयन (Rainwater Harvesting)** – छतों और तालाबों में जल संग्रह
✔ **सिंचाई के कुशल तरीके (Efficient Irrigation Methods)** – टपक सिंचाई (Drip Irrigation), फव्वारा सिंचाई (Sprinkler Irrigation)
✔ **जल प्रदूषण नियंत्रण (Water Pollution Control)** – गंगा सफाई परियोजना, अपशिष्ट जल पुनर्चक्रण
✔ **वन संरक्षण (Forest Conservation)** – अधिक वनों से जल स्रोतों का संरक्षण

वन संसाधन (Forest Resources)- वे प्राकृतिक संसाधन हैं जो वनों से प्राप्त होते हैं और मानव जीवन तथा पर्यावरण के लिए अत्यंत महत्वपूर्ण होते हैं। वन हमें लकड़ी, जड़ी-बूटियाँ, वन्यजीवों के आश्रय, जल संरक्षण और जलवायु संतुलन जैसी अनेक सुविधाएँ प्रदान करते हैं। भारत में वनों का बड़ा क्षेत्रफल है, जो विभिन्न प्रकार के पारिस्थितिकी तंत्रों का निर्माण करता है।
वनों का प्रकार (Types of Forests)
वनों को उनकी जलवायु, स्थलाकृति और वनस्पति के आधार पर विभिन्न प्रकारों में विभाजित किया जाता है।

वन का प्रकार	विशेषताएँ	मुख्य क्षेत्र
उष्णकटिबंधीय वर्षा वन (Tropical Rain Forests)	सदाबहार, घने और अधिक वर्षा वाले क्षेत्र	अंडमान-निकोबार, पश्चिमी घाट, असम, मेघालय

वन का प्रकार	विशेषताएँ	मुख्य क्षेत्र
उष्णकटिबंधीय पर्णपाती वन (Tropical Deciduous Forests)	पतझड़ वाले, शुष्क और नम जलवायु में पाए जाते हैं	मध्य प्रदेश, उत्तर प्रदेश, ओडिशा, झारखंड
समशीतोष्ण पर्वतीय वन (Temperate Forests)	ऊँचाई वाले ठंडे क्षेत्रों में पाए जाते हैं	हिमाचल प्रदेश, उत्तराखंड, सिक्किम
रेगिस्तानी वन (Desert Forests)	कम वर्षा वाले क्षेत्रों में पाए जाते हैं	राजस्थान, गुजरात
मैंग्रोव वन (Mangrove Forests)	समुद्री तटों पर खारे पानी में पाए जाते हैं	सुंदरबन (पश्चिम बंगाल), अंडमान और निकोबार द्वीप समूह

वनों को उनकी घनत्व (Density) के आधार पर वर्गीकृत किया जाता है, जिसका तात्पर्य है कि किसी क्षेत्र में कितने प्रतिशत भाग पर वृक्षों की छाया रहती है। **वन घनत्व के अनुसार वनों को निम्नलिखित श्रेणियों में विभाजित किया जाता है:-**

(i) बहुत घने वन (Very Dense Forests)

- ये वे वन होते हैं जहाँ 70% से अधिक भाग पेड़ों से ढका होता है।

- अत्यधिक जैव विविधता और वर्षा जल संचयन में सहायक

- स्थान: पश्चिमी घाट, उत्तर-पूर्वी भारत, अंडमान-निकोबार द्वीप समूह

- उदाहरण: उष्णकटिबंधीय वर्षा वन (Tropical Rainforests)

(ii) सामान्य घने वन (Moderately Dense Forests)

- यहाँ 40% से 70% भूभाग पेड़ों से आच्छादित रहता है।

- शुष्क और नम क्षेत्रों में पाए जाते हैं

- स्थान: मध्य भारत, हिमालयी क्षेत्र, झारखंड, छत्तीसगढ़

- उदाहरण: उष्णकटिबंधीय पर्णपाती वन (Tropical Deciduous Forests)

(iii) खुले वन (Open Forests)

- इन वनों में **10% से 40% भूभाग पेड़ों से ढका होता है।**

- यह क्षेत्र वनस्पति के रूप में कम घने होते हैं और कृषि या पशुपालन के लिए उपयोग किए जाते हैं।

- **स्थान:** राजस्थान, गुजरात, मध्य प्रदेश, महाराष्ट्र

- **उदाहरण:** शुष्क पर्णपाती वन, कांटेदार वन

प्रशासनिक दृष्टि से वनों को निम्नलिखित प्रकारों में विभाजित किया जाता है:

1. **संरक्षित वन (Reserved Forests)** – ये वन सरकार द्वारा संरक्षित होते हैं और इनका उपयोग बिना अनुमति के नहीं किया जा सकता। इन वनों में वनों की कटाई, चराई, शिकार और अन्य गतिविधियाँ नियंत्रित होती हैं।

2. **संवर्जित वन (Protected Forests)** – इन वनों पर सरकार का आंशिक नियंत्रण होता है। यहाँ कुछ हद तक स्थानीय लोगों को वन संसाधनों के उपयोग की अनुमति होती है, लेकिन कुछ गतिविधियाँ प्रतिबंधित भी रहती हैं।

3. **अवर्गीकृत वन (Unclassified Forests)** – ये वन किसी विशेष श्रेणी में नहीं आते और इन पर सरकारी या निजी स्वामित्व हो सकता है। इन वनों का उपयोग आमतौर पर स्थानीय लोग अपनी आवश्यकताओं के अनुसार करते हैं।

रेड डेटा बुक (Red Data Book) क्या है?

रेड डेटा बुक एक दस्तावेज़ या सूची होती है जिसमें उन जीवों (पौधों और जानवरों) की जानकारी होती है जो विलुप्त होने के कगार पर हैं। इसे अंतरराष्ट्रीय प्रकृति संरक्षण संघ (IUCN -

International Union for Conservation of Nature) द्वारा तैयार किया जाता है।

रेड डेटा बुक की श्रेणियाँ

IUCN ने प्रजातियों को विभिन्न श्रेणियों में बाँटा है, जैसे:

1. **विलुप्त (Extinct - EX)** – ऐसी प्रजातियाँ जो अब पृथ्वी पर नहीं पाई जातीं।

2. **वन्य में विलुप्त (Extinct in the Wild - EW)** – ये प्रजातियाँ प्राकृतिक पर्यावरण में नहीं मिलतीं, केवल चिड़ियाघरों या संरक्षित स्थलों पर पाई जाती हैं।

3. **गंभीर रूप से संकटग्रस्त (Critically Endangered - CR)** – ये प्रजातियाँ विलुप्त होने की कगार पर हैं।

4. **संकटग्रस्त (Endangered - EN)** – इनकी संख्या बहुत कम हो गई है और ये भी विलुप्त होने के खतरे में हैं।

5. **अतिसंवेदनशील (Vulnerable - VU)** – ये प्रजातियाँ भी खतरे में हैं, लेकिन संकटग्रस्त से थोड़ा कम स्तर पर।

6. **निकट संकटग्रस्त (Near Threatened - NT)** – भविष्य में इन प्रजातियों पर खतरा बढ़ सकता है।

7. **कम चिंता वाली (Least Concern - LC)** – इन पर फिलहाल कोई विशेष खतरा नहीं है।

खनिज और ऊर्जा संसाधन

भारत खनिज और ऊर्जा संसाधनों में समृद्ध है।

खनिज क्या हैं?

खनिज (Minerals) वे प्राकृतिक तत्व या यौगिक होते हैं जो पृथ्वी की सतह या गर्भ में पाए जाते हैं। ये ठोस अवस्था में होते हैं और इनका एक निश्चित रासायनिक संघटन एवं भौतिक संरचना होती है।

खनिजों के प्रकार

खनिजों को उनके गुणों और उपयोग के आधार पर विभिन्न प्रकारों में विभाजित किया जाता है:

1. धात्विक खनिज (Metallic Minerals)

- वे खनिज जिनसे धातु प्राप्त की जाती है।

- चमकदार होते हैं और बिजली व ऊष्मा के अच्छे चालक होते हैं।

- इन्हें आगे दो भागों में बाँटा जाता है:

(क) लौह युक्त खनिज (Ferrous Minerals)

- इन खनिजों में लोहा (Fe) मौजूद होता है।

- उदाहरण:
  - लौह अयस्क (Iron Ore)
  - मैंगनीज (Manganese)
  - क्रोमाइट (Chromite)

(ख) अलौह धात्विक खनिज (Non-Ferrous Minerals)

- इन खनिजों में लोहा नहीं पाया जाता है और ये धातु उत्पादन के लिए महत्त्वपूर्ण होते हैं।

- उदाहरण:
  - बॉक्साइट (Bauxite) – ऐल्युमिनियम का स्रोत
  - तांबा (Copper)
  - सीसा (Lead)
  - जस्ता (Zinc)

2. अधात्विक खनिज (Non-Metallic Minerals)

- वे खनिज जिनसे कोई धातु प्राप्त नहीं होती है, ये आमतौर पर ऊर्जा उत्पादन और उद्योगों में उपयोग किए जाते हैं।

- उदाहरण:
  - अभ्रक (Mica)
  - चूना पत्थर (Limestone)
  - डोलोमाइट (Dolomite)
  - जिप्सम (Gypsum)

आधार	लौह खनिज	अलौह खनिज
परिभाषा	वे खनिज जिनमें लोहे (Fe) की मात्रा पाई जाती है।	वे खनिज जिनमें लोहे की मात्रा नहीं होती
चुम्बकीय गुण	इनमें चुंबकीय गुण पाए जाते हैं।	इनमें चुंबकीय गुण नहीं होते
संरचना	ये प्रायः कठोर और भारी होते हैं।	ये अपेक्षाकृत हल्के और मुलायम होते हैं।
उदाहरण	लौह अयस्क (Iron Ore), मैंगनीज (Manganese), क्रोमाइट (Chromite), निकल (Nickel)	बॉक्साइट (Bauxite), तांबा (Copper), सीसा (Lead), जस्ता (Zinc), सोना (Gold)
उपयोग	इस्पात निर्माण, मशीनरी, इंजन, पुल, रेलवे पटरियों में	विद्युत उपकरण, विमान निर्माण, आभूषण, बैटरियों में

ऊर्जा संसाधन:

ऊर्जा संसाधन क्या हैं?

ऊर्जा संसाधन वे प्राकृतिक या कृत्रिम स्रोत हैं जिनसे हमें ऊर्जा प्राप्त होती है, इनका उपयोग बिजली उत्पादन, परिवहन, उद्योगों और घरेलू आवश्यकताओं के लिए किया जाता है।

उपयोग स्तर के आधार पर दो –

✓ **सतत शक्ति-** जैसे- सौर उर्जा , पवन इत्यादि
✓ **समापनीय शक्ति –** जैसे- कोयला , पेट्रोलियम इत्यदि

उपयोगिता के आधार पर दो =

✓ **प्राथमिक उर्जा –** जैसे कोयला पेट्रोलियम
✓ **गौण उर्जा –** जैसे -विधुत

स्रोत के स्थिति के आधार पर-

✓ **क्षयशील शक्ति** जैसे कोयला , पेट्रोलियम इत्यादि
✓ **अक्षयशील शक्ति**

संरचनात्मक गुणों के आधार पर-

✓ **जैविक और अजैविक स्रोत**

समय के आधार पर- पारंपरिक और गैर पारंपरिक

1. पारंपरिक ऊर्जा संसाधन (Conventional Energy Resources)

ये वे ऊर्जा स्रोत हैं जो लंबे समय से उपयोग किए जा रहे हैं और अधिकतर जीवाश्म ईंधन (Fossil Fuels) पर आधारित होते हैं।

(क) कोयला (Coal)

- पृथ्वी के अंदर दबे जैविक पदार्थों से बना काला ठोस ईंधन

- मुख्य रूप से थर्मल पावर प्लांट में उपयोग किया जाता है।

- भारत में झारखंड, छत्तीसगढ़, ओडिशा और पश्चिम बंगाल में अधिक उत्पादन होता है।

कोयले का वर्गीकरण-

1. पीट (Peat)

- कोयला बनने की प्रारंभिक अवस्था

- इसमें 50-60% कार्बन होता है।

- सबसे कम ऊष्मा प्रदान करता है।

- यह अधिक नमी और धुआँ उत्पन्न करता है।

- भारत में वाणिज्यिक उपयोग में नहीं आता

2. लिग्नाइट (Lignite) (भूरा कोयला)

- इसे ब्राउन कोल भी कहा जाता है।

- इसमें 60-70% कार्बन होता है।

- ऊष्मा उत्पादन क्षमता 2500-3500 किलो कैलोरी/किग्रा होती है।

- यह अधिक नमी और राख छोड़ता है।

- भारत में तमिलनाडु (नीवेली), राजस्थान, गुजरात और असम में पाया जाता है।

3. बिटुमिनस (Bituminous) (मुख्य औद्योगिक कोयला)

- इसमें 70-85% कार्बन होता है।

- यह अधिक ऊष्मा उत्पन्न करता है (3500-5500 किलो कैलोरी/किग्रा)

- इस कोयले से कोक (Coke) बनाया जाता है, जो इस्पात उद्योग में उपयोगी है।

- भारत में झारखंड (झरिया), पश्चिम बंगाल (रानीगंज), ओडिशा और छत्तीसगढ़ में पाया जाता है।

4. एंथ्रेसाइट (Anthracite) (श्रेष्ठतम गुणवत्ता का कोयला)

- इसमें 85-95% कार्बन होता है।

- ऊष्मा उत्पादन क्षमता 5500-7500 किलो कैलोरी/किग्रा होती है।

- सबसे कठोर और काला कोयला होता है।

- यह जलने पर कम धुआँ और राख उत्पन्न करता है।

- भारत में यह बहुत कम मात्रा में जम्मू-कश्मीर में पाया जाता है।

(ख) पेट्रोलियम (Petroleum)

- इसे 'कच्चा तेल' (Crude Oil) भी कहते हैं।

- इससे डीजल, पेट्रोल, मिट्टी का तेल (केरोसिन), एलपीजी और अन्य उत्पाद प्राप्त होते हैं।

- भारत में मुंबई हाई, असम, गुजरात और राजस्थान में पाया जाता है।

(ग) प्राकृतिक गैस (Natural Gas)

- यह गैसीय अवस्था में पाया जाता है और बिना किसी परिशोधन के उपयोग किया जा सकता है।

- इसका उपयोग बिजली उत्पादन और सीएनजी (CNG) के रूप में वाहनों में किया जाता है।

- भारत में असम, गुजरात और त्रिपुरा में प्रमुख भंडार हैं।

(घ) परमाणु ऊर्जा (Nuclear Energy)

- यह यूरेनियम और थोरियम जैसे रेडियोधर्मी तत्वों से प्राप्त होती है।

- भारत में काकरापार (गुजरात), कलपक्कम (तमिलनाडु) और रावतभाटा (राजस्थान) में परमाणु संयंत्र हैं।

2. गैर परंपरागत ऊर्जा संसाधन (Non-Conventional Energy Resources)

ये वे ऊर्जा स्रोत हैं जो नवीकरणीय (Renewable) होते हैं और पर्यावरण को कम नुकसान पहुँचाते हैं।

(क) सौर ऊर्जा (Solar Energy)

- सूर्य की किरणों से प्राप्त ऊर्जा

- इसका उपयोग सौर पैनल, सौर कुकर और सौर हीटर में किया जाता है।

- भारत में राजस्थान, गुजरात और मध्य प्रदेश में बड़े सौर ऊर्जा संयंत्र हैं।

(ख) पवन ऊर्जा (Wind Energy)

- वायु की गति से ऊर्जा उत्पन्न होती है।

- भारत में तमिलनाडु, गुजरात और महाराष्ट्र में पवन ऊर्जा संयंत्र हैं।

(ग) जल विद्युत ऊर्जा (Hydropower Energy)

- जल के प्रवाह से टरबाइन घुमाकर बिजली बनाई जाती है।

- भारत में भाखड़ा नांगल, टिहरी और सरदार सरोवर प्रमुख जल विद्युत परियोजनाएँ हैं।

(घ) जैव ऊर्जा (Biomass Energy)

- पेड़-पौधों, कृषि अवशेषों, गोबर और जैविक कचरे से प्राप्त ऊर्जा।

- इसका उपयोग बायोगैस और जैव ईंधन (Biofuel) में किया जाता है।

(ङ) ज्वारीय और भूतापीय ऊर्जा (Tidal & Geothermal Energy)

- ज्वारीय ऊर्जा समुद्री लहरों से और भूतापीय ऊर्जा पृथ्वी के अंदर की गर्मी से प्राप्त होती है।

- भारत में लक्षद्वीप और गुजरात में ज्वारीय ऊर्जा की संभावनाएँ है

परमाणु शक्ति (Nuclear Power) क्या है?

परमाणु शक्ति वह ऊर्जा है जो **नाभिकीय अभिक्रियाओं (Nuclear Reactions)** के माध्यम से प्राप्त की जाती है। यह मुख्य रूप से **नाभिकीय विखंडन (Nuclear Fission)** की प्रक्रिया से उत्पन्न होती है, जिसमें भारी तत्वों (जैसे **यूरेनियम-235** और **प्लूटोनियम-239**) के नाभिक टूटते हैं और विशाल ऊर्जा उत्पन्न होती है।

भारत के प्रमुख उर्जा गृह

परमाणु ऊर्जा गृह	राज्य	क्षमता(मेगावाट)
तारापुर परमाणु ऊर्जा केंद्र	महाराष्ट्र	1400
काकरापार परमाणु ऊर्जा केंद्र	गुजरात	700
रावतभाटा परमाणु ऊर्जा केंद्र	राजस्थान	1180
कलपक्कम (मद्रास) परमाणु ऊर्जा केंद्र	तमिलनाडु	440
नरोरा परमाणु ऊर्जा केंद्र	Up	440
कुडनकुलम परमाणु ऊर्जा केंद्र	तमिलनाडु	2000
राणाप्रताप सागर परमाणु उर्जा गृह	राजस्थान	235
कैगा परमाणु गृह	कर्नाटक	

वर्णनात्मक (Subjective) प्रश्न:

1. संसाधनों के असमान वितरण के कारण और उनके समाधान पर चर्चा करें।

2. भारत में भूमि अपरदन के कारणों और संरक्षण उपायों पर प्रकाश डालें।

3. सतत विकास के महत्व और इसे प्राप्त करने के उपायों को विस्तार से समझाइए।

4. जल संसाधन संरक्षण के लिए अपनाए जा सकने वाले उपायों पर चर्चा करें।

5. खनिज संसाधनों के विकास और पर्यावरणीय प्रभावों का विश्लेषण करें।

6. प्राकृतिक संसाधनों के असमान वितरण के कारण और उनके समाधान पर चर्चा करें।

7. भारत में जल संसाधन संरक्षण के लिए उठाए गए कदमों पर प्रकाश डालें।

8. खनिज और ऊर्जा संसाधनों के उपयोग और उनके पर्यावरणीय प्रभावों का विश्लेषण करें।

9. सतत विकास के महत्व और इसे प्राप्त करने के उपायों को विस्तार से समझाएं

निर्माण उद्योग (Construction Industry)[इकाई 3]

किसी भी देश की आधारभूत संरचना (Infrastructure) को विकसित करने वाला एक प्रमुख क्षेत्र है। इसमें **भवनों, सड़कों, पुलों, बांधों, रेलवे, हवाई अड्डों, कारखानों, और अन्य संरचनाओं** का निर्माण शामिल होता है। यह उद्योग किसी भी देश की **आर्थिक प्रगति और औद्योगिक विकास** में महत्वपूर्ण भूमिका निभाता है।

उद्योग का वर्गीकरण-

✓ श्रम के आधार पर
- **बड़े पैमाने का उद्योग**-इसमें बड़े मात्रा में श्रमिको और पूंजी का उपयोग होता है और उत्पादन भी
- **छोटे पैमाने का उद्योग**- ग्रामीण लघु और घरेलु उद्योग
✓ **कच्चे माल के आधार पर-**
- **भारी उधोग**- लोहा और इस्पात उघ्योग इसका उदाहरण है
- **हल्का उद्योग** – इलेक्ट्रिक उपकरण इसका उदहारण है

- ✔ **स्वामित्व के आधार पर-**
- **सार्वजनिक** – इसमें भरी तथा आधारभूत उद्योग शामिल है
- **संयुक्त** – जब उद्योग दो या दो से अधिक व्यक्तियों के सहयोग से हो तो वह संयुक्त या सहकारी उद्योग कहलाता है|

कच्चे माल के आधार पर उद्योग के प्रकार

उद्योगों को विभिन्न आधारों पर वर्गीकृत किया जाता है, जिनमें से कच्चे माल (Raw Material) का आधार प्रमुख है| **कच्चे माल के स्रोत और उनकी प्रकृति के आधार पर उद्योगों को निम्नलिखित प्रमुख वर्गों में विभाजित किया जा सकता है:-**

1. कृषि आधारित उद्योग (Agro-Based Industries)

☞ ये उद्योग कृषि उत्पादों को कच्चे माल के रूप में उपयोग करते हैं।

उदाहरण:

- कपड़ा उद्योग: कपास, जूट, ऊन और रेशम पर आधारित

- शक्कर उद्योग: गन्ने से चीनी, गुड़ और सिरका बनाना

- तेल उद्योग: सरसों, मूँगफली, सूरजमुखी से तेल निकालना

- कागज उद्योग: बाँस और लकड़ी से कागज बनाना

- खाद्य प्रसंस्करण उद्योग: फल-सब्जियों से जैम, जूस, अचार आदि बनाना

2. खनिज आधारित उद्योग (Mineral-Based Industries)

☞ इन उद्योगों में कच्चा माल खनिजों (Minerals) से प्राप्त होता है।

उदाहरण:

- लौह और इस्पात उद्योग: लोहा और इस्पात से मशीनें, पुल, वाहन आदि बनाना

- सीमेंट उद्योग: चूना पत्थर, सिलिका और जिप्सम से सीमेंट बनाना

- एल्युमिनियम उद्योग: बॉक्साइट से एल्युमिनियम उत्पाद बनाना

- रसायन उद्योग: खनिज आधारित रसायन जैसे अमोनिया, फास्फेट, एसिड आदि बनाना

3. वन आधारित उद्योग (Forest-Based Industries)

☞ ये उद्योग वनों से प्राप्त लकड़ी और अन्य उत्पादों पर निर्भर होते हैं।

उदाहरण:

- लकड़ी उद्योग: फर्नीचर, दरवाजे, लकड़ी के फर्श आदि

- कागज उद्योग: बाँस, लकड़ी, घास से कागज बनाना

- रेशम और लाख उद्योग: कीटों और पेड़ों से प्राप्त प्राकृतिक उत्पादों का उपयोग

- औषधीय उद्योग: वनस्पतियों से दवाइयाँ और हर्बल उत्पाद बनाना

4. जल आधारित उद्योग (Water-Based Industries)

☞ इन उद्योगों में मुख्य कच्चा माल जल से प्राप्त होता है।

उदाहरण:

- मत्स्य उद्योग: मछली पालन से संबंधित उत्पाद

- खनिज जल उद्योग: बोतलबंद पानी और सोडा उद्योग

- जलविद्युत उत्पादन: जल से बिजली उत्पादन

5. ऊर्जा आधारित उद्योग (Energy-Based Industries)

☞ ये उद्योग ऊर्जा उत्पादन से संबंधित होते हैं और ऊर्जा को कच्चे माल के रूप में उपयोग करते हैं।

उदाहरण:

- परमाणु ऊर्जा उद्योग: यूरेनियम, थोरियम से बिजली उत्पादन

- कोयला आधारित उद्योग: तापीय ऊर्जा संयंत्र, इस्पात उद्योग

- पेट्रोलियम उद्योग: पेट्रोल, डीजल, एलपीजी और पेट्रोकेमिकल्स उत्पाद

****महत्वपूर्ण उद्योग****

1. ****कपास और वस्त्र उद्योग**:**

स्थान: महाराष्ट्र, गुजरात, तमिलनाडु

महत्व: रोजगार प्रदान करना और निर्यात को बढ़ावा

चुनौतियाँ: पुरानी तकनीक, सिंथेटिक फाइबर से प्रतिस्पर्धा

2. **लोहे और इस्पात उद्योग**:

स्थान: झारखंड (बोकारो), ओडिशा (राउरकेला)

महत्व: निर्माण और रक्षा में उपयोगी

चुनौतियाँ: ऊर्जा की कमी, कच्चे माल की आपूर्ति

3. **चीनी उद्योग**:

- **स्थान**: उत्तर प्रदेश, महाराष्ट्र

- **महत्व**: कृषि-आधारित और निर्यात में सहायक

- **चुनौतियाँ**: मौसम पर निर्भरता

4. **एल्यूमिनियम उद्योग**:

- **स्थान**: ओडिशा, छत्तीसगढ़

- **महत्व**: बिजली और विमानन में उपयोग

- **चुनौतियाँ**: ऊर्जा खपत अधिक

5. **रसायन उद्योग**:

- **महत्व**: उर्वरक, दवाइयाँ, कीटनाशक निर्माण

- **स्थान**: गुजरात, महाराष्ट्र

औद्योगिक प्रदूषण और नियंत्रण

प्रदूषण के प्रकार:

1. **वायु प्रदूषण**: धुआं, कार्बन डाइऑक्साइड

2. **जल प्रदूषण**: रसायनों का नदियों में रिसाव

3. **ध्वनि प्रदूषण**: मशीनों से उत्पन्न शोर

4. **मृदा प्रदूषण**: औद्योगिक कचरा

समाधान:

1. **ग्रीन तकनीक**: प्रदूषण रहित उपकरणों का उपयोग

2. **पुनर्चक्रण**: कचरे का पुनः उपयोग

3. **सरकारी नीतियाँ**: पर्यावरण नियमों को लागू करना

संरक्षण और टिकाऊ विकास

1. **कच्चे माल का कुशल उपयोग**: ऊर्जा और संसाधनों का संरक्षण

2. **अक्षय ऊर्जा स्रोत**: सौर, पवन और जल ऊर्जा का उपयोग

3. **पुनर्चक्रण**: औद्योगिक कचरे को पुनः उपयोग करना

4. **सरकारी योजनाएँ**: राष्ट्रीय पर्यावरण नीति, स्वच्छ भारत अभियान

(कृषि)

भारत में कृषि का महत्व

- कृषि भारतीय अर्थव्यवस्था की रीढ़ है।

- 60% से अधिक भारतीय कृषि पर निर्भर हैं।

- यह खाद्य उत्पादन के साथ-साथ औद्योगिक कच्चे माल, जैसे कपास और गन्ना, प्रदान करती है।

कृषि के प्रकार

1. आजीविका कृषि (Subsistence Farming):

छोटे भूखंडों पर परिवार की जरूरतों के लिए की जाती है।

- पारंपरिक उपकरणों और प्राकृतिक संसाधनों पर आधारित

- उदाहरण: झूम खेती

2. व्यावसायिक कृषि (Commercial Farming):

- फसल उत्पादन बाजार में बेचने के लिए

- आधुनिक उपकरण और तकनीकों का उपयोग

- उदाहरण: कपास और गन्ना की खेती

3. झूम खेती (Shifting Agriculture):

- जंगलों को काटकर और जलाकर अस्थायी खेती

- मिट्टी की उर्वरता कम होने पर दूसरी जगह स्थानांतरित

- भारत में इसे विभिन्न नामों से जाना जाता है, जैसे "झूम" (उत्तर-पूर्व), "पोडू" (आंध्र प्रदेश), और "बेवर" (मध्य प्रदेश)

भारत में प्रमुख फसलें

1. अनाज की फसलें:

धान (चावल):

- मुख्य खाद्य फसल

- अधिक वर्षा वाले क्षेत्रों में उगाई जाती है

- प्रमुख राज्य: पश्चिम बंगाल, पंजाब, उत्तर प्रदेश

गेहूं:

- दूसरी प्रमुख खाद्य फसल

- ठंडी जलवायु और सिंचाई की आवश्यकता

- प्रमुख राज्य: उत्तर प्रदेश, पंजाब, हरियाणा

2. दलहन फसलें:

- अरहर, मूंग, मसूर, चना

- मिट्टी की उर्वरता बढ़ाने में मदद करती हैं

- प्रमुख राज्य: मध्य प्रदेश, राजस्थान

3. नकदी फसलें:

गन्ना:

- चीनी उद्योग के लिए महत्वपूर्ण

- प्रमुख राज्य: उत्तर प्रदेश, महाराष्ट्र

कपास:

- वस्त्र उद्योग के लिए उपयोगी

- प्रमुख राज्य: गुजरात, महाराष्ट्र

4. तिलहन फसलें:

- सरसों, मूंगफली, सूरजमुखी

- खाद्य तेल और औद्योगिक उपयोग

- प्रमुख राज्य: राजस्थान, गुजरात

➤ **कृषि में समस्याएं**

1. **जलवायु आधारित समस्याएं:**

- अनियमित मानसून

- बाढ़ और सूखा

2. **सामाजिक और आर्थिक समस्याएं:**

- छोटे भूखंड

- किसानों की गरीबी

3. **तकनीकी समस्याएं:**

- आधुनिक उपकरणों और उन्नत बीजों की कमी

➤ **कृषि में सुधार के उपाय**

1. **सरकारी प्रयास:**

- हरित क्रांति

- राष्ट्रीय खाद्य सुरक्षा मिशन

- प्रधानमंत्री किसान सम्मान निधि योजना

2. **तकनीकी सुधार:**

- उन्नत बीजों का उपयोग

- सिंचाई सुविधाओं का विस्तार

3. **सामुदायिक भागीदारी:**

- सहकारी समितियां

- किसान प्रशिक्षण कार्यक्रम

➤ **जैविक खेती (Organic Farming)**

- रासायनिक खाद और कीटनाशकों के बिना खेती

- मिट्टी की गुणवत्ता और पर्यावरण संरक्षण में सहायक

- तेजी से लोकप्रिय हो रही है।

➤ **कृषि में तकनीकी विकास**

- ट्रैक्टर, हार्वेस्टर, और सिंचाई तकनीकों का उपयोग

- ड्रिप सिंचाई और सौर ऊर्जा का उपयोग

परिवहन (Transport)

1. परिवहन का महत्व

- आर्थिक विकास का आधार

- वस्तुओं और सेवाओं को एक स्थान से दूसरे स्थान तक ले जाने का माध्यम

- राष्ट्रीय और अंतर्राष्ट्रीय व्यापार को प्रोत्साहन

2. परिवहन के प्रकार

- भूमि परिवहन: सड़क, रेल

- **जल परिवहन:** समुद्री और आंतरिक जलमार्ग

- **वायुमार्ग:** घरेलू और अंतर्राष्ट्रीय उड़ानें

- **पाइप लाइन मार्ग**

➢ सड़क परिवहन

- भारत का सड़क परिवहन विश्व में दूसरा सबसे बड़ा है।

- कुल सड़क नेटवर्क: 62.16 लाख किमी (2020-21)

प्रमुख प्रकार की सड़कें

- **राष्ट्रीय राजमार्ग:** राज्यों को जोड़ने वाली प्रमुख सड़कें

- **राज्य राजमार्ग:** राज्य के प्रमुख जिलों को जोड़ने वाली सड़कें

- **ग्रामीण सड़कें:** गांवों और कस्बों को जोड़ने वाली सड़कें

✓ **स्वर्णिम चतुर्भुज परियोजना:** दिल्ली, मुंबई, चेन्नई और कोलकाता को जोड़ने वाली मुख्य सड़क परियोजना
✓ **एक्सप्रेस वे** – अल्प समय गंतव्य स्थान तक पहुचाने के उद्देश्य से बनायीं गयी इस सड़क पर गाडियों की गति बहुत तेज होती है
✓ **पूर्व पश्चिम गलियारा-** पूर्वी छोर सिलचर से शुरू होकर पश्चिमी छोर पोरबंदर तक जाता है।
✓ **उतर दक्षिण गलियारा-** उत्तरी छोर श्रीनगर से शुरू होकर दक्षिणी छोर कन्याकुमारी तक जाता है।

महत्वपूर्ण परियोजनाएं

- प्रधानमंत्री ग्रामीण सड़क योजना

- राष्ट्रीय राजमार्ग प्राधिकरण (NHAI) के तहत सड़क विकास

➢ **रेल परिवहन**

- भारत का रेलवे नेटवर्क दुनिया का चौथा सबसे बड़ा है।

- कुल रेलवे लाइन: 67,956 किमी

- पहला रेलवे मार्ग: मुंबई से ठाणे (1853)

✓ **रेल परिवहन का महत्व**

- वाणिज्य, कृषि, और औद्योगिक विकास के लिए आवश्यक।

- यात्री और माल परिवहन के लिए प्रभावी।

रेलवे के प्रकार

- **ब्रॉड गेज:** 1.676 मीटर

- **मीटर गेज:** 1.000 मीटर

- **नैरो गेज:** 0.762 मीटर

➢ **जल परिवहन**

1. **आंतरिक जलमार्ग**

- नदियों और जलाशयों का उपयोग

- प्रमुख जलमार्ग: गंगा, ब्रह्मपुत्र, गोदावरी

2. **समुद्री परिवहन**

- भारत के पास 7,516.6 किमी लंबी तटीय रेखा

- 12 प्रमुख और 200 छोटे बंदरगाह

- प्रमुख बंदरगाह: मुंबई, कोलकाता, चेन्नई, कांडला

➢ **वायुपरिवहन (Air Transport)**

- तेज और प्रभावी परिवहन साधन

- घरेलू और अंतर्राष्ट्रीय हवाई अड्डे: दिल्ली, मुंबई, कोलकाता

- क्षेत्रीय संपर्क योजना (UDAN): छोटे शहरों को जोड़ने की पहल

संचार (Communication)

1. **संचार के माध्यम**

- रेडियो, टेलीविजन, समाचार पत्र

- इंटरनेट और मोबाइल संचार

2. **डिजिटल भारत पहल**

- सूचना और संचार प्रौद्योगिकी का विकास

- ग्रामीण और शहरी क्षेत्रों के बीच डिजिटल विभाजन को कम करना

अंतर्राष्ट्रीय व्यापार (International Trade)

1. **अर्थ**

- देशों के बीच वस्तुओं और सेवाओं का आदान-प्रदान

- भारत के मुख्य निर्यात: पेट्रोलियम उत्पाद, कृषि उत्पाद, वस्त

- मुख्य आयात: कच्चा तेल, मशीनरी, रसायन

2. **प्रमुख व्यापारिक केंद्र**

- मुंबई, कोलकाता, चेन्नई

पर्यटन (Tourism)

1. **महत्व**

- सांस्कृतिक आदान-प्रदान

- पारिस्थितिक पर्यटन

- चिकित्सा पर्यटन

पाइप लाइन मार्ग-

भारत में पाइपलाइन परिवहन एक महत्वपूर्ण साधन है, जो तेल, गैस, और अन्य पेट्रोलियम उत्पादों के कुशल और सुरक्षित परिवहन में सहायक है। प्रमुख पाइपलाइन मार्ग निम्नलिखित हैं:

1. **नाहरकटिया-नूनमाटी-बरौनी पाइपलाइन:**

   o मार्ग: असम के नाहरकटिया तेल क्षेत्र से नूनमाटी (गुवाहाटी) होते हुए बरौनी (बिहार) तक

   o उद्देश्य: असम के तेल क्षेत्रों से उत्तर भारत के रिफाइनरियों तक कच्चे तेल का परिवहन

2. **सलाया-कॉयली-मथुरा पाइपलाइन:**

   o मार्ग: गुजरात के सलाया से कोईली, मथुरा, दिल्ली, सोनीपत होते हुए पंजाब के जालंधर तक

   o उद्देश्य: पश्चिमी भारत के रिफाइनरियों से उत्तरी भारत के विभिन्न हिस्सों में पेट्रोलियम उत्पादों का वितरण

3. **हजीरा-विजयपुर-जगदीशपुर (एचवीजे) गैस पाइपलाइन:**

   o मार्ग: गुजरात के हजीरा से मध्य प्रदेश के विजयपुर होते हुए उत्तर प्रदेश के जगदीशपुर तक

   o उद्देश्य: पश्चिमी भारत से उत्तरी भारत के उर्वरक संयंत्रों और अन्य उद्योगों को प्राकृतिक गैस की आपूर्ति

4. **कांडला-भटिंडा पाइपलाइन:**

   o मार्ग: गुजरात के कांडला से हरियाणा के पानीपत होते हुए पंजाब के भटिंडा तक

   o उद्देश्य: पश्चिमी तट से उत्तरी भारत में पेट्रोलियम उत्पादों का परिवहन

- विदेशी मुद्रा अर्जन

2. **प्रमुख प्रकार**

- सांस्कृतिक पर्यटन

5. **जगदीशपुर-हल्दिया/बोकारो-धामरा पाइपलाइन परियोजना (जेएचबीडीपीएल):**

   o मार्ग: उत्तर प्रदेश के जगदीशपुर से पश्चिम बंगाल के हल्दिया और ओडिशा के धामरा तक

   o उद्देश्य: पूर्वी और उत्तर-पूर्वी भारत में प्राकृतिक गैस की आपूर्ति बढ़ाना

भारत में पाइप लाइन का वितरण- दो वर्गों में विभाजित

✓ तेल पाइपलाइन – (1) कच्चा तेल (2) तेल उत्पाद
✓ गैस पाइप लाइन – (1) LPG (2) HBG

मानचित्र अध्ययन –

मानचित्र अध्ययन का अर्थ है किसी भौगोलिक क्षेत्र को चित्रात्मक रूप में समझना और उसका विश्लेषण करना। मानचित्र (Map) किसी स्थान की सटीक जानकारी देने वाला एक चित्रात्मक प्रतिनिधित्व होता है, जिसमें विभिन्न भौगोलिक विशेषताओं को प्रदर्शित किया जाता है।

मुख्य उच्चावत प्रदर्शन विधियाँ

1. स्थलरूप रेखाएँ (Contour Lines Method)

☞ परिभाषा:

   • स्थलरूप रेखाएँ वे काल्पनिक रेखाएँ होती हैं, जो समान ऊँचाई वाले स्थानों को जोड़ती हैं।

   • ये मानचित्र पर पर्वतों और घाटियों के ढलान को दर्शाने के लिए प्रयोग होती हैं।

☞ विशेषताएँ:
✔ निकटवर्ती रेखाएँ = तीव्र ढलान (Steep Slope)
✔ दूर-दूर रेखाएँ = हल्का ढलान (Gentle Slope)
✔ वृत्ताकार रेखाएँ = पहाड़ी या पर्वत
✔ केंद्र में निम्न ऊँचाई = घाटी या कुंड (Depression)

2. रंग-छायांकन/स्तर रंजन विधि (Layer Tinting or Shading Method)

☞ परिभाषा:

- विभिन्न ऊँचाइयों को अलग-अलग रंगों से दर्शाया जाता है।

- गहरे रंग ऊँचाई को और हल्के रंग निचले क्षेत्रों को दिखाते हैं।

☞ **विशेषताएँ:**
- ✔ समुद्र तल = नीला
- ✔ मैदान = हरा
- ✔ पठार = पीला या भूरा
- ✔ पर्वत = गहरा भूरा

3. उच्चावचन/हैश्युर विधि (Hachure Method)

☞ **परिभाषा:**

- छोटी-छोटी तिरछी रेखाओं द्वारा ऊँचाई को दर्शाया जाता है।

- यह रेखाएँ ढलान की दिशा को दिखाती हैं।

  ☞ **विशेषताएँ:**
  - ✔ गहरी रेखाएँ = तीव्र ढलान
  - ✔ हल्की रेखाएँ = समतल भूमि

4. बिंदु/स्थानिक उच्चाई विधि (Spot Height Method)

☞ **परिभाषा:**

- महत्वपूर्ण स्थानों की सटीक ऊँचाई को बिंदु (●) और संख्या के साथ दर्शाया जाता है।

- इसका उपयोग **टोपोग्राफिक (Topographic) मानचित्रों** में किया जाता है।

☞ **विशेषताएँ:**
- ✔ पर्वतों की चोटियों की ऊँचाई दिखाने के लिए उपयुक्त।
- ✔ सड़क निर्माण और सर्वेक्षण में उपयोगी।

5. त्रिकोण सर्वेक्षण विधि (Triangulation Method)

☞ **परिभाषा:**

- स्थलाकृति को समझने के लिए विभिन्न बिंदुओं को त्रिभुज के रूप में जोड़ा जाता है।

- इसका उपयोग पर्वतों और जटिल भू-आकृतियों के अध्ययन में किया जाता है।

6. ब्लॉक आरेख (Block Diagram Method)

☞ **परिभाषा:**

- यह एक त्रि-आयामी (3D) चित्र होता है, जिसमें ऊँचाई और स्थलाकृति को वास्तविक रूप में दिखाया जाता है।

- यह भूगोल और भूगर्भशास्त्र (Geology) में उपयोगी होता है।

आपदा प्रबंधन

प्राकृतिक आपदा (Natural Disasters)

प्राकृतिक आपदाएँ वे घटनाएँ होती हैं जो प्रकृति द्वारा उत्पन्न होती हैं और इनका प्रभाव मानव जीवन, संपत्ति, पर्यावरण और समाज पर गंभीर रूप से पड़ता है। ये घटनाएँ अचानक और असामान्य होती हैं, और इनका नियंत्रण मनुष्य के पास नहीं होता। प्राकृतिक आपदाओं के कारण होने वाली क्षति अक्सर बहुत बड़ी होती है और इससे मानव जीवन को भारी नुकसान होता है।

प्राकृतिक आपदाओं के प्रकार

1. भूकंप (Earthquake)
भूकंप पृथ्वी की सतह के अंदर होने वाली अचानक गति के कारण उत्पन्न होते हैं, जब टेक्टोनिक प्लेटों में हलचल होती है।

- **प्रभाव:**
  - इमारतों का गिरना
  - जमीन में दरारें
  - भूमि में बदलाव
  - सुनामी का खतरा (अगर समुद्र में भूकंप हो)

2. सुनामी (Tsunami)
समुद्र के नीचे भूकंप, ज्वालामुखी या अन्य कारणों से होने वाली हलचल से विशाल लहरें उत्पन्न होती हैं, जिन्हें सुनामी कहते हैं।

- **प्रभाव:**
  - तटीय क्षेत्रों में विनाश
  - बाढ़ जैसी स्थिति
  - भारी जनहानि और संपत्ति की हानि

3. तूफान (Cyclone)- यह एक प्रचंड वायुप्रवाह होता है जो उष्णकटिबंधीय समुद्रों से उत्पन्न होता है। तूफान के साथ तेज़ हवाएँ, भारी बारिश और बाढ़ आती है।

- **प्रकार:**

  - हॉरिकेन (समुद्र के पास)

  - तूफान (हवाओं की गति)

  - टॉर्नेडो (बड़ी हवाओं का घूमता हुआ व्रत)

- **प्रभाव:**

  - घरों और बुनियादी ढांचे की तबाही

  - कृषि और जल आपूर्ति की हानि

  - बाढ़ और जानमाल का नुकसान

4. बाढ़ (Flood)

जब नदियाँ, झीलें या समुद्र अपने सामान्य स्तर से ऊपर बहने लगते हैं और पानी भूमि में भर जाता है, तो उसे बाढ़ कहते हैं।

- **प्रभाव:**

  - **कृषि भूमि की हानि**

  - **सड़कों और पुलों का ध्वस्त होना**

  - **घरों का पानी में डूबना**

  - **जलजनित रोगों का खतरा**

5. सूखा (Drought)

सूखा एक ऐसी स्थिति है जिसमें लंबे समय तक वर्षा न होने के कारण पानी की भारी कमी होती है।

- **प्रभाव:**

    - कृषि उत्पादन की हानि

    - जलसंसाधनों का संकट

    - खाद्य और जल की कमी

    - वन्यजीवों के लिए संकट

6. ज्वालामुखी विस्फोट (Volcanic Eruption)

जब पृथ्वी की आंतरिक गर्मी के कारण लावा, गैस और राख जमीन के ऊपर निकलती है, तो उसे ज्वालामुखी विस्फोट कहते हैं।

- **प्रभाव:**

  - लावा के प्रवाह से भूमि का नष्ट होना

  - राख और गैसों से हवा का प्रदूषण

  - जंगलों का जलना और जीवन का नुकसान

7. भूस्खलन (Landslide)

यह तब होता है जब पहाड़ी या ढलान पर मृदा और चट्टानें अचानक नीचे की ओर खिसकने लगती हैं।

- **प्रभाव:**

  - सड़कों और रेलवे लाइनों का अवरुद्ध होना

  - घरों और खेतों का नष्ट होना

  - दुर्घटनाओं का खतरा

8. आग (Wildfires)

जंगलों या खुले क्षेत्रों में अचानक आग लग जाना जिसे नियंत्रण में लाना मुश्किल हो सकता है।

- **प्रभाव:**

    - वन्यजीवों का नुकसान

    - वायुमंडलीय प्रदूषण

    - जीवन और संपत्ति की हानि

प्राकृतिक आपदाओं से बचाव

प्राकृतिक आपदाओं से बचाव के लिए कुछ उपाय किए जा सकते हैं:

1. **भूकंप से बचाव:**

   - भूकंप प्रतिरोधी इमारतें बनाना

   - आपातकालीन तैयारी और अभ्यास करना

2. **सुनामी से बचाव:**

   - तटीय क्षेत्रों में चेतावनी प्रणालियाँ स्थापित करना

   - उच्च स्थानों पर शरण लेने के उपाय

3. **तूफान से बचाव:**

   - तूफान की चेतावनी प्रणाली का विकास

   - मजबूत आश्रयों का निर्माण

4. **बाढ़ से बचाव:**

   - जल निकासी की उचित व्यवस्था

- ○ बाढ़ नियंत्रण उपायों का कार्यान्वयन

5. सूखा से बचाव:

- ○ जल संरक्षण तकनीकों का उपयोग

- ○ वर्षा जल संचयन

6. ज्वालामुखी से बचाव:

- ○ विस्फोट क्षेत्रों से दूर रहना

- ○ विस्फोट से पहले चेतावनी प्रणाली विकसित करना

बाढ़ एवं सुखाड़-

बाढ़ क्या है?

जब किसी क्षेत्र में अत्यधिक वर्षा, नदियों का उफान या जल निकासी की समस्या के कारण पानी सामान्य स्तर से ऊपर बहने लगता है और भूमि डूब जाती है, तो उसे **बाढ़** कहते हैं।

बाढ़ के कारण:

1. **अत्यधिक वर्षा** – लगातार भारी बारिश से नदियाँ और जलाशय भर जाते हैं।

2. **नदियों में गाद जमाव** – नदी की गहराई कम होने से जल प्रवाह बाधित होता है।

3. **जल निकासी की कमी** – शहरों में जल निकासी प्रणाली सही न होने पर बाढ़ आती है।

4. **ग्लेशियर पिघलना** – हिमालय क्षेत्र में ग्लेशियर पिघलने से बाढ़ आती है।

5. **चक्रवात एवं सुनामी** – समुद्री तूफान और सुनामी से तटीय क्षेत्रों में बाढ़ आ सकती है।

6. **बांध टूटना** – पुराने या कमजोर बांध टूटने से अचानक बाढ़ आ सकती है।

बाढ़ के प्रभाव:

- ✔ **कृषि** – फसलें नष्ट हो जाती हैं।
- ✔ **जन-धन की हानि** – मकान, सड़कें, पुल आदि ध्वस्त हो जाते हैं।
- ✔ **बीमारियाँ** – जलजनित रोग जैसे मलेरिया, डेंगू और हैजा फैलते हैं।
- ✔ **पर्यावरण पर प्रभाव** – मिट्टी का कटाव होता है और जल स्रोत दूषित हो जाते हैं।

बाढ़ से बचाव:

- ☑ **बांध और तटबंधों का निर्माण** – नदियों पर बांध और तटबंध बनाए जाते हैं।
- ☑ **वनों का संरक्षण** – वृक्षारोपण से मिट्टी का कटाव रोका जा सकता है।
- ☑ **जल निकासी प्रणाली का सुधार** – शहरी क्षेत्रों में जल निकासी का सही प्रबंधन
- ☑ **भविष्यवाणी और चेतावनी प्रणाली** – मौसम विज्ञान विभाग द्वारा समय पर अलर्ट जारी करना

2. सूखा (Drought)

सूखा क्या है?

जब किसी क्षेत्र में लंबे समय तक वर्षा नहीं होती और जल स्रोत सूख जाते हैं, तो उसे **सूखा** कहा जाता है। यह कृषि उत्पादन, पेयजल आपूर्ति और पर्यावरण को गंभीर रूप से प्रभावित करता है।

सूखा के कारण:

1. **कम वर्षा** – मॉनसून की विफलता के कारण वर्षा नहीं होती।

2. **अत्यधिक वनों की कटाई** – पेड़ों की कमी से नमी का संतुलन बिगड़ता है।

3. **जल स्रोतों का अत्यधिक दोहन** – जलाशय, झील और भूजल स्तर का अधिक उपयोग।

4. **ग्लोबल वार्मिंग** – तापमान में वृद्धि से जल वाष्पीकरण तेज हो जाता है।

5. **जल संरक्षण की कमी** – वर्षा जल संचयन न करने से जल संकट उत्पन्न होता है।

सूखा के प्रभाव:

- ✔ **कृषि संकट** – फसलें सूख जाती हैं और खाद्यान्न की कमी होती है।
- ✔ **जल संकट** – पीने का पानी दुर्लभ हो जाता है।
- ✔ **आर्थिक समस्या** – किसान ऋणग्रस्त हो जाते हैं और बेरोजगारी बढ़ती है।
- ✔ **वन्यजीवों पर प्रभाव** – नदियाँ और झीलें सूखने से जीव-जन्तुओं को पानी नहीं मिलता।

सूखा से बचाव:

- ☑ **वर्षा जल संचयन** – तालाब और जलाशयों में वर्षा जल का संग्रहण किया जाए
- ☑ **सूखा प्रतिरोधी फसलों का उपयोग** – ऐसी फसलें उगाई जाएँ जो कम पानी में भी जीवित रह सकें।
- ☑ **वन संरक्षण** – वृक्षारोपण करके पर्यावरण को संतुलित रखना

☑ **जल संरक्षण अभियान** – जल की बर्बादी रोकने के लिए जागरूकता फैलाना

3. बाढ़ और सूखा का आपसी संबंध

* बाढ़ और सूखा दोनों ही **जल असंतुलन** के कारण उत्पन्न होते हैं।

* एक ही क्षेत्र में कभी बाढ़ तो कभी सूखा पड़ सकता है, जैसे – भारत में मानसूनी वर्षा कभी अत्यधिक होती है और कभी बहुत कम

* जल प्रबंधन की सही रणनीति अपनाकर इन दोनों आपदाओं से बचा जा सकता है।

भूकंप (Earthquake)

भूकंप क्या है?

जब पृथ्वी की सतह के नीचे मौजूद टेक्टोनिक प्लेटें अचानक हिलती हैं, तो **भूगर्भीय ऊर्जा** निकलती है, जिससे धरती हिलने लगती है। इस घटना को **भूकंप** कहते हैं।

भूकंप के कारण:

1. **टेक्टोनिक प्लेटों की हलचल** – पृथ्वी की सतह टेक्टोनिक प्लेटों से बनी है, जो समय-समय पर हिलती हैं।

2. **ज्वालामुखी विस्फोट** – जब ज्वालामुखी फटता है, तो उसकी ऊर्जा भूकंप उत्पन्न कर सकती है।

3. **मानव जनित गतिविधियाँ** – बड़े बांध, खनन और परमाणु परीक्षणों से भी भूकंप आ सकता है।

4. **भूमिगत गैस और तरल पदार्थों का विस्थापन** – जब गहरी परतों में गैस या लावा खिसकता है, तो भूकंप उत्पन्न होता है।

भूकंप की तीव्रता कैसे मापी जाती है?

* **रिक्टर स्केल (Richter Scale)** – इसमें 1 से 10 तक के मान होते हैं।

  ○ **4.0 से कम** – हल्का कंपन

  ○ **4.0 – 6.0** – मध्यम भूकंप (क्षति हो सकती है)

  ○ **6.0 से अधिक** – विनाशकारी भूकंप

* **मर्कली स्केल (Mercalli Scale)** – यह भूकंप की **प्रभाव की तीव्रता** को मापने के लिए प्रयोग की जाती है।

भूकंप के प्रभाव:

✔ **भवनों और सड़कों का गिरना** – भूकंप से कमजोर इमारतें नष्ट हो जाती हैं।

✔ **सुनामी उत्पन्न हो सकती है** – समुद्र में भूकंप आने से बड़ी लहरें उठती हैं।

✔ **जन-धन की हानि** – भारी संख्या में लोग हताहत हो सकते हैं।

✔ **बिजली और परिवहन व्यवस्था प्रभावित होती है।**

भूकंप से बचाव:

☑ भूकंपरोधी इमारतों का निर्माण
☑ आपातकालीन सुरक्षा योजना
☑ खुले स्थानों पर शरण लेना
☑ भूकंप के समय लिफ्ट और ऊँची इमारतों से बचना

2. सुनामी (Tsunami)

सुनामी क्या है?

सुनामी विशाल समुद्री लहरें होती हैं, जो समुद्र में आए भूकंप, ज्वालामुखी विस्फोट, भूस्खलन या उल्कापिंड के गिरने से उत्पन्न होती हैं।

सुनामी के कारण:

1. **समुद्र के नीचे भूकंप** – जब समुद्र के नीचे टेक्टोनिक प्लेटें खिसकती हैं, तो जल में बड़ी तरंगें उठती हैं।

2. **ज्वालामुखी विस्फोट** – समुद्री ज्वालामुखी फटने से बड़ी मात्रा में ऊर्जा निकलती है, जिससे सुनामी उत्पन्न हो सकती है।

3. **भूस्खलन (Landslide)** – जब समुद्री तल पर भारी मात्रा में मिट्टी और चट्टानें गिरती हैं, तो पानी में हलचल होती है।

4. **बड़े उल्कापिंडों का समुद्र में गिरना** – यह भी सुनामी का कारण बन सकता है।

सुनामी के प्रभाव:

✔ **तटीय क्षेत्रों में बाढ़** – सुनामी की ऊँची लहरें तटीय इलाकों को जलमग्न कर देती हैं।

✔ **जन-धन की भारी क्षति** – घर, सड़कों और पुलों का नष्ट होना।

✔ **कृषि और मछली उद्योग को नुकसान**

✔ **पेयजल और बिजली आपूर्ति बाधित होती है।**

सुनामी से बचाव:

☑ समुद्र के किनारे चेतावनी प्रणाली स्थापित करना
☑ समुद्री इलाकों में आपातकालीन निकासी मार्ग तैयार

करना

☑ सुनामी प्रभावित क्षेत्रों में ऊँचे स्थानों पर शरण लेना
☑ जलस्तर में अचानक बदलाव पर सतर्क रहना

3. भूकंप और सुनामी का संबंध

- सुनामी का प्रमुख कारण समुद्र के नीचे भूकंप आना होता है।

- जब समुद्र की सतह के नीचे **रिक्टर स्केल पर 7.0 या उससे अधिक तीव्रता** वाला भूकंप आता है, तो वह सुनामी उत्पन्न कर सकता है।

- इतिहास में कई सुनामी बड़े भूकंपों के कारण आई हैं, जैसे कि **2004 की हिंद महासागर सुनामी** जो इंडोनेशिया के पास 9.1 तीव्रता के भूकंप से आई थी।

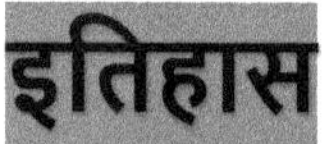

यूरोप में राष्ट्रवाद का उदय
राष्ट्रवाद का उदय और क्रांति

➤ राष्ट्रवाद की भावना का प्रसार 19वीं सदी में विभिन्न क्रांतियों और आंदोलनों के माध्यम से हुआ।

➤ फ्रांसीसी क्रांति (1789) ने "स्वतंत्रता, समानता और बंधुत्व" का नारा दिया जिससे सही तरह से यूरोप में राष्ट्रवाद का प्रसार हुआ

➤ यूरोप में राष्ट्र-राज्य और लोकतांत्रिक विचारों का विकास में नेपोलियन ने महत्वपूर्ण भूमिका निभाई और कई अभियानों द्वारा नेपोलियन यूरोप के कई राज्यों में नवयुग की सन्देश पहुंचाया और की राज्यों की नयी रुपरेखा तैयार की जिससे इटली और जर्मनी का एक्कीकरण का मार्ग प्रसस्त हुआ

➤ 1815 के बियना सम्मलेन की मेजबानी आस्ट्रिया के चांसलर मेटरनिख ने किया इसका उद्देश्य रूस,फ्रांस जैसी शक्तियों का मिलकर यूरोप में शांति संतुलन को स्थापित करना था

➤ नेपोलियन युग के बाद मेटरनिख युग शुरू हुआ और इटली की कई राज्यों में विभाजित कर दिया सिसली और नेपल्स को बुर्बों वंश के सम्राट फर्दिनेद को दे दिया और 1848 में मेटरनिख युग का पतन हुआ|

➤ **जर्मन राईन राज्य** का **निर्माण नेपोलियन बोनापार्ट** ने किया था. यह राज्य साल 1806 में बना था

फ्रांसीसी क्रांति के बाद नेपोलियन बोनापार्ट सत्ता में आए और उन्होंने पूरे यूरोप में अपने निम्नलिखित कानूनों को लागू करने की कोशिश की-

- **सिविल संहिता (नेपोलियन कोड)**: यह कानून समानता, संपत्ति के अधिकार और प्रशासनिक सुधारों पर आधारित था।

- **फ्रांसीसी साम्राज्यवाद**: नेपोलियन ने यूरोप में अपने साम्राज्य का विस्तार किया, जिससे राष्ट्रवादी आंदोलनों को बढ़ावा मिला।

- **राष्ट्रवादी प्रतिक्रियाएँ**: नेपोलियन के साम्राज्यवाद के कारण कई देशों में राष्ट्रवाद की भावना मजबूत हुई, जिससे बाद में एकीकरण आंदोलन शुरू हुए।

वियना कांग्रेस (1815) और शक्ति संतुलन

- नेपोलियन की हार के बाद यूरोपीय शक्तियों ने 1815 में वियना कांग्रेस का आयोजन किया।

- इस कांग्रेस का उद्देश्य यूरोप में शक्ति संतुलन बनाए रखना और राजतंत्र को पुनर्स्थापित करना था।

- कांग्रेस ने नेपोलियन के समय हुई क्षेत्रीय पुनर्गठन को उलट दिया, जिससे राष्ट्रवादी शक्तियों को दमन किया गया।

- हालांकि, यह स्थायी नहीं था और कुछ दशकों के भीतर यूरोप में राष्ट्रवादी आंदोलन फिर से उभरने लगे।

राष्ट्रवाद और क्रांतिकारी आंदोलन

19वीं सदी के प्रारंभिक दशकों में यूरोप में कई राष्ट्रवादी और क्रांतिकारी आंदोलन हुए।

- **कार्ल्सबैड डिक्री (1819)**: इस आदेश के तहत प्रेस और विश्वविद्यालयों पर नियंत्रण लगाया गया, जिससे राष्ट्रवादी विचारों को दबाने की कोशिश की गई।

- **ग्रीस का स्वतंत्रता संग्राम (1821-1830)**: ग्रीस ने ओटोमन साम्राज्य के खिलाफ विद्रोह किया और अंततः यूरोपीय शक्तियों की सहायता से स्वतंत्रता प्राप्त की।

- **बेल्जियम क्रांति (1830)**: बेल्जियम ने नीदरलैंड्स के खिलाफ विद्रोह किया और एक स्वतंत्र राष्ट्र बना।

- **1848 की क्रांतियाँ**: पूरे यूरोप में कई राष्ट्रवादी और उदारवादी विद्रोह हुए, जिससे कई राजाओं को संवैधानिक सुधारों के लिए मजबूर होना पड़ा।

जुलाई 1830 की क्रांति

➤ फ्रांस में हुई एक क्रांति थी. इस क्रांति को जुलाई दिवस भी कहा जाता है. इस क्रांति में रूढ़िवादी **राजा चार्ल्स x** को हटाकर, **लुई-फ़िलिप** जो **बुर्बो वंश** का था उसको फ्रांस का राजा बनाया गया, इस क्रांति के बाद, फ्रांस में संवैधानिक राजतंत्र की

रितिक कुमार सहनी

स्थापना हुई.

इस क्रांति के बारे में ज़्यादा जानकारी:

➢ इस क्रांति को दूसरी फ्रांसीसी क्रांति भी कहा जाता है

➢ इस क्रांति ने फ्रांस के इतिहास में एक अहम बदलाव लाया

➢ इस क्रांति ने यूरोप के कई देशों में क्रांतिकारियों को प्रेरणा दी

➢ इस क्रांति के बाद, फ्रांस में निरंकुश शासन का अंत हो गया

➢ इस क्रांति ने फ्रांस के अलावा, यूरोप और अमेरिका को भी प्रभावित किया

➢ इस क्रांति के बाद, फ्रांस में लोकप्रिय संप्रभुता के लिए वंशानुगत अधिकार के सिद्धांत को खत्म कर दिया गया

1848 की क्रांति-
1848 की क्रांति में लुई-फ़िलिप और गुइज़ोट, फ्रांस के राजा और उनके मंत्री थे. इस क्रांति में लुई-फ़िलिप को राजगद्दी छोड़नी पड़ी और फ्रांस में दूसरा गणराज्य स्थापित हुआ.

1848 की क्रांति से जुड़ी कुछ खास बातें:

- 1848 की क्रांति में राजनीतिक उदारीकरण की मांग उठी थी

- इस क्रांति में नागरिक अधिकारों और राजनीतिक स्वतंत्रता को बढ़ावा दिया गया

- इस क्रांति में निर्वाचित प्रतिनिधि संस्थाओं का गठन किया गया

- इस क्रांति में लोकप्रिय संप्रभुता के सिद्धांत को लागू किया गया

- इस क्रांति के बाद फ्रांस में दूसरा गणराज्य स्थापित हुआ

- इस क्रांति के बाद लुई-नेपोलियन को राष्ट्रपति चुना गया

- इस क्रांति के बाद लुई-नेपोलियन ने खुद को सम्राट नेपोलियन तृतीय घोषित किया

- इस क्रांति के बाद फ्रांस में द्वितीय साम्राज्य की शुरुआत हुई

लुई-फ़िलिप और गुइज़ोट से जुड़ी कुछ खास बातें: लुई-फ़िलिप ने 24 फ़रवरी, 1848 को अपने पोते कॉम्टे डे पेरिस के सौंपकर राजगद्दी छोड़ दी
इटली और जर्मनी का एकीकरण- 19वीं सदी के उत्तरार्ध में, इटली और जर्मनी जैसे देशों का एकीकरण हुआ, जो राष्ट्रवाद की सफलता के प्रमुख उदाहरण थे।

➢ **इटली का एकीकरण (1871):**

- **मैज़िनी** ने **"यंग इटली"** आंदोलन शुरू किया जिन्होंने लोकतांत्रिक और गणराज्यवादी विचारों को बढ़ावा दिया।

- गैरीबाल्डी पेशे से नाविक था और एक प्रसिद्ध क्रांतिकारी भी, जिन्होंने **"रेड शर्ट्स"** सेना का नेतृत्व कर दक्षिणी इटली को एकीकृत किया

- **कावूर** ने राजनीतिक और सैन्य कूटनीति के माध्यम से इटली को एकजुट किया।

- **अंततः 1871 में इटली का एक्कीकरण सम्पन हुआ**

➢ **जर्मनी का एकीकरण (1871):**
  o प्रशिया के प्रधानमंत्री **ओटो वॉन बिस्मार्क** ने **"लौह और रक्त"** की नीति अपनाई।
  o डेनमार्क (1864), ऑस्ट्रिया (1866) और फ्रांस (1870) के खिलाफ युद्ध के माध्यम से जर्मनी को एकीकृत किया गया।
  o अंततः विलियम प्रथम को जर्मनी का सम्राट घोषित किया गया।
  o इस दौरान कान्त , हम्बोल्ट अंडी जर्मन राष्ट्रवाद को बढ़ावा दिया और जर्मन व्यापारियों जालवेरीन नमक संघ बनाया
  o अंततः 1871 में जर्मनी का एक्कीकरण हुआ

फ्रैंकफ़र्ट की संधि, फ्रांस और जर्मनी के बीच हुई एक शांति संधि थी। यह संधि **10 मई, 1871** को हस्ताक्षरित की गई थी. इस संधि ने फ्रैंको-प्रुशियन युद्ध को खत्म कर दिया था.

फ्रैंकफ़र्ट की संधि के बारे में कुछ खास बातें:

- इस संधि के ज़रिए फ्रांस को अलसेस और लोरेन के हिस्से खोने पड़े

- इस संधि के बाद जर्मनी का एकीकरण हुआ और प्रशा के नेतृत्व में एक ताकतवर देश बना

- इस संधि ने यूरोप में शक्ति संतुलन को बदल दिया और कूटनीतिक तनाव बढ़ा दिया

- इस संधि में हुए फ्रांस के साथ अपमानजनक व्यवहार ने प्रथम विश्वयुद्ध की नींव रखी

✓ **1866** में सेडोवा की युद्ध की घोषणा हुआ जों **ऑस्ट्रिया और प्रशा** के बीच हुआ था और ऑस्ट्रिया बुरी तरह हारा और उसका प्रभुत्व खत्म हो गया
✓ **19 जून 1870** में फ्रांस के शासक नेपोलियन ने प्रशा के खिलाफ युद्ध की घोषणा कर दी जिसे **सेडोन की युद्ध** के नाम से जाना जाता है|
✓ **यूनान** में 1821 में अलेक्जेंडर चिप्सलानती के नेतृत्व में विद्रोह की शुरुआत हुए अप्रैल 1826 में ब्रिटेन और रूस के बिच समझौता हुआ और 1827 के लन्दन सम्मलेन के अनुसार ब्रिटेन, फ्रांस,और रूस की सेना यूनान के समर्थन तुर्की के खिलाफ आन्दोलन किया

और अंततः **एड्रियानोपुल की संधि** साल **1829** में हुई| अंततः युना 1832 में स्वतंत्रत हुआ
- ✓ **टीपू सुल्तान मैसूर के शासक थे** जिन्होंने फ्रांस से प्रभावित होकर **जकोबिन क्लब** की स्थापन कराइ| इनके स्वतंत्रता का प्रतीक वृक्ष श्रीरंगपटनम में लगवाये थे|
- ✓ **1863 में पोलैंड में आन्दोलन शुरू हुआ**

मेजिनी- (Giuseppe Mazzini) एक **इतालवी क्रांतिकारी, राजनीतिक कार्यकर्ता, और साहित्यकार** थे, वे इतालवी एकता के लिए आंदोलन के अगुआ थे। इटली के राष्ट्रीय आंदोलन में उनके योगदान को देखते हुए उन्हें **'इटली का मसीहा'** कहा जाता है.

मेजिनी के बारे में कुछ खास बातें:

- उनका जन्म 22 जून, 1805 को इटली के जेनोआ में हुआ था

- वे इटली के राष्ट्रवादी दल **कार्बोनरी** के सदस्य थे

- उन्होंने **'यंग इटली'** नाम का संगठन बनाया था

- उन्होंने इटली के गांवों और शहरों में लोगों के बीच जागरूकता फैलाई

- उन्होंने इटली को एक गणराज्य बनाने की कोशिश की

- उनके प्रयासों की वजह से ही इटली का एकीकरण संभव हो पाया

समाजवाद और राष्ट्रवाद

- राष्ट्रवाद के साथ-साथ समाजवादी विचारधाराएँ भी विकसित होने लगीं।
- कार्ल मार्क्स और फ्रेडरिक एंगेल्स ने "कम्युनिस्ट घोषणापत्र" लिखा, जिसमें वर्ग संघर्ष की अवधारणा दी गई।
- समाजवादी आंदोलनों का उद्देश्य श्रमिक वर्ग की स्थिति सुधारना और एक वर्गहीन समाज बनाना था।
- राष्ट्रवाद और समाजवाद के मिश्रण ने कई देशों में क्रांतिकारी बदलाव लाए

काउंट काबुर-

काउंट कैमिलो डी कैवूर इटली के एकीकरण के प्रमुख नेता थे. उनका जन्म 10 अगस्त, 1810 को ट्यूरिन में हुआ था. वे मूल लिबरल पार्टी के संस्थापक थे. इटली के एकीकरण के बाद विक्टर इमैनुएल इटली के **प्रधानमंत्री** बने थे |

काउंट कैमिलो डी कैवूर के बारे में कुछ और बातें:

- वे एक कुशल कूटनीतिज्ञ थे

- वे वैध राजसत्ता के समर्थक थे

- उन्होंने फ्रांस के साथ एक कूटनीतिक गठबंधन किया था

- उनका निधन 6 जून, 1861 को हुआ था

गैरीबाल्डी- गैरीबाल्डी, इटली के एक महान नेता थे और **पेशे से नाविक** था और मेजिनी के विचारो का समर्थक था उनका जन्म 4 जुलाई, 1807 को हुआ था और उनका निधन 2 जून, 1882 को हुआ था, वे इटली के एकीकरण के प्रमुख नेता थे, उन्होंने इटली के इतिहास में अहम भूमिका निभाई
- ➢ गैरीबाल्डी ने इटली को एकजुट करने के लिए आंदोलन का नेतृत्व किया था
- ➢ वे इतालवी लोगों के उत्पीड़न के विरोध में खड़े हुए थे
- ➢ उन्होंने दक्षिण अमेरिका में कई विद्रोहों और लड़ाइयों में हिस्सा लिया था
- ➢ इतालवी लोग उन्हें एक देशभक्त नेता मानते हैं
- ➢ वहीं, **गैरीबाल्डी** नाम की एक **समुद्री मछली** भी है, यह **कैलिफ़ोर्निया राज्य की मछली** है. यह **चमकीले लाल-नारंगी रंग** की होती है, **यह डैमसेल्फिश परिवार से संबंधित है**

बिस्मार्क- ओटो एडुअर्ड लिओपोल्ड बिस्मार्क (1815-1898) जर्मनी के पहले चांसलर थे, वे एक कुशल राजनयिक थे और अपने समय के यूरोप के प्रभावशाली राजनेताओं में से एक थे, बिस्मार्क को **'लौह चांसलर'** के नाम से भी जाना जाता है| इन्होंने **लौह और रक्त** की निति को अपनाई

बिस्मार्क के बारे में कुछ खास बातें:

- बिस्मार्क ने कई जर्मन भाषी राज्यों को एकजुट करके जर्मन साम्राज्य की स्थापना की थी

- उन्होंने फ्रांस को अलग-थलग कर दिया था और जर्मनी को यूरोप की सबसे अहम ताकत बना दिया था

- बिस्मार्क ने शांति के समय युद्ध को रोकने के लिए गुट बनाए थे

- बिस्मार्क ने विदेशी मामलों में शांतिपूर्ण नीतियां अपनाई थीं

- बिस्मार्क ने जर्मनी की स्थिरता और शक्ति बनाए रखने के लिए कड़ी मेहनत की थी

- बिस्मार्क ने जर्मनी को सुरक्षित रखने के लिए अन्य यूरोपीय शक्तियों के साथ गठबंधन और संधियों की एक जटिल प्रणाली बनाई थी

- बिस्मार्क को 1890 में **चांसलर पद से बर्खास्त कर** दिया गया था

हंगरी- इसपर ऑस्ट्रिया का पूर्ण प्रभूत्व था, इसकी **राजधानी बुडापेस्ट** है 1848 की आन्दोलन की प्रभाव इसपर पर भी पड़ा और **31 मार्च 1848** ऑस्ट्रिया सरकार ने हंगरी की कई बाते मान ली हंगरी में आन्दोलन का नेतृत्व कोसुथ और फ्रांसिसी डीक द्वारा किया जा रहा था

राष्ट्रवाद का प्रभाव और निष्कर्ष

- राष्ट्रवाद ने यूरोप के राजनीतिक मानचित्र को पूरी तरह बदल दिया।
- नए राष्ट्र-राज्यों की स्थापना हुई और लोकतांत्रिक विचारधाराओं को बढ़ावा मिला।
- राष्ट्रवाद ने आगे चलकर औपनिवेशिक संघर्ष और प्रथम विश्व युद्ध की भूमिका भी निभाई।
- कुल मिलाकर, राष्ट्रवाद ने आधुनिक यूरोप की नींव रखी और इसकी राजनीति और समाज को नए आयाम दिए।

समाजवाद एवं साम्यवाद

समाजवाद और साम्यवाद 19वीं और 20वीं सदी में विकसित हुए दो प्रमुख राजनीतिक और आर्थिक विचारधाराएँ हैं। इनका उद्देश्य समाज में समानता स्थापित करना, शोषण को समाप्त करना और संसाधनों का समान वितरण सुनिश्चित करना था। कार्ल मार्क्स और फ्रेडरिक एंगेल्स इस विचारधारा के प्रमुख प्रवर्तक थे।

समाजवाद: परिभाषा और विशेषताएँ

- समाजवाद एक ऐसी सामाजिक एवं आर्थिक व्यवस्था है जिसमें उत्पादन के साधनों (जैसे भूमि, कारखाने, मशीनें) का सामूहिक स्वामित्व होता है।
- सरकार या समाज के नियंत्रण में उत्पादन एवं वितरण होता है, जिससे आर्थिक असमानता को कम किया जा सके।
- निजी संपत्ति सीमित होती है और सरकार कल्याणकारी योजनाएँ चलाती है।
- श्रमिकों के अधिकारों की रक्षा और उनका सशक्तिकरण इस व्यवस्था का महत्वपूर्ण पहलू है।

समाजवादी आंदोलन का विकास

- औद्योगिक क्रांति (18वीं-19वीं सदी) के दौरान पूंजीवाद के कारण श्रमिकों का शोषण बढ़ा, जिससे समाजवादी विचारधारा विकसित हुई।
- **यूटोपियन समाजवाद** (Robert Owen, Charles Fourier): यह विचारधारा शांतिपूर्ण तरीकों से समाज सुधार की बात करती थी
- **वैज्ञानिक समाजवाद** (Karl Marx, Friedrich Engels): मार्क्सवाद वैज्ञानिक दृष्टिकोण से वर्ग संघर्ष और क्रांति की अवधारणा प्रस्तुत करता है।

साम्यवाद: परिभाषा और विशेषताएँ

- साम्यवाद एक उन्नत रूप का समाजवाद है, जिसमें निजी संपत्ति पूरी तरह समाप्त कर दी जाती है और उत्पादन के सभी साधनों का नियंत्रण सामूहिक होता है।
- समाज में वर्गहीन व्यवस्था स्थापित की जाती है, जिससे शोषण खत्म हो और सभी को समान अधिकार मिले।
- मार्क्स और एंगेल्स ने "द कम्युनिस्ट मेनिफेस्टो" (1848) में साम्यवाद की आधारशिला रखी।
- क्रांति और वर्ग संघर्ष साम्यवाद की मुख्य अवधारणाएँ हैं, रूस का पहला साम्यवादी प्लेखानोव था

महत्वपूर्ण साम्यवादी क्रांतियाँ

1. **रूसी क्रांति (1917)**: लेनिन के नेतृत्व में बोल्शेविक पार्टी ने ज़ार शासन को समाप्त कर समाजवादी सरकार स्थापित की।
2. **चीनी क्रांति (1949)**: माओ ज़ेदोंग के नेतृत्व में साम्यवादी पार्टी ने चीन में क्रांति की और साम्यवादी शासन लागू किया।
3. **क्यूबाई क्रांति (1959)**: फिदेल कास्त्रो और चेग्वेरा ने क्यूबा में साम्यवाद को स्थापित किया।

कार्ल मार्क्स-

- ✓ कार्ल मार्क्स का **जन्म 5 मई, 1818 ई.** को ट्रेवेस (प्रशा) के एक यहूदी परिवार में हुआ था
- ✓ **मार्क्स** हिगेल के विचारो से प्रभावित थे 1843 में जेनी से शादी कर लिए उसने सामाजिक और राजनितिक इतिहास में मान्तेस्क्यु और रूसो के विचारो का गहन अध्ययन किया
- ✓ **मार्क्स ने एंगल्स के** मिलकर 1848 ई. में साम्यवादी घोषणापत्र जारी किया जिसे आधुनिक समाजवाद का जनक कहा जाता है
- ✓ **मार्क्स** ने 1867 ई. में दास कैपिटल्स नामक पुस्तक भी लिखी जो समाजवादियो का बाइबिल भि कहा जाता है

- ✓ **मार्क्स के सिद्धांत**- 1. द्वंद्वात्मक भौतिकवाद का सिद्धांत 2.वर्ग संघर्ष का सिद्धांत 3.इतिहास की भौतिकवादी सिद्धांत 4. मूल्य एवं अतिरिक्त मूल्य का सिद्धांत 5. राज्य हीन व वर्गहीन समाज की स्थापना
- ✓ **टालस्टाय ने** वार एंड पिस लिखी |

बोल्सेविक क्रांति- **नवम्बर** 1917 की क्रांति भी कहा जाता है इसी समय लेनिन का राजनितिक मंच पर प्रादुर्भाव हुआ 1917 में जब जर्मनी के मदद से जब रूस आया तो तो कहा की रुसी क्रांति अभी पूरी नहीं हुई है और जनता में उत्साह बढ गया और तिन नारे दिए – भूमि,शांति,रोटी इत्यादि और **7 नवम्बर 1917** को बोल्सेविको ने पेत्रोग्राद के कई जगहों पर क्रांति कर दिया और **करेंसकी रूस छोड़कर** भाग गया इस क्रांति को रुस की महान **नवम्बर की क्रांति और अक्टूबर की क्रांति** कहा जाता है | और लेनिन ने सता की बागडोर संभाली

सर्वप्रथम उसने **जर्मनी** के साथ **ब्रेस्टलितोवास्क की संधि** की और इसो समय रूस में गृहयुद्ध शुरू हो गया लेनिन से **1905 में ड्यूमा का गठन** किया

- ✓ **1921 की नयी आर्थिक निति**- लेनिन की नई आर्थिक नीति ने **मिश्रित अर्थव्यवस्था** की शुरुआत करके **आर्थिक चुनौतियों** का **समाधान** किया, जिसमें सीमित निजी उद्यम की अनुमति दी गई, जबकि आवश्यक उद्योगों पर राज्य का नियंत्रण बना रहा

समाजवाद और साम्यवाद में अंतर

- ➤ **रूस के** औद्योगिक मजदूरो पर कार्ल मार्क्स के समाजवादी विचारो का पूर्ण प्रभाव था
- ➤ **प्रथम विश्व** युद्ध 1914 से 1918 ई. तक चला इसमें रूस मित्र राष्ट्रों की ओर से लड़ा था इसमें रुसी सेना की हार हुई क्योकि उनके पास न हथियार था न ही पर्याप्त भोजन थी
- ➤ **सर्वहारा वर्ग**- वैसा वर्ग जिसमे किसान, मजदुर एवं आम गरीब लोग शामिल है
- ➤ **1861 में**, ज़ार के शाही आदेश पर, रूसी किसानों को उनके जमींदारों के साथ अपरिवर्तनीय रूप से बांधने वाली प्रणाली, **दास प्रथा को समाप्त कर** दिया गया था
- ➤ उस समय **चेका** एक प्रकार का **पुलिस संगठन** था

राजनीतिक कारण (Political Causes)

(i) ज़ारवाद (Autocracy of Tsar Nicholas II)

- रूस में ज़ार निकोलस द्वितीय की निरंकुश सत्ता थी

- ज़ार की नीतियाँ तानाशाहीपूर्ण थीं और वह लोगों की समस्याओं को नजरअंदाज करता था
- ड्यूमा (Duma - रूसी संसद) को कमजोर कर दिया गया, जिससे लोगों में असंतोष बढ़ा

(ii) कमजोर शासन (Weak Leadership)

- ज़ार निकोलस द्वितीय अयोग्य शासक था और प्रशासनिक निर्णय गलत लेता था
- रानी एलेक्ज़ेंड्रा और रासपुतिन (Rasputin) के प्रभाव के कारण सरकार में भ्रष्टाचार बढ़ गया
- लोगों को राजनीतिक सुधारों की जरूरत थी, लेकिन ज़ार ने कोई ठोस कदम नहीं उठाया

(iii) बोल्शेविक और अन्य क्रांतिकारी दलों का उदय (Rise of Bolsheviks & Revolutionary Parties)

- व्लादिमीर लेनिन (Vladimir Lenin) के नेतृत्व में बोल्शेविक पार्टी ने समाजवाद को बढ़ावा दिया
- मजदूरों और किसानों को जागरूक किया गया और सरकार के खिलाफ संगठित किया गया
- मेंशेविक (Mensheviks) और सोशलिस्ट रिवोल्यूशनरी पार्टी भी ज़ार के शासन का विरोध कर रही थीं

विशेषताएँ	समाजवाद	साम्यवाद
संपत्ति का स्वामित्व	आंशिक रूप से सरकारी	पूरी तरह सरकारी
वर्ग व्यवस्था	सीमित वर्ग भेद	वर्गहीन समाज
क्रांति की आवश्यकता	नहीं	हाँ
लोकतंत्र	प्रायः लोकतांत्रिक	अधिनायकवादी

2. आर्थिक कारण (Economic Causes)
(i) आर्थिक असमानता (Economic Inequality)

- रूस की अधिकांश संपत्ति कुलीन वर्ग (Nobility) और ज़ार के समर्थकों के पास थी
- मजदूरों को कम वेतन मिलता था और किसानों के पास भूमि की कमी थी
- गरीब और अमीर के बीच का अंतर बहुत अधिक था, जिससे असंतोष बढ़ा

(ii) औद्योगीकरण की धीमी गति (Slow Industrialization)

- रूस में औद्योगीकरण बहुत धीमी गति से हो रहा था

रितिक कुमार सहनी

- मजदूरों को लंबी शिफ्ट में काम करना पड़ता था और उन्हें न्यूनतम मजदूरी दी जाती थी
- औद्योगिक श्रमिक हड़ताल पर चले गए और उन्होंने सरकार के खिलाफ आंदोलन शुरू कर दिया

(iii) भुखमरी और खाद्यान्न संकट (Famine and Food Shortages)

- रूस में कृषि अव्यवस्थित थी, जिससे खाद्य उत्पादन घट गया
- खाद्य संकट के कारण शहरों में दंगे भड़क उठे
- गरीबों के लिए भोजन खरीदना मुश्किल हो गया, जिससे जनता में असंतोष फैल गया

3. सामाजिक कारण (Social Causes)

(i) किसानों की समस्याएँ (Problems of Peasants)

- रूस की 80% जनसंख्या किसान थी, लेकिन उनके पास जमीन नहीं थी।
- वे सामंतों और कुलीनों के अधीन काम करते थे और उन्हें अत्यधिक कर चुकाने पड़ते थे।
- "भूमि किसानों की होनी चाहिए" – यह नारा किसानों के बीच लोकप्रिय हुआ और वे क्रांति में शामिल हो गए

(ii) मजदूर वर्ग की परेशानियाँ (Problems of Industrial Workers)

- मजदूरों को लंबी शिफ्ट में कम मजदूरी पर काम करना पड़ता था।
- काम की परिस्थितियाँ बहुत खराब थीं और कोई श्रमिक अधिकार नहीं था।
- हड़तालें और विरोध प्रदर्शन आम हो गए, जिससे क्रांति की नींव पड़ी

(iii) शिक्षित मध्यम वर्ग (Rise of Educated Middle Class)

- शिक्षित वर्ग लोकतंत्र और सुधारों की माँग कर रहा था
- उन्होंने ज़ार के निरंकुश शासन को समाप्त करने के लिए आंदोलनों का समर्थन किया

4. प्रथम विश्व युद्ध (First World War) और सैन्य कारण (Military Causes)

(i) प्रथम विश्व युद्ध में रूस की हार (Defeat in World War I)

- रूस ने 1914 में प्रथम विश्व युद्ध में भाग लिया और भारी नुकसान उठाया
- लाखों सैनिक मारे गए और रूस की सेना कमजोर हो गई
- युद्ध के कारण अर्थव्यवस्था पर भारी बोझ पड़ा, जिससे जनता में असंतोष बढ़ गया

(ii) सेना और जनता में असंतोष (Discontent Among Soldiers and Public)

- सैनिकों को भोजन, हथियार और सही वेतन नहीं मिल रहा था।
- वे सरकार के खिलाफ हो गए और उन्होंने विद्रोह कर दिया
- 1917 में कई सैनिकों ने ज़ार की सेना छोड़ दी और जनता के साथ आ गए

5. फरवरी और अक्टूबर क्रांति (February and October Revolution - 1917)

(i) फरवरी क्रांति (February Revolution - 1917)

- 23 फरवरी 1917 को रूस की राजधानी पेट्रोग्राड (अब सेंट पीटर्सबर्ग) में खाद्य संकट और युद्ध के विरोध में प्रदर्शन शुरू हुआ
- मजदूरों, सैनिकों और महिलाओं ने ज़ार के खिलाफ विरोध किया
- ज़ार निकोलस द्वितीय को 2 मार्च 1917 को गद्दी छोड़नी पड़ी
- एक अस्थायी सरकार (Provisional Government) बनी, लेकिन यह भी विफल रही

(ii) अक्टूबर क्रांति (October Revolution - 1917)

- बोल्शेविक पार्टी ने व्लादिमीर लेनिन के नेतृत्व में सत्ता पर कब्जा करने की योजना बनाई।
- 7 नवंबर 1917 को बोल्शेविकों ने अस्थायी सरकार पर हमला कर दिया और सत्ता अपने हाथ में ले ली।
- सोवियत संघ (USSR) की स्थापना हुई और रूस में साम्यवाद (Communism) लागू हुआ।

क्रीमिया युद्ध- सर्वप्रथम क्रीमिया के युद्ध में रूस की पराजय ने उस देश में सुधारों का युग लाया उसके बाद 1904-05 के रूस जापान युद्ध ने रूस मा पहली क्रांति का

जन्म दिया
1924 में लेनिन की मृत्यु हो गयी और 1929 में ट्राटस्की को निर्वासित कर दिया गया स्टेलिन ने कम्युनिष्ट पार्टी का

महसचिव था और 1953 में अपनी मृत्यु तक तानाशाही व्यवहार करता रहा और स्टॅलिन के अथक प्रयास से रूस विश्व के मानचित्र पर आया

हिंद-चीन में राष्ट्रवादी आंदोलन

हिंद-चीन (वियतनाम, लाओस, कंबोडिया) में राष्ट्रवाद का उदय 19वीं और 20वीं सदी के दौरान हुआ। फ्रांसीसी उपनिवेशवाद के विरुद्ध संघर्ष के परिणामस्वरूप राष्ट्रवादी आंदोलन उभरे। इस आंदोलन में सामाजिक, राजनीतिक और सांस्कृतिक परिवर्तन शामिल थे।

भारत में कंपनियों का आगमन (Arrival of Companies in India)
भारत में प्रमुख यूरोपीय व्यापारिक कंपनियाँ निम्नलिखित थीं:

कंपनी का नाम	आगमन का वर्ष	स्थापना करने वाला देश	प्रमुख व्यापारिक केंद्र
पुर्तगाली ईस्ट इंडिया कंपनी	1498	पुर्तगाल(वास्कोडीग्मा ने भारत की खोज किया)	गोवा, दमन, दीव
डच ईस्ट इंडिया कंपनी	1602	नीदरलैंड (हॉलैंड)	मसूलिपटनम, नागापट्टनम
ब्रिटिश ईस्ट इंडिया कंपनी	1600	इंग्लैंड	सूरत, मद्रास, बॉम्बे, कलकत्ता
डेनिश ईस्ट इंडिया कंपनी	1616	डेनमार्क	त्रांकेबार, सेरंपुर
फ्रेंच ईस्ट इंडिया कंपनी	1664	फ्रांस	पांडिचेरी, चंद्रनगर, माहे, कराइकल

✓ 12 वी शताब्दी में राजा सूर्यवर्मन द्वितीय ने कम्बूज में अन्कोरवाट का मंदिर बनवाया था
✓ **एकतरफा अनुबंध व्यवस्था-** एक तरह की यह बंधुआ मजदूरी थी वहा मजदूरो का कोई अधिकार नहीं था जबकि मालिक को असीमित अधिकार था
✓ **हिंद- चीन** में बसने वाले फ्रांसीसी कोलोन कहे जाते थे

फ्रांसीसी उपनिवेशवाद और उसका प्रभाव

● 19वीं सदी में फ्रांस ने हिंद-चीन पर अपना शासन स्थापित किया

● आर्थिक शोषण, सांस्कृतिक प्रभुत्व और दमनकारी नीतियाँ अपनाई

● वियतनाम में आधुनिक शिक्षा प्रणाली लागू की गई, लेकिन यह फ्रांसीसी हितों को बढ़ाने के लिए थी

● कृषकों और श्रमिकों का व्यापक शोषण किया गया

राष्ट्रवादी आंदोलन का आरंभ

● प्रारंभिक राष्ट्रवादी आंदोलन बौद्ध भिक्षुओं, शिक्षित वर्ग और किसानों के नेतृत्व में शुरू हुआ

● छात्रों और बुद्धिजीवियों ने फ्रांसीसी शासन के खिलाफ विरोध जताया

● 1920 के दशक में वियतनाम में राष्ट्रवादी आंदोलन संगठित होने लगे

वियतनामी राष्ट्रवाद- 20 वी शताब्दी के शुरू से आन्दोलन रुख दिकहही देने लगी

* 1903 ई. में फेन बोई चाऊ ने *"दुई तान होई"* नामक क्रांतिकारी संगठन की स्थापना की और इन्होने **"द हिस्ट्री ऑफ द लॉस ऑफ वियतनाम"** लिखा

* 1914 में देशभक्तों द्वारा वियतनामी राष्ट्रवादी दल की स्थापना हुई और 1919 में चीनी बहिष्कार आन्दोलन हुआ

हो ची मिन्ह-

* हो ची मिन्ह वियतनामी राष्ट्रवाद के प्रमुख नेता थे इसने वियतनामी छात्रो की *"न्युगन आई क्योक"* नामक एक साम्यवादियो का गुट बनाया और **जोंगुयेन आई** ने **आनामी दल** की स्थापना किया

* 1930 में उन्होंने वियतनाम कम्युनिस्ट पार्टी की स्थापना की।

* द्वितीय विश्व युद्ध के दौरान जापानी कब्जे के बाद उन्होंने वियत मिन्ह संगठन का गठन किया

* बओदाइ ने 25 अगस्त 1945 को पद छोड़ दिया और 1945 में वियतनाम लोकतांत्रिक गणराज्य की स्थापना की गई

* **होआ होआ** एक बौद्धिष्ट धार्मिक क्रांतिकारी आन्दोलन था **1954 में जेनेवा समझौता हुआ** और यह समझौता पुरे वियतनाम को दो हिस्से में बाँट दिया होआ होआ आन्दोलन शुरू हो गे लेकीन **न्यो दिन्ह दीयम** ने इसे दबाना शुरू कर दिया

वियतनाम युद्ध और स्वतंत्रता

* 1954 में डिएन बिएन फू की लड़ाई के बाद फ्रांसीसी शासन समाप्त हुआ।

* जिनेवा समझौते के तहत वियतनाम को दो भागों में विभाजित किया गया।

* उत्तरी वियतनाम में साम्यवादी शासन था, जबकि दक्षिणी वियतनाम अमेरिका समर्थित था।

* 1965-1975 के दौरान वियतनाम युद्ध लड़ा गया, जिसमें अमेरिका को हार का सामना करना पड़ा और 1975 में वियतनाम एकीकृत हो गया

✓ रूस ने लाओस पर आक्रमण और बिगडती स्थिति का जिम्मवार अमेरिका को ठहराया जिससे जटिल स्थिति

उत्पन्न हो गयी और 1971 में हजारो वियतनामी लाओस में प्रवेश किया और अमेरिकी सैनिक हेलोकोप्टर से हो चि मिंह मार्ग पर कब्ज़ा कर लिया और लाओस के प्रबल आक्रमण की वजह से सैनिको को वापस लौटना पड़ा

✓ **नापाम** एक तरह का ओर्गानिक कंपाउंड है जो अग्नि बमों में गैसोलिन के साथ मिलकर एक ऐसा मिश्रण तैयार करता था जो त्वचा से चपक जाता है और जलता रहता है इसका व्यापक पैमाने पर वियतनाम में प्रयोग किया गया था

✓ **एजेंट आरेंज** – एक ऐसा जहर था जो पेड़ो के पतियों को तुरंत झुलसा देता था

माई ली गाव की घटना- माई ली दक्षिणी वियतनाम का एक गाँव था जहाँ के लोगों को वियतकांग समर्थक मानकर अमेरिकी सेना ने पूरे गाँव को घेरकर पुरुषों को मार डाला, औरतों तथा बच्चियों को बंधक बनाकर कई दिनों तक सामूहिक बलात्कार किया फिर उन्हें मारकर पूरे गाँव में आग लगा दिया गया, अमेरिकी सेना की इस बर्बरतापूर्वक कार्रवाई की संपूर्ण विश्व में आलोचना हुई थी।

भारत में राष्ट्रवाद

➤ **राष्ट्रवाद-** एक विचारधारा जो लोगो द्वारा अपने देश के प्रति समर्पण और निष्ठा के साथ व्यक्त की जाती है जो अन्य समूहो के प्रति दायित से भी महत्वपूर्ण होती है|
राष्ट्रवाद का विकास:
भारत में आधुनिक राष्ट्रवाद उपनिवेशवाद विरोधी आंदोलन के साथ विकसित हुआ।
1919 के बाद राष्ट्रवादी आंदोलन में नए सामाजिक समूह जुड़े
जैसे-

➤ **गांधीजी का सत्याग्रह और अहिंसा:**
गांधीजी ने जनवरी 1915 में दक्षिण अफ्रीका से भारत लौटकर सत्याग्रह के विचार को अपनाया,उनका मानना था कि संघर्ष के लिए हिंसा की आवश्यकता नहीं, **सत्य और अहिंसा** से जीत संभव है।

* **1917** में गांधीजी बिहार के चंपारण जिले का दौरा किया जहा किसान बगान व्यवस्था अर्थित नील की खेती के खिलाफ आवाज उठाये जो **तिन कठिया पद्धति** से मसहुर था| यह गांधी जी का **पहला सविनय अवज्ञा आन्दोलन** था|

* **1917** में उन्होंने गुजरात में खेडा सत्याग्रह भी किये थे, गाँधी जी का पहला असहयोग आन्दोलन था

* **1918** में अहमदावाद में सत्याग्रह चलाये| गाँधी जी का पहला भूख हडताल था|

➤ **असहयोग आंदोलन (1920):**विदेशी वस्तुओं का बहिष्कार और खादी का उपयोग,शिक्षण संस्थानों,

अदालतों और सरकारी नौकरियों का बहिष्कार,आंदोलन में किसानों और आदिवासियों ने भी हिस्सा लिया।

- ✓ 4 फ़रवरी 1922 को लोगो की भीड़ से पुलिस थाने में आग लगा दी जो चौरी-चौरा आन्दोलन के नाम से प्रसिद्ध हुआ जिससे गाँधी जी 12 फ़रवरी 1922 को असहयोग आंदोलन वापस ले लिया
- ➤ **सविनय अवज्ञा आंदोलन (1930):**
  11 मार्च 1930 को गाँधी जी **साबरमती आश्रम से** 78 अनुयियियो के साथ 240 km दुरी तय कर **6 अप्रैल 1930** को **दंडी** पहुचे और समुन्द्र के पानी से नमक बना कर नमक सत्याग्रह शुरू किया| और इसी के साथ सविनय अवज्ञा आन्दोलन शुरू हुआ **नमक सत्याग्रह** के साथ शुरू हुआ,गांधीजी ने ब्रिटिश कानूनों का पालन न करने का आह्वान किया,महिलाओं, किसानों, आदिवासियों और मजदूरों ने सक्रिय भागीदारी दिया
- ➤ **असमानता और संघर्ष:**
  आंदोलन में शामिल विभिन्न वर्गों की अपनी अलग अपेक्षाएँ थीं,आर्थिक संकट, फसल की कमी और भारी टैक्स ने आंदोलन को बल दिया।
- ➤ **रौलट एक्ट –** इसके माध्यम **से** राजनितिक कैदियों को बिना मुकदमा के गिरफ्तार किया जाता था| इस एक्ट के अंतर्गत राजनीतिक नेता किचलू और उनके साथी को गिरफ्तार किया कर लिया गया जो गैर क़ानूनी था|
- ✓ **इसके उपरांत विभिन्न शहरो में** रैली एवं जुलुस का आयोजन किया गया| **10 अप्रैल 1919** को पुलिस से इस जुलुस में शामिल लोगो गोलिया चला दी जिससे लोगो भड़क गए और मार्सल लॉ लागु हुइ और जर्नल डायर का आगमन हुआ
- ✓ **इसके** बाद गाँव के सभी जालियवाला बाग़ में बैशाखी मनाने एवं रॉलट एक्ट के विरुद्ध में एकत्रित हुए यह चारो तरफ से बंद एवं एक ही दरवाजा था जिसमे **13 अप्रैल 1919 को डायर** पुलिस कर्मियों के साथ अन्दर प्रवेश कर निहते लोगो पर गोलिया बरसाना शुरू कर

दिया या घटना **जालियावाला बाग हत्याकांड** कहलाता है|

- ➤ **1906 में स्वदेशी आन्दोलन की शुएउआत हुई** यह दो चरणों में हुआ पहली बार **1906-08** एवं दूसरी बार **1908-11** में हुआ|
- ➤ **गाँधी जी का प्रसिद्ध पुस्तक हिन्द स्वराज है**
- ➤ **गिरमिटिया मजदूर :-** औपनिवेशिक शासन के बहुत से लोगो को फिजी,गुयाना, वेस्टइंडीज आदि जगहो पर ले गया जिन्हें बाद में गिरमिटिया मजदूर कहा जाता है|
- ➤ **साइमन कोमिसन:-** 1928 में साइमन कमिसन भारत पहुंचा तो सिमन वापस जाओ के नारे लगे जी लाला लाजपत राय पर लाठिय बरसी जिसे उनके जान चले गए|
- ➤ अक्टूबर 1929 **में इरविन ने** गोलमेज सम्मलेन का आयोजन किया
- ➤ जवाहरलाल नेहरु के नेतृत्व में कांग्रेस के लाहौर सेशन में **कांग्रेस नेता पूर्ण स्वराज की मांग किये**

उद्देश्य

- ➤ भारतीय राष्ट्रवाद के विकास को समझना।
- ➤ सत्याग्रह और अहिंसा के महत्व को जानना।
- ➤ असहयोग और सविनय अवज्ञा आंदोलन के प्रभावों का विश्लेषण।

लघु प्रश्न

- ➤ गांधीजी ने भारत में सत्याग्रह आंदोलन की शुरुआत कब और कहाँ की?
- ➤ असहयोग आंदोलन का मुख्य उद्देश्य क्या था?
- ➤ सविनय अवज्ञा आंदोलन का केंद्र बिंदु कौन सा मुद्दा था?

दीर्घ प्रश्न

- ➤ गांधीजी के सत्याग्रह और अहिंसा के विचारों का वर्णन करें।
- ➤ असहयोग आंदोलन और सविनय अवज्ञा आंदोलन की तुलना कीजिए।
- ➤ भारतीय स्वतंत्रता संग्राम में महिलाओं और किसानों की भूमिका पर चर्चा करें

प्रेस, संस्कृति एवं राष्ट्रवाद

प्रेस, संस्कृति और राष्ट्रवाद एक दूसरे से गहराई से जुड़े हुए हैं। 19वीं और 20वीं सदी में भारत में राष्ट्रवादी आंदोलन के दौरान प्रेस ने महत्वपूर्ण भूमिका निभाई। समाचार पत्रों, पत्रिकाओं और पुस्तकों के माध्यम से राष्ट्रवादी विचारधाराएँ फैली और जनता को जागरूक किया गया।

- ✓ 105 ई. में **टस पलाई ने** एक **चीनी नागरिक ने** कपास और मलमल की पट्टी से **कागज बनया**
- ✓ **स्याही से लगे काठ** के ब्लाक या तख्ती पर कागज को रखकर छपाई करने की विधि को **ब्लाक प्रिंटिग** कहते है |
- ✓ 1041 ई में पि. शेंग ने मिटटी से मुद्रा बनाई

- ✓ **13 वि सदी** के अंत में रोमन और मार्कोपोलो द्वारा ब्लाक प्रिंटिग के नमूने यूरोप पहुंचे और सन 1336 ई में प्रथम पेपर मिल की स्थापन हुई

गुटेनवर्ग एवं प्रिंटिग प्रेस-

- ✓ गुटेनवर्ग ने मेन्जनगर के एक कृषक जमींदार परिवार में जन्म लिया बचपन से ये तेल पेरने वाली मशीन से परिचित थे और उन्होंने विसमथ धातु से मुद्रण स्याही बनायी कठोर बनाने के लिए तिन का इस्तेमाल किया और अन्ततः हेंडप्रेस का प्रथम बार मुद्रण कार्य शुरू किया और एक सुस्पष्ट , सस्ता एवं शीघ्र कार्यकरने

वाले गुटेनवर्ग का ऐतिहासिक मुद्रण 1440 वे वर्ष में शुरू हुआ पहली बार सहकर से बाइबिल छपने का ठेका मिला | और पुनः 36 लाइन में बाइबिल को 1448 ई. में छापा

✓ और 1475 में विलियम कैक्सटन ने मुद्रण कला को इंग्लॅण्ड में लाये

✓ 18 वीं शदी में प्रेस धातु के बनने लगे थे तथा न्यूयार्क के रिचर्ड एम हो ने शक्ति चालित बेलनाकार प्रेस को कारगर बना लिया था |

✓ **मार्टिन लूथर** ने कहा "**मुद्रण इश्वर की दी हुई महानतम दें है सबसे बड़ा तोहफा है**"

प्रेस का उदय और विकास

- भारत में प्रेस की शुरुआत 1766 में विलियम बोल्ट्स द्वारा एक समाचार पत्र के प्रकाशन से हुआ हुई

- जेम्स ऑगस्टस हिकी ने 1780 में '**बंगाल गजट**' की स्थापना की, जो भारत का पहला समाचार पत्र था और नवम्बर **1780ई. में इंडिया गजट** प्रकाशित हुआ और **1821 ई.** में बंगाली में संवाद "**कौमुदी**" तथा **1822** में फारसी में "**मिरातुल**" प्रकाशित हुआ और इस वश से बम्बई में गुजराती भाषा में "दैनिक बम्बई"समाचार निकलना शुरू हो गया और इन सभी समाचारों का संस्थापक राजा राम मोहन राय थे

- शुरुआती प्रेस मुख्य रूप से अंग्रेजी भाषा तक सीमित था, लेकिन 19वीं सदी में हिंदी, बंगाली, मराठी और अन्य भाषाओं में समाचार पत्र प्रकाशित होने लगे।

प्रेस पर ब्रिटिश शासन के प्रतिबंध

ब्रिटिश सरकार ने प्रेस की शक्ति को नियंत्रित करने के लिए कई कड़े कानून बनाए:

1. **लाइसेंसिंग रेगुलेशन, 1823**: इस कानून के तहत किसी भी समाचार पत्र को प्रकाशित करने के लिए सरकार से अनुमति लेनी पड़ती थी।

2. **वर्नाक्यूलर प्रेस एक्ट, 1878**: भारतीय भाषाओं में प्रकाशित समाचार पत्रों पर प्रतिबंध लगाने के लिए लॉर्ड लिटन ने यह कानून लागू किया।

3. **न्यूज़पेपर एक्ट, 1908**: इस कानून के माध्यम से ब्रिटिश सरकार ने राष्ट्रवादी अखबारों पर अंकुश लगाने की कोशिश की।

4. **भारतीय प्रेस अधिनियम, 1910**: राष्ट्रवादी गतिविधियों को रोकने के लिए इस कानून के तहत सरकार ने प्रेस पर कड़े प्रतिबंध लगाए।

5. **प्रेस (आपत्तिजनक सामग्री) अधिनियम, 1951**: स्वतंत्र भारत में प्रेस की स्वतंत्रता को बनाए रखते हुए आपत्तिजनक सामग्रियों पर निगरानी रखने के लिए यह कानून लाया गया

6. 1857 की क्रांति के बाद अंग्रेजो ने "**फुट डालो और शासन करो**" का नारा दिया

संस्कृति और राष्ट्रवाद में प्रेस की भूमिका

- प्रेस ने भारतीय समाज में राष्ट्रीय चेतना को जागृत किया

- सामाजिक सुधारकों जैसे राजा राम मोहन राय, ज्योतिबा फुले और दयानंद सरस्वती ने प्रेस का उपयोग समाज में जागरूकता फैलाने के लिए किया

- स्वामी विवेकानंद, बाल गंगाधर तिलक और महात्मा गांधी ने अपने लेखों के माध्यम से स्वतंत्रता संग्राम में महत्वपूर्ण योगदान दिया

महत्वपूर्ण राष्ट्रवादी समाचार पत्र

समाचार पत्र	संपादक	योगदान
केसरी	बाल गंगाधर तिलक	स्वतंत्रता संग्राम को प्रेरित किया
अमृत बाज़ार पत्रिका	शिशिर कुमार घोष	अंग्रेजों की नीतियों की आलोचना की
यंग इंडिया	महात्मा गांधी	अहिंसा और सत्याग्रह का प्रचार

सोम प्रकाश	ईश्वर चन्द्र विद्यासागर (1858)	साप्ताहिक बंगाली भाषा में
हिंदू	जी. सुब्रमण्यम अय्यर	दक्षिण भारत में राष्ट्रवाद का प्रसार
बंगाली	सुरेंद्रनाथ बनर्जी	बंगाल विभाजन विरोध आंदोलन का समर्थन
इंडियन मिरर	सुरेन्द्रनाथ टैगोर तथा मनमोहन घोष	
सुलभ समाचार	केशवचंद्र सेन	बंगाली भाषा में

अर्थ व्यवस्था और आजीविका

औद्योगिकीकरण- वह प्रक्रिया है जिसमें किसी देश या क्षेत्र में उद्योगों का विकास और विस्तार होता है। इसमें कच्चे माल को उपयोगी उत्पादों में परिवर्तित करने के लिए मशीनों और तकनीकों का उपयोग किया जाता है। यह किसी भी राष्ट्र के आर्थिक विकास का प्रमुख कारक होता है।

> **जमशेदजी टाटा भारत** के एक अग्रणी उद्योगपति थे जो भारत में औद्योगिक क्रांति के जनक के तौर पर जाने जाते हैं।
> सन 1750 ब्रिटेन कृषि प्रधान देश बना था

अध्योगीकरण का कारण-

> बढती आवश्यकता अविष्कार की जननी है
> नए नए मशीनों का अविष्कार
> कोयले औए लोहे की प्रचुरता
> यातायात की सुविधा

विभिन्न अविष्कार-

ईसवी	खोजकर्ता	खोज	काम
1769	रिचर्ड आर्कराइट	स्पेनिंग फ्रेम	सूत काटना जो जल से चलती थी
1770	हरग्रिब्ज	स्पिनिंग जेनी	सूत काटना जो सिलह तकुये और 1 पहिया होता था
1773	जौन के	फ़्लाइंग जेट	जुलाहे तेजी से काटन धागे की मांग बढ़ गयी
1779	क्राम्पटन	स्पिनिंग म्युल	बारीक़ सूत काटना
1785	कर्टराइट	वाष्पीय पावरलूम	करघा तैयार करना
1785	बेनर	कपड़ा छपने का यन्त्र	
1769	जेम्स वाट	भाप इंजन	
1815	हम्फ्रीडेवि	सेफ्टी लेम्प	कोयला के खानों में काम करने के लिए
1815	बेसेमर	शक्तिशाली भट्टी	

उपनिवेशवाद- उस प्रक्रिया के रूप में परिभाषित किया जाता है जिसमें एक देश दूसरे देश या किसी अन्य क्षेत्र पर

नियंत्रण और शासन करता है। इसमें उपनिवेश बनाने वाले देश से बसने वालों का आना शामिल हो सकता है, लेकिन यह ज़रूरी नहीं है।

भारत में कंपनि की स्थापना-

➢ 1600 ईस्वी में ब्रिटिस सरकार ने एक चार्टर एक्ट पारित किया और ब्रिटिस ईस्ट india कंपनी की स्थापना हुइ
➢ **सर्वप्रथम सूती कपड़ो की मिल 1851 में बम्बई में** स्थापित किया गया
➢ **सन 1917 में कलकाता में देश की पहली जुट मिल** हुकुम चंद ने स्थापित किया
➢ सन 1907 में जमशेद जी टाटा ने टाटा एवं स्टील कंपनी की स्थापना की बिहार के साक्ची नामक स्थान पर और 1910 में टाटा हाइड्रो इलेक्ट्रिक पवार स्टेशन की स्थापना हुई
➢ भारत में कोयला उद्योग 1814 में प्रारंभ हुआ
➢ सन 1881 में फक्ट्री एक्ट पारित किया गया और 7 वर्ष से कम आयो के बच्चों को फैक्ट्री में काम पर रोक लगाया गया 12 वर्ष से कम आयु के बच्चे की काम समय घटाया गया और महिलाओ के काम के घंटे और मजदूरी तय किया गया
➢ भारत में 1850 के काल श्रमिक वर्ग के प्रारंभ का काल था
➢ 1926 में मजदुर संघ पारित किया गया और पंजीकृत मजदुर संघ को मंजूरी दी गयी 1929 में घोर मंदी ने सब जस तो तस कर दिया

औद्योगीकरण के परिणाम (Consequences of Industrialization)

1. आर्थिक परिणाम (Economic Consequences)

(i) आर्थिक विकास (Economic Growth):

✔ औद्योगीकरण से देश की GDP (सकल घरेलू उत्पाद) में वृद्धि होती है।
✔ नए उद्योग स्थापित होने से व्यापार और उत्पादन बढ़ता है।

(ii) रोजगार के अवसर (Employment Opportunities):

✔ नए उद्योगों के विकास से श्रमिकों के लिए रोजगार के अवसर बढ़ते हैं।
✔ सेवा क्षेत्र (IT, बैंकिंग) और विनिर्माण क्षेत्र में नौकरियों की संख्या बढ़ती है।

(iii) शहरीकरण (Urbanization):

✔ औद्योगीकरण से शहरों का विकास होता है क्योंकि लोग बेहतर रोजगार की तलाश में गाँवों से शहरों की ओर पलायन करते हैं।
✔ मेट्रो शहरों का विस्तार होता है और आधुनिक बुनियादी सुविधाएँ विकसित होती हैं।

(iv) आधुनिक तकनीक और नवाचार (Technological Advancement & Innovation):

✔ मशीनों और स्वचालन (Automation) से उत्पादन क्षमता बढ़ती है।
✔ नए आविष्कार और अनुसंधान को बढ़ावा मिलता है।

2. सामाजिक परिणाम (Social Consequences)

(i) जीवन स्तर में सुधार (Improvement in Standard of Living):

✔ लोगों की आय बढ़ने से उनकी क्रय शक्ति बढ़ती है।
✔ आधुनिक जीवनशैली और शिक्षा का स्तर सुधरता है।

(ii) शिक्षा और कौशल विकास (Education and Skill Development):

✔ औद्योगीकरण के कारण तकनीकी शिक्षा और व्यावसायिक प्रशिक्षण का विकास हुआ है।
✔ नए कौशल विकसित होने से युवा अधिक रोजगार योग्य बनते हैं।

(iii) सामाजिक असमानता (Social Inequality):

✘ अमीर और गरीब के बीच असमानता बढ़ सकती है।
✘ बड़े उद्योगपति अत्यधिक लाभ अर्जित करते हैं, जबकि श्रमिकों को कम वेतन मिलता है।

(iv) महिला सशक्तिकरण (Women Empowerment):

✔ अधिक महिलाएँ औद्योगिक और सेवा क्षेत्रों में कार्यरत हो रही हैं।
✔ महिलाओं के लिए नए रोजगार अवसर उत्पन्न हो रहे हैं।

3. पर्यावरणीय परिणाम (Environmental Consequences)

(i) प्रदूषण में वृद्धि (Increase in Pollution):

✘ कारखानों से निकलने वाला धुआँ वायु प्रदूषण का कारण बनता है।
✘ जल प्रदूषण औद्योगिक कचरे के कारण बढ़ता है।

(ii) प्राकृतिक संसाधनों का दोहन (Exploitation of Natural Resources):

✘ कोयला, पेट्रोलियम और खनिजों का अत्यधिक उपयोग संसाधनों की कमी का कारण बन सकता है।

✗ वनों की कटाई (Deforestation) से जलवायु परिवर्तन की समस्या उत्पन्न हो रही है।

(iii) पर्यावरणीय असंतुलन (Environmental Imbalance):

✗ औद्योगिक कचरे और रसायनों के कारण भूमि की उर्वरता घट रही है।

✗ जलवायु परिवर्तन और प्राकृतिक आपदाओं की संख्या बढ़ रही है।

4. राजनीतिक परिणाम (Political Consequences)

(i) औद्योगिक नीतियों का विकास (Development of Industrial Policies):

✔ सरकारें उद्योगों को बढ़ावा देने के लिए औद्योगिक नीतियाँ बनाती हैं।

✔ आर्थिक सुधारों और उदारीकरण (Liberalization) से व्यापार और निवेश बढ़ता है।

(ii) मजदूर आंदोलन और श्रम कानून (Labor Movements & Labor Laws):

✔ श्रमिकों के अधिकारों की सुरक्षा के लिए श्रम कानून बनाए जाते हैं।

✔ ट्रेड यूनियनों (Trade Unions) का उदय होता है, जिससे मजदूरों के हितों की रक्षा की जाती है।

5. सांस्कृतिक परिणाम (Cultural Consequences)

(i) पारंपरिक समाज में बदलाव (Transformation in Traditional Society):

✔ लोग आधुनिक तकनीकों और औद्योगिक जीवनशैली को अपनाने लगते हैं।

✔ कृषि आधारित समाज से उद्योग आधारित समाज का विकास होता है।

(ii) उपभोक्तावाद का विकास (Rise of Consumerism):

✔ औद्योगीकरण से नए उत्पादों का उत्पादन बढ़ता है, जिससे उपभोक्तावाद (Consumerism) को बढ़ावा मिलता है।

✔ लोग ब्रांडेड वस्तुओं और विलासिता की चीजों की ओर आकर्षित होते हैं।

शहरीकरण और शहरी जीवन

क़स्बा-ग्रामीण अंचल में एक छोटे नगर जो अधिकांश स्थानीय विशिष्ट व्यक्ति का केंद्र है

गंज- एक छोटे से स्थायी बाज़ार को कहा जाता है|

महानगर- किसी प्रान्त और देश की घनी आवादी वाले शहर जो प्रायः वहा का राजधानी भी होता है|

टेनेमेंट्स- कामचलाऊ और अक्सर बेहिसाब भीड़ वाले अपार्टमेंट जो बड़े शहर और गरीब इअलाको में पाया जाता है|

घेटो-मध्य यूरोपीय देशों के यहूदी बस्ती के लिए प्रयोग किया जाता था। आज की भाषा में या एक वर्ग ,धर्म ,प्रजाति या समान पहचान वाले लोगों को दर्शाती है।

व्यक्तिवाद- वह सिधांत है जिसमे समुदाय की नहीं बल्कि व्यक्ति कि स्वतंत्रता और अधिकार को स्वीकार किया जाता है|

लेसेज फेयर- आर्थिक उन्मुक्त्वाद जिसमे सरकार का किसी रूप में हस्तक्षेप नहीं था एवं पूंजीपतियों को पूरी स्वतंत्रता थी

सामाजिक विज्ञान Objective Question

अर्थशास्त्र

1. अर्थव्यवस्था के कितने प्रमुख क्षेत्र होते हैं?
(A) 2   (B) 3   (C) 4   (D) 5
उत्तर: **(B) 3**

2. निम्नलिखित में से कौन-सा प्राथमिक क्षेत्र में शामिल है?
(A) बैंकिंग   (B) परिवहन   (C) कृषि   (D) निर्माण
उत्तर: **(C) कृषि**

3. भारत की अर्थव्यवस्था किस प्रकार की अर्थव्यवस्था है?
(A) पूंजीवादी अर्थव्यवस्था   (B) समाजवादी अर्थव्यवस्था
(C) मिश्रित अर्थव्यवस्था   (D) सामंती अर्थव्यवस्था
उत्तर: **(C) मिश्रित अर्थव्यवस्था**

4. आर्थिक वृद्धि किससे संबंधित है?
(A) मात्रात्मक पहलू से   (B) गुणात्मक पहलू से
(C) सामाजिक पहलू से   (D) केवल जीवन स्तर से
उत्तर: **(A) मात्रात्मक पहलू से**

5. आर्थिक विकास का संबंध किससे होता है?
(A) मात्रात्मक वृद्धि से   (B) गुणात्मक और मात्रात्मक दोनों से
(C) केवल कृषि उत्पादन से   (D) केवल रोजगार से
उत्तर: **(B) गुणात्मक और मात्रात्मक दोनों से**

6. सतत विकास का मुख्य उद्देश्य क्या है?
(A) केवल आर्थिक लाभ प्राप्त करना
(B) संसाधनों का तर्कसंगत प्रबंधन
(C) केवल उद्योगों का विकास

(D) कृषि को बढ़ावा देना
उत्तर: (B) संसाधनों का तर्कसंगत प्रबंधन
7. भारत में योजना आयोग का गठन कब हुआ था?
(A) 1947　　(B) 1950　　(C) 1952　　(D) 1965
उत्तर: (B) 1950
8. मौद्रिक विकास का मुख्य कार्य क्या है?
(A) केवल बैंकिंग प्रणाली को मजबूत बनाना
(B) केवल कृषि का विकास करना
(C) केवल उद्योगों को बढ़ावा देना
(D) आर्थिक स्थिरता और वृद्धि को बढ़ावा देना
उत्तर: (D) आर्थिक स्थिरता और वृद्धि को बढ़ावा देना
9. एटीएम का पूरा नाम क्या है?
(A) Automated Transfer Machine
(B) Automatic Teller Machine
(C) Auto Transaction Machine
(D) Automatic Time Machine
उत्तर: (B) Automatic Teller Machine
10. डेबिट कार्ड का मुख्य कार्य क्या होता है?
(A) उधार पर भुगतान करना
(B) ग्राहक के खाते से सीधे पैसे काटना
(C) केवल नकद जमा करना
(D) केवल खाते की जानकारी दिखाना
उत्तर: (B) ग्राहक के खाते से सीधे पैसे काटना
11. भारत का HDI (मानव विकास सूचकांक) 2021-22 में कौन-सा स्थान था?
(A) 110　　(B) 132　　(C) 140　　(D) 150
उत्तर: (B) 132
12. BIMARU राज्यों की सूची में निम्नलिखित में से कौन-सा राज्य शामिल नहीं है?
(A) बिहार　　(B) मध्य प्रदेश　　(C) राजस्थान　　(D) तमिलनाडु
उत्तर: (D) तमिलनाडु
13. BPL का पूरा नाम क्या है?
(A) Below Property Line
(B) Below Poverty Line
(C) Basic Poor Level
(D) Basic Population Limit
उत्तर: (B) Below Poverty Line
14. मनरेगा (MNREGA) योजना के तहत कितने दिन का रोजगार दिया जाता है?
(A) 50 दिन　(B) 75 दिन　(C) 100 दिन　(D) 150 दिन
उत्तर: (C) 100 दिन
15. बिहार में उद्योगों के विकास की सबसे बड़ी बाधा क्या है?
(A) श्रमिकों की कमी　　(B) प्राकृतिक आपदाएँ
(C) सरकारी सहायता की अधिकता　　(D) कम जनसंख्या
उत्तर: (B) प्राकृतिक आपदाएँ
16. गरीबी के कुचक्र का सिद्धांत किसने दिया था?
(A) एडम स्मिथ　(B) रैग्नर नर्क्स　(C) कार्ल मार्क्स　(D) अमर्त्य सेन
उत्तर: (B) रैग्नर नर्क्स
17. सकल घरेलू उत्पाद (GDP) का आकलन किस

आधार पर किया जाता है?
(A) केवल कृषि उत्पादन के आधार पर
(B) केवल औद्योगिक उत्पादन के आधार पर
(C) देश में उत्पादित सभी वस्तुओं और सेवाओं के आधार पर
(D) केवल सेवा क्षेत्र के योगदान पर
उत्तर: (C) देश में उत्पादित सभी वस्तुओं और सेवाओं के आधार पर
18. बिहार की प्रति व्यक्ति आय की स्थिति कैसी है?
(A) भारत में सबसे अधिक　　(B) भारत में सबसे कम
(C) भारत में औसत　　　(D) भारत में दूसरे स्थान पर
उत्तर: (B) भारत में सबसे कम
19. राष्ट्रीय आय की गणना कितने तरीकों से की जाती है?
(A) 1　　　(B) 2　　　(C) 3　　　(D) 4
उत्तर: (C) 3
20. बिहार में बाढ़ का मुख्य कारण क्या है?
(A) उद्योगों की अधिकता
(B) अधिक वर्षा और नदियों का जलस्तर बढ़ना
(C) भूमिगत जल की कमी
(D) सरकार की नीतियाँ
उत्तर: (B) अधिक वर्षा और नदियों का जलस्तर बढ़ना
21. किस पद्धति से राष्ट्रीय आय की गणना नहीं की जाती?
(A) उत्पादन पद्धति　　(B) आय पद्धति
(C) व्यय पद्धति　　　(D) निर्यात पद्धति
उत्तर: (D) निर्यात पद्धति
22. सकल राष्ट्रीय उत्पाद (GNP) किसे दर्शाता है?
(A) एक देश में उत्पादित वस्तुओं एवं सेवाओं का कुल मूल्य
(B) विदेशों में निवास कर रहे देश के नागरिकों की कुल आय
(C) केवल कृषि क्षेत्र की आय
(D) केवल औद्योगिक क्षेत्र की आय
उत्तर: (B) विदेशों में निवास कर रहे देश के नागरिकों की कुल आय
23. भारत में "हरित क्रांति" का मुख्य उद्देश्य क्या था?
(A) औद्योगिकीकरण को बढ़ावा देना　(B) कृषि उत्पादन को बढ़ाना
(C) जल विद्युत परियोजनाओं का विकास
(D) शिक्षा को बढ़ावा देना
उत्तर: (B) कृषि उत्पादन को बढ़ाना
24. भारत में आर्थिक नियोजन का कार्य कौन करता है?
(A) भारतीय रिजर्व बैंक　　(B) वित्त मंत्रालय
(C) नीति आयोग　　　(D) नाबार्ड
उत्तर: (C) नीति आयोग
25. भारत की प्रथम पंचवर्षीय योजना का मुख्य उद्देश्य क्या था?
(A) औद्योगिक विकास　　(B) विज्ञान और प्रौद्योगिकी
(C) कृषि एवं सिंचाई　　(D) व्यापार और वाणिज्य
उत्तर: (C) कृषि एवं सिंचाई
26. भारत का केंद्रीय बैंक कौन सा है?
(A) भारतीय स्टेट बैंक　　(B) भारतीय रिजर्व बैंक
(C) नाबार्ड　　　(D) एचडीएफसी बैंक

उत्तर: **(B)** भारतीय रिज़र्व बैंक

27.मुद्रास्फीति की स्थिति में सरकार को क्या करना चाहिए?

(A) मुद्रा की आपूर्ति बढ़ानी चाहिए

(B) मुद्रा की आपूर्ति कम करनी चाहिए

(C) सरकारी व्यय बढ़ाना चाहिए

(D) करों में कटौती करनी चाहिए

उत्तर: **(B)** मुद्रा की आपूर्ति कम करनी चाहिए

28.भारतीय रिज़र्व बैंक की मौद्रिक नीति का मुख्य उद्देश्य क्या है?

(A) केवल किसानों को ऋण देना

(B) केवल उद्योगों को बढ़ावा देना

(C) मुद्रा और ऋण की स्थिरता बनाए रखना

(D) केवल निर्यात को बढ़ावा देना

उत्तर: **(C)** मुद्रा और ऋण की स्थिरता बनाए रखना

29.रेपो दर किससे संबंधित है?

(A) सरकारी खर्च   (B) विदेशी मुद्रा भंडार

(C) बैंकिंग प्रणाली में धन की आपूर्ति

(D) आयात-निर्यात संतुलन

उत्तर: **(C)** बैंकिंग प्रणाली में धन की आपूर्ति

30.किस वर्ष भारतीय रिज़र्व बैंक (RBI) का राष्ट्रीयकरण हुआ था?

(A) 1935   (B) 1947   (C) 1949   (D) 1955

उत्तर: **(C)** 1949

31बिहार की अर्थव्यवस्था में कौन सा क्षेत्र सबसे अधिक योगदान देता है?

(A) सूचना प्रौद्योगिकी   (B) भारी उद्योग

(C) कृषि एवं लघु उद्योग   (D) अंतरराष्ट्रीय व्यापार

उत्तर: **(C)** कृषि एवं लघु उद्योग

32.बिहार में सबसे अधिक उगाई जाने वाली फसल कौन सी है?

(A) गेहूं   (B) धान   (C) कपास   (D) चाय

उत्तर: **(B)** धान

33.बिहार में औद्योगिकीकरण की सबसे बड़ी समस्या क्या है?

(A) कच्चे माल की कमी   (B) कुशल श्रमिकों की कमी

(C) बुनियादी ढांचे की कमी (D) पर्यावरणीय समस्याएँ

उत्तर: **(C)** बुनियादी ढांचे की कमी

34.बिहार में "मुख्यमंत्री उद्यमी योजना" किस उद्देश्य से शुरू की गई थी?

(A) कृषि क्षेत्र को बढ़ावा देने के लिए

(B) नवोदित उद्यमियों को वित्तीय सहायता देने के लिए

(C) स्कूल शिक्षा में सुधार के लिए

(D) ग्रामीण क्षेत्रों में बुनियादी ढांचे के विकास के लिए

उत्तर: **(B)** नवोदित उद्यमियों को वित्तीय सहायता देने के लिए

35.बिहार में सबसे अधिक कौन सी प्राकृतिक आपदा का प्रभाव पड़ता है?

(A) सुनामी   (B) बाढ़ (C) ज्वालामुखी विस्फोट (D) चक्रवात

उत्तर: **(B)** बाढ़

36."मेक इन इंडिया" कार्यक्रम का मुख्य उद्देश्य क्या है?

(A) भारत में वस्त्र उद्योग को बढ़ावा देना

(B) विदेशी निवेश आकर्षित कर घरेलू विनिर्माण को बढ़ावा देना

(C) केवल डिजिटल बैंकिंग को प्रोत्साहित करना

(D) केवल किसानों को ऋण प्रदान करना

उत्तर: **(B)** विदेशी निवेश आकर्षित कर घरेलू विनिर्माण को बढ़ावा देना

37.भारत में सबसे बड़ा आयातित उत्पाद कौन सा है?

(A) कच्चा तेल   (B) सोना   (C) कपास   (D) गेहूं

उत्तर: **(A)** कच्चा तेल

38.भारत का सबसे बड़ा व्यापारिक भागीदार कौन सा देश है?

(A) संयुक्त राज्य अमेरिका (B) चीन (C) रूस (D) जापान

उत्तर: **(A)** संयुक्त राज्य अमेरिका

39.भारत सरकार द्वारा शुरू की गई "स्टार्टअप इंडिया" योजना का उद्देश्य क्या है?

(A) छोटे और नवोदित व्यवसायों को समर्थन देना

(B) केवल सरकारी कंपनियों का विस्तार करना

(C) केवल बड़े उद्योगों को बढ़ावा देना

(D) केवल किसानों को ऋण प्रदान करना

उत्तर: **(A)** छोटे और नवोदित व्यवसायों को समर्थन देना

40.भारत में पहला विशेष आर्थिक क्षेत्र (SEZ) कहाँ स्थापित किया गया था?

(A) मुंबई   (B) चेन्नई   (C) कांडला   (D) कोलकाता

उत्तर: **(C)** कांडला

41.मुद्रा का उपयोग मुख्य रूप से किस उद्देश्य से किया जाता है?

(A) कर संग्रह के लिए

(B) वस्तुओं और सेवाओं के विनिमय के लिए

(C) केवल सरकारी खर्चों के लिए

(D) बचत करने के लिए

उत्तर: **(B)** वस्तुओं और सेवाओं के विनिमय के लिए

42.वस्तु मुद्रा (Commodity Money) का उदाहरण कौन सा है?

(A) कागजी नोट   (B) क्रेडिट कार्ड

(C) अनाज, पशु, नमक   (D) बैंक बैलेंस

उत्तर: **(C)** अनाज, पशु, नमक

43.सबसे पहले कागजी मुद्रा का प्रयोग किस देश में किया गया था?

(A) भारत   (B) अमेरिका (C) चीन   (D) इंग्लैंड

उत्तर: **(C)** चीन

44.बैंकिंग मुद्रा (Bank Money) का सबसे प्रमुख रूप क्या है?

(A) चेक और ड्राफ्ट   (B) सोने के सिक्के

(C) बार्टर सिस्टम   (D) वस्तु मुद्रा

उत्तर: **(A)** चेक और ड्राफ्ट

45.डिजिटल मुद्रा (Digital Money) का मुख्य लाभ क्या है?

(A) इसमें नकदी की आवश्यकता नहीं होती

(B) यह केवल सरकार द्वारा नियंत्रित होती है

(C) इसमें वस्तु विनिमय किया जाता है

(D) यह केवल बैंकों के लिए उपयोगी है

उत्तर: (A) इसमें नकदी की आवश्यकता नहीं होती

46.मुद्रा किस प्रकार से मूल्य को मापने का कार्य करती है?

(A) विभिन्न वस्तुओं का तुलनात्मक मूल्य बताकर

(B) केवल नकद भुगतान को बढ़ावा देकर

(C) केवल धातु मुद्रा का प्रयोग करके

(D) वस्तु विनिमय को सरल बनाकर

उत्तर: (A) विभिन्न वस्तुओं का तुलनात्मक मूल्य बताकर

47.किस प्रकार की मुद्रा को भविष्य के लिए संचित किया जा सकता है?

(A) धातु मुद्रा   (B) कागजी मुद्रा

(C) डिजिटल मुद्रा   (D) उपरोक्त सभी

उत्तर: (D) उपरोक्त सभी

48.मुद्रा का कौन सा कार्य उधार लेन-देन को आसान बनाता है?

(A) विनिमय का माध्यम   (B) मूल्य का संचय

(C) स्थगित भुगतान का मानक (D) मूल्य मापन

उत्तर: (C) स्थगित भुगतान का मानक

49.ऑनलाइन भुगतान प्रणाली का प्रमुख उदाहरण क्या है?

(A) चेक   (B) डिजिटल वॉलेट (Paytm, Google Pay)

(C) वस्तु विनिमय प्रणाली   (D) बार्टर सिस्टम

उत्तर: (B) डिजिटल वॉलेट (Paytm, Google Pay)

50.मुद्रा के बिना अर्थव्यवस्था में क्या समस्या उत्पन्न होगी?

(A) वस्तु-विनिमय प्रणाली को अपनाना पड़ेगा

(B) व्यापार आसान हो जाएगा

(C) बैंक अधिक लाभ अर्जित करेंगे

(D) ऋण प्रणाली मजबूत हो जाएगी

उत्तर: (A) वस्तु-विनिमय प्रणाली को अपनाना पड़ेगा

51.ऋण प्राप्त करने की एक सामान्य विधि क्या है?

(A) नकद भुगतान   (B) बैंक से ऋण लेना

(C) वस्तु विनिमय   (D) केवल सरकारी सहायता प्राप्त करना

उत्तर: (B) बैंक से ऋण लेना

52.बैंक में जमा धनराशि को किस माध्यम से निकाला जा सकता है?

(A) चेक   (B) डेबिट कार्ड

(C) ऑनलाइन बैंकिंग   (D) उपरोक्त सभी

उत्तर: (D) उपरोक्त सभी

53.प्लास्टिक मुद्रा (Plastic Money) का एक उदाहरण क्या है?

(A) क्रेडिट कार्ड   (B) चेक

(C) धातु मुद्रा   (D) वस्तु मुद्रा

उत्तर: (A) क्रेडिट कार्ड

54.निम्नलिखित में से कौन सा प्लास्टिक मुद्रा का एक प्रकार नहीं है?

(A) डेबिट कार्ड   (B) बैंक ड्राफ्ट

(C) क्रेडिट कार्ड   (D) प्रीपेड कार्ड

उत्तर: (B) बैंक ड्राफ्ट

55.क्रेडिट कार्ड में भुगतान कब किया जाता है?

(A) तुरंत   (B) बाद में, निर्धारित समय के भीतर

(C) नकद में (D) केवल बड़े लेन-देन के लिए

उत्तर: (B) बाद में, निर्धारित समय के भीतर

56.डेबिट कार्ड से भुगतान करने पर राशि कहाँ से कटती है?

(A) क्रेडिट खाते से   (B) सीधे बैंक खाते से

(C) उधारी पर   (D) किसी अन्य व्यक्ति के खाते से

उत्तर: (B) सीधे बैंक खाते

57.कौन सा कार्ड पहले से भरी हुई राशि पर कार्य करता है?

(A) डेबिट कार्ड   (B) क्रेडिट कार्ड

(C) प्रीपेड कार्ड   (D) चेक

उत्तर: (C) प्रीपेड कार्ड

58.कॉन्टैक्टलेस कार्ड किस तकनीक का उपयोग करता है?

(A) ब्लूटूथ

(B) रेडियो फ्रीकेंसी आइडेंटिफिकेशन (RFID)

(C) फिंगरप्रिंट स्कैनिंग

(D) वाई-फाई

उत्तर: (B) रेडियो फ्रीकेंसी आइडेंटिफिकेशन (RFID)

59.स्मार्ट कार्ड का उपयोग किस उद्देश्य से किया जाता है? (A) केवल पहचान पत्र के रूप में

(B) केवल भुगतान के लिए

(C) पहचान, भुगतान और सुरक्षा उद्देश्यों के लिए

(D) केवल सरकारी योजनाओं के लिए

उत्तर: (C) पहचान, भुगतान और सुरक्षा उद्देश्यों के लिए

60.प्लास्टिक मुद्रा का एक प्रमुख नुकसान क्या है?

(A) साइबर धोखाधड़ी का खतरा

(B) नकद ले जाने में सुविधा

(C) लेन-देन की प्रक्रिया धीमी होना

(D) केवल बैंकों द्वारा उपयोग किया जाना

उत्तर: (A) साइबर धोखाधड़ी का खतरा

61. बचत का अर्थ क्या है?

A) कुल आय - कुल व्यय

B) कुल व्यय - कुल आय

C) केवल व्यय

D) केवल आय

उत्तर: A) कुल आय - कुल व्यय

62. व्यक्तिगत बचत का उदाहरण क्या है?

A) कंपनी का रिजर्व फंड   B) बैंक में जमा धन

C) सरकार की बचत   D) व्यापारिक लाभ

उत्तर: B) बैंक में जमा धन

63. राष्ट्रीय बचत में कौन-कौन सी बचत शामिल होती है?
A) सरकारी बचत   B) निजी बचत
C) व्यावसायिक बचत   D) उपरोक्त सभी
उत्तर: D) उपरोक्त सभी

64. साख का अर्थ क्या है?
A) किसी व्यक्ति पर विश्वास
(B) ऋण लौटाने की क्षमता
C) भुगतान करने की योग्यता
(D) उपरोक्त सभी
उत्तर: D) उपरोक्त सभी

65. प्रो. जीड के अनुसार साख क्या है?
A) एक ऐसा विनिमय कार्य जो निश्चित समय बाद पूरा होता है
B) केवल ऋण देने की प्रक्रिया (C) बैंक का लाभ अर्जन (D)
केवल भुगतान का तरीका **उत्तर:** A) एक ऐसा विनिमय कार्य
जो निश्चित समय बाद पूरा होता है

66. साख के मुख्य आधार क्या हैं?
A) विश्वास   B) पूंजी एवं संपत्ति

70. केंद्रीय बैंक का मुख्य कार्य क्या है?
A) व्यक्तिगत ऋण देना
B) देश की मौद्रिक नीति को नियंत्रित करना
C) बचत खाता खोलना   D) केवल मुद्रा छापना
उत्तर: B) देश की मौद्रिक नीति को नियंत्रित करना

71. वाणिज्यिक बैंक का मुख्य कार्य क्या है?
A) चालू खाता और बचत खाता सेवाएँ प्रदान करना
B) कृषि कार्य करना   C) औद्योगिक नीति बनाना
D) विदेशी मुद्रा नीति बनाना
उत्तर: A) चालू खाता और बचत खाता सेवाएँ प्रदान करना

72. सहकारी बैंक मुख्य रूप से किसे ऋण प्रदान करते हैं?
A) बड़े उद्योगों को
B) किसानों और छोटे व्यवसायों को
C) केंद्रीय सरकार को   D) केवल बड़े कॉर्पोरेट को
उत्तर: B) किसानों और छोटे व्यवसायों को

73. गैर-बैंकिंग वित्तीय संस्थाएँ क्या नहीं करतीं?
A) निवेश करना   B) ऋण प्रदान करना
C) बचत खाते खोलना   D) बीमा सेवाएँ प्रदान करना
उत्तर: C) बचत खाते खोलना

74. बीमा कंपनियों का मुख्य कार्य क्या है?
A) मुद्रा आपूर्ति नियंत्रित करना
B) लोगों को बीमा कवर प्रदान करना
C) विदेशी मुद्रा भंडार प्रबंधन
D) वित्तीय नीतियाँ बनाना
उत्तर: B) लोगों को बीमा कवर प्रदान करना

75. म्यूचुअल फंड कंपनियाँ क्या करती हैं?
A) निवेशकों के धन को विभिन्न वित्तीय साधनों में निवेश
करती हैं
B) बैंकिंग सेवाएँ प्रदान करती हैं
C) मुद्रा छापती हैं
D) केवल सरकारी कार्य करती हैं
उत्तर: A) निवेशकों के धन को विभिन्न वित्तीय साधनों में

C) ऋण की अवधि   D) उपरोक्त सभी
उत्तर: D) उपरोक्त सभी

67. निम्नलिखित में से कौन वित्तीय संस्थाओं का कार्य नहीं है?
A) ऋण देना   B) धन जमा करना
C) कृषि उत्पादन करना   D) निधि अंतरण
उत्तर: C) कृषि उत्पादन करना

68. वित्तीय संस्थाओं के कितने प्रमुख प्रकार होते हैं?
A) 2   B) 3   C) 4   D) 5
उत्तर: A) 2 (बैंकिंग और गैर-बैंकिंग वित्तीय संस्थाएँ)

69. निम्नलिखित में से कौन सा एक सरकारी वित्तीय संस्थान है?
A) SBI
B) ICICI
C) HDFC
D) Kotak Mahindra
उत्तर: A) SBI

निवेश करती हैं

76. माइक्रोफाइनेंस संस्थाएँ मुख्य रूप से किसे ऋण प्रदान करती हैं?
A) अमीर व्यक्तियों को
B) गरीबों और छोटे उद्यमियों को
C) केवल बड़ी कंपनियों को
D) केवल सरकारी एजेंसियों को
उत्तर: B) गरीबों और छोटे उद्यमियों को

77. प्राथमिक सहकारी समिति का मुख्य उद्देश्य क्या है?
A) औद्योगिक उत्पादन करना
B) समान हितों वाले व्यक्तियों को वित्तीय सहायता देना
C) केवल सरकारी कार्य करना
D) केवल बड़ी कंपनियों को लाभ देना
उत्तर: B) समान हितों वाले व्यक्तियों को वित्तीय सहायता देना

78. व्यवसायिक बैंक के प्रमुख कार्य क्या हैं?
A) मुद्रा जमा करना   B) ऋण प्रदान करना
C) भुगतान सेवाएँ प्रदान करना   D) उपरोक्त सभी
उत्तर: D) उपरोक्त सभी

79. बचत खाता किसके लिए उपयुक्त है?
A) व्यापारी   B) नौकरीपेशा व्यक्ति
C) उद्योगपति D) केवल बैंक कर्मचारी
उत्तर: B) नौकरीपेशा व्यक्ति

80. चालू खाता मुख्य रूप से किसके लिए होता है?
A) विद्यार्थी   B) छोटे व्यवसायी और व्यापारी
C) किसान   D) सेवानिवृत्त व्यक्ति
उत्तर: B) छोटे व्यवसायी और व्यापारी

81. स्थायी जमा (Fixed Deposit - FD) खाते की विशेषता क्या है?
A) इसमें एक निश्चित अवधि के लिए धन जमा किया जाता है
B) इसमें असीमित निकासी की जा सकती है
C) इस पर ब्याज नहीं मिलता
D) यह व्यापारियों के लिए उपयुक्त होता है

उत्तर: A) इसमें एक निश्चित अवधि के लिए धन जमा किया जाता है

82. आवर्ती जमा (Recurring Deposit - RD) खाता किसके लिए उपयुक्त होता है?
A) जो लोग नियमित रूप से बचत करना चाहते हैं
B) व्यापारी जो बार-बार निकासी करते हैं
C) केवल सरकारी कर्मचारी
D) उद्योगपति
उत्तर: A) जो लोग नियमित रूप से बचत करना चाहते हैं

83. ओवरड्राफ्ट (Overdraft) सुविधा का क्या लाभ है?
A) खाते में शेष राशि से अधिक धन निकाला जा सकता है
B) खाते में कोई ब्याज नहीं लगता
C) यह केवल सरकार को दिया जाता है
D) यह केवल विदेशी मुद्रा में उपलब्ध होता है
उत्तर: A) खाते में शेष राशि से अधिक धन निकाला जा सकता है

84. निम्नलिखित में से कौन सा ऋण का एक प्रकार नहीं है?
A) अल्पकालिक ऋण   B) नकद साख
C) अधिविकर्ष   D) स्थायी बचत
उत्तर: D) स्थायी बचत

85. ऋण लेने के लिए सबसे महत्वपूर्ण कारक क्या होता है?
A) व्यक्ति की संपत्ति   (B) ऋण लेने वाले की साख
C) केवल सरकार की अनुमति (D) मुद्रा की उपलब्धता
उत्तर: B) ऋण लेने वाले की साख

86. भारतीय रिज़र्व बैंक (RBI) का मुख्य कार्य क्या है?
A) मुद्रा छापना और मौद्रिक नीति नियंत्रित करना
B) बचत खाता खोलना
C) ग्राहकों को व्यक्तिगत ऋण देना
D) व्यवसायियों को बीमा प्रदान करना
उत्तर: A) मुद्रा छापना और मौद्रिक नीति नियंत्रित करना

87. वाणिज्यिक बैंकों के पास कौन-सी प्रमुख जमा योजनाएँ होती हैं?
A) बचत खाता   (B) चालू खाता
C) फिक्स्ड डिपॉजिट (FD) (D) उपरोक्त सभी
उत्तर: D) उपरोक्त सभी

88. निम्नलिखित में से कौन सा एक विकास वित्तीय संस्थान (DFI) है?
A) भारतीय औद्योगिक वित्त निगम (IDBI)
B) भारतीय स्टेट बैंक (SBI)
C) पंजाब नेशनल बैंक (PNB)
D) एक्सिस बैंक
उत्तर: A) भारतीय औद्योगिक वित्त निगम (IDBI)

89. बीमा का मुख्य उद्देश्य क्या है?
A) धन की सुरक्षा (B) वित्तीय जोखिम को कम करना
C) बचत में वृद्धि (D) व्यापार को बढ़ावा देना
उत्तर: B) वित्तीय जोखिम को कम करना

90. गृह ऋण प्रदान करने वाली प्रमुख वित्तीय संस्था कौन-सी है?
A) HDFC Housing Finance   B) ICICI Bank
C) RBI   D) NABARD
उत्तर: A) HDFC Housing Finance

91. मुद्रा बाजार का मुख्य उद्देश्य क्या है?
A) अल्पकालिक वित्तीय आवश्यकताओं को पूरा करना
B) लंबी अवधि के निवेश को बढ़ावा देना
C) केवल सरकारी परियोजनाओं को वित्तपोषित करना
D) केवल अंतर्राष्ट्रीय व्यापार को बढ़ावा देना
उत्तर: A) अल्पकालिक वित्तीय आवश्यकताओं को पूरा करना

92. पूंजी बाजार में कौन-कौन सी वित्तीय गतिविधियाँ शामिल होती हैं?
A) शेयर बाजार   B) ऋण प्रतिभूतियाँ (Bonds)
C) म्यूचुअल फंड निवेश   D) उपरोक्त सभी
उत्तर: D) उपरोक्त सभी

93. म्यूचुअल फंड निवेश का मुख्य लाभ क्या है?
A) विभिन्न क्षेत्रों में निवेश किया जाता है
B) बैंकिंग सेवाएँ मिलती हैं
C) यह एक सरकारी योजना है
D) इसमें कोई जोखिम नहीं होता
उत्तर: A) विभिन्न क्षेत्रों में निवेश किया जाता है

94. माइक्रोफाइनेंस संस्थाओं का मुख्य उद्देश्य क्या है?
A) गरीबों और छोटे व्यवसायों को वित्तीय सहायता देना
B) केवल बड़े उद्योगों को ऋण देना
C) सरकार को वित्तीय सहायता प्रदान करना
D) विदेशी मुद्रा विनिमय करना
उत्तर: A) गरीबों और छोटे व्यवसायों को वित्तीय सहायता देना

95. प्राथमिक सहकारी समिति का मुख्य कार्य क्या है?
A) किसानों और छोटे व्यवसायों को ऋण देना
B) बड़ी कंपनियों को वित्तीय सहायता देना
C) केवल सरकारी कर्मचारियों को सेवाएँ प्रदान करना
D) मुद्रा छापना
उत्तर: A) किसानों और छोटे व्यवसायों को ऋण देना

96. व्यापारिक बैंक क्या कार्य करता है?
A) मुद्रा जमा करना   (B) ऋण प्रदान करना
C) भुगतान सेवाएँ प्रदान करना(D) उपरोक्त सभी
उत्तर: D) उपरोक्त सभी

97. चालू खाता मुख्य रूप से किसके लिए उपयोगी होता है?
A) नौकरीपेशा व्यक्ति   B) व्यापारी और व्यवसायी
C) किसान   D) छात्र
उत्तर: B) व्यापारी और व्यवसायी

98. किस प्रकार का ऋण दीर्घकालिक निवेश के लिए दिया जाता है?
A) नकद साख   B) स्थायी ऋण
C) चालू खाता ओवरड्राफ्ट   D) अल्पकालिक ऋण
उत्तर: B) स्थायी ऋण

99. भारतीय रिज़र्व बैंक (RBI) किस प्रकार की नीति बनाता है?

A) मौद्रिक नीति   B) राजकोषीय नीति
C) व्यापार नीति   D) कृषि नीति
उत्तर: A) मौद्रिक नीति

100. सहकारी बैंक मुख्य रूप से किसे ऋण प्रदान करता है?
A) केवल सरकारी एजेंसियों को
B) केवल बड़े उद्योगों को
C) छोटे किसानों और निम्न आय वर्ग को
D) केवल शहरी क्षेत्रों के लोगों को
उत्तर: C) छोटे किसानों और निम्न आय वर्ग को

101. रोजगार का मुख्य उद्देश्य क्या होता है?
A) धन कमाना   (B) समाज सेवा करना
C) केवल अनुभव प्राप्त करना(D) केवल शिक्षा प्राप्त करना
उत्तर: A) धन कमाना

102. सेवाएँ किसे कहते हैं?
A) वे गतिविधियाँ जो उपभोक्ताओं की आवश्यकताओं को पूरा करती हैं
B) केवल कृषि से संबंधित गतिविधियाँ
C) केवल उद्योगों से संबंधित गतिविधियाँ
D) वस्त्र उत्पादन से जुड़ी गतिविधियाँ
उत्तर: A) वे गतिविधियाँ जो उपभोक्ताओं की आवश्यकताओं को पूरा करती हैं

103. निम्नलिखित में से कौन सा सेवा क्षेत्र का उदाहरण है?
A) बैंकिंग   B) खनन   C) कृषि   D) निर्माण कार्य
उत्तर: A) बैंकिंग

104. प्राथमिक क्षेत्र का मुख्य कार्य क्या होता है?
A) कच्चे माल का उत्पादन B) उत्पाद निर्माण
C) सेवा प्रदान करना   D) व्यापार करना
उत्तर: A) कच्चे माल का उत्पादन

105. द्वितीयक क्षेत्र में मुख्य रूप से क्या किया जाता है?
A) कृषि उत्पादन
B) कच्चे माल को संसाधित करके उत्पाद बनाना
C) केवल सेवाएँ प्रदान करना
D) केवल सरकारी योजनाएँ चलाना
उत्तर: B) कच्चे माल को संसाधित करके उत्पाद बनाना

106. सेवा क्षेत्र को किस नाम से भी जाना जाता है?
A) प्राथमिक क्षेत्र   B) द्वितीयक क्षेत्र
C) तृतीयक क्षेत्र   D) औद्योगिक क्षेत्र
उत्तर: C) तृतीयक क्षेत्र

107. निम्नलिखित में से कौन सा प्राथमिक क्षेत्र से संबंधित नहीं है?
A) मत्स्य पालन   B) कृषि
C) खनन   D) बैंकिंग
उत्तर: D) बैंकिंग

108. सेवा क्षेत्र में किस प्रकार की गतिविधियाँ शामिल होती हैं?
A) केवल सरकारी कार्य   B) केवल व्यापार
C) प्रत्यक्ष रूप से उपभोक्ताओं को सेवाएँ प्रदान करना
D) केवल औद्योगिक उत्पादन
उत्तर: C) प्रत्यक्ष रूप से उपभोक्ताओं को सेवाएँ प्रदान करना

109. प्राथमिक क्षेत्र को अन्य किस नाम से जाना जाता है?
A) कृषि क्षेत्र B) सेवा क्षेत्र (C) औद्योगिक क्षेत्र (D) बैंकिंग क्षेत्र
उत्तर: A) कृषि क्षेत्र

110. निम्नलिखित में से कौन सा द्वितीयक क्षेत्र का उदाहरण है?
A) खेती (B) बैंकिंग (C) ऑटोमोबाइल निर्माण (D) शिक्षण
उत्तर: C) ऑटोमोबाइल निर्माण

111. सेवा क्षेत्र का मुख्य कार्य क्या होता है?
A) कच्चे माल का उत्पादन B) औद्योगिक विकास
C) सेवाएँ प्रदान करना   D) खनन कार्य
उत्तर: C) सेवाएँ प्रदान करना

112. सरकारी संस्थाओं का मुख्य उद्देश्य क्या होता है?
A) मुनाफा कमाना
B) लोगों को सेवाएँ प्रदान करना
C) केवल उद्योगों का विकास करना
D) केवल विदेश व्यापार करना
उत्तर: B) लोगों को सेवाएँ प्रदान करना

113. गैर-सरकारी संस्थाएँ (NGOs) किस उद्देश्य से कार्य करती हैं?
A) केवल मुनाफा कमाने के लिए
B) सामाजिक और आर्थिक विकास के लिए
C) केवल सरकार के लिए
D) केवल व्यापार करने के लिए
उत्तर: B) सामाजिक और आर्थिक विकास के लिए

114. सेवा क्षेत्र का सबसे बड़ा उदाहरण कौन सा है?
A) कृषि   B) बैंकिंग   C) कोयला खनन
D) कपड़ा उत्पादन
उत्तर: B) बैंकिंग

115. प्राथमिक क्षेत्र का दूसरा नाम क्या है?
A) सेवा क्षेत्र   (B) औद्योगिक क्षेत्र
C) कृषि क्षेत्र (D) व्यापार क्षेत्र
उत्तर: C) कृषि क्षेत्र

116. निम्नलिखित में से कौन सा क्षेत्र औद्योगिक क्षेत्र से संबंधित नहीं है?
A) इस्पात उत्पादन   B) निर्माण कार्य
C) बैंकिंग   D) वाहन निर्माण
उत्तर: C) बैंकिंग

117. भारत में सेवा क्षेत्र का विकास किसके कारण हुआ?
A) औद्योगिकीकरण   B) कृषि क्रांति
C) सूचना प्रौद्योगिकी (IT) और बैंकिंग का विस्तार
D) केवल खनन कार्य
उत्तर: C) सूचना प्रौद्योगिकी (IT) और बैंकिंग का विस्तार

118. निम्नलिखित में से कौन सी सरकारी सेवा है?
A) होटल व्यवसाय   B) रेलवे
C) मॉल संचालन   D) निजी बैंकिंग
उत्तर: B) रेलवे

119. औद्योगिक क्षेत्र में मुख्य रूप से क्या किया जाता है?
A) सेवाएँ प्रदान की जाती हैं
B) कच्चे माल से नए उत्पाद बनाए जाते हैं

(C) कृषि उत्पादन किया जाता है
(D) केवल व्यापार किया जाता है
उत्तर: B) कच्चे माल से नए उत्पाद बनाए जाते हैं
120. सेवा क्षेत्र का सबसे अधिक विस्तार किस क्षेत्र में हुआ है?

A) स्वास्थ्य सेवाएँ	B) निर्माण कार्य
C) खनन	D) कृषि

उत्तर: A) स्वास्थ्य सेवाएँ

इतिहास

121. फ्रांसीसी क्रांति का प्रसिद्ध नारा क्या था?
(A) स्वतंत्रता, समानता, बंधुत्व
(B) वंदे मातरम्
(C) इंक़लाब जिंदाबाद
(D) एक राष्ट्र, एक नेता
उत्तर: (A) स्वतंत्रता, समानता, बंधुत्व

122. 1815 के वियना कांग्रेस की मेजबानी किसने की थी?
(A) नेपोलियन बोनापार्ट
(B) मेटरनिख
(C) बिस्मार्क
(D) गैरीबाल्डी
उत्तर: (B) मेटरनिख

123. "लौह और रक्त" की नीति किसने अपनाई थी?
(A) नेपोलियन
(B) बिस्मार्क
(C) काउंट कावूर
(D) गैरीबाल्डी
उत्तर: (B) बिस्मार्क

124. जर्मनी के एकीकरण में किसका प्रमुख योगदान था?
(A) काउंट कावूर
(B) बिस्मार्क
(C) मैज़िनी
(D) गैरीबाल्डी
उत्तर: (B) बिस्मार्क

125. इटली के एकीकरण में योगदान देने वाला प्रमुख क्रांतिकारी कौन था?
(A) गैरीबाल्डी
(B) बिस्मार्क
(C) कार्ल मार्क्स
(D) नेपोलियन
उत्तर: (A) गैरीबाल्डी

126. 'यंग इटली' संगठन की स्थापना किसने की?
(A) मैज़िनी   (B) गैरीबाल्डी (C) काउंट कावूर (D) विक्टर इमैनुएल
उत्तर: (A) मैज़िनी

127. फ्रैंकफर्ट की संधि कब हुई थी?
(A) 1815   (B) 184   (C) 1871   (D) 1890
उत्तर: (C) 1871

128. जुलाई 1830 की क्रांति किस देश में हुई थी?
(A) इटली   (B) जर्मनी   (C) फ्रांस   (D) रूस
उत्तर: (C) फ्रांस

129. राष्ट्रवाद का सबसे पहला प्रभाव कहाँ देखा गया?
(A) अमेरिका (B) यूरोप   (C) एशिया   (D) अफ्रीका
उत्तर: (B) यूरोप

130. "कम्युनिस्ट घोषणापत्र" किसने लिखा था?
(A) बिस्मार्क और मैज़िनी
(B) कार्ल मार्क्स और फ्रेडरिक एंगेल्स
(C) गैरीबाल्डी और काउंट कावूर
(D) नेपोलियन और लुई-फिलिप
उत्तर: (B) कार्ल मार्क्स और फ्रेडरिक एंगेल्स

131. 1848 की क्रांति के बाद फ्रांस में कौन सा शासन स्थापित हुआ?
(A) संवैधानिक राजतंत्र
(B) द्वितीय गणराज्य
(C) साम्राज्यवाद
(D) अधिनायकवाद
उत्तर: (B) द्वितीय गणराज्य

132. जर्मनी के एकीकरण से पहले वहाँ कितने स्वतंत्र राज्य थे?
(A) 7   (B) 15   (C) 39   (D) 50
उत्तर: (C) 39

133. नेपोलियन बोनापार्ट ने किस प्रमुख संहिता को लागू किया?
(A) ह्यूमन राइट्स कोड
(B) नेपोलियन कोड
(C) कॉमन लॉ
(D) रोमन संहिता
उत्तर: (B) नेपोलियन कोड

134. फ्रांस और प्रशा के बीच कौन सा युद्ध हुआ था?
(A) वॉटरलू का युद्ध
(B) सेडान का युद्ध
(C) ट्राफलगर का युद्ध
(D) अमेरिका स्वतंत्रता संग्राम
उत्तर: (B) सेडान का युद्ध

135. ग्रीस ने किस साम्राज्य से स्वतंत्रता प्राप्त की थी?
(A) फ्रांसीसी साम्राज्य
(B) ओटोमन साम्राज्य
(C) जर्मन साम्राज्य
(D) ब्रिटिश साम्राज्य
उत्तर: (B) ओटोमन साम्राज्य

136. 1866 में प्रशा और ऑस्ट्रिया के बीच कौन सा युद्ध हुआ था?
(A) सेडोवा का युद्ध
(B) वाटरलू का युद्ध
(C) ट्राफलगर का युद्ध
(D) नेपोलियन युद्ध
उत्तर: (A) सेडोवा का युद्ध

137. "लाल कमीज़" सेना का नेतृत्व किसने किया था?
(A) मैज़िनी   (B) गैरीबाल्डी (C) बिस्मार्क (D) काउंट कावूर
उत्तर: (B) गैरीबाल्डी

138. 1819 में कार्ल्सबैड डिक्री किस उद्देश्य से लागू की गई थी?
(A) प्रेस और विश्वविद्यालयों पर नियंत्रण
(B) लोकतंत्र को बढ़ावा देना
(C) श्रमिक संघों को बढ़ावा देना
(D) औद्योगीकरण को बढ़ावा देना
उत्तर: (A) प्रेस और विश्वविद्यालयों पर नियंत्रण

139. वियना कांग्रेस का मुख्य उद्देश्य क्या था?
(A) यूरोप में शक्ति संतुलन बनाए रखना
(B) इटली का एकीकरण   (C) जर्मनी का एकीकरण
(D) फ्रांसीसी क्रांति का विस्तार
उत्तर: (A) यूरोप में शक्ति संतुलन बनाए रखना

140. नेपोलियन बोनापार्ट को किस युद्ध में पराजित किया गया था?
(A) वाटरलू का युद्ध   (B) ट्राफलगर का युद्ध
(C) सेडान का युद्ध   (D) ऑस्ट्रियाई युद्ध
उत्तर: (A) वाटरलू का युद्ध

141. "जोलवेरीन" संघ किस देश में बना था?
(A) इटली   (B) फ्रांस   (C) जर्मनी   (D) रूस
उत्तर: (C) जर्मनी

142. फ्रांसीसी क्रांति का प्रारंभ किस वर्ष हुआ था?
(A) 1750   (B) 1789   (C) 1815   (D) 1848
उत्तर: (B) 1789

143. हंगरी में 1848 के आंदोलन का नेतृत्व किसने किया?
(A) कोसुथ   (B) बिस्मार्क   (C) गैरीबाल्डी   (D) नेपोलियन
उत्तर: (A) कोसुथ

144. "लौह चांसलर" किसे कहा जाता है?
(A) गैरीबाल्डी   (B) मैज़िनी   (C) बिस्मार्क   (D) काउंट कावूर
उत्तर: (C) बिस्मार्क

145. फ्रांस की जुलाई 1830 क्रांति में किसे राजा बनाया गया?
(A) लुई-फिलिप   (B) नेपोलियन बोनापार्ट
(C) लुई नेपोलियन   (D) चार्ल्स X
उत्तर: (A) लुई-फिलिप

146. इटली के एकीकरण के बाद कौन इसका राजा बना?
(A) काउंट कावूर   (B) गैरीबाल्डी
(C) विक्टर इमैनुएल ॥   (D) मैज़िनी
उत्तर: (C) विक्टर इमैनुएल ॥

147. "यूरोप का मसीहा" किसे कहा जाता है?
(A) नेपोलियन   (B) गैरीबाल्डी
(C) बिस्मार्क   (D) मैज़िनी
उत्तर: (D) मैज़िनी

148. पोलैंड में 1863 में कौन सा आंदोलन हुआ था?
(A) राष्ट्रवादी विद्रोह   (B) किसानों का विद्रोह
(C) समाजवादी क्रांति   (D) उपनिवेशवाद के खिलाफ संघर्ष
उत्तर: (A) राष्ट्रवादी विद्रोह

149. 1871 में जर्मनी का पहला सम्राट कौन बना?
(A) विलियम प्रथम   (B) बिस्मार्क
(C) मैज़िनी   (D) नेपोलियन तृतीय
उत्तर: (A) विलियम प्रथम

150. राष्ट्रवाद का प्रमुख प्रभाव क्या था?
(A) नए राष्ट्र-राज्यों का निर्माण
(B) राजशाही का विस्तार
(C) यूरोप में साम्राज्यवाद की वापसी
(D) लोकतंत्र का पतन
उत्तर: (A) नए राष्ट्र-राज्यों का निर्माण

151. समाजवाद का मुख्य उद्देश्य क्या है?
(A) निजी संपत्ति का विस्तार
(B) आर्थिक असमानता को कम करना
(C) पूंजीवाद को बढ़ावा देना
(D) निरंकुश शासन को लागू करना
उत्तर: (B) आर्थिक असमानता को कम करना

152. वैज्ञानिक समाजवाद की अवधारणा किसने प्रस्तुत की?
(A) रॉबर्ट ओवेन
(B) कार्ल मार्क्स और फ्रेडरिक एंगेल्स
(C) एडम स्मिथ   (D) प्लेटो
उत्तर: (B) कार्ल मार्क्स और फ्रेडरिक एंगेल्स

153. 'द कम्युनिस्ट मेनिफेस्टो' किस वर्ष प्रकाशित हुआ था?
(A) 1789   (B) 1848   (C) 1917   (D) 1949
उत्तर: (B) 1848

154. 'दास कैपिटल' पुस्तक किसने लिखी?
(A) फ्रेडरिक एंगेल्स   (B) कार्ल मार्क्स
(C) व्लादिमीर लेनिन   (D) जोसेफ स्टालिन
उत्तर: (B) कार्ल मार्क्स

155. रूस में 1917 की बोल्शेविक क्रांति का नेतृत्व किसने किया?
(A) जोसेफ स्टालिन   (B) मिखाइल गोर्बाच्योव
(C) व्लादिमीर लेनिन   (D) लियो ट्रॉट्स्की
उत्तर: (C) व्लादिमीर लेनिन

156. रूस में प्रथम विश्व युद्ध के समय शासक कौन था?
(A) अलेक्जेंडर प्रथम   (B) निकोलस द्वितीय
(C) पीटर महान   (D) कैथरीन महान
उत्तर: (B) निकोलस द्वितीय

157. रूस में अस्थायी सरकार (Provisional Government) का नेतृत्व किसने किया?
(A) जोसेफ स्टालिन   (B) कार्ल मार्क्स
(C) अलेक्जेंडर केरेन्स्की   (D) व्लादिमीर लेनिन
उत्तर: (C) अलेक्जेंडर केरेन्स्की

158. "भूमि, शांति, रोटी" नारा किसने दिया था?
(A) जोसेफ स्टालिन   (B) व्लादिमीर लेनिन
(C) माओ ज़ेदोंग   (D) फ्रेडरिक एंगेल्स
उत्तर: (B) व्लादिमीर लेनिन

159. रूस में अक्टूबर क्रांति कब हुई?
(A) फरवरी 1917   (B) जुलाई 1917
(C) नवंबर 1917   (D) दिसंबर 1918
उत्तर: (C) नवंबर 1917

160. बोल्शेविक पार्टी किस विचारधारा पर आधारित थी?
(A) पूंजीवाद (B) समाजवाद (C) उदारवाद (D) राष्ट्रवाद
उत्तर: (B) समाजवाद

161. रूस में समाजवादी क्रांति का पहला नेता कौन था?
(A) कार्ल मार्क्स   (B) लेनिन (C) स्टालिन (D) गोर्बाच्योव
उत्तर: (B) लेनिन

162. लेनिन की आर्थिक नीति (NEP) कब लागू हुई?
(A) 1917   (B) 1921   (C) 1930   (D) 1945
उत्तर: (B) 1921

163. रूस में ज़ार निकोलस द्वितीय को किस वर्ष गद्दी छोड़नी पड़ी?
(A) 1905   (B) 1917   (C) 1924   (D) 1939

उत्तर: (B) 1917

164. रूस में गृहयुद्ध किन दो गुटों के बीच लड़ा गया?
(A) रेड आर्मी और व्हाइट आर्मी
(B) बोल्शेविक और पूंजीवादी
(C) स्टालिन और लेनिन
(D) लेनिन और ट्रॉट्स्की
उत्तर: (A) रेड आर्मी और व्हाइट आर्मी

165. स्टालिन का मुख्य आर्थिक कार्यक्रम क्या था?
(A) औद्योगीकरण और सामूहिकीकरण
(B) पूंजीवाद को बढ़ावा देना
(C) विदेशी व्यापार पर नियंत्रण
(D) साम्राज्यवाद को मजबूत करना
उत्तर: (A) औद्योगीकरण और सामूहिकीकरण

166. "प्रथम पंचवर्षीय योजना" किस देश में शुरू हुई थी?
(A) जर्मनी   (B) सोवियत संघ (C) चीन (D) भारत
उत्तर: (B) सोवियत संघ

167. क्यूबा की साम्यवादी क्रांति का नेतृत्व किसने किया?
(A) फिदेल कास्त्रो   (B) चे ग्वेरा   (C) स्टालिन (D) दोनों (A) और (B)
उत्तर: (D) दोनों (A) और (B)

168. साम्यवाद की अवधारणा किस सिद्धांत पर आधारित है?
(A) वर्ग संघर्ष (B) लोकतंत्र (C) राष्ट्रवाद (D) पूंजीवाद
उत्तर: (A) वर्ग संघर्ष

169. 1861 में रूस में दास प्रथा किसके शासनकाल में समाप्त हुई?
(A) अलेक्जेंडर द्वितीय   (B) निकोलस द्वितीय
(C) पीटर महान   (D) स्टालिन
उत्तर: (A) अलेक्जेंडर द्वितीय

170. 'चेका' क्या था?
(A) रूसी खुफिया एजेंसी   (B) रूस की सेना
(C) बोल्शेविक पार्टी का नाम   (D) रूस की संसद
उत्तर: (A) रूसी खुफिया एजेंसी

171. चीन में साम्यवाद कब स्थापित हुआ?
(A) 1917   (B) 1921   (C) 1949   (D) 1956
उत्तर: (C) 1949

172. रूस में "ड्यूमा" किसे कहा जाता था?
(A) संसद   (B) सेना   (C) पुलिस   (D) क्रांतिकारी दल
उत्तर: (A) संसद

173. रूस-जापान युद्ध किस वर्ष हुआ था?
(A) 1904-05   (B) 1914-18   (C) 1939-45 (D) 1890-95
उत्तर: (A) 1904-05

174. 'वार एंड पीस' पुस्तक किसने लिखी?
(A) कार्ल मार्क्स   (B) टॉलस्टॉय
(C) लेनिन   (D) स्टालिन
उत्तर: (B) टॉलस्टॉय

175. स्टालिन ने ट्रॉट्स्की को कब निर्वासित किया?
(A) 1924   (B) 1929   (C) 1935   (D) 1940

उत्तर: (B) 1929

176. सोवियत संघ का विघटन कब हुआ?
(A) 1989   (B) 1991   (C) 1995   (D) 2000
उत्तर: (B) 1991

177. प्रथम विश्व युद्ध में रूस किस पक्ष से लड़ा था?
(A) मित्र राष्ट्र (B) धुरी राष्ट्र (C) तटस्थ   (D) जापान
उत्तर: (A) मित्र राष्ट्र

178. 1905 की रूसी क्रांति के दौरान कौन सा महत्वपूर्ण आंदोलन हुआ था?
(A) ब्लडी संडे   (B) ऑक्टोबर क्रांति
(C) फासीवाद   (D) पेरिस कम्यून
उत्तर: (A) ब्लडी संडे

179. 'ग्लासनोस्त' और 'पेरेस्त्रोइका' का संबंध किससे है?
(A) स्टालिन   (B) गोर्बाच्योव (C) लेनिन   (D) माओ ज़ेदोंग
उत्तर: (B) गोर्बाच्योव

180. द्वितीय विश्व युद्ध के दौरान स्टालिन की नीति क्या थी?
(A) हिटलर के साथ सहयोग   (B) मित्र राष्ट्रों का समर्थन
(C) तटस्थता   (D) जापान का समर्थन
उत्तर: (B) मित्र राष्ट्रों का समर्थन

181. हिंद-चीन (वियतनाम, लाओस, कंबोडिया) में राष्ट्रवाद के उदय का मुख्य कारण क्या था?
A) प्राकृतिक आपदाएँ
B) फ्रांसीसी उपनिवेशवाद के विरुद्ध संघर्ष
C) ब्रिटिश शासन
D) जापानी कब्जा
उत्तर: B) फ्रांसीसी उपनिवेशवाद के विरुद्ध संघर्ष

182. हिंद-चीन में बसने वाले फ्रांसीसी लोगों को क्या कहा जाता था?
A) कोलोन   B) उपनिवेशवादी
C) मिशनरी   D) राष्ट्रवादी
उत्तर: A) कोलोन

183. फ्रांस ने हिंद-चीन पर अपना शासन कब स्थापित किया?
A) 17वीं सदी में   B) 18वीं सदी में
C) 19वीं सदी में   D) 20वीं सदी में
उत्तर: C) 19वीं सदी में

184. फ्रांसीसी उपनिवेशवाद के दौरान वियतनाम में लागू की गई शिक्षा प्रणाली का उद्देश्य क्या था?
A) वियतनामी संस्कृति का विकास
B) फ्रांसीसी हितों को बढ़ाना
C) राष्ट्रवाद को बढ़ावा देना
D) औद्योगीकरण को बढ़ावा देना
उत्तर: B) फ्रांसीसी हितों को बढ़ाना

185. 20वीं शताब्दी की शुरुआत में वियतनाम में राष्ट्रवादी आंदोलन किसके नेतृत्व में शुरू हुआ?
A) किसानों और मजदूरों   B) बौद्ध भिक्षुओं और शिक्षित वर्ग
C) ब्रिटिश सरकार   D) फ्रांसीसी सेना
उत्तर: B) बौद्ध भिक्षुओं और शिक्षित वर्ग

186. "दुई तान होई" नामक क्रांतिकारी संगठन की

स्थापना किसने की थी?

A) हो ची मिन्ह   B) फेन बोई चाऊ
C) बओ दाइ   D) न्युगन आई क्योक

उत्तर: B) फेन बोई चाऊ

187. "द हिस्ट्री ऑफ द लॉस ऑफ वियतनाम" पुस्तक किसने लिखी?

A) कार्ल मार्क्स   B) फेन बोई चाऊ
C) व्लादिमीर लेनिन   D) बओ दाइ

उत्तर: B) फेन बोई चाऊ

188. 1914 में किस संगठन की स्थापना वियतनामी देशभक्तों द्वारा की गई थी?

A) वियतनामी राष्ट्रवादी दल (B) फ्रांसीसी सेना
C) वियत मिंह   (D) न्युगन आई क्योक

उत्तर: A) वियतनामी राष्ट्रवादी दल

189. वियतनामी छात्र समूह "न्युगन आई क्योक" की स्थापना किसने की थी?

A) फेन बोई चाऊ   B) हो ची मिन्ह
C) बओ दाइ   D) जोसेफ स्टालिन

उत्तर: B) हो ची मिन्ह

190. वियतनाम कम्युनिस्ट पार्टी की स्थापना कब हुई?

A) 1920   B) 1930   C) 1945   D) 1954

उत्तर: B) 1930

191. द्वितीय विश्व युद्ध के दौरान जापानी कब्जे के बाद किस संगठन का गठन हुआ?

A) वियत मिंह   B) वियतनामी राष्ट्रवादी दल
C) न्युगन आई क्योक   D) फ्रांसीसी सेना

उत्तर: A) वियत मिंह

192. 1945 में वियतनाम लोकतांत्रिक गणराज्य की स्थापना किसके नेतृत्व में हुई?

A) बओ दाइ   B) हो ची मिन्ह
C) फेन बोई चाऊ   D) न्युगन आई क्योक

उत्तर: B) हो ची मिन्ह

193. होआ होआ आंदोलन किससे संबंधित था?

A) औद्योगीकरण   B) बौद्ध धार्मिक क्रांति
C) फ्रांसीसी शासन   D) ब्रिटिश शासन

उत्तर: B) बौद्ध धार्मिक क्रांति

194. 1954 में किस लड़ाई के बाद फ्रांसीसी शासन समाप्त हुआ?

A) वियतनाम युद्ध   B) डिएन बिएन फू की लड़ाई
C) जापानी युद्ध   D) चीन-वियतनाम युद्ध

उत्तर: B) डिएन बिएन फू की लड़ाई

195. जिनेवा समझौते के अनुसार वियतनाम को कितने भागों में विभाजित किया गया था?

A) एक   B) दो   C) तीन   D) चार

उत्तर: B) दो

196. 1965-1975 के दौरान कौन सा युद्ध लड़ा गया?

A) प्रथम विश्व युद्ध   B) द्वितीय विश्व युद्ध
C) वियतनाम युद्ध   D) कोरियाई युद्ध

उत्तर: C) वियतनाम युद्ध

197. वियतनाम युद्ध में अमेरिका को किस वर्ष हार का सामना करना पड़ा?

A) 1965   B) 1970   C) 1973   D) 1975

उत्तर: D) 1975

198. रूस ने लाओस पर हमले के लिए किसे दोषी ठहराया था?

A) चीन   B) अमेरिका   C) वियतनाम   D) फ्रांस

उत्तर: B) अमेरिका

199. हो ची मिन्ह मार्ग पर अमेरिकी सैनिकों ने किस माध्यम से कब्जा किया था?

A) हेलीकॉप्टर   B) टैंकों   C) पैदल सेना   (D) युद्धपोतों

उत्तर: A) हेलीकॉप्टर

200. नापाम क्या था?

A) एक बम   B) एक गैस   C) एक कार्बनिक यौगिक
D) एक जहरीली गैस

उत्तर: C) एक कार्बनिक यौगिक

201. एजेंट ऑरेंज क्या था?

A) एक प्रकार का रसायन जो पेड़ों की पत्तियों को नष्ट कर देता था
B) एक जहरीली गैस   C) एक युद्धक टैंक
D) एक लड़ाकू विमान

उत्तर: A) एक प्रकार का रसायन जो पेड़ों की पत्तियों को नष्ट कर देता था

202. माई ली गाँव की घटना किस देश से संबंधित थी?

A) चीन   B) जापान
C) दक्षिण वियतनाम   D) उत्तर वियतनाम

उत्तर: C) दक्षिण वियतनाम

203. माई ली गाँव में अमेरिकी सेना ने क्या किया था?

A) युद्ध लड़ा
B) गाँव को बम से नष्ट कर दिया
C) नागरिकों का नरसंहार किया
D) फ्रांसीसी सेना के साथ समझौता किया

उत्तर: C) नागरिकों का नरसंहार किया

204. गांधीजी ने भारत में सत्याग्रह आंदोलन की शुरुआत कब और कहाँ की?

A) 1915, अहमदाबाद   B) 1917, चंपारण
C) 1920, बंबई   D) 1930, दांडी

उत्तर: B) 1917, चंपारण

205. असहयोग आंदोलन का मुख्य उद्देश्य क्या था?

A) अंग्रेजों से संवाद स्थापित करना
B) ब्रिटिश सरकार को समर्थन देना
C) ब्रिटिश शासन से पूर्ण स्वतंत्रता प्राप्त करना
D) विदेशी वस्तुओं का बहिष्कार और स्वदेशी अपनाना

उत्तर: D) विदेशी वस्तुओं का बहिष्कार और स्वदेशी अपनाना

206. सविनय अवज्ञा आंदोलन का केंद्र बिंदु कौन सा मुद्दा था?

A) जल कर   (B) नमक कर   (C) व्यापार कर   (D) कृषि कर

उत्तर: B) नमक कर

207. चौरी-चौरा घटना किस आंदोलन से जुड़ी थी?

A) भारत छोड़ो आंदोलन   (B) असहयोग आंदोलन
C) सविनय अवज्ञा आंदोलन   (D) सशस्त्र क्रांति

उत्तर: B) असहयोग आंदोलन

208. जलियांवाला बाग हत्याकांड किस वर्ष हुआ था?
A) 1917   B) 1918   C) 1919   D) 1920
उत्तर: C) 1919

209. साइमन कमीशन का विरोध क्यों किया गया?
A) इसमें भारतीय सदस्य नहीं थे
B) यह भारतीयों के पक्ष में था
C) यह शिक्षा सुधार से संबंधित था
D) यह एक व्यापारिक आयोग था
उत्तर: A) इसमें भारतीय सदस्य नहीं थे

210. गांधीजी ने दांडी यात्रा कब शुरू की थी?
A) 12 मार्च 1930   B) 6 अप्रैल 1930
C) 15 अगस्त 1929   D) 2 अक्टूबर 1931
उत्तर: A) 12 मार्च 1930

211. गांधीजी की पहली भूख हड़ताल कहाँ हुई थी?
A) चंपारण   B) अहमदाबाद
C) खेड़ा   D) बंबई
उत्तर: B) अहमदाबाद

212. पूर्ण स्वराज का प्रस्ताव कब पारित किया गया?
A) 1919   B) 1925   C) 1929   D) 1935
उत्तर: C) 1929

213. असहयोग आंदोलन क्यों वापस लिया गया?
A) आंदोलन असफल हो गया था
B) गांधीजी गिरफ्तार हो गए थे
C) चौरी-चौरा हिंसा के कारण
D) ब्रिटिश सरकार ने मांगें मान ली थीं
उत्तर: C) चौरी-चौरा हिंसा के कारण

214. गांधीजी की प्रसिद्ध पुस्तक कौन सी है?
A) हिंद स्वराज   B) भारतीय स्वतंत्रता संग्राम
C) सत्याग्रह की शक्ति   D) स्वराज्य और अहिंसा
उत्तर: A) हिंद स्वराज

215. गिरमिटिया मजदूर किसे कहा जाता है?
A) भारतीय किसान
B) औपनिवेशिक शासन द्वारा विदेश भेजे गए मजदूर
C) ब्रिटिश सैनिक   D) व्यापारी वर्ग
उत्तर: B) औपनिवेशिक शासन द्वारा विदेश भेजे गए मजदूर

216. रौलट एक्ट किससे संबंधित था?
A) किसानों के अधिकार   B) शिक्षा नीति
C) राजनीतिक बंदियों की गिरफ्तारी   D) ब्रिटिश व्यापार नीति
उत्तर: C) राजनीतिक बंदियों की गिरफ्तारी

217. 10 अप्रैल 1919 को किस घटना के कारण मार्शल लॉ लगाया गया था?
A) साइमन कमीशन का विरोध   B) असहयोग आंदोलन
C) जलियांवाला बाग हत्याकांड   D) लाला लाजपत राय की हत्या
उत्तर: C) जलियांवाला बाग हत्याकांड

218. लाला लाजपत राय की मृत्यु किस आंदोलन के दौरान हुई थी?
A) असहयोग आंदोलन   B) साइमन कमीशन विरोध
C) भारत छोड़ो आंदोलन   D) स्वदेशी आंदोलन
उत्तर: B) साइमन कमीशन विरोध

219. गांधीजी ने खेड़ा सत्याग्रह क्यों किया था?
A) नमक कर के विरोध में
B) किसानों को कर में राहत दिलाने के लिए
C) मजदूरों के अधिकारों के लिए
D) ब्रिटिश शिक्षा प्रणाली के विरोध में
उत्तर: B) किसानों को कर में राहत दिलाने के लिए

220. स्वदेशी आंदोलन का मुख्य उद्देश्य क्या था?
A) विदेशी वस्तुओं का बहिष्कार
B) अंग्रेजों से बातचीत करना
C) भारतीय सेना का गठन
D) ब्रिटिश सरकार को समर्थन देना
उत्तर: A) विदेशी वस्तुओं का बहिष्कार

221. भारतीय स्वतंत्रता संग्राम में महिलाओं की भूमिका क्या थी?
A) उन्होंने आंदोलन का नेतृत्व किया
B) वे घर पर ही रहीं
C) केवल पुरुषों का समर्थन किया
D) आंदोलन में सक्रिय भाग लिया
उत्तर: D) आंदोलन में सक्रिय भाग लिया

222. नमक सत्याग्रह कब समाप्त हुआ?
A) अप्रैल 1930   B) मई 1930
C) मार्च 1931   D) अगस्त 1931
उत्तर: C) मार्च 1931

223. किस अधिनियम के तहत भारत में राजनीतिक कैदियों को बिना मुकदमे के गिरफ्तार किया जाता था?
A) साइमन कमीशन   B) रौलट एक्ट
C) पिट्स इंडिया एक्ट   D) भारतीय परिषद अधिनियम
उत्तर: B) रौलट एक्ट

224. गांधीजी ने सत्याग्रह आंदोलन की शुरुआत कहाँ की थी?
A) दक्षिण अफ्रीका   B) चंपारण
C) दांडी   D) बंगाल
उत्तर: A) दक्षिण अफ्रीका

225. गांधीजी द्वारा चलाए गए पहले सविनय अवज्ञा आंदोलन का नाम क्या था?
A) चंपारण सत्याग्रह   B) असहयोग आंदोलन
C) भारत छोड़ो आंदोलन   D) स्वदेशी आंदोलन
उत्तर: A) चंपारण सत्याग्रह

226. असहयोग आंदोलन कब शुरू हुआ था?
A) 1919   B) 1920   C) 1922   D) 1930
उत्तर: B) 1920

227. गांधीजी ने सत्याग्रह के लिए कौन-से दो मुख्य तत्वों पर जोर दिया?
A) हिंसा और संघर्ष   B) सत्य और अहिंसा
C) उपवास और विरोध   D) ब्रिटिश सहयोग और आंदोलन
उत्तर: B) सत्य और अहिंसा

228. गांधीजी ने अहमदाबाद में मजदूरों के समर्थन में सत्याग्रह क्यों किया था?
A) मजदूरी बढ़ाने के लिए   B) खाद्यान्न वितरण के लिए

C) ब्रिटिश समर्थन के लिए D) भारतीय उद्योगों को बढ़ावा देने के लिए

उत्तर: A) मजदूरी बढ़ाने के लिए

229. स्वदेशी आंदोलन का पहला चरण कब तक चला?

A) 1902-1905   B) 1905-1908
C) 1906-1910   D) 1911-1914

उत्तर: B) 1905-1908

230. साइमन कमीशन किस वर्ष भारत आया था?

A) 1925   B) 1928   C) 1930   D) 1932

उत्तर: B) 1928

231. नमक सत्याग्रह का अंत किस समझौते से हुआ?

A) पूना समझौता   B) गांधी-इरविन समझौता
C) क्रिप्स मिशन   D) साइमन कमीशन

उत्तर: B) गांधी-इरविन समझौता

232. भारतीय राष्ट्रीय कांग्रेस का लाहौर अधिवेशन 1929 में किसके नेतृत्व में हुआ था?

A) महात्मा गांधी   B) सरदार पटेल
C) सुभाष चंद्र बोस   D) जवाहरलाल नेहरू

उत्तर: D) जवाहरलाल नेहरू

233. 'पूर्ण स्वराज' की घोषणा कब की गई थी?

A) 1919   B) 1925   C) 1929   D) 1935

उत्तर: C) 1929

234. भारतीय स्वतंत्रता संग्राम में 'गिरमिटिया मजदूर' किसे कहा जाता था?

A) ब्रिटिश व्यापारियों   B) भारतीय सैनिकों
C) औपनिवेशिक शासन द्वारा विदेश भेजे गए मजदूरों
D) किसान वर्ग

उत्तर: C) औपनिवेशिक शासन द्वारा विदेश भेजे गए मजदूरों

235. गांधीजी ने किस आंदोलन को 'प्रयोगशाला' कहा था?

A) असहयोग आंदोलन   B) चंपारण सत्याग्रह
C) खेड़ा सत्याग्रह   D) सविनय अवज्ञा आंदोलन

उत्तर: B) चंपारण सत्याग्रह

236. गांधीजी की पहली जेल यात्रा कब हुई थी?

A) 1917   B) 1920   C) 1922   D) 1930

उत्तर: C) 1922

237. लाला लाजपत राय की मृत्यु किस घटना के कारण हुई थी?

A) साइमन कमीशन विरोध प्रदर्शन में लाठीचार्ज से
B) जलियांवाला बाग हत्याकांड
C) दांडी मार्च
D) भारत छोड़ो आंदोलन

उत्तर: A) साइमन कमीशन विरोध प्रदर्शन में लाठीचार्ज से

238. जलियांवाला बाग हत्याकांड का आदेश किसने दिया था?

A) लॉर्ड कर्जन   B) जनरल डायर
C) लॉर्ड मिंटो   D) विंस्टन चर्चिल

उत्तर: B) जनरल डायर

239. गांधी-इरविन समझौते के अंतर्गत क्या शर्त रखी गई थी?

A) कांग्रेस का विघटन
B) सभी राजनीतिक कैदियों की रिहाई
C) भारत को पूर्ण स्वतंत्रता
D) भारतीयों के लिए विशेष व्यापार अधिकार

उत्तर: B) सभी राजनीतिक कैदियों की रिहाई

240. भारत छोड़ो आंदोलन किस वर्ष प्रारंभ हुआ था?

A) 1920   B) 1930   C) 1942   D) 1947

उत्तर: C) 1942

241. असहयोग आंदोलन में महिलाओं की प्रमुख भूमिका क्या थी?

A) ब्रिटिश सरकार के पक्ष में कार्य करना
B) सत्याग्रह और विदेशी वस्त्रों का बहिष्कार
C) हिंसा फैलाना
D) आंदोलन का विरोध करना

उत्तर: B) सत्याग्रह और विदेशी वस्त्रों का बहिष्कार

242. गांधीजी ने दांडी मार्च कहां से शुरू किया था?

A) साबरमती आश्रम   B) पोरबंदर
C) अहमदाबाद   D) बंबई

उत्तर: A) साबरमती आश्रम

243. गांधीजी द्वारा सत्याग्रह और अहिंसा का पहला प्रयोग कहां किया गया था?

A) दक्षिण अफ्रीका   B) चंपारण
C) दांडी   D) बंबई

उत्तर: A) दक्षिण अफ्रीका

244. 'मार्शल लॉ' किस घटना के बाद लागू किया गया था?

A) साइमन कमीशन विरोध
B) जलियांवाला बाग हत्याकांड
C) असहयोग आंदोलन
D) दांडी यात्रा

उत्तर: B) जलियांवाला बाग हत्याकांड

245. कौन-सा आंदोलन गांधीजी का पहला अखिल भारतीय स्तर का आंदोलन था?

A) चंपारण सत्याग्रह   B) असहयोग आंदोलन
C) भारत छोड़ो आंदोलन   D) सविनय अवज्ञा आंदोलन

उत्तर: B) असहयोग आंदोलन

246. गांधीजी का पहला सत्याग्रह आंदोलन भारत में कहां हुआ था?

A) चंपारण   B) खेड़ा   C) अहमदाबाद   D) दांडी

उत्तर: A) चंपारण

247. भारतीय राष्ट्रीय कांग्रेस की स्थापना कब हुई थी?

A) 1857   B) 1885   C) 1905   D) 1919

उत्तर: B) 1885

248. 'अंग्रेजों भारत छोड़ो' नारा किसने दिया था?

A) महात्मा गांधी   B) भगत सिंह
C) बाल गंगाधर तिलक   D) सुभाष चंद्र बोस

उत्तर: A) महात्मा गांधी

249. भारतीय राष्ट्रीय कांग्रेस का पहला अधिवेशन कहां हुआ था?

A) दिल्ली   B) बंबई   C) कलकत्ता   D) लाहौर

उत्तर: B) बंबई

250. महात्मा गांधी का जन्म कब हुआ था?

A) 1865   B) 1869   C) 1875   D) 1880
उत्तर: B) 1869

251. ब्लॉक प्रिंटिंग की प्रक्रिया में किसका उपयोग किया जाता है?
A) धातु की प्लेट   B) लकड़ी की तख्ती
C) मिट्टी के बर्तन   D) हाथ से लिखी पांडुलिपि
उत्तर: B) लकड़ी की तख्ती

252. पहली बार कागज बनाने की विधि किसने विकसित की थी?
A) टस पलाई   B) जॉन गुटेनबर्ग
C) विलियम कैक्सटन   D) मार्टिन लूथर
उत्तर: A) टस पलाई

253. मिट्टी की मुद्राएं बनाने की तकनीक सबसे पहले किसने विकसित की?
A) टस पलाई   B) गुटेनबर्ग
C) पि. शेंग   D) विलियम कैक्सटन
उत्तर: C) पि. शेंग

254. यूरोप में ब्लॉक प्रिंटिंग के नमूने किसके माध्यम से पहुंचे?
A) मार्कोपोलो और रोमन व्यापारियों
B) ब्रिटिश शासकों
C) भारतीय व्यापारियों
D) चीनी विद्वानों
उत्तर: A) मार्कोपोलो और रोमन व्यापारियों

255. यूरोप में पहली पेपर मिल की स्थापना कब हुई थी?
A) 1041 ई.   B) 1336 ई.   C) 1440 ई.   D) 1475 ई.
उत्तर: B) 1336 ई.

256. मुद्रण प्रेस के आविष्कारक कौन थे?
A) विलियम कैक्सटन   B) गुटेनबर्ग
C) पि. शेंग   D) मार्टिन लूथर
उत्तर: B) गुटेनबर्ग

257. गुटेनबर्ग ने किस धातु का उपयोग मुद्रण स्याही बनाने के लिए किया?
A) सोना   B) चांदी   C) विस्मथ   D) तांबा
उत्तर: C) विस्मथ

258. गुटेनबर्ग ने सबसे पहले किस पुस्तक को मुद्रित किया?
A) रामायण   B) बाइबिल   C) कुरान   D) वेद
उत्तर: B) बाइबिल

259. इंग्लैंड में मुद्रण कला को लाने का श्रेय किसे दिया जाता है?
A) जेम्स हिकी   B) विलियम कैक्सटन
C) राजा राम मोहन राय   D) बाल गंगाधर तिलक
उत्तर: B) विलियम कैक्सटन

260. पहली शक्ति चालित बेलनाकार प्रेस का विकास किसने किया?
A) गुटेनबर्ग   B) विलियम कैक्सटन   C) रिचर्ड एम. हो
D) मार्कोपोलो
उत्तर: C) रिचर्ड एम. हो

261. भारत में प्रेस की शुरुआत किसके द्वारा हुई थी?
A) विलियम बोल्ट्स   B) राजा राम मोहन राय
C) बाल गंगाधर तिलक   D) महात्मा गांधी
उत्तर: A) विलियम बोल्ट्स

262. भारत का पहला समाचार पत्र कौन-सा था?
A) केसरी   B) बंगाल गजट   C) हिंदू   D) यंग इंडिया
उत्तर: B) बंगाल गजट

263. 'बंगाल गजट' के संस्थापक कौन थे?
A) जेम्स ऑगस्टस हिकी   B) राजा राम मोहन राय
C) दयानंद सरस्वती   D) बाल गंगाधर तिलक
उत्तर: A) जेम्स ऑगस्टस हिकी

264. 19वीं सदी में किस भाषा में प्रकाशित पहला समाचार पत्र 'संवाद कौमुदी' था?
A) हिंदी   B) बंगाली
C) गुजराती   D) फारसी
उत्तर: B) बंगाली

265. भारत में प्रेस पर पहला प्रतिबंध कब लगाया गया?
A) 1780   B) 1823   C) 1857   D) 1910
उत्तर: B) 1823

266. वर्नाक्यूलर प्रेस एक्ट किस वर्ष लागू किया गया था?
A) 1823   B) 1858   C) 1878   D) 1908
उत्तर: C) 1878

267. वर्नाक्यूलर प्रेस एक्ट लागू करने वाला गवर्नर-जनरल कौन था?
A) लॉर्ड डलहौजी   B) लॉर्ड लिटन
C) लॉर्ड कर्जन   D) लॉर्ड मिंटो
उत्तर: B) लॉर्ड लिटन

268. ब्रिटिश सरकार ने 1908 में किस कानून के माध्यम से राष्ट्रवादी अखबारों पर अंकुश लगाने की कोशिश की?
A) लाइसेंसिंग रेगुलेशन   B) वर्नाक्यूलर प्रेस एक्ट
C) न्यूज़पेपर एक्ट   D) प्रेस अधिनियम
उत्तर: C) न्यूज़पेपर एक्ट

269. भारतीय प्रेस अधिनियम किस वर्ष पारित किया गया था?
A) 1823   B) 1858   C) 1910   D) 1947
उत्तर: C) 1910

270. 'फूट डालो और शासन करो' की नीति अंग्रेजों ने कब अपनाई?
A) 1765   B) 1857   C) 1878   D) 1905
उत्तर: B) 1857

271. राजा राम मोहन राय ने किस अखबार की स्थापना की थी?
A) केसरी   B) बंगाल गजट   C) संवाद कौमुदी   D) हिंदू
उत्तर: C) संवाद कौमुदी

272. 'केसरी' समाचार पत्र के संपादक कौन थे?
A) महात्मा गांधी   B) बाल गंगाधर तिलक
C) सुरेंद्रनाथ बनर्जी   D) दयानंद सरस्वती
उत्तर: B) बाल गंगाधर तिलक

273. 'यंग इंडिया' समाचार पत्र का प्रकाशन किसने किया?
A) बाल गंगाधर तिलक   B) महात्मा गांधी
C) सुरेंद्रनाथ बनर्जी   D) दयानंद सरस्वती
उत्तर: B) महात्मा गांधी

274. 'बंगाली' समाचार पत्र के संपादक कौन थे?
A) बाल गंगाधर तिलक B) महात्मा गांधी
C) सुरेंद्रनाथ बनर्जी D) दयानंद सरस्वती
उत्तर: C) सुरेंद्रनाथ बनर्जी

275. "मुद्रण ईश्वर की दी हुई महानतम देन है" यह कथन किसका है?
A) गुटेनबर्ग B) विलियम कैक्सटन
C) मार्टिन लूथर D) राजा राम मोहन राय
उत्तर: C) मार्टिन लूथर

276. औद्योगीकरण किसे कहते हैं?
(A) कृषि में उन्नति की प्रक्रिया
(B) उद्योगों का विकास और विस्तार
(C) औद्योगिक क्षेत्र में गिरावट
(D) केवल सेवा क्षेत्र का विकास
उत्तर: (B) उद्योगों का विकास और विस्तार

277. भारत में औद्योगिक क्रांति के जनक कौन माने जाते हैं?
(A) दादाभाई नौरोजी (B) जमशेदजी टाटा
(C) महात्मा गांधी (D) रवींद्रनाथ टैगोर
उत्तर: (B) जमशेदजी टाटा

278. ब्रिटेन किस वर्ष कृषि प्रधान देश बना था?
(A) 1650 (B) 1750 (C) 1850 (D) 1950
उत्तर: (B) 1750

279. औद्योगीकरण के प्रमुख कारणों में कौन शामिल नहीं है?
(A) बढ़ती आवश्यकता (B) नए-नए मशीनों का आविष्कार
(C) शहरीकरण में गिरावट (D) यातायात की सुविधा
उत्तर: (C) शहरीकरण में गिरावट

280. 'स्पिनिंग जेनी' का आविष्कार किसने किया?
(A) जेम्स वाट (B) हरग्रिव्ज़ (C) रिचर्ड आर्कराइट
(D) क्राम्पटन
उत्तर: (B) हरग्रिव्ज़

281. पहली सूती कपड़ा मिल भारत में कब स्थापित हुई?
(A) 1851 (B) 1865 (C) 1911 (D) 1947
उत्तर: (A) 1851

282. भारत की पहली जूट मिल की स्थापना किस वर्ष हुई?
(A) 1851 (B) 1881 (C) 1917 (D) 1947
उत्तर: (C) 1917

283. भारत में टाटा स्टील कंपनी की स्थापना किस वर्ष हुई थी?
(A) 1851 (B) 1907 (C) 1920 (D) 1945
उत्तर: (B) 1907

284. भारत में कोयला उद्योग की शुरुआत कब हुई?
(A) 1750 (B) 1814 (C) 1850 (D) 1900
उत्तर: (B) 1814

285. भारत में प्रथम फ़ैक्ट्री अधिनियम कब पारित किया गया था?
(A) 1850 (B) 1870 (C) 1881 (D) 1926
उत्तर: (C) 1881

286. 1926 में पारित मजदूर संघ अधिनियम का क्या उद्देश्य था?
(A) उद्योगों का विस्तार
(B) मजदूर संघों को कानूनी मान्यता देना
(C) श्रमिकों की संख्या में वृद्धि
(D) कृषि सुधार
उत्तर: (B) मजदूर संघों को कानूनी मान्यता देना

287. औद्योगीकरण का कौन सा परिणाम नहीं है?
(A) रोजगार के अवसर बढ़ते हैं
(B) प्राकृतिक संसाधनों का दोहन
(C) कृषि का पूर्ण विनाश
(D) शहरीकरण में वृद्धि
उत्तर: (C) कृषि का पूर्ण विनाश

288. औद्योगीकरण के कारण कौन सा प्रभाव देखा जाता है?
(A) जीवन स्तर में सुधार (B) शिक्षा और कौशल विकास
(C) पर्यावरण प्रदूषण (D) उपरोक्त सभी
उत्तर: (D) उपरोक्त सभी

289. उपनिवेशवाद का क्या अर्थ है?
(A) एक देश का दूसरे देश पर नियंत्रण और शासन
(B) केवल व्यापार का विस्तार
(C) सामाजिक सुधारों की प्रक्रिया
(D) केवल राजनीतिक सुधार
उत्तर: (A) एक देश का दूसरे देश पर नियंत्रण और शासन

290. ब्रिटिश ईस्ट इंडिया कंपनी की स्थापना कब हुई?
(A) 1498 (B) 1600 (C) 1700 (D) 1757
उत्तर: (B) 1600

291. भारत में प्रथम श्रमिक संगठन अधिनियम कब पारित हुआ?
(A) 1920 (B) 1926 (C) 1935 (D) 1947
उत्तर: (B) 1926

292. औद्योगीकरण के कारण कौन सा परिवर्तन हुआ?
(A) पारंपरिक समाज से आधुनिक समाज की ओर बढ़ाव
(B) व्यापार में गिरावट
(C) कृषि का पूर्ण समाप्त होना
(D) केवल कारीगरों का विकास
उत्तर: (A) पारंपरिक समाज से आधुनिक समाज की ओर बढ़ाव

293. शहरीकरण का क्या अर्थ है?
(A) गाँवों की संख्या में वृद्धि
(B) शहरों की संख्या और आकार में वृद्धि
(C) कृषि उत्पादन में बढ़ोतरी
(D) औद्योगिक उत्पादन में गिरावट
उत्तर: (B) शहरों की संख्या और आकार में वृद्धि

294. भारत में शहरीकरण का मुख्य कारण क्या है?
(A) कृषि विकास (B) औद्योगीकरण
(C) जनसंख्या वृद्धि (D) सामरिक कारण
उत्तर: (B) औद्योगीकरण

295. 'महानगर' किसे कहा जाता है?
(A) कोई भी बड़ा गाँव
(B) अत्यधिक जनसंख्या वाला नगर

(C) केवल औद्योगिक क्षेत्र

(D) केवल राजधानी शहर

उत्तर: (B) अत्यधिक जनसंख्या वाला नगर

296. 'टेनेमेंट्स' का क्या अर्थ है?

(A) समृद्ध इलाकों के मकान

(B) कम लागत वाले भीड़भाड़ वाले अपार्टमेंट

(C) व्यापारिक भवन

(D) सरकारी कार्यालय

उत्तर: (B) कम लागत वाले भीड़भाड़ वाले अपार्टमेंट

297. 'व्यक्तिवाद' किसे कहते हैं?

(A) केवल समुदाय के अधिकारों को प्राथमिकता देना

(B) केवल सरकार के अधिकारों को मान्यता देना

(C) व्यक्ति की स्वतंत्रता और अधिकारों को प्राथमिकता देना

(D) केवल सामाजिक सुधारों की ओर ध्यान देना

उत्तर: (C) व्यक्ति की स्वतंत्रता और अधिकारों को प्राथमिकता देना

298. 'लेसेज़-फेयर' का क्या अर्थ है?

(A) आर्थिक मामलों में सरकारी हस्तक्षेप की नीति

(B) पूंजीपतियों को पूरी स्वतंत्रता देने की नीति

(C) सरकारी नियंत्रण द्वारा औद्योगिकरण

(D) मजदूर आंदोलन

उत्तर: (B) पूंजीपतियों को पूरी स्वतंत्रता देने की नीति

299. औद्योगीकरण के कारण पर्यावरण पर क्या प्रभाव पड़ा?

(A) प्रदूषण में वृद्धि

(B) प्राकृतिक संसाधनों का अत्यधिक दोहन

(C) जलवायु परिवर्तन की समस्या

(D) उपरोक्त सभी

उत्तर: (D) उपरोक्त सभी

300. कौन सा कानून मजदूरों की भलाई के लिए बनाया गया था?

(A) फैक्ट्री अधिनियम, 1881 (B) वर्नाक्यूलर प्रेस एक्ट, 1878

(C) चार्टर एक्ट, 1833 (D) इंडियन काउंसिल एक्ट, 1909

उत्तर: (A) फैक्ट्री अधिनियम, 1881

भूगोल

301. संसाधन किसे कहते हैं?

A) वे सभी वस्तुएँ जो प्रकृति में पाई जाती हैं

B) वे सभी तत्व जो हमारी आवश्यकताओं को पूरा करने में सहायक होते हैं

C) केवल खनिज और जल स्रोत

D) केवल जैविक तत्व

उत्तर: B) वे सभी तत्व जो हमारी आवश्यकताओं को पूरा करने में सहायक होते हैं

302. "संसाधन होते नहीं, बनते हैं" यह कथन किसका है?

A) अल्फ्रेड वेबर   B) जिम्मरमैन

C) प्लेटो   D) अरस्तू

उत्तर: B) जिम्मरमैन

303. संसाधन की कौन-सी विशेषता नहीं है?

A) उपयोगी होना

B) प्रौद्योगिकी के माध्यम से उपलब्ध होना

C) सीमित मात्रा में होना

D) आर्थिक और सामाजिक रूप से स्वीकार्य होना

उत्तर: C) सीमित मात्रा में होना

304. निम्नलिखित में से कौन-सा प्राकृतिक संसाधन नहीं है?

A) जल   B) कोयला   C) भवन   D) वायु

उत्तर: C) भवन

305. संसाधन के कुशल और टिकाऊ उपयोग को क्या कहा जाता है?

A) संसाधन संरक्षण   B) संसाधन विकास

C) संसाधन प्रदूषण   D) संसाधन अपव्यय

उत्तर: A) संसाधन संरक्षण

306. निम्नलिखित में से कौन-सा संसाधन मानव निर्मित संसाधन नहीं है?

A) मशीन   B) पुल   C) खनिज   D) भवन

उत्तर: C) खनिज

307. सतत विकास का मुख्य उद्देश्य क्या है?

A) वर्तमान की आवश्यकताओं की पूर्ति करना

B) भविष्य की पीढ़ियों की आवश्यकताओं से समझौता किए बिना विकास करना

C) केवल आर्थिक विकास पर ध्यान देना

D) केवल औद्योगिक संसाधनों का विकास करना

उत्तर: B) भविष्य की पीढ़ियों की आवश्यकताओं से समझौता किए बिना विकास करना

308. संसाधनों का असमान वितरण किस कारण होता है?

A) भौगोलिक परिस्थितियों के कारण

B) केवल जनसंख्या वृद्धि के कारण

C) केवल औद्योगीकरण के कारण

D) केवल सरकार की नीतियों के कारण

उत्तर: A) भौगोलिक परिस्थितियों के कारण

309. संसाधन संरक्षण का मुख्य उद्देश्य क्या है?

A) संसाधनों का अत्यधिक दोहन

B) संसाधनों की बर्बादी

C) संसाधनों का विवेकपूर्ण उपयोग और भविष्य के लिए सुरक्षित रखना

D) संसाधनों का केवल व्यापारिक उपयोग

उत्तर: C) संसाधनों का विवेकपूर्ण उपयोग और भविष्य के लिए सुरक्षित रखना

310. "हमारे पास पेट भरने के लिए बहुत कुछ है, लेकिन पेटी भरने के लिए कुछ भी नहीं" यह कथन किसका है?

A) जवाहरलाल नेहरू   B) महात्मा गाँधी

C) सुंदरलाल बहुगुणा   D) रवींद्रनाथ टैगोर

उत्तर: B) महात्मा गाँधी

311. निम्नलिखित में से कौन-सा जैविक संसाधन है?

A) लोहा   B) तांबा   C) मछली   D) कोयला

उत्तर: C) मछली

312. कौन-सा संसाधन अजैविक संसाधन नहीं है?
A) मिट्टी   B) खनिज   C) वन   D) धातु
उत्तर: **C) वन**

313. निम्नलिखित में से कौन-सा नवीकरणीय संसाधन नहीं है?
A) जल   B) वायु   C) कोयला   D) सूर्य की ऊर्जा
उत्तर: **C) कोयला**

314. कौन-सा संसाधन अनवीकरणीय संसाधन का उदाहरण है?
A) जल   B) वायु   C) पेट्रोलियम (D) सौर ऊर्जा
उत्तर: **C) पेट्रोलियम**

315. निम्नलिखित में से कौन-सा संसाधन राष्ट्रीय संसाधन नहीं है?
A) वन   B) खनिज   C) नदी   D) अंतरराष्ट्रीय समुद्री क्षेत्र
उत्तर: **D) अंतरराष्ट्रीय समुद्री क्षेत्र**

316. कौन-सा संसाधन व्यक्तिगत संसाधन का उदाहरण है?
A) जंगल   B) खदान   C) कृषि भूमि (D) महासागर
उत्तर: **C) कृषि भूमि**

317. कौन-सा संसाधन सामुदायिक संसाधन का उदाहरण नहीं है?
A) तालाब   B) मंदिर   C) खेत   D) शमशान भूमि
उत्तर: **C) खेत**

318. निम्नलिखित में से कौन-सा संसाधन विकसित संसाधन का उदाहरण है?
A) समुद्री खनिज   B) कोयला खदान
C) हिमालयी खनिज भंडार D) शेल गैस
उत्तर: **B) कोयला खदान**

319. निम्नलिखित में से कौन-सा संसाधन संभावित संसाधन है?
A) लोहे की खान   B) पेट्रोलियम भंडार
C) राजस्थान में पवन ऊर्जा D) जल विद्युत संयंत्र
उत्तर: **C) राजस्थान में पवन ऊर्जा**

320. निम्नलिखित में से कौन-सा भंडारित संसाधन है?
A) जलाशय   B) कृषि भूमि C) सौर ऊर्जा D) संभावित जल भंडार
उत्तर: **D) संभावित जल भंडार**

321. निम्नलिखित में से कौन-सा संसाधन अजैविक श्रेणी में आता है?
a) वन (b) पशु   (c) लोहा   (d) फसल
उत्तर: **c) लोहा**

322. नवीकरणीय संसाधनों का एक उदाहरण क्या है?
a) कोयला   b) पेट्रोलियम
c) जल   d) प्राकृतिक गैस
उत्तर: **c) जल**

323. कौन-सा संसाधन पुनः उत्पन्न नहीं किया जा सकता?
a) लकड़ी   b) सूर्य की ऊर्जा
c) कोयला   d) जल
उत्तर: **c) कोयला**

324. राष्ट्रीय संसाधनों का उदाहरण कौन-सा है?
a) तालाब   b) निजी भवन
c) रेलवे   d) खेती की भूमि
उत्तर: **c) रेलवे**

325. संभावित संसाधन किसका उदाहरण है?
a) हिमालयी क्षेत्र में खनिज भंडार
b) उपयोग में लाई जा रही मिट्टी
c) वनों से प्राप्त लकड़ी
d) नदी का पानी
उत्तर: **a) हिमालयी क्षेत्र में खनिज भंडार**

326. सतत विकास का प्रमुख उद्देश्य क्या है?
a) केवल वर्तमान आवश्यकताओं की पूर्ति
b) संसाधनों का अत्यधिक दोहन
c) भविष्य की पीढ़ियों के लिए संसाधन संरक्षित रखना
d) सभी संसाधनों का निजीकरण
उत्तर: **c) भविष्य की पीढ़ियों के लिए संसाधन संरक्षित रखना**

327. पुनर्चक्रण किस प्रकार संसाधन संरक्षण में सहायक है?
a) नए संसाधनों का निर्माण करता है
b) प्राकृतिक संसाधनों की खपत को कम करता है
c) प्रदूषण को बढ़ाता है
d) संसाधनों को नष्ट करता है
उत्तर: **b) प्राकृतिक संसाधनों की खपत को कम करता है**

328. निम्नलिखित में से कौन-सा संसाधन प्राकृतिक संसाधन नहीं है?
a) जल   b) कोयला
c) मशीन   d) वन
उत्तर: **c) मशीन**

329. कौन-सा संसाधन मानव निर्मित संसाधन की श्रेणी में आता है?
a) पेट्रोलियम   b) भवन   c) वन (d) जल
उत्तर: **b) भवन**

330. अंतरराष्ट्रीय संसाधनों की सीमाएं कितने किलोमीटर तक होती हैं?
a) 100 किमी (b) 150 किमी (c) 200 किमी
d) 250 किमी
उत्तर: **c) 200 किमी**

331. निम्नलिखित में से कौन-सा संसाधन अक्षय संसाधन है?
a) प्राकृतिक गैस   b) सूर्य की ऊर्जा
c) कोयला   d) पेट्रोलियम
उत्तर: b) सूर्य की ऊर्जा

332. निम्नलिखित में से कौन-सा संसाधन पारंपरिक ऊर्जा स्रोत नहीं है?
a) बायोगैस   b) जल विद्युत
c) कोयला   d) पेट्रोलियम
उत्तर: b) जल विद्युत

333. संसाधनों का सतत उपयोग किसका उदाहरण है?
a) अत्यधिक दोहन   b) संतुलित उपयोग
c) अनियंत्रित खपत   d) असीमित दोहन
उत्तर: b) संतुलित उपयोग

334. निम्नलिखित में से कौन-सा एक जैविक संसाधन है?
a) कोयला   b) पेट्रोलियम
c) मछली   d) लोहा
उत्तर: c) मछली

335. नवीकरणीय संसाधन कौन-सा है?
a) सोना   b) चांदी
c) जल   d) कोयला
उत्तर: c) जल

336. निम्नलिखित में से कौन-सा पारिस्थितिक संतुलन बनाए रखने में सहायक है?
a) वनों की कटाई   b) अपशिष्ट जल निकासी
c) वृक्षारोपण   d) खनन गतिविधियाँ
उत्तर: c) वृक्षारोपण

337. निम्नलिखित में से कौन-सा एक स्थानीय संसाधन है?
a) नदी का पानी   b) समुद्री जल
c) रेलवे   d) अंतरिक्ष ऊर्जा
उत्तर: a) नदी का पानी

338. निम्नलिखित में से कौन-सा संसाधन अपरंपरागत ऊर्जा स्रोत का उदाहरण है?
a) कोयला   b) प्राकृतिक गैस
c) पवन ऊर्जा   d) पेट्रोलियम
उत्तर: c) पवन ऊर्जा

339. निम्नलिखित में से कौन-सा संसाधन राष्ट्रीय संसाधन की श्रेणी में आता है?
a) जंगल   b) जलाशय
c) सड़कें   d) उपरोक्त सभी
उत्तर: d) उपरोक्त सभी

340. निम्नलिखित में से कौन-सा ऊर्जा का स्वच्छ स्रोत माना जाता है?
a) कोयला   b) प्राकृतिक गैस
c) सौर ऊर्जा   d) पेट्रोलियम
उत्तर: c) सौर ऊर्जा

341. .विश्व में कुल जल का कितना प्रतिशत भाग अलवणीय (Freshwater) जल है?
a) 96.5%   b) 2.5%   c) 10% (d) 5%
उत्तर: b) 2.5%

342. भारत की सबसे लंबी नदी कौन सी है?
a) गंगा   b) ब्रह्मपुत्र   c) नर्मदा   d) गोदावरी
उत्तर: a) गंगा

343. भारत की कौन-सी नदी 'साँप जैसी मुड़ती-तुड़ती' बहती है?
a) गंगा   b) ब्रह्मपुत्र
c) कावेरी   d) नर्मदा
उत्तर: b) ब्रह्मपुत्र

344. 'नर्मदा बचाओ आंदोलन' किस परियोजना के विरोध में शुरू किया गया था?
a) भाखड़ा नांगल परियोजना
b) सरदार सरोवर परियोजना
c) दामोदर घाटी निगम
d) हीराकुंड परियोजना
उत्तर: b) सरदार सरोवर परियोजना

345. भारत में सबसे लंबी नहर कौन-सी है?
a) इंदिरा गांधी नहर   (b) गंगा नहर
c) सोन नहर (d) कावेरी नहर
उत्तर: a) इंदिरा गांधी नहर

346. भारत का कुल भौगोलिक क्षेत्रफल का कितना प्रतिशत वन क्षेत्र है?
a) 23% (b) 21.71%   (c) 33% (d) 15%
उत्तर: b) 21.71%

347. सुंदरबन के जंगल किस प्रकार के वन हैं?
a) उष्णकटिबंधीय वर्षा वन b) पर्णपाती वन
c) मैंग्रोव वन   d) शंकुधारी वन
उत्तर: c) मैंग्रोव वन

348. "रेड डेटा बुक" किससे संबंधित है?
a) खनिज संसाधन   b) लुप्तप्राय प्रजातियाँ
c) जल संसाधन   d) ऊर्जा संसाधन
उत्तर: b) लुप्तप्राय प्रजातियाँ

349. भारत में सबसे अधिक वन क्षेत्र किस राज्य में पाया जाता है?
a) उत्तर प्रदेश   (b) मध्य प्रदेश
c) अरुणाचल प्रदेश   (d) छत्तीसगढ़
उत्तर: b) मध्य प्रदेश

350. निम्नलिखित में से कौन-सा वन सबसे अधिक वर्षा वाले क्षेत्रों में पाया जाता है?
a) उष्णकटिबंधीय पर्णपाती वन
b) उष्णकटिबंधीय सदाबहार वन

c) मरुस्थलीय वन
d) शंकुधारी वन
उत्तर: b) उष्णकटिबंधीय सदाबहार वन

351. भारत में लौह अयस्क का सबसे बड़ा उत्पादक राज्य कौन-सा है?
a) झारखंड   b) छत्तीसगढ़
c) कर्नाटक   d) ओडिशा
उत्तर: d) ओडिशा

352. निम्नलिखित में से कौन-सा ऊर्जा स्रोत नवीकरणीय (Renewable) नहीं है?
a) सौर ऊर्जा b) पवन ऊर्जा
c) कोयला   d) जल विद्युत
उत्तर: c) कोयला

353. भारत में सबसे अधिक कोयला उत्पादन करने वाला राज्य कौन-सा है?
a) झारखंड   b) पश्चिम बंगाल
c) ओडिशा   d) छत्तीसगढ़
उत्तर: a) झारखंड

354. निम्नलिखित में से कौन-सा खनिज धात्विक खनिज (Metallic Mineral) नहीं है?
a) तांबा   b) लौह अयस्क
c) बॉक्साइट d) चूना पत्थर
उत्तर: d) चूना पत्थर

355. भारत में सबसे अधिक पेट्रोलियम उत्पादन किस राज्य में होता है?
a) गुजरात   b) महाराष्ट्र
c) असम   d) राजस्थान
उत्तर: c) असम

356. निम्नलिखित में से कौन-सा उद्योग भारी उद्योग का उदाहरण है?
(A) कपड़ा उद्योग   (B) इस्पात उद्योग
(C) जूता उद्योग   (D) बिस्किट उद्योग
उत्तर: (B) इस्पात उद्योग

357. निम्नलिखित में से कौन-सा कच्चे माल के आधार पर हल्का उद्योग है?
(A) लोहा एवं इस्पात उद्योग (B) सीमेंट उद्योग
(C) इलेक्ट्रॉनिक उपकरण उद्योग   (D) पेट्रोकेमिकल उद्योग
उत्तर: (C) इलेक्ट्रॉनिक उपकरण उद्योग

358. कपड़ा उद्योग किस प्रकार के उद्योगों में आता है?
(A) कृषि आधारित उद्योग
(B) खनिज आधारित उद्योग
(C) ऊर्जा आधारित उद्योग
(D) जल आधारित उद्योग
उत्तर: (A) कृषि आधारित उद्योग

359. निम्नलिखित में से कौन-सा खनिज आधारित उद्योग का उदाहरण है?
(A) शक्कर उद्योग   (B) लौह एवं इस्पात उद्योग
(C) लकड़ी उद्योग   (D) जैविक खाद उद्योग
उत्तर: (B) लौह एवं इस्पात उद्योग

360. "बॉक्साइट" किस उद्योग में कच्चे माल के रूप में प्रयोग किया जाता है?
(A) सीमेंट उद्योग   (B) एल्यूमिनियम उद्योग
(C) खाद्य प्रसंस्करण उद्योग (D) कागज उद्योग
उत्तर: (B) एल्यूमिनियम उद्योग

361. निम्नलिखित में से कौन-सा उद्योग वन-आधारित उद्योग का उदाहरण है?
(A) इस्पात उद्योग   (B) रसायन उद्योग
(C) फर्नीचर उद्योग   (D) तेल शोधन उद्योग
उत्तर: (C) फर्नीचर उद्योग

362. भारत में सर्वाधिक कपड़ा उद्योग किस राज्य में स्थित हैं?
(A) पश्चिम बंगाल   (B) गुजरात
(C) तमिलनाडु   (D) पंजाब
उत्तर: (C) तमिलनाडु

363. "राउरकेला" निम्नलिखित में से किस उद्योग के लिए प्रसिद्ध है?
(A) चीनी उद्योग   (B) इस्पात उद्योग
(C) खाद्य प्रसंस्करण उद्योग (D) कागज उद्योग
उत्तर: (B) इस्पात उद्योग

364. निम्नलिखित में से कौन-सा उद्योग ऊर्जा आधारित उद्योग है?
(A) कपड़ा उद्योग
(B) कोयला आधारित तापीय ऊर्जा संयंत्र
(C) लकड़ी उद्योग
(D) खाद्य उद्योग
उत्तर: (B) कोयला आधारित तापीय ऊर्जा संयंत्र

365. भारत में चीनी उद्योग मुख्य रूप से किस राज्य में केंद्रित है?
(A) गुजरात   (B) महाराष्ट्र
(C) राजस्थान (D) पश्चिम बंगाल
उत्तर: (B) महाराष्ट्र

366. कागज उद्योग का मुख्य कच्चा माल क्या है?
(A) कोयला   (B) बांस और लकड़ी
(C) तांबा   (D) जूट
उत्तर: (B) बांस और लकड़ी

367. निम्नलिखित में से कौन-सा उद्योग जल आधारित उद्योग का उदाहरण है?
(A) मत्स्य उद्योग   (B) ऑटोमोबाइल उद्योग
(C) खाद्य प्रसंस्करण उद्योग (D) सीमेंट उद्योग
उत्तर: (A) मत्स्य उद्योग

368. निम्नलिखित में से कौन-सा उद्योग कृषि आधारित उद्योग नहीं है?
(A) तेल उद्योग   (B) कागज उद्योग
(C) चीनी उद्योग   (D) सीमेंट उद्योग
उत्तर: (D) सीमेंट उद्योग

369. "बोकारो" किस उद्योग के लिए प्रसिद्ध है?
(A) कागज उद्योग   (B) तेल उद्योग
(C) इस्पात उद्योग   (D) सीमेंट उद्योग
उत्तर: (C) इस्पात उद्योग

370. भारत में सबसे अधिक रसायन उद्योग किस राज्य में स्थित हैं?

(A) उत्तर प्रदेश   (B) गुजरात
(C) कर्नाटक (D) बिहार
उत्तर: (B) गुजरात

371. निम्नलिखित में से कौन-सा उद्योग औद्योगिक प्रदूषण का प्रमुख कारण नहीं है?
(A) लोहा एवं इस्पात उद्योग (B) कपड़ा उद्योग
(C) जैविक कृषि उद्योग   (D) रसायन उद्योग
उत्तर: (C) जैविक कृषि उद्योग

372. सीमेंट उद्योग के लिए प्रमुख कच्चा माल क्या होता है?
(A) चूना पत्थर   (B) लोहा अयस्क
(C) तांबा   (D) लकड़ी
उत्तर: (A) चूना पत्थर

373. निम्नलिखित में से कौन-सा उद्योग सबसे अधिक जल प्रदूषण का कारण बनता है?
(A) खाद्य प्रसंस्करण उद्योग (B) वस्त्र एवं रंगाई उद्योग
(C) ऑटोमोबाइल उद्योग   (D) प्लास्टिक उद्योग
उत्तर: (B) वस्त्र एवं रंगाई उद्योग

374. "भारी उद्योग" किसे कहा जाता है?
(A) जिनमें अधिक श्रमिक कार्यरत हों
(B) जिनमें हल्के कच्चे माल का उपयोग किया जाए
(C) जिनमें बड़े पैमाने पर भारी कच्चे माल का उपयोग किया जाए
(D) जिनमें केवल सरकारी स्वामित्व हो
उत्तर: (C) जिनमें बड़े पैमाने पर भारी कच्चे माल का उपयोग किया जाए

375. निम्नलिखित में से कौन-सा उद्योग सबसे अधिक वायु प्रदूषण उत्पन्न करता है?
(A) लोहा एवं इस्पात उद्योग (B) वस्त्र उद्योग
(C) मत्स्य उद्योग   (D) खाद्य प्रसंस्करण उद्योग
उत्तर: (A) लोहा एवं इस्पात उद्योग

376. भारत की अर्थव्यवस्था में कृषि का क्या महत्व है?
(A) केवल खाद्य उत्पादन   (B) केवल निर्यात
(C) औद्योगिक कच्चे माल और रोजगार का स्रोत
(D) केवल पशुपालन
उत्तर: (C) औद्योगिक कच्चे माल और रोजगार का स्रोत

377. भारत की लगभग कितनी प्रतिशत जनसंख्या कृषि पर निर्भर है?
(A) 30% (B) 40%   (C) 50% (D) 60% से अधिक
उत्तर: (D) 60% से अधिक

378. भारत में किस प्रकार की कृषि छोटे भूखंडों पर पारंपरिक विधियों से की जाती है?
(A) व्यावसायिक कृषि (B) आजीविका कृषि
(C) मिश्रित कृषि   (D) रोपण कृषि
उत्तर: (B) आजीविका कृषि

379. व्यावसायिक कृषि का मुख्य उद्देश्य क्या है?
(A) केवल परिवार की आवश्यकताओं की पूर्ति
(B) स्थानीय बाजारों के लिए उत्पादन
(C) बड़े पैमाने पर फसल उत्पादन और बिक्री
(D) भूमि की उर्वरता बनाए रखना
उत्तर: (C) बड़े पैमाने पर फसल उत्पादन और बिक्री

380. भारत में झूम कृषि मुख्य रूप से किस क्षेत्र में प्रचलित है?
(A) राजस्थान (B) उत्तर-पूर्वी राज्य
(C) पंजाब और हरियाणा   (D) महाराष्ट्र
उत्तर: (B) उत्तर-पूर्वी राज्य

381. आंध्र प्रदेश में झूम खेती को किस नाम से जाना जाता है?
(A) पोडू   (B) बेवर
(C) मिल्पा   (D) कुजु
उत्तर: (A) पोडू

382. भारत की प्रमुख खाद्य फसल कौन-सी है?
(A) गन्ना   (B) चाय
(C) चावल   (D) कपास
उत्तर: (C) चावल

383. गेहूं उत्पादन के लिए कौन-सा राज्य प्रमुख है?
(A) तमिलनाडु   (B) केरल
(C) उत्तर प्रदेश   (D) पश्चिम बंगाल
उत्तर: (C) उत्तर प्रदेश

384. दालों की खेती से किसका संतुलन बनाए रखने में मदद मिलती है?
(A) वायु प्रदूषण   (B) जल स्तर
(C) मिट्टी की उर्वरता   (D) कार्बन उत्सर्जन
उत्तर: (C) मिट्टी की उर्वरता

385. भारत में चने की खेती मुख्य रूप से किस राज्य में होती है?
(A) राजस्थान (B) पश्चिम बंगाल
(C) तमिलनाडु   (D) ओडिशा
उत्तर: (A) राजस्थान

386. निम्नलिखित में से कौन-सी नकदी फसल है?
(A) गेहूं (B) धान   (C) गन्ना   (D) बाजरा
उत्तर: (C) गन्ना

387. भारत में सबसे अधिक कपास उत्पादन किस राज्य में होता है?
(A) पंजाब   (B) गुजरात (C) उत्तर प्रदेश (D) बिहार
उत्तर: (B) गुजरात

388. भारत में प्रमुख तिलहन फसल कौन-सी है?
(A) मूंगफली (B) धान (C) ज्वार (D) अरहर
उत्तर: (A) मूंगफली

389. सरसों की खेती के लिए कौन-सा राज्य प्रसिद्ध है?
(A) कर्नाटक (B) असम (C) राजस्थान (D) ओडिशा
उत्तर: (C) राजस्थान

390. भारत में कृषि को किस प्रमुख समस्या का सामना करना पड़ता है?
(A) बिजली की अधिकता (B) अनियमित मानसून
(C) सस्ती श्रम शक्ति (D) खेती योग्य भूमि की अधिकता
उत्तर: (B) अनियमित मानसून

391. किसानों को सबसे अधिक किस समस्या का सामना करना पड़ता है?
(A) बड़ी भूमि का स्वामित्व
(B) आधुनिक तकनीक की अधिकता
(C) सिंचाई सुविधा की कमी

(D) सरकारी सहायता की अधिकता

उत्तर: (C) सिंचाई सुविधा की कमी

392. हरित क्रांति का मुख्य उद्देश्य क्या था?

(A) औद्योगिक विकास (B) कृषि उत्पादन में वृद्धि

(C) शहरीकरण को बढ़ावा देना

(D) निर्यात को बढ़ाना

उत्तर: (B) कृषि उत्पादन में वृद्धि

393. हरित क्रांति के दौरान भारत में सबसे अधिक बढ़ोतरी किस फसल के उत्पादन में हुई?

(A) बाजरा (B) गेहूं (C) कपास (D) गन्ना

उत्तर: (B) गेहूं

394. प्रधानमंत्री किसान सम्मान निधि योजना का उद्देश्य क्या है?

(A) उद्योगों को बढ़ावा देना

(B) किसानों को वित्तीय सहायता प्रदान करना

(C) शिक्षा में सुधार

(D) वायु प्रदूषण कम करना

उत्तर: (B) किसानों को वित्तीय सहायता प्रदान करना

395. सिंचाई सुविधा बढ़ाने के लिए कौन-सी तकनीक उपयोगी है?

(A) पारंपरिक हल (B) ड्रिप सिंचाई (C) बैलगाड़ी

(D) कुआं खुदाई

उत्तर: (B) ड्रिप सिंचाई

396. जैविक खेती का मुख्य लाभ क्या है?

(A) अधिक रासायनिक खादों का उपयोग

(B) मिट्टी की गुणवत्ता बनाए रखना

(C) अधिक जल उपयोग

(D) फसलों का धीमा विकास

उत्तर: (B) मिट्टी की गुणवत्ता बनाए रखना

397. निम्नलिखित में से कौन-सा कृषि में तकनीकी विकास का उदाहरण है?

(A) बैलों की मदद से खेती

(B) ट्रैक्टर और हार्वेस्टर का उपयोग

(C) केवल वर्षा पर निर्भर खेती

(D) जलवायु परिवर्तन पर नियंत्रण

उत्तर: (B) ट्रैक्टर और हार्वेस्टर का उपयोग

398. निम्नलिखित में से कौन-सा कृषि क्षेत्र में सरकारी प्रयासों का हिस्सा नहीं है?

(A) हरित क्रांति

(B) राष्ट्रीय खाद्य सुरक्षा मिशन

(C) डिजिटल इंडिया अभियान

(D) प्रधानमंत्री फसल बीमा योजना

उत्तर: (C) डिजिटल इंडिया अभियान

399. जैविक खेती में किसका उपयोग किया जाता है?

(A) रासायनिक उर्वरक   (B) कीटनाशक

(C) प्राकृतिक खाद   (D) कीट नियंत्रण दवाइयाँ

उत्तर: (C) प्राकृतिक खाद

400. भारत में कृषि उत्पादन बढ़ाने के लिए कौन-सी पहल की गई?

(A) मनरेगा योजना   (B) हरित क्रांति

(C) स्टार्टअप इंडिया   (D) डिजिटल इंडिया

उत्तर: (B) हरित क्रांति

401. परिवहन का मुख्य उद्देश्य क्या है?

(A) केवल लोगों को एक स्थान से दूसरे स्थान तक ले जाना

(B) वस्तुओं और सेवाओं का आवागमन

(C) केवल रेलवे नेटवर्क का विकास

(D) केवल वायुपरिवहन को बढ़ावा देना

उत्तर: (B) वस्तुओं और सेवाओं का आवागमन

402. भारत में सड़क परिवहन का वैश्विक स्तर पर कौन-सा स्थान है?

(A) पहला (B) दूसरा (C) तीसरा (D) चौथा

उत्तर: (B) दूसरा

403. भारत का कुल सड़क नेटवर्क कितना है?

(A) 52.16 लाख किमी (B) 55.24 लाख किमी

(C) 60.10 लाख किमी (D) 62.16 लाख किमी

उत्तर: (D) 62.16 लाख किमी

404. स्वर्णिम चतुर्भुज परियोजना किन प्रमुख शहरों को जोड़ती है?

(A) दिल्ली, मुंबई, बेंगलुरु, पुणे

(B) दिल्ली, मुंबई, चेन्नई, कोलकाता

(C) दिल्ली, जयपुर, भोपाल, पटना

(D) मुंबई, लखनऊ, कोलकाता, विशाखापत्तनम

उत्तर: (B) दिल्ली, मुंबई, चेन्नई, कोलकाता

405. उत्तर-दक्षिण गलियारा किन दो स्थानों को जोड़ता है?

(A) श्रीनगर – कन्याकुमारी (B) कोलकाता - मुंबई

(C) दिल्ली – चेन्नई   (D) सूरत - गुवाहाटी

उत्तर: (A) श्रीनगर – कन्याकुमारी

406. भारत का रेलवे नेटवर्क दुनिया में कौन-से स्थान पर आता है?

(A) पहला   (B) दूसरा   (C) तीसरा

(D) चौथा

उत्तर: (D) चौथा

407. भारत में पहली रेल सेवा कब और किन दो स्थानों के बीच शुरू हुई?

(A) 1843, दिल्ली से मुंबई

(B) 1853, मुंबई से ठाणे

(C) 1860, कोलकाता से पटना

(D) 1875, चेन्नई से बेंगलुरु

उत्तर: (B) 1853, मुंबई से ठाणे

408. निम्नलिखित में से कौन-सा रेलवे ट्रैक सबसे चौड़ा होता है?

(A) ब्रॉड गेज (B) मीटर गेज

(C) नैरो गेज (D) हेरिटेज गेज

उत्तर: (A) ब्रॉड गेज

409. भारत में प्रमुख आंतरिक जलमार्ग कौन-से हैं?

(A) गंगा, ब्रह्मपुत्र, गोदावरी

(B) सतलुज, सिंधु, कृष्णा

(C) कावेरी, ताप्ती, यमुना

(D) नर्मदा, माही, साबरमती

उत्तर: (A) गंगा, ब्रह्मपुत्र, गोदावरी

410. भारत में कितने प्रमुख समुद्री बंदरगाह हैं?

(A) 10 (B) 12 (C) 14 (D) 15

उत्तर: (B) 12

411. निम्नलिखित में से कौन-सा भारत का सबसे बड़ा बंदरगाह है?

(A) चेन्नई   (B) कोच्चि   (C) मुंबई   (D) पारादीप

उत्तर: (C) मुंबई

412. क्षेत्रीय संपर्क योजना (UDAN) का मुख्य उद्देश्य क्या है?

(A) अंतर्राष्ट्रीय उड़ानों को बढ़ावा देना

(B) छोटे शहरों को हवाई परिवहन से जोड़ना

(C) रेलवे नेटवर्क का विस्तार

(D) समुद्री परिवहन को सशक्त बनाना

उत्तर: (B) छोटे शहरों को हवाई परिवहन से जोड़ना

413. डिजिटल भारत पहल का उद्देश्य क्या है?

(A) डिजिटल तकनीक को बढ़ावा देना

(B) केवल शहरों में इंटरनेट सुविधा देना

(C) केवल सरकारी सेवाओं को ऑनलाइन करना

(D) केवल मोबाइल संचार को विकसित करना

उत्तर: (A) डिजिटल तकनीक को बढ़ावा देना

414. भारत का मुख्य निर्यात उत्पाद कौन-सा है?

(A) कच्चा तेल   (B) पेट्रोलियम उत्पाद

(C) मशीनरी   (D) खाद्य तेल

उत्तर: (B) पेट्रोलियम उत्पाद

415. भारत के मुख्य आयात कौन-से हैं?

(A) वस्त्र और धातु

(B) कच्चा तेल, मशीनरी, रसायन

(C) कृषि उत्पाद और जैविक खाद

(D) सॉफ्टवेयर और कंप्यूटर

उत्तर: (B) कच्चा तेल, मशीनरी, रसायन

416. भारत के प्रमुख व्यापारिक केंद्र कौन-से हैं?

(A) मुंबई, कोलकाता, चेन्नई

(B) जयपुर, भोपाल, रांची

(C) वाराणसी, देहरादून, शिमला

(D) लखनऊ, पटना, गुवाहाटी

उत्तर: (A) मुंबई, कोलकाता, चेन्नई

417. चिकित्सा पर्यटन में भारत किस कारण प्रसिद्ध है?

(A) सस्ते और उच्च गुणवत्ता वाले स्वास्थ्य सेवाएं

(B) अधिक प्राकृतिक स्थलों की उपलब्धता

(C) पर्यटन स्थलों की सुंदरता

(D) केवल विदेशी दवा उद्योग

उत्तर: (A) सस्ते और उच्च गुणवत्ता वाले स्वास्थ्य सेवाएं

418. भारत में पाइपलाइन परिवहन का मुख्य उद्देश्य क्या है?

(A) पानी का वितरण

(B) तेल, गैस, और पेट्रोलियम उत्पादों का परिवहन

(C) रेलवे यातायात का नियंत्रण

(D) जलमार्ग परिवहन को बढ़ावा देना

उत्तर: (B) तेल, गैस, और पेट्रोलियम उत्पादों का परिवहन

419. नाहरकटिया-नूनमाटी-बरौनी पाइपलाइन किस राज्य में स्थित है?

(A) गुजरात   (B) असम   (C) राजस्थान (D) महाराष्ट्र

उत्तर: (B) असम

420. हजीरा-विजयपुर-जगदीशपुर (HVJ) गैस पाइपलाइन का मुख्य उद्देश्य क्या है?

(A) उत्तर भारत में प्राकृतिक गैस की आपूर्ति

(B) पश्चिमी भारत में जल परिवहन को बढ़ावा देना

(C) दक्षिण भारत में तेल उत्पादन को बढ़ावा देना

(D) केवल कच्चे तेल का निर्यात

उत्तर: (A) उत्तर भारत में प्राकृतिक गैस की आपूर्ति

421. कांडला-भटिंडा पाइपलाइन किन राज्यों को जोड़ती है?

(A) गुजरात और पंजाब   (B) महाराष्ट्र और राजस्थान

(C) उत्तर प्रदेश और बिहार (D) तमिलनाडु और कर्नाटक

उत्तर: (A) गुजरात और पंजाब

422. पाइपलाइन परिवहन को कितने भागों में विभाजित किया गया है?

(A) 2   (B) 3   (C) 4   (D) 5

उत्तर: (A) 2

423. एलपीजी (LPG) का पूरा नाम क्या है?

(A) लिक्विड पेट्रोलियम गैस (B) लाइट पेट्रोलियम गैस

(C) लो प्रेशर गैस   (D) लिक्विड पाइपलाइन गैस

उत्तर: (A) लिक्विड पेट्रोलियम गैस

424. भारत में परिवहन और संचार का मुख्य प्रभाव क्या है?

(A) केवल शहरीकरण को बढ़ावा देना

(B) व्यापार और आर्थिक विकास को सशक्त बनाना

(C) कृषि उत्पादन को प्रभावित करना

(D) जलवायु परिवर्तन को नियंत्रित करना

उत्तर: (B) व्यापार और आर्थिक विकास को सशक्त बनाना

425. मानचित्र अध्ययन का मुख्य उद्देश्य क्या है?

(A) किसी स्थान की जलवायु को जानना

(B) किसी क्षेत्र की भौगोलिक विशेषताओं को चित्रात्मक रूप में समझना

(C) केवल समुद्रों का अध्ययन करना

(D) पर्वतों की ऊँचाई मापना

उत्तर: (B) किसी क्षेत्र की भौगोलिक विशेषताओं को चित्रात्मक रूप में समझना

426. स्थलरूप रेखाएँ (Contour Lines) किसे दर्शाती हैं?

(A) समान ऊँचाई वाले स्थानों को   (B) जल स्रोतों को

(C) सड़कों और राजमार्गों को   (D) वन क्षेत्रों को

उत्तर: (A) समान ऊँचाई वाले स्थानों को

427. यदि स्थलरूप रेखाएँ एक-दूसरे के निकट हों, तो इसका क्या अर्थ है?

(A) समतल भूमि   (B) हल्का ढलान

(C) तीव्र ढलान   (D) ऊँचाई में कोई परिवर्तन नहीं

उत्तर: (C) तीव्र ढलान

428. स्थलरूप रेखाओं का वृत्ताकार स्वरूप किसे दर्शाता है?

(A) नदी   (B) पठार   (C) पहाड़ी या पर्वत (D) झील

429. यदि स्थलरूप रेखाओं का केंद्र भाग निम्न ऊँचाई दिखाए, तो वह क्या दर्शाता है?

(A) पठार　(B) समुद्र　(C) घाटी या कुंड (D) पर्वत

उत्तर: **(C) घाटी या कुंड**

430. स्तर रंजन विधि (Layer Tinting) में समुद्र तल को कौन-सा रंग दर्शाता है?

(A) हरा　(B) नीला　(C) भूरा　(D) पीला

उत्तर: **(B) नीला**

431. स्तर रंजन विधि में मैदानों को कौन-सा रंग दिखाता है?

(A) हरा　(B) लाल　(C) गहरा भूरा (D) सफेद

उत्तर: **(A) हरा**

432. उच्चावचन विधि (Hachure Method) में छोटी तिरछी रेखाएँ किसे दर्शाती हैं?

(A) सड़क मार्ग　　(B) ऊँचाई और ढलान

(C) जलाशय　　(D) मैदानी क्षेत्र

उत्तर: **(B) ऊँचाई और ढलान**

433. उच्चावचन विधि में गहरी रेखाएँ किसे दर्शाती हैं?

(A) समतल भूमि　　(B) तीव्र ढलान

(C) जल निकाय　　(D) कृषि क्षेत्र

उत्तर: **(B) तीव्र ढलान**

434. बिंदु उच्चाई विधि (Spot Height Method) का मुख्य उपयोग किसमें किया जाता है?

(A) जलवायु अध्ययन में

(B) टोपोग्राफिक मानचित्रों में

(C) नदियों के प्रवाह को दर्शाने में

(D) यातायात संकेतकों में

उत्तर: **(B) टोपोग्राफिक मानचित्रों में**

435. पर्वतों की चोटियों की ऊँचाई दर्शाने के लिए किस विधि का उपयोग किया जाता है?

(A) स्थलरूप रेखाएँ　　(B) स्तर रंजन

(C) बिंदु उच्चाई विधि　(D) ब्लॉक आरेख

उत्तर: **(C) बिंदु उच्चाई विधि**

436. त्रिकोण सर्वेक्षण विधि (Triangulation Method) किसके अध्ययन में सहायक होती है?

(A) समुद्री धाराओं के

(B) पर्वतों और जटिल भू-आकृतियों के

(C) रेलवे मार्गों के

(D) वनों के वितरण के

उत्तर: **(B) पर्वतों और जटिल भू-आकृतियों के**

437. ब्लॉक आरेख विधि (Block Diagram) किस प्रकार का चित्र प्रदान करती है?

(A) द्वि-आयामी (2D)　　(B) त्रि-आयामी (3D)

(C) केवल ऊँचाई दर्शाने वाला

(D) केवल स्थलरूप रेखाएँ

उत्तर: **(B) त्रि-आयामी (3D)**

438. भूगोल और भूगर्भशास्त्र में किस विधि का प्रमुख रूप से उपयोग किया जाता है?

(A) स्थलरूप रेखाएँ　　(B) ब्लॉक आरेख

(C) स्तर रंजन　　(D) बिंदु उच्चाई विधि

उत्तर: **(B) ब्लॉक आरेख**

439. स्थलरूप रेखाओं के बीच अधिक दूरी का क्या अर्थ है?

(A) समतल भूमि　　(B) तीव्र ढलान

(C) जल निकाय　　(D) घनी आबादी

उत्तर: **(A) समतल भूमि**

440. स्थलरूप रेखाएँ मुख्य रूप से किस प्रकार के मानचित्रों में प्रयोग होती हैं?

(A) जलवायु मानचित्र　　(B) टोपोग्राफिक मानचित्र

(C) राजनीतिक मानचित्र　(D) सड़क मानचित्र

उत्तर: **(B) टोपोग्राफिक मानचित्र**

441. त्रिकोण सर्वेक्षण विधि में विभिन्न बिंदुओं को किस आकृति में जोड़ा जाता है?

(A) वर्ग　(B) आयत　(C) त्रिभुज　(D) वृत्त

उत्तर: **(C) त्रिभुज**

442. स्थलरूप रेखाओं का अध्ययन किसके लिए महत्वपूर्ण है?

(A) कृषि क्षेत्र निर्धारण के लिए

(B) सैनिक अभियानों के लिए

(C) पर्वतारोहण के लिए

(D) उपरोक्त सभी

उत्तर: **(D) उपरोक्त सभी**

443. बिंदु उच्चाई विधि का प्रयोग मुख्य रूप से कहाँ किया जाता है?

(A) समुद्री जल सर्वेक्षण में

(B) पर्वतीय क्षेत्रों में ऊँचाई मापने के लिए

(C) शहरी क्षेत्रों में भवन निर्माण के लिए

(D) केवल मैदानी क्षेत्रों में

उत्तर: **(B) पर्वतीय क्षेत्रों में ऊँचाई मापने के लिए**

444. उच्चावचन विधि में प्रयुक्त तिरछी रेखाएँ किस दिशा में होती हैं?

(A) ढलान की दिशा में

(B) ढलान के विपरीत

(C) केवल उत्तर-दक्षिण दिशा में

(D) केवल पूर्व-पश्चिम दिशा में

उत्तर: **(A) ढलान की दिशा में**

445. स्थलरूप रेखाएँ किसके माध्यम से बनाई जाती हैं?

(A) ऊँचाई मापने वाले यंत्रों से　　(B) रंगीन चित्रों से

(C) जलवायु गणना से　　(D) उपग्रह चित्रों से

उत्तर: **(A) ऊँचाई मापने वाले यंत्रों से**

446. स्थलरूप रेखाओं के बीच समान दूरी होने का क्या अर्थ है?

(A) नियमित ढलान　　(B) असमान ढलान

(C) अत्यधिक ऊँचाई　　(D) जल निकाय

उत्तर: **(A) नियमित ढलान**

447. लोकतंत्र में सत्ता के वितरण की आवश्यकता क्यों होती है?

(A) किसी एक संस्था को असीमित शक्ति देने के लिए

(B) सत्ता के केंद्रीकरण को बढ़ावा देने के लिए

(C) किसी भी संस्था को असीमित शक्ति से रोकने के लिए

(D) केवल कार्यपालिका को मजबूत करने के लिए

उत्तर: (C) किसी भी संस्था को असीमित शक्ति से रोकने के लिए

448. बेल्जियम में सत्ता-साझाकरण का मुख्य उद्देश्य क्या था?

(A) केवल फ्रेंच भाषी समुदाय को अधिक अधिकार देना

(B) जातीय विविधता को प्रबंधित करना और समानता सुनिश्चित करना

(C) केवल डच समुदाय को विशेष अधिकार देना

(D) किसी भी समुदाय को सत्ता में भागीदारी न देना

उत्तर: (B) जातीय विविधता को प्रबंधित करना और समानता सुनिश्चित करना

449. श्रीलंका में तमिल अल्पसंख्यकों के साथ भेदभाव किस प्रकार किया गया?

(A) तमिल भाषा को समाप्त कर दिया गया

(B) सिंहली को एकमात्र राजभाषा घोषित किया गया

(C) तमिलों को सरकारी नौकरियों से हटा दिया गया

(D) तमिलों को नागरिकता नहीं दी गई

उत्तर: (B) सिंहली को एकमात्र राजभाषा घोषित किया गया

450. श्रीलंका में बहुसंख्यकवादी शासन का क्या परिणाम हुआ?

(A) सिंहली और तमिलों के बीच शांति स्थापित हुई

(B) तमिल समुदाय ने देश छोड़ दिया

(C) गृहयुद्ध हुआ और सामाजिक अस्थिरता बढ़ी

(D) तमिल समुदाय को अधिक अधिकार मिले

उत्तर: (C) गृहयुद्ध हुआ और सामाजिक अस्थिरता बढ़ी

451. सत्ता-साझाकरण का कौन-सा प्रकार विधायिका, कार्यपालिका और न्यायपालिका के बीच विभाजन को दर्शाता है?

(A) ऊर्ध्वाधर विभाजन   (B) क्षैतिज विभाजन

(C) सामाजिक समूहों के बीच विभाजन   (D) दबाव समूह और आंदोलन

उत्तर: (B) क्षैतिज विभाजन

452. सत्ता-साझाकरण का कौन-सा प्रकार केंद्र और राज्य सरकारों के बीच विभाजन को दर्शाता है?

(A) ऊर्ध्वाधर विभाजन   (B) क्षैतिज विभाजन

(C) सामाजिक समूहों के बीच विभाजन

(D) दबाव समूह और आंदोलन

उत्तर: (A) ऊर्ध्वाधर विभाजन

453. भारत में कौन-से समूहों को सत्ता-साझाकरण के अंतर्गत विशेष प्रतिनिधित्व दिया जाता है?

(A) बहुसंख्यक समुदाय

(B) कमजोर और अल्पसंख्यक वर्ग

(C) केवल उच्च वर्ग   (D) केवल राजनेता

उत्तर: (B) कमजोर और अल्पसंख्यक वर्ग

454. श्रीलंका में तमिलों के साथ भेदभाव ने किस संघर्ष को जन्म दिया?

(A) बेल्जियम में जातीय संघर्ष

(B) भारत-पाकिस्तान युद्ध

(C) श्रीलंका का गृहयुद्ध

(D) द्वितीय विश्व युद्ध

उत्तर: (C) श्रीलंका का गृहयुद्ध

455. सत्ता-साझाकरण का मुख्य लाभ क्या है?

(A) सत्ता का केंद्रीकरण

(B) सामाजिक अस्थिरता को बढ़ाना

(C) समाज में शांति और स्थिरता लाना

(D) किसी एक समुदाय को पूरी सत्ता देना

उत्तर: (C) समाज में शांति और स्थिरता लाना

456. बेल्जियम का सत्ता-साझाकरण मॉडल क्या दर्शाता है?

(A) बहुसंख्यकवाद को बढ़ावा देना

(B) अल्पसंख्यकों को कमजोर करना

(C) सत्ता-साझाकरण से समाज में स्थिरता आती है

(D) लोकतंत्र को खत्म करना

उत्तर: (C) सत्ता-साझाकरण से समाज में स्थिरता आती है

457. संघवाद किसे कहते हैं?

(A) शासन प्रणाली जिसमें केवल केंद्र सरकार होती है

(B) शासन प्रणाली जिसमें सत्ता को केंद्र और राज्य सरकारों के बीच बांटा जाता है

(C) एक ऐसी व्यवस्था जिसमें केवल राजा शासन करता है

(D) किसी देश की विदेश नीति

उत्तर: (B) शासन प्रणाली जिसमें सत्ता को केंद्र और राज्य सरकारों के बीच बांटा जाता है

458. भारतीय संविधान में संघीय ढांचे के तहत कितनी सूचियाँ शामिल हैं?

(A) दो   (B) तीन   (C) चार   (D) पाँच

उत्तर: (B) तीन

459. भारत में संघीय व्यवस्था के अंतर्गत कौन-सी सूची केंद्र सरकार के अंतर्गत आती है?

(A) राज्य सूची   (B) संघ सूची

(C) समवर्ती सूची   (D) पंचायती सूची

उत्तर: (B) संघ सूची

460. संविधान में परिवर्तन किसकी सहमति से किया जा सकता है?

(A) केवल केंद्र सरकार

(B) केवल राज्य सरकार

(C) केंद्र और राज्य सरकारों की सहमति से

(D) केवल राष्ट्रपति की सहमति से

उत्तर: (C) केंद्र और राज्य सरकारों की सहमति से

461. संघीय व्यवस्था में विवाद की स्थिति में अंतिम निर्णय कौन देता है?

(A) संसद   (B) राष्ट्रपति   (C) न्यायपालिका (D) राज्यपाल

उत्तर: (C) न्यायपालिका

462. भारत में पंचायती राज व्यवस्था कब लागू हुई?

(A) 1950   (B) 1962   (C) 1992   (D) 2000

उत्तर: (C) 1992

463. भारत में भाषाई आधार पर राज्यों का पुनर्गठन कब हुआ?

(A) 1947   (B) 1956   (C) 1975   (D) 1990

उत्तर: (B) 1956

464. भारत में कितनी अनुसूचित भाषाएँ हैं?

(A) 18   (B) 20   (C) 22   (D) 25

उत्तर: (C) 22

465. संघवाद में प्रत्येक स्तर की सरकार की क्या स्थिति होती है?

(A) केवल केंद्र सरकार के नियंत्रण में होती है

(B) पूरी तरह स्वतंत्र होती है

(C) संविधान द्वारा परिभाषित अधिकार-क्षेत्र में कार्य करती है

(D) केवल राष्ट्रपति के आदेश पर काम करती है

उत्तर: (C) संविधान द्वारा परिभाषित अधिकार-क्षेत्र में कार्य करती है

466. भारत में किन राज्यों को विशेष अधिकार दिए गए हैं?

(A) केवल उत्तर प्रदेश और बिहार

(B) केवल दक्षिणी राज्य

(C) असम, नागालैंड, मिजोरम आदि

(D) केवल केंद्र शासित प्रदेश

उत्तर: (C) असम, नागालैंड, मिजोरम आदि

467. संघीय व्यवस्था में राज्य सरकारें किस पर नियंत्रण रखती हैं?

(A) अंतरराष्ट्रीय व्यापार   (B) विदेश नीति

(C) कानून-व्यवस्था, स्वास्थ्य और कृषि

(D) रक्षा और संचार

उत्तर: (C) कानून-व्यवस्था, स्वास्थ्य और कृषि

468. संघीय व्यवस्था का सबसे बड़ा लाभ क्या है?

(A) राज्यों को पूरी स्वतंत्रता मिलती है

(B) केंद्र सरकार की शक्ति बढ़ती है

(C) विभिन्न समुदायों और राज्यों के बीच संतुलन और स्थिरता बनी रहती है

(D) केवल एक भाषा को बढ़ावा दिया जाता है

उत्तर: (C) विभिन्न समुदायों और राज्यों के बीच संतुलन और स्थिरता बनी रहती है

469. भारतीय समाज में जाति का क्या महत्व है?

(A) यह सामाजिक विभाजन का एक प्रमुख आधार है

(B) यह केवल धार्मिक मान्यताओं से संबंधित है

(C) यह आर्थिक असमानता को बढ़ावा देता है

(D) यह केवल ग्रामीण क्षेत्रों में पाया जाता है

उत्तर: (A) यह सामाजिक विभाजन का एक प्रमुख आधार है

470. अनुसूचित जाति (SC), अनुसूचित जनजाति (ST) और अन्य पिछड़ा वर्ग (OBC) के लिए आरक्षण क्यों दिया गया?

(A) जातिगत राजनीति को बढ़ावा देने के लिए

(B) सामाजिक समानता सुनिश्चित करने और भेदभाव को समाप्त करने के लिए

(C) केवल चुनावों में लाभ पाने के लिए

(D) केवल उच्च जातियों को मजबूत करने के लिए

उत्तर: (B) सामाजिक समानता सुनिश्चित करने और भेदभाव को समाप्त करने के लिए

471. भारतीय संविधान किस आधार पर धर्म और राजनीति को नियंत्रित करता है?

(A) धर्मनिरपेक्षता के आधार पर

(B) सांप्रदायिकता को बढ़ावा देने के लिए

(C) केवल एक धर्म को मान्यता देने के लिए

(D) धार्मिक संस्थानों को राजनीति में लाने के लिए

उत्तर: (A) धर्मनिरपेक्षता के आधार पर

472. सांप्रदायिकता का क्या परिणाम हो सकता है?

(A) समाज में एकता बढ़ती है

(B) जातीय और धार्मिक संघर्ष उत्पन्न होते हैं

(C) लोकतंत्र मजबूत होता है

(D) सभी धर्मों के बीच समानता आती है

उत्तर: (B) जातीय और धार्मिक संघर्ष उत्पन्न होते हैं

473. गांधीजी ने धर्म और राजनीति के संबंध में क्या विचार रखा था?

(A) धर्म को राजनीति से अलग रखना चाहिए

(B) राजनीति को नैतिक मूल्यों से जोड़ना चाहिए

(C) केवल एक धर्म को सत्ता में रहना चाहिए

(D) धर्म को राजनीति से हटाना चाहिए

उत्तर: (B) राजनीति को नैतिक मूल्यों से जोड़ना चाहिए

474. भारत में महिलाओं की राजनीतिक भागीदारी को बढ़ाने के लिए कौन-सा कानून लागू किया गया?

(A) 2023 महिला आरक्षण कानून

(B) समान नागरिक संहिता

(C) धार्मिक स्वतंत्रता कानून

(D) मौलिक अधिकार अधिनियम

उत्तर: (A) 2023 महिला आरक्षण कानून

475. पंचायती राज में महिलाओं के लिए कितने प्रतिशत आरक्षण प्रदान किया गया है?

(A) 25%   (B) 33%   (C) 50%   (D) 75%

उत्तर: (B) 33%

476. संप्रदायिकता का क्या अर्थ है?

(A) सभी धर्मों को समान मान्यता देना

(B) धर्म के आधार पर समाज का विभाजन करना

(C) धर्म को पूरी तरह समाप्त करना

(D) केवल एक धर्म को बढ़ावा देना

उत्तर: (B) धर्म के आधार पर समाज का विभाजन करना

477. भारतीय संविधान में मौलिक अधिकार किस अनुच्छेद के अंतर्गत वर्णित हैं?

(A) अनुच्छेद 12 से 35   (B) अनुच्छेद 1 से 10

(C) अनुच्छेद 36 से 50   (D) अनुच्छेद 51 से 60

उत्तर: (A) अनुच्छेद 12 से 35

478. भारतीय संविधान का अनुच्छेद 14-18 किस अधिकार से संबंधित है?

(A) स्वतंत्रता का अधिकार   (B) समानता का अधिकार

(C) शोषण के विरुद्ध अधिकार (D) सांस्कृतिक और शैक्षिक अधिकार

उत्तर: (B) समानता का अधिकार

479. अनुच्छेद 19 किस अधिकार को सुनिश्चित करता है?

(A) स्वतंत्रता का अधिकार   (B) शिक्षा का अधिकार

(C) संपत्ति का अधिकार   (D) स्वास्थ्य का अधिकार

उत्तर: (A) स्वतंत्रता का अधिकार

480. भारतीय संविधान के अनुसार, किस अनुच्छेद में अस्पृश्यता (Untouchability) को समाप्त किया गया है?

(A) अनुच्छेद 14   (B) अनुच्छेद 15

(C) अनुच्छेद 17   (D) अनुच्छेद 19

उत्तर: (C) अनुच्छेद 17

481. भारतीय संविधान के अनुसार "राज्य" की परिभाषा कौन-सा अनुच्छेद बताता है?

(A) अनुच्छेद 12   (B) अनुच्छेद 14

(C) अनुच्छेद 16   (D) अनुच्छेद 18

उत्तर: (A) अनुच्छेद 12

482. धर्मनिरपेक्षता का क्या अर्थ है?

(A) केवल हिंदू धर्म को मान्यता देना
(B) राज्य का किसी भी धर्म से अलग रहना
(C) सभी धर्मों को समाप्त करना
(D) एक धर्म को आधिकारिक धर्म बनाना
उत्तर: (B) राज्य का किसी भी धर्म से अलग रहना

483. धर्मनिरपेक्षता का मुख्य उद्देश्य क्या है?
(A) केवल एक धर्म को मान्यता देना
(B) धार्मिक आधार पर भेदभाव को समाप्त करना
(C) धार्मिक संघर्षों को बढ़ावा देना
(D) केवल एक समुदाय को लाभ देना
उत्तर: (B) धार्मिक आधार पर भेदभाव को समाप्त करना

484. भारतीय संविधान में धर्मनिरपेक्षता की अवधारणा किस प्रकार प्रस्तुत की गई है?
(A) राज्य किसी भी धर्म को संरक्षण नहीं देगा
(B) सभी धर्मों को समान अधिकार और स्वतंत्रता मिलेगी
(C) सरकार धर्म के मामलों में हस्तक्षेप नहीं करेगी
(D) उपरोक्त सभी
उत्तर: (D) उपरोक्त सभी

485. महिलाओं की राजनीति में सीमित भागीदारी का प्रमुख कारण क्या है?
(A) शिक्षा की कमी   (B) सामाजिक रूढ़ियाँ
(C) आर्थिक निर्भरता   (D) उपरोक्त सभी
उत्तर: (D) उपरोक्त सभी

486. किस वर्ष भारतीय संसद में महिला आरक्षण विधेयक पारित हुआ?
(A) 2009   (B) 2013   (C) 2023   (D) 1996
उत्तर: (C) 2023

487. जातिगत राजनीति का क्या लाभ हुआ?
(A) वंचित वर्गों को अधिकार प्राप्त हुए
(B) जातिगत भेदभाव बढ़ा
(C) केवल उच्च जातियों को लाभ हुआ
(D) चुनावों में धांधली बढ़ी
उत्तर: (A) वंचित वर्गों को अधिकार प्राप्त हुए

488. सांप्रदायिकता के कारण कौन-से प्रमुख सामाजिक मुद्दे उत्पन्न होते हैं?
(A) धार्मिक हिंसा   (B) सामाजिक अस्थिरता
(C) राजनीतिक ध्रुवीकरण   (D) उपरोक्त सभी
उत्तर: (D) उपरोक्त सभी

489. भारतीय संविधान में किस अनुच्छेद के तहत यह प्रावधान किया गया है कि कोई भी नागरिक धर्म, जाति, लिंग, जन्म स्थान आदि के आधार पर भेदभाव का शिकार नहीं होगा?
(A) अनुच्छेद 14   (B) अनुच्छेद 15
(C) अनुच्छेद 16   (D) अनुच्छेद 17
उत्तर: (B) अनुच्छेद 15

490. लोकतंत्र में जाति, धर्म और लिंग का क्या प्रभाव पड़ता है?
(A) यह लोकतंत्र को कमजोर करता है
(B) जब सही तरीके से प्रबंधित किया जाए तो यह लोकतंत्र को मजबूत करता है
(C) यह केवल चुनावों तक सीमित रहता है
(D) इसका कोई प्रभाव नहीं पड़ता
उत्तर: (B) जब सही तरीके से प्रबंधित किया जाए तो यह लोकतंत्र को मजबूत करता है|

Hindi

बहुविकल्पीय प्रश्न (MCQ)

प्रश्न 1: डॉ. भीमराव अंबेडकर का जन्म कब हुआ था?
a) 15 अगस्त 1885   b) 14 अप्रैल 1891
c) 26 जनवरी 1900   d) 2 अक्टूबर 1869
उत्तर: b) 14 अप्रैल 1891

प्रश्न 2: डॉ. भीमराव अंबेडकर का जन्म किस राज्य में हुआ था?
a) उत्तर प्रदेश (b) बिहार   c) महाराष्ट्र   (d) गुजरात
उत्तर: c) महाराष्ट्र

प्रश्न 3: डॉ. अंबेडकर को उच्च शिक्षा प्राप्त करने के लिए किस देश भेजा गया था?
a) जर्मनी   b) अमेरिका   c) इंग्लैंड   d) जापान
उत्तर: b) अमेरिका

प्रश्न 4: डॉ. भीमराव अंबेडकर ने संविधान सभा में किस महत्वपूर्ण भूमिका का निर्वहन किया?
a) प्रधानमंत्री   b) राष्ट्रपति
c) संविधान मसौदा समिति के अध्यक्ष   d) वित्त मंत्री
उत्तर: c) संविधान मसौदा समिति के अध्यक्ष

प्रश्न 5: डॉ. अंबेडकर ने किस वर्ष दिल्ली में अंतिम सांस ली?
a) 1947   b) 1956   c) 1965   d) 1971
उत्तर: b) 1956

प्रश्न 6: डॉ. अंबेडकर द्वारा लिखित एक प्रमुख पुस्तक कौन-सी है?
a) सत्य के प्रयोग   b) डिस्कवरी ऑफ इंडिया
c) जाति का विनाश   d) हिंद स्वराज
उत्तर: c) जाति का विनाश

प्रश्न 7: डॉ. अंबेडकर किस सामाजिक समस्या के खिलाफ संघर्ष कर रहे थे?
a) बाल विवाह   b) जाति प्रथा और छुआछूत
c) महिला शिक्षा   d) बाल श्रम
उत्तर: b) जाति प्रथा और छुआछूत

प्रश्न 8: डॉ. अंबेडकर द्वारा किए गए धर्म परिवर्तन में उन्होंने कौन सा धर्म अपनाया?
a) इस्लाम   b) ईसाई धर्म   c) बौद्ध धर्म   d) सिख धर्म
उत्तर: c) बौद्ध धर्म

प्रश्न 9: भारतीय संविधान को कब लागू किया गया था, जिसमें डॉ. अंबेडकर की अहम भूमिका थी?

a) 15 अगस्त 1947   b) 26 जनवरी 1950
c) 2 अक्टूबर 1949   d) 26 नवंबर 1950
उत्तर: b) 26 जनवरी 1950

प्रश्न 10: डॉ. अंबेडकर की याद में मनाया जाने वाला 'महापरिनिर्वाण दिवस' किस तारीख को पड़ता है?

a) 6 दिसंबर   b) 14 अप्रैल   c) 15 अगस्त   d) 2 अक्टूबर
उत्तर: a) 6 दिसंबर

प्रश्न 11: डॉ. भीमराव अंबेडकर को किस नाम से भी जाना जाता है?

a) बाबासाहेब   b) जननायक
c) राष्ट्रपिता   d) संविधान निर्माता
उत्तर: a) बाबासाहेब

प्रश्न 12: डॉ. अंबेडकर ने किस वर्ष बौद्ध धर्म ग्रहण किया था?

a) 1947   b) 1950   c) 1956   d) 1960
उत्तर: c) 1956

प्रश्न 13: डॉ. अंबेडकर द्वारा शुरू किया गया प्रसिद्ध आंदोलन कौन-सा था?

a) दलित आंदोलन   b) भारत छोड़ो आंदोलन
c) असहयोग आंदोलन   d) सविनय अवज्ञा आंदोलन
उत्तर: a) दलित आंदोलन

प्रश्न 14: डॉ. भीमराव अंबेडकर ने किस विश्वविद्यालय से डॉक्टरेट (PhD) की डिग्री प्राप्त की थी?

a) ऑक्सफोर्ड विश्वविद्यालय   b) हार्वर्ड विश्वविद्यालय
c) कोलंबिया विश्वविद्यालय   d) कैम्ब्रिज विश्वविद्यालय
उत्तर: c) कोलंबिया विश्वविद्यालय

प्रश्न 15: डॉ. अंबेडकर द्वारा संपादित पत्रिका कौन-सी थी?

a) हरिजन   b) मूकनायक
c) यंग इंडिया   d) केसरी
उत्तर: b) मूकनायक

प्रश्न 16: भारतीय संविधान के किस भाग में 'समानता का अधिकार' दिया गया है, जिसकी पैरवी डॉ. अंबेडकर ने की थी?

a) भाग 2   b) भाग 3   c) भाग 5   d) भाग 7
उत्तर: b) भाग 3

प्रश्न 17: डॉ. अंबेडकर ने किस नदी पर "महाड़ सत्याग्रह" किया था?

a) कृष्णा   b) गंगा   c) कावेरी   d) चवदार
उत्तर: d) चवदार

प्रश्न 18: डॉ. अंबेडकर को मरणोपरांत भारत रत्न कब प्रदान किया गया?

a) 1990   b) 1980   c) 1975   d) 2000
उत्तर: a) 1990

प्रश्न 19: संविधान निर्माण के दौरान डॉ. अंबेडकर ने किस अधिकार को "संविधान की आत्मा" कहा था?

a) स्वतंत्रता का अधिकार   b) शिक्षा का अधिकार
c) समानता का अधिकार   d) संवैधानिक उपचार का अधिकार
उत्तर: d) संवैधानिक उपचार का अधिकार

प्रश्न 20: डॉ. अंबेडकर का अंतिम संस्कार कहाँ किया गया था?

a) नागपुर   b) मुंबई   c) दिल्ली   d) पटना
उत्तर: b) मुंबई

प्रश्न 21: डॉ. भीमराव अंबेडकर के पिता का नाम क्या था?

a) रामजी सकपाल   b) भीमराव सकपाल
c) मोहनदास करमचंद   d) सत्यनारायण तिवारी
उत्तर: a) रामजी सकपाल

प्रश्न 22: डॉ. अंबेडकर ने किस वर्ष 'भारतीय संविधान सभा' में प्रवेश किया?

a) 1942   b) 1945   c) 1946   d) 1950
उत्तर: c) 1946

प्रश्न 23: डॉ. अंबेडकर ने पहली बार किस पत्रिका का संपादन किया था?

a) मूकनायक b) हरिजन   c) यंग इंडिया d) नवजीवन
उत्तर: a) मूकनायक

प्रश्न 24: भारतीय संविधान के किस अनुच्छेद में छुआछूत को समाप्त करने की बात कही गई है?

a) अनुच्छेद 14   b) अनुच्छेद 17
c) अनुच्छेद 19   d) अनुच्छेद 21
उत्तर: b) अनुच्छेद 17

प्रश्न 25: डॉ. अंबेडकर किस वर्ष राज्यसभा के सदस्य बने?

a) 1950   b) 1952   c) 1954   d) 1956
उत्तर: b) 1952

26. आधुनिक समय में जाति प्रथा को क्यों अप्रासंगिक माना जाता है?
(क) यह श्रम विभाजन का आधार नहीं है
(ख) यह आर्थिक विकास को रोकती है
(ग) यह सामाजिक भेदभाव को बढ़ावा देती है
(घ) उपरोक्त सभी
उत्तर: (घ) उपरोक्त सभी

27. जाति प्रथा और श्रम विभाजन में क्या मुख्य अंतर है?
(क) श्रम विभाजन आवश्यक है, लेकिन जाति प्रथा नहीं
(ख) जाति प्रथा जन्म पर आधारित होती है
(ग) श्रम विभाजन कार्य क्षमता पर आधारित होता है
(घ) उपरोक्त सभी
उत्तर: (घ) उपरोक्त सभी

28. श्रम विभाजन का प्रमुख लाभ क्या है?
(क) समाज में कुशलता बढ़ती है
(ख) लोग अपने कार्य में निपुण होते हैं
(ग) उत्पादन क्षमता में वृद्धि होती है
(घ) उपरोक्त सभी
उत्तर: (घ) उपरोक्त सभी

29. जाति प्रथा समाज में किस प्रकार की बाधा उत्पन्न करती है?
(क) समानता की   (ख) स्वतंत्रता की
(ग) सामाजिक गतिशीलता की   (घ) उपरोक्त सभी
उत्तर: (घ) उपरोक्त सभी

30. किस आधार पर जाति प्रथा को अनुचित माना गया है?
(क) यह व्यक्ति की क्षमता को अनदेखा करती है
(ख) यह लोगों के साथ भेदभाव करती है
(ग) यह श्रम विभाजन को प्रभावित करती है
(घ) उपरोक्त सभी

उत्तर: (घ) उपरोक्त सभी

31. जाति प्रथा और श्रम विभाजन के बीच मुख्य अंतर क्या है?
(क) श्रम विभाजन योग्यता आधारित होता है, जाति प्रथा जन्म आधारित
(ख) दोनों ही जन्म आधारित होते हैं
(ग) श्रम विभाजन सामाजिक असमानता को बढ़ाता है
(घ) जाति प्रथा सभी को समान अवसर देती है

उत्तर: (क) श्रम विभाजन योग्यता आधारित होता है, जाति प्रथा जन्म आधारित

32. श्रम विभाजन की विशेषता क्या है?
(क) कार्य दक्षता को बढ़ाना
(ख) समाज को बाँटना
(ग) असमानता को बढ़ावा देना
(घ) पारंपरिक व्यवसाय को बनाए रखना

उत्तर: (क) कार्य दक्षता को बढ़ाना

33. जाति प्रथा का विकास मुख्य रूप से किस कारण हुआ?
(क) सामाजिक नियंत्रण बनाए रखने के लिए
(ख) व्यक्ति की स्वतंत्रता बढ़ाने के लिए
(ग) शिक्षा के प्रचार के लिए
(घ) आर्थिक समानता लाने के लिए

उत्तर: (क) सामाजिक नियंत्रण बनाए रखने के लिए

34. जाति प्रथा का एक महत्वपूर्ण नकारात्मक प्रभाव क्या है?
(क) सामाजिक गतिशीलता को रोकना
(ख) आर्थिक समानता बढ़ाना
(ग) योग्यता आधारित समाज बनाना
(घ) रोजगार के अवसर बढ़ाना

उत्तर: (क) सामाजिक गतिशीलता को रोकना

35. भारत में जाति प्रथा का सबसे अधिक प्रभाव किस काल में देखा गया?
(क) प्राचीन काल   (ख) मध्यकाल
(ग) ब्रिटिश शासन काल   (घ) आधुनिक काल

उत्तर: (क) प्राचीन काल

36. जाति प्रथा में व्यक्ति की पहचान किस आधार पर होती थी?
(क) जन्म   (ख) योग्यता
(ग) शिक्षा   (घ) कार्य कुशलता

उत्तर: (क) जन्म

37. श्रम विभाजन का क्या लाभ है?
(क) उत्पादन क्षमता में वृद्धि (ख) दक्षता में सुधार
(ग) समाज में समरसता   (घ) उपरोक्त सभी

उत्तर: (घ) उपरोक्त सभी

38. जाति प्रथा के अंतर्गत व्यक्ति को कौन-सा कार्य मिलता था?
(क) उसकी व्यक्तिगत योग्यता के अनुसार
(ख) उसके जन्म के आधार पर
(ग) उसके रुचि के अनुसार
(घ) उसके शिक्षा स्तर के आधार पर

उत्तर: (ख) उसके जन्म के आधार पर

39. श्रम विभाजन का मुख्य आधार क्या होता है?
(क) व्यक्तिगत योग्यता   (ख) पारिवारिक परंपरा
(ग) जाति व्यवस्था   (घ) धार्मिक मान्यता

उत्तर: (क) व्यक्तिगत योग्यता

40. जाति प्रथा को समाप्त करने के लिए कौन-सा कदम सबसे अधिक प्रभावी हो सकता है?
(क) शिक्षा का प्रसार   (ख) समान रोजगार के अवसर
(ग) कानूनी सुधार   (घ) उपरोक्त सभी

उत्तर: (घ) उपरोक्त सभी

Subjective Question with answer

प्रश्न 1. जाति प्रथा भारत के बेरोजगारी का एक प्रमुख और प्रत्यक्ष कारण कैसे बनी हुई है ?

उत्तर- जाति प्रथा मनुष्य को जीवन भर के लिए एक पेशे में बाँध देती है। उसे कोई अन्य पेशा चुनने की अनुमति नहीं देती, भले ही, वह उस पेशे में पारंगत क्यों न हो। आधुनिक युग में, उद्योग-धंधा की प्रक्रिया व तकनीक में निरंतर विकास के कारण कभी-कभी पेशा में भी अकस्मात् परिवर्तन हो जाता है। इस स्थिति में, व्यक्ति को पेशा बदलना अनिवार्य हो जाता है। लेकिन, जाति प्रथा के कारण पेशा बदलने की अनुमति नहीं मिलती है तो भुखमरी तथा बेरोजगारी की समस्या खड़ी हो जाती है। इस प्रकार, जाति प्रथा भारत में बेरोजगारी का एक प्रमुख और प्रत्यक्ष कारण बनी हुई है।

प्रश्न 2. भीमराव अंबेदकर किस विडम्बना की बात करते हैं?

उत्तर- भीमराव अंबेदकर अपने लेख 'श्रम विभाजन और जाति प्रथा' में आधुनिक युग में भी जातिवाद के पोषक होने की विडंबना की बात करते हैं। विडंबना का स्वरूप यह है कि लोग कार्यकुशलता के रूप में श्रम विभाजन की आवश्यकता दिखाता है और जाति-प्रथा को श्रम विभाजन बताते हुए इसका समर्थन करते हैं।

प्रश्न 3. अम्बेदकर के अनुसार, जाति प्रथा के पोषक उसके पक्ष में क्या तर्क देते हैं ?

उत्तर- जातिवाद के पोषक उसके पक्ष में तर्क देते कि कर्म के अनुसार जाति का विभाजन हुआ था। इस विभाजन से लोगों में वंशोगत व्यवसाय में निपुणता आती है अर्थात् कार्यकुशलता में वृद्धि होती है। आधुनिक समय में 'कार्य कुशलता के लिए श्रम विभाजन आवश्यक है और जाति प्रथा भी श्रम विभाजन का ही रूप है। इसलिए यह भी आवश्यक है।

प्रश्न 4. जाति भारतीय समाज में श्रम विभाजन का स्वाभाविक रूप क्यों नहीं कही जा सकती ?

उत्तर- जाति प्रथा को यदि श्रम विभाजन मान लिया जाये तो यह स्वाभाविक विभाजन नहीं है, क्योंकि यह मनुष्य की रूचि पर आधारित नहीं है। कुशल व्यक्ति या सक्षम श्रमिक समाज का निर्माण करने के लिए यह आवश्यक है कि हम व्यक्तियों की क्षमता इस सीमा तक विकसित करें, जिससे वह अपने पेशा या कार्य का चुनाव स्वयं कर सके। इस सिद्धांत के

विपरीत, जाति प्रथा का दूषित सिद्धांत यह है कि इससे मनुष्य के प्रशिक्षण अथवा उसकी निजी क्षमता का विचार किये बिना, दूसरे ही दृष्टिकोण, जैसे माता-पिता के सामाजिक स्तर के अनुसार पहले से ही अर्थात् गर्भधारण के समय से ही मनुष्य का पेशा निर्धारित कर दिया जाता है।

प्रश्न 5. लेखक ने पाठ में किन पहलुओं से जाति प्रथा को एक हानिकारक प्रथा के रूप में दिखाया है ?

उत्तर- जाति प्रथा का दूषित सिद्धान्त यह है कि इससे मनुष्य के प्रशिक्षण अथवा उसकी निजी क्षमता का विचार किए बिना, दूसरे ही दृष्टिकोण, जैसे।माता-पिता के सामाजिक स्तर के अनुसार पहले से ही अर्थात् गर्भधारण के समय।से ही मनुष्य का पेशा निर्धारित कर दिया जाता है। जाति प्रथा में व्यक्ति की स्वयं की रूचि और निपुणता की परवाह नहीं की जाती

प्रश्न 6. सच्चे लोकतंत्र की स्थापना के लिए लेखक ने किन विशेषताओं को आवश्यक बताया है ?

उत्तर- लेखक के अनुसार, सच्चे लोकतंत्र की स्थापना के लिए समाज में स्वतंत्रता, समानता तथा भाईचारे की भावना होनी चाहिए क्योंकि समाज में सबके कल्याण एवं सहयोग की भावना होती है। समाज के बहुविध हितों में सबका समान भाग होता है। लेखक ने यह भी आवश्यक माना है कि समाज में यह गतिशीलता होनी चाहिए जिससे कोई भी वांछित परिवर्तन समाज के एक छोर से दूसरे छोर तक संचारित हो सकें

प्रश्न 7. लेखक के अनुसार, आदर्श समाज में किस प्रकार की गतिशीलता होनी चाहिए ?

उत्तर- लेखक के अनुसार, आदर्श समाज में इतनी गतिशीलता होनी चाहिए जिससे कोई भी वांछित परिवर्तन समाज के एक छोर से दूसरे छोर तक संचारित हो सकें। ऐसे समाज के बहुविध हितों में सबका भाग होना चाहिए तथा सबको उनकी रक्षा के प्रति सजग रहना चाहिए। सामाजिक जीवन में अबाध संपर्क के अनेक साधन व अवसर उपलब्ध रहने चाहिए। लिए क्या आवश्यक है

प्रश्न 8. कुशल व्यक्ति या सक्षम श्रमिक समाज का निर्माण करने के लिए क्या आवश्यक है?

उत्तर-कुशल व्यक्ति या सक्षम श्रमिक समाज का निर्माण करने के लिए क्या आवश्यक है कि हम व्यक्तियों की क्षमता इस सीमा तक विकसित करें जिससे वह अपने पेशा या कार्य का चुनाव स्वयं कर सके

प्रश्न 9. लेखक आज के उद्योगों में गरीबी और उत्पीड़न से भी बड़ी वह अपने पेशा या कार्य का चुनाव स्वयं कर सकें। समस्या किसे मानते हैं और क्यों ?

उत्तर-लेखक जाति प्रथा को आज के उद्योगों में गरीबी और उत्पीड़न भी बड़ी समस्या मानते हैं। इसका मुख्य कारण यह है कि जाति प्रथा में व्यक्ति की स्वयं की रुचि और निपुणता की परवाह नहीं की जाती। व्यक्ति अपने सामर्थ्य के अनुसार, कोई भी पेशा अपना नहीं सकता। अरुचि के कारण व्यक्ति की क्षमता घटने लगती है और धीरे-धीरे वह काम को टालता जाता है। आर्थिक दृष्टि से भी जाति प्रथा खतरनाक है।

1. लेखक किस विभाजन की बात करते हैं? विभाजन का स्वरूप क्या है?

उत्तर: लेखक **श्रम विभाजन** की बात करते हैं। वे बताते हैं कि श्रम विभाजन का स्वरूप प्राकृतिक और सामाजिक दोनों हो सकता है, लेकिन जब यह **जाति प्रथा से जुड़ जाता है**, तो यह अन्यायपूर्ण हो जाता है।

2. जातिवाद के पोषक उसके पक्ष में क्या तर्क देते हैं?

उत्तर: जातिवाद के समर्थक यह तर्क देते हैं कि **जाति प्रथा श्रम विभाजन का स्वाभाविक रूप है** और यह समाज को व्यवस्थित रखने में मदद करती है। उनका मानना है कि इससे हर व्यक्ति को अपना कार्य सुनिश्चित रूप से मिल जाता है, लेकिन लेखक इसे अनुचित ठहराते हैं।

3. जातिवाद के पक्ष में दिए गए तर्कों पर लेखक की प्रमुख आपत्तियाँ क्या हैं?

उत्तर: लेखक की मुख्य आपत्तियाँ यह हैं कि **जाति प्रथा जन्म आधारित होती है, जो व्यक्तिगत योग्यता और स्वतंत्रता को खत्म कर देती है।** यह श्रम विभाजन का एक अनुचित और स्थायी रूप बना देती है, जिससे सामाजिक समानता और प्रगति बाधित होती है।

4. जाति भारतीय समाज में श्रम विभाजन का स्वाभाविक रूप क्यों नहीं कही जा सकती?

उत्तर: जाति को श्रम विभाजन का स्वाभाविक रूप इसलिए नहीं कहा जा सकता क्योंकि **श्रम विभाजन योग्यता पर आधारित होना चाहिए, न कि जन्म पर**, जाति प्रथा व्यक्ति को जन्म से ही एक निश्चित कार्य में बाँध देती है और उसे अपने मनचाहे कार्य करने की स्वतंत्रता नहीं देती।

5. जाति प्रथा भारत में बेरोजगारी का एक प्रमुख और प्रत्यक्ष कारण कैसे बनी हुई है?

उत्तर: जाति प्रथा के कारण **लोग केवल उन्हीं व्यवसायों तक सीमित रह जाते हैं, जो उनकी जाति से जुड़े होते हैं।** इससे योग्य व्यक्तियों को अपनी क्षमता के अनुसार रोजगार नहीं मिलता, जिससे बेरोजगारी बढ़ती है और समाज में आर्थिक असमानता बनी रहती है।

6. लेखक श्रम के उद्योगों में गरीबी और उत्पादन में कौन-सी बड़ी समस्या किसे मानते हैं और क्यों?

उत्तर: लेखक के अनुसार **जाति प्रथा गरीबी और उत्पादन की सबसे बड़ी समस्या है** क्योंकि यह श्रमिकों की स्वतंत्रता और दक्षता को प्रभावित करती है। जब लोग अपनी क्षमता के अनुसार कार्य नहीं कर पाते, तो उत्पादन कम होता है और आर्थिक प्रगति रुक जाती है।

7. लेखक ने पाठ में किन प्रमुख पहलुओं से जाति प्रथा को एक हानिकारक प्रथा के रूप में दिखाया है?

उत्तर: लेखक ने जाति प्रथा को हानिकारक सिद्ध करने के लिए **सामाजिक, आर्थिक और नैतिक पहलुओं** को प्रस्तुत किया है। उनका कहना है कि यह प्रथा समाज में **भेदभाव, असमानता और अन्याय** को जन्म देती है, जिससे विकास बाधित होता है।

8. समतामूलक समाज की स्थापना के लिए लेखक ने किन विशेषताओं को आवश्यक माना है?

उत्तर: लेखक ने **शिक्षा, समानता, स्वतंत्रता और अवसरों की उपलब्धता** को समतामूलक समाज के लिए आवश्यक बताया है। वे कहते हैं कि जाति प्रथा को समाप्त करके सभी को **योग्यता के अनुसार कार्य करने का अवसर** देना चाहिए, ताकि समाज में समानता और प्रगति सुनिश्चित की जा सके।

1. संविधान सभा के सदस्य कौन-कौन थे?

उत्तर: संविधान सभा में विभिन्न क्षेत्रों से कई प्रमुख नेता शामिल थे, जिनमें **डॉ. भीमराव अंबेडकर, डॉ. राजेंद्र प्रसाद, जवाहरलाल नेहरू, सरदार वल्लभभाई पटेल, मौलाना अबुल कलाम आजाद, श्यामा प्रसाद मुखर्जी, कन्हैयालाल माणिकलाल मुंशी, हंसराज मेहता, सरोजिनी नायडू** आदि प्रमुख सदस्य थे। संविधान सभा का कार्य 9 दिसंबर 1946 से 26 नवंबर 1949 तक चला और इसमें 299 सदस्य थे।

2. जाति प्रथा पर लेखक के विचारों की तुलना महात्मा गांधी, ज्योतिबा फुले और डॉ. राममनोहर लोहिया से करते हुए एक संक्षिप्त आलेख तैयार करें।

उत्तर:

जाति प्रथा पर विभिन्न विचारकों के मत

जाति प्रथा भारतीय समाज की एक जटिल समस्या रही है। लेखक जाति प्रथा को एक अन्यायपूर्ण और कृत्रिम व्यवस्था मानते हैं। इसी विषय पर **महात्मा गांधी, ज्योतिबा फुले और डॉ. राममनोहर लोहिया** के विचार भी महत्वपूर्ण हैं।

- **महात्मा गांधी** जाति प्रथा के विरोधी थे, लेकिन वे वर्ण व्यवस्था के पक्षधर थे। वे जातिगत भेदभाव को मिटाने और अस्पृश्यता समाप्त करने की बात करते थे, लेकिन वे इसे पूरी तरह समाप्त करने के पक्ष में नहीं थे।

- **ज्योतिबा फुले** जातिवाद के कट्टर आलोचक थे। उन्होंने इसे शोषण का माध्यम बताया और निचली जातियों को शिक्षा व समानता का अधिकार दिलाने के लिए संघर्ष किया।

- **डॉ. राममनोहर लोहिया** जातिवाद को भारतीय समाज की सबसे बड़ी बाधा मानते थे। उन्होंने "**जाति तोड़ो**" आंदोलन चलाया और जातिगत आरक्षण की वकालत की, जिससे सामाजिक न्याय सुनिश्चित किया जा सके।

निष्कर्ष:

लेखक जाति प्रथा को सामाजिक बुराई मानते हैं, वहीं गांधी जी इसे नैतिक रूप से सुधारने की बात करते थे। फुले और लोहिया इसे समाप्त कर समाज में समता स्थापित करने के पक्षधर थे।

3. बाबा साहेब भीमराव अंबेडकर को आधुनिक मनु क्यों कहा जाता है? विचार करें।

उत्तर:

बाबा साहेब भीमराव अंबेडकर को **आधुनिक मनु** इसलिए कहा जाता है क्योंकि उन्होंने **भारत के संविधान का निर्माण किया,** जो समानता और सामाजिक न्याय पर आधारित है।

- मनु ने प्राचीन काल में **मनुस्मृति** की रचना की थी, जो वर्ण व्यवस्था पर आधारित थी, जबकि अंबेडकर ने एक ऐसा संविधान तैयार किया जो **सभी को समान अधिकार देता है।**

- उन्होंने दलितों, शोषितों और पिछड़े वर्गों के अधिकारों की रक्षा के लिए **आरक्षण, शिक्षा और कानूनी सुधारों** की व्यवस्था की।

- उन्होंने सामाजिक समानता और लोकतंत्र की मजबूती के लिए कार्य किया, जिससे भारत में जाति आधारित भेदभाव कम हो सके।

निष्कर्ष:

अंबेडकर का संविधान **समाज को न्याय, स्वतंत्रता और समानता के सिद्धांतों पर आधारित करता है**, इसलिए उन्हें "आधुनिक मनु" कहा जाता है।

अध्याय: विष के दांत

नलिन विलोचन शर्मा

प्रश्न 1: नलिन विलाचन शर्मा का जन्म कब हुआ था?

A) 15 अगस्त 1920 B) 18 फरवरी 1916
C) 10 जनवरी 1915 D) 5 मार्च 1918

उत्तर: B) 18 फरवरी 1916

प्रश्न 2: नलिन विलाचन शर्मा का जन्म कहाँ हुआ था?

A) दरभंगा B) गया C) पटना D) भागलपुर

उत्तर: C) पटना

प्रश्न 3: नलिन विलाचन शर्मा के पिता का नाम क्या था?

A) रामविलास शर्मा B) प्रजापति विद्याभूषण महाशय
C) रामचंद्र शुक्ल D) रामधारी सिंह दिनकर

उत्तर: B) प्रजापति विद्याभूषण महाशय

प्रश्न 4: नलिन विलाचन शर्मा की प्रारंभिक शिक्षा कहाँ हुई?

A) बनारस हिंदू विश्वविद्यालय
B) मगध विश्वविद्यालय
C) पटना कॉलेजिएट स्कूल
D) दिल्ली विश्वविद्यालय

उत्तर: C) पटना कॉलेजिएट स्कूल

प्रश्न 5: उन्होंने उच्च शिक्षा कहाँ से प्राप्त की?

A) इलाहाबाद विश्वविद्यालय B) पटना विश्वविद्यालय
C) कोलकाता विश्वविद्यालय D) जवाहरलाल नेहरू विश्वविद्यालय

उत्तर: B) पटना विश्वविद्यालय

प्रश्न 6: नलिन विलाचन शर्मा ने हिंदी के अलावा किस भाषा में विशेष अध्ययन किया?

A) उर्दू B) तमिल C) अंग्रेज़ी D) संस्कृत

उत्तर: D) संस्कृत

प्रश्न 7: नलिन विलाचन शर्मा का प्रमुख कार्यक्षेत्र क्या था?

A) विज्ञान और गणित B) इतिहास और राजनीति
C) हिंदी साहित्य और आलोचना D) समाजशास्त्र

उत्तर: C) हिंदी साहित्य और आलोचना

प्रश्न 8: 1959 में नलिन विलाचन शर्मा किस विश्वविद्यालय के हिंदी विभाग में प्रोफेसर बने?

A) बनारस हिंदू विश्वविद्यालय B) दिल्ली विश्वविद्यालय
C) पटना विश्वविद्यालय D) कोलकाता विश्वविद्यालय

उत्तर: C) पटना विश्वविद्यालय

प्रश्न 9: नलिन विलाचन शर्मा का निधन कब हुआ?

A) 10 अगस्त 1958 B) 12 सितंबर 1961
C) 15 जनवरी 1965 D) 20 अक्टूबर 1970

उत्तर: B) 12 सितंबर 1961

प्रश्न 10: नलिन विलाचन शर्मा की प्रमुख आलोचना पुस्तक कौन सी है?

A) 'छायावाद और प्रयोगवाद'B) 'प्रगतिशील साहित्य'
C) 'द्विवेदीयुग'   D) 'आधुनिक हिंदी साहित्य'
उत्तर: C) 'द्विवेदीयुग'
प्रश्न 11: उनकी आलोचना शैली को किस प्रकार की दृष्टि से देखा जाता है?
A) तार्किक एवं विवेचनात्मक(B) भावनात्मक और काव्यात्मक
C) रहस्यात्मक और प्रतीकात्मक(D) सरल और व्याख्यात्मक
उत्तर: A) तार्किक एवं विवेचनात्मक
प्रश्न 12: नलिन विलाचन शर्मा ने साहित्य की किन धाराओं का विश्लेषण किया?
A) छायावाद, प्रयोगवाद, प्रगतिवाद
B) रीतिकाल, छायावाद, प्रगीत
C) स्वच्छंदतावाद, आधुनिकता, प्रगीत
D) नव्य काव्य, छायावाद, रहस्यवाद
उत्तर: A) छायावाद, प्रयोगवाद, प्रगतिवाद
प्रश्न 13: उनकी रचनाओं में किस प्रकार की कहानियाँ अधिक प्रसिद्ध हैं?
A) ऐतिहासिक कहानियाँ   B) रहस्यवादी कहानियाँ
C) सामाजिक यथार्थ से जुड़ी कहानियाँ   D) विज्ञान-कथाएँ
उत्तर: C) सामाजिक यथार्थ से जुड़ी कहानियाँ
प्रश्न 14: नलिन विलाचन शर्मा की लेखनी का मुख्य उद्देश्य क्या था?
A) मनोरंजन प्रदान करना
B) समाज के यथार्थ को उजागर करना
C) धार्मिक उपदेश देना
D) इतिहास की जानकारी देना
उत्तर: B) समाज के यथार्थ को उजागर करना
प्रश्न 15: उनकी कहानी 'विप्लव' किस प्रकार की कहानी है?
A) प्रेम कहानी   B) पौराणिक कथा
C) सामाजिक यथार्थ पर आधारित (D) आत्मकथात्मक कहानी
उत्तर: C) सामाजिक यथार्थ पर आधारित
प्रश्न 16: नलिन विलाचन शर्मा के अनुसार साहित्य का क्या उद्देश्य होना चाहिए?
A) समाज सुधार और यथार्थ का चित्रण
B) केवल मनोरंजन करना
C) राजनीति का प्रचार करना
D) कल्पना को बढ़ावा देना
उत्तर: A) समाज सुधार और यथार्थ का चित्रण
प्रश्न 17: नलिन विलाचन शर्मा ने किस प्रकार की आलोचना को बढ़ावा दिया?
A) भावनात्मक आलोचना
B) वस्तुनिष्ठ और तर्कपूर्ण आलोचना
C) केवल पारंपरिक आलोचना
D) केवल प्रयोगात्मक आलोचना
उत्तर: B) वस्तुनिष्ठ और तर्कपूर्ण आलोचना
प्रश्न 18: उनकी कहानियों में कौन-कौन से तत्व प्रमुखता से दिखते हैं?
A) सामाजिक संघर्ष, नारी विमर्श, यथार्थवाद
B) प्रेम, कल्पना, आध्यात्मिकता
C) व्यंग्य, हास्य, लोककथा
D) विज्ञान, गणित, तकनीक
उत्तर: A) सामाजिक संघर्ष, नारी विमर्श, यथार्थवाद

प्रश्न 19: नलिन विलाचन शर्मा की रचनाओं में कौन-सी विधा प्रमुख थी?
A) नाटक   B) आलोचना एवं कहानी लेखन
C) व्यंग्य लेखन   D) आत्मकथा लेखन
उत्तर: B) आलोचना एवं कहानी लेखन
प्रश्न 20: उनकी कहानियाँ किन विशेषताओं के लिए जानी जाती हैं?
A) यथार्थपरकता और सामाजिक चेतना
B) केवल कल्पना और मनोरंजन
C) आध्यात्मिकता और रहस्यवाद
D) राजनीति और प्रचार
उत्तर: A) यथार्थपरकता और सामाजिक चेतना
21. 'विष के दांत' पाठ के लेखक कौन हैं?
(A) प्रेमचंद   (B) जयप्रकाश नारायण
(C) नलिन विलोचन शर्मा   (D) हजारीप्रसाद द्विवेदी
उत्तर: (C) नलिन विलोचन शर्मा
22. 'विष के दांत' पाठ में लेखक ने किस समस्या पर चर्चा की है?
(A) जातिवाद   (B) भ्रष्टाचार
(C) सामाजिक भेदभाव   (D) धार्मिक कट्टरता
उत्तर: (A) जातिवाद
23. लेखक के अनुसार जाति प्रथा का सबसे बड़ा दोष क्या है?
(A) यह आर्थिक असमानता बढ़ाती है।
(B) यह समाज को विभाजित करती है।
(C) यह शिक्षा के प्रसार को रोकती है।
(D) यह राजनीतिक स्थिरता को प्रभावित करती है।
उत्तर: (B) यह समाज को विभाजित करती है।
24. लेखक ने जातिवाद को समाप्त करने के लिए किस चीज़ को आवश्यक माना है?
(A) कड़ी सजा   (B) जातिगत आरक्षण
(C) सामाजिक चेतना और शिक्षा(D) कानून का सख्ती से पालन
उत्तर: (C) सामाजिक चेतना और शिक्षा
25. लेखक के अनुसार जातिवाद की जड़ें कहाँ तक फैली हुई हैं?
(A) राजनीति में   (B) सामाजिक व्यवस्था में
(C) धार्मिक ग्रंथों में   (D) उपरोक्त सभी
उत्तर: (D) उपरोक्त सभी
26. जाति प्रथा का स्वरूप कैसा होता है?
(A) कठोर और असमान   (B) लचीला और न्यायपूर्ण
(C) तर्कसंगत और आधुनिक(D) वैज्ञानिक और तटस्थ
उत्तर: (A) कठोर और असमान
27. लेखक ने जाति प्रथा को किसका विषैला दांत बताया है?
(A) समाज का   (B) राजनीति का
(C) शिक्षा व्यवस्था का   (D) कानून का
उत्तर: (A) समाज का
28. लेखक के अनुसार जाति प्रथा से सबसे अधिक नुकसान किसे होता है?
(A) उच्च जातियों को   (B) निम्न वर्गों को

(C) शिक्षित लोगों को   (D) उद्योगपतियों को
उत्तर: (B) निम्न वर्गों को

29. जातिवाद के कारण समाज में कौन-सा भाव उत्पन्न होता है?
(A) एकता   (B) भाईचारा   (C) विद्वेष   (D) प्रेम
उत्तर: (C) विद्वेष

30. लेखक के अनुसार जातिवाद का अंत कैसे संभव है?
(A) कठोर कानून बनाकर   (B) शिक्षा और जागरूकता से
(C) आरक्षण हटाकर   (D) विदेशी शासन से
उत्तर: (B) शिक्षा और जागरूकता से

प्रश्न 31: 'विष के दाँत' पाठ का मुख्य विषय क्या है?
(A) सामाजिक अन्याय   (B) शिक्षा व्यवस्था
(C) महिला सशक्तिकरण   (D) जाति प्रथा
उत्तर: (A) सामाजिक अन्याय

प्रश्न 32: 'विष के दाँत' शीर्षक का क्या तात्पर्य है?
(A) जहर से भरे दाँत
(B) समाज में फैला हुआ अन्याय
(C) साँप के दाँत
(D) भय का प्रतीक
उत्तर: (B) समाज में फैला हुआ अन्याय

प्रश्न 33: पाठ के अनुसार मुख्य पात्र कौन है?
(A) सेन साहब (B) गोपाल   (C) माधव   (D) लछमिनिया
उत्तर: (A) सेन साहब

प्रश्न 34: सेन साहब किस वर्ग की महिला हैं?
(A) गरीब   (B) मध्यमवर्गीय (C) उच्च वर्गीय (D) श्रमिक
उत्तर: (C) उच्च वर्गीय

प्रश्न 35: लड़कियों के प्रति मेम साहब का क्या दृष्टिकोण था?
(A) वे लड़कियों को शिक्षित करना चाहती थीं
(B) वे लड़कियों को दबाकर रखना चाहती थीं
(C) वे लड़कियों को स्वतंत्रता देना चाहती थीं
(D) वे लड़कियों से घृणा करती थीं
उत्तर: (B) वे लड़कियों को दबाकर रखना चाहती थीं

प्रश्न 36: पाठ में किस सामाजिक समस्या को उजागर किया गया है?
(A) गरीबी   (B) महिलाओं की स्थिति
(C) भ्रष्टाचार   (D) शिक्षा की कमी
उत्तर: (B) महिलाओं की स्थिति

प्रश्न 37: सेन साहब लड़कियों को किस दृष्टिकोण से देखती थीं?
(A) स्वतंत्रता और अधिकार देने योग्य
(B) लड़कियों को शिक्षा से वंचित रखने योग्य
(C) समाज में बराबरी का स्थान देने योग्य
(D) आदर्शवादी नजरिये से
उत्तर: (B) लड़कियों को शिक्षा से वंचित रखने योग्य

प्रश्न 38: लड़कियों को लेकर समाज में कौन-सी धारणा प्रचलित थी?
(A) वे घर संभालने के लिए बनी हैं
(B) वे भी लड़कों के समान हैं
(C) वे शिक्षा और नौकरी कर सकती हैं
(D) वे समाज सुधारक हो सकती हैं
उत्तर: (A) वे घर संभालने के लिए बनी हैं

प्रश्न 39: पाठ में दिखाया गया विरोधाभास क्या है?
(A) महिलाओं के प्रति दोहरा दृष्टिकोण
(B) लड़कियों और लड़कों की समानता
(C) गरीबी और अमीरी का संघर्ष
(D) जातिवाद की समस्या
उत्तर: (A) महिलाओं के प्रति दोहरा दृष्टिकोण

प्रश्न 40: पाठ में 'सेन साहब' किस चीज का प्रतीक हैं?
(A) सहानुभूति   (B) सामंतवादी सोच
(C) आधुनिकता   (D) क्रांतिकारी विचारधारा
उत्तर: (B) सामंतवादी सोच

प्रश्न 41: सेन साहब लड़कियों को क्या नहीं करने देना चाहती थीं?
(A) पढ़ाई   (B) खेलना
(C) बाहर जाना   (D) सभी विकल्प सही हैं
उत्तर: (D) सभी विकल्प सही हैं

प्रश्न 42: पाठ में मुख्य रूप से किनके अधिकारों की बात की गई है?
(A) पुरुषों के   (B) बच्चों के
(C) महिलाओं के   (D) श्रमिकों के
उत्तर: (C) महिलाओं के

प्रश्न 43: पाठ में मुख्य संघर्ष किसका है?
(A) गरीब और अमीर का
(B) परंपरा और आधुनिकता का
(C) पुरुष और महिला का
(D) शिक्षा और अज्ञानता का
उत्तर: (B) परंपरा और आधुनिकता का

प्रश्न 44: पाठ में सेन साहब के विचारों को किस रूप में प्रस्तुत किया गया है?
(A) सकारात्मक रूप में   (B) नकारात्मक रूप में
(C) उदारवादी दृष्टिकोण से (D) धार्मिक दृष्टिकोण से
उत्तर: (B) नकारात्मक रूप में

प्रश्न 45: 'विष के दाँत' कहानी का अंत किस प्रकार होता है?
(A) क्रांति के संकेत के साथ   (B) दुखद अंत
(C) खुशी के साथ   (D) शिक्षा की
महत्ता बताते हुए
उत्तर: (A) क्रांति के संकेत के साथ

प्रश्न 46: पाठ का उद्देश्य क्या है?
(A) समाज में व्याप्त बुराइयों को दिखाना
(B) नारी सशक्तिकरण को बढ़ावा देना
(C) शिक्षा का महत्व बताना
(D) सभी विकल्प सही हैं
उत्तर: (D) सभी विकल्प सही हैं

प्रश्न 47: पाठ में लड़कियों की स्थिति किस प्रकार चित्रित की गई है?
(A) पीड़ित और शोषित   (B) स्वतंत्र और सशक्त
(C) शिक्षित और जागरूक   (D) निष्क्रिय और शांत
उत्तर: (A) पीड़ित और शोषित

प्रश्न 48: सेन साहब के विचारों से कौन असहमत था?
(A) समाज के अन्य लोग   (B) लेखक
(C) खुद लड़कियाँ   (D) कोई नहीं
उत्तर: (B) लेखक

प्रश्न 49: 'विष के दाँत' पाठ का मुख्य संदेश क्या है?
(A) महिलाओं को दबाकर रखना (B) नारी स्वतंत्रता और समानता
(C) शिक्षा का महत्व   (D) अमीरी-गरीबी का संघर्ष
उत्तर: (B) नारी स्वतंत्रता और समानता

प्रश्न 50: 'विष के दाँत' पाठ किस विधा में लिखा गया है?
(A) कविता   (B) निबंध   (C) कहानी   (D) आत्मकथा
उत्तर: (C) कहानी

51. मदन कौन था?
(A) सेन साहब का ड्राईवर   (B) ड्राईवर के बेटा
(C) किरानी का बेटा   (D) खोखा के दोस्त
उत्तर: (C) किरानी के बेटा

52. सेन साहब के बेटा का क्या नाम था
(A) मदन   (B) रवि   (C) खोखा   (D) आत्माराम
उत्तर: (C) खोखा

53. सेन साहब की कितनी पुत्री थी
(A) 2   (B) 5   (C) 1   (D) 4
उत्तर: (B) 5 (सीमा , रजनी , आलो , शेफाली और आरती)

54. सेन साहब के अनुसार खोखा क्या बनेगा
(A) डॉक्टर   (B) कथावाचक (C) जमींदार (D) इंजिनियर
उत्तर: (D) इंजिनियर

55. खोखा एकमात्र घर का क्या था
(A) सबसे छोटा लड़का   (B) सबसे बड़ा लड़का
(C) दूसरी के बाद का लड़का (D) सभी बहनों में सबसे बड़ा
उत्तर: (A) सबसे छोटा लड़का

56. सेठ साहब का बंगला किस प्रकार का था?
a) काले पत्थरों का   b) सफेद संगमरमर का
c) पीले रंग का   d) लाल ईंटों का
उत्तर: a) काले पत्थरों का

57. सेन साहब की सख्त ताकीद किस बारे में थी?
a) बगीचे में जाने की
b) लड़कियों को खिड़की-दरवाजों से बाहर न देखने की
c) घर के बाहर न खेलने की
d) किसी से बात न करने की
उत्तर: b) लड़कियों को खिड़की-दरवाजों से बाहर न देखने की

58. मिस्टर सिंह का मानना था कि लड़कियों को क्या नहीं होना चाहिए?
a) पढ़ने-लिखने में तेज   b) शरारती और उद्दंड
c) घर के बाहर जाने वाली   d) बहुत बात करने वाली
उत्तर: b) शरारती और उद्दंड

59. घर में अलग-अलग खाने की व्यवस्था क्यों थी?
a) सफाई बनाए रखने के लिए
b) नियमों का पालन करने के लिए
c) जातिगत भेदभाव के कारण
d) घर छोटा होने के कारण
उत्तर: c) जातिगत भेदभाव के कारण

60. लड़कियों को खेलने की अनुमति क्यों नहीं थी?
a) वे पढ़ाई में ध्यान दें
b) उन्हें अनुशासन में रखा जाए
c) उनके कपड़े गंदे न हों
d) उन्हें घर के अंदर रखना उचित माना जाता था
उत्तर: d) उन्हें घर के अंदर रखना उचित माना जाता था

61 घर में लड़कियो के लिए सबसे कठोर नियम कौन लागू करता था?
a) मिस्टर सिंह   b) सेन साहब
c) घर के नौकर   d) पड़ोसी
उत्तर: b) सेन साहब

62. सेन साहब के बंगले का वातावरण कैसा था?
a) आनंदमय और खुशहाल
b) डरावना और अनुशासनपूर्ण
c) उत्साहजनक और प्रेरणादायक
d) पूरी तरह से स्वच्छंद
उत्तर: b) डरावना और अनुशासनपूर्ण

63. बच्चों (लड़का और लड़कियों) के लिए घर में अलग नियम क्यों थे?
a) उनके माता-पिता शिक्षित नहीं थे
b) बच्चों को अनुशासन में रखने के लिए
c) परिवार परंपराओं को मानता था
d) बच्चों को स्वतंत्रता देने में विश्वास था
उत्तर: b) बच्चों को अनुशासन में रखने के लिए

64. बच्चो को घर के बाहर क्यों नहीं जाने दिया जाता था?
a) सुरक्षा कारणों से
b) वे बाहर शरारत कर सकते थे
c) वे गरीब बच्चों से न मिलें
d) वे बीमार न पड़ें
उत्तर: c) वे गरीब बच्चों से न मिलें

65. घर में बच्चों को सबसे ज्यादा किससे डर लगता था?
a) उनके माता-पिता से   b) मिस्टर सिंह से
c) सेन साहब से   d) नौकरों से
उत्तर: c) सेन साहब से

66. घर के बाहर लड़कियों को न देखने देने का मुख्य कारण क्या था?
a) वे बाहर की दुनिया से परिचित न हों
b) वे अनुशासन में रहें
c) उनका ध्यान केवल पढ़ाई पर रहे
d) वे दूसरों से दोस्ती न करें
उत्तर: a) वे बाहर की दुनिया से परिचित न हों

67 सेन साहब के परिवार का मुख्य नियम क्या था?
a) लड़कियों को घर से बाहर नहीं जाना चाहिए
b) घर में अनुशासन होना चाहिए
c) छोटे-बड़े का भेद रखा जाना चाहिए
d) सभी को समान अवसर मिलना चाहिए
उत्तर: a) लड़कियों को घर से बाहर नहीं जाना चाहिए

68. मसेन साहब लड़कियों से कैसा व्यवहार करती थीं?
a) प्यार से   b) सख्ती से
c) उपेक्षा से   d) उदारता से
उत्तर: b) सख्ती से

69. लड़कियों को घर में किस प्रकार की शिक्षा दी जाती थी?
a) स्वतंत्रता और आत्मनिर्भरता की
b) अनुशासन और परंपरा की
c) खेलकूद और मनोरंजन की
d) संगीत और नृत्य की

उत्तर: b) अनुशासन और परंपरा की
70.घर में लड़कियों को अलग क्यों रखा जाता था?
a) ताकि वे अच्छे संस्कार सीखें
b) ताकि वे अनुशासन में रहें
c) ताकि वे घर का काम सीखें
d) ताकि वे बाहर के बच्चों से न मिलें
उत्तर: d) ताकि वे बाहर के बच्चों से न मिलें
71.घर का नियम क्या था यदि कोई नियम तोड़ता?
a) उसे कड़ी सजा दी जातीb) उसे चेतावनी दी जाती
c) उसे घर से नि   d) उसे नजरअंदाज कर दिया
जाता
उत्तर: a) उसे कड़ी सजा दी जाती
72.सेन साहब का स्वभाव कैसा था?
a) दयालु   b) कठोर   c) हंसमुख   d) सहज
उत्तर: b) कठोर
73.लड़कियों को अपने माता-पिता के बारे में क्या महसूस
होता था?
a) वे बहुत प्रेम करते हैं   b) वे बहुत सख्त हैं
c) वे बहुत उदार हैं   d) वे बहुत समझदार हैं
उत्तर: b) वे बहुत सख्त हैं
74.घर में नियमों को कौन लागू करता था?
a) सेठ साहब   b) सेन साहब
c) नौकर   d) दादी जी
उत्तर: b) सेन साहब
75.बच्चों को किस बात की सबसे ज्यादा चिंता थी?
a) पढ़ाई की b) खेलकूद की
c) घर के नियमों की   d) दोस्तों से मिलने की
उत्तर: c) घर के नियमों की
76. मदन के पिता का क्या नाम था
a) सेठ साहब b) गजोधर   c)गिरधर   d) नानुक मिया
उत्तर: C) गिरधर, जो सेन साहब के फैक्ट्री में एक
किरानी था
77.गिरधर किसका नाम था?
a) एक बूढ़े आदमी का   b) एक बच्चे का
c) एक कुत्ते का   d) एक शिक्षक का
उत्तर: a) एक बूढ़े आदमी का
78. गिरधर की सबसे बड़ी समस्या क्या थी?
a) उसे भूख लगी थी
b) उसे सोने की जगह नहीं मिल रही थी
c) उसे चोरी का डर था
d) उसे कोई मारना चाहता था
उत्तर: b) उसे सोने की जगह नहीं मिल रही थी
79.गिरधर को भोजन कहाँ से मिला?
a) एक राहगीर ने दिया   b) किसी मंदिर से मिला
c) किसी दुकान से मिला   d) उसे कुछ नहीं मिला
उत्तर: d) उसे कुछ नहीं मिला
80.गिरधर का मानसिक स्थिति कैसी थी?
a) बहुत खुश थ   b) बहुत डरा हुआ था
c) क्रोधित था d) शांत और संतुष्ट था
उत्तर: b) बहुत डरा हुआ था
81. गिरधर को रात में किस चीज़ की सबसे अधिक चिंता
थी?
a) अपनी जान बचाने की   (b) अपने परिवार की

c) अपने पुराने दिनों की यादों क (d) घर लौटने की
उत्तर: a) अपनी जान बचाने की
82. गिरधर को रास्ते में कौन मिला?
a) एक बूढ़ी औरत   b) एक कुत्ता
c) एक अजनबी   d) कोई नहीं
उत्तर: c) एक अजनबी
83.गिरधर को देखकर लोग कैसा व्यवहार कर रहे थे?
a) उसे अनदेखा कर रहे थे
b) उसे सहानुभूति दे रहे थे
c) उसे मदद कर रहे थे
d) उसे मारने की योजना बना रहे थे
उत्तर: a) उसे अनदेखा कर रहे थे
84.गिरधर के मन में क्या चल रहा था?
a) वह भाग जाना चाहता था
b) वह किसी से मदद माँगना चाहता था
c) वह अपने पुराने जीवन को याद कर रहा था
d) वह बदला लेना चाहता था
उत्तर: c) वह अपने पुराने जीवन को याद कर रहा था
85.गिरधर किस प्रकार की जगह की तलाश में था?
a) जहाँ वह आराम कर सकेb) जहाँ उसे खाना मिले
c) जहाँ लोग उसकी मदद करें
d) जहाँ वह छिप सके
उत्तर: a) जहाँ वह आराम कर सके
86. गिरधर का स्वास्थ्य कैसा था?
a) बहुत अच्छा था   b) बहुत कमजोर था
c) बीमार था   d) चोट लगी थी
उत्तर: b) बहुत कमजोर था
87.गिरधर को कौन सी चीज़ सबसे अधिक परेशान कर
रही थी?
a) अकेलापन (b) भूख(c) डर   (d) ठंड
उत्तर: c) डर
88.गिरधर को अपने पुराने दिनों की कौन-सी चीज़ सबसे
अधिक याद आ रही थी?
a) उसका परिवार   b) उसका गाँव
c) उसकी संपत्ति   d) उसकी नौकरी
उत्तर: a) उसका परिवार
89. गिरधर को किस बात का सबसे ज्यादा डर था?
a) पुलिस से   b) चोरों से
c) लोगों की उपेक्षा से   d) मरने से
उत्तर: d) मरने से
90. गिरधर की आँखों में क्या झलक रहा था?
a) उम्मीद   b) निराशा c) क्रोध   d)खुशी
उत्तर: b) निराशा
91.गिरधर ने किस प्रकार की सोच रखी थी?
a) सकारात्मक   b) नकारात्मक
c) तटस्थ   d) बदला लेने वाली
उत्तर: b) नकारात्मक
92.गिरधर के लिए सबसे मुश्किल बात क्या थी?
a) भोजन खोजना   b) सोने की जगह ढूँढना
c) जीवन का अर्थ समझनाd) अपमान सहना
उत्तर: b) सोने की जगह ढूँढना
93.गिरधर की मनोदशा कैसी थी?
a) बहुत उत्साहित   b) बहुत हताश

c) बहुत गुस्से में   d) बहुत खुश

उत्तर: b) बहुत हताश

94.गिरधर की कहानी किस भावना को दर्शाती है?

a) संघर्ष   b) प्रेम   c) घृणा   d) बदला

उत्तर: a) संघर्ष

95.गिरधर की स्थिति समाज की किस सच्चाई को दिखाती है?

a) गरीबी और उपेक्षा   b) प्रेम और सहानुभूति

c) सफलता और असफलता d) संघर्ष और विजय

उत्तर: a) गरीबी और उपेक्षा

96. गिरधर की कहानी हमें क्या सिखाती है?

a) जीवन संघर्षमय है (b) हमेशा दूसरों की मदद करनी चाहिए

c) परिस्थितियाँ हमेशा बदलती हैं

d) सब कुछ भाग्य पर निर्भर करता है

उत्तर: b) हमेशा दूसरों की मदद करनी चाहिए

97. विष के दांत काहानी का हीरो कौन हो

a) खोखा   b) गिरधर   c) मदन   d) सेन साहब

उत्तर: C) मदन

98. मदन खोखा के कितने दांत तोड़े थे

a) 1   b) 10   c) 2   d) 5

उत्तर: C) 2

बहुबैकल्पिक प्रश्न

प्रश्न 1. खोखा किन मामलों में अपवाद था ?

उत्तर – सेन साहब को पाँच पुत्रियाँ थी। पुत्र का आविर्भाव तब हुआ जब संतान की कोई उम्मीद बाकी नहीं रह गई थी अर्थात् सेन साहब को पुत्र तब नसीब हुआ जब पति-पत्नी दोनों बुढ़ापे के अंतिम पड़ाव पर पहुँच चुके थे। इसलिए खोखा जीवन के नियमों के अपवाद के साथ-साथ घर के नियमों का भी अपवाद था।

प्रश्न 2. रोज-रोज अपने बेटे मदन की पिटाई करने वाला गिरधर मदन द्वारा काशू की पिटाई करने पर उसे दंडित करने के बजाय अपनी छाती से क्यों लगा लेता है ?

उत्तर – गिरधर जब तक सेन साहब की नौकरी में था, तब तक वह अपने पौरुष को दबाए हुए था । यद्यपि गिरधर रोज-रोज अपने बेटे मदन की पिटाई करता था। लेकिन, उस दिन जब मदन ने काशू की पिटाई की तो गिरधर उसे पीटने के बजाय छाती से लगाकर शाबाशी देने लगता है। ऐसा इसलिए क्योंकि वह मजबूरी में सेन साहब से हमेशा दवा डरा रहता था, स्वाभाविक स्वेच्छा से नहीं। इसलिए जब उसके बेटे ने काशू की पिटाई की तो उसका स्वाभिमान जाग उठा और उसने मदन को दण्डित करने के बजाय अपनी छाती से लगा लिया । गिरधर ने बेटे की बहादुरी पर गर्व से उसे छाती से लगा लिया कि अपने जिस अपमान का प्रतिरोध वह नहीं कर सका तो मदन ने कर लिया।

प्रश्न 3. विष के दाँत कहानी का नायक कौन है ? तर्कपूर्ण उत्तर दें।

उत्तर –'विष के दाँत' कहानी का नायक मदन है। इसमें मदन का चरित्र है जो सबसे अधिक प्रभावशाली है। बुराई का अन्त करने वाला ही नायक होता है। कहानी का अंत मदन के द्वारा काशू के दाँत तोड़ने से होता है। कहानी में वह अन्याय सहन नहीं करता। नायक की पहचान है- निर्भिकता और

साहसिकता। ये दोनों गुण मदन के अन्दर मौजूद है। अतः कहानी का मूल नायक मदन ही है।

प्रश्न 4. विष के दाँत कहानी के शीर्षक की सार्थकता स्पष्ट कीजिए।

उत्तर –कहानी का जैसा ठोस सामाजिक संदर्भ है, वैसा ही स्पष्ट मनोवैज्ञानिक आशय भी । यह कहानी मध्यम वर्ग के अनेक अंतर्विरोधों को उजागर करती है। यह कहानी सामाजिक भेद-भाव, लिंग-भेद, आक्रामक, स्वार्थ की छाया में पलते हुए प्यार-दुलार के कुपरिणामों को उभरती हुई सामाजिक समानता एवं मानवाधिकार की महत्त्वपूर्ण बानगी पेश करती है। इस प्रकार, विष के दाँत कहानी के शीर्षक की सार्थकता स्पष्ट होती है।

प्रश्न 5. मदन और ड्राइवर के बीच के विवाद के द्वारा कहानीकार क्या बताना चाहता है ?

उत्तर –मदन और ड्राइवर के बीच के विवाद के द्वारा कहानीकार समाज में फैली असमानता के बारे में बताना चाहते हैं। कहानी में मदन और ड्राइवर दोनों ही एक तरह से सेन साहब के नौकर है। लेकिन, दोनों के विचारों में असमानता है। असमानता के कारण ही मदन द्वारा गाड़ी के छुए जाने पर ड्राइवर मालिक के प्रति अपनी कर्तव्य परायणता साबित करने के लिए मदन को धकेल देता है। इस विवाद के द्वारा कहानीकार गरीब के अंदर में पनपते विरोध को भी बताना चाहते थे क्योंकि मदन बार-बार ड्राइवरी पर है।

प्रश्न 6. काशु और मदन के बीच झगड़े का क्या कारण था ? इस प्रसंग के माध्यम से लेखक क्या दिखाना चाहता है ?

उत्तर – काशू और मदन के बीच झगड़े का कारण मदन के मन का द्वेष और काशू द्वारा मदन पर हाथ चलाना था। मदन गली में अपने साथियों के साथ लट्टू खेल रहा था। काशू भी वहाँ पहुँचा और खेलना चाहा। किन्तु मदन ने उसे खेलने से मना किया, इस पर काशू ने घूँसा चला दिया। मदन भी उस पर टूट पड़ा। लेखक इस प्रसंग में दिखाना चाहता है कि अदब और रोआब की परवाह बड़ों को होती है। बच्चे तो बच्चे हैं, उन्हें भला फिक्र किस बात की। सो, काशू की हरकत पर मदन ने उसका सही जवाब दे दिया। परिणाम चाहे जो भी हो।

प्रश्न 7. सेन साहब काशू को विद्यालय पढ़ने के लिए क्यों नहीं भेजना चाहते हैं ?

उत्तर – सेन साहब काशू को बिजनेसमैन, इंजीनियर बनाना चाहते हैं। इसके लिए उन्होंने घर पर ही कारखाने का बढ़ई मिस्त्री दो एक घंटे के लिए आकर उसके साथ कुछ ठोक पीट किया करे । इससे बच्चे की ऊँगलियाँ अभी से औजारों से वाकिफ हो जाएगी। ऐसा सेन साहब ने व्यवस्था किया था । इसलिए काशू को स्कूल नहीं भेजना चाहते हैं।

प्रश्न 8. मदन हक्का-बक्का क्यों रह गया ?

उत्तर – मदन हक्का-बक्का इसलिए रह गया क्योंकि उसके पिता हमेशा उसको पीटते रहते थे। लेकिन, एक दिन मदन दबे पाँव बरामदे में रखी चारपाई की तरफ सोने के लिए चला, तो अँधेरे में उसका पैर लोटे में लग गया! लोटे की गिरधर बाहर निकल आया। मदन की अम्मा भी ठन्-ठन् की आवाज सुनकर उसके साथ थी। मदन चौंकर घूमा और मार खाने की तैयारी में आ छाती को अपने हाथों से बाँधकर खड़ा हो गया। गिरधर निस्सहाय निष्ठुरता के साथ मदन की ओर बढ़ा। मदन ने अपने दाँत भींच लिए। गिरधर मदन के बिल्कुल पास आ गया था कि अचानक वह ठिठक गया। उसके चेहरे से

नाराजगी का बादल हट गया। उसने लपककर मदन को हाथों से उठा लिया। मदन हक्का-बक्का अपने पिता को देख रहा था। उसके याद नहीं, उसके पिता ने कब उसे इस तरह प्यार किया था।

प्रश्न 9. सेन साहब के और उनके मित्रों के बीच क्या बातचीत हुई और पत्रकार मित्र ने उन्हें किस तरह उत्तर दिया ?

उत्तर –सेन साहब और उनके मित्रों के बीच अपने-अपने बच्चों की कर किसी ने उसकी पढ़ाई के बारे में पूछा। पर, पत्रकार महोदय के जवाब देने के पहले ही सेन साहब बोल उठे कि मैं खोखा को इंजीनियर बनाने जा रहा हूँ और, बार-बार यही दुहराते रहे हैं। जब पत्रकार महोदय से पूछा गया तो उन्होंने बताया कि " चाहता हूँ मेरा बेटा जेंटलमैन जरूर बनें और जो कुछ बनें, उसकाbकाम है, उसे पूरी आजादी रहेगी ।"

दीर्घ उत्तरीय प्रश्न :

प्रश्न 1. 'विष के दाँत' कहानी का सारांश लिखे?

उत्तर – प्रस्तुत कहानी 'विष के दाँत' आचार्य नलिन विलोचन शर्मा द्वारा वर्ग के अनेक अन्तर्विरोधों को उभारती है। इस कहानी में लेखक ने सामाजिक भेदभाव, लिंग भेद तथा स्वार्थ की छाया में पलते हुए प्यार-दुलार के कुपरिणामों को उजागर किया है। सेन साहब को अपनी कार पर बड़ा नाज था। घर में कोई ऐसा न था जो गाड़ी तक बिना इजाजत फटके ।

पाँचों लड़कियाँ माता-पिता का कहना अक्षरश: पालन करतीं थी। किन्तु, बुढ़ापे में उत्पन्न खोखा पर घर का कोई नियम लागू न होता था। अतः गाड़ी को खतरा था तो इसी खोखा अर्थात् काशू से । सेन साहब अपने लाडले को इंजीनियर बनाना चाहते थे। वे बड़ी शान से मित्रों से अपने बेटे की काबलियत की चर्चा करते थे । एक दिन मित्रों की गप्प-गोष्ठी और काशू के गुण-गान करने के बाद सेन साहब उठे ही थे कि बाहर गुल सपाड़ासुना । निकले तो देखा कि शोफर गिरधारी की पत्नी से उलझ रहा है और उसका बेटा मदन शोफर पर झपट रहा है। शोफर ने कहा कि मदन गाड़ी छू रहा था और मना करने पर उधम मचा रहा था। सेन साहब ने मदन की माँ को चेतावनी दी और अपने किरानी गिरधर को बुलाकर डाँटा-अपने बेटे को संभालो घर आकर गिरधारी ने मदन को खूब पीटा ।

दूसरे दिन बगल वाली गली में मदन दोस्तों के साथ लट्टू खेल रहा था । काशू भी खेलने को मचल गया। किन्तु, मदन ने लट्टू देने से इनकार कर दिया। काशू की आदत तो बिगड़ी थी। बस, आदतवश, हाथ चला दिया। मदन ने भी मार-मार कर काशू के दाँत तोड़ दिए । देर रात मदन घर आया तो सुना कि सेन साहब ने उसके पिता को नौकरी से हटा दिया है और आउट हाउस से भी जाने का हुक्म दिया है।

मदन के पैर से लोटा लुढ़क गया । आवाज सुनकर उसके माता-पिता निकल आए। मदन मार खाने को तैयार हो गया। गिरधारी उसकी ओर तेजी से बढ़ा । किन्तु, सहसा उसका चेहरा बदल गया। उसने मदन को गोद में उठा लिया, 'शाबाश बेटा..... .. एक मैं हूँ.... और एक तू है

जो खोखा के दो-दो दाँत तोड़ डाले इस प्रकार, कहानीकार ने 'विष के दाँत' में उच्च वर्ग के सेन साहब की महत्त्वाकांक्षा, सफेदपोशी के भीतर लड़के-लड़कियों में विभेद भावना,नौकरी-पेशा वाले गिरधारी की हीन भावना और उसके

बीच अन्याय का प्रतिकार करनेवाली बहादुरी और साहस के प्रति प्यार और श्रद्धा को प्रस्तुत करते हुए प्यार-दुलार के कुपरिणामों को बखूबी दर्शाया है।

मैक्समूलर

वस्तुनिष्ठ प्रश्न:

1. **मैक्समूलर का जन्म कब हुआ था?**
   a) 1823 ई (b) 1832 ई.   (c) 1845 ई. (d) 1850 ई.
   उत्तर: a) 1823 ई.

2. **मैक्समूलर का जन्म किस देश में हुआ था?**
   a) फ्रांस　　　　　b) जर्मनी (c) इंग्लैंड (d) रूस
   उत्तर: b) जर्मनी

3. **मैक्समूलर ने किस विश्वविद्यालय में संस्कृत का अध्ययन किया?**
   a) ऑक्सफोर्ड विश्वविद्याल　　　b) कैम्ब्रिज विश्वविद्यालय
   c) लिपजिंग विश्वविद्यालय　　　d) हार्वर्ड विश्वविद्यालय
   उत्तर: c) लिपजिंग विश्वविद्यालय

4. **मैक्समूलर ने किस ग्रंथ का अनुवाद प्रकाशित किया?**
   a) महाभारत (b) रामायण (c) ऋग्वेद (d) मनुस्मृति
   उत्तर: c) ऋग्वेद

5. **मैक्समूलर का निधन कब हुआ था?**
   a) 1890 ई.(b) 1900 ई. (c) 1910 ई.(d) 1920 ई.
   उत्तर: b) 1900 ई.

6. **मैक्समूलर ने भारतीय संस्कृति को किस रूप में देखा?**
   a) अविकसित　　　b) उच्चतम रूप में
   c) निम्न स्तर की　　d) साधारण
   उत्तर: b) उच्चतम रूप में

7. **मैक्समूलर ने भारतीय ग्रंथों के अध्ययन को किसके लिए आवश्यक माना?**
   a) ईसाई धर्म प्रचार के लिए
   b) भारतीय संस्कृति के विकास के लिए
   c) केवल भाषा ज्ञान के लिए
   d) वैज्ञानिक शोध के लिए
   उत्तर: a) ईसाई धर्म प्रचार के लिए

8. **मैक्समूलर ने भारतीय ग्रंथों का अध्ययन करने के लिए कौन-सी भाषा सीखी थी?**
   a) हिंदी　　　b) संस्कृत　　c) तमिल (d) पाली
   उत्तर: b) संस्कृत

10. मैक्समूलर ने किस भारतीय ग्रंथ पर विशेष रूप से कार्य किया?
   a) महाभारत　　　b) रामायण　c) वेद　　　d) उपनिषद
   उत्तर: c) वेद

11. मैक्समूलर ने भारतीय संस्कृति को किससे जोड़ा था?
   a) यूरोपीय संस्कृति से　　　　b) यूनानी संस्कृति

से

c) चीनी संस्कृति से   d) मिस्री संस्कृति से

उत्तर: a) यूरोपीय संस्कृति से

12. मैक्समूलर का प्रमुख उद्देश्य क्या था?

a) भारतीय संस्कृति का प्रचार   b) संस्कृत भाषा को संरक्षित करना

c) भारत में धर्म प्रचार को बढ़ावा देना d) भारतीय भाषाओं का नाश करना

उत्तर: c) भारत में धर्म प्रचार को बढ़ावा देना

13. मैक्समूलर का प्रमुख कार्य क्या था?

a) वेदों का संपादन और अनुवाद

b) भारतीय मंदिरों का निर्माण

c) भारतीय राजनीति में भाग लेना

d) भारतीय अर्थव्यवस्था का अध्ययन

उत्तर: a) वेदों का संपादन और अनुवाद

14. मैक्समूलर ने भारतीय भाषाओं का अध्ययन किस उद्देश्य से किया था?

a) भारतीय संस्कृति को समझने के लिए

b) यूरोपीय साहित्य में सुधार के लिए

c) भारत में शासन करने के लिए

d) व्यापार बढ़ाने के लिए

उत्तर: a) भारतीय संस्कृति को समझने के लिए

15. मैक्समूलर किस विश्वविद्यालय में प्रोफेसर थे?

a) ऑक्सफोर्ड विश्वविद्यालय   b) कैम्ब्रिज विश्वविद्यालय

c) हार्वर्ड विश्वविद्यालय   d) लंदन विश्वविद्यालय

उत्तर: a) ऑक्सफोर्ड विश्वविद्यालय

16. मैक्समूलर भारतीय ग्रंथों को किस रूप में देखते थे?

a) केवल धार्मिक ग्रंथों के रूप में

b) ऐतिहासिक और दार्शनिक ग्रंथों के रूप में

c) तंत्र-मंत्र से भरे हुए ग्रंथों के रूप में

d) महत्वहीन ग्रंथों के रूप में

उत्तर: b) ऐतिहासिक और दार्शनिक ग्रंथों के रूप में

17. मैक्समूलर की मृत्यु किस वर्ष हुई थी?

a) 1890 ई.   b) 1900 ई.   c) 1910 ई.   d) 1920 ई.

उत्तर: b) 1900 ई

18. भारत को किस प्रकार की प्राकृतिक सुंदरता प्राप्त है?

a) मरुस्थलीय भूमि b) हरियाली एवं पर्वतीय सौंदर्य

c) केवल समुद्र तट   d) केवल बर्फीले पहाड़

उत्तर: b) हरियाली एवं पर्वतीय सौंदर्य

19. भारत किस प्रकार की विविधताओं वाला देश है?

a) भाषायी b) सांस्कृतिक c) जातीय d) उपर्युक्त सभी

उत्तर: d) उपर्युक्त सभी

20. भारत की कौन-सी विशेषता उसे अद्वितीय बनाती है?

a) राजनीतिक स्थिरता

b) सामाजिक एकता एवं सहिष्णुता

c) आर्थिक संपन्नता

d) केवल आध्यात्मिकता

उत्तर: b) सामाजिक एकता एवं सहिष्णुता

21. भारत में प्राचीन सभ्यता कितने वर्ष पुरानी मानी जाती है?

a) 1000 वर्ष b) 3000 वर्ष c) 5000 वर्ष d) 7000 वर्ष

उत्तर: c) 5000 वर्ष

22. भारतीय समाज का प्रमुख आधार क्या है?

a) भौतिकवाद   b) आध्यात्मिकता और नैतिकता

c) व्यापार   d) आधुनिकता

उत्तर: b) आध्यात्मिकता और नैतिकता

23. भारत ने विश्व को कौन-सा महत्वपूर्ण संदेश दिया है?

a) युद्ध करना b) सहअस्तित्व और शांति

c) व्यापार बढ़ाना   d) विस्तारवाद

उत्तर: b) सहअस्तित्व और शांति

24. भारत में किस प्रकार की समस्याएँ प्राचीन काल से विद्यमान रही हैं?

a) सामाजिक b) राजनीतिक

c) आर्थिक   d) उपर्युक्त सभी

उत्तर: d) उपर्युक्त सभी

25. भारत के धार्मिक सहिष्णुता का प्रमाण क्या है?

a) यहाँ विभिन्न धर्मों के लोग मिलकर रहते हैं

b) केवल हिंदू धर्म को महत्व दिया जाता है

c) सभी धर्मों पर प्रतिबंध है

d) केवल एक धर्म का पालन किया जाता है

उत्तर: a) यहाँ विभिन्न धर्मों के लोग मिलकर रहते हैं

26. भारत ने प्राचीन काल में किस क्षेत्र में उन्नति की थी?

a) चिकित्सा   b) खगोल विज्ञान

c) गणित   d) उपर्युक्त सभी

उत्तर: d) उपर्युक्त सभी

27. भारत की कौन-सी विशेषता विदेशी यात्रियों को आकर्षित करती है?

a) यहाँ की जलवायु   (b) यहाँ की आध्यात्मिकता और संस्कृति

c) यहाँ की भौगोलिक स्थिति (d) यहाँ की राजनीतिक प्रणाली

उत्तर: b) यहाँ की आध्यात्मिकता और संस्कृति

28. भारत का सबसे बड़ा योगदान क्या माना जाता है?

a) वैज्ञानिक खोज   b) धार्मिक ग्रंथ

c) सहिष्णुता और शांति का संदेश   d) सैन्य शक्ति

उत्तर: c) सहिष्णुता और शांति का संदेश

29. भारतीय संस्कृति की सबसे बड़ी विशेषता क्या है?

a) कठोर नियम

b) लचीलापन और समावेशिता

c) बाहरी प्रभाव को नकारना

d) केवल परंपराओं का पालन करना

उत्तर: b) लचीलापन और समावेशिता

30. भारत की सामाजिक संरचना में मुख्यतः क्या शामिल है?

a) जातिवाद

b) सामूहिकता और परिवार व्यवस्था

c) केवल व्यक्तिगत स्वतंत्रता

d) भौतिकवाद

उत्तर: b) सामूहिकता और परिवार व्यवस्था

31.भारत में पर्यावरण संरक्षण की परंपरा कब से चली आ रही है?

a) प्राचीन काल से   b) मध्यकाल से
c) ब्रिटिश शासन के बाद   d) स्वतंत्रता के बाद

उत्तर: a) प्राचीन काल से

32.भारतीय सभ्यता किन मूल्यों पर आधारित है?

a) त्याग और सेवा   b) युद्ध और विजय
c) व्यापार और लाभ   d) केवल धार्मिक कर्मकांड

उत्तर: a) त्याग और सेवा

33.भारत ने विश्व को योग और ध्यान की शिक्षा किस ग्रंथ से दी?

a) महाभारत   b) रामायण
c) वेद और उपनिषद   d) अर्थशास्त्र

उत्तर: c) वेद और उपनिषद

34.भारत में विभिन्न जातियों और धर्मों के लोग किस प्रकार रहते हैं?

a) संघर्ष में
b) सहिष्णुता और समरसता के साथ
c) अलग-अलग समूहों में
d) एक-दूसरे से दूर रहते हैं

उत्तर: b) सहिष्णुता और समरसता के साथ

35.भारत की आध्यात्मिकता का आधार क्या है?

a) धार्मिक कट्टरता
b) आत्मा और परमात्मा का ज्ञान
c) राजनीतिक शक्ति   d) केवल मंदिर और पूजा

उत्तर: b) आत्मा और परमात्मा का ज्ञान

36.भारतीय संस्कृति में सबसे महत्वपूर्ण शिक्षण कौन-सा है?

a) केवल धन कमाना   b) सभी जीवों के प्रति दया और प्रेम
c) युद्ध करना   d) शहरीकरण को बढ़ावा देना

उत्तर: b) सभी जीवों के प्रति दया और प्रेम

37.भारत के महान ऋषियों और संतों ने किस बात पर बल दिया?

a) भौतिक सुख-सुविधा   b) नैतिकता और आध्यात्मिकता
c) युद्ध और विजय   d) बाहरी आक्रमण

उत्तर: b) नैतिकता और आध्यात्मिकता

38.भारतीय समाज में परिवार का क्या स्थान है?

a) केवल व्यक्तिगत स्वार्थ
b) एक महत्वपूर्ण सामाजिक इकाई
c) अस्तित्वहीन संस्था
d) केवल विवाह का प्रतीक

उत्तर: b) एक महत्वपूर्ण सामाजिक इकाई

39.भारत की ज्ञान परंपरा में कौन-सा ग्रंथ महत्वपूर्ण माना जाता है?

a) भगवद गीता   b) पंचतंत्र
c) हितोपदेश   d) उपर्युक्त सभी

उत्तर: d) उपर्युक्त सभी

40.भारत में धार्मिक सहिष्णुता का सर्वोत्तम उदाहरण कौन-सा है?

a) विभिन्न धर्मों का सह-अस्तित्व
b) केवल हिंदू धर्म का पालन

c) बाहरी संस्कृति को अस्वीकार करना
d) केवल मंदिरों का निर्माण

उत्तर: a) विभिन्न धर्मों का सह-अस्तित्व\

41. मैक्समूलर को 'विदांतियों का वेदांती' किसने कहा?
    (a) गाँधी जी   (b) स्वामी विवेकानन्द
    (c) अम्बेदकर   (d) गुणाकर मुले

उत्तर: (b) स्वामी विवेकानन्द

42. दारिस नामक सोने के सिक्कों से भरा घड़ा किसे मिला था?
    (a) हेकल   (b) हकर्स
    (c) वारेन हेस्टिंग्स   (d) विलियम जोन्स

उत्तर: (c) वारेन हेस्टिंग्स

43. "मेघदूत" नामक पुस्तक का अनुवाद मैक्समूलर ने किस भाषा में किया?
    (a) ग्रीक भाषा में   b) लैटिन भाषा में
    (c) हिन्दी भाषा में   d) जर्मन भाषा में

उत्तर: (d) जर्मन भाषा में

44. संस्कृत भाषा और यूरोपियन भाषा का तुलनात्मक व्याख्यान किसने दिया?
    (a) मैक्समूलर न   b) गुणाकर मुले ने
    (c) नलिन विलोचन ने   (d) अमकरकांत ने

उत्तर: (a) मैक्समूलर ने

45. 'कठ' और 'केन' उपनिद का अनुवाद मैक्समूलर ने किस भाषा में किया?
    (a) ग्रीक में   b) जर्मन में
    (c) हिन्दी में   (d) लैटिन में

उत्तर: (b) जर्मन में

46. लिपजिंग विश्वविद्यालय में मैक्समूलर ने किस भाषा का अध्ययन किया?
    (a) हिन्दी का   (b) जर्मन का
    (c) संस्कृत का   (d) ऊर्दू का

उत्तर: (c) संस्कृत का

47. पारसियों के धर्म का क्या नाम है?
    (a) बौद्ध धर्म   b) जैन धर्म
    (c) वैदिक धर्म   (d) जरथुस्त

उत्तर: (d) जरथुस्त

48. जनरल कनिंघम का संबंध किससे है?
    (a) वनस्पति विज्ञान से   (b) भू-विज्ञान से
    (c) पुरातत्त्व से   d) मनोविज्ञान से

उत्तर: (c) पुरातत्त्व से

49. 172 दारिस नामक सोने के सिक्के का घड़ा कहाँ मिला था?
    (a) दिल्ली में   b) गाँधी नगर में
    (c) वाराणसी में   d) श्रीनगर में

उत्तर: (c) वाराणसी में

50. महारानी विक्टोरिया ने नाइट की उपाधि किसे प्रदान की?
    (a) मैक्समूलर को   (b) अमरकांत को
    (c) बिरजू महाराज को   (d) अशोक वाजपेयी को

उत्तर: (a) मैक्समूलर को

51. नालंदा विश्वविद्यालय कहाँ स्थित है?
    (a) बिहार में   (b) उत्तर प्रदेश में

(c) मध्य प्रदेश में   (d) गुजरात में
उत्तर: (a) बिहार में

52. **'नृवंश विद्या' का संबंध किससे है?**
(a) वनस्पति विज्ञान स   b) प्राणिविज्ञान से
(c) मानव विज्ञान से   (d) अंतरिक्ष विज्ञान से
उत्तर: (c) मानव विज्ञान से

53. **दारिस क्या है?**
(a) चाँदी का प्राचीनकालीन सिक्क   b) सोने का प्राचीनकालीन सिक्का
(c) एक देवता   (d) एक धार्मिक ग्रंथ
उत्तर: (b) सोने का प्राचीनकालीन सिक्का

54. **प्लेटो का संबंध किस देश से है?**
(a) इटली से   (b) स्पेन से
(c) भारत से   (d) यूनान से
उत्तर: (d) यूनान से

55. **'भारत से हम क्या सीखें' के रचनाकार कौन हैं?**
(a) विवेकानंद   (b) मैक्समूलर
(c) रवींद्रनाथ ठाकुर   (d) दयानंद सरस्वती
उत्तर: (b) मैक्समूलर

56. **'शाहनामा' का रचनाकाल क्या है?**
(a) सातवीं-आठवीं सदी (b) दसवीं-ग्यारहवीं सदी
(c) चौथी-पाँचवीं सदी   (d) पाँचवीं-छठी सदी
उत्तर: (b) दसवीं-ग्यारहवीं सदी

57. **संस्कृत का 'अग्नि' शब्द लैटिन में किस रूप में मिलता है?**
(a) एग्निस (b) अग्निस (c) इग्निस (d) ओग्निस
उत्तर: (c) इग्निस

58. **हर्कस कौन थे?**
(a) वनस्पति वैज्ञानिक   (b) भूगर्भ शास्त्री
(c) प्राणिवैज्ञानिक   (d) पुरातत्त्वविद
उत्तर: (a) वनस्पति वैज्ञानिक

59. **सर विलियम जोन्स ने भारत की यात्रा कब की थी?**
(a) 1957 ई. में (b) 1750 ई में (c) 1790 ई. में (d) 1783 ई. में
उत्तर: (d) 1783 ई. में

60. **'मुण्डा' किस देश की जाति है?**
(a) मंगोल (b) चीन (c) मुल्तान d) भारत
उत्तर: (d) भारत

61. **'भारत से हम क्या सीखें' पाठ में 'नए सिकंदर' विशेषण किसके लिए प्रयुक्त हुआ है?**
(a) भारत के वीरों के लिए
(b) यूरोप के वीरों के लिए
(c) युवा अंग्रेज अधिकारियों के लिए
(d) उपर्युक्त में से कोई नहीं
उत्तर: (c) युवा अंग्रेज अधिकारियों के लिए

62. **भारत कहाँ बसता है?**
(a) दिल्ली के पास (b) मुंबई में (c) शहरों मे d) गाँवों में
उत्तर: (d) गाँवों में

63. **मैक्समूलर का जन्म कहाँ हुआ?**
(a) रत्नापार्क, नेपाल   b) डेसाउ, जर्मनी
(c) वाशिंगटन, अमेरिका   (d) दिल्ली, भारत
उत्तर: (b) डेसाउ, जर्मनी

64. **वारेन हेस्टिंग्स कौन थे?**
(a) भारत के गवर्नर जनरल b) फारस का राजा
(c) महान दाशनिक   d) प्रसिद्ध समाज सुधारक
उत्तर: (a) भारत के गवर्नर जनरल

65. **मैक्समूलर के पिता का नाम क्या था?**
(a) विल्हेल्म मूलर   (b) हेस्टिंग्स मूलर
(c) जॉनसन मूलर   (d) पीटर मूलर
उत्तर: (a) विल्हेल्म मूलर

66. **'प्रत्न मानव' का अर्थ क्या है?**
(a) लघु मान   b) महामानव
(c) प्राचीन मानव   d) निर्धन मानव
उत्तर: (c) प्राचीन मानव

67. **किसे वाराणसी के पास सोने के सिक्कों से भरा एक घड़ा मिला था?**
(a) वारेन हेस्टिंग्स   b) विल्हेल्म मूलर
(c) फ्रेड्रिक मैक्समूलर   (d) इनमें से कोई नहीं
उत्तर: (a) वारेन हेस्टिंग्स

68. **किस अध्ययन क्षेत्र में भारत के कारण नवजीवन का संचार हो चुका है?**
(a) विधिशास्त्र   b) नीतिकथा
(c) भाषा विज्ञान   (d) दैवत विज्ञान
उत्तर: (c) भाषा विज्ञान

Subjective Question

प्रश्न 1. सच्चे भारत के दर्शन कहाँ हो सकते हैं और क्यों ? 12011C, 2015AI, 2017C, 2019AI, 2019C, 2022 AIIJ
उत्तर- सच्चे भारत का दर्शन गाँवों में हो सकते हैं, क्योंकि गाँवों में ही भारत की आत्मा निवास करती है। गाँवों में जीवन की सादगी, राग, प्रेम, उत्कृष्ट, पारस्परिक संबंध आदि देखने को मिलते हैं।

प्रश्न 2. भारत किस अतीत और सुदूर भविष्य का जोड़ता है ? स्पष्ट करें ? [2011C, 2012C, 2016AJJ
उत्तर- भारत एक ऐसा देश है जो अतीत और सुदूर भविष्य को जोड़ता है। भारत देश में जीवन की हर समस्या का उपाय वर्णित है। यहाँ बहुत सी ऐसी चीजें है जो पूरातन विश्व में ही मिल सकती है। यहाँ वर्तमान और भविष्य की समस्या चाहे लोकप्रिय समस्या हो, चाहे प्रवास संबंधी कानून हो अथवा सीखने या सिखाने जैसी बात हो सब उपलब्ध है। भारत जैसे पुरातन देश में ही अतीत तथा सुदूर भविष्य की समस्याओं के बारे में अवसर प्राप्त हो सकते हैं।

प्रश्न 3. धर्मों की दृष्टि से भारत का क्या महत्त्व है ?[2012, 2013C, 2014AII, 2020AI, 2021AI, 2024AI]
उत्तर- लेखक का कहना है कि धर्मों की दृष्टि से भारत का विशेष महत्त्व है। सर्वप्रथम वेद की रचना भारत में ही हुई थी। यहाँ धर्म के वास्तविक उद्भव, उसके प्राकृतिक विकास तथा उसके अपरिहार्य क्षीयमाण रूप का प्रत्यक्ष परिचय मिल सकता है। यह ब्राह्मण अथवा वैदिक धर्म की भूमि है, बौद्ध धर्म की जन्म भूमि है, पारसियों के धर्म की शरणस्थली है। भगवान बुद्ध का जन्म भारत में ही हुआ था जिन्होंने बौद्ध धर्म का प्रचार प्रसार किया। दैवत विज्ञान की आधारशिला भी यहीं रखी गयी।

प्रश्न 4. समस्त भूमण्डल में सर्वविद सम्पदा और प्राकृतिक सौन्दर्य से परिपूर्ण देश भारत है, लेखक ने ऐसा क्यों कहा है ? [2012A]

उत्तर- समस्त विश्व में भारत एक ऐसा देश है जहाँ सभी तरह के लोगों की जिज्ञासा की शान्ति के लिए हर चीज मौजूद है। यही वह देश है जहाँ सर्वप्रथम वेद की रचना हुई थी। भारत में ही सबसे पवित्र नदी गंगा बहती है तथा फल-फूलों से लदे वन-प्रांत है जो प्राकृतिक सौन्दर्य से परिपूर्ण है। विश्व को मानवता की शिक्षा भारत से ही मिली। इसलिए लेखक ने समस्त भूमंडल में सर्वविद 'संपदा और प्राकृतिक सौंदर्य से परिपूर्ण देश भारत है' ऐसा कहा है।

प्रश्न 5. भारत के साथ यूरोप के व्यापारिक संबंध के प्राचीन प्रमाण लेखक ने क्या दिखाए हैं ?

उत्तर- भारत के साथ यूरोप के व्यापारिक संबंध के बारे में लेखक का कहना है कि सोलोमन के समय में ही भारत तथा सीरिया और फिलीस्तीन के मध्य आवागमन के साधन सुलभ हो चुके थे। साथ ही, संस्कृति शब्दों के आधार पर लेखक इस निष्कर्ष पर पहुँचा कि हाथी-दाँत, बन्दर, मोर और चन्दन आदि जिन वस्तुओं के निर्यात की बात बाइबिल में कही गई है, वे भारत के सिवा किसी अन्य देश में उपलब्ध नहीं थीं । 'शाहनामा' के रचनाकाल दसवीं-ग्यारहवीं शताब्दी में भी यूरोप के व्यापारिक सम्बन्ध थे ।

प्रश्न 6. लेखक ने नीतिकथाओं के क्षेत्र में किस तरह भारतीय अवदान को रेखांकित किया है ? [2018C]

उत्तर- लेखक ने नीतिकथाओं के क्षेत्र में भारतीय अवदान के विषय में कहा है कि भारत ने ही विश्व में नीतिकथाओं के माध्यम से नवजीवन का संचारकिया। इसके कारण ही विभिन्न मार्गों और साधनों के माध्यम में अनेक नीतिकथाएँ पूर्व से पश्चिम की ओर फैली। हमारे यहाँ प्रचलित दन्तकथाओं का प्रमुख स्रोत बौद्ध धर्म को माना जाता है ।

प्रश्न 7. लेखक ने नया सिकंदर किसे कहा है और क्यों ? [2019AII, 2020A, 2023AII]

उत्तर- लेखक ने अपने समय इंग्लैण्ड से भारत आए नए अधिकारियों को 'नया सिकन्दर' कहा है। ये नए सिकन्दर भारत के साहित्यिक, धार्मिक, सांस्कृतिक, राजनीतिक, प्राकृतिक तथा गौरवपूर्ण ऐतिहासिक विरासत से अनजान है।

प्रश्न 8. लेखक ने नया सिकंदर किसे कहा है और क्यों ? [2019AII, 2020A, 2023AII]

उत्तर- लेखक ने अपने समय इंग्लैण्ड से भारत आए नए अधिकारियों को 'नया सिकन्दर' कहा है। ये नए सिकन्दर भारत के साहित्यिक, धार्मिक, सांस्कृतिक, राजनीतिक, प्राकृतिक तथा गौरवपूर्ण ऐतिहासिक विरासत से अनजान है।

प्रश्न 9. लेखक ने वारेन हेस्टिंग्स से संबंधित किस दुर्भाग्यपूर्ण दुर्घटना का हवाला दिया है और क्यों [2021AI]

उत्तर- लेखक ने वारेन हेस्टिंग्स से सम्बन्धित उस दुर्भाग्यपूर्ण दुर्घटना के सम्बन्ध में बताया है कि जब हेस्टिंग्स भारत का गवर्नर जनरल था। उसे 172 दारिस नामक सोने के सिक्कों से भरा एक घड़ा मिला था। उन सिक्कों को अपने ईस्ट इण्डिया कम्पनी के निदेशक मण्डल की सेवा में इसलिए भेजवा दिया कि यह एक ऐसा उपहार होगा जिसकी गणना उसके द्वारा प्रेषित सर्वोत्तम दुर्लभ वस्तुओं में होगी। वह स्वयं को अपने

मालिक की दृष्टि में एक महान् उदार व्यक्ति साबित करना चाहता था।

किन्तु कंपनी के निदेशक ने उनका ऐतिहासिक महत्त्व नहीं समझने के कारण उन दुर्लभ प्राचीन मुद्राओं को गला डाला। जब हेस्टिंग्स इंग्लैण्ड लौटा तो वे स्वर्ण मुद्राएँ नष्ट हो चुकी थीं। इसीलिए लेखक ने हेस्टिंग्स से सम्बन्धित दुर्भाग्यपूर्ण दुर्घटना का हवाला दिया है, ताकि भविष्य में ऐसी दुर्भाग्यपूर्ण घटनाओं की पुनरावृत्ति न हो और इंग्लैण्ड वाले ऐसी ऐतिहासिक दुर्लभ वस्तुओं के महत्त्व को समझें।

प्रश्न 10. भारत को पहचान सकने वाली दृष्टि की आवश्यकता किनके लिए वांछनीय है और क्यों

उत्तर- भारत को पहचान सकने वाली दृष्टि की आवश्यकता यूरोपियन लोगों के लिए वांछनीय है क्योंकि आज भारत ऐसी अनेक समस्याओं से ग्रस्त है, जिनका समाधान यूरोपियन लोगों के लिए भी उतना ही वांछनीय है ।

प्रश्न 11. 'वेदांतियों का भी वेदांती' किसे कहा गया है और किसने कहा है ?

उत्तर- 'वेदांतियों का भी वेदांती' मैक्समूलर को कहा गया है। यह स्वामी विवेकानन्द ने कहा है ।

नाखून क्यों बढ़ते हो (हजारी प्रसाद दिवेदी

[1] नाखून क्यों बढ़ते हैं के निबंधकार कौन हैं?

(a) गुलाब राय   b) शांति प्रिय द्विवेदी
c) प्रतापनारायण मिश्र   (d) अचर्य हजारी प्रसाद द्विवेदी

Answer :- (d) अचर्य हजारी प्रसाद द्विवेद

[2] द्विवेदीजी ने निर्लज्ज अपराधी' किसे कहा है?

(a) नाखून के (b) चोर को (c) डाकू के (d) बदमाश को

Answer :- (a) नाखून के

[3] कामसूत्र' किसकी रचना है?

(a) हजारी प्रसाद द्विवेदी को(b) पतंजलि को
(c) वात्स्यायन की   (d) रामानुजाचार्य की

Answer :- (c) वात्स्यायन की

[4] 'सिक्थक' का अर्थ होता है-

(a) साबुन (b) मुहावर (c) दर्पण (d) मोम

Answer :- (d) मोम

[5] महाभारत' क्या है?

(a) उपन्यास (b) कहानी (c) शास्त्र (d) पुराण

Answer :- (d) पुराण

[6] किस देश के लोग बड़े-बड़े नख पसंद करते थे ?

(a) गौड़ देश (b) कैकय (c) वाही (d) गांधार

Answer :- (a) गौड़ देश

[7] कौन छोटे नखों को पसंद करते थे ?

(a) दाक्षिणात्य (b) पौर्वात्य (c) मालव d) मध्यदेशीय

Answer :- (a) दाक्षिणात्य

[8] हजारी प्रसाद द्विवेदी का जन्म कब हुआ ?

(a) 1905 ई० में (b) 1907 ई० में (c) 1909 ई० में (d) 1911 ई. में

Answer :- (b) 1907 ई० में

[9] हजारी प्रसाद द्विवेदी का जन्म कहाँ हुआ ?

(a) समस्तीपुर, बिहार   (b) बलिया, बिहार
(c) बलिया, उत्तरप्रदेश   D) इलाहाबाद, उत्तरप्रदेश

Answer :- (c) बलिया, उत्तरप्रदेश

[10] कौन मनुष्य का आदर्श नहीं बन सकती ?

(a) शेर (b) बदरियाँ (c) भाल (d) हाथी

Answer :- (b) बदरियाँ

[11] 'देवताओं का राजा' से किन्हें सम्बोधित किया जाता है ?

(a) महादेव (b) विष्णु (c) इन्द्र (d) ब्रह्मा

Answer :- (c) इन्द्र

[12] "नख" किसका प्रतीक है ?

(a) मानवता का (b) पशुता का (c) (A) और (B) दोनों (d) इनमें कोई नहीं

उत्तर: (b) पशुता का

[13] 'पृथ्वीराज रासो' का संपादन किसने किया?

(a) हजारी प्रसाद द्विवेदी (b) मैक्समूलर
(c) सुमित्रानंदन पंत (d) नलिन विलोचन शर्मा

उत्तर: (a) हजारी प्रसाद द्विवेदी

[14] काशी हिन्दू विश्वविद्यालय से हजारी प्रसाद द्विवेदी को कौन-सी उपाधि दी गई ?

(a) पद्मभूषण (b) अशोक चक्र (c) विजय चक्र (d) ज्योतिषाचार्य

उत्तर: (d) ज्योतिषाचार्य

[15] हजारी प्रसाद द्विवेदी को 'पद्मभूषण' की उपाधि कब दी गई?

(a) 1953 ई० में (b) 1957 ई० में (c) 1959 ई० में (d) 1961 ई० में

उत्तर: (b) 1957 ई० मे

[16] 'अशोक के फूल' की रचना किसने की?

(a) रामधारी सिंह दिनकर (b) सुमित्रानंदन पंत
(c) हजारी प्रसाद द्विवेदी (d) गुणाकर मूले

उत्तर: (c) हजारी प्रसाद द्विवेदी

[17] हजारी प्रसाद द्विवेदी की मृत्यु कब और कहाँ हुई ?

(a) 1979, दिल्ली (b) 1984, अजमेर
(c) 1989, उत्तर प्रदेश (d) 1994, कानपुर

उत्तर: (a) 1979, दिल्ली

[18] नाखून का इतिहास किस पुस्तक में मिलता है?

(a) कामसूत्र (b) मेघदूत (c) महाभाष्य (d)कोई नहीं

उत्तर: (a) कामसूत्र

[19] हजारी प्रसाद द्विवेदी ने डी० लिट की उपाधि किस विश्वविद्यालय से प्राप्त की?

(a) मगध विश्वविद्यालय (b) लखनऊ विश्वविद्यालय
(c) चंडीगढ़ विश्वविद्यालय (d) काशी हिन्दू विश्वविद्यालय

उत्तर: (b) लखनऊ विश्वविद्यालय

[20] कहानी में चन्द्रकार, त्रिकोण, दंतुल वर्तुलाकार आकृतियों का संबंध मानव के किस अंग से है ?

(a) नख से (b) मुख से (c) नाक से (d) आँख से

उत्तर: (a) नख से

[21] 'अलक्तक' का अर्थ क्या है?

(a) तेल (b) आलता (c) हल्दी (d) साबुन

उत्तर: (b) आलता

[22] हजारी प्रसाद द्विवेदी को साहित्य अकादमी पुरस्कार किस रचना के लिए मिला था?

(a) अशोक के फूल (b) आलोक पर्व
(c) अनामदास का पोथा (d) कल्पलता

उत्तर: (b) आलोक पर्व

[23] प्राचीन मानव का प्रमुख अस्त्र-शस्त्र क्या था?

(a) दाँत (b) नाखून (c) पैर (d) पत्थर के औजार

उत्तर: (b) नाखून

[24] आर्यों के पास क्या था?

(a) लोहे का अस्त्र (b) घोड़े
(c) मिट्टी (कच्ची) के घर (d) इनमें से सभी

उत्तर: (d) इनमें से सभी

[25] 'सब पुराने अच्छे नहीं होते और सब नए खराब नहीं होते' यह किसने कहा?

(a) पतंजलि (b) कालिदास (c) वात्स्यायन (d) कबीर

उत्तर: (b) कालिदास

[26] नखधर मनुष्य आज किस पर भरोसा कर रहा है?

(a) बन्दूक पर (b) लाठी पर (c) एटम बम पर (d) लोहे के विभिन्न हथियार पर

उत्तर: (c) एटम बम पर

[27] "मनुष्य की मनुष्यता यही है कि वह सबके दुख-सुख को सहानुभूति के साथ देखता है।" यह कथन किसका है?

(a) महावीर स्वामी (b) गौतम बुद्ध
(c) कालिदास (d) वात्स्यायन

उत्तर: (b) गौतम बुद्ध

[28] 'नाखून क्यों बढ़ते हैं' के निबंधकार कौन हैं

(a) गुलाब राय (b) शांतिप्रिय द्विवेदी
(c) प्रतापनारायण मिश्र (d) आचार्य हजारी प्रसाद द्विवेदी

उत्तर: (d) आचार्य हजारी प्रसाद द्विवेदी

[29] हजारी प्रसाद द्विवेदी ने साहित्य की किस विधा में लेखन नहीं किया है?

(a) आलोचना (b) उपन्यास (c) कहानी (d) निबंध

उत्तर: (c) कहानी

[30] कौन-सी रचना हजारी प्रसाद द्विवेदी की नहीं है?

(a) अशोक के फूल (b) माटी की मूर्तें
(c) वाणभट्ट की आत्मकथा (d) हिंदी साहित्य का आदिकाल

उत्तर: (b) माटी की मूर्तें

[31] हिरोशिमा कहाँ है?

(a) चीन (b) जर्मनी (c) नेपाल (d) जापान

उत्तर: (d) जापान

[32] कौन छोटे नखों को पसंद करते थे?

(a) दक्षिणात्य (b) पौर्वत्य (c) मालव (d) मध्यदेशीय

उत्तर: (a) दक्षिणात्य

[33] 'नाखून क्यों बढ़ते हैं' किस प्रकार का निबंध है?

(a) ललित (b) भावात्मक (c) विवेचनात्मक (d) विवरणात्मक

उत्तर: (a) ललित

[34] दधीचि की हड्डी से क्या बना था?

(a) तलवार (b) त्रिशूल (c) इन्द्र का वज्र (d) कुछ भी नहीं

उत्तर: (c) इन्द्र का वज्र

[35] लेखक के अनुसार मनुष्य के नाखून किसके जीवंत प्रतीक हैं?

(a) मनुष्यता के (b) सभ्यता के (c) पाशवी वृत्ति के (d) सौंदर्य के

उत्तर: (c) पाशवी वृत्ति के

[36] सहजात वृत्तियाँ किसे कहते हैं?

(a) अस्त्रों के संचयन को (b) अनजान स्मृतियों को
(c) 'स्व' के बंधन को (d) उपर्युक्त सभी

उत्तर: (b) अनजान स्मृतियों को

Subjective Question

प्रश्न 1. सुकुमार विनोदों के लिए नाखून को उपयोग में लाना मनुष्य ने कैसे शुरू किया ? लेखक ने इस सम्बन्ध में क्या बताया है ? [2012C

उत्तर-लेखक का कहना है कि कुछ छः हजार वर्ष पूर्व मनुष्य ने नाखून को सुकुमार विनोदों के लिए उपयोग में लाना शुरू किया था। भारतवासी नाखूनों को खूब सँवारते थे । उनके काटने की कला काफी मनोरंजक थीं। बिलासी नागरिकों के नाखून त्रिकोण, वर्तुलाकार, चन्द्राकार, दंतुल आदि विविध आकृतियों के रखे जाते थे। लोग मोम एवं आलता से इन्हें लाल एवं चिकना बनाते थे। ये सारी बातें वात्स्यायन के कामसूत्र से पता चलती है।

प्रश्न2. लेखक द्वारा नाखूनों को अस्त्र के रूप में देखना कहाँ तक तर्क संगत है ? [2013A, 2016AII]

उत्तर-पहले के युग में ज्ञान-विज्ञान का प्रादुर्भाव नहीं हुआ था। उस समय मनुष्य वनमानुष अर्थात् आदिमानव था तथा जंगल में रहता था। उन्हें अपने प्रतिद्वन्दियों से जूझने के लिए नाखूनों का उपयोग करना पड़ता था। आज भी अगर मानव को जब लड़ना पड़े तो उसका पहला अस्त्र नाखून ही होगा। इन प्रकार हम देखते हैं कि नाखून का उपयोग एक अस्त्र की तरह ही होता है। इसलिए लेखक द्वारा नाखूनों को अस्त्र के रूप में देखना पूर्णतः तर्क संगत है।

प्रश्न 3. मनुष्य बार-बार नाखून क्यों काटता है ? [2015AIL, 2017C, 2020AII, 2024AII]

उत्तर-मनुष्य से बार-बार काटकर अपनी पशुता को मिटाना चाहता है। वह चाहता है कि उसके पास बर्बर युग का कोई अवरोध न रह पाये। इसी उद्देश्य से मनुष्य बार-बार नाखूनों को काटता है।

प्रश्न 4. बढ़ते नाखूनों द्वारा प्रकृति मनुष्य को क्या याद दिलाती है ? [2015C, 2024AI]

उत्तर-बढ़ते नाखूनों द्वारा प्रकृति मनुष्य को यह याद दिलाती है कि तुम भीतर वाले स्वाभाविक अस्त्र से अब भी वंचित नहीं किए गए हो। तुम्हारे नाखून भुलाए नहीं जा सकते । तुम वही प्राचीनतम नख एवं दंत वाले पशु हो । तुम नाखूनों को चाहे जितना काटो वे बढ़ते ही रहेंगे । अतः प्रकृति मनुष्य को आदिमानव रूप की याद दिलाती है ।

प्रश्न 5. लेखक क्यों पूछता है कि मनुष्य किस ओर बढ़ रहा है पशुता की ओर या मनुष्यता की ओर ?

उत्तर-लेखक का मानना है कि नाखून बढ़ना मनुष्य की पशुता की निशानी है और नाखून काटना मनुष्यता की। किन्तु, उसे आश्चर्य है कि जब मनुष्यता की रक्षा के लिए मनुष्य नाखून काटता है तब इतना मारक अस्त्र का निर्माण वह क्यों करता है ? अस्त्र-शस्त्र भी तो नाखून की तरह पशुता की ही निशानी है। इसलिए, लेखक का प्रश्न उचित है। इसलिए, लेखक अस्त्रों के बढ़ते प्रयोग को देकर यह प्रश्न पूछता है।

प्रश्न 6. लेखक के अनुसार, सफलता और चरितार्थता क्या है 2018AI

उत्तर-लेखक के अनुसार, सफलता और चरितार्थता में अंतर है। सफलता मनुष्यों का बड़े आडंबर के साथ मारणास्त्रों के संचयन से, बाह्य उपकरणों के बाहुल्य से उस वस्तु को पाना है जिसकी उसे चाहत है। जबकि प्रेमपूर्वक व्यवहार, मैत्रीपूर्ण व्यवहार, त्याग की भावना, अपने को सबके मंगल के लिए निःशेषध भाव से समर्पित करना मनुष्य की चरितार्थता है।

प्रश्न 7. नाखून बढ़ने का प्रश्न लेखक के सामने कैसे उपस्थित हुआ ?

उत्तर-नाखून क्यों बढ़ते हैं, यह प्रश्न लेखक के सामने उनकी छोटी पुत्री द्वारा एक दिन उपस्थिति किया गया। इस प्रकार, इस प्रश्न ने लेखक को इसका विचार करने के लिए आन्दोलित किया।

प्रश्न 8. नख बढ़ाना और उन्हें काटना कैसे मनुष्य की सहजात वृत्तियाँ हैं ? इनका क्या अभिप्राय है

उत्तर-नख बढ़ाना और उन्हें काटना मनुष्य की अभ्यास जन्य सहज वृत्तियाँ हैं। शरीर ने अपने भीतर एक ऐसा सहज गुण पैदा कर लिया है जो अनायास हीकाम करता है । असल में सहजात वृत्तियाँ अनजान स्मृतियों को कहते हैं। मनुष्य के भीतर नख बढ़ने की जो सहजात वृत्ति है, वह उसके पशुत्व का प्रमाण है और उन्हें काटने की जो प्रवृत्ति है, वह उसकी मनुष्यता की निशानी है।

यद्यपि पशुत्व के चिह्न उसके भीतर रह गये हैं। लेकिन, वह पशुत्व को छोड़ चुका है क्योंकि पशु बनकर वह आगे नहीं बढ़ सकता । अतः लेखक के कहने का अभिप्राय यह है कि जब तक मनुष्य अस्त्र बढ़ाने की ओर उन्मुख है, उसमें पशुता की निशानी शेष है क्योंकि अस्त्र-शस्त्र बढ़ाने की प्रवृत्ति मनुष्यता की विरोधिनी है ।

दीर्घ उत्तरीय प्रश्न :

प्रश्न 1. लेखक हजारी प्रसाद द्विवेदी ने किस प्रसंग में कहा है कि बंदरिया मनुष्य का आदर्श नहीं बन सकती ? लेखक का अभिप्राय स्पष्ट करें। [2022AII]

उत्तर-लेखक का कहना है कि अपने आप पर अपने आप के द्वारा लगाया हुआ बंधन हमारी संस्कृति की बड़ी विशेषता है। मैं ऐसा नहीं मानता यानी यह लेखक का विचार है कि जो कुछ हमारा पुराना है, जो कुछ हमारा विशेष है, हमारी पहचान है, धरोहर है, उससे हम चिपटे रहें। पुराने का मोह सदैव हितकारी नहीं होता। मरे हुए बच्चे को गोद में लेकर जिस प्रकार बंदरिया घुमती-फिरती है-वह कभी भी हमारा आदर्श नहीं बन सकती।

लेकिन, व्यामोह से मुक्त रहते हुए नयी खोजों के साथ नशे की हालत में भी नहीं रहना है कि हम अपना सर्वस्व ही खो दे। यहाँ पुरातनता की खामियों से सबक लेते हुए नवीनता को ग्रहण करने का आग्रह है। लेकिन, लेखक सचेत करता है कि मोह और नशे की हालत में नहीं। दूरदर्शिता और संयत, सतर्क रहकर ही हम प्राचीन और नवीन के बीच संगम सेतु का निर्माण कर सकते हैं और इस सृष्टि की, अपनी अस्मिता की रक्षा कर सकते हैं।

नागरी लिपि (गुनाकर मुले)

1. नागरी लिपि के आरंभिक लेख हमें कहाँ से मिलते हैं?

(a) पूर्वी भारत   (b) पश्चिमी भारत
(c) दक्षिणी भारत   (d) उत्तरी भारत
उत्तर: (c) दक्षिणी भारत

2. बेतमा दानपत्र किस समय का है?

(a) 1020 ई.   (b) 1021 ई.   (c) 1022 ई.   (d) 1023 ई.
उत्तर: (b) 1021 ई.

3. उत्तर भारत से नागरी लिपि के लेख कब से मिलने लगते हैं?

(a) आठवीं सदी (b) छठी सदी (c) नौवीं सदी (d) चौथी सदी
उत्तर: (a) आठवीं सदी

4. गुणाकर मुले ने मिडिल स्तर की पढ़ाई किस भाषा में की?
(a) मराठी भाषा में
(b) पंजाबी भाषा में
(c) बांग्ला भाषा में
(d) अंग्रेजी भाषा में
उत्तर: (a) मराठी भाषा में

5. गुणाकर मुले ने अंग्रेजी व हिन्दी की पढ़ाई कहाँ पर की?
(a) दिल्ली में
(b) जौनपुर में
(c) वर्धा में
(d) इलाहाबाद में
उत्तर: (c) वर्धा में

6. नेपाली भाषा किस लिपि में लिखी जाती है?
(a) गुरूमुखी लिपि में
(b) खरोष्ट लिपि में
(c) ब्राह्मणी लिपि में
(d) देवनागरी लिपि में
उत्तर: (d) देवनागरी लिपि में

7. गुणाकर मूले का जन्म कब हुआ था?
(a) 1935 ई० में
(b) 1936 ई. में
(c) 1937 ई. में
(d) 1938 ई० में
उत्तर: (b) 1936 ई. में

8. गुणाकर मूले का जन्म कहाँ हुआ था?
(a) केरल
(b) तमिलनाडु
(c) महाराष्ट्र
(d) उत्तर प्रदेश
उत्तर: (c) महाराष्ट्र

9. इन्होंने किस पुस्तक में पुरानी लिपियों की विस्तृत जानकारी दी है?
(a) संस्कृति
(b) अक्षर कथा
(c) प्राचीन भारत का इतिहास
(d) पुरालिपिशास्त्र
उत्तर: (d) पुरालिपिशास्त्र

10. गुप्तों की राजधानी को क्या कहा जाता था?
(a) पाटलिपुत्र
(b) कुसुमपुर
(c) विलासपुर
(d) देवनगर
उत्तर: (a) पाटलिपुत्र

11. बांग्ला लिपि प्राचीन नागरी लिपि की क्या है?
(a) पुत्री (b) बहन (c) भगिनी (d) बहू
उत्तर: (a) पुत्री

12. केरल के शासकों द्वारा सिक्कों पर 'वीर केरलस्य' शब्द किस लिपि में लिखा गया है?
(a) नागरी लिपि में
(b) ब्राह्मी लिपि में
(c) नंदिनागरी लिपि में
(d) गुरूमुखी लिपि में
उत्तर: (b) ब्राह्मी लिपि में

13. पहले-पहल किन राजाओं के लेखों की लिपि को ही नंदिनागरी नाम दिया गया था?
(a) देवगिरि के राजाओं का (b) विजयनगर के राजाओं का
(c) राष्ट्रकूट के राजाओं का (d) चोल राजाओं का
उत्तर: (b) विजयनगर के राजाओं का

14. उत्तर भारत की विशेष स्थापत्य शैली को क्या कहते है?
(a) ललित शैली
(b) अभिनागर शैली
(c) विभ्राट शैली
(d) नागर शैली
उत्तर: (d) नागर शैलीZ

15. देवनागरी लिपि में मुद्रण के टाइप कब बने?
(a) दो सदी पहले
(b) दो दशक पहले
(c) बीसवीं सदी में
(d) 11वीं सदी में

उत्तर: (c) बीसवीं सदी में

16. नागरी लिपि कब एक सार्वदेशिक लिपि थी?
(a) पन्द्रहवीं सदी में
(b) ईसा पूर्व काल में
(c) 8वीं-11वीं सदी में
(d) कभी नहीं
उत्तर: (c) 8वीं-11वीं सदी में

17. पहले दक्षिण भारत की नागरी लिपि क्या कहलाती थी?
(a) नंदिनागरी (b) कोंकणी (c) ब्राही (d) सिद्धम
उत्तर: (a) नंदिनागरी

18. गुणाकर मूले ने विभिन्न विषयों पर कितने निबंध लिखे?
(a) 1500 से अधिक
(b) 2500 से अधिक
(c) 3500 से अधिक
(d) 4500 से अधिक
उत्तर: (c) 3500 से अधिक

19. 'भारतीय लिपियों की कहानी' किसकी प्रसिद्ध रचना है?
(a) गुणाकर मूले
(b) नलिन विलोचन शर्मा
(c) महादेवी वर्मा
(d) सुमित्रानंदन पंत
उत्तर: (a) गुणाकर मूले

20. इस्लामी शासकों का आरंभ काल कब से माना जाता है?
(a) 12वीं सदी से
(b) 13वीं सदी से
(c) 14वीं सदी से
(d) 15वीं सदी से
उत्तर: (b) 13वीं सदी से

21. गुणाकर मूले की मृत्यु कब हुई?
(a) 1995 ई. में
(b) 1999 ई. में
(c) 2005 ई. में
(d) 2009 ई. में
उत्तर: (c) 2005 ई. में

22. किस शासक ने अपने सिक्कों पर राम-सीता की आकृति और नागरी लिपि में 'रामसीय' शब्द अंकित करवाए थे?
(a) शेरशाह सूरी
(b) हरिहर
(c) अकबर
(d) चंद्रगुप्त द्वितीय
उत्तर: (b) हरिहर

23. 'नागरी लिपि' शीर्षक निबंध के लेखक कौन हैं?
(a) गुणाकर मुले
(b) रामचंद्र शुक्ल
(c) डॉ. भोलानाथ तिवारी
(d) बाबूराम सक्सेना
उत्तर: (a) गुणाकर मुले

24. 'नागरी लिपि' शीर्षक पाठ किस पुस्तक से लिया गया है?
(a) अक्षरों की कहानी
(b) भारतीय लिपियों की कहानी
(c) अक्षर कथा
(d) इनमें कोई नहीं
उत्तर: (b) भारतीय लिपियों की कहानी

25. मराठी भाषा की लिपि कौन-सी है?
(a) ब्राह्मी (b) नंदिनागरी
(c) देवनागरी (d) मराठी लिपि
उत्तर: (c) देवनागरी

[26] टकसाल का संबंध है ?
(a) सिक्कों से
(b) अभिलेखों से
(c) लिपि से
(d) अनाज के ढेरों से
उत्तर: (a) सिक्कों से

[27] श्रवणबेलगोला स्थान का संबंध है ?
(a) जैन धर्म से
(b) बौद्ध धर्म से

(c) सिक्ख धर्म से   (d) वैष्णव धर्म से
उत्तर: (a) जैन धर्म से

[28] 'सिद्धम' क्या है?
(a) मंत्र (b) सिद्ध योगी (c) साधु (d) एक प्रकार की लिपि
उत्तर: (d) एक प्रकार की लिपि

[29] किसे 'देवनगरी' की संज्ञा दी गई है ?
(a) प्रयाग (b) काशी (c) मथुरा (d) उज्जैन
उत्तर: (b) काशी

[30] हिन्दी के आदिकवि कौन हैं?
(a) सरहपाद (b) तुलसी (c) वाल्मीकि (d) निराला
उत्तर: (a) सरहपाद

[31] अमोघवर्ष कौन था?
(a) एक विद्वान   (b) प्रख्यात राष्ट्रकूट राजा
(c) एक कवि   (d) राजवैद्य
उत्तर: (b) प्रख्यात राष्ट्रकूट राजा

[32] मिहिर भोज की ग्वालियर प्रशस्ति किस भाषा में है ?
(a) प्राकृत (b) अपभ्रंश (c) संस्कृत (d) हिन्दी
उत्तर: (c) संस्कृत

[33] 'बेतमा' कहाँ है?
(a) इंदौर के पास   (b) इलाहाबाद के पास
(c) पुणे के पास   (d) पटना के पास
उत्तर: (a) इंदौर के पास

[34] दक्षिण भारत के पांड्य प्रदेश से किस राजा के पलियम ताम्रपत्र मिले हैं?
(a) महेंद्रपाल (b) राजा वरगुण (c) राजा भोज (d) श्रीगंग राजा
उत्तर: (b) राजा वरगुण

प्रश्न 1. देवनागरी लिपि में कौन-सी भाषाएँ लिखी जाती है ?J2011C, 2016A1, 2022A11
उत्तर- देवनागरी लिपि में हिन्दी तथा इसकी विविध बोलियाँ, हमारे पड़ोसी देश नेपाल की नेपाली (खसकुरा) व नेवारी भाषाएँ तथा मराठी भाषाएँ लिखी जाती है।

प्रश्न 2. नागरी लिपि कब तक सार्वदेशिक लिपि थी ? 12012A, 2013CL
उत्तर-नागरी लिपि किसी नगर विशेष की लिपि नहीं थी। ईसा की आठवीं नौवीं सदी से नागरी लिपि का प्रचलन सारे देश में था। उस समय तक यह एक 'सार्वदेशिक लिपि' मानी जाती रही हैं। यह लिपि काफी लोकप्रिय थी। इस लिपि का प्रचार-प्रसार सार्वदेशिक और सार्वकालिक रहा है।

प्रश्न 3. नागरी को देवनागरी क्यों कहते हैं ? लेखक इस संबंध में क्या बताता है ? [2013C, 2015C
उत्तर- नागरी को उत्तर भारत में 'देवनागरी' कहा जाता है। लेखक के अनुसार देवनागरी लिपि से संबद्ध कई मत हैं। एक मत के अनुसार, काशी देवनगरी है, इसलिए यहाँ चलने वाली लिपि 'देवनागरी' कहलायी दूसरे मत के अनुसार, चन्द्रगुप्त (द्वितीय) 'विक्रमादित्य' का व्यक्तिगत नाम देव था। इसलिए गुप्तों की राजधानी पटना को देवनगर और यहाँ प्रचलित लिपि को देवनागरी कहा गया। किन्तु, लेखक यह सब प्रामाणिक नहीं मानता।

प्रश्न 4. देवनागरी लिपि के अक्षरों में स्थिरता कैसे आयी है ? [2015AL, 2021AI]
उत्तर- लगभग दो सौ वर्ष पहले देवनागरी लिपि के टाइप बने और इसमें पुस्तकें छपने लगी तब इसके अक्षरों में स्थिरता आई है। यानी टाइप बनने के कारण अक्षरों में स्थिरता आई।

प्रश्न 5. लेखक ने पटना से नागरी का क्या संबंध बताया है ? [2018AII
उत्तर- लेखक का दूसरा मत है कि नागरी शब्द किसी नगर अर्थात् बड़े शहर से संबंधित है। 'पादताडितकम्' नामक एक नाटक में ऐसी जानकारी मिलती है कि पाटलिपुत्र (पटना) को नगर कहते थे। हम यह भी जानते हैं कि स्थापत्य की उत्तर भारत की एक विशेष शैली को 'नागर शैली' कहते हैं। अतः नगरी या नागरी शब्द 'पटना' से संबंध रखता है। एक और मत है कि चन्द्रगुप्त विक्रमादित्य का व्यक्तिगत नाम 'देव' था और इनकी राजधानी पटना को देवनगर कहा जाता होगा।

प्रश्न 6. गुर्जर-प्रतिहार कौन थे ? [2019C]
उत्तर-गुर्जर-प्रतिहार को भारत के बाहर से आया शासक माना जाता है। ईसा की आठवीं सदी के पूर्वार्द्ध में अवंती प्रदेश में इन्होंने अपना शासन खड़ा किया और बाद में, कन्नौज पर भी अधिकार कर लिया। मिहिर भोज, महेन्द्रपाल आदि प्रसिद्ध प्रतिहार शासक थे।

प्रश्न 7. उत्तर भारत में किन शासकों के प्राचीन नागरी लेख प्राप्त होते हैं ? [2023A[]
उत्तर- उत्तर भारत में मेवाड़ के गुहिल, सांभर-अजमेर के चौहान, कन्नौज के गहड़वाल, काठियावाड़-गुजरात के सोलंकी, आबू के परमार, जेजाकभुक्ति के चंदेल तथा त्रिपुरा के कलचुरि शासकों के लेख नागरी लिपि में है।

प्रश्न 8. लेखक गुणाकर मुले ने किन भारतीय लिपियों से देवनागरी लिपि का संबंध बताया है ? [2024AII]
उत्तर- लेखक ने संस्कृत, प्राकृत, गुजराती, बंगाली तथा ब्राह्मणी लिपियों से देवनागरी का संबंध बताया है। नागरी या नंदिनागरी भी देवनागरी के समान है।

बहादुर (अमरकांत)

[1] 'मौत का नगर' किस लेखक की कहानी-संग्रह है ?
(a) अनामिका   (b) महादेवी वर्मा
(c) डॉ० रामविलास शर्मा   (d) अमरकान्त
उत्तर: (d) अमरकान्त

[2] अमरकान्त को किस कहानी लेखन के लिए पुरस्कृत किया गया ?
(a) मौत का नगर   (b) ग्राम सेविका
(c) डिप्टी कलक्टरी   (d) जिंदगी और जोंक
उत्तर: (d) जिंदगी और जोंक

[3] 'बीच की दीवार' किसकी रचना है ?
(a) रामचन्द्र शुक्ल   (b) अमरकांत
(c) बाबू राम सक्सेना   (d) गुणाकर मुले
उत्तर: (b) अमरकांत

[4] "नौ-दो ग्यारह होना" मुहावरे का अर्थ क्या है ?
(a) रूक जाना   (b) भाग जाना
(c) मार देना   (d) मर जाना
उत्तर: (b) भाग जाना

[5] "बहादुर, तुमको अपनी माँ की याद आती है।" ऐसा कौन पूछता है ?
(a) निर्मला   (b) किशोर   (c) लेखक(d) इनमें से कोई नहीं
उत्तर: (c) लेखक

[6] किसने बहादुर की डंडे से पिटाई कर दी ?
(a) कहानीकार (b) किशोर (c) फौजी (d) पहरेदार
उत्तर: (b) किशोर

[7] नाश्ता-पानी के बाद बातों की क्या छनने लगी ?
(a) पुरी   (b) पुआ   (c) जलेबी   (d) इनमें सभी
उत्तर: (d) इनमें सभी
[8] 'बहादुर' शीर्षक कहानी के लेखक कौन हैं ?
(a) अमरकांत   (b) राजेन्द्र यादव
(c) कमलेश्वर   (d) ज्ञान रंजन
उत्तर: (a) अमरकांत
[9] निर्मला कौन थी ?
(a) कहानीकार की नौकरानी (b) कहानीकार की बहन
(c) कहानीकार की पत्नी   (d) कहानीकार की मौसी
उत्तर: (c) कहानीकार की पत्नी
[10] बहादुर कहाँ से भागकर आया था ?
(a) पूना से   (b) इंदौर से   (c) पटना से   (d) नेपाल से
उत्तर: (d) नेपाल से
[11] कहानीकार के लड़के का नाम क्या था ?
(a) किसलय (b) काशू (c) केशू (d) किशोर
उत्तर: (d) किशोर
[12] बहादुर कौन था ?
(a) कहानीकार का चपरासी (b) पहरेदार
(c) नौकर   (d) फौजी
उत्तर: (c) नौकर
[13] अमरकांत जी ने स्वाधीनता संग्राम में कब भाग लिया ?
(a) 1943 ई० में (b) 1941 ई. में (c) 1942 ई० में (d) 1939 ई. में
उत्तर: (c) 1942 ई० में
[14] बहादुर अपने घर से क्यों भाग गया था ?
(a) गरीबी के कारण   (b) माँ की मार के कारण
(c) शहर घूमने के लिए   (d) भ्रमवश
उत्तर: (b) माँ की मार के कारण
[15] रिश्तेदार की पत्नी के कितने रुपए खो गए थे ?
(a) ग्यारह रुपए (b) पचास रुपए (c) बीस रुपए (d) सौ रुपए
उत्तर: (a) ग्यारह रुपए
[16] रुपए खोने का प्रपंच किसने रचा था ?
(a) कहानीकार के मित्र ने   (b) कहानीकार के भाई ने
(c) कहानीकार के रिश्तेदार ने (d) कहानीकार के साले ने
उत्तर: (c) कहानीकार के रिश्तेदार ने
[17] "जहाँ प्रतिष्ठा नहीं, वहाँ क्या रहना" यह विचार किसके मन में उत्पन्न हुआ ?
(a) किशोर (b) निर्मला (c) बहादुर (d) लेखक
उत्तर: (c) बहादुर
[18] बहादुर लेखक के घर से अचानक क्यों चल दिया ?
(a) दूसरी नौकरी मिल जाने के कारण
(b) माँ की याद आने के कारण
(c) स्वयं के प्रति लेखक तथा उसके घरवालों के व्यवहार में आए परिवर्तन के कारण
(d) उपर्युक्त सभी
उत्तर: (d) उपर्युक्त सभी
[19] 'बहादुर' कहानी के लेखक अमरकान्त का जन्म कब हुआ ?
(a) 1920 ई० में (b) 1925 ई० में (c) 1930 ई० में (d) 1935 ई. में
उत्तर: (b) 1925 ई० में

[20] अमरकान्त का जन्म कहाँ हुआ ?
(a) बलिया, उत्तर प्रदेश   (b) छपरा, बिहार
(c) इलाहाबाद, उत्तर प्रदेश (d) खगड़िया, बिहार
उत्तर: (a) बलिया, उत्तर प्रदेश
[21] अमरकांत को किस पुरस्कार से सम्मानित किया गया ?
(a) पद्मभूषण (b) साहित्य अकादमी पुरस्कार
(c) भारत रत्न (d) इनमें से कोई नहीं
उत्तर: (b) साहित्य अकादमी पुरस्कार
[22] "जिंदगी और जोंक" किसकी कहानी है ?
(a) प्रेमचंद   (b) सुदर्शन   (c) महीप सिंह (d) अमरकांत
उत्तर: (d) अमरकांत
[23] बहादुर का पूरा नाम क्या था ?
(a) खुश बहादुर   (b) दिल बहादुर
(c) कुल बहादुर   (d) गुल बहादुर
उत्तर: (b) दिल बहादुर
[24] निर्मला आँखों पर क्या रखकर रोने लगी ?
(a) रूमाल   (b) हाथ   (c) आँचल   (d) इनमें कोई नहीं
उत्तर: (c) आँचल
[25] लेखक के घर में किसकी नितांत आवश्यकता थी ?
(a) नौकर की (b) चापलूस की
(c) चपरासी की   (d) पहरेदार की
उत्तर: (a) नौकर की
[26] माँ के डर से लड़का रात भर कहाँ छिपा रहा ?
(a) पहाड़ों पर (b) जंगलों में (c) पड़ोसी के घर (d) विद्यालय में
उत्तर: (c) पड़ोसी के घर
[27] लड़के ने हंडिया से कितने रुपये निकाले ?
(a) पाँच रुपये (b) दो रुपये (c) तीन रुपये (d) छह रुपये
उत्तर: (c) तीन रुपये
[28] इस मुहल्ले में बहुत .... लोग रहते हैं ?
(a) तुच्छ (b) धनी (c) गरीब (d) विश्वासी
उत्तर: (c) गरीब
[29] बहादुर लेखक की पत्नी निर्मला को किस रूप में देखता था?
(a) देवी के रूप में   (b) बहन के रूप में
(c) भाभी के रूप में   (d) माँ के रूप में
उत्तर: (d) माँ के रूप में
[30] बहादुर पर कितने रुपये की चोरी का इल्जाम लगा था ?
(a) 10 रुपये (b) 11 रुपये (c) 12 रुपये (d) 13 रुपये
उत्तर: (b) 11 रुपये

Sunjective Question
लघु उत्तरीय प्रश्न
प्रश्न 1. अपने शब्दों में पहली बार दिखे बहादुर का वर्णन कीजिए। [2011AI]
उत्तर- पहली बार दिखा बहादुर अपनी आँखें मटका रहा था। उसकी उम्र उस समय बारह-तेरह वर्ष की थी। उसका शरीर ढिगना चकइठ था। उसका रंग गोरा और मुँह चपटा था। वह सफेद नेकर, आधी बाँह की सफेद कमीज और भूरे रंग का पुराना जूता पहने था। उसके गले में स्काउटों की तरह एक रूमाल बँधा था।
प्रश्न 2. बहादुर अपने घर से क्यों भाग गया था ? [2024AII]

अथवा, किन कारणों से बहादुर ने एक दिन लेखक का घर छोड़ दिया ? 'बहादुर' शीर्षक कहानी के अनुसार लिखें । [2011AI, 2019AI, 2022C]

उत्तर- बहादुर के पिता का निधन युद्ध में हो गया था। उसकी माँ उसका भरण-पोषण करती थी। माँ उसकी बड़ी गुस्सैल थी। उसकी गलतियों पर काफी पीटती थी। एक दिन भैंस की पिटाई का काल्पनिक अनुमान करके उसकी माँ एक डंडे से बहादुर की दुगुनी पिटाई की और उसको वहीं कराहता हुआ छोड़कर घर लौट गई। इससे बहादुर का मन माँ से फट गया और वह घर से भाग गया

प्रश्न 3. बहादुर के चले जाने पर सबको पछतावा क्यों होता है ? [2011C, 13C, 22AI]

उत्तर-बहादुर सीधा-सादा लड़का था । उससे सबको आराम मिलता था और सबके अहंकार की तुष्टि होती थी। लोग उसे नाहक मारते और गाली भी देते थे तथा चोरी का इल्जाम लगाकर अपमानित भी किया। उसके चले जाने पर सबको अपनी भूल का एहसास हुआ, इसलिए पछतावा हुआ।

प्रश्न 4. 'बहादुर' कहानी के शीर्षक की सार्थकता स्पष्ट कीजिए ।[2012C]

अथवा लेखक ने इसका शीर्षक 'नौकर' क्यों नहीं रखा ?

उत्तर- 'बहादुर' शीर्षक कहानी के अनुकूल है। यह कहानी का केन्द्र-बिन्दु है क्योंकि पूरी कहानी उसी पर आधारित है। यह शीर्षक बोलने में सीधा तथा है । प्रथम दृष्टि में, कहानी आकर्षक तथा गूढ़ार्थ के लिए भी दिखता है। कहानी की कथावस्तु शीर्षक के साथ काफी मेल खाती है। अत: यह शीर्षक पूरा सार्थक है सरल लेखक बहादुर को घर के सदस्य की तरह मानता था और उसका चरित्र भी बिल्कुल साफ-सुथरा था।इसलिए उसकी स्मृति में लिखी गयी इस कहानी को शीर्षक नौकर रखना उसे उचित नहीं लगा

प्रश्न 5. बहादुर के आने से लेखक के घर और परिवार के सदस्यों पर कैसा प्रभाव पड़ा ?2013C]

उत्तर-'बहादुर के आने से लेखक के घर और परिवार के लोगों का दिन मजे से कटने लगा। बहादुर के आने से लेखक के घर और परिवार के लोगों पर रौनक छा गयी थी। सब उससे छेड़ खानियाँ करते तथा उसके खाने और नाश्ते की बड़ी फिक्र रहती । निर्मला पड़ोसियों को नौकर के प्रति अपनी दिलदारी सुनाती । लड़के, बच्चे अपना रोब-द्राब दिखाते। घर के लोग आराम तलब हो गये

प्रश्न 6. बहादुर पर ही चोरी का आरोप क्यों लगाया जाता है और उस पर इस आरोप का क्या असर पड़ता है ? [2017AII]

उत्तर- लेखक के घर आए रिश्तेदार ने सोचा कि इस घर में बहादुर नौकर है और वह बाहरी सदस्य है। उस पर आरोप लगाने से इस घटना को वास्तविक मान लेंगे। ईमानदार बहादुर को इस घटना पर अत्यंत क्षोभ होता है। उसकी आत्मा को कष्ट होता है। वह उदास रहने लगता है। इस घटना के बाद उससे दुर्व्यवहार बढ़ जाता है। लेखक का लड़का तो जैसे उसकी जान के पीछे पड़ गया। अन्ततः बहादुर चोरी के आरोप के कारण लेखक का घर छोड़कर चल जाता है।

प्रश्न 7. बहादुर ने लेखक का घर क्यों छोड़ दिया ? [2019A]

उत्तर- एक दिन लेखक के घर आए रिश्तेदार ने बहादुर पर रुपये चोरी का आरोप लगा देता है। गलत आरोप के कारण बहादुर इनकार कर दिया। फिर भी, उसे डराया धमकाया और पीटा जाता है। इस घटना के बाद बहादुर काफी डाँट-मार खाने लगा। घर के सभी लोग कुत्ते की तरह दुर-दुराया करते। किशोर तो जैसे उसकी जान के पीछे पड़ गया था। ईमानदार बहादुर को इस घटना पर अत्यन्त क्षोभ होता है और वह लेखक का घर छोड़कर चला जाता है।

प्रश्न 8. लेखक को क्यों लगता है कि नौकर रखना बहुत जरूरी है। [2020AII, 2024AII]

उत्तर- लेखक के सभी रिश्तेदार अच्छे ओहदों पर थे और उन सभी के यहाँ नौकर थे। लेखक जब बहन की शादी में घर गया तो वहाँ नौकरों का सुख देखा। उनकी दोनों भाभियाँ रानी की तरह बैठकर चारपाइयाँ तोड़ती थी, जब कि पत्नी निर्मला को सवेरे से लेकर रात तक खटना पड़ता था।

वापस आने पर उनकी पत्नी निर्मला दोनों पहर नौकर-चाकर की माला जपने लगी और भाग्य को कोसते अपने को अभागिन और दुखिया स्त्री मानने लगी। ऐसी परिस्थितियों में, लेखक 'को नौकर रखना बहुत जरूरी हो गया था। बहादुर सीधा-सादा लड़का था। उससे सबको । आराम से मिलता था और सबके अहंकार की तुष्टि होती थी।

लोग उसे नाहक मारते और गाली भी देते थे तथा चोरी का इल्जाम लगाकर अपमानित भी किया। उसके चले जाने पर सबको अपनी भूल का एहसास हुआ। इसलिए पछतावा हुआ।

दीर्घ उत्तरीय प्रश्न :

प्रश्न 1. 'बहादुर' शीर्षक कहानी छोटा मुँह बड़ी बात कहती है। इस दृष्टि से 'बहादुर' कहानी पर विचार करें लिखी गई है[2018AJ

उत्तर- बहादुर शीर्षक कहानी हिन्दी के सशक्त कथाकार अमरकांत द्वारा बहादुर एक गरीब नेपाली मूल का लड़का था। वह लेखक के यहाँ नौकर के रूप में लाया गया था। वह एक हँसमुख और मेहनती था। बहादुर गरीब तो था । किन्तु, ईमानदार । वह नौकर था। लेकिन, कर्त्तव्यनिष्ठ और स्वाभिमानी था।

बहादुर सामाजिक और आर्थिक स्थिति में मालिक के आगे बौना था । किन्तु, अपनी विश्वसनीयता, सच्चाई और ईमानदारी के बल पर लेखक को अनुभव करने पर विवश कर देता है। इस आधार पर कहा जा सकता है कि कहानी छोटा मुँह बड़ी बात कहती हैं।

व्याख्या करें: "

अगर वह कुछ चुराकर ले गया होता तो संतोष हो जाता।[2024AI]

उत्तर- हिन्दी कथा-साहित्य के महान् कथाकार अमरकान्त द्वारा लिखित हामी 'महादुर' शीर्षक पाठ से उद्धृत है । इसमें कथाकार ने आपके साथ अपनी सेवा देने वाले नौकर बहादुर के त्याग पर अपनी अटकी है जब शाम में कार्यालय से घर लौटा तो पत्नी एवं पुत्र किशोर को अपनी पतियों पर अफसोस प्रकट करते हुए देखा ।

लेखक को अपनी पत्नी की उस बात पर कि अतिथि ने अपनी गलती तथा लाज छिपाने के लिए ऐसा प्रपंच इच्छा था । बहादुर निर्दोष था । उसने रुपये नहीं चुराए थे। लेखक इस बात से आहत होता है तथा उसे अपनी गलती महसूस होती है। लेखक इससे भी अधिक तब दुःखी होता है जब वह जानता है कि वह खाली हाथ गया है। उसके सारे सामान यही है ।

लेखक उसकी सेवा एवं त्याग पर अनुभव करता है कि स्वाभिमानी व्यक्ति देखा नहीं प्रेम का भूखा होता है। वह आन्तरिक व्यथा प्रकट करते हुए कहता है "अगर वह कुछ चुराकर ले गया होता तो संतोष हो जाता ।" लोक में ऐसा कहकर बहादुर के प्रति कृतज्ञता तथा अपनी लघुता या आत्मग्लानि का भाव प्रकट किया है।

परम्परा का मूल्यांकन
(रामविलास शर्मा)

1. 'परम्परा का मूल्यांकन' किसकी कृति है?
(A) रामविलास शर्मा (B) रामधारी सिंह दिनकर
(C) अशोक वाजपेयी (D) यतीन्द्र मिश्र
उत्तर: (A) रामविलास शर्मा

2. प्रगतिशील आलोचना का विकास होता है-
(A) धर्म के ज्ञान से (B) साहित्य की परम्परा के ज्ञान से
(C) कला के ज्ञान से (D) इतिहास के ज्ञान से
उत्तर: (B) साहित्य की परम्परा के ज्ञान से

3. 'परम्परा का मूल्यांकन' पाठ के रचनाकार हैं-
(A) यतीन्द्र मिश्र (B) रवीन्द्रनाथ टैगोर
(C) रामविलास शर्मा (D) गुणाकर मूले
उत्तर: (C) रामविलास शर्मा

4. तारसप्तक में कितने कवियों की कविताएँ संगृहीत हैं?
(A) चार (B) पाँच (C) छह (D) सात
उत्तर: (D) सात

5. रामविलास शर्मा का जन्म कब हुआ था?
(A) 10 अक्टूबर, 1912 (B) 20 सितम्बर, 1913
(C) 25 नवम्बर, 1914 (D) 10 अक्टूबर, 1911
उत्तर: (A) 10 अक्टूबर, 1912

6. साहित्य की परंपरा का पूर्ण ज्ञान किस व्यवस्था में संभव है?
(A) पूँजीवादी व्यवस्था में (B) जातिवादी व्यवस्था में
(C) समाजवादी व्यवस्था में (D) भौतिकवादी व्यवस्था में
उत्तर: (C) समाजवादी व्यवस्था में

7. रामविलास शर्मा ने बीए कब किया?
(A) 1932 ई. में (B) 1934 ई. में (C) 1933 ई. में (D) 1931 ई. में
उत्तर: (A) 1932 ई. में

8. साहित्य सापेक्ष रूप में क्या होता है?
(A) पराधीन (B) जड़ (C) परतंत्र (D) स्वाधीन
उत्तर: (D) स्वाधीन

9. 'वायरन' किस भाषा के कवि हैं?
(A) हिन्दी (B) संस्कृत (C) अंग्रेजी (D) फ्रेंच
उत्तर: (C) अंग्रेजी

10. साहित्य में विकास प्रक्रिया किस तरह सम्पन्न होती है?
(A) समाज की तरह (B) जंगल की तरह
(C) शहर की तरह (D) परिवार की तरह
उत्तर: (A) समाज की तरह

11. 'निराला की साहित्य साधना' किनकी कृति है?
(A) दूधनाथ सिंह (B) रघुवीर सहाय
(C) रामविलास शर्मा (D) मुक्तिबोध
उत्तर: (C) रामविलास शर्मा

12. 'परंपरा का मूल्यांकन' किस विधा की रचना है?
(A) कहानी (B) निबंध (C) संस्मरण (D) लघु कथा

उत्तर: (B) निबंध

13. 'निराला की साहित्य साधना' कितने खण्डों में रचित है?
(A) 2 खण्डों में (B) 3 खण्डों में (C) 4 खण्डों में (D) 5 खण्डों में
उत्तर: (B) 3 खण्डों में

14. रामविलास शर्मा किस संस्थान के निदेशक बने?
(A) के० एम० हिन्दी संस्थान (B) जे. एम. हिन्दी संस्थान
(C) हिन्दी साहित्य अकादमी (D) राष्ट्रभाषा परिषद
उत्तर: (D) राष्ट्रभाषा परिषद

15. 'प्रेमचन्द और उनका युग' किनकी रचना है?
(A) प्रेमचन्द (B) डॉ. मुरली मनोहर जोशी
(C) दिनकर (D) डॉ. रामविलास शर्मा
उत्तर: (D) डॉ. रामविलास शर्मा

16. 'एथेंस' किस महादेश में है?
(A) यूरोप (B) एशिया (C) अमेरिका (D) ऑस्ट्रेलिया
उत्तर: (A) यूरोप

17. लैटिन कवि कौन हैं?
(A) वर्जिल (B) वायरन (C) शेक्सपियर (D) रेनर मारिया रिल्के
उत्तर: (A) वर्जिल

18. अज्ञेय ने 'तारसप्तक' कब सम्पादित किया?
(A) 1941 ई. में (B) 1943 ई. में (C) 1945 ई. में (D) 1947 ई. में
उत्तर: (B) 1943 ई. में

19. रामविलास शर्मा ने बी. ए. किस विश्वविद्यालय से किया?
(A) दिल्ली विश्वविद्यालय (B) लखनऊ विश्वविद्यालय
(C) प्रयाग विश्वविद्यालय (D) पटना विश्वविद्यालय
उत्तर: (C) प्रयाग विश्वविद्यालय

20. रामविलास शर्मा ने लखनऊ विश्वविद्यालय के किस विभाग में अध्यापन कार्य किया था?
(A) संस्कृत (B) हिन्दी (C) इतिहास (D) अंग्रेजी
उत्तर: (D) अंग्रेजी

21. 'निराला की साहित्य साधना' के रचनाकार हैं-
(A) रमाधारी सिंह 'दिनकर' (B) शिवपूजन सहाय
(C) अशोक वाजपेयी (D) रामविलास शर्मा
उत्तर: (D) रामविलास शर्मा

22. किन लोगों के लिए साहित्य की परम्परा का ज्ञान सबसे आवश्यक है?
(A) जो लकीर के फकीर हैं
(B) जो रूढ़िवादी हैं
(C) जो साहित्य में युग परिवर्तन करना चाहते हैं
(D) जो साहित्यकार बनना चाहते हैं
उत्तर: (C) जो साहित्य में युग परिवर्तन करना चाहते हैं

23. साहित्य सापेक्ष रूप में होता है-
(A) पराधीन (B) स्वाधीन (C) कालाधीन (D) राज्याधीन
उत्तर: (B) स्वाधीन

24. साहित्य के निर्माण में किनकी भूमिका निर्णायक है?
(A) प्रतिभाशाली मनुष्यों की (B) भाग्यवादी मनुष्यों की
(C) परिश्रमी मनुष्यों की (D) पूँजीपति मनुष्यों की
उत्तर: (A) प्रतिभाशाली मनुष्यों की

25. 'अविच्छिन्न' का शाब्दिक अर्थ है-
(A) खण्डित (B) अटूट (C) प्रवाहित (D) ठहराव
उत्तर: (B) अटूट

26. कौन-सा ऐसा गुलाम देश था जिसकी सभ्यता ने सारे यूरोप को प्रभावित किया?

(A) भारत (B) अमेरिका (C) दक्षिण अफ्रीका (D) एथेन्स

उत्तर: (D) एथेन्स

27. 'आदिम' का अर्थ है-

(A) आदमी (B) अति प्राचीन (C) अर्वाचीन (D) वनमानुष

उत्तर: (B) अति प्राचीन

28. किस वर्ष की क्रांति के बाद रूसी और गैर-रूसी जातियों के आपसी संबंधों में बहुत बड़ा परिवर्तन हुआ?

(A) 1915 (B) 1916 (C) 1917 (D) 1918

उत्तर: (C) 1917

29. सभ्यता का हर स्तर क्या नहीं होता?

(A) धर्मयुद्ध (B) कर्मयुद्ध (C) वर्गयुद्ध (D) द्वंद्वयुद्ध

उत्तर: (A) धर्मयुद्ध

30. 'शर्माजी' ने पुरस्कार की राशि किसे दानस्वरूप दी?

(A) गरीबों को (B) बेरोजगारों को
(C) भारत सरकार को (D) राज्य सरकार को

उत्तर: (C) भारत सरकार को

Subjective question
लघु उत्तरीय प्रश्न

प्रश्न 1. साहित्य का कौन-सा पक्ष अपेक्षाकृत स्थायी होता है ? इस संबंध में लेखक की राय स्पष्ट करें। [2011C]

उत्तर- साहित्य का वह पक्ष अपेक्षाकृत स्थायी हैं, जिसमें मनुष्य का इन्द्रियबोध उसकी भावनाएँ करती है। साहित्य का संबंध सम्पूर्ण जीवन से है। आर्थिक के अलावा मनुष्य प्राणी के रूप में भी अपना जीवन बिताता है। कई भावनाएँ साहित्य में प्रतिफलित होती है जो उसे प्राणी मात्र से जोड़ती है । इस प्रकार, साहित्य विचारधारा मात्र नहीं बल्कि उसमें मनुष्य का इन्द्रयबोध तथा भावनाएँ भी प्रकट होती हैं । साहित्य का यह पक्ष अपेक्षाकृत स्थायी होता है ।

प्रश्न 2. साहित्य के निर्माण में प्रतिभा की भूमिका स्वीकार करते हुए लेखक किन खतरों से आगाह करता है (2011C)

उत्तर- साहित्य के निर्माण में प्रतिभाशाली व्यक्ति की भूमिका निर्णायक होती है । किन्तु इसका यह अर्थ नहीं कि ये लोग जोते हैं, वह सब अच्छा ही होता है। उनकी रचनाओं में कोई दोष नहीं होते। लेकिन, कला को पूर्णतः
निर्दोष होना भी दोष है, क्योंकि ऐसी कला निर्जीव होती है। इसीलिए प्रतिभाशाली व्यक्तियों की अद्वितीय उपलब्धियों के बाद कुछ नया और उल्लेखनीय करने की गुंजाईश बनी हुई रहती है । अतः लेखक के कहने का उद्देश्य यह है कि इन खतरों से बचने के लिए कला में भावात्मक सौन्दर्य पर ध्यान रखना आवश्यक है।

प्रश्न 3. परम्परा का ज्ञान किसके लिए सबसे ज्यादा आवश्यक है और [2014C, 2015C, 2015A1, 2016AII, 2019AI]

उत्तर- जो लोग रूढ़ियाँ तोड़कर क्रांतिकारी साहित्य की रचना करना चाहते अथवा जो लोग साहित्य में एक नयी परम्परा का आरम्भ करना चाहते हैं, उनके लिए परम्परा का ज्ञान अतिआवश्यक है। क्योंकि वे लोग समाज में बुनियादी परिवर्तन करके वर्गहीन शोषणमुक्त समाज की स्थापना करना चाहते हैं। साहित्य के परम्परा के ज्ञान से ही प्रगतिशील आलोचना का विकास होता है।

प्रश्न 4. बहुजातीय राष्ट्र की हैसियत से कोई भी देश भारत का मुकाबला क्यों नहीं कर सकता है ? 12017AI, 2024AI]

उत्तर- भारत की राष्ट्रीयता एक जाति द्वारा दूसरी जातियों पर प्रभुत्व स्थापित कर स्थापित नहीं हुई है। यह राष्ट्रीयता मुख्यतः संस्कृति और इतिहास की देन है जिसके निर्माण में कवियों का सर्वोच्च स्थान है। रामायण, महाभारत आदि इसके साहित्य की आन्तरिक एकता स्थापित करती है। किसी भी बहुजातीय राष्ट्र के।सामाजिक विकास में कवियों की ऐसी निर्णायक भूमिका नहीं रही। इसलिए वे भारत का मुकाबला नहीं कर सकते।

प्रश्न 5. साहित्य सापेक्ष रूप से स्वाधीन क्यों होता है ? [2018C

उत्तर- साहित्य सापेक्ष रूप में स्वाधीन होता है। इस मत को प्रमाणित करने के लिए लेखक ने अमेरिका तथा एथेन्स की गुलामी के विषय में अपना विचार प्रकट किया है । लेखक का कहना है कि गुलामी अमेरिका में थी तथा गुलामी एथेन्स में भी थी । लेकिन, एथेन्स की सभ्यता ने सारे यूरोप को प्रभावित किया । लेकिन, अमेरिकी मालिकों ने मानव संस्कृति को कुछ भी नहीं दिया। सामन्तवाद सारे संसार में कायम था। किंतु सामंती दुनिया में महान कविता के केन्द्र भारत तथा ईरान थे । पूँजीवादी विकास यूरोप में हुआ। लेकिन, रैफेल, लेओनार्दो दा विंची और माइकल ऐंजेलो इटली की देन है । यही कारण है कि द्वन्द्वात्मक भौतिकवाद मनुष्य की चेतना को आर्थिक संबंधों से प्रभावित मानते हुए उसकी सापेक्ष स्वाधीनता स्वीकार करता है। उनका मानना है कि न तो मनुष्य परिस्थितियों का नियामक है और न ही परिस्थितियाँ मनुष्य के नियामक है।

प्रश्न 6. राजनीतिक मूल्यों से साहित्य के मूल्य अधिक स्थायी कैसे होते हैं ? परम्परा का मूल्यांकन शीर्षक पाठ के अनुसार उत्तर लिखें।। [2022AIL

उत्तर- राजनीतिक मूल्य राज्यों और परिस्थितियों के अनुसार बदलते रहते हैं क्योंकि राजनीति में घात-प्रतिघात चलते रहते हैं। घात-प्रतिघात सामाजिक मूल्यों के भी होते हैं। किन्तु, इन दोनों मूल्यों की गूँज में अन्तर होता है। राजनीतिक मूल्य सम्पूर्ण समाज को एकरूप में प्रभावित नहीं करता जबकि साहित्यिक मूल्य व्यापक रूप में अपना प्रभाव डालता है। इस सम्बन्ध में, लेखक ने कवि टेनीसन, शेक्सपीयर, मिल्टन तथा शैली के काव्यों का उदाहरण प्रस्तुत करते हुए लिखा है कि टेनीसन ने लैटिन कवि वर्जिल पर एक बड़ी अच्छी कविता लिखी थीं। इसमें उन्होंने लिखा है कि रोमन साम्राज्य का वैभव समाप्त हो गया। परन्तु, वर्जिल के काव्य सागर की ध्वनि तरंगें हमें अभी सुनाई देती हैं और हृदय को अद्भूत आनन्द प्रदान करती है।

दीर्घ उत्तरीय प्रश्न :

प्रश्न 1. परंपरा का मूल्यांकन निबंध का समापन करते हुए लेखक कैसा स्वप्न देखता है? उसे साकार करने में परम्परा की क्या भूमिका हो सकती है ? विचार करें। [2018AII

उत्तर- निबन्ध के अन्त में, लेखक भारत में अधिक से अधिक लोगों के साक्षर होने का स्वप्न देखता है ताकि अधिक से अधिक नए पाठक उत्पन्न होंगे और देश, काल तथा रचना की सीमा के परे सभी भाषाओं का अध्ययन करेंगे। तब विभिन्न

भाषाओं में रचना हमारा साहित्य सारे देश की सम्पत्ति बनेगा और साहित्य की गौरवशाली परम्परा का नवीन योगदान होगा।

प्रश्न 2. किस तरह समाजवाद हमारी राष्ट्रीय आवश्यकता है ? इस प्रसंग में लेखक के विचारों पर प्रकाश डालें।
[2021AII]

उत्तर-भारत एक विशाल गणतांत्रिक देश है। इसमें विपुल प्राकृतिक संसाधन की क्षमता है। पूँजीवादी व्यवस्था इन प्राकृतिक संसाधनों का सही इस्तेमाल नहीं कर सकती क्योंकि पूँजीवादी व्यवस्था में शक्ति का इतना अपव्यय होता है कि उसका कोई हिसाब न रहता। समाजवादी व्यवस्था ही विशाल भारत की विशाल प्राकृतिक सम्पदा का सही उपयोग कर सकती है। गुलामी की अवस्था में भारत का विकास अवरूद्ध हो गया था। अतः देश के त्वरित और तीव्र विकास के लिए भारत में समाजवाद आवश्यक है।

जित जित में निरखत हु (पंडित बिरजू महाराज)

1. पंडित बिरजू महाराज किस कला से संबंधित हैं?
(A) नाट्य कला से   (B) नृत्य कला से
(C) संगीत कला से   (D) चित्रकला से
उत्तर: (B) नृत्य कला से

2. बिरजू महाराज किस घराने से आते हैं?
(A) लखनऊ   (B) दरभंगा   (C) जयपुर   (D) कानपुर
उत्तर: (A) लखनऊ

3. 'जित-जित मैं निरखत हूँ' किस विधा की रचना है?
(A) व्यक्ति चित्र   (B) निबंध   (C) आत्मकथा   (D) साक्षात्कार
उत्तर: (C) आत्मकथा

4. बिरजू महाराज के बाबूजी हनुमान जी का प्रसाद क्यों माँगे थे?
(A) नौकरी मिलने हेतु   (B) नौकरी छूटने हेतु
(C) नृत्य में सफलता हेतु   (D) बालक के स्वास्थ्य हेतु
उत्तर: (D) बालक के स्वास्थ्य हेतु

5. बिरजू महाराज का जन्म हुआ था –
(A) शुक्रवार बसंत पंचमी के दिन
(B) शुक्रवार बसंत पंचमी के एक दिन पहले
(C) शुक्रवार बसंत पंचमी के एक दिन बाद
(D) शुक्रवार बसंत पंचमी के दो दिन बाद
उत्तर: (A) शुक्रवार बसंत पंचमी के दिन

6. कितने वर्ष की उम्र में बिरजू महाराज नवाब साहब को पसंद आ गए थे?
(A) चार साल   (B) पाँच साल   (C) छः साल   (D) सात साल
उत्तर: (B) पाँच साल

7. दिल्ली में हिन्दुस्तानी डान्स म्यूजिक स्कूल किनका था?
(A) निर्मलाजी का   (B) विमलाजी का   (C) श्यामाजी का   (D) प्रतिभाजी का
उत्तर: (C) श्यामाजी का

8. बाबूजी की मृत्यु के समय बिरजू महाराज जी की उम्र क्या थी?
(A) नौ साल का   (B) दस साल का   (C) छह साल का   (D) साढ़े नौ साल का
उत्तर: (D) साढ़े नौ साल का

9. बिरजू महाराज की शादी कितने वर्ष की उम्र में हुई थी?
(A) 18 साल में   (B) 19 साल में   (C) 20 साल में   (D) 21 साल में
उत्तर: (C) 20 साल में

10. बाबूजी के साथ बिरजू महाराज का आखिरी प्रोग्राम कहाँ था?
(A) मैनपुरी में   (B) इन्द्रपुरी में
(C) देवपुरी में   (D) जनकपुरी में
उत्तर: (A) मैनपुरी में

11. आखिरी प्रोग्राम के समय बिरजू महाराज के बाबूजी कितने साल के थे?
(A) 53 साल   (B) 54 साल   (C) 55 साल   (D) 56 साल
उत्तर: (C) 55 साल

12. बिरजू महाराज किसके पर्यायवाची बन गए हैं?
(A) राजस्थानी नृत्य   (B) शास्त्रीय संगीत
(C) कथक   (D) भांगड़ा
उत्तर: (C) कथक

13. बिरजू महाराज को तालीम किनसे मिली थी?
(A) माताजी से   (B) पिताजी से
(C) पड़ोसी से   (D) मित्र से
उत्तर: (B) पिताजी से

14. रश्मि बाजपेयी संपादक हैं –
(A) नटरंग पत्रिका की   (B) रंगकर्म पत्रिका की
(C) नटराज पत्रिका की   (D) रंगमंच पत्रिका की
उत्तर: (A) नटरंग पत्रिका की

15. बिरजू महाराज ने गण्डा बाँधने पर बाबजी को गुरु दक्षिणा के रूप कितनी राशि अर्पित की?
(A) 200 रु०   (B) 300 रु०   (C) 400 रु०   (D) 500 रु०
उत्तर: (B) 300 रु०

16. बिरजू महाराज की शिष्या हैं –
(A) रेशमी बाजपेयी   (B) रश्मि वाजपेयी
(C) रेशमा बाजपेयी   (D) कल्पना बाजपेयी
उत्तर: (B) रश्मि वाजपेयी

17. बिरजू महाराज को संगीत नाटक अकादेमी अवार्ड कब मिला?
(A) 27 साल की उम्र में   (B) 31 साल की उम्र में
(C) 29 साल की उम्र में   (D) 30 साल की उम्र में
उत्तर: (C) 29 साल की उम्र में

18. बिरजू महाराज के शागिर्द हैं-
(A) शाश्वती   (B) भानुमती   (C) सरस्वती   (D) स्वाती
उत्तर: (A) शाश्वती

19. गण्डा बाँधना का अर्थ है-
(A) दीक्षित करना   (B) दक्षिणा देना
(C) सूता बाँधना   (D) गोद लेना
उत्तर: (A) दीक्षित करना

20. पंडित बिरजू महाराज का जन्म कब हुआ था?
(A) 4 जनवरी, 1938 में   (B) 4 फरवरी, 1938 में
(C) 4 मार्च, 1938 में   (D) 4 अप्रैल, 1938 में
उत्तर: (A) 4 जनवरी, 1938 में

21. बिरजू महाराज का जन्म कहाँ हुआ था?
(A) इलाहाबाद में   (B) लखनऊ में   (C) कानपुर में   (D) पटना में
उत्तर: (B) लखनऊ में

22. शंभू महाराज बिरजू महाराज के कौन थे?
(A) मौसा   (B) भाई   (C) पिता   (D) चाचा

उत्तर: (D) चाचा

23. 'नटरंग' पत्रिका का संबंध है-
(A) नाटक   (B) रंगकर्म   (C) कहानी   (D) खेल जगत
उत्तर: (B) रंगकर्म

24. बिरजू महाराज का साक्षात्कार किसने लिया है?
(A) अर्चना   (B) शाश्वती   (C) दीपा   (D) रश्मि वाजपेयी
उत्तर: (D) रश्मि वाजपेयी

25. बिरजू महाराज किस लड़के को डांस सिखाते थे?
(A) राधेश्याम बागला को   (B) गौरीशंकर बागला को
(C) सीताराम बागला को   (D) राधामोहन बागला को
उत्तर: (D) राधामोहन बागला को

26. बिरजू महाराज की पहली शिष्या कौन थी?
(A) दुर्गा   (B) अनुराधा   (C) रश्मि   (D) रमा
उत्तर: (A) दुर्गा

27. बिरजू महाराज की प्रारंभिक नृत्य शिक्षा किनसे प्राप्त हुई?
(A) पिताजी से   (B) माताजी से
(C) कपिलाजी से   (D) इनमें से सभी
उत्तर: (A) पिताजी से

28. किस उम्र में बिरजू महाराज नृत्यकला में पारंगत हो गए?
(A) 7 वर्ष की (B) 8 वर्ष की (C) 9 वर्ष की (D) 10 वर्ष की
उत्तर: (C) 9 वर्ष की

29. बिरजू महाराज को 'संगीत नाटक अकादमी पुरस्कार' कब प्राप्त हुआ?
(A) 1965 ई. में (B) 1968 ई. में (C) 1970 ई. में (D) 1972 ई. में
उत्तर: (B) 1968 ई. में

30. पंडित बिरजू महाराज का जन्म कब हुआ था?
(A) 4 जनवरी, 1938 में   (B) 4 फरवरी, 1938 में
(C) 4 मार्च, 1938 में   (D) 4 अप्रैल, 1938 में
उत्तर: (A) 4 जनवरी, 1938 में

31. बिरजू महाराज की प्रारंभिक नृत्य शिक्षा किनसे प्राप्त हुई?
(A) पिताजी से (B) माताजी से (C) कपिलाजी से (D) इनमें से सभी
उत्तर: (A) पिताजी से

32. किस उम्र में बिरजू महाराज नृत्यकला में पारंगत हो गए?
(A) 7 वर्ष की (B) 8 वर्ष की (C) 9 वर्ष की (D) 10 वर्ष की
उत्तर: (C) 9 वर्ष की

33. बिरजू महाराज के पिता क्या थे?
(A) प्रसिद्ध संगीतज्ञ   (B) प्रसिद्ध नाट्यकार
(C) प्रसिद्ध कलाप्रेमी   (D) प्रसिद्ध नर्तक
उत्तर: (D) प्रसिद्ध नर्तक

34. बिरजू महाराज की पहली शिष्या कौन थी?
(A) दुर्गा   (B) अनुराधा   (C) रश्मि   (D) रमा
उत्तर: (A) दुर्गा

35. बिरजू महाराज को 'संगीत-भारती' से जोड़ने में किनका योगदान था?
(A) पिताजी का   (B) माताजी का
(C) कपिलाजी का   (D) इनमें किसी का नहीं
उत्तर: (C) कपिलाजी का

प्रश्न 1. लखनऊ और रामपुर से बिरजू महाराज का क्या संबंध था ? [2012A]
उत्तर- महान् प्रतिभाशाली कलाकार पंडित बिरजू महाराज का जन्म 1938 में हुआ था। ई० में लखनऊ में हुआ था जबकि उनकी बहनों का जन्म रामपुर लखनऊ में उन्होंने बहुत समय तक अपना जीवन व्यतीत किया था। लखनऊ में ही उनकी मुलाकात निर्मला जी से हुई थी जिन्होंने उन्हें कथक डांस करने की सलाह दी थी, जिस कारण उनके जीवन की नई शुरूआज हुई। इस प्रकार, लखनऊ और रामपुर से बिरजू महाराज का घनिष्ठ संबंध था।

प्रश्न 2. बिरजू महाराज के गुरू कौन थे ? उनका संक्षिप्त परिचय दें। [2013A, 2014AI, 2019AII]
उत्तर- बिरजू महाराज के गुरु इसके पिता थे जिनका नाम लच्छू महाराज था। इनके पिता प्रख्यात नर्तक थे। बिरजू महाराज के जन्म के समय उनके पिता रायगढ़ आदि राजाओं के यहाँ थे। 54 साल की उम्र में 'लू' लगने से उनकी मृत्युहो गई। बिरजू महाराज की माँ भी उनकी गुरू थी। बिरजू महाराज के अनुसार, उनकी माँ उनके लिए एज़ामिनर जज थी। बिरजू महाराज को अपने पिता के कला-ज्ञान पर गर्व था तो माँ पर अतिविश्वास। इसी कारण, बिरजू महाराज ने अपने पिता को गुरू तथा माता को गुरुवाइन के रूप में माना।

प्रश्न 3. शम्भू महाराज के साथ बिरजू महाराज के संबंध पर प्रकाश डालिए ।[2013C]
उत्तर- शम्भू महाराज बिरजू महाराज के चाचा थे । बिरजू महाराज को बचपन से उनका मार्गनिर्देशन मिला । भारतीय कलाकेन्द्र में उनका सान्निध्य मिला। उन्हीं का सहायक रहकर बिरजू महाराज ने सफलता प्राप्त की । शम्भूमहाराज के साथ बिरजू महाराज बचपन में नाचा करते थे ।

प्रश्न 4. कलकत्ते के दर्शकों की प्रशंसा का बिरजू महाराज के नर्तक मन पर क्या प्रभाव पड़ा ? [2013C]
उत्तर- कलकत्ते के एक कॉन्फ्रेंस ने बिरजू महाराज के नाच पर खूब प्रशंसा की। इस प्रशंसा का बिरजू महाराज पर काफी असर हुआ । इनके जीवन में एक नया मोड़ आया और आगे उन्होंने इतने कठोर मेहनत की कि वे हमेशा बढते ही रहे । कलकत्ते के प्रोग्राम के बाद बिरजू महाराज का नाम अखबारों में छपा और उनका आत्मविश्वास जागा ।

प्रश्न 5. बिरजू महाराज की अपने शागिर्दों के बारे में क्या राय है ? [2014AII]
उत्तर- बिरजू महाराज अपनी शिष्या रश्मि वाजपेयी को भी अपना शागिर्द मानते हैं। वे उन्हें शाश्वती कहते हैं। इसके साथ-साथ वैरोनिक, फिलिप, मेक्लीन, टॉक, तीरथ प्रताप, दुर्गा इत्यादि को उन्होंने प्रमुख शागिर्द बताया है। वे लोग नृत्य हुए हैं।के क्षेत्र में प्रगति कर रहे हैं और प्रगतिशील बने

प्रश्न 6. बिरजू महाराज अपना सबसे बड़ा जज किसको मानते थे ?[2018AI]
उत्तर- बिरजू महाराज अपना सबसे बड़ा जज अपनी माँ को मानते थे। जब भी वे नाच देखती थी तो बिरजू जी पूछते थे कि गलत तो नहीं कर रहा हूँ। उनका पूछने का मतलब था कि बाबूजी वाला ढंग है न; कहीं गड़बड़ तो नहीं हो रही। माँ कहती थी कि नहीं बेटा। उन्हीं की तुम तस्वीर हो। बैठने उठने, बोलने, नृत्य करने का सारा कुछ पिता का ही है। इस

प्रकार बिरजू महाराज की माँ जज के रूप में निर्णय देकर बेटे को प्रोत्साहित करती थी।

प्रश्न 7. बिरजू महाराज के जीवन में सबसे दुखद समय कब आया ?[2020]

उत्तर- बिरजू महाराज के जीवन में सबसे दुखद समय उस समय आया जब उनके पिता की मृत्यु हुई। तब बिरजू महाराज केवल साढ़े नौ साल के थे। घर की हालत बहुत खस्ता थीं। घर में इतने भी पैसे नहीं थे कि उनका दसवाँ हो सकें। इसके लिए बिरजू महाराज ने दो कार्यक्रम करके 500 रुपये जमा किये तब जाकर पिताजी की तेरहवीं हुई। पिता की मृत्यु और उस हालत में नाचना बिरजू महाराज के लिए बड़ा दुःखद अनुभव था।

प्रश्न 8. नृत्य की शिक्षा के लिए पहले-पहले बिरजू महाराज किस संस्था से जुड़े और वहाँ किनके सम्पर्क में आएँ ? [2021AII]

उत्तर- नृत्य की शिक्षा के लिए सर्वप्रथम बिरजू महाराज दिल्ली की 'हिन्दुस्तानी डान्स म्यूजिक' संस्था से जुड़े। वहाँ लीला कृपलानी और कपिला जी के सम्पर्क में आए।

अविन्यो (अशोक बाजपेयी)

1. 'आविन्यों' के रचनाकार हैं –
(A) कैलाश वाजपेयी (B) किशोरीदास वाजपेयी
(C) अटलबिहारी वाजपेयी (D) अशोक वाजपेयी
उत्तर: (D) अशोक वाजपेयी

2. 'आविन्यों' कहाँ स्थित है ?
(A) फ्रांस (B) रूस (C) भारत (D) मिस्र
उत्तर: (A) फ्रांस

3. अशोक वाजपेयी के पिता का नाम है –
(A) श्यामानन्द वाजपेयी (B) रामानन्द वाजपेयी
(C) परमानन्द वाजपेयी (D) देवानन्द वाजपेयी
उत्तर: (B) रामानन्द वाजपेयी

4. अशोक वाजपेयी का जन्म कब हुआ था ?
(A) 14 जनवरी, 1941 में (B) 15 जनवरी, 1941 में
(C) 16 जनवरी, 1941 में (D) 17 जनवरी, 1941 में
उत्तर: (A) 14 जनवरी, 1941 में

5. अशोक वाजपेयी का मूल निवास कहाँ है ?
(A) मध्यप्रदेश (B) छत्तीसगढ़ (C) उत्तरप्रदेश (D) राजस्थान
उत्तर: (A) मध्यप्रदेश

6. अशोक वाजपेयी की माता का नाम है-
(A) कमला देवी (B) विमला देवी (C) निर्मला देवी (D) लीला देवी
उत्तर: (C) निर्मला देवी

7. 'वीलनव्व ल आविन्यों' का अर्थ होता है –
(A) आविन्यों का नया आदमी (B) आविन्यों का नया गाँव
(C) आविन्यों की नदी (D) आविन्यों का पर्वत
उत्तर: (A) आविन्यों का नया आदमी

8. रोन नदी के दूसरी ओर आविन्या का एक आर हिस्सा है जो कहा जाता है-
(A) आविन्यों ल विलनत्व (B) वीलनव्व ल आविन्यों
(C) वीलनत्व (D) नव्विल आविन्यों
उत्तर: (C) वीलनत्व

9. 'एक पतंग अनंत में' किनकी रचना है ?
(A) गुणाकर मूले (B) यतीन्द्र मिश्र
(C) हजारी प्रसाद द्विवेदी (D) अशोक वाजपेयी

उत्तर: (D) अशोक वाजपेयी

10. आविन्यों किस नदी के किनारे हैं ?
(A) सोन (B) रोन (C) झेलम (D) माइन्स
उत्तर: (B) रोन

11. अशोक वाजपेयी ने किस पत्रिका का सम्पादन किया ?
(A) समवेत (B) यंग इंडिया (C) पाञ्चजन्य (D) नट रंग
उत्तर: (A) समवेत

12. अशोक वाजपेयी का जन्म कहाँ हुआ ?
(A) दुर्ग, छत्तीसगढ़ (B) करमलीचक, बिहार
(C) इलाहाबाद, उत्तरप्रदेश (D) इनमें कोई नहीं
उत्तर: (A) दुर्ग, छत्तीसगढ़

13. आविन्यों दक्षिणी फ्रांस का एक पुराना ....है ।
(A) बौद्ध मठ (B) शहर (C) सनातन मठ (D) गुरुकुल
उत्तर: (B) शहर

14. आविन्यों किस देश में है?
(A) अमेरिका (B) भारत (C) दक्षिणी फ्रांस (D) दक्षिण अफ्रीका
उत्तर: (C) दक्षिणी फ्रांस

15. पीटर बुक की कौन-सी विवादास्पद रचना का प्रस्तुति आविन्यों में किया जानेवाला था ?
(A) रामायण (B) महाभारत (C) गीता (D) पुराण
उत्तर: (B) महाभारत

16. किसने पोप की गतिविधियों पर नजर रखने के लिए किला बनवाया था ?
(A) डच शासकों ने (B) फ्रेंच शासकों ने
(C) यूनानी शासकों ने (D) एथेन्स शासकों ने
उत्तर: (B) फ्रेंच शासकों ने

17. 'नदी के किनारे भी नदी है' गद्यकाव्य किसकी कृति है ?
(A) अज्ञेय की (B) अशोक वाजपेयी की
(C) शांतिप्रिय द्विवेदी की (D) विद्यानिवास मिश्र की
उत्तर: (B) अशोक वाजपेयी की

18. कर्थुसियन सम्प्रदाय का ईसाई मठ था-
(A) शत्रूज लॉ (B) ला शत्रु गृह (C) ला शत्रूज (D) लाल शत्रु ला
उत्तर: (C) ला शत्रूज

19. कुमार गंधर्व क्या है?
(A) गीतकार (B) शास्त्रीय गायक (C) कलाकार (D) चित्रकार
उत्तर: (B) शास्त्रीय गायक

20. 'आविन्यों' पाठ रचित है-
(A) अशोक वाजपेयी द्वारा (B) मैक्समूलर द्वारा
(C) अज्ञेय द्वारा (D) महावीर द्विवेदी द्वारा
उत्तर: (A) अशोक वाजपेयी द्वारा

21. 'वीलनव्य' है-
(A) छोटा-सा गाँव (B) छोटा-सा कस्बा
(C) छोटा-सा शहर (D) बड़ा शहर
उत्तर: (B) छोटा-सा कस्बा

22. आविन्यों फ्रांस का एक प्रमुख रहा है –
(A) संगीत केन्द्र (B) कला केन्द्र (C) नृत्य केन्द्र (D) श्रवण केन्द्र
उत्तर: (B) कला केन्द्र

23. अशोक वाजपेयी को फ्रेंच सरकार द्वारा दिया जानेवाला पुरस्कार है-

(A) ऑफिसर आव् द ऑर्डर आव् क्रॉस
(B) साहित्य अकादमी पुरस्कार
(C) दयावती मोदी कवि शेखर सम्मान
(D) इनमें सभी
उत्तर: (D) इनमें सभी
24. 'आंद्रे ब्रेता' क्या है ?
(A) कवि (B) कथाकार (C) रंगकर्मी (D) रंग-संगीतकार
उत्तर: (A) कवि
25. 'शहर अब भी संभावना है' कृति किसकी है ?
(A) विमल मित्र की   (B) उपेन्द्रनाथ 'अश्क' की
(C) गिरिधर गोपाल की   (D) अशोक वाजपेयी की
उत्तर: (D) अशोक वाजपेयी की
26. अशोक वाजपेयी 'ला शत्रूज' में कितने दिनों तक रहे ?
(A) उन्नीस दिन   (B) सात दिन
(C) एक महीना   (D) बीस दिन
उत्तर: (A) उन्नीस दिन
27. अशोक वाजपेयी का 24 अक्टूबर से 10 नवम्बर, 1994 तक कुल कितनी रचनाएँ की ?
(A) 5 कविता, 7 गद्य   (B) 15 कविता, 17 गद्य
(C) 25 कविता, 27 गद्य   (D) 35 कविता, 27 गद्य
उत्तर: (C) 25 कविता, 27 गद्य
28. पिकासो की प्रसिद्ध रचना का शीर्षक है-
(A) वीलनव्व ल आविन्यों   (B) ल मादामोजेल द आविन्यों
(C) ला शत्रूज   (D) नदी के किनारे भी नदी है
उत्तर: (B) ल मादामोजेल द आविन्यों
29. अशोक वाजपेयी की रचनात्मक प्रतिभा कौन है ?
(A) प्रतीक्षा करते हैं पत्थर   (B) नदी के किनारे भी नदी है
(C) (A) और (B) दोनों   (D) इनमें कोई नहीं
उत्तर: (C) (A) और (B) दोनों

Subjective Question

प्रश्न 1. लेखक आविन्यों किस में गए थे ? यहाँ उन्होंने क्या देखा सूना ?
उत्तर- लेखक आविन्यों में आयोजित होने वाले रंग समारोह में नियंत्रित होने पर मिल होने गए थे । आविन्या सोन नदी के किनारे एक नगर। यहाँ लेखक ने किले से कुछ दूर पत्थरों की एक खदान में रंग- समारोह की अन्य प्रस्तुति देखी। इस समारोह के दौरान वहाँ अनेक चर्च और पुराने स्थान रंगस्थतियों में बजाते थे। लेखक ने वहाँ समारोह की ती देवी महा काव्यात्मक | कुमार का भी नाम लेता। यह सब देखकर लेखक मांचित हो गया

2. हर बरस आविन्यों में कब और कैसा समारोह हुआ करताहै ? (2014AII
उत्तर-आविन्यों, दक्षिण फ्रांस में न नदी के किनारे बसा पुराना शहर है। जहाँ कुछ समय के लिए पोप की राजधानी थी और अब गर्मियों में फ्रांस और यूरोप का एक अत्यंत प्रसिद्ध और लोकप्रिय रंग समारोह हर बरस होता है। रंगकर्मी, रंग, संगीतकार, अभिनेता, नाटककार आदि वहाँ आते हैं और रचनात्मक कार्य करते हैं।

प्रश्न 3, नदी के तट पर लेखक को किसकी याद आती है और क्यों ? [2014C]
उत्तर-नदी के तट पर लेखक को विनोद कुमार शुक्ल की याद आती है, क्योंकि उन्होंने अपनी कविता में 'नदी चेहरा

लोगों' से मिलने की बात कही है। लेखक का कहना है कि नदी किनारे रहने वाले ही नदी-चेहरा नहीं हो जाते बल्कि वे भी नदी- चेहरा हो जाते, जो नदी के किनारे बैठते हैं। तात्पर्य यह कि यदि कोई नदी के किनारे बैठकर नदी को, कल-कल छल-छल करती धारा की मधुर ध्वनि का आनंद लेता है, वह भावुकतावश कल्पना लोक में विचरण करने लगता है और रस सिक्त हृदय की भाँति किसी को अनदेखी नहीं करता, अपितु सबको समान रूप में काव्य-रस से अभिसिंचित करता है।

प्रश्न 4, लेखक आविन्यों क्या साथ लेकर गए थे और वहाँ कितने दिनों तक रहे ? लेखक की उपलब्धि क्या रही ? [2015C, 2016AIJ
उत्तर-लेखक आविन्यों के यात्रा में अपने साथ टाइपराइटर मशीन, तीन-चार पुस्तकें और संगीत के कुछ टेप्स ले गए थे। जहाँ लेखक उन्नीस दिन तक रहे। इस अवधि में लेखक ने पैतीस कविताएँ और सत्ताईस गद्य रचनाएँ लिखीं ।

प्रश्न 5. ला शत्रुज का अन्तरंग विवरण अपने शब्दों में प्रस्तुत करते हुए यह स्पष्ट कीजिए कि लेखक ने उसके स्थापत्य को 'मौन का स्थापत्य' क्यों कहा है ?[2018C]
उत्तर-'ला शत्रूज' में दो-दो कमरों के सुसज्जित चैम्बर्स है। यहाँ आधुनिक रसोईघर और स्नानघर भी हैं। अत्याधुनिक संगीत व्यवस्था उपलब्ध है । ला शत्रुज के प्रत्येक चैम्बर्स का मुख्य द्वार कब्रगाह के चारों ओर बने गलियारों में खुलते हैं। पीछे भी दरवाजा तथा आँगन है। चूँकि कार्थिसयन सम्प्रदाय मौन में विश्वास करता है । यहाँ बिल्कुल मौन रहता है । इसलिए लेखक ने इसके स्थापत्य को 'मौन का स्थापत्य' कहा है

मछली (विनोद कुमार शुक्ल)
1. संतू भीगने से बचने के लिए कहाँ खड़ा हो गया?
(A) पेड़ के नीचे   (B) मकान के नीचे
(C) झोपड़ी के नीचे   (D) छाता के नीचे
उत्तर: (A) पेड़ के नीचे
2. 'लगभग जयहिन्द' शुक्लजी की रचना है-
(A) काव्य-संग्रह   (B) उपन्यास
(C) कहानी-संग्रह   (D) इनमें से कोई नहीं
उत्तर: (A) काव्य-संग्रह
3. शुक्लजी 'इंदिरा गाँधी कृषि विश्वविद्यालय' में किस पद पर थे?
(A) किरानी   (B) एसोसिएट प्रोफेसर
(C) मेंटेनेंस इनचार्ज   (D) इनमें से कोई नहीं
उत्तर: (B) एसोसिएट प्रोफेसर
4. 'पेड़ पर कमरा' किनकी रचना है?
(A) वीरेन डंगवाल   (B) रामविलास शर्मा
(C) रामचन्द्र शुक्ल   (D) विनोद कुमार शुक्ल
उत्तर: (D) विनोद कुमार शुक्ल
5. 'मछली' कहानी शुक्लजी के किस संकलन से ली गई है?
(A) महाविद्यालय से   (B) सब कुछ होना बचा रहेगा से
(C) पेड़ पर कमरा से   (D) खिलेगा तो देखेंगे से
उत्तर: (D) खिलेगा तो देखेंगे से
6. कथाकार मछली लेकर घर जाने के दरम्यान क्यों दौड़ रहे थे?

(A) मछली खाने की जल्दी थी
(B) मछली मर जाने का डर था
(C) पिताजी ने दौड़कर जाने को कहा था
(D) वर्षा के कारण
उत्तर: (B) मछली मर जाने का डर था

7. कथाकार के झोले में कितनी मछलियाँ थीं?
(A) दो   (B) तीन   (C) चार   (D) पाँच
उत्तर: (C) चार

8. पिताजी ने बाजार से कितनी मछलियाँ खरीदी थीं?
(A) एक   (B) दो   (C) तीन   (D) चार
उत्तर: (B) दो

9. विनोद कुमार शुक्ल द्वारा रचित कहानी है?
(A) बहादुर   (B) मछली   (C) विष के दाँत   (D) कुहासा
उत्तर: (B) मछली

10. विनोद कुमार शुक्ल का जन्म किस राज्य में हुआ था?
(A) हरियाणा (B) राजस्थान (C) उत्तर प्रदेश (D) छत्तीसगढ़
उत्तर: (D) छत्तीसगढ़

11. विनोद कुमार शुक्ल का पहला कविता संग्रह 'लगभग जयहिंद' कब प्रकाशित हुआ?
(A) 1970 में (B) 1971 में (C) 1972 में (D) 1973 में
उत्तर: (B) 1971 में

12. मछली से कौन डर रहा था?
(A) संतू   (B) भग्गू
(C) कथाकार की माँ   (D) कथाकार की बहन
उत्तर: (C) कथाकार की माँ

13. किस मछली की आँखों में लेखक अपनी छाया देखना चाहता था?
(A) नीचे दबी हुई मछली की (B) तैरते हुए मछली की
(C) छोटी मछली की   (D) सबसे बड़ी मछली की
उत्तर: (D) सबसे बड़ी मछली की

14. किस मछली की आँखों में झाँकने से अपनी परछाई नहीं दिखती?
(A) जीवित मछली   (B) मृत मछली
(C) तैरती हुई मछली   (D) रोहू मछली
उत्तर: (B) मृत मछली

15. 'मसाला' कौन पीस रही थी?
(A) लेखक की बहन   (B) लेखक की माँ
(C) लेखक की दादी   (D) लेखक की बुआ
उत्तर: (B) लेखक की माँ

16. 'नौकर की कमीज' किस विधा की रचना है?
(A) निबंध   (B) कहानी   (C) नाटक   (D) उपन्यास
उत्तर: (D) उपन्यास

17. कथाकार के पिताजी जब मछली खरीद रहे थे तब कितनी मछली मर गई थी?
(A) एक   (B) दो   (C) तीन   (D) चार
उत्तर: (A) एक

18. लेखक रास्ते में मन-ही-मन क्या सोच रहे थे?
(A) एक मछली पिताजी से माँग लेंगे
(B) तीनों मछलियों को पिताजी से माँग लेंगे
(C) सभी मछलियों को खा जाएँगे
(D) सभी मछलियों को कुएँ में डाल देंगे
उत्तर: (A) एक मछली पिताजी से माँग लेंगे

19. कौन ठंड से काँप रहा था?

(A) कथाकार (B) संतू (C) भग्गू (D) कथाकार की बहन
उत्तर: (B) संतू

20. किस साधन के ऊपर रखकर मछली काटी जाती थी?
(A) पत्थर के ऊपर   (B) लोहे के ऊपर
(C) पाटे के ऊपर   (D) चौकी के ऊपर
उत्तर: (C) पाटे के ऊपर

21. किसे घर में मछली या मांस बनना अच्छा नहीं लगता था?
(A) पिताजी को (B) भग्गू को (C) लेखक को (D) माँ को
उत्तर: (D) माँ को

22. 'मछली' शीर्षक कहानी कहानीकार विनोद कुमार शुक्ल के किस कहानी-संग्रह से ली गई है?
(A) पेड़ पर कमरा   (B) महाविद्यालय
(C) मानसरोवर   (D) कोठरी की बात
उत्तर: (A) पेड़ पर कमरा

23. परिवार के नौकर का क्या नाम था?
(A) संतू   (B) महंतू   (C) भग्गू   (D) नरेन
उत्तर: (A) संतू

24. कहानीकार के छोटे भाई का नाम क्या है?
(A) भग्गू   (B) जग्गू   (C) संतू   (D) दीनू
उत्तर: (B) जग्गू

25. "घर में घुसे तो साले के हाथ-पैर तोड़कर बाहर फेंक देना"-ऐसा किसने कहा था?
(A) भग्गू   (B) संतू   (C) माँ   (D) पिताजी
उत्तर: (D) पिताजी

26. संतू मछली लेकर क्यों भागा?
(A) बेचने के लिए   (B) खाने के लिए
(C) काटने के लिए   (D) कुएँ में डालने के लिए
उत्तर: (D) कुएँ में डालने के लिए

27. भग्गू संतू के पीछे-पीछे क्यों भागा?
(A) संतू को मारने के लिए (B) संतू को बुलाने के लिए
(C) मछली छीनने के लिए (D) संतू को समझाने के लिए
उत्तर: (C) मछली छीनने के लिए

29. मरी हुई मछली की आँखों में नजर आ रही थी-
(A) परछाई (B) कालापन (C) लालिमा (D) श्वेत
उत्तर: (B) कालापन

30. विनोद कुमार शुक्ल का जन्म कहाँ हुआ था?
(A) राजनाँदगाँव, छत्तीसगढ़   (B) दुर्ग, छत्तीसगढ़
(C) नेउरा, बिहार   (D) नालंदा, बिहार
उत्तर: (A) राजनाँदगाँव, छत्तीसगढ़

31. विनोद कुमार शुक्ल 'निराला सृजन पीठ' में अतिथि साहित्यकार के रूप में कब-से-कब तक रहे?
(A) 1988 से 1990 तक   (B) 1990 से 1992 तक
(C) 1992 से 1994 तक   (D) 1994 से 1996 तक
उत्तर: (C) 1992 से 1994 तक

32. शुक्लजी की कहानी-संग्रह है
(A) नौकर की कमीज (B) दीवार में एक खिड़की रहती थी
(C) खिलेगा तो देखेंगे (D) पेड़ पर कमरा
उत्तर: (C) खिलेगा तो देखेंगे

33. विनोद कुमार शुक्ल 'दयावती मोदी कवि शेखर सम्मान' से कब सम्मानित किए गए?

(A) 1993 ई. में (B) 1995 ई. में (C) 1997 ई. में (D) 1999 ई. में

उत्तर: (C) 1997 ई. में

34. मछली काटने का काम किसके द्वारा किया जाता था?

(A) पिताजी के द्वारा (B) लेखक के द्वारा
(C) पड़ोसी के द्वारा (D) भग्गू के द्वारा

उत्तर: (D) भग्गू के द्वारा

<u>**लघु उत्तरीय प्रश्न :**</u>

प्रश्न 1. मछली और दीदी में क्या समानता दिखलाई पड़ी ? स्पष्ट करें। [2013A]

उत्तर- मछली पत्थर पर पटकी जा रही थी तो दीदी पिताजी द्वारा पीटी जा रही थी। मछली पानी के बिना छटपटा रही थी तो दीदी अपने पिता के दुर्व्यवहार के कारण सिसकियाँ ले रही थी। जिस प्रकार मछलियाँ विवश थी, उसी प्रकार, पिताजी के अनुशासन के आगे दीदी भी लाचार थी। लेखक को इन स्थितियों में मछली और दीदी में समानता दिखाई देती है क्योंकि दोनों में तड़प है, विवशता है, लाचारी है अर्थात् मछली तथा दीदी दोनों ही पिताजी की संवेदनहीनता का शिकार थी।

प्रश्न 2. मछली को छूते हुए संतू क्यों हिचक रहा था ? [2015AII]

उत्तर- संतू बड़े प्यार से मछलियों की तरफ देख रहा था। वह मछलियों को छूकर देखना चाहता था। लेकिन, हिचक रहा था क्योंकि उसे डर था कि मछली उसे काट न ले।

प्रश्न 3. संतू मछली लेकर क्यों भागा ? [2018AI]

उत्तर- संतू को यह मालूम हो गया कि मछली को काटा जाएगा। यह सोचकर वह उदास हो गया। वह चाहता था कि मछली को कुएँ में डाल दिया जाए और जब उसका मन हो वह बाल्टी लगाकर कुएँ से मछली को निकालेगा और उसके साथ खेलेगा तथा फिर उसे कुएँ में डाल देगा। मछली को काटने की बात सुनकर वह व्याकुल हो गया और कुएँ में डालने के लिए मछली को लेकर भाग गया।

<u>**दीर्घ उत्तरीय प्रश्न :**</u>

प्रश्न 1. सप्रसंग व्याख्या करें : 'नहान घर की नाली क्षणभर के लिए पूरी भर गई, फिर बिलकुल खाली हो गयी।' [2022AI]

उत्तर- प्रस्तुत गद्यांश विनोद कुमार शुक्ल द्वारा लिखित कहानी 'मछली' शीर्षक पाठ से लिया गया है। इसमें लेखक ने पूरे घर में फैली मछलियों जैसे गंध के विषय में प्रकाश डाला है। लेखक का कहना है कि बाल्टी को उलटने पर पानी तो क्षण भर में निकल गया और स्नान घर की नाली बिल्कुल खाली हो गई। लेकिन, सारा घर मछलियों की गंध से भर गया। लेखक के कहने का तात्पर्य है कि जब व्यक्ति की संवेदनानष्ट हो जाती है तब वह पूरे वातावरण को दूषित बना देता है। उसके इस दोष का प्रभाव समाज पर इस प्रकार पड़ता है कि उसके मरने के बाद भी वह दोष लोगों को हँसता रहता है। अर्थात् जब बुराई फैल जाती है तो दीर्घ काल तक समाज को परेशान करती रहती है। लोगों का दम घूँट जाता है। जैसे बाल्टी मे मछली रखा पानी को बहा दिया जाता है। किन्तु, मछली की गंध कायम रहती है और पूरे परिवार को बेचैन बनाए रखती है।

नौबदतखाना (यतीन्द्र मिश्रा)

1. नौबतखाने में इबादत किस विधा में रचित है?

(A) निबंध (B) कहानी (C) आलोचना (D) व्यक्तिचित्र

<hr>

उत्तर: (D) व्यक्तिचित्र

2. बिस्मिला खाँ प्रसिद्ध .... थे?

(A) सितारवादक (B) सरोदवादक (C) गिटारवादक (D) शहनाईवादक

उत्तर: (D) शहनाईवादक

3. शहनाई के रीड किस तरह के पौधे से तैयार की जाती है?

(A) कास (B) नरकट (C) बाँस (D) सरी

उत्तर: (B) नरकट

4. 'यतीन्द्र मिश्र' का जन्म किस राज्य में हुआ था?

(A) मध्यप्रदेश (B) उत्तरप्रदेश (C) पंजाब (D) बिहार

उत्तर: (B) उत्तरप्रदेश

5. बालाजी मंदिर काशी में किस घाट पर अवस्थित है?

(A) अस्सी घाट (B) पंचगंगा घाट
(C) हरिश्चन्द्र घाट (D) दशाश्वमेघ घाट

उत्तर: (B) पंचगंगा घाट

6. यतीन्द्र मिश्र ने किस विश्वविद्यालय से एम० ए० किया?

(A) लखनऊ विश्वविद्यालय (B) दिल्ली विश्वविद्यालय
(C) पटना विश्वविद्यालय (D) सागर विश्वविद्यालय

उत्तर: (A) लखनऊ विश्वविद्यालय

7. यतीन्द्र मिश्र किस न्यास का संचालन 1999 ई० से कर रहे हैं?

(A) कमला देवी फाउंडेशन (B) विमला देवी फाउंडेशन
(C) झुनकी न्यास (D) महावीर न्यास समिति

उत्तर: (B) विमला देवी फाउंडेशन

8. उस्ताद बिस्मिला खाँ के बचपन का नाम है?

(A) जफरुद्दीन (B) महमुद्दीन (C) कमरुद्दीन (D) शम्सुद्दीन

उत्तर: (C) कमरुद्दीन

9. बिस्मिला खाँ को किस चीज का बुखार था?

(A) शहनाई बजाने का (B) ढोल बजाने का
(C) गाना गाने का (D) फिल्म देखने का

उत्तर: (A) शहनाई बजाने का

10. बिस्मिला खाँ बाल्यकाल में कितने वर्ष डुमराँव में बिताकर काशी में रहने के लिए गये?

(A) 3-4 वर्ष (B) 4-5 वर्ष (C) 5-6 वर्ष (D) 6-7 वर्ष

उत्तर: (C) 5-6 वर्ष

11. शहनाई को संगीतशास्त्र के अंतर्गत किन वाद्य यंत्रों में गिना जाता है?

(A) शिशिर वाद्य (B) तुषार वाद्य (C) सुषिर वाद्य (D) यांत्रिक वाद्य

उत्तर: (C) सुषिर वाद्य

12. बिस्मिला खाँ के परदादा का नाम था?

(A) उस्ताद सलाद हुसैन (B) अब्दुल हुसैन
(C) महताब हुसैन (D) एकबाल हुसैन

उत्तर: (A) उस्ताद सलाद हुसैन

13. 'नौबतखाना' का अर्थ है?

(A) नमाज पढ़ने की जगह
(B) प्रवेश द्वार के ऊपर मंगल ध्वनि बजाने का स्थान
(C) दहलीज (D) नवीन घर

उत्तर: (B) प्रवेश द्वार के ऊपर मंगल ध्वनि बजाने का स्थान

14. बिस्मिला खाँ का जन्म हुआ था।

<hr>

(A) उत्तर प्रदेश में (B) पश्चिम बंगाल में
(C) महाराष्ट्र में (D) डुमराँव, बिहार में

उत्तर: **(D) डुमराँव, बिहार में**

15. मुहर्रम की कौन-सी तारीख बिस्मिल्ला खाँ के लिए खास महत्त्व की होती थी?
(A) आठवीं (B) नौवीं (C) सातवीं (D) दसवीं

उत्तर: **(A) आठवीं**

16. बिस्मिल्ला खाँ काशी से बाहर प्रदर्शन करते समय सर्वप्रथम क्या करते थे?
(A) ध्यान लगाते थे (B) नमाज पढ़ते थे
(C) काशी विश्वनाथ एवं बालाजी मंदिर की ओर मुख करके शहनाई बजाते (D) स्वागत गान बजाते थे

उत्तर: **(C) काशी विश्वनाथ एवं बालाजी मंदिर की ओर मुख करके शहनाई बजाते**

17. बिस्मिल्ला खाँ के मामा का नाम था?
(A) रियाजुल हुसैन (B) असगर खाँ
(C) सादिक हुसैन (D) आफताब अली

उत्तर: **(C) सादिक हुसैन**

18. रसूलनबाई थी?
(A) नर्तकी (B) गायिका (C) कवयित्री (D) लेखिका

उत्तर: **(B) गायिका**

19. सुलोचना कौन थी?
(A) अभिनेत्री (B) मंत्री (C) गायिका (D) नर्तकी

उत्तर: **(A) अभिनेत्री**

20. बिस्मिल्ला खाँ का निधन कब हुआ?
(A) 14 जुलाई, 2005 (B) 27 मई, 2006
(C) 18 जनवरी, 2004 (D) 21 अगस्त, 2006

उत्तर: **(D) 21 अगस्त, 2006**

21. बिस्मिल्ला खाँ के पिताजी कहाँ शहनाई बजाते थे?
(A) मंदिर में (B) मस्जिद में (C) गुरुद्वारा में (D) चर्च में

उत्तर: **(A) मंदिर में**

22. बिस्मिल्ला खाँ के खानदान का कोई भी सदस्य किस दिन शहनाई नहीं बजाता था?
(A) दुर्गापूजा के दिन (B) दीपावली के दिन
(C) मुहर्रम के दिन (D) ईद के दिन

उत्तर: **(C) मुहर्रम के दिन**

23. बिस्मिल्ला खां को बालाजी मंदिर में शहनाई बजाने पर कितनी मेहनताना मिलती थी?
(A) चार आना (B) आठ आना
(C) बारह आना (D) सोलह आना

उत्तर: **(B) आठ आना**

24. 'पक्का महाल' क्या है?
(A) संगीतकार का नाम
(B) काशी विश्वनाथ से लगा हुआ इलाका
(C) अभिनेता का नाम
(D) लेखक का नाम

उत्तर: **(B) काशी विश्वनाथ से लगा हुआ इलाका**

25. बिस्मिल्ला खाँ और शहनाई के साथ किस मुस्लिम पर्व का नाम जुड़ा है?
(A) बकरीद (B) ईद (C) मुहर्रम (D) कोई नहीं

उत्तर: **(C) मुहर्रम**

26. यतीन्द्र मिश्र किस अर्द्धवार्षिक पत्रिका का संपादन कर रहे हैं?

(A) सहित (B) प्रवाह (C) प्राच्य प्रभा (D) अर्चना

उत्तर: **(A) सहित**

27. फूँककर बजाए जाने वाले वाद्यों में शाह की उपाधि किसे दिया गया है?
(A) बाँसुरी को (B) नागस्वरम् को
(C) शंख को (D) शहनाई को

उत्तर: **(D) शहनाई को**

28. 'इबादत' का अर्थ है?
(A) उपासना (B) गायन (C) स्वागत (D) अभिवादन

उत्तर: **(A) उपासना**

प्रश्न 1. बिस्मिल्ला खाँ का मतलब बिस्मिल्ला खाँ की शहनाई। एक कलाकार के रूप में बिस्मिल्ला खाँ का परिचय पठित पाठ से आधार पर दें। [2011A, 2014C, 2020AII, 2024AII

उत्तर-बिस्मिल्ला खाँ एक महान् शहनाई वादक थे। उन्हें शहनाई का पर्याय माना जाता है। इसलिए बिस्मिल्ला खाँ का मतलब बिस्मिल्ला खाँ की शहनाई होती है। शहनाई का तात्पर्य उसका हाथ और हाथ का मतलब उनकी फूँक और शहनाई की जादुई आवाज लोगों को इस प्रकार सम्मोहित कर देती थी कि लोग प्रसन्नता से झूम उठते थे।

शहनाई में सात सुरों का सरगम भरा है। उसमें सही ताल और राग है। शहनाई में परावरदिगार, गंगा मइया तथा गुरु की शिक्षा थी। उन्होंने अपनी शहनाई से छोटे-छोटे सुर का करतब शुरू किया। फिर, उनकी शहनाई और अधिक सुरीली होनी शुरू हो गई। उनकी फूँक में अजान की तासीर उतरती चली गई और देखते-देखते शहनाई डेढ़ शतक के साज से दो शतक का साज बनकर साजो की कतार में सरताज बन गई।

अतः एक महान् कलाकार के सारे गुण उनमें विद्यमान थे। भारतरत्न शहनाईवादक उस्ताद बिस्मिल्लाह खाँ का जन्म डुमराँव में ही हुआ था। इसके परदादा उस्ताद सलार हुसैन खाँ डुमराँव के ही निवासी थे। शहनाई और डुमराँव का एक-दूसरे के साथ सम्बन्ध भी है और वह यह है कि शहनाई में प्रयुक्त होने वाली रोड या रीड नरकट (एक प्रकार का गन्ना-सा पौधा जो खोखला होती है) डुमराँव में सोन नदी के किनारों पर पाई जाती है। इन्हीं कुछ कारणों से डुमराँव की महत्ता है।

प्रश्न 2. डुमराँव की महत्ता किस कारण से है ? [2015 AII]

उत्तर- डुमराँव मशहूर शहनाईवादक बिस्मिल्ला खाँ का जन्म स्थान है। बिस्मिल्ला खाँ भारत के मशहूर शहनाईवादक थे। इन्हें 'भारतरत्न' पुरस्कार भी प्राप्त है। साथ ही, शहनाई में प्रयुक्त होनेवाली रीड या नरकट (एक प्रकार का गन्ना-सा पौधा, जो खोखला होता है) डुमराँव में सोन नदी के किनारों पर पाई जाती है। इनके परदादा उस्ताद सलार हुसैन खाँ डुमराँव के ही निवासी थे इसलिए डुमराँव का महत्त्व है।

प्रश्न 3. बिस्मिल्ला खाँ के बचपन का वर्णन पाठ के आधार पर दें। [2019C]

उत्तर- बिस्मिल्ला खाँ का जन्म बिहार के डुमराँव में हुआ। इनका बचपन का नाम अमीरूद्दीन था। 5-6 वर्ष की उम्र में बिस्मल्ला खाँ अपने ननिहाल काशी आ गए थे। नाना के शहनाईवादन को बड़े गौर से सुनते और नाना के कहीं बाहर चले जाने पर उनकी शहनाई बजाने की कोशिश करते।

शहनाई बजाते हुए मामू जब सम पर आते तो पत्थर उठाकर जमीन पर दे मारते । सिनेमा भी खूब जाया करते थे । इस प्रकार, बिस्मिल्ला खाँ बचपन से शहनाई बजाने के प्रति आकृष्ट थे ।

दीर्घ उत्तरीय प्रश्न :

प्रश्न 1. "फटा सूर न बख्शों । लुंगिया का क्या है, आज फटी है, तो कल सिल जाएगी।" आशय स्पष्ट करें।
[2023AII]

उत्तर- प्रस्तुत गद्यांश में लेखक ने बिस्मिल्ला खाँ की गुणग्राहाता पर प्रकाश डाला है । लेखक का कहना है वे अपनी कला को ही मुख्य मानते थे । उनका मानना था कि गुण के समक्ष वेश-भूषा अथवा भौतिक चमक-दमक मूल्यहीन होते हैं। संसार में गुणवान अमर हो जाता है जबकि बाहरी चमक-दमक नष्ट हो जाते हैं। इसीलिए जब उन्हें फटी लुंगी न पहनने का आग्रह किया गया तो
उन्होंन उत्तर दिया-ईश्वर फटा हुआ सुर न दे । लुंगी आज फटी है तो कल सिल जाएगी।' लेकिन, सुर बिगड़ने पर जीवन का आनन्द खत्म हो जाएगा। तात्पर्य यह है कि बिस्मिल्ला खाँ के जीवन के लिए शहनाई से सुर का विशेष महत्त्व है, वेश-भूषा का नहीं ।

शिक्षा और संस्कृति (महात्मा गाँधी)

1. गाँधीजी को 'महात्मा' की उपाधि किसने दी?
(A) भीमराव अंबेडकर (B) रवीन्द्रनाथ ठाकुर
(C) हजारी प्रसाद द्विवेदी (D) जवाहर लाल नेहरू
उत्तर: (B) रवीन्द्रनाथ ठाकुर

2. महात्मा गाँधी का जन्म स्थान है-
(A) पोरबंदर (B) सूरत (C) साबरमती (D) इनमें से कोई नहीं
उत्तर: (A) पोरबंदर

3. महात्मा गाँधी की रचना है-
(A) शिक्षा में हेरफेर (B) शिक्षा और संस्कृति
(C) गेहूँ और गुलाब (D) इनमें से कोई नहीं
उत्तर: (B) शिक्षा और संस्कृति

4. गाँधीजी की पत्नी का नाम था?
(A) कस्तूरबा (B) कमला (C) विमला (D) सरला
उत्तर: (A) कस्तूरबा

5. गाँधीजी की माता का नाम क्या था?
(A) बतूलन बाई (B) पुतली बाई
(C) जानकी बाई (D) देवमती बाई
उत्तर: (B) पुतली बाई

6. गाँधीजी द्वारा रचित पुस्तक है-
(A) महाविद्यालय (B) भारत में अंग्रेजी राज और मार्क्सवाद
(C) द कास्ट्स इन इंडिया (D) सत्य के साथ मेरे प्रयोग
उत्तर: (D) सत्य के साथ मेरे प्रयोग

7. 'शिक्षा और संस्कृति' पाठ में किनके विचार प्रस्तुत हैं?
(A) रवीन्द्रनाथ ठाकुर के (B) विनोबा भावे के
(C) महात्मा गाँधी के (D) जवाहरलाल नेहरू के
उत्तर: (C) महात्मा गाँधी के

8. गाँधीजी ने किस पत्रिका का संपादन किया?
(A) पाञ्चजन्य (B) शंखनाद (C) हरिजन (D) अर्चना
उत्तर: (C) हरिजन

9. 'हिंद स्वराज' के रचनाकार हैं-
(A) डॉ० राजेन्द्र प्रसाद (B) भीमराव अंबेडकर
(C) महात्मा गाँधी (D) जवाहरलाल नेहरू
उत्तर: (C) महात्मा गाँधी

10. गाँधीजी के जन्म-दिवस को अंतर्राष्ट्रीय स्तर पर किस दिवस के रूप में मनाया जाता है?
(A) बापू दिवस (B) न्याय दिवस
(C) अहिंसा दिवस (D) समरसता दिवस
उत्तर: (C) अहिंसा दिवस

11. गाँधीजी ने सबसे उदात्त और बढ़िया शिक्षा किसे कहा है?
(A) यांत्रिक शिक्षा (B) अहिंसक प्रतिरोध
(C) योगाभ्यास (D) इनमें से कोई नहीं
उत्तर: (B) अहिंसक प्रतिरोध

12. गाँधीजी के अनुसार स्वराज्य प्राप्ति के पश्चात शिक्षा का क्या ध्येय होना चाहिये?
(A) आर्थिक विकास (B) कृषि विकास
(C) भौतिक विकास (D) चरित्र निर्माण
उत्तर: (D) चरित्र निर्माण

13. कोई संस्कृति कब जिन्दा नहीं रह सकती?
(A) अगर वह दूसरों का बहिष्कार करने की कोशिश करे
(B) अगर वह दूसरों को स्वयं में समाहित करे
(C) अगर वह अपनी प्राचीनता का त्याग कर दे
(D) अगर वह नवीनता की प्राप्ति कर ले
उत्तर: (A) अगर वह दूसरों का बहिष्कार करने की कोशिश करे

14. दस्तकारी का अर्थ है-
(A) यंत्र पर आधारित (B) कौशल
(C) हस्त कौशल (D) दस्तक देनेवाला
उत्तर: (C) हस्त कौशल

15. अमल का अर्थ है-
(A) व्यवहार (B) अव्यावहारिक (C) स्वच्छ (D) अस्वच्छ
उत्तर: (A) व्यवहार

16. गाँधीजी किस माध्यम से शिक्षा देने के पक्षधर थे?
(A) किताब (B) विद्यालय (C) दस्तकारी या उद्योग (D) NT
उत्तर: (C) दस्तकारी या उद्योग

17. 'सत्य के साथ मेरे प्रयोग' किसकी रचना है?
(A) डॉ. राजेन्द्र प्रसाद की (B) डॉ. सम्पूर्णानन्द की
(C) महर्षि अरविन्द की (D) महात्मा गाँधी की
उत्तर: (D) महात्मा गाँधी की

18. 'हिन्द स्वराज' के रचनाकार हैं-
(A) महात्मा गाँधी (B) सुभाषचन्द्र बोस
(C) मुंशी प्रेमचन्द (D) राष्ट्रकवि 'दिनकर'
उत्तर: (A) महात्मा गाँधी

19. 'हरिजन' के सम्पादक कौन थे?
(A) माखनलाल चतुर्वेदी (B) महात्मा गाँधी
(C) डॉ. विद्यानिवास मिश्र (D) अज्ञेय
उत्तर: (B) महात्मा गाँधी

20. 'अहिंसा दिवस' किस तारीख को मनाया जाता है?
(A) 20 जनवरी (B) 18 फरवरी
(C) 2 अक्टूबर (D) 15 अगस्त
उत्तर: (C) 2 अक्टूबर

21. भारतीय संस्कृति किसका प्रतीक है?

(A) एकता का (B) भिन्न-भिन्न संस्कृतियों के सामंजस्य का
(C) मानवता का (D) विविधता का

उत्तर: (B) भिन्न-भिन्न संस्कृतियों के सामंजस्य का

22. गाँधीजी के अनुसार शिक्षा सहायक होती है-
(A) शरीर के विकास में (B) बुद्धि के विकास में
(C) आत्मा के विकास में (D) इन सभी के विकास में

उत्तर: (D) इन सभी के विकास में

23. शेक्सपीयर किस भाषा के कवि हैं?
(A) ग्रीक   (B) अंग्रेजी   (C) फ्रेंच   (D) जापानी

उत्तर: (B) अंग्रेजी

24. टॉल्स्टॉय किस देश के साहित्यकार थे?
(A) अमेरिका के   (B) इटली के
(C) रूस के   (D) दक्षिण अफ्रीका के

उत्तर: (C) रूस के

25. 'शिक्षा और संस्कृति' के लेखक कौन हैं?
(A) महात्मा गाँधी   (B) शेक्सपीयर
(C) टॉल्स्टॉय   (D) इनमें कोई नहीं

उत्तर: (A) महात्मा गाँधी

26. महात्मा गाँधी का जन्म कब हुआ था?
(A) 2 अक्टूबर, 1867   (B) 2 अक्टूबर, 1869
(C) 2 अक्टूबर, 1877   (D) 2 अक्टूबर, 1879

उत्तर: (B) 2 अक्टूबर, 1869

27. महात्मा गाँधी का जन्म कहाँ हुआ था?
(A) अहमदाबाद   (B) मध्यप्रदेश
(C) राजस्थान   (D) गुजरात

उत्तर: (D) गुजरात

28. 'यंग इंडिया' क्या है?
(A) पत्रिका   (B) नौजवानों का समूह
(C) संस्था   (D) पुरस्कार

उत्तर: (A) पत्रिका

29. 'शेक्सपीयर' को किस रूप में जाना जाता है?
(A) कवि   (B) नाटककार
(C) (A) और (B) दोनों   (D) इनमें से कोई नहीं

उत्तर: (C) (A) और (B) दोनों

30. गाँधीजी ने बच्चों को किस ढंग की तालीम देने की भरसक कोशिश की थी?
(A) हिंसक प्रतिरोध   (B) अहिंसक प्रतिरोध
(C) सहनशील प्रतिरोध   (D) आक्रामक प्रतिरोध

उत्तर: (B) अहिंसक प्रतिरोध

31. गाँधीजी वकालत की पढ़ाई के लिए कहाँ गये थे?
(A) दक्षिण अफ्रीका   (B) अमेरिका
(C) लंदन   (D) श्रीलंका

उत्तर: (C) लंदन

32. गाँधीजी दक्षिण अफ्रीका में कब-से-कब तक रहे?
(A) 1893 से 1914 तक   (B) 1895 से 1916 तक
(C) 1897 से 1918 तक   (D) 1899 से 1920 तक

उत्तर: (A) 1893 से 1914 तक

33. गाँधीजी के दो हथियार थे-
(A) लाठी और हिंसा   (B) हिंसा और अहिंसा
(C) हिंसा और सत्याग्रह   (D) अहिंसा और सत्याग्रह

उत्तर: (D) अहिंसा और सत्याग्रह

34. गाँधीजी के अनुसार, 'शिक्षा' का माध्यम होना चाहिए-
(A) नाट्यकला (B) हस्तकला (C) अहिंसा (D) सत्याग्रह

उत्तर: (B) हस्तकला

35. 'उदात्त' का शाब्दिक अर्थ है-
(A) श्रेष्ठ (B) जागरण (C) व्यवहार (D) पालन

उत्तर: (A) श्रेष्ठ

36. महात्मा गाँधी का निधन कब हुआ था?
(A) 30 जनवरी, 1947   (B) 30 जनवरी, 1948
(C) 30 जनवरी, 1949   (D) 30 जनवरी, 1950

उत्तर: (B) 30 जनवरी, 1948

**प्रश्न 1. गाँधीजी बढ़िया शिक्षा किसे कहते हैं ?
अथवा, शिक्षा के ध्येय गाँधीजी क्या मानते थे, और क्यों ?
[2012A, 2014C, 2022AII]**

उत्तर- 'चरित्र निर्माण' को गाँधीजी शिक्षा का ध्येय मानते थे। उनका कहना था कि चरित्रनिष्ठ व्यक्ति ही समाज को नई दिशा दे सकता है। वे मानते थे कि साहस, बल, सदाचार और बड़े लक्ष्य के लिए काम करने में आत्मोसर्ग की शक्ति का विकास साक्षरता से ज्यादा महत्त्वपूर्ण है। पुस्तकीय ज्ञान तो उस उद्देश्य कासाधनमात्र है। गाँधीजी कहते थे कि बिना चरित्र निर्माण के बच्चे-त्याग, सहानुभूति, प्रेम, सदाचार के मूल्य को नहीं समझ पायेंगे। उनका ख्याल था कि व्यक्ति का जब चरित्र निर्माण हो जाएगा तो समाज अपना काम स्वयं संभाल लेगा। इसलिए चरित्र-निर्माण की शिक्षा आवश्यक है।

प्रश्न 2. गाँधीजी के अनुसार, शिक्षा का जरूरी अंग क्या होना चाहिए? [2018AI]

उत्तर- गाँधीजी के अनुसार, शिक्षा का जरूरी अंग यह होना चाहिए कि बालक जीवन-संग्राम में प्रेम से घृणा को, सत्य से असत्य को और कष्ट-सहन से हिंसा को आसानी के साथ जीतना सीखें। इस सत्य के बल अनुभव करने के कारण ही गाँधीजी ने सत्याग्रह-संग्राम के उत्तरार्ध में पहले टॉल्सटाय फॉर्म में बाद में फिनिक्स आश्रम में बच्चों को इसी ढंग की तालीम देने की भरसक कोशिश की थी।

प्रश्न 3. गाँधीजी किस के सामंजस्य को भारत के लिए बेहतर मानते हैं ? क्यों ? [2021AII]

उत्तर- गाँधीजी का विचार है कि भारतीय संस्कृति उन सभी भिन्न-भिन्न संस्कृतियों के सामंजस्य का प्रतीक है जो भारत में रस-बस गई हैं। किन्तु, यह सामंजस्य प्राकृतिक तौर पर स्वदेशी है जिसमें सबका अपना स्थान सुरक्षित है। यह अमेरिकी ढंग का एक प्रमुख संस्कृति द्वारा कृत्रिम और जबरन दूसरी संस्कृति पर हावी होकर एकता कायम करने जैसा सामंजस्य नहीं है।

प्रश्न 1. "मेरा धर्म कैदखाने का धर्म नहीं है ।" आशय स्पष्ट करें । हैं [2023AI]

उत्तर- प्रस्तुत पंक्ति के माध्यम से लेखक अपनी संस्कृति के महत्त्व को समझने या हृदयांकित करने की सलाह दी है। लेखक का कहना है कि दूसरी संस्कृति के महत्त्व को समझने

से पहले अपनी संस्कृति के मूल्य को समझने का प्रयास करना चाहिए, क्योंकि कोई भी व्यक्ति स्वयं की संस्कृति से उच्च या निम्न माना जाता है । दूसरों की संस्कृति या भाषा पर कोई देश गौरवान्वित नहीं हो सकता । व्यक्ति या देश तभी गौरवान्ति होता है

जब वह अपने उत्तम विचार प्रकट करता है। लेखक चाहता है कि हर संस्कृति वाले लोग यहाँ आवे और स्वतंत्रता के साथ विचरण करें। लेकिन, लेखक यह नहीं चाहता कि हम अपनी भाषा या संस्कृति को भूल जाएँ, उसकी अपेक्षा करें तथा उत्तम विचार अपनी भाषा में प्रकट न करें क्योंकि मेरा धर्म कैदखाने का धर्म नहीं है। हमारी संस्कृति अन्य देशों की अपेक्षा श्रेष्ठ, महान् तथा आदर्शवादी है।

काव्यखंड

राम बिनु बिरथे जगी जनमा

1. 'रहिरास' किसकी रचना है ?
   A) गुरु गोविन्द सिंह B) गुरुनानक
   C) नानक D) घनानंद
   उत्तर: A) गुरु गोविन्द सिंह
2. वाणी कब विष के समान हो जाती है ?
   A) राम नाम के बिना (B) तीर्थ यात्रा के बिना
   C) ज्ञान के बिना (D) इनमें से कोई नहीं
   उत्तर: C) ज्ञान के बिना
3. गुरुनानक की रचना है ?
   A) अति सुधो सलेट को मारता है
   B) मो अँसुवा निहि लै बरसौ
   C) जो नर दुख में दुख नहिं मानै
   D) स्वदेश
   उत्तर: C) जो नर दुख में दुख नहिं मानै
4. 'सिक्ख धर्म का प्रवर्तन' किसने किया ?
   A) गुरुनानक B) गुरुगोविन्द सिंह
   C) गुरु अर्जुनदेव D) गुरु तेगबहादुर
   उत्तर: A) गुरुनानक
5. गुरुनानक का जन्म स्थान है।
   A) नन्द ग्राम B) तलवन्डी ग्राम
   C) गुरु ग्राम D) बेलसन्डी ग्राम
   उत्तर: B) तलवन्डी ग्राम
6. गुरुनानक का जन्म स्थान कहा जाता है (2018A)
   A) गुरु ग्राम B) गुरु साहेब
   C) नानक ग्राम D) नानकाना साहब
   उत्तर: D) नानकाना साहब
7. गुरुनानक के पिता थे
   A) दीनबन्धु खत्री B) मूलचंद खत्री
   C) कालूचंद खत्री D) दयालचंद खत्री
   उत्तर: C) कालूचंद खत्री
8. गुरुनानक की माता का क्या नाम था ?
   A) तृत्ता (B) तप्ता (C) सीता (D) अनुराधा
   उत्तर: A) तृत्ता

9. 'सिख धर्म के प्रवर्तक थे
   A) बंदा वैरागी B) गुरुनानक
   C) अर्जुनदेव D) गुरुगोविन्द सिंह
   उत्तर: B) गुरुनानक
10. किस मुगल सम्राट से गुरुनानक की भेंट हुई थी ?
    A) अकबर B) शाहजहाँ
    C) औरंगजेब D) बाबर
    उत्तर: A) अकबर
11. गुरुनानक की रचनाओं का संग्रह किनके द्वारा किया गया ?
    A) गुरु गोविन्द सिंह B) बंदा वैरागी
    C) गुरु अर्जुनदेव D) ज्ञानदेव
    उत्तर: C) गुरु अर्जुनदेव
12. गुरुनानक देव की रचनाओं का संग्रह किस नाम से प्रसिद्ध हुआ ?
    A) साहिब ग्रंथ B) गुरु साहिब ग्रंथ
    C) गुरु ग्रंथ साहिब D) गुरु ग्रंथावली
    उत्तर: C) गुरु ग्रंथ साहिब
13. गुरुनानक की रचनाओं का संग्रह किस वर्ष किया गया ?
    A) 1603 ई० में B) 1604 ई० में
    C) 1605 ई० में D) 1606 ई० में
    उत्तर: B) 1604 ई० में
14. गुरुनानक देव ने क्या कहते हुए प्राण त्याग किया ?
    A) हे गुरु B) वाहे गुरु
    C) हे ईश्वर D) सत् गुरु
    उत्तर: B) वाहे गुरु
15. नानकदेव ने जगत् का सार किसे कहा है ?
    A) धनार्जन B) सांसारिक सुख
    C) पूजा-पाठ D) भगवत् राम के बिना
    उत्तर: D) भगवत् राम के बिना
16. किसके बिना संसार में जन्म लेना व्यर्थ है ?
    A) यश के बिना B) दान पुण्य के बिना
    C) तीर्थाटन के बिना D) भगवत् नाम के बिना
    उत्तर: D) भगवत् नाम के बिना
17. ब्रह का निवास स्थान है-
    A) मंदिर B) जंगल
    C) तीर्थ D) संत हृदय
    उत्तर: D) संत हृदय
18. 'महीअल' का मानक आधुनिक शब्द है :
    A) महान् आत्मा B) महामानव
    C) धरती पर D) पहाड़ पर
    उत्तर: C) धरती पर
19. 'हरिरस' किसे कहा गया है ?
    A) वनस्पति रस को B) सांसारिक आनंद को
    C) ब्रह्मानंद को D) मधुर रस को
    उत्तर: C) ब्रह्मानंद को
20. गुरुनानक किस भक्तिधारा के कवि हैं ?
    A) निर्गुण भक्तिधारा (B) सगुण भक्तिधारा
    C) सरस भक्तिधारा (D) ब्रह्मानंद भक्तिधारा
    उत्तर: A) निर्गुण भक्तिधारा
21. गुरुनानक ने प्रचार किया ?
    A) कर्मकांड का B) निर्गुण ब्रह की भक्ति का

C) पूजा-पाठ का   D) सगुण ब्रह्म की भक्ति का

उत्तर: B) निर्गुण ब्रह्म की भक्ति का

22. गुरुनानक की रचनाओं के संग्रह का क्या नाम है ?
A) वाहे गुरु   B) गुरु ग्रंथसाहिब
C) ननकाना साहिब D) फतह साहेब

उत्तर: B) गुरु ग्रंथसाहिब

23. 'आसादीवार' किसकी रचना है ?
A) गुरु गोविन्द सिंह की   B) अर्जुनदेव की
C) तेगबहादुर सिंह की   D) गुरुनानक की

उत्तर: D) गुरुनानक की

24. गुरुनानक का जन्म कब हुआ था ?
A) 1467 ई० में   B) 1468 ई० में
C) 1469 ई० में   D) 1470 ई० में

उत्तर: C) 1469 ई० में

25. 'सुलक्षणी' कौन थी
A) गुरुनानक की बहन (B) गुरुनानक की माँ
C) गुरुनानक की मौसी (D) गुरुनानक की पत्नी

उत्तर: D) गुरुनानक की पत्नी

26. गुरुनानक के 'पद' किस भाषा में रचित हैं ?
A) हिन्दी मिश्रित ब्रजभाषा (B) अरबी मिश्रित ब्रजभाषा
C) पंजाबी मिश्रित ब्रजभाषा(D) तमिल मिश्रित ब्रजभाषा

उत्तर: C) पंजाबी मिश्रित ब्रजभाषा

27. गुरुनानक के जन्मस्थान को क्या कहते हैं ?
A) ननकाना साहेब   B) गुरु ग्रंथ साहेब
C) फतह साहेब   D) जन्म स्थली

उत्तर: A) ननकाना साहेब

28. 'नानकाना साहेब' कहाँ अवस्थित है :
A) भारत में   B) पाकिस्तान में
C) श्रीलंका में   D) नेपाल में

उत्तर: B) पाकिस्तान में

29. गुरुनानक की रचना है :
A) सोहिला   B) जपुजी
C) आसादीवार   D) इनमें से सभी

उत्तर: D) इनमें से सभी

30. गुरुनानक ने किन्हें सम्मान दिया ?
A) कविता को   B) लेखन को
C) स्त्री को   D) पुरुष को

उत्तर: C) स्त्री को

31. 'जो नर दुख में दुख नहीं मानै' किस लेखक की कृति है ?
A) कबीरदास की   B) गुरुनानक की
C) कालिदास की   D) सूरदास की

उत्तर: B) गुरुनानक की

32. कौन पहले संत हैं जिन्होंने विदेशी आक्रमणकारियों के विरोध में आवाज उठाई ?
A) गुरु तेगबहादुर   B) गुरु अर्जुनदेव
C) गुरु ग्रंथसाहेब   D) गुरुनानक

उत्तर: A) गुरु तेगबहादुर

लघु उत्तरीय प्रश्न :

प्रश्न 1. जो नर दुख में दुख नहीं माने, कविता का भावार्थ लिखें। [2014AII]
उत्तर- 'जो नर दुख में दुख नहिं मानै' शीर्षक पद में सुख-दुख में एक समान उदासीन रहते हुए मानसिक दुर्गुणों से ऊपर उठकर अंत:करण की निर्मलता हासिल करने पर जोर दिया गया हैं। संत कवि गुरु की कृपा प्राप्त कर इस पद में गोविन्द से एकाकार होने की प्रेरणा देता है। दुख में हमें दुखी नहीं होना है। हममें सुख, स्नेह और भय नहीं होना चाहिए। सोना को मिट्टी समझना चाहिए।

हर्ष और शोक से न्यारा रहना चाहिए। मान-अपमान से दूर रहना चाहिए। मन से आशा का त्याग कर देना चाहिए। जग में निराशा में भी जीने की कला सीखनी चाहिए। काम और क्रोध का स्पर्श भी नहीं होना चाहिए। ऐसे ही देह में ब्रह्म-ईश्वर का निवास होता है। जिस पर गुरु की कृपा होती है, वहीं इस उपाय को पहचान पाता है।

गुरु नानक कहते हैं कि ऐसे ही लोग गोविन्द में लीन हो पाते हैं। जिस तरह पानी में पानी मिलकर एकाकार हो जाता है । उसी तरह, इंसान भी गोविन्द (ईश्वर) से मिलकर एकाकार हो जाता है। कवि राम-नाम के जप के बिना जगत में यह जन्म व्यर्थ मानता है अर्थात् मानव शरीर धारण करने पर जो राम के नाम का स्मरण अर्थात् सच्चे हृदय से जप नहीं करता है तथा सांसारिक विषय-वासनाओं अर्थात् बाह्याडंबर में फँसा रह जाता है, उसका मनुष्य योनि में जन्म लेना व्यर्थ साबित होता है। हैं ?

प्रश्न 2. कवि गुरुनानक किसके बिना जगत् में यह जन्म व्यर्थ मानते हैं ? [2016AI, 22AI]
उत्तर- कवि राम-नाम के जप के बिना जगत में यह जन्म व्यर्थ मानते हैं अर्थात् मानव शरीर धारण करने पर जो राम के नाम का स्मरण अर्थात् सच्चे हृदय से जप नहीं करता है तथा सांसारिक विषय-वासनाओं अर्थात् बाह्याडंबर में फँस रह जाता है, उसका मनुष्य योनि में जन्म लेना व्यर्थ साबित होता है

प्रश्न 3. वाणी कब विष के समान हो जाती है ? [2017C, 2019A1]
उत्तर-वाणी तब विष के समान हो जाती है, जब व्यक्ति राम-नाम की चर्चा या भजन न करके सांसारिकता की चर्चा करता है। तात्पर्य यह कि जब व्यक्ति ईश्वर के नाम की महिमा का गुणगान न करके मति-भ्रमता के कारण पूजा-पाठ, कर्मकाण्ड या बाह्याडंबर में विश्वास करने लगता है।

प्रश्न 4. राम नाम बिनु बिरथे जगि जनमा पद का मुख्य भाव क्या है ? [2018AII]
उत्तर-इस पद के माध्यम से गुरूनानक कहते हैं कि राम-नाम के जाप के बिना जगत में जन्म व्यर्थ है। कवि ने बाहरी वेश-भूषा, पूजा-पाठ और कर्मकाण्ड के स्थान पर सरल हृदय से राम-नाम की कीर्तन पर बल दिया है।

प्रश्न 5. हरिरस से कवि का क्या अभिप्राय है ? [2019AII, 23AII]
उत्तर-भगवान के नाम कीर्तन से भक्ति की प्राप्ति होती है और इसी से भक्तिरस मिलता है। यही भक्तिरस, कवि के अनुसार हरिरस है।

प्रश्न 6. गुरु की कृपा से किस युक्ति की पहचान हो पाती है ? [2019C, 2024AI]
उत्तर- गुरु की कृपा से ब्रह्म को प्राप्त करने की युक्ति की पहचान हो जाती है कि जो व्यक्ति दुख-सुख, मान-अभिमान, निन्दा-स्तुति, मान-अपमान, आशा-मनसा, काम-क्रोध, हर्ष-शोक आदि से दूर है और सोने को भी मिट्टी ही समझता है, उसी के साथ ब्रह्म का निवास है ।

प्रश्न 7. भक्ति के लिए किसे आवश्यक माना गया है ? [2021AII]
उत्तर- मानव जीवन में भक्ति के लिए गुरू एवं गुरू की कृपा को अनिवार्य माना गया है।

प्रेम अयनी श्री राधिका(रसखान)

1. "इन मुसलमान हरिजन पै, कोटिन हिन्दू वारिये" -यह किस कवि के लिए कहा गया है ?
(A) कबीरदास (B) मलिक मुहम्मद जायसी
(C) रहीम (D) रसखान
उत्तर: (D) रसखान

2. रसखान द्वारा रचित ग्रंथ है-
(A) वाटिका (B) प्रेमवाटिका (C) आनंद वाटिका (D) रस वाटिका
उत्तर: (B) प्रेमवाटिका

3. रसखान का रचनाकाल था –
(A) जहाँगीर का राज्यकाल (B) अकबर का राज्यकाल
(C) बाबर का राज्यकाल (D) औरंगजेब का राज्यकाल
उत्तर: (A) जहाँगीर का राज्यकाल

4. रसखान के ईष्ट थे-
(A) भगवान श्रीराम (B) भगवान शिव
(C) भगवान श्रीकृष्ण (D) भगवान विष्णु
उत्तर: (C) भगवान श्रीकृष्ण

5. 'सुजान रसखान' के रचनाकार हैं-
(A) घनानंद (B) रसखान (C) प्रेमघन (D) अजेय
उत्तर: (B) रसखान

6. रसखान को गोस्वामी विट्ठलनाथ ने किस मार्ग में दीक्षा दी ?
(A) प्रेम मार्ग में (B) भक्ति मार्ग में
(C) पुष्टि मार्ग में (D) संतमार्ग में
उत्तर: (C) पुष्टि मार्ग में

7. रसखान ने किस प्रकार की रचना में सिद्ध थे ?
(A) दोहा (B) सोरठा (C) कवित्त (D) सवैया छंद
उत्तर: (D) सवैया छंद

8. 'रसखान' ने अपनी रचना में माली-मालिन किन्हें कहा है ?
(A) भक्तों को (B) वाटिका की रक्षा करनेवालों को
(C) गोप-गोपियों को (D) श्रीकृष्ण एवं राधा को
उत्तर: (D) श्रीकृष्ण एवं राधा को

9. 'तड़ाग' का शब्दार्थ है-
(A) वाटिका (B) फटकार (C) तालाब (D) नदी
उत्तर: (C) तालाब

10. 'कलधौत' का पर्याय है-
(A) इन्द्र (B) कलाधर (C) कालदत्त (D) काला कलटा
उत्तर: (A) इन्द्र

11. सर्वये में रसखान की कैसी आकांक्षा प्रकट है ?
(A) मुक्ति की (B) भगवत्-प्राप्ति की
(C) ब्रजभूमि निवास की (D) स्वर्ग-प्राप्ति की
उत्तर: (C) ब्रजभूमि निवास की

12. रसखान ने चितचोर किसे कहा है ?
(A) गोपियों को (B) कृष्णभक्तों को
(C) ग्वाल-बाल को (D) श्रीकृष्ण को
उत्तर: (D) श्रीकृष्ण को

13. 'लकुटी' का अर्थ है-
(A) मुरली (B) माखन (C) छोटी लाठी (D) लट्टू
उत्तर: (C) छोटी लाठी

14. रसखान ने प्रेम-बरन किसे कहा है ?
(A) नंद बाबा को (B) यशोदा मैया को
(C) गोपियों को (D) श्रीकृष्ण को
उत्तर: (D) श्रीकृष्ण को

15. 'नंदनंद' किसे कहा गया है ?
(A) नंद बाबा को (B) बलराम को
(C) श्रीकृष्ण को (D) ग्वाल-बालकों को
उत्तर: (C) श्रीकृष्ण को

16. 'अयनि' का अर्थ है-
(A) आँख (B) प्रेम (C) सखी (D) खजाना
उत्तर: (B) प्रेम

17. 'प्रेम-वाटिका' किस प्रकार की रचना है ?
(A) भक्ति संबंधी (B) प्रेम-निरूपण संबंधी
(C) आत्मज्ञान संबंधी (D) निराकार-ब्रह्म संबंधी
उत्तर: (B) प्रेम-निरूपण संबंधी

18. 'सुजान रसखान' किस प्रकार की रचना है ?
(A) सुजान संबंधी (B) प्रेम-निरूपण संबंधी
(C) सगुण-भक्ति संबंधी (D) कृष्ण की भक्ति संबंधी
उत्तर: (D) कृष्ण की भक्ति संबंधी

19. कवि रसखान ने अपने दोहे में 'बेमन' किसे कहा है ?
(A) श्रीकृष्ण को (B) ग्वाल बालों को
(C) यशोदा को (D) भक्त के रूप में स्वयं को
उत्तर: (D) भक्त के रूप में स्वयं को

20. कौन-सी कृति रसखान की नहीं है ?
(A) प्रेम-फुलवारी (B) प्रेम वाटिका
(C) अष्टधाम (D) सुजान रसखान
उत्तर: (A) प्रेम-फुलवारी

21. किसने कहा था- 'इन मुसलमान हरिजनन पै, कोटि हिन्दू वारिये'?
(A) निराला
(B) भारतेन्दु हरिश्चन्द्र
(C) रामविलास शर्मा
(D) रामचन्द्र शुक्ल
उत्तर: (B) भारतेन्दु हरिश्चन्द्र

22. 'मनमानिक' में कौन-सा अलंकार है ?
(A) उपमा (B) उत्प्रेक्षा (C) रूपक (D) श्लेष
उत्तर: (C) रूपक

23. 'रसखान' को किसने दीक्षा दी ?
(A) वल्लभाचार्य (B) गोकुलनाथ
(C) गोस्वामी विट्ठलनाथ (D) गोरखनाथ
उत्तर: (C) गोस्वामी विट्ठलनाथ

24. 'रसखान' किस काल के कवि हैं ?
(A) आदिकाल (B) रीतिकाल
(C) आधुनिककाल (D) भक्तिकाल
उत्तर: (D) भक्तिकाल

25. 'प्रेम अयनि श्री राधिका' में कितने दोहे संकलित हैं ?
(A) दो (B) तीन (C) चार (D) पाँच
उत्तर: (C) चार

26. 'करील के कुंजन ऊपर वारों' के अंतर्गत कितने सवैया संकलित हैं ?

(A) एक   (B) दो   (C) तीन   (D) चार

उत्तर: (A) एक

27. 'माली-मालिन' किसे कहा गया है ?
(A) राधा-कृष्ण   (B) सीता-राम
(C) पार्वती-शिव   (D) लक्ष्मी-विष्णु

उत्तर: (A) राधा-कृष्ण

28. इस पाठ में 'चितचोर' किसे कहा गया है ?
(A) राधा को   (B) श्रीकृष्ण को   (C) रसखान को   (D) भारतेन्दु हरिश्चन्द्र को

उत्तर: (B) श्रीकृष्ण को

29. रसखान हिन्दी के लोकप्रिय कवि हैं-
(A) सामाजिक   (B) धार्मिक
(C) व्यंग्यात्मक   (D) जातीय

उत्तर: (D) जातीय

30. स्वामी विट्ठलनाथ ने रसखान को कहाँ दीक्षा दी?
(A) वाटिका में   (B) झोपड़ी में
(C) पुष्टिमार्ग में   (D) गुफा में

उत्तर: (C) पुष्टिमार्ग में

31. रसखान ने श्रीकृष्ण का लीलागान किसमें किया है ?
(A) सवैयों में   (B) सोरठों में   (C) पदों में   (D) इन सभी में

उत्तर: (A) सवैयों में

32. आधुनिक काल के साहित्यकार है-
(A) रसखान   (B) रैदास   (C) विट्ठलनाथ   (D) भारतेन्दु हरिश्चन्द्र

उत्तर: (D) भारतेन्दु हरिश्चन्द्र

33. 'प्रेम-वरन' का अर्थ है-
(A) प्रेम का वर्णन करना   (B) प्रेम के रंग
(C) प्रेम की पूजा करना   (D) प्रेम का अंधा होना

उत्तर: (B) प्रेम के रंग

34. 'माली-मालिन' कौन-सा समास है?
(A) द्विगु   (B) अव्ययीभाव   (C) तत्पुरुष   (D) द्वन्द्व

उत्तर: (D) द्वन्द्व

Subjective Question

लघु उत्तरीय प्रश्न :-

प्रश्न 1. कवि ने माली-मालिन किन्हे और क्यों कहा ?
उत्तर- कवि ने कृष्ण-राधा को माली-मालिन कहा है क्योंकि राधा और कृष्ण भी प्रेम रूपी वाटिका के रखवाले और मालिक-मालकिन भी है। अर्थात् ये दोनों प्रेम रूपी वाटिका के युगल रूप हैं। जिस तरह माली-मालिन के संयोग से वाटिका शोभा पाती है, वैसे ही प्रेम-स्वरूप राधा एवं प्रेम-रूप कृष्ण रूप से कवि का प्रेम पुष्ट होता हैं।

प्रश्न 2. रसखान ने किनसे दीक्षा प्राप्त की थी ?
उत्तर-रसखान ने गोस्वामी विट्ठलनाथ से दीक्षा प्राप्त की थी

प्रश्न 3. रसखान रचित सवैये का भावार्थ अपने शब्दों में लिखें। [2014AI]
उत्तर-रसखान कृष्ण-भक्त कवि है। कृष्ण के साथ उनकी एक-एक वस्तु कवि को सर्वाधिक प्यारी है। रसखान रचित सवैये में ब्रजभूमि के प्रति उनका हार्दिक प्रेम प्रकट होता है। सवैये में उन्होंने कहा कि ब्रजभूमि की सभी वस्तुएँ सुखदायक है क्योंकि यहाँ श्रीकृष्ण का अवसर हुआ था। सवैये में कवि की

कृष्ण की लकुटि और कमरिया लेकर नंद के गाय को चराने की आकांक्षा भी प्रकट होती है।

प्रश्न 4. कृष्ण को क्यों चोर कहा जाता है ? कविता का अभिप्राय स्पष्ट करें। [2015AII] [2022AI]
अथवा, कवि रसखान कृष्ण को चोर क्यों कहते हैं ?
उत्तर-कृष्ण की मदमाती आँखें बरबस सभी को आह्लादित कर देती है। राधिका एवं अन्य गोप बालाएँ कृष्ण के प्रेम रस के वशीभूत हो जाती हैं। वे उससे अलग रहना चाहती हैं। फिर भी, वे अलग नहीं रह पाती है। वस्तुतः चित्तचोर का अभिप्राय हृदय को चुरानेवाले से है। श्रीकृण के सम्पर्क में आनेवाली गोप बालाएँ लोक मर्यादाओं को तोड़ देती है। गोप बालाएँ श्रीकृष्ण से सावधान रहते भी असावधान हो जाती हैं। अपने मन की जिज्ञासा को प्रकट करने के लिए कुछ कहना चाहती है।

प्रश्न 5. कवि ने स्वयं को बेमन का क्यों कहा ?2018C]
उत्तर-कवि उन सुन्दर रूपों को देखकर इतना मग्न हो गया है कि उसे अपनी सुध-बुध नहीं रह गई है। वह हर क्षण उन्हीं के प्रेम में डूबा रहता है। उसके मन को चितचोर कृष्ण ने चुरा लिया है जिस कारण वह बेमन का हो गया है। वह इस विवशता के कारण अपने मन को अन्यत्र लगाने में मजबूर है अर्थात् वह किसी अन्य से प्रेम नहीं कर सकता है, क्योंकि उसका मन तो प्रेमजाल में बुरी तरह फँसा हुआ है।
अतः कवि के कहने का भाव है कि जब से कृष्ण के प्रति उसका प्रेम दृढ़ हुआ है, वह सांसारिक विषय-वासनाओं से दूर हो गया है, क्योंकि उसका मन उसके वश में नहीं है। उसके मन को तो कृष्ण एवं राधा के अलौकिक रूप लावण्य ने आकृष्ट कर लिया है। भाषा ब्रज तथा दोहा छंद। शांत रस है

'मो मन मानिक', 'चितै चोर' फेर के फंद में क्रमशः 'म' 'च' तथा 'फ' वर्ण की आवृत्ति के कारण 'अनुप्रास अलंकार' है । 'मन मानिक' मन को माणिक जैसा होने के कारण वस्तूतिप्रेक्षा अलंकार है ।

दीर्घ उत्तरीय प्रश्न :

प्रश्न 1. निम्न पंक्तियों का अर्थ लिखें-

या लकुटी अरू कामरिया पर राज तिहूँ पूर की तजि डारौं।
आठहुँ सिद्धि नवोनिधि को सुख नन्द की गाई चराइ विसारौं। रसखानि कबौं इन आँखिन सौं ब्रज के बनबाग तड़ाग निहारौं।
कोटिक रौं कलधौत के धाम करील के कुंजन ऊपर वारौं।

उत्तर-प्रस्तुत पंक्तियाँ हमारी पाठ्यपुस्तक 'करील के कुंजन ऊपर वारौं' काव्य-पाठ से ली गई है। वह उसे वह रसखान कवि कहते हैं कि जो स्वयं तीनों लोकों का मालिक है, त्यागकर एक छोटी-सी लकुटी और कंबल लेकर चरवाहा बना हुआ है। जिसकी सुख-सुविधा के लिए आठों सिद्धियाँ और नव निधियाँ सदैव तत्पर रहती है, वैसे सुख को त्यागकर नंद की गायों को चराने में भूला हुआ है। यहाँ कृष्ण की लोक छवि की

तुलना विराट लोकोत्तर छवि से की गयी है। यहाँ कृष्ण के लोककल्याणकारी मानवीय रूप का सफल चित्रण हुआ है।

दूसरी पंक्ति में, महाकवि रसखान ब्रजभूमि को राधा-कृष्ण मय मानते हुए उसके प्रति अगाध आस्था और श्रद्धा रखते हैं। कवि कहते हैं कि वह स्वयं कब अपनी आँखियों से ब्रजभूमि का दर्शन करेगा एवं स्वयं को धन्य समझेगा। रसखान के मन के भीतर एक व्यग्रता है, बेचैनी है, तड़प है, ब्रजभूमि के सौंदर्य को देखने की, परखने की, उस भूमि के बागों, वनों, तालाबों के दर्शन करने की।

प्रस्तुत दोहे में कवि राधिका के माध्यम से श्रीकृष्ण के चरणों में समर्पित हो जाना चाहता है। जिस दिन से श्रीकृष्ण से आँखें चार हुईं, उसी दिन से उसकी सुध-बुध जाती रही। पवित्र चित्त को चुरानेवाले श्रीकृष्ण से पलक हटाने के बाद भी अनायास उस मुख छवि को देखने के लिए विवश हो जाती है। वस्तुतः यहाँ कवि बताना चाहता है कि प्रेमिका अपने प्रियतम को सदा अपनी आँखों में बसाना चाहती है।

प्रश्न 2. व्याख्या करें: "मन पावन चितचोर, पलक ओट नही करि सकौं।" [2023AII]

उत्तर- प्रस्तुत पंक्ति कवि रसखान लिखित दोहे सोरठा से उद्धृत है। इसमें कवि ने राधा-कृष्ण के रूप-सौंदर्य की विशेषता पर प्रकाश डाला है। कवि का कहना है कि उसके हृदय में दोनों युगल रूप इस प्रकार स्थापित हो गये हैं कि अहर्निश उन्हें देखते रहना चाहते हैं। तात्पर्य यह कि कवि राधा-कृष्ण के प्रेममय रूप पर इतना लुब्ध हो गया कि उसकी आँखें हर क्षण एकटक उसी रूप को देखती रहती है। अतः इसमें कृष्णा के प्रति कवि के प्रेम की अभिव्यंजना है।

अति सूधो स्नेह को मारग (धनानंद)

1. "घनआनंद जीवनदायक हौ कछ मेरियौ पीर हिएँ परसौ" में किस कवि का नाम आया है?
(A) प्रेमघन (B) घनानंद (C) धन याम (D) बिहारीलाल
उत्तर: (B) घनानंद

2. 'घनानंद' किस काल के कवि थे?
(A) भक्ति काल के (B) वीरगाथा काल के
(C) छायावाद युग के (D) रीति युग के
उत्तर: (D) रीति युग के

3. रीति मुक्त काव्यधारा के सिरमौर कवि किन्हें माना जाता है?
(A) प्रेमधन (B) घनानंद (C) रसखान (D) कबीर
उत्तर: (B) घनानंद

4. घनानंद किसके द्वारा मारे गये?
(A) शिष्य के (B) राजा के (C) दूसरे कवि के
(D) नादिरशाह के सैनिक के
उत्तर: (D) नादिरशाह के सैनिक के

5. घनानंद किस बादशाह के यहाँ मीरमुंशी का काम करते थे?
(A) अकबर के (B) औरंगजेब के
(C) बाबर के (D) मोहम्मदशाह रंगीले के
उत्तर: (D) मोहम्मदशाह रंगीले के

6. घनानंद किस नर्तकी को प्यार करते थे?
(A) रश्मि बाई को (B) रसूलन बाई को
(C) सृजन को (D) सुजान को
उत्तर: (D) सुजान को

7. 'प्रेम की पीर' का कवि किन्हें कहा गया है?
(A) रसखान को (B) प्रेमघन को
(C) मंझन को (D) घनानंद को
उत्तर: (D) घनानंद को

8. 'घनानंद' किस भाषा के कवि हैं?
(A) प्राकृत के (B) पाली के (C) ब्रज भाषा के (D) अवधी के
उत्तर: (C) ब्रज भाषा के

9. 'सुजानसागर' के रचनाकार कौन हैं?
(A) रसखान (B) गुरुनानक (C) प्रेमघन (D) घनानंद
उत्तर: (D) घनानंद

10. 'विरहलीला' किसके द्वारा रचित है?
(A) रसखान द्वारा (B) घनानंद द्वारा
(C) सूरदास द्वारा (D) मीराबाई द्वारा
उत्तर: (B) घनानंद द्वारा

11. घनानंद का दूसरा पद किसे संबोधित है?
(A) सुजान को (B) भगवान को
(C) बादल को (D) इनमें से कोई नहीं
उत्तर: (C) बादल को

12. 'घनानंद' अपने आँसूओं को कहाँ पहुंचाना चाहते हैं?
(A) समाज में (B) बादल के पास
(C) वृन्दावन में (D) सुजान के आँगन में
उत्तर: (D) सुजान के आँगन में

13. परहित के लिए देह धारण कौन करता है?
(A) राजा (B) साधु (C) बादल (D) पशु
उत्तर: (C) बादल

14. 'परजन्य' का पर्याय क्या है?
(A) दूसरा व्यक्ति (B) परोपकार
(C) बादल (D) इनमें से कोई नहीं
उत्तर: (C) बादल

15. 'सरसौं' का हिन्दी मानक शब्द क्या है?
(A) सरस (B) सरसों का पौधा (C) रस बरसाओ
(D) सरकना
उत्तर: (C) रस बरसाओ

16. कवि ने प्रेम मार्ग को कैसा बताया है?
(A) सरल एवं निश्छल (B) जटिल
(C) नीरस (D) अहंकारयुक्त
उत्तर: (A) सरल एवं निश्छल

17. घनानंद ने 'सुजान' कहकर किसे संबोधित किया है?
(A) प्रीतम को (B) सामान्य जन को
(C) साधुओं को (D) विद्वानों को
उत्तर: (A) प्रीतम को

18. 'नेकु' का आधुनिक मानक रूप क्या है?
(A) अच्छा (B) तनिक भी (C) कुछ नहीं (D) सबसे सुन्दर
उत्तर: (B) तनिक भी

19. 'घनानंद' ने जीवनदायक किसे कहा है?
(A) सुजान को (B) ईश्वर को
(C) बादल को (D) इनमें से कोई नहीं
उत्तर: (C) बादल को

20. कवि घनानंद ने किस मार्ग को सबसे सरल कहा है?

(A) प्रेममार्ग को   (B) साधना के मार्ग को
(C) कर्मपंथ को   (D) ज्ञानमार्ग को
उत्तर: (A) प्रेममार्ग को

21. 'घनानंद' ने विरक्त होने पर स्थायी रूप से कहाँ निवास किया?
(A) हरिद्वार   (B) अयोध्या   (C) काशी   (D) वृन्दावन
उत्तर: (D) वृन्दावन

22. 'सुजानसागर' किसकी कृति है?
(A) मतिराम   (B) घनानंद   (C) देव   (D) केशवदास
उत्तर: (B) घनानंद

23. 'लाक्षणिक मूर्तिमत्ता और प्रयोग वैचिय' के कवि कौन हैं?
(A) घनानंद   (B) सूरदास   (C) बिहारी   (D) तुलसीदास
उत्तर: (A) घनानंद

24. रीति मुक्त काव्यधारा के सिरमौर कवि किसे कहा जाता है?
(A) बिहारी को   (B) घनानंद को
(C) पद्याकर को   (D) मतिराम को
उत्तर: (B) घनानंद को

25. घनानंद किससे प्रेम करते थे?
(A) कलावती नामक नर्तकी से
(B) रेशमा नामक नर्तकी से
(C) सुजान नामक नर्तकी से
(D) सलमा नामक नर्तकी से
उत्तर: (C) सुजान नामक नर्तकी से

26. कवि अपने आँसू कहाँ पहुँचाना चाहता है?
(A) सुजान के आँगन में   (B) सुजान के दिल में
(C) सुजान के हथेली पर   (D) इनमें सभी
उत्तर: (A) सुजान के आँगन में

27. 'निःस्वार्थ भाव से, निश्छल होकर' अपने को समर्पित कर देता है, यह किसका कथन है?
(A) सुजान का   (B) घनानंद का
(C) मुहम्मदशाह का   (D) इनमें से कोई नहीं
उत्तर: (B) घनानंद का

28. घनानंद की महत्त्वपूर्ण रचना कौन सी है?
(A) सुधा   (B) वैराग्य   (C) सुजानसागर   (D) इनमें सभी
उत्तर: (C) सुजानसागर

29. घनानंद की कीर्ति का आधार क्या है?
(A) सुजानहित   (B) घन आनंद कवित्त
(C) (A) और (B) दोनों   (D) इनमें कोई नहीं
उत्तर: (C) (A) और (B) दोनों

30. 'मो ऑसवानिहिं लै बरसौ' में किसकी बात कही गई है?
(A) प्रेम वेदना की   (B) विरह वेदना की
(C) (A) और (B) दोनों की   (D) इनमें कोई नहीं
उत्तर: (B) विरह वेदना की

31. घनानंद के अनुसार, 'प्रेम का मार्ग' कैसा होता है?
(A) सीधा और सरल   (B) कठिन और जटिल
(C) सीधा और सुखदायी   (D) कठिन और दुखदायी
उत्तर: (A) सीधा और सरल

Subjective Question
लघु उत्तरीय प्रश्न :

प्रश्न 1. कवि प्रेममार्ग को 'अति सूधो' क्यों कहता है ? इस मार्ग की विशेषता है ?[2013A]
उत्तर- प्रेममार्ग में टेढ़ापन तथा धूर्तता लेश मात्र नहीं होते हैं। हृदय की उपज होने के कारण यह भाव प्रधान होता है। सच्चा प्रेम अनन्त की ओर ले जाता है। प्रेममार्ग की विशेषता है कि इसमें सिर्फ वे लोग ही चल सकते हैं जिसके मन में छल-कपट, धोखा, प्रपंच आदि न हो। प्रेममार्ग में पूर्ण समर्पण का भाव निहित होता है। इस मार्ग पर चलने वाले को अलौकिक सुख व ईश्वर की प्राप्ति होती है। इसलिए कवि ने प्रेममार्ग को 'अति सुधो' कहता है, अर्थात् यह मार्ग अति सरल, सहज तथा सुगम होता है।

प्रश्न 2. परहित के लिए देह कौन धारण करता है ? स्पष्ट कीजिए। [2016AI, 2019AI, 2024AI]
उत्तर- परोपकारी या सज्जन लोग परहित के लिए देह धारण करते हैं। उनका कोई स्वार्थ नहीं होता है। उनके जिन्दगी का मुख्य लक्ष्य दूसरों को सुख पहुँचाना होता है। कवि ने परोपकारी या सज्जन व्यक्ति की तुलना बादल से करते हुए यह सिद्ध करने का प्रयास किया है कि जैसे बादल जल धारण कर संसार का ताप मिटाता है और बदले में कुछ भी लेता नहीं है। वैसे ही परोपकारी लोग दूसरों की भलाई करते हैं, बदले में कुछ नहीं लेते।

प्रश्न 3. 'मन लेहु पे' देहु छटॉक नहीं से कवि का क्या अभिप्राय है ? [2017AI]
उत्तर- यहाँ कवि का अभिप्राय है कि लोग प्रेम में केवल लेना चाहते हैं, त्याग नहीं करना चाहते हैं। जबकि प्रेम में केवल देना होता है, लेना कुछ नहीं। उस समय मन माप का सबसे बड़ा और छटाँक सबसे छोटा परिमाण माना जाता था।

प्रश्न 4. कवि अपने आँसुओ को कहाँ पहुँचाना चाहता है और क्यों ? [2019AII, 2023AII]
उत्तर- कवि घनानंद अपने आँसुओं को, दुखों को अपनी विश्वासघातिन प्रेमिका सुजान के आँगन में पहुँचाना चाहता है, क्योंकि उसका प्रेमी ही उसके हृदय का दुःख दूर कर सकता है।

स्वदेशी (प्रेमघन)

1. **प्रेमघन' की मृत्यु कब हुई ?**
   (A) 1918 ई. में   (B) 1920 ई. में
   (C) 1922 ई. में   (D) 1924 ई. में
   Answer ⇒ C

2. प्रेमधन' जी किस युग के महत्त्वपूर्ण कवि थे?
   (A) द्विवेदी युग   (B) भारतेन्दु युग
   (C) भक्ति युग   (D) आधुनिक युग
   Answer ⇒ B

3. प्रेमधन' जी किस राज्य के निवासी थे?
   (A) बिहार   (B) मध्यप्रदेश
   (C) उत्तरप्रदेश   (D) राजस्थान
   Answer ⇒ B

4. 'प्रेमधन' जी का जन्म कब हुआ था?
(A) 1850 ई० में (B) 1851 ई० में
(C) 1854 ई० में (D) 1855 ई. में
Answer ⇒ D

5. प्रेमधन जी किन्हें अपना आदर्श मानते थे ?
(A) कबीर को (B) तुलसीदास को
(C) रवीन्द्रनाथ टैगोर को (D) भारतेन्दु हरिशचन्द्र को
Answer ⇒ D

6. 'प्रेमघन' ने किस संस्था की स्थापना की ?
(A) विद्वत् समाज (B) रसिक समाज
(C) कवि समाज (D) साहित्य समाज
Answer ⇒ B

7. 'प्रेमघन' ने किस मासिक पत्रिका का सम्पादन किया ?
(A) आनंद कादंबिनी (B) साहित्य सरिता
(C) साहित्य सागर (D) सरस कादंबिनी
Answer ⇒ A

8. 'प्रेमघन' ने किस साप्ताहिक पत्र का संपादन किया?
(A) नागरी नीरद (B) साहित्य नीरद
(C) साहित्य सरस (D) नीरद नागरी
Answer ⇒ A

9. 'प्रेमघन' की रचनाएँ किस नाम से संग्रहीत हैं ?
(A) सर्वस्व सरिता (B) प्रेमघन काव्य
(C) प्रेमघन सर्वस्व (D) प्रेमघन साहित्य
Answer ⇒ C

10. भारत सौभाग्य' के रचनाकार हैं-
(A) रामधारी सिंह 'दिनकर' (B) बदरी नारायण चौधरी 'प्रेमघन'
(C) जयशंकर प्रसाद (D) भारतेन्दु हरिशचन्द्र
Answer ⇒ B

11. प्रेमधन की रचना है-
(A) प्रयाग रामागमन (B) प्रयागराज
(C) प्रयाग भरत आगमन (D) प्रयागकथा
Answer ⇒ A

12. स्वदेशी' पाठ के रचनाकार हैं-
(A) रामधारी सिंह 'दिनकर' (B) गोपाल सिंह 'नेपाली'
(C) सुमित्रानन्दन पंत (D) प्रेमघन
Answer ⇒ D

13. कवि प्रेमधन को भारत में क्या दिखाई नहीं देता है ?
(A) धन (B) शिक्षा (C) स्वाधीनता (D) भारतीयता
Answer ⇒ D

14. 'डफाली' का अर्थ क्या है?
(A) गानेवाला (B) भाषाविद
(C) बाजा बजानेवाला (D) नर्तक
Answer ⇒ C

15. 'क्रिस्तान' का अर्थ है-
(A) मुस्लिम (B) सिख (C) रेगिस्तान (D) क्रिश्चियन
Answer ⇒ D

16. कवि प्रेमघन के अनुसार देश के नेताओं से क्या नहीं संभल रही है ?
(A) देश (B) समाज (C) स्वदेशी परिधान (D) राज-काज
Answer ⇒ C

17. कवि प्रेमधन ने नेताओं से क्या अपेक्षा नहीं करने की बात कही है ?
(A) देश प्रबंधन (B) समाज सेवा
(C) परमार्थ (D) स्वाधीनता जागृति
Answer ⇒ A

18. 'प्रेमघन' का निधन कब हुआ था ?
(A) 1920 ई. में (B) 1921 ई० में
(C) 1922 ई० में (D) 1923 ई. में
Answer ⇒ C

19. 'प्रेमघन' किस युग के साहित्यकार थे ?
(A) द्विवेदीयुग के (B) प्रसादयुग के
(C) भारतेन्दुयुग के (D) इनमें से कोई नहीं
Answer ⇒ C

20. जीर्ण जनपद' किसकी कृति है?
(A) प्रेमघन की (B) श्रीधर पाठक की
(C) रामनरेश त्रिपाठी की (D) नागार्जुन की
Answer ⇒ A

21. 'स्वदेशी' शीर्षक पाठ्यपुस्तक में संकलित कविता किस छन्द में है?
(A) चौपाई (B) दोहा
(C) सारठा (D) छप्पय
Answer ⇒ B

22. 'बिदेसी' से कवि का क्या तात्पर्य है ?
(A) अंग्रेजी (B) अमेरिका
(C) फ्रांस (D) डेनमार्क
Answer ⇒ A

23. इनमें कौन नाट्यकृति है ?
(A) मानसरोवर (B) विपथगा
(C) मृगनयनी (D) भारत सौभाग्य
Answer ⇒ D

24. 'प्रेमघन' ने किस समाज की रचना की?
(A) धनी समाज (B) कलावंत समाज
(C) रसिक समाज (D) भक्त समाज
Answer ⇒ C

25. प्रेमधन' का जन्म कहाँ हुआ था ?
(A) मिर्जापुर में (B) लखनऊ में
(C) इलाहाबाद में (D) बनारस में
Answer ⇒ A

26. 'स्वदेशी' के कवि हैं-
(A) घनानंद (B) प्रेमघन
(C) गुणाकर मूले (D) इनमें से कोई नहीं
Answer ⇒ B

27. 'प्रेमघन' की प्रसिद्ध नाट्यकृति कौन-सी है?
(A) हार्दिक हर्षादर्श (B) जीर्णजनपद
(C) बृजचन्द पंचक (D) प्रयाग रामागमन
Answer ⇒ D

28. प्रेमघन ने इनमें से किस मासिक पत्रिका का सम्पादन किया?
(A) नागरी नीरद (B) आनंद अरुणोदय
(C) आनंद कादंबिनी (D) प्रवाग रामागमन
Answer ⇒ C

29. 'प्रेमघन' ने मुख्य रूप से किस भाषा में काव्य रचना की ?
(A) ब्रज (B) देवनागरी

(C) भोजपुरी   (D) कन्नड़

Answer ⇒ A

30. प्रेमघन ने 1874 में किस समाज की स्थापना की ?
  - (A) आर्य समाज
  - (B) ब्रह्म समाज
  - (C) रसिक समाज
  - (D) इनमें कोई नहीं

  Answer ⇒ C

31. 'प्रेमधन' की काव्य कृति है-
- (A) अरुणोदय   (B) हर्षदर्श
- (C) जीर्ण जनपद   (D) इनमें सभी

Answer ⇒ D

32. कवि के अनुसार भारतीय को क्या अच्छा लगने लगा था?
- (A) विदेशी चाल-चलन   (B) विदेशी वेशभूषा
- (C) विदेशी रहन-सहन   (D) इनमें सभी

Answer ⇒ D

33. कवि प्रेमघन समाज के किस वर्ग की आलोचना करता है ?
- (A) दुःख भोगी   (B) विलासिता भोगी
- (C) सुविधा भोगी   (D) आलस भोगी

Answer ⇒ C

34. प्रेमघन ने 1874 में किस समाज की स्थापना की ?
- (A) आर्य समाज   (B) ब्रह्म समाज
- (C) रसिक समाज   (D) इनमें कोई नहीं

Answer ⇒ C

लघु उत्तरीय प्रश्न :

प्रश्न 1. कवि के 'डफाली' किसे कहा है और क्यों ? [2011A]

उत्तर-कवि ने 'डफाली' उन्हें कहाँ है जो फिरंगी के विरोध के बजाय समर्थन करते हैं। वैसे लोग जिनका स्वाभिमान मर चुका है या देश-प्रेम की भावनाअपने सुखोपभोग की चमक-दमक में लुप्त हो गई है। तात्पर्य यह कि जो स्वार्थ सिद्धि के लिए फिरंगियों की झूठी प्रशंसा करने में मस्त हैं अथवा किसी पद या प्रतिष्ठा की प्राप्ति के लिए दिन-रात उसकी खुशामद करते हैं। कवि के कहने का आशय है कि ऐसे लोग जिन्हें न तो अपने आत्मसम्मान की चिन्ता है और न ही भारतीयता का ख्याल है, वैसे लोग ही डफाली (बाजा) बजाने वालों की तरह उसकी खुशामद तथा झूठी प्रशंसा करते हुए उसका जयगान कर रहे हैं। तात्पर्य कि सामंतवादी लोग सरकार के कृपापात्र इसलिए हैं कि वे जनता का शोषण करके अपनी तिजोरी भर रहे हैं तथा स्वयं स्वर्गीय सुख का आनन्द ले रहे हैं।

प्रश्न 2. कवि समाज के किस वर्ग की आलोचना करता है और क्यों ? [2011C, 2012A]

उत्तर-कवि समाज के उस वर्ग की आलोचना करता है, जो साम्राज्यवादी तथा सामंतवादी विचार के है तथा जिस वर्ग के लोग सम्पन्न है और अपन सम्पन्नता के बल पर अंग्रेज बन रहे हैं। अर्थात् वैसे वर्ग जो फिरंगियों के समर्थक बनकर स्वयं अंग्रेजी भाषा, वेश-भूषा, खान-पान आदि को अपनाकर अपने-आप को भारतीय कहना अनुचित मानने लगे हैं। इसी हीन प्रवृति के कारण कवि ने उच्च वर्ग की आलोचना की है।

प्रश्न 3. नेताओं के बारे में कवि की क्या राय है ?[2014AI, 2016AII, 2018AII)

उत्तर- नेताओं के बारे में कवि का कहना है कि अपनी विलासिता में होने के कारण उनसे अपनी खुद की धोती नहीं संभलती हैं तो वे देश क्या संभालेंगे। कवि की राय है कि इन नेताओं में न तो देश-प्रेम की भावना है और न ही त्याग की भावना । निष्कर्षतः कहा जा सकता है कि देश के नेता स्वार्थी, विलासी तथा अंग्रेजों के पोषक है।

प्रश्न 4. स्वदेशी कविता का मूल भाव लिखें। [2016AI

उत्तर- 'स्वदेशी' के दोहों की रचना के पीछे देश में फैले कुविचारों, रीतियाँ, नीतियों आदि को दूर कर लोगों में आत्म-सम्मान भरना एवं राष्ट्रीयता की भावना जागृत करना था। इसलिए कवि ने चुन-चुन कर उन विषयों पर दोहे लिखे है जिन्हें वह भारत और भारतीय के विरुद्ध समझता है। इस प्रकार, 'स्वदेशी' के दोहों का मुख्य लक्ष्य है- भारत और भारतीय तथा भारतीय भाषा, रहन-सहन, वेष-भूषा के प्रति प्रेम जाग्रत करना ।

प्रश्न 5. कवि को भारत में भारतीयता क्यों नहीं दिखाई पड़ती ?

उत्तर- कवि के अनुसार, लोग विदेशी रंग में रंगने के कारण अपनी सभ्यता-संस्कृति को भूल गए हैं। अंग्रेजी बोलना, अंग्रेज जैसी बात करना शान की बात समझने लगे हैं। तात्पर्य यह है कि पराधीनता के कारण भारतीय अपने पूर्वजों के गौरव को भूल गए है, जिस कारण उनका स्वाभिमान मर गया है। इस कारण कवि को भारत में भारतीयता नहीं दिखाई पड़ती है।

प्रश्न 6. कवि नगर, बाजार, अर्थव्यवस्था पर क्या टिप्पणी करता है ?

उत्तर-इस संबंध में कवि का कहना है कि अंग्रेजी शासन काल में भारतीय है उद्योग नष्ट हो गए । स्वदेशी निर्मित वस्तुओं का उपयोग बन्द हो गया क्योंकि मशीन निर्मित वस्तुओं की अपेक्षा हस्तनिर्मित वस्तुएँ महँगी है। फलत: हाट-बाजार, गाँव-नगर में विदेशी वस्तुओं का प्रभाव हो गया । यहाँ के कारीगर बेरोजगार हो गए और बेरोजगारी के कारण उनकी माली हालत खराब हो गई । हमारी अर्थव्यवस्था अति दयनीय स्थिति में पहुँच गई है। सर्वत्र विदेशी वस्तुएँ दृष्टिगोचर होने लगी है । अतः विदेशी वस्तुओं के प्रचार-प्रसार से स्वदेश निर्मित वस्तु पर विपरीत असर पड़ा और हमें गरीबी और फटेहाली में जाने के लिए विवश होना पड़ा, हमारी अर्थव्यवस्था नष्ट-भ्रष्ट हो गई

दीर्घ उत्तरीय प्रश्न :

प्रश्न 1. निम्न पंक्तियों का अर्थ लिखें–
सबै विदेशी वस्तु..... नर.....के है ये क्रिस्तान [2021AI]

उत्तर- कवि 'प्रेमघन' कहते हैं कि पराधीनता के कारण सर्वत्र विदेशी वस्तुएँ ही दिखाई पड़ती है। लोगों के चाल-चलन तथा रीति-रिवाज बदल गए है। दुःख है कि लोगों में भारतीयता की भावना मर गई है। देश-प्रेम की भावना देश में कहीं भी दिखाई नहीं देती।अंग्रेजी शासनकाल में हिन्दू-मुसलमान दोनों के रहन-सहन, खान-पान, विद्या-व्यवसाय, चाल-चलन तथा आचरण बदल गए है। विदेशी भाषा पढ़ने के कारण अपनी संस्कृति, भाषा सबका त्याग कर विदेशी चाल-चलन अपना लिए है । कवि लोगों की ऐसी मनोवृत्ति देख खिन्न हो जाता है,

क्योंकि उन्हें स्वतंत्रता प्राप्ति तथा अपनी राष्ट्रभाषा के प्रति जागरूकता नहीं है। तात्पर्य यह कि विदेशी रंग में रंगने के कारण भारतीयों की पहचान भी नष्ट हो गई है

भारतमाता (सुमित्रा नंदन पन्त)

1. सुमित्रानंदन पंत ने 'मिट्टी की प्रतिमा उदासिनी' किसे कहा है ?
(A) मूर्ति   (B) माता   (C) विमाता   (D) भारतमाता
Answer ⇒ D

2. सुमित्रानंदन पंत का जन्म कहाँ हुआ था ?
(A) कौसानी (B) श्यामली (C) चम्पारण (D) मेरठ
Answer ⇒ A

3 .सुमित्रानंदन पंत की माता का नाम क्या है ?
(A) सरस्वती देवी   (B) लक्ष्मी देवी
(C) बुधिया देवी   (D) सुमित्रा देवी
Answer ⇒ A

4. पंतजी के पिताजी का नाम है-
(A) गंगादत्त   (B) गंगाधर   (C) श्रीधर
(D) शिवदत्त
Answer ⇒ A

5. पंतजी ने हाईस्कूल की शिक्षा कहाँ पाई ?
(A) मुगलसराय में   (B) बनारस में
(C) हरिद्वार में   (D) पाटलिपुत्र में
Answer ⇒ B

6. पंतजी का जन्म कब हुआ था ?
(A) 1899 ई. में   (B) 1900 ई. में
(C) 1901 ई० में   (D) 1902 ई. में
Answer ⇒ B

7. पंतजी का निधन कब हुआ था ?
(A) 29 दिसंबर, 1977 को (B) 30 दिसंबर, 1977 को
(C) 31 दिसंबर, 1977 को (D) 1 जनवरी, 1978 को
Answer ⇒ A

8. पंतजी किस युग के कवि थे?
(A) भारतेन्दु युग के   (B) रीति युग के
(C) छायावाद युग के   (D) इनमें से कोई नहीं
Answer ⇒ C

9. पंतजी विरोधी थे-
(A) मनवतावाद का   (B) अतिवादिता का
(C) समाजवादिता का   (D) इनमें से कोई नहीं
Answer ⇒ B

10. पंतजी का अंतिम काव्य था-
(A) लोकायतन   (B) पल्लव
(C) वीणा   (D) युगपथ
Answer ⇒ A

11. 'युगवाणी' किनकी रचना है?
(A) महादेवी वर्मा की (B) सूर्यकान्त त्रिपाठी 'निराला' की
(C) सुमित्रानंदन पंत की (D) इनमें से कोई नहीं
Answer ⇒ C

12. पंतजी को किस रचना पर 'भारतीय ज्ञानपीठ पुरस्कार मिला ?
(A) उच्छवास   (B) ग्रंथि

13. 'भारतमाता' कविता के रचनाकार हैं-
(A) सुमित्रानंदन पंत   (B) सूर्यकान्त त्रिपाठी 'निराला'
(C) रामधारी सिंह 'दिनकर' (D) प्रेमघन
Answer ⇒ A

14. 'पंतजी' ने प्रवासिनी किसे कहा है ?
(A) भारतीय जनता को   (B) भारतमाता को
(C) भारत माँ के संतान को (D) इनमें से कोई नहीं
Answer ⇒ B

15. कवि पंतजी को किसका हास भी राहुग्रसित दिखाई पड़ता है?
(A) अंग्रेजों का   (B) भारतीयों का
(C) भारत माता का   (D) इनमें से कोई नहीं
Answer ⇒ C

16. सुमित्रानंदन पंत किस युग के कवि हैं?
(A) द्विवेदी युग के   (B) भारतेन्दु युग के
(C) छायावाद युग के   (D) इनमें से कोई नहीं
Answer ⇒ C

17. पंत को किस रचना पर ज्ञानपीठ पुरस्कार प्राप्त हुआ है?
(A) चिदंबरा (B) सत्यकाम (C) लोकायतन (D) स्वर्ण किरण
Answer ⇒ A

18. 'भारतमाता' शीर्षक प्रगीत पंत के किस काव्य संकलन से लिया गया है ?
(A) गुंजन   (B) ग्राम्या   (C) युगवाण (D) युगान्त
Answer ⇒ B

19. 'ग्राम्या' काव्य-संकलन की कविताओं पर किसका प्रभाव है ?
(A) यथार्थवाद का   (B) अरविन्द का
(C) गाँधी का   (D) अध्यात्मवाद का
Answer ⇒ A

20. 'प्रकृति का सुकुमार कवि' किसे कहा जाता है?
(A) निराला को   (B) भारतेन्दु को
(C) जयशंकर प्रसाद को   (D) पंत को
Answer ⇒ D

21. भारतमाता के सम्बन्ध में क्या सही है?
(A) शैलवासिनी   (B) नगरवासिनी
(C) ग्रामवासिनी   (D) विंध्यवासिनी
Answer ⇒ C

22. 'शरदेंदुहासिनी' कौन है?
(A) जनता (B) प्रजा   (C) माता   (D) भारतमाता
Answer ⇒ D

23. 'गीता प्रकाशिनी' किसके लिए प्रयुक्त है?
(A) धरतीमाता   (B) पृथ्वीमाता
(C) सीतामाता   (D) भारतमाता
Answer ⇒ D

24. 'पंत' का जन्म कहाँ हुआ था?
(A) पटना साहिब, पटना   (B) कौसानी, अल्मोड़ा
(C) सारण, वैशाली   (D) बुटाटी, राजस्थान
Answer ⇒ B

25. 'पंत' ने काव्य लिखा था-
(A) उच्छ्वास (B) बादल (C) युगवाणी (D) लोकायतन

Answer ⇒ D

26. 'गंगा-यमुना' को कवि ने किसके रूपक के रूप में प्रस्तुत किया है ?.
(A) भारतमाता के दो हाथों (B) भारतमाता के दो पैरों
(C) भारतमाता की दो आँखें (D) इनमें सभी
Answer ⇒ C

27. 'तरु-तल-निवासिनी' के माध्यम से कवि ने भारत के निवासियों का कैसा चित्रण किया है?
(A) दीनता का   (B) धर्मात्मा का
(C) कटुता का   (D) इनमें से कोई नहीं
Answer ⇒ A

28. 'शरतेन्दु' का शाब्दिक अर्थ है-
(A) शरद् ऋतु की वर्षा   (B) शरद् ऋतु का सूर्योदय
(C) शरद् ऋतु का सूर्यास्त   (D) शरद् ऋतु का चन्द्रमा
Answer ⇒ D

29. 'क्रंदन' का अर्थ है-
(A) रोना   (B) हँसना   (C) गाना   (D) कन्द-मूल खाना
Answer ⇒ A

30. 'तप-संयम' कौन-सा समास है?
(A) दिगु   (B) तत्पुरुष (C) कर्मधारय (D) द्वन्द्व
Answer ⇒ D

31. 'पंत' की मृत्यु कब हुई थी?
(A) 25 नवम्बर, 1975 को (B) 29 दिसम्बर, 1977 को
(C) 26 जनवरी, 1979 को   (D) 30 फरवरी, 1981 को
Answer ⇒ B

Subjective Question लघु उत्तरीय प्रश्न :

प्रश्न 1. कवि की दृष्टि में आज भारतमाता का तप-संयम क्यों सफल है ?[2011C, 2023AJI
उत्तर- कवि ने तप-संयम की सफलता के विषय में कहकर महात्मा गाँधी के सत्य-अहिंसा की ओर संकेत किया है। कवि का कहना है कि गाँधीजी ने अहिंसा रूपी अमृत रस का पान कराकर लोगों के भीतर स्थित भय, आतंक तथा अज्ञानता को नष्ट कर दिया है। तात्पर्य यह कि गाँधीजी के अहिंसात्मक संघर्ष ने देशवासियों में एक ऐसा विश्वास पैदा कर दिया है कि संगठन में वह व्यक्तित्व होती है
जो महान से महान शक्तिशाली को समूल नष्ट कर सकता है । कवि का मानना है कि गाँधी के विचार ने लोगों पर जादू-सा प्रभाव डाला है । लोगों में राष्ट्रीयता की भावना स्वतंत्रता प्राप्ति के लिए जोर मारने लगी है। लोग भारतमाता की आजादी के लिए तन-मन-धन से जुट गए हैं। अहिंसा रूपी अस्त्र ने देशवासियों में एक ऐसा चमत्कार पैदा कर दिया है कि वे फिरंगी को जड़ से उखाड़ फेंककर ही दम लेंगे

प्रश्न 2. भारतमाता कहाँ निवास करती है ?[2012A]
उत्तर- भारतमाता गरीब, दुखियों के घर निवास करती है । भारतमाता का निवास गाँव है, जहाँ ये गरीब गुजर-बसर करते हैं ।

प्रश्न 3. समस्त भूमण्डल में सर्वविद "सम्पदा और प्राकृतिक सौंदर्य से परिपूर्ण देश भारत है।" लेखक ने ऐसा क्यों कहा है ? [2012A]
उत्तर-भारत एक प्राचीन देश है। यहाँ आज भी ऐसी वस्तुओं के दर्शन हो सकते हैं, जो सिर्फ पुरातन विश्व में ही सुलभ हो सकते हैं। ऐसे स्थल और जीवन-शैली आप पाएँगे जो अन्यत्र नहीं मिलेंगे। साथ ही, एक अत्यन्त बड़ा देश है, जहाँ तेजी से बदलाव आ रहा है । शिक्षा, स्वास्थ्य, विज्ञान, कृषि, राजनीति प्रति पल आगे बढ़ने के लिए कसमसा रही है । गाँवों में परिवर्तन दिखाई पड़ रहा है। सीखने या सिखाने योग्य कोई ऐसी बात नहीं जो यहाँ न मिले। अतएव, भारत अतीत की ओर सुदूर भविष्य को जोड़ता है ।

प्रश्न 4. भारतमाता कविता में कवि भारतवासियों का कैसा चित्र खींचता है ? [2013A, 2022AII]
उत्तर- कवि के अनुसार, हमारा भारत देश कभी अतीत में सभ्य, सुसंस्कृत, ज्ञानी और वैभवशाली रहा था। लेकिन, आज उसी देश के लोग शोषण की चक्की में पिसते हुए भरपेट भोजन एवं पूर्ण वस्त्र के लिए जूझ रहे है। जिस देश ने महान ज्ञानी एवं विद्वानों को जन्म दिया तथा जिस देश में महान् बंद था रचना हुई, उसी देश में फूट के कारण मूढ, असभ्य, अशिक्षित, निर्धन आदि लोगों की भरभार है। अतः भारतमाता कविता में कवि दुखी, मैले-कुचैले आँखों में आँसू भरे, भूखे, नंगे, शोषित, मुर्ख, डरे हुए, कुंठित मन, काँपते ओटा वाले और निर्धन भारतवासियों का चित्र खींचता है।" कहता है ?

प्रश्न 5. कवि भारतमाता को 'गीता प्रकाशिनी' मानकर भी ज्ञानमूढ [2013C, 2022C]
उत्तर- कवि भारतमाता अर्थात् देशवासियों को ज्ञानमूढ इसलिए कहता है. क्योंकि अर्जुन की अज्ञानता नष्ट करने के लिए ही श्रीकृष्ण को गीता का उपदेश देना पड़ा था । स्वयं श्रीकृष्ण ने अपने उपदेश में कहा भी था कि अज्ञानता के कारण ही व्यक्ति स्वार्थी अथवा मोहग्रस्त होता है, जो उसे विनाश की ओर ले जाता है । अतः कवि के कहने का तात्पर्य है कि गीता के मर्म को जानते हुए भी देशवासी अपने पर हो रहे जुल्म का विरोध नहीं करते हैं। इसलिए कवि भारतमाता को ज्ञानमूढ कहता है ।

प्रश्न 6. सुमित्रानंदन पंत का जन्म कब हुआ था ?[2013C]
उत्तर- सुमित्रानंदन पंत का जन्म 1900 ई. में कौसानी वर्तमान उत्तराखंड में हुआ था।

प्रश्न 7. भारतमाता का ह्रास भी राहुग्रसित क्यों दिखाई पड़ता है ? 2016AIT, 2019AII]
उत्तर- भारत का अतीत चाहे जितना भी गरिमापूर्ण रहा हो, लेकिन वर्तमान को देखते हुए धन-वैभव, शिक्षा-संस्कृति, जीवनशैली आदि तमाम दृष्टियों भारतमाता आज भी गरीब दिखाई देती है। आज भी उनके संतान कष्ट में दिखाई रहे हैं, जिसके कारण वो हँसते हुए भी हँस नहीं पाती है, अधरों पर मुस्कान फैलकर ही रह जाती है। अर्थात इनकी हँसी पर ग्रहण लग गया है। इसलिए भारतमाता का ह्रास भी राहग्रसित दिखाई देता है।

प्रश्न 8. भारतमाता अपने ही घर में प्रवासिनी क्यों बनी हुई है ? दशा अ गंगा-य बोली [2017AI, 2017AII, |2019AI]

उत्तर- अपनी दीनता में जकड़े होने के कारण झुकी हुई नजरों वाली, सतत निःशब्द रोदन वाली और हमेशा खिन्न मन से रहने के कारण भारतमाता अपने ही घर में प्रवासिनी (विदेश में रहने वाली) की तरह कष्ट में है। विदेशी सहन करना पड़ रहा है। देश की सम्प्रभुता नष्ट होने के कारण सारे साधनों पर अंग्रेजों का अधिकार है। वे उसी के मर्जी से किसी साधनों का उपयोग कर सकते हैं अथवा नहीं।इस कारण, भारतमाता अपने ही घर में प्रवासिनी बनी हुई हैं।

दीर्घ उत्तरीय प्रश्न

प्रश्न 1. निम्नलिखित पद्यांश की सप्रसंग व्याख्या कीजिए।
स्वर्ण शस्य पर पद तल लुठित,
धरती-सा सहिष्णु मन कुंठित,
क्रन्दन कंपित अक्षर मौन स्मित,
राहु ग्रासित शरदेन्दु हासिनी।।2018A1

उत्तर- सप्रसंग व्याख्या : भारतमाता शीर्षक पाठ से उद्धृत प्रस्तुत पंक्तियाँ के माध्यम से कवि पंत जी ने पूर्वजों के शौर्य एवं पराक्रम का वर्णन करते के लिए खून की नदियाँ बहा दी थीं, जिनकी सम्पन्नता तथा यशोगाथा का विशाल देशवासियों को यह संदेश देने का प्रयास किया है कि जिन्होंने अपने आन-बान-सम्मान इतिहास है, उसी देश के निवासी आपसी संघर्ष के कारण फिरंगी सरकार के अन्याय, जुल्म तथा शोषण के विरुद्ध बिना कुछ बोले धरती के समान सहनशीलता के साथ सहन कर रहे हैं।

कवि देशवासियों की ऐसी प्रवृत्ति पर खीझ प्रकट करते हुए कहता है कि लगता है, पराधीनता ने इनके स्वाभिमान को उसी प्रकार नष्ट कर र दिया है, जैसे-शरद पूर्णिमा की चाँदनी राहु ग्रसित होने अर्थात् ग्रहण लगने पर नष्ट हो जाती है। तात्पर्य कि जैसे सूर्य ग्रहण लगने पर दिन भी अंधकारमय हो। जाता है, उसी प्रकार देशवासी पराधीनता के कारण अपनी उज्ज्वल-गाथा को अज्ञानरूपी अंधकार में डूबे हुए है। इसीलिए कवि देशवासियों को भारतमाता के प्राचीन गौरव को पुर्नस्थापित करने के लिए प्रेरित करता है।

प्रश्न 2. निम्नलिखित पंक्तियों का भावार्थ लिखें।
भारतमाता ग्रामवासिनी
खेतो में फैला है श्यामल
धूल भरा मैला सा आँचल भूल [2019AII]

उत्तर- कवि का कहना है कि जिन्हें भारत की आत्मा कहा गया, जिनका खेत सदा शस्य-श्यामला रहते थे, आज वे दीन-हीन तथा दास अपनी दुर्दशा कारोना क्यों रो रहे हैं। दिन भर खेतों में काम करने वाले अन्नदाता दुःखी क्यों हैं। इन प्रश्नों के माध्यम से कवि ने यह स्पष्ट करने का प्रयास किया है कि जिस देश के गाँवों की सम्पन्नता, सभ्यता, संस्कृति आदि इतिहास के पन्नों पर स्वर्णाक्षरों में अंकित है, आज हर दृष्टि से पिछड़ा एवं उदास है।

अतः कवि के कहने का तात्पर्य है कि जमींदारों के शोषण के कारण ग्रामीण किसानों की दशा अति करूणाजनक है। उनकी ऐसी दशा देखकर कवि को लगता है कि गंगा-यमुना का जल उन्हीं व्यक्तियों के अश्रुजल हैं। भाषा तत्सम प्रधान खड़ी बोली है। 'मैला-सा आँचल' में उपमा अलंकार है। किसानों की दशा का मार्मिक चित्रण है तथा पीड़ा का करूण गान है।

जनतंत्र का जन्म (रामधारी सिंह दिनकर)
1. 'जनतंत्र का जन्म' कविता के कवि हैं-
(A) कुँवर नारायण   (B) सुमित्रानंदन पंत
(C) अज्ञेय   (D) रामधारी सिंह 'दिनकर'
Answer ⇒ (D) रामधारी सिंह 'दिनकर'
2. रामधारी सिंह 'दिनकर' किस गाँव के निवासी थे?
(A) मोकामा   (B) बक्सर   (C) मुजफ्फरपुर (D) सिमरिया
Answer ⇒ (D) सिमरिया
3. दिनकरजी की माता का नाम था-
(A) मनरूप देवी   (B) धनरूप देवी
(C) रूपवती देवी   (D) कलावती देवी
Answer ⇒ (A) मनरूप देवी
4. दिनकरजी का जन्म कब हुआ था?
(A) 20 सितंबर, 1908   (B) 21 सितंबर, 1908
(C) 22 सितंबर, 1908   (D) 23 सितंबर, 1908
Answer ⇒ (D) 23 सितंबर, 1908
5. दिनकरजी के पिता थे-
(A) प्रभाकर सिंह   (B) सूर्यदेव सिंह
(C) रवि सिंह   (D) दिनेश सिंह
Answer ⇒ (C) रवि सिंह
6. 'दिनकरजी' किस युग के प्रमुख कवि थे?
(A) भारतेन्दु युग के   (B) छायावाद युग के
(C) उत्तर छायावाद युग के   (D) इनमें से कोई नहीं
Answer ⇒ (C) उत्तर छायावाद युग के
7. 'दिनकरजी' मैट्रिक पास कब किये थे?
(A) 1927 ई. (B) 1928 ई. (C) 1929 ई० (D) 1930 ई.
Answer ⇒ (B) 1928 ई.
8. 'दिनकरजी' ने बी. ए. ऑनर्स कब किया था ?
(A) 1930 ई. (B) 1931 ई. (C) 1932 ई. (D) 1933 ई.
Answer ⇒ (C) 1932 ई.
9. 'दिनकरजी' किस हाईस्कूल में प्रधानाध्यापक रहे-
(A) मोकामा घाट रेलवे हाईस्कूल
(B) एच० ई० स्कूल, बरबीघा
(C) सर गणेश दत्त उ० मा० वि०, पटना
(D) पटना कॉलेजिएट हाईस्कूल, पटना
Answer ⇒ (B) एच० ई० स्कूल, बरबीघा
10. 'रसवंती' के रचनाकार हैं-
(A) सुमित्रानंदन पंत   (B) रामधारी सिंह 'दिनकर'
(C) अज्ञेय   (D) सूर्यकांत त्रिपाठी 'निराला'
Answer ⇒ (B) रामधारी सिंह 'दिनकर'
11. दिनकरजी की रचना है-

(A) उर्वशी   (B) साकेत   (C) ग्राम्या   (D) गुंजन

Answer ⇒ (A) उर्वशी

12. दिनकरजी को साहित्य अकादमी पुरस्कार किस रचना पर दिया गया?

(A) संस्कृति के चार अध्याय   (B) कुरूक्षत्र
(C) अर्धनारीश्वर   (D) मिट्टी की ओर

Answer ⇒ (A) संस्कृति के चार अध्याय

13. दिनकरजी को किस रचना पर ज्ञानपीठ पुरस्कार मिला था?

(A) प्राणभंग (B) रश्मिरथी (C) उर्वशी   (D) नीलकुसुम

Answer ⇒ (C) उर्वशी

14. 'जनतंत्र का जन्म' कविता में कवि ने किसे शक्तिशाली कहा है ?

(A) जनता को   (B) राजा को
(C) देवता को   (D) राक्षस को

Answer ⇒ (A) जनता को

15. 'गवाक्ष' का अर्थ है-

(A) गो की सींग   (B) गौ की आँखें
(C) बड़ी खिड़की   (D) इनमें से कोई नहीं

Answer ⇒ (C) बड़ी खिड़की

16. 'उर्वशी' किसकी कृति है ?

(A) निराला की   (B) दिनकर की
(C) महादेवी वर्मा की   (D) सुमित्रानंदन पंत की

Answer ⇒ (B) दिनकर की

17. दिनकर को साहित्य अकादमी पुरस्कार किस कृति पर मिला?

(A) सामधेनी पर   (B) संस्कृति के चार अध्याय पर
(C) उर्वशी पर   (D) द्वंद्वगीत पर

Answer ⇒ (B) संस्कृति के चार अध्याय पर

18. दिनकर किस विश्वविद्यालय के उपकुलपति बने थे?

(A) बिहार विश्वविद्यालय   (B) पटना विश्वविद्यालय
(C) भागलपुर विश्वविद्यालय (D) मगध विश्वविद्यालय

Answer ⇒ (C) भागलपुर विश्वविद्यालय

19. 'जनतंत्र का जन्म' शीर्षक कविता में 'दुधमुंही' शब्द का प्रयोग किसके लिए किया गया है?

(A) अपनी बेटी के लिए
(B) समाज की किसी बालिका के लिए
(C) जनता के लिए
(D) पड़ोस की बच्ची के लिए

Answer ⇒ (C) जनता के लिए

20. 'राजतंत्र का जन्म' शीर्षक कविता में कवि ने किसे देवता कहा है?

(A) राम   (B) कृष्ण   (C) बुद्ध   (D) किसान-मजदूर

Answer ⇒ (D) किसान-मजदूर

21. "जनतंत्र का जन्म" के कवि कौन हैं ?

(A) रामधारी सिंह 'दिनकर' (B) प्रेमघन
(C) घनानन्द   (D) अज्ञेय

Answer ⇒ (A) रामधारी सिंह 'दिनकर'

22. दिनकर की प्रारंभिक शिक्षा कहाँ से हुई थी ?

(A) घर से   (B) पिताजी से (C) गाँव और आसपास से
(D) जिला स्कूल से

Answer ⇒ (C) गाँव और आसपास से

23. 'दिनकर' की किस रचना में कर्ण को नायक बनाया गया है?

(A) उर्वशी   (B) रश्मिरथी (C) हुंकार (D) हारे को हरिनाम

Answer ⇒ (B) रश्मिरथी

24. 'मिट्टी की ओर' इनकी कृति है-

(A) पद्य   (B) गद्य   (C) काव्य   (D) इनमें सभी

Answer ⇒ (B) गद्य

25. 'दिनकर' की प्रमुख काव्य-कृति है-

(A) रेणुका   (B) रसवंती
(C) कुरुक्षेत्र (D) इनमें सभी

Answer ⇒ (D) इनमें सभी

26. 'दिनकर' की गद्य-कृति है-

(A) अर्धनारीश्वर   (B) दिनकर की डायरी
(C) वट पीपल   (D) इनमें सभी

Answer ⇒ (D) इनमें सभी

27. 'दिनकर' ने अपनी पढ़ाई कहाँ तक की?

(A) इंटरमिडिएट   (B) बी० ए० ऑनर्स
(C) एम० ए० ऑनर्स   (D) पी-एच. डी.

Answer ⇒ (B) बी० ए० ऑनर्स

28. भारत सरकार द्वारा उन्हें सम्मानित किया गया-

(A) पद्मविभूषण से (B) भारत भूषण अग्रवाल पुरस्कार से
(C) भारत रत्न से(D) ऋतुराज सम्मान से

Answer ⇒ (A) पद्मविभूषण से

29. किसे सिंहासन खाली करने की बात कही गई है?

(A) राजतंत्र को   (B) सामंतवाद को
(C) (A) और (B) दोनों   (D) इनमें से कोई नहीं

Answer ⇒ (C) (A) और (B) दोनों

30. 'दिनकरजी' का निधन कब हुआ था?

(A) 21 जनवरी, 1971   (B) 22 फरवरी, 1972
(C) 23 मार्च, 1973   (D) 24 अप्रैल, 1974

Answer ⇒ (D) 24 अप्रैल, 1974

Subjective Question लघु उत्तरीय प्रश्न :

प्रश्न 1. कवि की दृष्टि में आज के देवता कौन है और वे कहाँ मिलेंगे ? [2011A, 2011C, 2017AI, 2017C, 2020AII]

उत्तर- कवि की दृष्टि में आज के देवता सड़कों, खेतों, खलिहानों तथा कारखानों में काम करने वाले मेहनतकश हैं, जिनके प्रयास से देश का आर्थिक विकास होता है। नेता, अधिकारी या पदाधिकारी इन्हीं की मेहनत पर निर्भर करते हैं। कवि का मानना है कि कोई तभी समृद्ध हो सकता है जब उसके पास विशाल जनशक्ति होती है। तात्पर्य कि मजदूर एवं किसान ही देश की रीढ़ हैं। इसलिए कवि इन्हें देवता कहता है।

प्रश्न 2. 'जनतंत्र का जन्म' शीर्षक कविता का भावार्थ लिखें । [2011C]

उत्तर-उत्तर छायावाद के प्रखर कवि रामधारी सिंह 'दिनकर' द्वारा रचित 'जनतंत्र का जन्म' शीर्षक कविता आधुनिक भारत में जनतंत्र के उदय का जयघोष है। सदियों की देशी-विदेशी पराधीनताओं के बाद स्वतंत्रता प्राप्त हुई और भारत में जनतंत्र की प्राण-प्रतिष्ठा हुई है । जनतंत्र के ऐतिहासिक और राजनीतिक अभिप्रायों को कविता में उजागर करते हुए कवि यहाँ एक नवीन भारत का शिलान्यास-सा करता है जिसमें जनता ही स्वयं सिंहासन पर आरूढ़ होने वाली है ।

प्रश्न 3. दिनकर की दृष्टि में रथ का घर्घर नाद क्या है ? स्पष्ट करें। [2012A, 2014AI, 2022C]

उत्तर-कवि की दृष्टि में, समय के रथ का घर्घर-नाद भारत में जनतंत्र के उदय का जयघोष है या जनता के आने की आहट है। सदियों से भारत में राजतंत्र था। लेकिन, अब समय बदल गया है, जनता जाग उठी है। सदियों की देशी-विदेशी पराधीनता के बाद स्वतंत्रता की प्राप्ति हुई है और जनतंत्र की प्राण प्रतिष्ठा की गई है।

प्रश्न 4. कविता का मूल भाव क्या है ? संक्षेप में स्पष्ट कीजिए । [2013C]

उत्तर-कविता का मूल भाव जनतंत्र की स्थापना है । कवि इस शासन पद्धति के माध्यम से शोषक-शोषित के भेद को मिटाना चाहता है क्योंकि लोकतंत्र की इस व्यवस्था में शासन करने की शक्ति जनता के हाथ आ जाती है। फलतः सत्ता की मनमानी बन्द हो जाती है। इसमें संविधान द्वारा कुछ शक्तियाँ जनता को प्रदान की जाती है। इन शक्तियों का उपयोग जनता समान रूप में करती है । तात्पर्य कि जनता स्वयं ही सिंहासन पर आरूढ़ होती है और समान रूप में सबको कमाने, जीवन जीने तथा अपनी समस्या प्रस्तुत करने का अवसर मिलता है नीच -ऊँच, शोषित-शोषक, गरीब-अमीर सबकी शासन में भागीदारी होती है।

प्रश्न 5. "देवता मिलेंगे खेतो में खलिहानों में" पंक्ति के माध्यम से कवि किस देवता की बात करते हैं और क्यों ? [2014AII]

उत्तर-देवता मिलेंगे खेतों में खलिहानों में पंक्ति के माध्यम से राष्ट्रकवि दिनकर कहते हैं, इस नव युग के देवता देश को समृद्ध करने वाले गरीब मेहनतकश मजदूर और अन्नदाता कृषक हैं। ये न तो मंदिर, न तहखाना, न मस्जिद आदि में मिलेंगे बल्कि ये तो कहीं सड़कों पर गिट्टी तोड़ते हुए मिलेंगे या खेतों।और खलिहानों में मेहनत करते हुए मिलेंगे।

प्रश्न 6. कवि ने जनता के स्वप्न का चित्र किस तरह खींचा है ? [2015A, 2016AII |

उत्तर-कवि ने जनता के अजेय स्वप्न का चित्र खींचा है। कवि का कहना है कि ऐसा प्रतीत होता है मानों यहाँ राज्याभिषेक राजा का नहीं, प्रजा का हो रहा है। स्वतंत्रता प्राप्ति के बाद जब जनतांत्रिक शासन पद्धति की स्थापना होगी तो शासन की शक्ति जनता में निहित हो जाएगी। जनता अपना शासन स्वयं करेगी।

प्रश्न 7. कवि ने जनता को दूध मुँही क्यों कहा है [2018AI]

उत्तर-कवि ने जनता को 'दुधमुँही' इसलिए कहा है क्योंकि उसे खुद का एहसास नहीं है और शोषण करने वाले जब चाहते हैं, उन्हें अपने हित के लिए, अपने सजावट के लिए उपयोग कर लेते हैं। जनता तो दुधमूँही बच्ची की तरह जन्तर-मन्तर के खिलौने से बहलायी जा सकती है।

प्रश्न 8. कवि रामधारी सिंह 'दिनकर' किसके लिए सिंहासन खाली करने की बात करते हैं ? [2024AII]

उत्तर-कवि रामधारी सिंह दिनकर जनता के लिए या जनता के द्वारा भेजे गए प्रतिनिधियों के लिए सिंहासन खाली करने की बात कहते हैं ।

प्रश्न 9. व्याख्या करें :

"सदियों की ठंडी-बुझी राख सुगबुगा उठी, मिट्टी सोने का ताज पहन इठलाती है ।" [2024AI]

उत्तर-प्रस्तुत पंक्तियाँ हमारी पाठ्यपुस्तक 'जनतंत्र का जन्म' शीर्षक पाठ से संकलित है, जिसके लेखक रामधारी सिंह 'दिनकर' जी है । कवि ने इन पंक्तियों के द्वारा तत्कालीन समय के राजा और प्रजा की स्थिति के बारे में बताया है । वे कहते हैं कि सदियों से दबी कुचली जनता अब अपने अधिकार को समझने लगी है । अब उसपर कोई शासन नहीं कर सकता । परंतु निरर्थक कर्तव्यहीन राजा ताज पहनकर अपने भाग्य पर इठला रहा है । उसे यह नहीं पत है कि वह समय आ गया है जब जनता उसे गद्दी पर नहीं बैठने देगी, वह अपने पर जुल्म ढाने नहीं देगी, अब उसे न्याय चाहिए, अब वह खुद शासन करेगी

हिरोशिमा (अज्ञेय)

1. 'अज्ञेय' का पूरा नाम है-
   (A) कुमार 'अज्ञेय'
   (B) सच्चिदानंद हीरानंद वात्स्यायन 'अज्ञेय'
   (C) डॉ. हीरानंद 'अज्ञेय'
   (D) वात्सयायन कुमार 'अज्ञेय'
   Answer ⇒ (B) सच्चिदानंद हीरानंद वात्स्यायन 'अज्ञेय'

2. 'अज्ञेय' का जन्म कहाँ हुआ था?
   (A) कुशीनगर | उत्तरप्रदेश
   (B) भोपाल | मध्यप्रदेश
   (C) जयपुर | राजस्थान
   (D) राजगृह | बिहार
   Answer ⇒ (A) कुशीनगर | उत्तरप्रदेश

3. 'अज्ञेय' का मूल निवास कहाँ था?
   (A) कर्तारपुर　　　(B) मिर्जापुर
   (C) प्रतापपुर　　　(D) राजापुर
   Answer ⇒ (A) कर्तारपुर

4. 'अज्ञेय' की माता थी-
   (A) दमयंती देवी　　(B) व्यंती देवी
   (C) धनवंती देवी　　(D) कांती देवी
   Answer ⇒ (B) व्यंती देवी

5. अज्ञेय' के पिता का नाम है-
   (A) डॉ॰ कृत्यानन्द शास्त्री (B) वात्स्यायन शास्त्री
   (C) सच्चिदानन्द शास्त्री (D) डॉ. हीरानन्द शास्त्री
   Answer ⇒ (D) डॉ. हीरानन्द शास्त्री

6. 'अज्ञेयजी' की प्रारंभिक शिक्षा कहाँ हुई थी?
   (A) बनारस (B) लखनऊ (C) मुम्बई (D) पटना
   Answer ⇒ (B) लखनऊ

7. इनमें बहुभाषाविद् कौन थे?
   (A) पंतजी　　　　　(B) अज्ञेय

(C) यतीन्द्र मिश्र   (D) इनमें से कोई नहीं

Answer ⇒ (B) अज्ञेय

8. चिंता' अज्ञेय की किस प्रकार की रचना है?
   (A) काव्य (B) कहानी (C) निबंध (D) नाटक

   Answer ⇒ (A) काव्य

9. 'हरी घास पर क्षणभर' के रचनाकार हैं-
   (A) वीरेन डंगवाल (B) अज्ञेय (C) अनामिका (D) जीवनानंद दास

   Answer ⇒ (B) अज्ञेय

10. अज्ञेय ने सूत्रपात किया-
    (A) मानवतावाद (B) अतिवाद (C) प्रयोगवाद (D) समाजवाद

    Answer ⇒ (C) प्रयोगवाद

11. 'हिरोशिमा' के रचनाकार हैं-
    (A) रामधारी सिंह 'दिनकर'
    (B) सच्चिदानंद हीरानन्द वात्स्यायन 'अज्ञेय'
    (C) गोपाल सिंह 'नेपाली'
    (D) इनमें से कोई नहीं

    Answer ⇒ (B) सच्चिदानंद हीरानन्द वात्स्यायन 'अज्ञेय'

12. कवि अज्ञेय ने सरज किसे कहा है?
    (A) सूर्य को   (B) बिजली को
    (C) परमाणु बम को (D) इनमें से किसी को नहीं

    Answer ⇒ (C) परमाणु बम को

13. हिरोशिमा' पाठ में वर्णित सूरज कहाँ से निकलता है?
    (A) अंतरिक्ष से   (B) जल से
    (C) फटी मिट्टी से   (D) बादल से

    Answer ⇒ (C) फटी मिट्टी से

14. कवि अज्ञेय का माना हुआ सूरज किस दिशा से निकलता है?
    (A) पूरब से   (B) दक्षिण से
    (C) आकाश से   (D) नगर के बीचों बीच से

    Answer ⇒ (D) नगर के बीचों बीच से

15. हिरोशिमा' कहाँ है?
    (A) अमेरिका में   (B) यूरोप में
    (C) भारत में   (D) जापान में

    Answer ⇒ (D) जापान में

16. 'हिरोशिमा' अज्ञेय की किस कविता संग्रह से लिया गया है?
    (A) सदानीरा से (B) कितनी नावों में कितनी बार से
    (C) आँगन के पार द्वार से (D) छोड़ा हुआ रास्ता से

    Answer ⇒ (A) सदानीरा से

17. साखी का अर्थ है-
    (A) मित्र   (B) गवाही
    (C) बन्धु   (D) विश्वासी

    Answer ⇒ (B) गवाही

18. अज्ञेय का जन्म किस प्रदेश में हुआ था?
    (A) मध्यप्रदेश   (B) उत्तरप्रदेश
    (C) छत्तीसगढ़   (D) पंजाब

    Answer ⇒ (B) उत्तरप्रदेश

19. कौन-सी कृति अज्ञेय की नहीं है?
    (A) बावरा अहेरी   (B) आँगन के पार द्वार

(C) एक बूंद सहसा उछली (D) मिलनयामिनी

Answer ⇒ (D) मिलनयामिनी

20. 'उत्तर प्रियदर्शी' किस विधा की रचना है?
    (A) नाटक   (B) उपन्यास
    (C) प्रबंध काव्य   (D) कहानी

    Answer ⇒ (A) नाटक

21. हिरोशिमा किस देश में है?
    (A) इटली   (B) फ्रांस
    (C) जापान   (D) जर्मनी

    Answer ⇒ (C) जापान

22. 'हिरोशिमा' शीर्षक कविता में 'सूरज' का प्रतीक अर्थ क्या है?
    (A) खगोलीय पिण्ड (B) प्रशंसित व्यक्ति
    (C) प्रचण्ड क्रोध   (D) अणुबम

    Answer ⇒ (D) अणुबम

23. कुछ क्षण का वह उदय-अस्त! इसमें कौन-सा अलंकार है?
    (A) उपमा (B) रूपक (C) संदेह (D) विरोधाभास एवं विभावना

    Answer ⇒ (D) विरोधाभास एवं विभावना

24. 'हिरोशिमा' शीर्षक कविता में वर्णित सूरज कहाँ निकला?
    (A) पूर्वी क्षितिज पर (B) नगर के चौक पर
    (C) पूर्वी दिशा में   (D) इनमें से कहीं नहीं

    Answer ⇒ (B) नगर के चौक पर

25. अज्ञेय के नाम से हिन्दी साहित्य के इतिहास में कौन-सा वाद जुड़ा हुआ है?
    (A) प्रगतिवाद   (B) छायावाद
    (C) प्रयोगवाद   (D) हालावाद

    Answer ⇒ (C) प्रयोगवाद

26. कौन-सी कृति अज्ञेय की है?
    (A) निशीथ   (B) सुबह का तारा
    (C) अरे यायावर रहेगा याद (D) गुंजन

    Answer ⇒ (C) अरे यायावर रहेगा याद

27. अज्ञेय' का जन्म कब हुआ था?
    (A) 7 मार्च | 1911 को (B) 9 मार्च | 1913 को
    (C) 11 मार्च | 1915 को (D) 13 मार्च | 1917 को

    Answer ⇒ (A) 7 मार्च | 1911 को

28. 'शेखर : एक जीवनी' अज्ञेय का प्रसिद्ध है-
    (A) निबंध   (B) उपन्यास
    (C) कहानी संग्रह   (D) नाटक

    Answer ⇒ (B) उपन्यास

29. 'अज्ञेय' ने सम्पादन किया-
    (A) रूपांबरा   (B) पुष्करिणी
    (C) तार सप्तक   (D) इनमें सभी

    Answer ⇒ (D) इनमें सभी

30. जापान के 'हिरोशिमा' नामक नगर पर अणुबम किसने गिराई?
    (A) अमेरिका   (B) रूस
    (C) चीन   (D) इंग्लैंड

    Answer ⇒ (A) अमेरिका

31. अज्ञेय ने अपनी शिक्षा कहाँ तक ग्रहण की थी?
    (A) इंटरमिडियट   (B) बी० ए० ऑनर्स

(C) एम० ए०　　　　　(D) पी. एच. डी.
Answer ⇒ (C) एम० ए०
32. 'अज्ञेय' की निबंध कृति है-
(A) भवन्ती　　　　　(B) अंतरा
(C) त्रिशंकु　　　　　(D) इनमें सभी
Answer ⇒ (D) इनमें सभी
33. 'अज्ञेय' का काव्य-संग्रह है-
(A) हरी घास पर क्षण भर (B) कितनी नावों में कितनी बार
(C) आँगन के पार द्वार　　　　　(D) इनमें सभी
Answer ⇒ (D) इनमें सभी
34. 'अज्ञेय' का निधन कब हुआ?
(A) 4 अप्रैल | 1983 को (B) 14 अप्रैल | 1985 को
(C) 4 अप्रैल | 1987 को (D) 14 अप्रैल | 1989 को
Answer ⇒ (C) 4 अप्रैल | 1987 को

लघु उत्तरीय प्रश्न

प्रश्न 1. हिरोशिमा में मनुष्य की साखी के रूप में क्या है (2011C, 2012A, 2020A11, 2021A
उत्तर-हिरोशिमा में मनुष्य की साखी के रूप में पत्थर पर लिखी हुई मानव की जली हुई छाया है अर्थात् मनुष्य की साखी के रूप में अमेरिका द्वारा गिराया गया परमाणु बम है। वर्षों बीत जाने के बाद भी हिरोशिमावासी इस त्रासदी का श झेलने के लिए विवश है। साक्ष्य के रूप में उपस्थित रहने वाला वह काला दिवस आज भी सिहरन पैदा करता है।

प्रश्न 2. छायाएँ दिशाहीन सब ओर क्यों पड़ती है ? स्पष्ट करें। 12012A, 2012C, 2015AI
उत्तर- परमाणु बम के विस्फोट से जो अग्नि पैदा होती है। उसका प्रकाश अनंत होता है। धरती के मनुष्य जल जलाते हैं। कोई नहीं बचता है। मनुष्य की कोई छाया बनती नहीं है या बनती भी है तो यह दिशाहीन होती है। मनुष्य भाप बन जाता है।

प्रश्न 3. मनुष्य की छायाएँ कहाँ और क्यों पड़ी हुई है ? [2012C, 2021AI]
उत्तर- मनुष्य की छायाएँ झुलसे हुए पत्थरों पर और उजड़ी सड़कों के ऊपर पड़ी हुई है। क्योंकि ये छायाएँ जहाँ पड़ी, वहाँ से अब मिटने वाली नहीं है। ये अब इतिहास का हिस्सा बन गयी है।

प्रश्न 4. हिरोशिमा कविता से हमें क्या सीख मिलती है ? एक दिन सूरज अरे नगर के धूप पर अंत फटी अमेरिका ने पड़ा। यह अमेरिका द्वारा नहीं थी। यह [2018AII]
उत्तर- 'हिरोशिमा' कविता अतीत की भीषणतम मानवीय दुर्घटना का ही साक्ष्य नहीं है, बल्कि आण्विक आयुधों की होड़ में फँसी आज की वैश्विक राजनीति से उपजते संकट की आशंकाओं से भी जुड़ी हुई है। इस प्रकार 'हिरोशिमा' कविता से यह सीख मिलती है कि हमें परमाणु आयुधों की होड़ से बचना चाहिए ताकि भविष्य में यदि ऐसी स्थिति उत्पन्न हो तो इसका उपयोग न हो पाएगा

प्रश्न 5. प्रज्वलित क्षण की दोपहरी से कवि का आशय क्या है ? [2022AI]
उत्तर- प्रज्वलित क्षण की दोपहरी से कवि का आशय है कि बम फूटने पर क्षणभर में लगा कि दोपहर हो गया, और सारा दृश्य लगा कि उस दोपहरी ने सोख लिया। फिर, घना अन्धकार छा गया। कवि के कहने का आशय है कि वह प्रज्वलित क्षण दोपहरी की तरह गर्म, जिसने तत्काल सब कुछ नष्ट कर घोर अन्धकार फैला दिया। अतः कवि ने बम विस्फोट के क्षण को दोपहरी कहा है। क्योंकि एक निश्चित क्षण में ही शहर उजड़ गया तथा चमकता प्रकाश विलीन हो गया।

दीर्घ उत्तरीय प्रश्न :

प्रश्न 1. "मानव का रचा सूरज मानव को भाप बनाकर सोख गया व्याख्या करें।" [2020A1]
उत्तर- प्रस्तुत पंक्तियाँ महान मानववादी कवि अज्ञेय द्वारा लिखित कविता 'हिरोशिमा' पाठ से उद्धृत है। इसमें कवि ने हिरोशिमा में हुई संहारकारी दुर्घटना के विषय में अपना विचार प्रकट किया है।

कवि का कहना है कि मानव-निर्मित सूरज अर्थात् आण्विक आयुध ने कुछ क्षण में ही अपना खेल समाप्त कर लिया। मानव वाष्प बनकर प्रकृति में विलीन हो गया। लेकिन, उस विनाशकारी विभीषिका के अवशेष अभी भी शेष हैं। मानव की यह क्रूरता युग-युग तक संदेश देती रहेगी कि जब मानव का दम आसमान छूने लगता है तब मानव दानव बनकर अपना प्रभुत्व स्थापित करने के लिए अमानवीय एवं अनैतिक कार्य करने से भी नहीं हिचकता है। कवि उस विनाशलीला की भयंकरता के विषय में कहता है

कि हिरोशिमा के झुलसे पत्थर एवं उजड़ी सड़केंहमें याद दिलाती है कि किस प्रकार मानव-निर्मित सूरज ने मानव का नामोनिशान मिटा दिया था। कवि आज की वैश्विक राजनीति से उत्पन्न संकट की आशंकाओं की ओर ध्यान आकृष्ट करता है कि मानवता की रक्षा के लिए अमानवीय प्रयोगों से परहेज करना चाहिए। ऐसा न हो कि सारा विश्व ही हिरोशिमा बन जाए।

प्रश्न 2. निम्न पंक्तियों का अर्थ लिखें।
एक दिन सहसा सूरज निकला अरे क्षितिज पर नहीं नगर के चौक; धूप बरसी।पर अंतरिक्ष से नहीं फटी मिट्टी से। [2021AII]उत्तर-अज्ञेय जी हिरोशिमा की उस सुबह की विषय में कहते हैं जिस दिन अमेरिका ने बम गिराया था। कवि कहता है कि एकदिन सबेरे प्रकाश दिखाई पड़ा। यह प्रकाश क्षितिज से निकलते सूरज का नहीं, बल्कि शहर के मध्य में अमेरिका द्वारा गिराए गए बम का था। लोग गर्मी से जलने लगे। यह धूप की गर्मी नहीं थी। यह गर्मी बम विस्फोट से उत्सर्जित किरणों की थी। गर्मी फटी धरती की थी।

एक वृक्ष की हत्या (कुंवर नारायण सिंह)

1. कुँवर नारायण ने बूढ़ा चौकीदार किसे कहा है?
(A) पहाड़　　　　　(B) व्यक्ति

(C) वृक्ष   (D) सैनिक

Answer ⇒ C

2. कुँवर नारायण का जन्म कहाँ हुआ था?
(A) लखनऊ   (B) भोपाल
(C) जयपुर   (D) पटना

Answer ⇒ A

3. कुँवर नारायण ने कविता लिखने की शुरुआत की-
(A) 1949 के लगभग (B) 1950 के लगभग
(C) 1951 के लगभग (D) 1952 के लगभग

Answer ⇒ B

4. 'आकारों के आसपास' किस प्रकार की रचना है?
(A) प्रबंध काव्य   (B) समीक्षा
(C) कहानी संग्रह   (D) काव्य संग्रह

Answer ⇒ C

5. कुँवर नारायण की रचना है-
(A) त्रिशंकु   (B) चक्रव्यूह
(C) गुंजन   (D) नीलकुसुम

Answer ⇒ B

6. 'एक वृक्ष की हत्या' के रचनाकार हैं-
(A) कुँवर नारायण   (B) सुमित्रानंदन पंत
(C) रामधारी सिंह 'दिनकर'(D) जीवनानंद दास

Answer ⇒ A

7. कवि कुँवर नारायण ने 'चौकीदार' की संज्ञा किसे दी है?
(A) देश की सेना को(B) घर के बाहर खड़े वृक्ष को
(C) घर के पहरेदार को(D) इनमें से कोई नहीं

Answer ⇒ B

8. कवि कुँवर नारायण ने किसके शरीर को पुराने चमड़े से निर्मित कहा है?
(A) वृद्ध आदमी   (B) वृद्ध पशु
(C) पुराना वृक्ष   (D) इनमें से कोई नहीं

Answer ⇒ C

9. कवि कुँवर नारायण ने घर लौटने पर किसे नहीं देखा?
(A) पिता को   (B) माता को
(C) भाई को   (D) वृक्ष को

Answer ⇒ D

10. कवि को हमेशा घर के दरवाजे पर तैनात कौन मिलता था?
(A) सिपाही   (B) नौकर
(C) बूढ़ा वृक्ष   (D) बूढ़ा आदमी

Answer ⇒ C

11. कवि ने 'राइफल' की संज्ञा किसे दी है?
(A) सिपाही के कंधे में लटकते हुए राइफल को
(B) लेखक के घर में रखे हुए राइफल को
(C) वृक्ष की सूखी डाल को
(D) इनमें से किसी को नहीं

Answer ⇒ C

12. कवि ने पगड़ी का प्रतीक किसे माना है?
(A) घर के मुँडेर को
(B) वृक्ष के ऊपरी डाल को
(C) वृक्ष के ऊपरी भाग में फूल-पत्तीदार युक्त टहनियों को

13. 'खाकी वर्दी' में कौन हमेशा चौकन्ना रहता है?
(A) पहरेदार   (B) नौकर
(C) वृक्ष   (D) भाई

Answer ⇒ C

14. कवि कुछ देर के लिए बैठ जाते हैं?
(A) मंदिर में   (B) घर में
(C) पड़ोस में   (D) वृक्ष की छाया में

Answer ⇒ D

15. कवि के अनुसार घर को किससे बचाना है?
(A) धनहीनता से   (B) भूकंप से
(C) लुटेरों से   (D) झंझट से

Answer ⇒ C

16. शहर को बचाना है-
(A) गंदगी से   (B) भ्रष्टाचार से
(C) नादिरों से   (D) शोर-गुल से

Answer ⇒ C

17. नदियों को बचाना है-
(A) नाला हो जाने से (B) बाढ़ आने से
(C) सूख जाने से   (D) इनमें से कोई नहीं

Answer ⇒ A

18. धुआँ हो जाने से किसे बचाना है?
(A) घर को   (B) शहर को
(C) हवा को   (D) पृथ्वी को

Answer ⇒ C

19. जंगल को किससे बचाना है?
(A) मरुस्थल होने से (B) वन्य प्राणियों के आतंक से
(C) आग लगने से   (D) काँटेदार झाड़ियों से

Answer ⇒ A

20. जंगल हो जाने से किसे बचाना है?
(A) शहर को   (B) गाँव को
(C) घर के परिसर को (D) मनुष्य को

Answer ⇒ D

21. 'एक वृक्ष की हत्या' में किसके विनाश की अंतर्व्यथा अभिव्यक्त है?
(A) शिक्षा   (B) पर्यावरण, मनुष्य और सभ्यता
(C) देश   (D) धर्म

Answer ⇒ B

22. 'आत्मजयी' किसकी रचना है?
(A) कुँवर नारायण   (B) सर्वेश्वरदयाल सक्सेना
(C) मुक्तिबोध   (D) रघुवीर सहाय

Answer ⇒ A

23. 'चक्रव्यूह' के रचनाकार हैं-
(A) कुँवर नारायण   (B) नागार्जुन
(C) धर्मवीर भारती   (D) नरेन्द्र शर्मा

Answer ⇒ A

24. दूर से कौन ललकारता है?
(A) दुश्मन   (B) डाकू
(C) चौकीदार   (D) वृक्ष चौकीदार

Answer ⇒ D

25. कवि के अंदेशों में कौन था?
(A) एक जानी-दुश्मन   (B) एक नेता

(C) एक संन्यासी   (D) एक दोस्त

Answer ⇒ A

26. 'बचाना है मनुष्य को जंगल हो जाने से' कथन के माध्यम से कवि मनुष्य के बारे में क्या सोचता है?
(A) मनुष्य सभ्य है
(B) मनुष्य निरंतर असभ्य होता जा रहा है
(C) मनुष्य सुसंस्कृत है
(D) मनुष्य सामाजिक प्राणी है

Answer ⇒ B

27. 'कुँवर नारायण' का जन्म कब हुआ था?
(A) 19 सितम्बर, 1927 (B) 21 अक्टूबर, 1929
(C) 23 नवम्बर, 1931 (D) 17 अगस्त, 1925

Answer ⇒ A

28. 'कुँवर नारायण' को किस पुरस्कार से सम्मानित किया गया?
(A) प्रेमचन्द पुरस्कार (B) साहित्य अकादमी पुरस्कार
(C) (A) और (B) दोनों (D) इनमें कोई नहीं

Answer ⇒ C

29. कुँवर नारायण की प्रसिद्ध कृति कौन-सी है?
(A) आत्मजयी   (B) कालजयी
(C) (A) और (B) दोनों (D) इनमें से कोई नहीं

Answer ⇒ A

30. कवि को वृक्ष कैसा लगता है?
(A) युवा चौकीदार की तरह (B) शान से खड़े चौकीदार की तरह
(C) बूढ़ा चौकीदार की तरह (D) नतमस्तक चौकीदार की तरह

Answer ⇒ C

31. कवि ने घर लौटने पर दरवाजे पर क्या नहीं देखा?
(A) माँ को   (B) पिताजी को
(C) तुलसी के पौधे को (D) बूढ़े चौकीदार वृक्ष को

Answer ⇒ D

32. कुँवर नारायण ने लिखने की शुरुआत कब से की?
(A) 1948 ई. के आसपास (B) 1950 ई. के आसपास
(C) 1952 ई. के आसपास (D) 1954 ई. के आसपास

Answer ⇒ B

33. 'एक वृक्ष की हत्या' किससे जुड़ी हुई है?
(A) मौत से   (B) पेड़-पौधों से
(C) पर्यावरण से (D) इनमें से कोई नहीं

Answer ⇒ C

34. 'एक वृक्ष की हत्या' पाठ में कवि किसकी रक्षा को कविता का केन्द्र मानते हैं?
(A) वृक्ष की रक्षा   (B) मानवता की रक्षा
(C) पृथ्वी की रक्षा (D) वायुमंडल की रक्षा

Answer ⇒ B

35. बचाना है 'नदियों को'-
(A) तालाब हो जाने से (B) कुआँ हो जाने से
(C) नाला हो जाने से (D) समुद्र हो जाने से

Answer ⇒ C

36. 'कुँवर नारायण' का काव्य-संग्रह है-
(A) आत्मजयी (B) चक्रव्यूह (C) परिवेश (D) इनमें सभी

Answer ⇒ D

37. 'आकारों के आसपास' कुँवर नारायण की कृति है-
(A) कहानी-संग्रह (B) काव्य-संग्रह
(C) समीक्षात्मक (D) उपन्यास

Answer ⇒ A

38. कुँवर नारायण का समीक्षात्मक पहलू है-
(A) मेरे साक्षात्कार (B) आज और आज से पहले
(C) हम तुम (D) कोई दूसरा नहीं

Answer ⇒ B

39. 'आत्मजयी' किस प्रकार की रचना है?
(A) महाकाव्य   (B) खंडकाव्य
(C) कहानी-संग्रह (D) समीक्षा

Answer ⇒ B

Subjective question

लघु उत्तरीय प्रश्न :

प्रश्न 1. कवि को वृक्ष बूढ़ा चौकीदार क्यों लगता था ? 12012A, 2012C, 2017AII, 2020A1, 2023AII]
उत्तर- कवि ने एक वृक्ष के बहाने प्राचीन सभ्यता, संस्कृति एवं पर्यावरण की रक्षा की चर्चा की है। वृक्ष मनुष्यता, पर्यावरण एवं सभ्यता की प्रहरी है। यह प्राचीन काल से मानव के लिए वरदान स्वरूप है, इसका पोषक है, रक्षक है। कवि को वृक्ष बूढ़ा चौकीदार इसलिए लगता था, क्योंकि वह हर क्षण सीना ताने दरवाजे पर तैनात रहता था, जिस प्रकार चौकीदार घर सुरक्षा में दरवाजे पर खड़ा रहता है।

प्रश्न 2. 'एक वृक्ष की हत्या' शीर्षक की सार्थकता स्पष्ट कीजिए । [2013C]
उत्तर-'एक वृक्ष की हत्या' शीर्षक बहुत ही सार्थक है । यह कविता की भावना और आत्मा के अनुरूप है। यह शीर्षक बोलने और समझने में सरल तथा स्पष्ट है । यह कविता का केन्द्रबिन्दु भी है । अतः सार्थक है । यह शीर्षक विषयवस्तु के अनुकूल है क्योंकि यह कविता काटे गए एक वृक्ष के बहाने पर्यावरण, मनुष्य और सभ्यता के विनाश की अन्तर्व्यथा को अभिव्यक्त करती है।

प्रश्न 3. वृक्ष और कवि में क्या संवाद होता था ? [2015AII, 2015C, 2022C]
उत्तर-कवि के घर के दरवाजे पर एक चौकीदार की भाँति बूढ़ा वृक्ष खड़ा था। जब कवि दरवाजे की ओर आता तो ललकारता-'कौन' ? तब उत्तर मिलता-'दोस्त'। कवि उसके दोस्त के समान था। कवि पल भर उसकी ठंढी छाँव में बैठ जाता था। कवि उसकी रक्षा करता था। कवि को उस पेड़ के दुश्मनों का भय था।

प्रश्न 4. कविता का समापन करते हुए कवि अपने किन-किन अंदेश का जिक्र करता है और क्यों ? [2016A1] अथवा, 'एक वृक्ष की हत्या' कविता विश्व की किस समस्या की उजागर करती है ? (2018C)
उत्तर-कविता के समापन के समय कवि को अंदेशा है-नदियों की जो सूख रही है, वायुमंडल की जो दूषित हो रही है, खाद्य

पदार्थों की जो जहरीले होते जा रहे है। कवि को ऐसा अंदेशा वृक्षों के अंधाधुंध कटाई को देखकर हो रहा है। उसे लगता है पूरे भारत पर लुटेरों का हमला हो गया है। '

प्रश्न 5.एक वृक्ष की हत्या' कविता की प्रासंगिकता पर विचार करते हुए एक टिप्पणी लिखें।

उत्तर-वृक्ष भी जीव है। वृक्ष का काटना जीव-हत्या है । आज एक वृक्ष को ही नहीं, हजारों-लाखों वृक्षों की हत्या का सवाल है, जो मानव जीवन के संकट का कारण बन गया है। वृक्ष हर कदम पर मानव का सहयोगी और मित्र है। किन्तु, मनुष्य उसे बेजान और व्यर्थ समझकर अपने आर्थिक लाभ के लिए खत्म कर रहा है। यह मनुष्य की मूर्खता है कि अपने तत्काल लाभ के लिए वह भविष्य का सर्वनाश पैदा कर रहा है। इसलिए, आज ऐसी कविता की प्रासंगिकता अधिक है।

प्रश्न 6. घर, शहर और देश के बाद कवि किन चीजों को बचाने की बात करता है और क्यों ?[2021AI]

उत्तर-घर, शहर और देश के बाद कवि नदियों को, हवा को, खाद्यान्नों को, जंगल को और स्वयं मनुष्य जाति को बचाने की बात करता है। ये सारी चीजें हमारे स्वार्थीपन और लोलुपता के कारण विनष्ट और प्रदूषित होती जा रही हैं और जब ये संसाधन पूर्णतया समाप्त हो जायेंगे तो एक मनुष्य दूसरे मनुष्य के भक्षण पर उतारू हो जाएगा। इसीलिए मनुष्यता की रक्षा के लिए पर्यावरण का संरक्षण अनिवार्य है।

दीर्घ उत्तरीय प्रश्न :

प्रश्न 1. अर्थ स्पष्ट करें-
बचाना है नदियों का नाला हो जाने से हवा को धुआँ हो जाने से खाने को जहर हो जाने से [2019AI]

उत्तर-प्रस्तुत पंक्तियाँ संवेदनशील कवि कुँवर नारायण द्वारा लिखित कविता संग्रह 'इन दिनों' से संकलित तथा 'एक वृक्ष की हत्या' पाठ से उद्धृत है। इनमें कवि ने प्रकृति-रक्षा के विषय में अपना विचार प्रकट किया है। कवि का कहना है कि वह हर कीमत पर नदियों को सूखकर नाला होने से हवा को धुआँ अर्थात् वायुमंडल को गर्म होने से तथा खाद्य-पदार्थ को विषाक और प्रदूषित होने से बचाने का प्रयास करेगा।

हमारी नींद (विरेन डंगवाल)

1. 'झगड़ा-फसाद' कौन-सा समास है?
   (A) दिगु   (B) अव्ययीभाव
   (C) द्वन्द्व   (D) तत्पुरुष
   Answer ⇒ C
2. वीरेन डंगवाल का जन्म स्थान है-
   (A) कीर्तिनगर   (B) भावनगर
   (C) जमशेदनगर   (D) अहमदनगर
   Answer ⇒ A
3. डंगवालजी ने एम. ए. कहाँ से किया?
   (A) दिल्ली विश्वविद्यालय (B) पटना विश्वविद्यालय
   (C) लखनऊ विश्वविद्यालय (D) इलाहाबाद

विश्वविद्यालय
Answer ⇒ D
4. डंगवालजी ने कॉलेज में अध्यापन कब से प्रारंभ किया?
   (A) 1969 ई. से (B) 1970 ई. से (C) 1971 ई. से
   (D) 1972 ई. से
   Answer ⇒ C
5. डंगवालजी ने किस पत्रिका में स्तम्भ लेखन किया?
   (A) पीयूष   (B) अमृत प्रभात
   (C) प्रभात   (D) अमृत सागर
   Answer ⇒ B
6. डंगवालजी को साहित्य अकादमी पुरस्कार किस रचना पर मिला?
   (A) इसी दुनिया में   (B) दुष्चक्र में स्रष्टा
   (C) पहल पुस्तिका   (D) इनमें से कोई नहीं
   Answer ⇒ A
7. वीरेन डंगवाल की रचना है-
   (A) हिरोशिमा   (B) हमारी नींद
   (C) जनतंत्र का जन्म (D) अक्षर-ज्ञान
   Answer ⇒ B
8. 'हमारी नींद' कविता किस कविता संग्रह से ली गई है?
   (A) दुष्चक्र में स्रष्टा (B) पहल पुस्तिका
   (C) इसी दुनिया में   (D) सदानीरा
   Answer ⇒ A
9. नींद के दरम्यान कुछ इंच कौन बढ़ गए?
   (A) लघु जीव   (B) पुष्प वृन्द
   (C) पेड़   (D) लता जुल्म
   Answer ⇒ C
10. हमारी नींद के दरम्यान पौधे कितनी वृद्धि कर गए?
    (A) कुछ ईंच   (B) कुछ सेमी
    (C) कुछ सूत   (D) इनमें से कोई नहीं
    Answer ⇒ C
11. किसने अपने कोमल सींगों से ढकेलना शुरू किया?
    (A) बैल ने   (B) हिरण ने
    (C) अंकुर ने   (D) बछड़े ने
    Answer ⇒ C
12. 'हमारी नींद' कविता के अनुसार किसका जीवन-क्रम पूरा हुआ?
    (A) एक मच्छर का   (B) मछली का
    (C) एक मक्खी का   (D) तोते का
    Answer ⇒ C
13. 'देवी जागरण' कहाँ हुआ?
    (A) गरीब बस्तियों में (B) मंदिरों में
    (C) शहरों में   (D) गाँवों में
    Answer ⇒ A
14. किसने सभी साधन जुटा लिए हैं?
    (A) धनवानों ने   (B) शिक्षित लोगों ने
    (C) अत्याचारियों ने   (D) समाजसेवियों ने
    Answer ⇒ C
15. 'हमारी नींद' कविता में हठीला किसे कहा गया है?
    (A) बालक को   (B) श्रमिक को
    (C) प्रकृति को   (D) जीवन को
    Answer ⇒ D

16. कवि के अनुसार कई लोग ऐसे हैं जो नहीं भूले हैं-
(A) पढ़ाई करना   (B) परिश्रम करना
(C) आदर करना   (D) इनकार करना
Answer ⇒ D

17. वीरेन डंगवाल किस दैनिक पत्र के सम्पादकीय सलाहकार हैं?
(A) दैनिक जागरण   (B) जनसत्ता   (C) अमर उजाला
(D) दैनिक भास्कर
Answer ⇒ C

18. 'इसी दुनिया में' किसकी कृति है?
(A) रघुवीर सहाय   (B) मुक्तिबोध
(C) केदारनाथ अग्रवाल (D) वीरेन डंगवाल
Answer ⇒ D

19. कविता में देवी जागरण कहाँ हुआ?
(A) बाजार में   (B) गरीब बस्तियों में
(C) शहर में   (D) कस्बे में
Answer ⇒ B

20. वीरेन डंगवाल का जन्म कब हुआ?
(A) 5 अगस्त, 1947 को (B) 15 अगस्त, 1948 को
(C) 5 अगस्त, 1949 को (D) 15 अगस्त, 1950 को
Answer ⇒ A

21. वीरेन डंगवाल का कविता-संग्रह है-
(A) दुष्चक्र में सृष्टा   (B) इसी दुनिया में
(C) (A) और (B) दोनों (D) इनमें से कोई नहीं
Answer ⇒ B

22. हम जब नींद में होते हैं, तब किसका जीवन-चक्र पूरा हो जाता है?
(A) मकड़ी का   (B) मछली का
(C) मक्खी का   (D) मच्छर का
Answer ⇒ C

23. वीरेन डंगवाल की प्रारंभिक शिक्षा कहाँ से हुई?
(A) मुजफ्फरनगर से (B) सहारनपुर से
(C) कानपुर से   (D) इनमें सभी से
Answer ⇒ D

24. 'दंगे, आगजनी और बमबारी' से किसका चित्रण हुआ है?
(A) सामाजिक यथार्थ का (B) सामाजिक गंदगी का
(C) असामाजिक तत्वों का (D) इनमें कोई नहीं
Answer ⇒ A

25. 'टिहरी-गढ़वाल' कहाँ अवस्थित है?
(A) असम में   (B) पश्चिम बंगाल में
(C) बिहार में   (D) उत्तराखण्ड में
Answer ⇒ D

26. धीरेन डंगवाल को उपाधि दी गई-
(A) डी० लिट्   (B) पद्मभूषण
(C) भारत रत्न   (D) इनमें से कोई नहीं
Answer ⇒ A

27. 'हमारी नींद' कविता में कवि ने किसका उल्लेख किया है?
(A) गरीब किसानों का (B) शहर में चैन से सोने वालों का
(C) गरीब बस्तियों का (D) इनमें से कोई नहीं
Answer ⇒ C

28. कवि हमें क्या सलाह देता है?
(A) नींद से सोने की (B) नींद से जगने की
(C) पैर पसारकर सोने की (D) इनमें से कोई नहीं
Answer ⇒ B

29. अत्याचारी' का शाब्दिक अर्थ है-
(A) अन्यायी   (B) जिद्दी
(C) अस्वीकार   (D) इनमें से कोई नहीं
Answer ⇒ A

30. 'देवी जागरण' कौन-सा कारक है?
(A) कर्म (B) कर्ता (C) सपादान (D) अपादान
Answer ⇒ B

Subjective Question
[लघु उत्तरीय प्रश्न]

प्रश्न 1. मक्खी के जीवनक्रम का कवि द्वारा उल्लेख किए जाने का क्या आशय है ? [2013A]

उत्तर- कवि द्वारा मक्खी के जीवन क्रम का उल्लेख करने का मूल भावगरीब और कमजोर वर्ग के जीवन क्रम को मक्खी के जीवन क्रम से जोड़ना है। कवि के अनुसार, जिस प्रकार मक्खी का जीवन अति तुच्छ होता है, उसी प्रकार गरीब और कमजोर वर्गों का जीवन भी निकृष्ट होता है। गरीब लोग जन्म लेते हैं। और मक्खी जैसे कीड़े-मकौड़ों की तरह अपनी उम्र को जिए बिना ही मर जाते हैं। समाज के सुविधाजनक अत्याचारी वर्ग उन्हें अपने शोषण और स्वार्थपूर्ति का शिकार बनाते हैं। अतः इनके जीवन का मूल्य मक्खी के ही समान होता है

प्रश्न 2. हमारी नींद कविता की सार्थकता पर विचार करें। [2013C, 2014AI, 2015AI]

उत्तर- प्रस्तुत कविता का शीर्षक 'हमारी नींद' प्रतीकात्मक के रूप में अवतरित है। कवि ने इस शीर्षक के माध्यम से जनता की अज्ञानता को उजागर करने का प्रयास किया है। रूढ़िवादी विचार के कारण ही जनता अत्याचारियों के जुल्म का विरोध नहीं कर पाती है। कवि कहता है कि 'हमारी नींद' कविता में जीवन अपनी स्वाभाविक गति से विकसित होता रहता है, भले ही हमें इसका अहसास न हो। यह नींद और जागरण दोनों में समान भाव से गतिमान है। अतः कहानी का शीर्षक 'हमारी नींद' परिस्थितियों के अनुकूल एवं सार्थक है।

प्रश्न 3. कवि वीरेन डंगवाल अत्याचारियों का क्यों जिक्र करता है ? [2015C, 2017AII, 2021AI]

उत्तर- कवि वीरेन डंगवाल के अनुसार, धमाके से देवी जागरण गरीब बस्तियों में हुआ

प्रश्न 4. कवि गरीब बस्तियों का उल्लेख क्यों करता है ? [2017C

उत्तर-कवि का कहना है कि गरीब भीरू होता है। इसी भीरूता के कारण उसने मान लिया है कि गरीब या अमीर होना ईश्वर की कृपा पर निर्भर करता है। ईश्वर ने जिसे अमीर बनाया है, वह उसके सौभाग्य का फल है। उसी प्रकार, गरीब होना भी निश्चित है। वे अत्याचारियों के विरोध के बदले देवी का जागरण पूर्ण उत्साह के साथ करते हैं। लेकिन, अपने पर अत्याचार ढाने वालों के जुल्म का प्रतिकार नहीं करते हैं। कवि ने गरीब बस्तियों का उल्लेख कर यह स्पष्ट करना चाहा है कि अज्ञानता के अंधकार में डूबा व्यक्ति अपने अधिकार से

अनजान होता है। इसी से वह शोषण का शिकार होता है और हर जुल्म को ईश्वर का विधान मानकर सहन करता रहता है|

प्रश्न 5. हमारी नींद कविता किस प्रकार के जीवन का चित्रण करती है ? [2018AI]

उत्तर- वीरेन डंगवाल रचित "हमारी नींद" कविता जीवन के संघर्ष का चित्रण करती है। कविता में कहा गया है अगर 'हमारी नींद' जीवन का अवरोधक है तो जीवन भी 'हमारी नींद' से उत्पन्न बाधा की परवाह किये बिना आगे बढ़ता है और अपनी मंजिल तक पहुँचता है। सुविधाभोगी, आराम पसंद जीवन जीने के लिए सुख-भोग के सारे साधनों का संग्रह करने के बावजूद अपनी शोषण-प्रवृत्ति का त्याग करना नहीं चाहते।कवि ने इन अत्याचारियों के माध्यम से देश के नेता, अधिकारी-पदाधिकारी आदि की ओर संकेत किया है कि ये भोली-भाली जनता की सज्जनता का नाजायज लाभ उठाते हैं। ये किसी भी प्रकार से धनार्जन करके एक-दूसरे से आगे निकलने के लिए व्यग्र रहते हैं। जनता अपनी जान देकर आर्थिक विकास में संलग्न रहती है और उच्च पद पर बैठे सत्ताधारी गरीबों का हक डकारकर मौज मनाते हैं। है

प्रश्न 7. हमारी नींद शीर्षक कविता किस कविता संकलन से ली गई है? [2021AII]

उत्तर- हमारी नींद शीर्षक कविता वीरेन डंगवाल की कविताओं के संकलन दुष्चक्र में सृष्टा से संकलित है।

अक्षर ज्ञान (अनामिका)

1. 'अक्षर-ज्ञान' कविता बच्चों के किस स्तर की शिक्षण-प्रक्रिया से सम्बन्धित हैं?
(A) प्रारंभिक शिक्षण प्रक्रिया
(B) मध्य शिक्षण प्रक्रिया
(C) माध्यमिक शिक्षण प्रक्रिया
(D) उच्च माध्यमिक शिक्षण
उत्तर: (A) प्रारंभिक शिक्षण प्रक्रिया

2. कवयित्री अनामिका का जन्म कहाँ हुआ?
(A) पटना (B) भागलपुर (C) गया (D) मुजफ्फरपुर
उत्तर: (D) मुजफ्फरपुर

3. अनामिका के पिता का नाम है-
(A) रामनंदन किशोर (B) कमल किशोर
(C) श्यामनंदन किशोर (D) ब्रजकिशोर
उत्तर: (C) श्यामनंदन किशोर

4. अनामिका के पिता किस विश्वविद्यालय में हिन्दी विभागाध्यक्ष थे?
(A) पटना विश्वविद्यालय (B) मगध विश्वविद्यालय
(C) भागलपुर विश्वविद्यालय (D) बिहार विश्वविद्यालय
उत्तर: (D) बिहार विश्वविद्यालय

5. अनामिका ने एम० ए० किस विश्वविद्यालय से किया?
(A) बिहार विश्वविद्यालय (B) दिल्ली विश्वविद्यालय
(C) राँची विश्वविद्यालय (D) पटना विश्वविद्यालय
उत्तर: (B) दिल्ली विश्वविद्यालय

6. कवयित्री अनामिका किस कॉलेज में प्राध्यापिका हैं?
(A) सत्यवती कॉलेज (B) श्रीकृष्ण रामरूची कॉलेज
(C) सुन्दरवती कॉलेज (D) पटना कॉलेज
उत्तर: (A) सत्यवती कॉलेज

7. अनामिका किस विभाग में प्राध्यापिका हैं?
(A) हिन्दी (B) संस्कृत (C) अंग्रेजी (D) इतिहास
उत्तर: (C) अंग्रेजी

8. अनामिका किस विषय में लेखन कार्य करती हैं?
(A) संस्कृत में (B) अंग्रेजी में (C) हिन्दी में (D) हिन्दी एवं अंग्रेजी दोनों में
उत्तर: (D) हिन्दी एवं अंग्रेजी दोनों में

9. 'गलत पते की चिट्ठी' किनकी रचना है?
(A) वीरेन डंगवाल (B) यतीन्द्र मिश्र
(C) अज्ञेय (D) अनामिका
उत्तर: (D) अनामिका

10. 'बीजाक्षर' किस प्रकार की रचना है?
(A) काव्य संकलन (B) कहानी संकलन
(C) निबंध (D) उपन्यास
उत्तर: (A) काव्य संकलन

12. 'अक्षर-ज्ञान' कविता के रचनाकार हैं-
(A) महादेवी वर्मा (B) अनामिका
(C) सुमित्रानन्दन पंत (D) इनमें से कोई नहीं
उत्तर: (B) अनामिका

13. बेटे का 'क' कहाँ नहीं अटता है?
(A) कॉपी में (B) किताब में (C) चौखटे में (D) इनमें से कोई नहीं
उत्तर: (C) चौखटे में

14. कौन फुदक जाता है?
(A) तोता (B) खरगोश (C) मैना (D) कबूतर
उत्तर: (D) कबूतर

15. 'पंक्ति' से कौन-सा अक्षर उतर जाता है?
(A) अ (B) ब (C) ख (D) क
उत्तर: (C) ख

16. किसकी खालिश बेचैनी है?
(A) कबूतर की (B) खरगोश की
(C) तोते की (D) कौवे की
उत्तर: (B) खरगोश की

17. 'ग' अक्षर की समानता किससे दिखाई गई है?
(A) गदहा (B) गणेश (C) गमला (D) इनमें से कोई नहीं
उत्तर: (C) गमला

18. घड़े सा लुढ़कता हुआ किस अक्षर को कहा गया है?
(A) ख (B) क (C) घ (D) ब
उत्तर: (C) घ

19. बालक किसे माँ समझता है?
(A) ड (B) म (C) ख (D) ज
उत्तर: (A) ड

20. 'ङ' के बिन्दु को बालक क्या मानता है?
(A) माँ (B) बेटा (C) मैना (D) तोता
उत्तर: (B) बेटा

21. बालक के आँसू कब छलकते हैं?
(A) पिटाई लगने पर (B) खिलौने नहीं मिलने पर
(C) मिठाई नहीं मिलने पर (D) पहली विफलता पर
उत्तर: (D) पहली विफलता पर

22. 'बीजाक्षर' किसकी कृति है?
(A) कृष्णा सोबती (B) अर्चना वर्मा
(C) अनामिका (D) स्नेहलता

उत्तर: (C) अनामिका

23. 'गलत पते की चिट्ठी' किस विधा की कृति है?
(A) उपन्यास (B) काव्य संकलन (C) निबंध (D) कहानी
उत्तर: (B) काव्य संकलन

24. 'अक्षर-ज्ञान' शीर्षक कविता में किस मनोविज्ञान का आधार लिया गया है?
(A) स्त्री मनोविज्ञान   (B) बाल मनोविज्ञान
(C) वृद्ध मनोविज्ञान   (D) किशोर मनोविज्ञान
उत्तर: (B) बाल मनोविज्ञान

25. 'अक्षर-ज्ञान' किनकी काव्य कृति है?
(A) अर्चना वर्मा   (B) कृष्णा सोबती
(C) स्नेहलता   (D) अनामिका
उत्तर: (D) अनामिका

26. अनामिका का जन्म कब हुआ?
(A) 7 अप्रैल, 1959   (B) 17 मई, 1960
(C) 17 अगस्त, 1961   (D) 17 सितम्बर, 1962
उत्तर: (C) 17 अगस्त, 1961

27. 'खालिस' शब्द किस भाषा का है?
(A) ग्रीक   (B) फारसी   (C) अरबी   (D) देवनागरी
उत्तर- (C) अरबी

28. अबोध बालक की अक्षर पाटी पर क्या नहीं अँटता?
(A) क   (B) ख   (C) ङ   (D) ब
उत्तर: (A) क

29. किसका ध्यान 'क' लिखते समय कबूतर पर होता है?
(A) कवयित्री   (B) अबोध बालक
(C) ज्ञानी   (D) इनमें कोई नहीं
उत्तर: (B) अबोध बालक

31. कविता 'अक्षर-ज्ञान' में 'कु' को क्या कहा गया है?
(A) भाई-बहन   (B) माँ-बेटा
(C) पिता-पुत्र   (D) इनमें से कोई नहीं
उत्तर: (B) माँ-बेटा

32. खालिस (खरा या शुद्ध) बेचैनी किसकी है?
(A) माँ की   (B) पिता की (C) बेटे की(D) इनमें से कोई नहीं
उत्तर: (C) बेटे की

33. कविता में 'घ' से किसका बोध कराया गया है?
(A) घड़ी   (B) घमंड   (C) घंटी   (D) घड़ा
उत्तर: (D) घड़ा

34. कवयित्री अनामिका ने इनमें से किसका संपादन किया?
(A) कहती हैं औरतें   (B) गलत पते की चिट्ठी
(C) बीजाक्षर   (D) अनुष्टुप
उत्तर: (A) कहती हैं औरतें

35. कवयित्री अनामिका की आलोचनात्मक लेखन है-
(A) कहती हैं औरतें   (B) स्त्रीत्व का मानचित्र
(C) मातृत्व   (D) आज की नारी
उत्तर: (B) स्त्रीत्व का मानचित्र

36. कवयित्री अनामिका को किस सम्मान से सम्मानित किया गया?
(A) राष्ट्रभाषा परिषद पुरस्कार
(B) भारत भूषण अग्रवाल पुरस्कार
(C) गिरिजा कुमार माथुर पुरस्कार
(D) इनमें सभी
उत्तर: (D) इनमें सभी

37. कवयित्री द्वारा अंग्रेजी में लिखी गई आलोचनात्मक लेखन है-
(A) मेमोरिबल पोएट्री   (B) पोस्ट-एलिएट पोएट्री
(C) (A) और (B) दोनों   (D) इनमें सभी
उत्तर: (A) मेमोरिबल पोएट्री

38. विफलता पर छलक पड़ते हैं-
(A) आँसू   (B) 'क'   (C) पानी   (D) 'ख'
उत्तर: (A) आँसू

Subjective Question
लघु उत्तरीय प्रश्न :
1. कविता में 'क' का विवरण स्पष्ट कीजिए।व्यंजर वर्षों में 'क,[2016A1, 2020A1]
उत्तर- कविता में 'क' का विवरण स्पष्ट करते हुए कहा है कि है। 'क' को कबूतर जैसा भी कहा गया है क्योंकि 'क' से कबूतर होता है इसलिए जब बच्चा लिखता है तो वह पंक्ति के नीचे आ जाता है, कबूतर के फुदकने की आदत की तरह

2. के आँसू कब आते हैं और क्यों ?12012A, 2015A1, 2018A1, 2019C, 2022AII
उत्तर- 'ङ' को बच्चा माँ और बेटा समझता है, वह उसे नहीं लिख पाता हैं। वह बार- बार 'ङ' को लिखने की कोशिश करता है। लेकिन, नहीं लिख पाता। वह बच्चा 'छ' का सही उच्चारण भी नहीं कर पाता है। अत: निराशा की स्थिति उत्पन्न होने के कारण बेटे की आँखों में आँसू आ जाते हैं।

प्रश्न 3, 'अक्षर-ज्ञान' कविता किस तरह एक सांत्वना और आशाजगाती है ? विचार करें।
उत्तर- यह कविता सांत्वना और आशा जगाती है कि मानव प्रयास से सृष्टि का विकास सरल तथा आसान हो जाता है । विफलता के बाद ही मनुष्य चिन्तनशील होता है। उसे कुछ और अधिक सोचने पर मजबूर होना पड़ता है जो उसके बौद्धिक विकास में सहायक होता है जो एक सांत्वना और आशा जगाती है कि विफलता के बाद ही सफलता का रूप विकसित होता है ।

प्रश्न 4. बेटे के लिए 'ङ' क्या है और क्यों ? [2022C, 2024AII]
उत्तर- बेटे के लिए 'ङ' है, माँ की गोदी में बैठा बेटा, क्योंकि 'ङ' को वह समझता है, माँ और अनुस्वार (विन्दी) को समझता है माँ की गोदी का बच्चा

प्रश्न 5. खालिस बेचैनी किसकी है ? बेचैनी का क्या अभिप्राय है ? [2023AII]
उत्तर- खालिस बेचैनी खरगोश की है। वह 'ख' लिखने में कठिनाई महसूस करता है। यहाँ बेचैनी का तात्पर्य है-अविरल (लगातार) बिना चैन लिए हुए।

दीर्घ उत्तरीय प्रश्न :
प्रश्न 1. सप्रसंग व्याख्या करें
"गमले सा टूटता हुआ उसका ग'
घड़े सा लुढ़कता हुआ उसका 'घ"
उत्तर- प्रस्तुत पंक्तियाँ कवयित्री अनामिका द्वारा लिखित कविता 'अक्षर ज्ञान' से ली गई हैं। इनमें कवयित्री ने अक्षर-ज्ञान के माध्यम से मानव जीवन के मूल रहस्य को उद्घाटित करने का प्रयास किया है।कवयित्री का कहना है कि व्यक्ति को अपने लक्ष्य की प्राप्ति के लिए वैसी ही कठिनाई का

अनुभव होता है जिस प्रकार बच्चों को अक्षर ज्ञान की प्रारंभिक शिक्षण प्रक्रिया में आती है।

तात्पर्य यह कि जीवन एक ऐसी समस्या है जिसकासमुचित ज्ञान तभी होता है, जब व्यक्ति उसके अनुकूल लगातार परिश्रम करता है।यदि वह लीक से हटकर प्रयास करता है तो उसकी कल्पना गमले के समान टूटजाती है अथवा घड़े के समान लुढ़कती रह जाती है। परिणामतः उसे लक्ष्य की प्राप्ति नहीं हो पाती। भाषा सहज, सरल तथा भावनात्मक है। 'घड़े-सा लुढ़कता हुआ उसका 'घ' में कल्पना अलंकार है। क्योंकि कल्पना या प्रयास को घड़े के समान बताया गया है।

प्रश्न 2. व्याख्या करें : "पहली विफलता पर छलके ये आँसू ही हैं शायद प्रथमाक्षर सृष्टि की विकास-कथा के।[2024AI]

उत्तर-प्रस्तुत पंक्तियाँ अनामिका जी के द्वारा लिखित कविता 'अक्षर-ज्ञान' के द्वारा उद्धृत है। बच्चे को कठिनाई पैदा हुई 'ड' को लेकर। माँ ने समझाया- 'ड माँ और बिन्दु (.) उसकी गोद में बैठा बेटा। कोशिश शुरू हुई किन्तु (ड) सघता ही नहीं था। बहुत कोशिश के बाद भी जब 'ड' की मुश्किल हल न हुई हो तो बेटे की आँखों में आँसू आ गए। किन्तु ये आँसू'ड' को साधने के प्रयत्न छोड़ने के न थे, इन आँसुओं में 'ड' को साधने का, असफलता का धत्ता बताने का संकल्प था।

लौटकर आऊंगा फिर (जिवनानन्द दास)

1. 'लौटकर आऊंगा फिर' कविता में कवि एक बार फिर कहाँ आने की लालसा व्यक्त करता है?
(A) मातृभूमि बिहार
(B) जन्मभूमि महाराष्ट्र
(C) कर्मभूमि गुजरात
(D) मातृभूमि बंगाल
उत्तर: (B) जन्मभूमि महाराष्ट्र

2. जीवनानंद दास किस भाषा के रचनाकार हैं?
(A) गुजराती (B) हिन्दी (C) बांग्ला (D) संस्कृत
उत्तर: (C) बांग्ला

3. जीवनानंद दास थे-
(A) स्वच्छंदवादी
(B) यथार्थवादी
(C) समाजवादी
(D) इनमें से कोई नहीं
उत्तर: (B) यथार्थवादी

4. 'झरा पालक' किनकी रचना है?
(A) अनामिका
(B) जीवनानंद दास
(C) वीरेन डंगवाल
(D) कुँवर नारायण
उत्तर: (B) जीवनानंद दास

5. 'जीवनानंद दास' की रचना है-
(A) झरा पालक
(B) बीजाक्षर
(C) छोड़ा हुआ रास्ता
(D) नदी के द्वीप
उत्तर: (A) झरा पालक

6. जीवनानंद दास के निधनोपरांत लगभग कितनी कहानियाँ प्रकाशित हुई?
(A) एक सौ (B) पचास (C) पचहत्तर (D) पच्चास
उत्तर: (A) एक सौ

7. 'लौटकर आऊंगा फिर' कविता को हिन्दी में रूपांतरित किया है?
(A) अज्ञेय (B) प्रयाग शुक्ल (C) यतीन्द्र मिश्र (D) कोई नहीं
उत्तर: (B) प्रयाग शुक्ल

8. 'लौटकर आऊँगा फिर' कविता में किस फसल के खेत की चर्चा है?
(A) गेहूँ (B) जौ (C) धान (D) गुलाब
उत्तर: (C) धान

9. कवि किसके पालने की बात करता है?
(A) सोने के (B) चंदन के (C) कुहरे के (D) रेशम के
उत्तर: (C) कुहरे के

10. शाम की हवा के साथ किस पक्षी के उड़ने की कल्पना की गई है?
(A) तोता (B) बगुला (C) चिड़ियाँ (D) उल्लू
उत्तर: (D) उल्लू

11. उल्लू की बोली किस पेड़ पर सुनने की बात कवि ने कही है?
(A) कटहल (B) कपास (C) बरगद (D) आम
उत्तर: (B) कपास

12. घसीली जमीन पर बच्चा क्या फेंकेगा?
(A) सरसों (B) चावल (C) चना (D) मूंगफली
उत्तर: (B) चावल

13. 'लौटकर आऊँगा फिर' कविता में चर्चित 'रूपसा' क्या है?
(A) शहर (B) गाँव (C) नहर (D) नदी
उत्तर: (D) नदी

14. रंगीन बादलों के बीच कौन लौटते होंगे?
(A) बगुले (B) चिड़ियाँ (C) सारस (D) उल्लू
उत्तर: (C) सारस

15. कवि क्या बनकर तैरते रहने की कामना करता है?
(A) बत्तख (B) हंस (C) मछली (D) साँप
उत्तर: (B) हंस

16. जीवनानंद दास किस भाषा के कवि हैं?
(A) हिन्दी (B) उड़िया (C) बांग्ला (D) मराठी
उत्तर: (C) बांग्ला

17. इनमें से कौन-सी कृति जीवनानंद दास की नहीं है?
(A) झरा पालक
(B) धूसर पांडुलिपि
(C) वनलता सेन
(D) भूमिजा
उत्तर: (D) भूमिजा

18. पाठ्यपुस्तक में संकलित जीवनानंद दास की कविता का हिन्दी में अनुवाद किसने किया है?
(A) प्रयाग शुक्ल
(B) पंकज विष्ट
(C) वीरेन्द्र सक्सेना
(D) मणिका मोहिनी
उत्तर: (A) प्रयाग शुक्ल

19. 'सातटि तारार् तिमिर' किसकी कृति है?
(A) राजीव सेठ
(B) जीवनानंद दास
(C) मणिका मोहिनी
(D) कुसुम अंसल
उत्तर: (B) जीवनानंद दास

20. 'लौटकर आऊँगा फिर' शीर्षक कविता में उल्लू कहाँ बोलता है?
(A) आम के पेड़ पर
(B) कपास के पेड़ पर
(C) कचनार के पेड़ पर
(D) अमरुद के पेड़ पर
उत्तर: (B) कपास के पेड़ पर

21. जीवनानंद दास का जन्म कब हुआ था?
(A) 1897 ई० में
(B) 1898 ई० में
(C) 1899 ई० में
(D) 1900 ई० में
उत्तर: (C) 1899 ई० में

22. 'लौटकर आऊँगा फिर' कविता है –

(A) राष्ट्रीय चेतना की   (B) राष्ट्रीय धरोहर की
(C) राष्ट्रीय आवाम की   (D) राष्ट्रीय सत्ता की
उत्तर: (A) राष्ट्रीय चेतना की
23. 'जीवनानंद दास' हैं-
(A) कथाकार (B) नाट्यकार (C) उपन्यासकार (D) साहित्यकार
उत्तर: (D) साहित्यकार
24. कवि मृत्योपरान्त कहाँ आने की लालसा रखता है?
(A) मातृभूमि बंगाल में
(B) मातृभूमि की नदियों के किनारे
(C) (A) और (B) दोनों
(D) इनमें कोई नहीं
उत्तर: (A) मातृभूमि बंगाल में
25. किसने जीवनानंद दास की बहुप्रशंसित और प्रसिद्ध कविता का हिन्दी में अनुवाद किया?
(A) अनामिका   (B) प्रयाग शुक्ल
(C) सुमित्रानंदन पंत   (D) रामधारी सिंह 'दिनकर'
उत्तर: (B) प्रयाग शुक्ल
26. जीवनानंद दास को जाना जाता है-
(A) बांग्ला के आधुनिक कवि के रूप में
(B) हिन्दी के साहित्यकार के रूप में
(C) मराठी के हास्य कवि के रूप में
(D) इनमें से सभी
उत्तर: (A) बांग्ला के आधुनिक कवि के रूप में
27. कवि किसके आमंत्रण पर आने की बात कहता है?
(A) खेत और खलिहानों के   (B) मजदूर और किसानों के
(C) नदियों और मैदानों के   (D) पिता और पुत्र के
उत्तर: (C) नदियों और मैदानों के
28. कवि अगले जन्म में क्या-क्या बनने की संभावना व्यक्त करता है?
(A) कौवा, मोर, उल्लू सारस (B) कौवा, हंस, उल्लू सारस
(C) कौवा, हंस, कोयल, मोर (D) कौवा, हंस, उल्लू बाज
उत्तर: (B) कौवा, हंस, उल्लू, सारस
29. कवि किसके बीच अंधेरे में होने की बात करता है?
(A) धान   (B) गेहूँ   (C) चना   (D) सारस
उत्तर: (D) सारस
30. 'रूपसा' क्या है?
(A) बंगाल की नदी   (B) बंगाल की एक सुन्दर स्त्री
(C) बंगाल का मोर   (D) बंगाल का चौराहा
उत्तर: (A) बंगाल की नदी
31. जीवनानंद दास का काव्य संकलन है-
(A) महा पृथिवी   (B) झरा पालक
(C) मनविहंगम   (D) इनमें सभी
उत्तर: (D) इनमें सभी
32. जीवनानंद दास की श्रेष्ठ प्रेम कविता है-
(A) वनलता सेन   (B) झरा पालक
(C) रूपसी बांग्ला   (D) धूसर पांडुलिपि
उत्तर: (A) वनलता सेन
33. 'वनलता सेन' काव्य संकलन के लिए जीवनानंद दास को कब श्रेष्ठ काव्य ग्रंथ के पुरस्कार से पुरस्कृत किया गया?
(A) 1950 ई० में   (B) 1952 ई० में
(C) 1954 ई० में   (D) 1956 ई० में
उत्तर: (B) 1952 ई० में

34. लड़के की नाव कैसी है?
(A) बड़ी   (B) छोटी   (C) पुरानी   (D) नई
उत्तर: (C) पुरानी
35. जीवनानंद दास का निधन कब हुआ था?
(A) 1948 ई० में   (B) 1950 ई० में
(C) 1952 ई० में   (D) 1954 ई० में
उत्तर: (D) 1954 ई० में
Subjective Question
लघु उत्तरीय प्रश्न :
प्रश्न 1. कवि किस तरह के बंगाल ने एक दिन लौटकर आने की बात करता है ? [2011C, 2012A, 2012C, 2024AII |
उत्तर- कवि हरी घास काले बंगाल, धान के खेत काले बंगाल, कल-कल कुरती नदी वाले बंगाल तथा रंगीन बादलो में एक दिन लौटकर आने की बात करता है।
प्रश्न 2. कवि जीवनानंद दास अगले जीवन में क्या बनने की संभावना व्यक्त करते हैं और क्यों ? [2020A1, 2023AII]
उत्तर- कवि अगले जीवन में मनुष्य, अबाबील, कौवा, हंस, घुंघरू, उल्लू पादप आदि बनने की संभावना व्यक्त करता है। क्योंकि ये सभी गाँव के जीवन के अंग है और कवि को गाँव का जीवन पसंद है।
प्रश्न 3. कवि जीवनानंद दास अगले जन्म में अपने मनुष्य होने में क्यों संदेह करता है ? इसका कारण क्या हो सकता है ? [2022AI]
उत्तर- कवि मनुष्य से अधिक बंगाल की प्राकृतिक छटा तथा उसमें विचरते जीव-वस्तुओं से प्रेम करता है। मनुष्य जिसे प्रेम करता है, उसके प्रति उसका आकर्षण, मनोभाव, रूचि से जीवन का अवसर देते हैं।
प्रश्न 4. व्याख्या करें
बनकर शायद हंस मैं किसी किशोरी का; घुंघरू लाल पैरों में; [2024AI]
उत्तर- प्रस्तुत पद्यांश जीवनानंद दास द्वारा लिखित कविता 'लौटकर आऊँगा फिर' से उद्धृत है । इसमें कवि ने प्रकृति-प्रेम के प्रति अपनी उत्कट लालसा प्रकट की है। कवि के कहने का आशय है कि वह इस नश्वर जीवन के बाद भी इसी बंगाल में जन्म लेकर नदी, मैदान, हरे-भरे पेड़-पौधे आदि के अनुपम सौन्दर्य का वर्णन करना चाहता है । उसकी यह भी इच्छा है कि वह किसी युवती के लाल पैरों में बजती घुंघरू के समान मधुर स्वर का संधान करूँ अर्थात् ऐसी काव्य-रचना करूँ कि उसके मधुर भाव का रसपान कर पाठक अपने-आप को भूल जाएँ ।
जैसे-घुंघरू की मधुर आवाज मन को मोह लेती है, उसी प्रकार पाठक काव्य-रस से रस-मग्न हो जाए । इस प्रकार कवि ने अपने प्रकृति-प्रेम तथा जन्म-भूमि के प्रति उत्कट प्रेम प्रकट कर बंगाल के प्रति कृतज्ञता प्रकट की है। भाषा सहज-सरल तथा भावभिव्यंजित है । मैं किसी किशोरी का; घुंघरू लाल पैरो में; में श्रृंगार रस है । उपमा अलंकार है, माधुर्य गुण है ।
मेरे बिन तुम प्रभु (रेनर मारियो)
1. रेनर मारिया रिल्के द्वारा रचित कविता है-

(A) मेरे बिना तुम प्रभु   (B) लौटकर आऊँगा फिर
(C) अक्षर-ज्ञान   (D) हमारी नींद
उत्तर: (A) मेरे बिना तुम प्रभु
2. रैनर मारिया रिल्के का जन्म किस देश में हुआ था?
(A) जर्मनी   (B) इंगलैंड   (C) फ्रांस   (D) स्वीटजरलैंड
उत्तर: (A) जर्मनी
3. रैनर मारिया रिल्के के पिता का नाम था?
(A) जॉनी रिल्के   (B) जोसेफ रिल्के
(C) रिल्के जॉन   (D) इनमें से कोई नहीं
उत्तर: (B) जोसेफ रिल्के
4. रैनर मारिया रिल्के ने शिक्षा पाई-
(A) लंदन विश्वविद्यालय में   (B) प्राग विश्वविद्यालय में
(C) कैम्ब्रिज विश्वविद्यालय में(D) इनमें से कोई नहीं
उत्तर: (B) प्राग विश्वविद्यालय में
5. 'द नोट बुक ऑफ माल्टे लॉरिड्स ब्रिज' किस प्रकार की रचना है?
(A) कविता-संग्रह   (B) कहानी-संग्रह
(C) उपन्यास   (D) निबन्ध
उत्तर: (C) उपन्यास
6. 'मेरे बिन तुम प्रभु' कविता किनके द्वारा हिन्दी में रूपांतरित है?
(A) दिनकर   (B) निराला   (C) धर्मवीर भारती (D) प्रयाग शुक्ल
उत्तर: (C) धर्मवीर भारती
7. कविता में किसके अस्तित्व होने की बात कही गई है?
(A) भगवान के   (B) भक्त के
(C) गृहस्थ के   (D) इनमें से कोई नहीं
उत्तर: (B) भक्त के
8. कवि ने जलपात्र किसे कहा है
(A) पानी रखने के बर्तन को (B) भक्त को
(C) भगवान को   (D) इनमें से कोई नहीं
उत्तर: (B) भक्त को
9. कवि क्या सूखने की बात कहता है?
(A) पानी   (B) नदी   (C) कपड़ा   (D) मदिरा
उत्तर: (D) मदिरा
10. कौन अपना अर्थ खो बैठेगा?
(A) भगवान   (B) भक्त   (C) मानव   (D) दानव
उत्तर: (A) भगवान
11. किसके बिना प्रभु गृहहीन होंगे?
(A) पूजा के बिना   (B) मंत्रोच्चारण के बिना
(C) दास के बिना   (D) अवतार के बिना
उत्तर: (C) दास के बिना
12. 'प्रभु के पादुका' की संज्ञा किसे दी गई है?
(A) खड़ाऊँ को   (B) पद-चिह्न को
(C) दास को   (D) इनमें से कोई नहीं
उत्तर: (C) दास को
13. लहूलुहान कौन भटकेंगे?
(A) भक्त   (B) भगवान   (C) दानव   (D) भगवान के पैर
उत्तर: (D) भगवान के पैर
14. किसका शानदार लबादा गिर जाएगा?
(A) प्रभु का   (B) राजा का   (C) देवता का (D) भक्त का
उत्तर: (A) प्रभु का
15. केपोल का अर्थ है-

(A) सिर   (B) ललाट   (C) गाल   (D) चेहरा
उत्तर: (C) गाल
16. निर्वासित का अर्थ है-
(A) प्रवास   (B) आवास   (C) बेघर   (D) घर
उत्तर: (C) बेघर
17. रैनर मारिया रिल्के किस भाषा के कवि हैं?
(A) जर्मन   (B) फ्रेंच   (C) स्पेनिश   (D) ग्रीक
उत्तर: (A) जर्मन
18. पाठ्यपुस्तक में संकलित रिल्के की कविता का हिन्दी अनुवाद (रूपांतर) किसने किया है?
(A) रघुवीर सहाय   (B) धर्मवीर भारती
(C) प्रेमचन्द   (D) डॉ सम्पूर्णानन्द
उत्तर: (B) धर्मवीर भारती
19. पाठ्यपुस्तक में संकलित रिल्के की कविता किस भाव की है?
(A) श्रृंगार   (B) वीर   (C) भक्ति   (D) अद्भुत
उत्तर: (C) भक्ति
20. भगवान की कृपादृष्टि कहाँ विश्राम करती थीं?
(A) कवि के भाल पर   (B) कवि के ओठों पर
(C) कवि के नयनों पर   (D) कवि के कपोलों पर
उत्तर: (D) कवि के कपोलों पर
21. कवि किसके स्वादहीन होने की बात करता है?
(A) फल   (B) दूध   (C) मिठाई   (D) मदिरा
उत्तर: (D) मदिरा
22. 'मेरे बिना तुम प्रभु' के लेखक कौन हैं?
(A) रैनर मारिया रिल्के   (B) सुमित्रानन्दन पंत
(C) दिनकर   (D) अज्ञेय
उत्तर: (A) रैनर मारिया रिल्के
23. रैनर मारिया रिल्के का जन्म कब हुआ?
(A) 4 नवम्बर 1873 को   (B) 4 जनवरी 1874 को
(C) 4 दिसम्बर 1875 को   (D) 4 फरवरी 1876 को
उत्तर: (C) 4 दिसम्बर 1875 को
24. रैनर मारिया रिल्के का जन्म कहाँ हुआ था?
(A) जापान   (B) जर्मनी   (C) इंग्लैंड   (D) कम्बोडिया
उत्तर: (B) जर्मनी
25. रैनर के पिताजी का क्या नाम था?
(A) पीटर रिल्के   (B) जॉनसन रिल्के
(C) विलियम्स रिल्के   (D) जोसेफ रिल्के
उत्तर: (D) जोसेफ रिल्के
26. रैनर के माताजी का क्या नाम था?
(A) मरीयम   (B) मैरी   (C) सोफिया (D) मारिया
उत्तर: (C) सोफिया
27. भक्त रिल्के प्रभु (ईश्वर) से क्या कहता है?
(A) प्रश्न   (B) सजदा   (C) प्रार्थना   (D) इनमें सभी
उत्तर: (A) प्रश्न
28. रिल्के की कहानी-संग्रह कौन सा है?
(A) लाइफ एण्ड सोंग्स   (B) टेल्स ऑफ आलमाइटी
(C) लॉरेंस सेक्रिफाइस   (D) एडवेंट
उत्तर: (B) टेल्स ऑफ आलमाइटी
29. रिल्के की कविता 'मेरे बिना तुम प्रभु' है-
(A) भावात्मक रहस्यवाद   (B) भक्ति भावात्मक
(C) हास्यात्मक   (D) इनमें सभी
उत्तर: (A) भावात्मक रहस्यवाद

30. भक्त कवि अपने को भगवान का क्या मानता है?
(A) जलपात्र   (B) सेवक   (C) भक्त   (D) अनुयायी
उत्तर: (A) जलपात्र

31. रिल्के का 'काव्य-संग्रह' है-
(A) लॉरेंस सक्रिफाइस   (B) लाइफ एण्ड सौंग्स
(C) एडवेंट   (D) इनमें सभी
उत्तर: (D) इनमें सभी

32. रिल्के का मुख्य उपन्यास है-
(A) लाइफ एण्ड सौंग्स
(B) द नोटबुक ऑफ माल्टे लॉरिड्स ब्रिज
(C) लॉरेंस सेक्रिफाइस
(D) एडवेंट
उत्तर: (B) द नोटबुक ऑफ माल्टे लॉरिड्स ब्रिज

33. शानदार लबादा किसका गिर जाएगा?
(A) कवि का   (B) सेवक का (C) प्रभु का   (D) पुतला का
उत्तर: (C) प्रभु का

34. 'लबादा' का शाब्दिक अर्थ है-
(A) चोंगा   (B) पुतला   (C) मूरत   (D) खाल
उत्तर: (A) चोंगा

35. रेनर मारिया रिल्के का निधन कब हुआ था?
(A) 29 दिसम्बर 1926 को   (B) 29 दिसम्बर 1936 को
(C) 9 जनवरी 1928 को   (D) 9 जनवरी 1938 को
उत्तर: (A) 29 दिसम्बर 1926 को

लघु उत्तरीय प्रश्न :

प्रश्न 1. मेरे बिना तुम प्रभु कविता के आधार पर भक्त और भगवान के बीच के संबंध पर प्रकाश डालिए। [2012A, 2024AI, IIJ अथवा, मेरे बिना तुम प्रभु का केन्द्रीय भाव क्या है ? [2018C]
उत्तर- 'मेरे बिना तुम प्रभु' कविता के आधार पर कहा जा सकता है कि भक्त और भगवान दोनों एक-दूसरे के पूरक है अर्थात् दोनों के बीच अन्योन्याश्रय संबंध है। यदि प्रभु जल पीते है तो भक्त उनका जलपात्र बनता है। कवि ने भक्त और ईश्वर के बीच के संबंधों को साबित करने के लिए जलपात्र और मदिरा का प्रयोग किया है। भक्त के बिना ईश्वर एकाकी और निरुपाय है। भक्त बिना गृहहीन होकर भगवान भी इधर-उधर भटकते रहेंगे। इस प्रकार, भगवान और भक्त एक-दूसरे पर आश्रित रहते हैं।

प्रश्न 2. कवि अपने को जलपात्र और मदिरा क्यों कहता है ? [2014AII, 2017AII, 2023AII |
उत्तर- कवि ईश्वर की भक्ति में लीन होकर कहते हैं कि ईश्वर रूपी जल मानव रूपी पात्र में निवास करता है। उनकी सेवा में उन्होंने अपने आपको जलपात्र और मदिरा के रूप में प्रस्तुत किया है क्योंकि उनका मानना है कि भगवान भक्त की प्रेमपूर्ण भक्ति से उसी प्रकार मस्त हो जाते हैं जैसे मदिरा का पान कर कोई सुधबुध खो बैठता है।

प्रश्न 3. शानदार लबादा किसका गिर जाएगा और क्यों   [2015AII, 2022AII]
उत्तर- शानदार लाबदा ईश्वर का गिर जायेगा, क्योंकि यदि भक्त का अस्तित्व नहीं रहेगा तो भगवान का भी कोई महत्त्व अथवा अर्थ नहीं रह जाएगा।

प्रश्न 4. कवि रेनर मारिया रिल्के किसको कैसा सूख देते थे ? [2022AI]

उत्तर-कवि अपने कपोलों की नर्म शय्या पर विश्राम कर रही ईश्वर की कृपादृष्टि को सुख प्रदान करता था। वह उसे चट्टानों की ठंडी गोद में सूर्यास्त के रंगों में घुलने का सुख देता था।

प्रश्न 1. आशय स्पष्ट कीजिए :
"मैं तुम्हारा वेश हूँ, तुम्हारी वृत्ति हूँ
मुझे खोकर तुम अपना अर्थ खो बैठोगे ?" [2017C]
उत्तर- इन पंक्तियों में कवि रेनर मारिया रिल्के प्रभु को संबोधित करता हुआ कहता है कि ईश्वर ! इस संसार में तुम्हारे स्वरूप, तुम्हारे यश, तुम्हारे कृत्य और तुम्हारी ख्याति तथा महिमा के आधार मेरे जैसे भक्त ही हैं। अगर तुमने 'मुझ जैसे भक्तों को खो दिया तो तुम्हारा कोई भी महत्त्व अथवा अर्थ नहीं रह जाएगा । कहने का आशय यह है कि ईश्वर का अस्तित्व भक्तों की आस्था पर ही निर्भर है ।
हम सब ऐसा मानते हैं कि ईश्वर है और वे कृपा तथा कल्याण के अदृश्य स्रोत है । इसीलिए हमें ईश्वर की सत्ता तथा सर्व व्यापकता की अनुभूति होती है । अगर हम नास्तिक हो जाएँ अथवा हम मनुष्यों का अस्तित्व न रहे तो ईश्वर के अस्तित्व की तो कल्पना भी नहीं हो सकेगी। इसीलिए भक्त के कारण ही भगवान की महत्ता बनी हुई है ।

वर्णिका
दही वाली मंगम्मा

1. **मंगम्मा क्या बेचती थी ?**
(A) दूध   (B) दही
(C) मक्खन   (D) घी
Answer: (C) मक्खन

2. **'दही वाली मंगम्मा' कहानी का कहानीकार कौन है ?**
(A) श्री निवास (B) सातकौड़ी होदा (C) ईश्वर (D) सुजाता
Answer: (B) सातकौड़ी होदा

3. **'दही वाली मंगम्मा' कहानी का प्रमुख पात्र कौन है ?**
(A) लक्ष्मी (B) मंगम्मा (C) पाप्पाति (D) सीता
Answer: (B) मंगम्मा

4. **'दही वाली मंगम्मा' कहानी का कथावाचक कहाँ से हैं ?**
(A) पटना से   (B) दिल्ली से
(C) बेंगलूर से   (D) कलकत्ता से
Answer: (C) बेंगलूर से

5. **'दही बाली मंगम्मा' कहानी किसे संदेश देती है ?**
(A) माताओं (B) पुत्रियों (C) बहुओं (D) छात्रों
Answer: (C) बहुओं

6. **मंगम्मा के परिवार के कुल कितने सदस्य थे ?**
(A) दो (B) तीन (C) चार (D) पाँच
Answer: (C) चार

7. **श्रीनिवास का जन्म कहाँ हुआ था ?**
(A) बिहार   (B) उड़ीसा
(C) मध्यप्रदेश   (D) कर्नाटक
Answer: (D) कर्नाटक

8. **कथाकार को बरसों से मंगम्मा कौन-सी वस्तु दिया करती थी ?**
(A) दूध (B) घी (C) सब्जी (D) दही

Answer: (D) दही

9. मंगम्मा की बहू का नाम क्या था ?
(A) रंगम्मा (B) नंजम्मा (C) संजम्मा (D) कंजम्मा

Answer: (B) नंजम्मा

10. दही वाली मंगम्मा किस भाषा में रचित कहानी है ?
(A) उड़िया (B) तमिल (C) कन्नड़ (D) गुजराती

Answer: (C) कन्नड़

11. 'दही वाली मंगम्मा' कहानी का हिन्दी अनुवादक कौन है ?
(A) बी. आर. नारायण   (B) श्रीनिवास
(C) गोपालदास नागर   (D) ईश्वर पेटलीकर

Answer: (D) ईश्वर पेटलीकर

12. रंगप्पा कौन था ?
(A) मंगम्मा का पुत्र   (B) नंजम्मा का भाई
(C) मंगप्पा का पौत्र   (D) इनमें से कोई नहीं

Answer: (C) मंगप्पा का पौत्र

13. मंगम्मा एवं नंजम्मा के बीच झगड़ा मिटाकर अच्छा संबंध स्थापित करने का माध्यम कौन था ?
(A) मंगम्मा का बेटा   (B) मंगम्मा का पोता
(C) रंगप्पा   (D) इनमें से कोई नहीं

Answer: (C) रंगप्पा

14. 'कथावाचक' को मंगम्मा क्या कहती थी ?
(A) बहन जी (B) मौसी जी (C) माँ जी (D) काकी जी

Answer: (B) मौसी जी

15. दही वाली मंगम्मा का कथावाचक कौन है ?
(A) एक शिक्षिका
(B) बेंगलूर की एक सम्भ्रान्त महिला
(C) एक कलाकार
(D) इनमें से कोई नहीं

Answer: (B) बेंगलूर की एक सम्भ्रान्त महिला

16. अधिक बुद्धिमान कौन थी ?
(A) मंगम्मा   (B) गाँव की एक अन्य महिला
(C) नंजम्मा   (D) इनमें से कोई नहीं

Answer: (A) मंगम्मा

17. 'मंगम्मा' प्रतिनिधित्व करती है-
(A) एक नगरीय महिला की
(B) एक ग्रामीण महिला की
(C) एक सम्भ्रांत महिला की
(D) इनमें से कोई नहीं

Answer: (B) एक ग्रामीण महिला की

18. बहू की दशा है-
(A) मगरमच्छ सी   (B) मछली सी
(C) सम्मान   (D) इनमें से कोई नहीं

Answer: (A) मगरमच्छ सी

1. रंगप्पा कौन था ? और वह मंगम्मा से क्या चाहता था ?
उत्तर: रंगप्पा गाँव का लंपट और जुआरी था। वह मंगम्मा से धन चाहता था। इतना ही नहीं, वह मंगम्मा के अनाथ समझकर उसकी इज्जत भी लूटना चाहता था।

2. कथावाचक ने सास और बहू की उपमा किस-किससे दी ?
उत्तर: कथावाचक ने पानी में खड़े बच्चे का पाँव खींचनेवाले मगरमच्छ से बहू को और ऊपर से बाँह पकड़कर बचनेवाला

रक्षक की उपमा सास को दी है।

3. दही वाली मंगम्मा कहानी का सन्देश अस्पष्ट करें।
उत्तर: यह कहानी आधुनिक बहुओं को सन्देश देती है कि वे आवेश देखकर सभी सदस्यों को मिलाकर रखें। इसके लिए बुद्धि का प्रयोग करना 'नंजम्मा' के चरित्र से सीखें

4. इस कहानी से क्या शिक्षा मिलती है ?
उत्तर: इस कहानी से शिक्षा मिलती है कि मनुष्य को बुढ़ापे में अधिकार के पचड़े में न पड़कर योग्य उत्तराधिकारी को स्वयं अधिकार सौंप देना चाहिए, जिससे न समाज में उपहास हो और न मूर्खों की दाल ही गले

5. शीर्षक की सार्थकता अस्पष्ट करें।
उत्तर: इस कथा का मुख्य पात्र है "मंगम्मा", उसी को लेकर माँजी कहानी प्रारंभ करती है और सर्वत्र वह बनी रहती है। उसकी दही बेचने की क्रिया भी अद्योपान्त है। अतः "दही वाली मंगम्मा" बहुत उचित शीर्षक है।

6. दही वाली मंगम्मा कहानी में बहू ने सास को मनाने के लिए कौन सा तरीका अपनाया ?
उत्तर: बहू बुद्धिमती थी। उसने सोच समझकर बच्चे को दादी के पास भेज दिया। बच्चा जब दादी के साथ बाजार जाने को मचल रहा था, तो बेटा-बहू ने उसे समझाया। अपनी गलती भी उन्होंने स्वीकार की। पोता ही समझौते का जरिया बन गया, जो बहू की योजना थी।

7. 'दही वाली मंगम्मा' कहानी का कथावाचक कौन है? उसका परिचय दीजिए।
उत्तर: इस कहानी का कथावाचक बेंगलूर की रहनेवाली एक संभ्रांत महिला थी, जिसे मंगम्मा माँ जी कहती थी। वह अंधविश्वासों से दूर और समझदार थी, तथा सांसारिक परिस्थितियों को भलीभाँत समझती थी।

8. मंगम्मा का अपनी बहू के साथ किस बात को लेकर विवाद था ?
उत्तर: मंगम्मा का अपनी बहू के साथ अधिकार को लेकर विवाद था। मंगम्मा अपने बेटे, पोते और बहू पर भी अपना अधिकार बनाए रखना चाहती थी, जिसे उसकी बहू मानने को तैयार नहीं थी। यही विवाद का कारण था।

9. मंगम्मा का चरित्र-चित्रण कीजिए।
उत्तर: मंगम्मा गाँव की सीधी-सादी नारियों का प्रतिनिधित्व करती है। आज गाँव-शहर सभी जगह मंगम्मा की प्रतिमूर्ति मिलती है। वह अपमान और कष्ट सहकर भी प्रतिष्ठा से रहना चाहती है। वह बेटे-बहू और पोते पर अपना स्वत्व सर्वदा बनाए रखना चाहती है। इस प्रकार वह एक भारतीय नारी है जो सम्मान के साथ जीना चाहती है।

10. मंगम्मा और नंजम्मा में कौन अधिक बुद्धिमती है ?
उत्तर: दोनों नारियाँ अधिकार के लिए झगड़ती हैं, किन्तु नंजम्मा अपनी नाटकीय योजना से उसे परास्त कर यहाँ तक कि दही बेचने वाला आय का साधन भी उसके हाथ से खुशी-

खुशी ले लेती है। अतः इस व्यवहार से कथाकार ने नंजम्मा को मंगम्मा से अधिक बुद्धिमती बना दिया है।

11. 'दही वाली मंगम्मा' कहानी का सारांश प्रस्तुत कीजिए।

उत्तर: मंगम्मा अवलूर के समीप वेंकटपुर के रहनेवाली थी और रोज दही बेचने बेंगलूर आती थी। मंगम्मा का पति नहीं था और बेटे-बहू से गृह-कलह के कारण वह अलग हो गई थी। प्रत्यक्ष में तो झगड़े का कारण पोते की पिटाई थी, किन्तु मूल रूप में सास-बहू की अधिकार सम्बन्धी ईर्ष्या थी। औरत को अकेली जानकर कुछ अवांछित तत्व के लोग उसके धन और प्रतिष्ठा पर भी आँखें उठाते थे। रंगप्पा भी ऐसा ही किया, जिसे बहू की पैनी निगाहों ने ताड़ लिया। उसने पोते को उसके पास भेजने का एक नाटक किया। अब मंगम्मा पोते के लिए मिठाई भी बाजार से खरीदकर ले जाने लगी।

एक दिन कौवे ने उसके माथे से मिठाई का दोना ले उड़ा। अंधविश्वास के कारण मंगम्मा भयभीत हो उठी। बहू के द्वारा नाटकीय ढंग से पोते को दादी के पास भेजने का बहू का मंत्र बड़ा कारगर हुआ। दूरी बढ़ने से भी प्रेम बढ़ता है, मानसिक तनाव घटता है। हुआ भी ऐसा ही। मंगम्मा को भी बहू में सौहार्द और बेटे-पोते में स्नेह नजर आने लगा। बड़े-बूढ़ों ने भी समझाया। बहू ने मंगम्मा का काम अपने जिम्मे ले लिया। बहू ने बड़ी कुशलता से पुनः परिवार में शान्ति स्थापित कर लिया और पूर्ववत रहने लगी

ढहते विश्वास

1. ढहते विश्वास' कहानी में किस राज्य को बाढ़ एवं सूखा से प्रभावित दिखाया गया है ?

(A) बिहार (B) राजस्थान
(C) उड़ीसा (D) केरल

Answer: (C) उड़ीसा

2. 'ढहते विश्वास' कहानी का कहानीकार कौन है ?

(A) श्री निवास (B) साँवर दइया
(C) सातकौड़ी होता (D) सुजाता

Answer: (B) साँवर दइया

3. 'ढहते विश्वास' कहानी का प्रमुख पात्र कौन है ?

(A) लक्ष्मी (B) सीता
(C) गीता (D) मंगम्मा

Answer: (A) लक्ष्मी

4. ढहते विश्वास' कहानी में कहाँ के जन-जीवन का चित्रण किया गया है ?

(A) उड़ीसा (B) बिहार
(C) गुजरात (D) पंजाब

Answer: (A) उड़ीसा

5. 'ढहते विश्वास' कहानी में किस नदी का वर्णन किया गया है ?

(A) गंगा (B) महानदी
(C) गंडक (D) सतलज

Answer: (B) महानदी

6. ढहते विश्वास किस भाषा में रचित कहानी है ?

(A) कन्नड़ (B) तमिल
(C) गुजराती (D) उड़िया

Answer: (D) उड़िया

7. लक्ष्मी कौन थी ?

(A) एक सम्भ्रान्त महिला (B) एक दीन महिला
(C) गाँव का सरपंच (D) इनमें से कोई नहीं

Answer: (B) एक दीन महिला

8. लक्ष्मी के पास कितनी जमीन थी?

(A) एक बीघा (B) दो बीघा
(C) तीन बीघा (D) चार बीघा

Answer: (C) तीन बीघा

9. 'ढहते विश्वास' कहानी किस राज्य की प्राकृतिक आपदा पर आधारित है?

(A) बिहार (B) गुजरात
(C) उड़ीसा (D) मध्यप्रदेश

Answer: (C) उड़ीसा

10. 'ढहते विश्वास' कहानी में किस नदी का भयावह दृश्य प्रस्तुत किया गया है ?

(A) ब्रह्मपुत्र (B) महानन्दा
(C) सोन (D) कोशी

Answer: (D) कोशी

11. लक्ष्मी के गाँव के समीप किस देवी-देवता के मंदिर थे ?

(A) माँ मूण्डेश्वरी देवी एवं भगवान शिव
(B) माँ कात्यायनी एवं शिव
(C) माँ लक्ष्मी एवं भगवान विष्णु
(D) इनमें से कोई नहीं

Answer: (A) माँ मूण्डेश्वरी देवी एवं भगवान शिव

12. बाढ़ के पानी को रोकने के लिए गाँव के लोग किस बाँध को मजबूत करने का प्रयास कर रहे थे ?

(A) हीराकुंड (B) दलेई (C) भाखड़ा (D) कोई नहीं

Answer: (B) दलेई

13. गुणनिधि कहाँ से लौटा था ?

(A) कलकत्ता (B) राउरकेला
(C) जयपुर (D) कटक

Answer: (B) राउरकेला

14. कौन स्वयंदल के साथ बाँध की मरम्मत में लगा था ?

(A) लक्ष्मण (B) गुणनिधि
(C) अच्युत (D) कोई नहीं

Answer: (B) गुणनिधि

Subjective question

1. लक्ष्मी क्यों पिछड़ गई ?

उत्तर: लक्ष्मी के साथ दो छोटी बच्चियाँ, गोद में बच्चा और माथे पर चिउड़ा वर्तन और कपड़े भरे बोरी थी। अतः वह पिछड़ गई।

2. लक्ष्मी के व्यक्तित्व पर विचार करें।

उत्तर: लक्ष्मी इस कहानी का प्रमुख पात्र है। उसके व्यक्तित्व में कूट-कूटकर दृढ़ता और साहस भरा है। गाँव में मात्र एक बीघा उसकी भू-खंड है, पर पूर्व अनुभव के आधार पर न उसने घर छोड़ा और न गाँव। अच्युत को भी समाज रक्षा में लगा दिया। उसके हृदय में मातृत्व की जलधार बहती है। अच्युत के लिए तो उसने विलंब किया ही, मूंछों से जागने पर एक मुर्दे बच्चे को छाती में भींच लेती है। इस प्रकार लक्ष्मी के व्यक्तित्व में नारी सुलभ मातृत्व के साथ-साथ दृढ़ता और साहस का अच्छा मिश्रण है।

3. **विपत्ति अकेले न आकर संगी-साथियों के साथ आती है, कहानी के आधार पर स्पष्ट करें।**

उत्तर: कहानी में उल्लिखित उपर्युक्त उक्ति सत्य है। तूफान के बाद सूखा और उसके बाद बाढ़ का प्रकोप ही सिद्ध करता है कि विपत्ति अकेले नहीं आकर संगी-साथियों के साथ आती है।

4. **कहानी में आये बाढ़ के दृश्यों का चित्रण अपने शब्दों में प्रस्तुत करें।**

उत्तर: दलेई बाँध पर काफी श्रम करके भी लोग सफल न हो सके और बाँध टूट ही गया। सूचना मिलते ही लोग टीले की ओर दौड़ पड़े पर पानी का बहाव तेज था। कुछ लोग रास्ते में बह गए। स्कूल भी पानी से भर गया। घुटने भर पानी में लोग छत पर खड़े रहे पर कमरे वालों की क्या गति हुई यह किसी को मालूम नहीं। लक्ष्मी आदि कुछ लोग वृक्ष की जटा और डाल पकड़ कर लटक गए। चण्डेश्वरी चबुतरा भी पानी से भर गया। लोग अफरा-तफरी में जान बचाने को आकुल-व्याकुल थे पर कोई देव-शक्ति उन्हें रक्षा नहीं कर सकी। इस विभीषिका में गाँव का विनाश हो गया

5. **लक्ष्मी कौन थी ? उसकी पारिवारिक परिस्थिति का चित्र प्रस्तुत कीजिए।**

उत्तर: लक्ष्मी एक दीन महिला थी जिसके पति कलकत्ता में रहकर नौकरी करता था। वह जो पैसा भेजता था, उससे बच्चों के साथ लक्ष्मी का भरण-पोषण संभव नहीं था। उसके पास मात्र एक बीघा भूखंड था। प्रकृति के प्रकोप के कारण उसमें हल चलवाने के पैसे भी बेकार जाते थे। अत: तहसीलदार के यहाँ काम-काज करके वह जीविका चलाती थी। उसका बड़ा बेटा अच्युत, दो बेटियाँ तथा एक नन्हा मुन्ना और अपने स्वयं के भरण-पोषण की सारी जिम्मेवारी उसी पर थी। अतः उसका पारिवारिक स्थिति दयनीय थी।

6. **कहानी के आधार पर प्रमाणित करें कि उड़ीसा का जन-जीवन बाढ़ और सूखा से काफी प्रभावित रहा है ?**

उत्तर: उड़ीसा के जन-जीवन का सफल चित्रण सातकोड़ी होता ने अपनी इस कहानी में उड़ीसा की बाढ़ और सूखा का प्रत्यक्ष प्रतिबिम्ब प्रस्तुत किया है। तूफान के बाद सूखा और उसके बाद बाढ़ वहाँ के जनजीवन को अस्त-व्यस्त करके हर समय बेसहारा बना देता है। महानदी का हीराकुंड बाँध और अयाति द्वारा निर्मित पत्थर का बाँध भी उन्हें रक्षा नहीं कर पाते। सूखे में विचई तक सूख जाते हैं और बाढ़ में असंख्य धन-जन की हानि होती रहती है।

7. **'क्या ढहते विश्वास' कहानी के शीर्षक की सार्थकता पर विचार करें।**

उत्तर: घटित घटना के आधार पर ही सिद्धहस्त लेखन ने कहानी का शीर्षक: 'ढहते विश्वास' रखा है। इस भयंकर बाढ़ के समय लोग बड़ी आशा और उम्मीद से माँ मंडेश्वरी की शरणागत हुए, जहाँ चैत की संक्रान्ति में देवी की पूजा होती थी, बलि दी जाती थी। पर आज भगवान, शिव और माँ मुंडेश्वरी कोई सहायता नहीं कर सके। अब लोगों को किसी पर भरोसा नहीं रह गया। देवी-देवताओं पर से विश्वास उठने लगा है। अत: कहानी का शीर्षक सटीक और सत्य है।

8. **ढहते विश्वास कहानी का सारांश प्रस्तुत करें।**

उत्तर: लक्ष्मी वर्षा की निरन्तरता में भीषण बाढ़ आने की बात सोचकर दुःखी हो रही थी। उसके पति लक्ष्मण कलकत्ता की

नौकरी में कुछ पैसे भेज देता था और वह स्वयं तहसीलदार का छिटपुट काम करके बच्चों के साथ अपना भरण-पोषण कर रही थी। भूमि का छोटा टुकड़ा तो प्रकृति-प्रकोप से ही तबाह रहता है। कटक में लौटा गुणनिधि महानदी की इस बाँध की सुरक्षा के लिए गाँव के युवकों को स्वयंसेवी दल बनाकर बाँध की सुरक्षा में सब संलग्न थे। लक्ष्मी भी बड़े लड़के को बाँध पर भेजकर दो लड़कियों और एक साल के लड़के के साथ घर पर थी। लक्ष्मी भी पूर्व के आधार पर कुछ चिउड़ा, बर्तन, कपड़ा संग्रह कर लिया। गाय, बकरियों के पगहा खोल दिया। अच्युत तो बाँध पर ही जूझ रहा था। बाढ़ आ गई और शोर मच गया। गुणनिधि काम में जुटा था। लोगों में जोश भर रहा था और लोगों को ऊँचे पर जाने का निर्देश भी दे रहा था। सब लोगों का विश्वास आशंका में बदल गया। लोग काँपते पैरों से टीले की ओर भागे। स्कूल में भर गए। देवी स्थान भी भर गया। लोग हताश थे अब तो केवल माँ चंडेश्वरी का ही भरोसा है। लक्ष्मी भी अच्युत की आशा छोड़कर जैसे-तैसे बच्चों को लेकर भाग रही थी क्योंकि बाढ़ वृक्ष, घर सबों को जल्दी-जल्दी लील रही थी। शिव मंदिर के समीप पानी के बहाव इतना बढ़ गया कि लक्ष्मी बरगद की जटा में लटककर पेड़ पर चढ़ गई। वह बेहोश हो गई। कोई किसी की पुकार सुनने वाला नहीं। टीले पर लोग अपने को खोज रहे थे। स्कूल भी डूब चुका था। अतः लोग कमर भर पानी में किसी प्रकार खड़े थे। लक्ष्मी को होश आने पर उसका छोटा लड़का लापता था। वह रो चिल्ला रही थी, पर सुननेवाला कौन था? लोगों का विश्वास देवी-देवताओं पर से भी उठ गया क्योंकि इनपर बार-बार विश्वास करके लोग, मात्र ठगे जाते रहे हैं। लक्ष्मी ने पुनः पीछे देखा पर उसकी दृष्टि शून्य थी। फिर भी एक शिशु शव को उसने पेड़ की तने पर से उठा लिया और सीने से भींच लिया यद्यपि वह उसके पुत्र का शव नहीं था

माँ

1. **"मंगु" किस कहानी की पात्र है?**

(A) दही वाली मंगम्मा

(B) नगर

(C) ढहते विश्वास

(D) माँ

उत्तर: (A) दही वाली मंगम्मा

2. **'माँ' कहानी का कहानीकार कौन है?**

(A) सुजाता

(B) ईश्वर पेटलीकर

(C) साँवर दइया

(D) लक्ष्मी

उत्तर: (B) ईश्वर पेटलीकर

3. **'माँ' कहानी में किसकी ममता का वर्णन किया गया है?**

(A) पिता   (B) माँ (C) पुत्र   (D) पुत्री

उत्तर: (B) माँ

4. **'माँ' कहानी का प्रमुख पात्र कौन है?**

(A) लक्ष्मी   (B) सीता   (C) नगम्मा   (D) मंगु

उत्तर: (D) मंगु

5. **मंगु कैसी लड़की थी?**

(A) अच्छी   (B) खराब   (C) पागल   (D) गुंगी
उत्तर: (D) गुंगी

6.   'माँ' किस भाषा में रचित कहानी है?
(A) बंग्ला   (B) उड़िया   (C) गुजराती   (D) राजस्थानी
उत्तर: (B) उड़िया

7.   ईश्वर पेटलीकर की रचना है।
(A) लाल पान की बेगम   (B) खून की सगाई
(C) ढहते विश्वास   (D) सिरचन
उत्तर: (D) सिरचन

8.   माँ कहानी किनके द्वारा लिखी गई है?
(A) बी० आर० नारायण   (B) बी. आर. चोपड़ा
(C) गोपाल दास नागर   (D) ईश्वर पेटलीकर
उत्तर: (D) ईश्वर पेटलीकर

9.   माँ कहानी में कौन पागल था?
(A) मंगु की माँ   (B) मंगु
(C) मंगु का पाई   D) मंगु की बहन
उत्तर: (B) मंगु

10.   किसके पागलपन में सुधार देख लोग मंगु की माँ को अस्पताल जाने की सलाह दे रहे थे?
(A) कुसुम   (B) पुष्पा   (C) गुड़िया   (D) सोनी
उत्तर: (A) कुसुम

11.   मंगु की उम्र कितनी थी?
(A) 10 वर्ष   (B) 11 वर्ष   (C) 12 वर्ष   (D) 13 वर्ष
उत्तर: (C) 12 वर्ष

12.   मंगु की माँ को कितने पुत्र थे?
(A) एक   (B) दो   (C) तीन   (D) चार
उत्तर: (B) दो

13.   'मंगु' जिस अस्पताल में भर्ती होती है वहाँ के कर्मचारी हैं-
(A)   व्यवहार कुशल   (B) अव्यावहारिक
(C) कठोर स्वभाव के   (D) अनुभवहीन
उत्तर: (C) कठोर स्वभाव के

14.   कहानी का प्रधान पात्र है-
(A) मंगु   (B) डॉक्टर   (C) माँ   (D) कुसुम
उत्तर: (A) मंगु

15.   "इस तरह पागल पुत्री को तो एक माँ ही पाल सकती है"- यह किसकी उक्ति है?
(A) डॉक्टर की   (B) माँजी के पुत्रों की
(C) समाज के लोगों की   (D) अस्पताल के कर्मचारियों की
उत्तर: (B) माँजी के पुत्रों की

16.   'मंगु' को पागलपन का रोग कब से था?
(A) छः वर्ष की अवस्था से   (B) जन्मजात
(C) 10 वर्ष से   (D) इनमें से कोई नहीं
उत्तर: (A) छः वर्ष की अवस्था से

17.   माँजी में मंगु को अस्पताल में भर्ती कराने के बाद क्या परिवर्तन हुआ-
(A) बहुत प्रसन्न हुई   (B) पोते की सेवा में लग गई
(C) वह भी पागल हो गई   (D) इनमें से कोई नहीं
उत्तर: (B) पोते की सेवा में लग गई

Subjective question

1 . मंगु के प्रति माँ और परिवार के अन्य सदस्यों के व्यवहार में जो फर्क है। उसे अपने शब्दों में लिखें ?

उत्तर – मंगु जन्मजात पागल और मूक थी। फिर भी माँ का व्यवहार वात्सल्यपूर्ण था। वह उसे टट्टी। पेशाब कराती। खिलाती और साथ सोलाती थी। किन्तु भाभियाँ उससे घृणा करती थीं। बहन कहती कि माँ का लाड़-प्यार उसे अधिक पागल बना दिया है। भाइयों का व्यवहार भी उसके साथ प्यारयुक्त नहीं था।

2 . क्या माँ अपने अन्य संतानों को भूल गई थी ?
उत्तर- माँ को दो पुत्र और एक पुत्री और भी है। पुत्र पढ़-लिखकर शहर में नौकरी करते थे और पुत्री अपने ससुराल में रहती थी। अब सामने पगली और गूंगी मंगु थी। इस स्थिति में उसका समग्र मातृत्व मंगु पर ही न्योछावर हो गया था। इसका यह अर्थ नहीं कि वह अन्य सन्तानों को भूल गई थी।

3 . माँ जी मंगु की श्रेणी में कैसे मिल गई ?
उत्तर- माँ जी मंगु को अस्पताल में रखकर पुत्र के साथ घर तो लौट गई किन्तु उनका हृदय मंगु के बारे में ही सोच रहा था। सब दिन साथ रही बेटी का विछोह उन्हें बेचैन कर रहा था। अन्तर्द्वन्द्व उन्हें एक पल भी शांत नहीं रहने दे रहा था। मंग की चिन्ता ही माँ जी को मंग की श्रेणी में मिला दिया अर्थात व नी सोचने-समझने की शक्ति खोकर पागल हो गई।

4 . माँ मंग को अस्पताल में क्यों नहीं भर्ती कराना चाहती? विचार करें ?
उत्तर- माँ समझती थी कि मैं माँ होकर सेवा नहीं कर सकती। तो अस्पताल वालों को क्या पड़ी है? अपंग जानवरों की गोशालाओं में भर्ती कर अपने जैसा ही यह कहा जायेगा। उसे कौन प्यार से खिलायेगा ? कौन टट्टी-पेशाब करायेगा ? गीला बिछावन कौन बदलेगा और कौन साथ सोलायेगा? इन बातों को सोंचती हुई वह अपने शरीर से उत्पन्न पुत्री को अस्पताल में भर्ती कराना नहीं चाहती थी।

5 . माँ कहानी के द्वारा कवि क्या सन्देश देता है ?
उत्तर- इस कहानी में माँ की ममता और वात्सल्य की भावना को कथाकार ने स्पष्ट करते हुए हमें 'मातृदेवोभवः' का पाठ स्मरण कराया है। माँ की सेवा बलिदान और त्याग के लिए हम उसे क्या प्रतिदान दे सकते हैं ! माँ के उस ममता को प्राप्त करने के लिए ही तो हमारे ऋषियों ने ब्रह्म को शक्ति अर्थात् मातृरूप में देखना शुरू किया क्योंकि जितना हमारे समीप माँ हो सकती है। हमारे लिए जितना कष्ट वह उठा सकती है। उतना दूसरा कोई नहीं। अतः हमें भी मनसा। वाचा। कर्मणा। मातृभक्त होना चाहिए।

6. कहानी के शीर्षक की सार्थकता पर विचार करें !
उत्तर- इस कहानी का शीर्षक 'माँ' है। सम्पूर्ण कहानी में माँ की ही प्रधानता है। एक माँ अपने अपंग और पागल पुत्री मंगु को भी प्यार करती है। सेवा करती । है और सर्वदा चिंतित रहती है। शीर्षक का निर्धारण घटित घटना के आधार पर। घटना स्थान के आधार पर और प्रधान पात्र के आधार पर होता है। यहाँ कथाकार ने इस कहानी में माँ को । ही प्रधान पात्र बनाया है। माँ ही सर्वत्र यहाँ छायी हुई है। अतः कहानी का "माँ" शीर्षक पूर्ण उपयुक्त है।

7. कुसुम के पागलपन में सुधार देख मंगु के प्रति माँ। परिवार और समाज की प्रतिक्रिया को अपने शब्दों में लिखें।
उत्तर- कुसुम ठीक होकर घर आयी तब सारा गाँव उसे देखने उमड़ पड़ा और सबसे आगे माँजी थी। कुसुम को ठीक-ठाक देख माँजी को हर व्यक्ति सलाह देने लगा। "माँजी आप मंगु

को एक बार अस्पताल में भर्ती करके तो देखें। वह जरूर अच्छी हो जायेगी। कुसुम से घर पर बात होने के बाद माँ का अस्पताल के प्रति जो घृणित गाँठ पड़ गई थी| वह खुल गई और वह भी एक बार यह सोचकर कि ठीक नहीं होगी तो उसे घर लौटा लिया जायेगा इसलिए अस्पताल ले गई ।

8. मंगु जिस अस्पताल में भर्ती की जाती है| उस अस्पताल को कर्मचारी व्यवहार कशल हैं या संवेदनशील ? विचार करें।

उत्तर- मंगु जिस अस्पताल में भर्ती की जाती है उस अस्पताल के कर्मचारी व्यवहार कुशल हैं। रोगी के अभिभावक के साथ कैसे पेश आना चाहिए और रोगी के साथ कैसा व्यवहार करना चाहिए| इसे वे अच्छी तरह समझते हैं और व्यवहार में लाते हैं। पति के सामने परिचारिका ने पगली स्त्री के साथ बड़ा सौम्य व्यवहार किया। सामान्य लोग क्रुद्ध हो जाते । मैट्रन आदि अस्पताल के कर्मचारी अपने व्यवहार से माँ जी को भी आश्वस्त कर दिये । अतः वे व्यवहार-कुशल हैं न कि संवेदनशील

नगर

1. पाप्पाति किस रोग से ग्रसित थी?
(A) मलेरिया (B) मेनिनजाइटिस
(C) कैंसर (D) डेंगू
उत्तर: (B) मेनिनजाइटिस

2. 'नगर' कहानी का कहानीकार कौन हैं?
(A) सुजाता (B) श्री निवास
(C) सातकौड़ी होता (D) साँवर दइया
उत्तर: (A) सुजाता

3. 'नगर' कहानी का प्रमुख पात्र कौन है?
(A) मंगम्मा (B) पाप्पाति (C) सीता (D) मंगु
उत्तर: (B) पाप्पाति

4. 'नगर' कहानी में किस नगर का वर्णन किया गया है?
(A) मदुरै (B) पटना (C) कोलकाता (D) दिल्ली
उत्तर: (A) मदुरै

5. वल्ली अम्माल की पुत्री कौन थी?
(A) सीता (B) पाप्पाति (C) गीता (D) लक्ष्मी
उत्तर: (B) पाप्पाति

6. 'सुजाता' का वास्तविक नाम क्या है?
(A) के रंगराजन (B) एस. रंगराजन
(C) जी. रंगराजन (D) आर. रगराजन
उत्तर: (B) एस. रंगराजन

7. सुजाता का जन्म कहाँ हुआ?
(A) तमिलनाडु (B) कर्नाटक (C) मद्रास (D) हैदराबाद
उत्तर: (A) तमिलनाडु

8. सुजाता की लगभग कितनी कृतियाँ प्रकाशित हो चुकी हैं?
(A) बीस से अधिक (B) पच्चीस से अधिक
(C) तीस से अधिक (D) पंद्रह से अधिक
उत्तर: (A) बीस से अधिक

9. 'नगर' कहानी किस रचना से संकलित है?
(A) आधुनिक तमिल कहानियाँ (B) समकालीन भारतीय साहित्य (C) माँ (D) इनमें से कोई नहीं
उत्तर: (A) आधुनिक तमिल कहानियाँ

10. के॰ ए॰ जमुना द्वारा अनूदित रचना है?
(A) माँ (B) ढहते विश्वास
(C) नगर (D) दही वाली मंगम्मा
उत्तर: (C) नगर

11. नगर कहानी में संदेश दिया गया है?
(A) नारी को केवल घरेलू काम करना चाहिए
(B) नारियों को शिक्षित होना आवश्यक है।
(C) नारियों को कोई कार्य नहीं करना चाहिए
(D) इनमें से कोई नहीं
उत्तर: (B) नारियों को शिक्षित होना आवश्यक है।

12. पाप्पाति कौन थी?
(A) बल्लि अम्माल की बहन
(B) वलित अम्माल की भतीजी
(C) बल्लि अम्माल की पुत्री
(D) बल्लि अम्माल की पोती
उत्तर: (C) बल्लि अम्माल की पुत्री

13. पाप्पाति अस्पताल में भर्ती क्यों नहीं हो पायी?
(A) बल्लि अम्माल की अशिक्षा के कारण
(B) निर्धनता के कारण
(C) डॉक्टर नहीं रहने के कारण
(D) अस्पताल की व्यवस्था ठीक नहीं रहने के कारण
उत्तर: (B) निर्धनता के कारण

14. बड़े डॉक्टर साहब पाप्पाति के संदर्भ में क्या आदेश किए थे?
(A) अस्पताल से छुट्टी के
(B) अस्पताल में भर्ती करने हेतु
(C) राशि जमा करने के
(D) इनमें से कोई नहीं
उत्तर: (B) अस्पताल में भर्ती करने हेतु

Subjective question

1. वल्लि अम्माल का चरित्र-चित्रण करें।
उत्तर – वल्लि अम्माल इस कहानी की प्रधान पात्र है। वह पूर्ण अशिक्षित और वातावरण से अपरिचित भी है। देहाती वातावरण में रहने के कारण मुखर भी नहीं थी। वह पुराने देहात की, पुराने रिवाज में पली नारी थी। उसे अस्पताल का दौड़ और दवाओं का गंध भी असह्य था। उसे गाँव के अधकचरे झोला छाप वैद्य, डॉक्टरों, ओझाओं और देवी-देवताओं पर विश्वास था। वह शहरी वातावरण से अनभिज्ञ अशिक्षित और डरपोक प्राचीन भारतीय नारी थी।

2. बड़े डॉक्टर के आदेश के बावजूद पाप्पाति अस्पताल में भर्ती क्यों नहीं हो पाती?
उत्तर – बड़े डॉक्टर ने पाप्पाति का रोग देखा । उसका परीक्षण कर एक्यूट केस ऑफ मेनिनजाइटिस कहा। रुग्ना की माँ अशिक्षित नारी थी। वह न तो अस्पताल की प्रक्रिया जानती थी और न किसी से पूछने की हिम्मत ही कर सकी। अस्पताल में घूसखोरी और पैरवी का वातावरण व्याप्त थी। वल्लि अम्माल का दिन भर का समय इधर-उधर दौड़ने में बीत गया और हारकर वह गाँव लौट गयी। यही कारण है कि बड़े डॉक्टर के आदेश के बावजूद पाप्पाति अस्पताल में भर्ती न हो सकी

3. पाप्पाति कौन थी और वह शहर क्यों लायी गयी थी ? उत्तर- पाप्पाति वल्लि अम्माल की पुत्री थी और गाँव के प्राइमरी हेल्थ सेन्टर के डॉक्टर के कथनानुसार मदुरै शहर के बड़े अस्पताल में चिकित्सा के लिए लायी गयी थी।

4. मदुरै का इतिहास क्या है ?
उत्तर – मदुरै पांडिय लोगों की दूसरी राजधानी थी। प्राचीन मानचित्रों में उसे मथरा लिखा गया है, अंग्रेजों ने उसे मदुरा कहकर पुकारा । यूनानी लोग उसे मदोरा कहते थे। वही आज तमिलनाडु का मदुरै नगर है।

5. बड़े डॉक्टर ने अस्पताल के बाबू को क्यों डाँटा ?
उत्तर-जब बड़े डॉक्टर को कहा गया कि उसे कल साढ़े सात बजे बुलाया गया है तो वह क्रोधित हो उठा क्योंकि वह पाप्पाति का परीक्षण कर रोग की गंभीरता जान चुका था। उसने सोचा कि बिना चिकित्सा के तो वह सुबह तक मर जायेगी। अतः अधीनस्थों को डाँटा और रोगी को खोजने के लिए कहा

6.बड़े डॉक्टर ने अपने अधीनस्थ डॉक्टरों से पाप्पाति को अस्पताल में भर्ती कर लेने के लिए क्यों कहा ? विचार करें।
उत्तर- मदुरै अस्पताल के बड़े डॉक्टर ने पाप्पाति की अच्छी तरह परीक्षा करने से के बाद 'एक्यूट केस ऑफ

मेनिनजाइटिस' रोग निर्णय किया, जो खतरनाक था। अतः उसने अपने अधीनस्थ डॉ० धनशेखरन को तुरंत एडमिट करने को कहा

7. नगर शीर्षक कहानी के शीर्षक की सार्थकता पर विचार करें।
उत्तर- 'नगर' शीर्षक कविता प्रतीक रूप में है। बल्लि अम्माल अपनी पुत्री को लेकर बड़े शहर मदुरै जाती है तो मरनासन है। नगर के लोग रुखे व्यवहार के है। उसे एक स्थान पर खड़ा होकर रोने भी नहीं देते। गाँव में एक-दूसरे का ख्याल रखते हैं। अतः अव्यावहारिक जीवन शैली का प्रतीक 'नगर' शीर्षक सार्थक है।

धरती कब तक घूमेगी

1. **सीता को अपने घर ही में कैसा महसूस होता है?**
(A) घुटन   (B) आनंद   (C) सुख   (D) दुख
उत्तर: **(A) घुटन**
2. **'धरती कब तक घूमेगी' शीर्षक कहानी का कहानीकार कौन है?**
(A) श्रीनिवास   (B) सुजाता
(C) सांवर दइया   (D) सातकौड़ी होता
उत्तर: **(B) सुजाता**
3. **'धरती कब तक घूमेगी' कहानी का प्रमुख पात्र कौन है?**
(A) पाप्पाति (B) मंगम्मा   (C) लक्ष्मी   (D) सीता
उत्तर: **(D) सीता**
4. **'धरती कब तक घूमेगी' कहाँ की कहानी है?**
(A) बिहार की   (B) गुजरात की
(C) राजस्थान की   (D) उड़ीसा की
उत्तर: **(C) राजस्थान की**
5. **'धरती कब तक घूमेगी' कहानी में किसकी प्रधानता दी गई है?**
(A) नारी   (B) पुरुष   (C) बच्चों   (D) कोई नहीं
उत्तर: **(A) नारी**
6. **'धरती कब तक घूमेगी' किस भाषा की रचना है?**
(A) उड़िया   (B) राजस्थानी(C) कन्नड़   (D) तमिल
उत्तर: **(B) राजस्थानी**
7. **'धरती कब तक घूमेगी' के अनुवादक कौन हैं?**
(A) बी. आर. नारायण   (B) के० ए० जमुना
(C) गोपाल दास नागर   (D) इनमें से कोई नहीं
उत्तर: **(B) के० ए० जमुना**
8. **'धरती कब तक घूमेगी' संकलित हैं-**
(A) 'समकालीन भारतीय साहित्य से'
(B) आधुनिक तमिल कहानियों से
(C) 'माँ से'
(D) इनमें से कोई नहीं
उत्तर: **(A) 'समकालीन भारतीय साहित्य से'**

9. **सीता घर छोड़कर क्यों चली गयी?**
(A) भोजन नहीं मिलने के कारण
(B) 50-50 रु० देने की बात सुनकर
(C) घर अच्छा नहीं होने के कारण
(D) इनमें से कोई नहीं
उत्तर: **(B) 50-50 रु० देने की बात सुनकर**
10. **सीता को कितने पुत्र थे?**
(A) दो   (B) तीन   (C) चार   (D) पाँच
उत्तर: **(A) दो**
11. **सीता के बड़े लड़के का नाम था-**
(A) शालीग्राम(B) कैलाश   (C) सर्वेश   (D) शंकर
उत्तर: **(B) कैलाश**
12. **अर्द्धविक्षिप्त सी अवस्था किसकी थी?**
(A) नारायण (B) कैलाश   (C) सीता   (D) कोई नहीं
उत्तर: **(C) सीता**
13. **कैलाश की पत्नी का नाम क्या था?**
(a) राधा   (b) लक्ष्मी   (c) सवीता   (d) कविता
उत्तर: **(a) राधा**
14. **कैलाश ने अपनी माँ (सीता) को कितने रुपए प्रति माह देने के लिए कहा?**
(a) 50 रुपया (b) 100 रुपया(c) 60 रुपया(d) 80 रुपया
उत्तर: **(a) 50 रुपया**
15. **किसके भीतर आँसुओं का समुद्र भर गया?**
(a) सीता के   (b) कैलाश के
(c) राधा के   (d) बिज्जू के
उत्तर: **(a) सीता के**
16. **सीता कितने-कितने दिन एक लड़के के पास रहती थी?**
(a) एक-एक महीना   (b) दो-दो महीना
(c) तीन-तीन महीना   (d) चार-चार महीना
उत्तर: **(c) तीन-तीन महीना**
17. **सीता अपने को मानती है:**
(a) भिखारिन (b) बेकार   (c) समझदार (d) दुःखी
उत्तर: **(a) भिखारिन**
Subjective question

1. सीता का चरित्र चित्रण करें ।

उत्तर–सीता एक विधवा पर सहिष्णु महिला थी। वह बहुओं की विषाक्त बातों का कभी उत्तर नहीं देती। वह अपने हृदय को पत्थर कर अपने ही घर में विराना बनकर रह रही थी। बेटों ने उसे एक-एक महीने पाली पर रखा तो वह कुछ। नहीं बोली पर जब उसे 50 रु० प्रतिमाह देने की बात बेटों ने बिना उससे राय लिए। ही तय कर की तो उसका स्वाभिमान जगा और वह घर से निकल पड़ी। इस प्रकार सीता सुख-दुःख में समरस रहनेवाली, शान्त प्रकृति की स्वाभिमानिनी और दृढ़ निश्चय प्रकृति की महिला है।

2 . 'धरती कब तक घूमेगी' कहानी के शीर्षक की सार्थकता सिद्ध करें।

उत्तर- इस कहानी का शीर्षक 'धरती कब तक घूमेगी' घटना-प्रधान है । सीता अपने बेटों और उनसे अधिक बहुओं का विष अर्द्धविक्षुब्ध हो चुकी थी। उसे धरती और आकाश संकुचित दीख पड़ रहे थे क्योंकि मन का भाव ही मनुष्य बाह्य प्रकृति में देखता है। घर के घुटन ने उसे मानसिक अस्वस्थ बना दिया था। महीने-महीने पाली बदलकर तो उसने पाँच वर्षों की लम्बी अवधि काट दी पर 50 रु० प्रतिव्यक्ति प्रतिमाह देने की बात से वह तिलमिला उठी और कठोर निर्णय न लेते हुए अपने कुछ फटे-पुराने कपड़े लेकर उस घुटन भरे घर से तडके निकल पड़ी। इस समय मन शान्त और हृदय उद्वेग राहत था। उसकी आँखों के आगे। ग अभी न तो अँधेरा था और न धरती-आकाश के बीच घुटन । उसका मन जैसे शांत और निर्मल हो गया प्रकृति भी वैसी ही दीख रही थी।

4. सीता क्या सोचकर घर से निकल पड़ी ?

उत्तर -प्रतिमाह 50-50 रु० देने की बात सुनकर सीता को हार्दिक पीड़ा हुई। उसने सोचा कि जब मुझे मजदूरी ही करनी है तो कहीं भी कर लूँगी और रोटी खा लूँगी। यही सोचकर वह घुटन में घर से निकल पड़ी।

5. सीता अपनी स्थिति को किससे तुलना करती है ?

उत्तर—बच्चों का खेल-'माई-माई रोटी दे'। भिखारिन आती है और कहती है-"माई-माई रोटी दे" अन्दर से उत्तर मिलता है

संस्कृत
मंगलम

1. **उपनिषद के रचनाकार कौन है ?**
   A) महात्मा विदुरः   B) महर्षि वेदव्यासः
   C) भर्तृहरिः   D) चाणक्यः
   उत्तर: B) महर्षि वेदव्यासः

2. **उपनिषदः कान् प्रकटयन्ति ?**
   A) बौद्धसिद्धान्तान्   B) जैनसिद्धान्तान्
   C) दर्शनशास्त्र सिद्धान्तान्   D) सांख्य सिद्धांतः
   उत्तर: C) दर्शनशास्त्र सिद्धान्तान्

3. **'मङ्गलम्' पाठस्य रचनाकारः कः अस्ति?**
   A) चाणक्य   B) भवभूतिः
   C) महर्षि वेदव्यासः   D) महर्षि वाल्मीकिः
   उत्तर: C) महर्षि वेदव्यासः

4. **उपनिषदः कस्य अंतिम भागे अस्ति?**
   A) रामायणस्य   B) लौकिक साहित्यस्य
   C) वैदिक वाङ्ग्यस्य   D) आधुनिक साहित्यस्य
   उत्तर: C) वैदिक वाङ्ग्यस्य

सहते-सहते परेशान हो जाती है। उसे अपना पूर्व का जीवन स्मरण हो आता है। उसने आकाश की ओर दृष्टि उठाकर देखी और फिर पृथ्वी की ओर देखकर महसूस किया कि पृथ्वी और आकाश के बीच घुटन भरी हुई है। दो रोटियाँ ही सबकुछ नहीं, इनके अलावे भी तो कुछ है और वही अलावा वाली इच्छाएँ ही तो दुख भोगने को बाध्य करती हैं। सीता को आशा है कि धरती घूमेगी, पर कब तक घूमेगी? अतः यह शीर्षक सार्थक है।

3. "इस समय उसकी आँखों के आगे न तो अँधेरा था और न ही उसे धरती और आकाश के बीच घुटन हुई।' सप्रसंग व्याख्या करें।

उत्तर – प्रस्तुत पंक्तियाँ सिद्धहस्त कथाकार सांवर दइया की लेखनी से स्यूत 'धरती कब तक घूमेगी' कहानी से उद्धत हैं। बेटे और बहुओं के विषाक्त वातावरण में रहते सीता प्रायः

यह घर छोड़ दूसरे घर जां। सीता भी अपने को उस भिखारिन जैसी मानती है। इसे भी महीना पूरे होते ही वही आदेश सुनाई देता है।

6. सीता अपने ही घर में क्यों घुटन महसूस करती है ?

उत्तर सीता विधवा होने के बाद बेटे और बहुओं से उपेक्षित हो गई है। बात-बात पर उसे मात्र दो रोटियों के लिए ताने सुनने पड़ते हैं। इससे वह सर्वदा अपमानित महसूस करती है । उसे लगता है कि धरती आकाश सिमटकर बहुत छोटा हो गया है। इसलिए सीता अपने ही घर में घुटन महसूस करती है।

7. पाली बदलने पर बच्चों की खुशी, माता-पिता की नाखशी का कारण क्या था? 'नगर' शीर्षक कहानी के आधार पर बतायें।

उत्तर -बच्चों के निष्कलुष हृदय में अपनी दादी के लिए प्यार है। अतः पाली बदलने पर बच्चे हर्षित होकर उसके पास आते और कहते-"दादीजी, कल से आप हमारे घर खाना खायेंगी, हम साथ ही साथ खायेंगे। बच्चों के लिए दादी का सान्निध्य और प्यार आनन्ददायक था। अतः वे खुश होते पर उसनमा अपनी माँ को भार समझते थे, इसलिए वे नाखुश होते है

5. **'मङ्गलम्' पाठे कति मन्त्रा: संकलिताः सन्ति ?**
   A) दश   (B) अष्ट   (C) पञ्च   D) त्रयोदश
   उत्तर: B) अष्ट

6. **ब्रह्मणः मुखं केन आच्छादितमस्ति ?**
   A) हिरण्मयेन पात्रेण (B) सरोवरे(C) समुद्रे (D) तड़ागे
   उत्तर: A) हिरण्मयेन पात्रेण

7. **महतो महीयान् कः ?**
   A) आत्मा (B) ब्रह्मः C) देवः   D) राक्षसम्
   उत्तर: B) ब्रह्मः

8. **अणोः अणीयान् कः ?**
   A) आत्मा (B) ऋषिः (C) देवः (D) ब्रह्म
   उत्तर: D) ब्रह्म

9. **किं जयते?**
   A) सत्यम् (B) असत्यम् (C) क्रोधम् (D) मोहः
   उत्तर: A) सत्यम्

10. **स्यन्दमानाः नद्यः कुत्र मिलन्ति ?**
    A) नद्याम् (B) समुद्रे (C) सरोवर (D) तड़गे
    उत्तर: B) समुद्रे

11. जन्तोः गुहायां कः निहितः ?
A) आत्मा (B) शरीरम् (C) देवः (D) राक्षसम्
उत्तर: A) आत्मा

12. ....सत्यस्यापिहितं मुखम् । रिक्तस्थानान पूरयत
A) हिरण्मयेन पात्रेण
B) लौह पात्रेण
C) ताम्र पात्रेण
D) कांस्यपात्रेण
उत्तर: A) हिरण्मयेन पात्रेण

13. ....नानृतम् । रिक्त स्थानानि पूरयत ।
A) असत्यमेव
B) असत्यमेव जयते
C) सत्यमेव जयते
D) जयते
उत्तर: B) असत्यमेव जयते

14. यथा .... स्यन्दमानाः समुद्रे । रिक्त स्थानानि पूरयत
A) विहाय (B) समुद्रे (C) नद्यः (D) नद्य
उत्तर: C) नद्यः

15. तमेव.........मृत्युमेति । रिक्त स्थानानि पूरयत ।
A) विदित्वाति (B) आत्मा (C) मृत्युः (D) विदितः
उत्तर: A) विदित्वाति

16. हिरण्मयेन पात्रेण कस्य मुखं अपिहितम् ?
A) सत्यस्य (B) पापस्य (C) वाचालस्य (D) मृषायाः
उत्तर: A) सत्यस्य

17. सत्यधर्माय प्राप्तये किं अपावृणु ?
A) लौहपात्रम्
B) पीतपात्रम्
C) हिरण्मयं पात्रम्
D) ताम्र पात्रम्
उत्तर: C) हिरण्मयं पात्रम्

18. देवयानः पन्था केन विततः अस्ति?
A) असत्येन (B) सत्येन (C) लोभेन (D) अलोभेन
उत्तर: B) सत्येन

19. 'मङ्गलम्' कहाँ से संकलित है ?
A) वेद से (B) पुराण से (C) उपनिषद् से (D) वेदाङ्ग से
उत्तर: C) उपनिषद् से

20. 'मङ्गलम्' पाठ में कितने मंत्र हैं ?
A) चार B) पाँच C) सात (D) आठ
उत्तर: D) आठ

21. मंगलम् पाठ के रचनाकार कौन है?
A) महात्मा विदुर
B) महर्षि वाल्मीकि
C) महर्षि वेदव्यास
D) कालिदास
उत्तर: C) महर्षि वेदव्यास

22. अणु से छोटा कौन है ?
A) आकाश (B) आत्मा (C) परमात्मा (D) संसार
उत्तर: B) आत्मा

23. किसकी जय होती है ?
A) सत्य की (B) असत्य की (C) क्रोध की (D) मोह की
उत्तर: A) सत्य की

24. बहती नदी कहाँ मिलती है ?
A) सरोवर में (B) नदी में (C) समुद्र में (D) तालाब में
उत्तर: C) समुद्र में

25. जंतु के हृदयरूपी गुफा में क्या स्थित है ?
A) आत्मा (B) शरीर (C) देवता (D) राक्षस
उत्तर: A) आत्मा

26. ब्रह्म को प्राप्त करने के विषय में बताया गया है-
A) कठोपनिषद में (B) ईशावस्योपनिषद् में
C) श्वेताश्वतरोपनिषद् में (D) मुण्डकोपनिषद् में
उत्तर: A) कठोपनिषद में

27. देव लोक का मार्ग किससे प्राप्त होता है ?
A) सत्य से)B) असत्य से (C) क्रोध से (D) मोह से
उत्तर: A) सत्य से

28. सत्य से क्या प्राप्त होता है ?
A) पृथ्वी लोक
B) नरक लोक
C) देव लोक
D) इनमें से कोई नहीं
उत्तर: C) देव लोक

29. मृत्यु को वश में कौन कर लेते हैं ?
A) मूर्ख (B) अज्ञानी (C) विद्वान (D) इनमें से कोई नहीं
उत्तर: C) विद्वान

Subjective
Subjective

प्रश्न 1. 'मंगलम्' पाठ के आधार पर सत्य का स्वरूप बतायें ।[2019AI, 2024AI]
उत्तर-सत्य की महत्ता का वर्णन करते हुए महर्षि वेदव्यास कहते हैं कि हमेशा सत्य की ही जीत होती है । मिथ्या कदापि नहीं जीतता । सत्य से ही देवलोक का रास्ता प्रशस्त है। मोक्ष प्राप्त करने वाले ऋषि लोग सत्य को प्राप्त कर देवलोक जाते हैं, क्योंकि देवलोक सत्य का खजाना है ।

प्रश्न 2. महान् लोग संसार रूपी सागर को कैसे पार करते हैं ?[2019AII]
उत्तर-संसार में सत्य की ही जीत होती है और ईश्वर की प्राप्ति सत्य की आराधना से ही होती है । इसलिए महान् लोग सत्य मार्ग का अनुकरण कर संसाररूपी सागर को पार करते हैं

प्रश्न 3. नदी और विद्वान में क्या समानता है ?[2020AI]
उत्तर-जिस प्रकार प्रवाहित नदियाँ समुद्र में मिलकर उसका आकार ग्रहण कर लेती है । उस प्रकार विद्वान ईश्वर के दिव्य प्रकाश में मिलकर जीव योनि से मुक्त हो जाते है।

प्रश्न 4. आत्मा का स्वरूप कैसा है ? वह कहाँ रहती है ?[2020AII, 2021AI, 2023AII]
उत्तर – आत्मा का स्वरूप अणु से सूक्ष्म एवं महान से भी महान है। आत्मा प्राणी के हृदय रूपी गुफा में रहती है ।

प्रश्न 5. विद्वान परमात्मा के पास क्या छोड़कर जाते हैं ? [2021AI]
उत्तर –विद्वान मोह-माया त्यागकर यानी सर्वस्व न्योछावर कर परमात्मा के पास जाते हैं ।

उत्तर—इस पाठ में चार मंत्र क्रमशः ईशावस्य, कठ, मुण्डक तथा श्वेताश्वतरनाम उपनिषदों से संकलित है। ये मङ्गलाचरण के रूप में पठनीय है। इन्हें पढ़नेसे परम सत्ता के प्रति श्रद्धा उत्पन्न होती है, सत्य की अन्वेषण की प्रकृति होती है तथा आध्यात्मिक खोज की उत्सुकता होती हैं । उपनिषद् ग्रन्थ विभिन्न वेदों से सम्बद्ध है ।

प्रश्न 8. नदियाँ समुद्र में कैसे मिलती है ?[2022AII]

प्रश्न 6. विद्वान् मृत्यु को कैसे पराजित करते हैं ?[2022AI]
उत्तर- महान पुरुष अपने को अज्ञानी और दूसरों को ज्ञानी समझकर मृत्यु को पराजित कर देते हैं, क्योंकि वे जानते हैं कि इस संसार रूपी सागर को पार करने का कोई दूसरा मार्ग नहीं है ।

प्रश्न 7. 'मङ्गलम्' पाठ का पाँच वाक्यों में वर्णन करें [2022AII]

उत्तर-बहती हुई नदियाँ अपना नाम और रूप को त्याग कर समुद्र में मिल जाती है।उसी प्रकार विद्वान् अपने नाम औररूपको त्याग कर परम दिव्य पुरुष को प्राप्त कर जाते हैं ।

प्रश्न 9. विद्वान ब्रम्हा को कैसे प्राप्त करते हैं [2022C]
उत्तर – मुण्डकोपनिषद् में महर्षि वेदव्यास ने श्रेष्ठ पुरुष अर्थात् ब्राह्म को प्राप्त करने के उपाय बताये हैं। वे कहते हैं कि जिस प्रकार बहती हुई नदियाँअपने वास्तविक नाम को त्याग कर सागर में समाहित हो जाती है, उसी प्रकार विद्वान अपने नाम को त्यागकर श्रेष्ठ पुरुष को अर्थात् ब्राह्म को प्राप्त

पाटलिपुत्रवैभवम्

1. 'पाटलिपुत्रवैभवम्' पाठे कस्य नगरस्य वर्णनम् अस्ति
A) गयायाः B) तिलौथूनगरस्य (C) आरायाः (D)पाटलिपुत्रस्य
उत्तर: D) पाटलिपुत्रस्य

2. बुद्धकाले पाटलिपुत्रस्य नगरस्य नाम किम् ?
A) पाटलग्रामः (B) पटना (C) पाटलिग्रामः(D) पुष्पपुरम्
उत्तर: C) पाटलिग्रामः

3. गाँधीसेतुः कुत्र अस्ति ?
A) पाटलिपुत्रनगरे   B) पहरपुरग्रामे
C) सासारामनगरे   D) बक्सरनगरे
उत्तर: A) पाटलिपुत्रनगरे

4. नगरस्य पालिका देवी का अस्ति ?
A) पटनदेवी B) दुर्गदेवी   C) शीतलामाता (D) सरस्वती
उत्तर: A) पटनदेवी

5.कुट्टनीमतम् काव्यस्य रचनाकारः कः ?
A) समुद्रगुप्तः(B) दामोदरगुप्तः (C) चन्द्रगुप्तः (D)मेगास्थनीजः
उत्तर: B) दामोदरगुप्तः

6.कस्य महापुरुषस्य जन्मस्थानं पाटलिपुत्रे अस्ति?
A) गुरुनानकस्य (B) राजारामममोहन रायस्य (C) महावीरस्य
D) गुरुगोविंद सिंहस्य
उत्तर: C) महावीरस्य

8.कस्य राज्य राजधानीनगरं पाटलिपुत्रम् अस्ति ?
A) बिहारप्रदेशस्य   B) उत्तरप्रदेशस्य
C) मध्यप्रदेशस्य   D) गुजरातप्रदेशस्य
उत्तर: A) बिहारप्रदेशस्य

9. काव्यमीमांसा नामक ग्रन्थं कः अलिखत् ?
A) राजशेखरः(B) दामोदरगुप्तः (C) चन्द्रगुप्तः (D) मेगास्थनीजः
उत्तर: A) राजशेखरः

10. राज्ञः अशोकस्य समये अस्य नगरस्य वैभवं कीदृशम् आसीत् ?
A) विपरः   B) असमृद्धम् C) समृद्धम् (D)इनमें से कोई नहीं
उत्तर: C) समृद्धम्

11. बिहारस्य कस्मिन् नगरे गोलगृहम् अस्ति ?
A) पाटलिपुत्रनगरे   B) पहरपुरग्रामे
C) सासारामनगरे   D) बक्सरनगरे
उत्तर: A) पाटलिपुत्रनगरे

12.कस्य नामान्तरं पुष्पपुरं कुसुमपुरं वा प्राप्यते ?
A) गयायाः (B) तिलौथूनगरस्य (C) आरायां (D) पाटलिपुत्रस्य
उत्तर: D) पाटलिपुत्रस्य

कर लेता है ।इस प्रकार संसार के आवागतुन के बंधन से मुक्त हो जाता है

प्रश्न 10. उपनिषद् में किसका वर्णन है।[2024AII]
उत्तर – उपनिषद् में दर्शनसिद्धांतों का वर्णन है । सभी जगह परमात्मा का गुणगान किया गया है । इसमें उन्हें सर्वशक्तिमान, सर्वव्यापक, सत्यस्वरूप और हमेशा विद्यमान रहने वाला कहा गया है । परमात्मा के द्वारा ही संसार व्याप्त और अनुशंसित है । सत्य की पराकाष्ठा ही ईश्वर का मूर्तरूप है । ईश्वर ही सभी तपस्याओं का परम लक्ष्य है|

13.एशिया महादेशस्य दीर्घतमः सेतुः कः ?
A) राजेन्द्रसेतुः (B) नेहरुसेतुः (C) गाँधीसेतुः (D) इन्दिरासेतुः
उत्तर: C) गाँधीसेतुः

14. कस्य काले पाटलिपुत्रस्य रक्षा-व्यवस्था सम्पन्नम् आसीत्
A) समुद्रगुप्तस्य   B) चन्द्रगुप्तमौर्यस्य
C) अशोकस्य   D) महाराणा प्रतापस्य
उत्तर: B) चन्द्रगुप्तमौर्यस्य

15. पाटलिपुत्रः कस्याः नद्यायाः तटे स्थितः अस्ति ?
A) गंगायाः (B) गण्डकस्य (C) सोनस्य (D) यमुनायाः
उत्तर: A) गंगायाः

16.गङ्गायाः उपरि गाँधीसेतुर्नाम.....महादेशस्य दीर्घतमः सेतुः अस्ति । रिक्त स्थानानि पूरयत ।
A) आस्ट्रेलिया (B) अमेरिका (C) एशिया (D) अफ्रिका
उत्तर: C) एशिया

17. पाटलिपुत्रनगरे प्रसिद्ध अस्ति । रिक्त स्थानानि पूरयत।
A) गोलगृहम् (B) कुसुमपुरम् (C) ताजमहलम् (D) माधवपुरम्
उत्तर: A) गोलगृहम्

18पाटलिपुत्रस्य नामान्तरं प्राप्यते । रिक्त स्थानानि पूरयत
A) केशवपुरम् (B) माधवपुरम् (C) राघोपुरम् (D) कुसुमपुरम्
उत्तर: D) कुसुमपुरम्

19. कौमुदीमहोत्सवः अतीव प्रचलितः । रिक्त स्थानानि पूरयत ।
A) मौर्यशासनकाले   B) आङ्गलशासनकाले
C) गुप्तशासनकाले   D) अशोकशासनकाले
उत्तर: C) गुप्तशासनकाले

20. पाटलिपुत्रस्य .... दिशि गंगा नदी प्रवहति । रिक्त स्थानानि
A) पूर्वस्याम् B) दक्षिणस्याम् (c) पश्चिमस्याम (D) उत्तरस्याम
उत्तर: A) पूर्वस्याम्

21.गोविन्द सिंहः सिख सम्प्रदायस्य गुरुः आसीत् । रिक्त स्थानानि पूरयत
A) दशमः   B) अष्टम्   C) नवम्   D) प्रथम
उत्तर: A) दशमः

22. 'पाटलिपुत्रवैभवम्' पाठ में किस नगर का वर्णन है ?
A) गया   B) नवादा   C) आरा   D) पाटलिपुत्र
उत्तर: D) पाटलिपुत्र

23. मेगास्थनीज पटना किसके समय में आया था ?
A) अशोक के समय में   (B) मुगलवंश काल में
C) चन्द्रगुप्त मौर्य के समय में   (D) अंग्रेजों के समय में
उत्तर: C) चन्द्रगुप्त मौर्य के समय में

24. पाटल पुष्पों की पुत्तलिका रचना के आधार पर पटना का कौन-सा नाम है?

A) पुष्पपुर   B) कुसुमपुर   C) पाटलिपुत्र D) पटना

उत्तर: C) पाटलिपुत्र

25. 'पाटलिपुत्र' किस राज्य की राजधानी है

A) बिहार   B) उत्तर प्रदेश (C) मध्य प्रदेश (D) आँध्र प्रदेश

उत्तर: A) बिहार

26. 'पाटलिपुत्र' किस नदी के किनारे स्थित हैं

A) गंगा   B) यमुना   C) गंडक   D) गौरी

उत्तर: A) गंगा

27. 'पाटलिपुत्र' का बुद्ध काल में नाम क्या था ?

A) पटना   B) पाटल ग्राम (C) पाटलि ग्राम (D) पुष्पपुरम्

उत्तर: C) पाटलि ग्राम

28. गाँधी सेतु पुल कहाँ अवस्थित है ?

A) सासाराम में (B) पहाड़पुर में (C) आरा में (D) पाटलिपुत्र में

उत्तर: D) पाटलिपुत्र में

29. पटना नगर की पालिका देवी कौन है ?

A) शीतला देवी (B) काली (C) पटन देवी (D) कोशी

उत्तर: C) पटन देवी

30. 'कुट्टनीमतम्' काव्य के कवि कौन हैं ?

A) राजशेखरः(B) दामोदर गुप्तः (C) विशाखदत्तः (D) कालिदासः

उत्तर: B) दामोदर गुप्तः

31. राजशेखर की रचना कौन-सी है?

A) काव्यमीमांसा (B) कुट्टनीमत (C) मुद्राराक्षस D) यात्रा संस्मरण

उत्तर: A) काव्यमीमांसा

प्रश्न 1. सिख सम्प्रदाय के लोगों के लिए पटना क्यों महत्वपूर्ण है ?[2022C]

अथवा, पटना का गुरूद्वारा किसके लिए और क्यों महत्वपूर्ण है ?[2013A, 2014A

उत्तर- गुरु गोविन्द सिंह ने पटना सिटी में जन्म लिया था। पटना सिटी में सभी सिख धर्मगुरु पधारे हैं। दसवें गुरु गोविन्द सिंह का जन्मस्थल गुरुद्वारा भी यहीं है। इसीलिए इस पवित्र स्थल का सिख सम्प्रदाय में बड़ा महत्व है।

प्रश्न 2. पाटलिपुत्र के वैभव पर प्रकाश डालें । 12013C, 2014A, 2020A1, 2022A1]

अथवा पाटलिपुत्र की विशेषताओं का वर्णन करें । [2022A11]

उत्तर- पाटलिपुत्र ने प्राचीन काल से अब तक अपने महत्व को धारण कियाहै। प्राचीन काल से ही यहाँ सरस्वती का मुख्य केन्द्र माना जाता है। वर्तमान समय में यह बिहार की राजधानी है। यहाँ के उत्कृष्ट संग्रहालय, उच्च न्यायालय,जैविक उद्यान, तारामण्डल, गोलघर, महावीर मन्दिर आदि दर्शनीय है। सिख सम्प्रदाय के दसवें गुरु गोविंद सिंह का जन्मस्थल जो गुरूद्वारा नाम से जाना जाताहै। जहाँ देश-विदेश के यात्री दर्शन करने आते हैं तथा पटना का पालन करने वाली देवी पटन देवी आज भी पूजी जाती है।

प्रश्न 3. लेखक 'पाटलिपुत्रवैभवम्' पाठ में हमें क्या संदेश देना चाहते[2016AI]

उत्तर-लेखक का कहना है, कि प्राचीन काल में पाटलिपुत्र एक महान नगर था, जहाँ शिक्षा, वैभव और समृद्धि थी। मध्यकाल में इसकी स्थिति ठीक नहीं थी । मुगलकाल में इस नगर का

पुनः उद्धार हुआ तथा अंग्रेजों के शासन काल से लेकर वर्तमान में इस नगर का अत्यधिक विकास हो रहा है

4.राजशेखर ने पटना के सम्बन्ध में क्या लिखा है?[2018AI, 2021A1, 2021A11, 2024AⅡ]

उत्तर– कवि राजशेखर ने अपनी काव्यमीमांसा में लिखा है कि पटना में बड़े-बड़े कवि-वैयाकरण- भाष्यकार परिक्षित हुए। उन्होंने कहा कि बहुत समय तक पाटलिपुत्र की प्राचीन सरस्वती परम्परा स्थित रही।

प्रश्न 5. पटना के मुख्य दर्शनीय स्थलों का नामोल्लेख करें ।(2018AI, 2020AII, 2022AI, 2024A1]

उत्तर-पटना के मुख्य दर्शनीय स्थल-संग्रहालय, सचिवालय, गोलघर,तारामंडल, संजय गाँधी जैविक उद्यान, महावीर मंदिर और सिखों के दसवें गुरू गुरुगोविंद सिंह का जन्म स्थल आदि है।

प्रश्न 6. कौन-कौन से विदेशी यात्री पटना आये थे ? [2018A1]

उत्तर- मेगास्थनीज, फाह्यान, हेनसांग, इत्सिंग आदि विदेशी यात्री पटना आये थे

प्रश्न 7. पाटलिपुत्र के प्राचीन महोत्सव का वर्णन करें। अथवा, पटना में कौमुदी महोत्सव कब मनाया जाता है ? [2018CJ

उत्तर– पाटलिपुत्र में शरदकाल में कौमुदी महोत्सव बड़ी धूम-धाम से मनाया जाता था। सभी नगरवासी आनंदमग्न हो जाते थे। इस समारोह का विशेषप्रचलन गुप्तवंश के शासनकाल में था। आजकल जिस तरह दुर्गापूजा मनाई जाती है, उसी प्रकार प्राचीनकाल में कौमुदी महोत्सव मनाया जाता था

प्रश्न 8. प्राचीन ग्रन्थों में पटना के कौन-कौन से नाम मिलते हैं ?[2018AIL, 2021AII, 2022AIL

उत्तर-प्राचीन ग्रन्थों में पटना के नाम पुष्पुर, कुसुमपुर,पाटलिपुत्र मिलते हैं।

प्रश्न 9. चन्द्रगुप्त मौर्य के काल में पाटलिपुत्र की रक्षा व्यवस्था कैसी थी ?[2019AI, 2020A11, 2021AII, 2024AII

उत्तर– पाटलिपुत्र वैभवम् पाठ में बिहार के राजधानी पटना के प्राचीन महत्व का निरूपण है। ऐतिहासिक परम्परा से आधुनिक राजधानी के प्रसिद्ध स्थलों का निरूपण किया गया है । चन्द्रगुप्त मौर्य के समय यहाँ की शोभा तथा व्यवस्था उत्कृष्ट थी

प्रश्न 10. भगवान बुद्ध ने पटना के सम्बन्ध में क्या कहा था ?12019AI1, 2020AIL, 2023ALI]

उत्तर– भगवान बुद्ध ने पाटलिग्राम के बारे में कहा था कि यह गाँव एक समय में महानगर होगा । किन्तु परस्पर लड़ाई आग और बाढ़ से सदैव पीड़ित रहेगा। कालान्तर में पाटलिग्राम ही पटना कह जाने लगा

प्रश्न 11. 'पाटलिपुत्रवैभवम्' पाठ के आधार पर यहाँ स्थित दर्शनीयस्थलों पर प्रकाश डालें ।[2019 AU

उत्तर- इस समय पाटलिपुत्र अर्थात् पटना नामक नगर अति विशाल और बिहार राज्य की राजधानी है। दिना दुनी इसका विस्तार हो रहा है। इस नगर की उत्तर दिशा में गंगा नदी बहती है। इसके ऊपर एशिया महादेश का सबसे लम्बापुल गाँधी सेतु बना हुआ है और रेलपुल का निर्माण हो रहा है। इस नगर में उत्कृष्ट संग्रहालय, उच्च न्यायालय, सचिवालय, गोलघर, तारामंडल, जैविकउद्यान, मौर्यकालिक अवशेष, महावीर मंदिर आदि दर्शनीय स्थान है। प्राचीन पटना नगर में

सिख सम्प्रदाय के पूजनीय स्थल गुरुद्वारा दसवें गुरु गुरुगोविंद सिंह का जन्म स्थान है। पर्यटन की दृष्टि से यह नगर अति महत्वपूर्ण है।

प्रश्न 12. पाटलिपुत्र का पुष्पपुर या कुसुमपुर नाम का उल्लेख करें।[2022AJ]

उत्तर- कुछ प्राचीन ग्रन्थों पुराणों आदि में पाटलिपुत्र का नामान्तर अर्थात्अन्य नाम पुष्पपुर या कुसुमपुर प्राप्त होता है ।

प्रश्न 13. प्राचीनकाल में पाटलिपुत्र को शिक्षा का केन्द्र क्यों मानाजाता है ?[2022C]अथवा, दामोदर गुप्त ने पटना के संबंध में क्या लिखा है ? [2018]

उत्तर- प्रस्तुत पाठ में लेखक ने बताया है कि दामोदर नामक कवि से हमें जानकारी मिलती है कि सरस्वती के वंशज यहाँ रहते थे । राजशेखर कवि के अनुसार पाणिनी, पिंगल, वररूचि आदि महान विद्वानों की परीक्षा यहाँ ली गई थी । इससे ज्ञात होता है कि प्राचीन पाटलिपुत्र शिक्षा का एक महत्वपूर्ण केन्द्र था।

प्रश्न 14. प्राचीन काल से ही पाटलिपुत्र कैसे नगर के रूप में प्रसिद्ध [2022AJI]

उत्तर- प्राचीन काल से ही पाटलिपुत्र एक शिक्षा केन्द्र के रूप में प्रसिद्ध है यहाँ संस्कृत के अनेक विद्वान हुए। पाणिनी, पिंङ्गल, वररूचि तथा पतंजलि की परीक्षा यहीं ली गई थीं और यही उन्होंने ख्याति प्राप्त की ।है ?

प्रश्न 15. किन-किन विदेशी यात्रियों ने अपने संस्मरण ग्रंथों में पटनाका वर्णन किया है ?[2023AIJ]

उत्तर– मेगास्थनीज, फाह्यान, ह्वेनसांग, इत्सिंग आदि विदेशी यात्रियों ने अपने संस्मरण ग्रंथों में पटना का वर्णन किया है।

अलसकथा

1. **अलसकथा पाठः कुतः संकलितः**
A) अग्निपुराणः B) पुरुषपरीक्षातः (C) रामायणतः (D) महाभारततः
उत्तर: B) पुरुषपरीक्षातः

2. **अलसकथा पाठस्य लेखकः कः ?**
A) कालिदासः   B) विद्यापतिः
C) नारायणपण्डितः   D) वेदव्यासः
उत्तर: C) नारायणपण्डितः

3. **मिथिलायां मंत्री कः?**
A) कर्मवीरः (B) धर्मवीरः (C) वीरेश्वरः (D) बुद्धिवीरः
उत्तर: C) वीरेश्वरः

4. **मैथिली कविः कः आसीत् ?**
A) भासः (B) कालिदासः (C) विद्यापतिः (D) नारायणपण्डितः
उत्तर: C) विद्यापतिः

5. **कारुणिकं बिना केषां गति नास्ति ?**
A) परोपकारिणाम् ((B) धूर्तानाम् (C) अलसानाम् (D) विदूषाम्
उत्तर: C) अलसानाम्

6. **तत्रैव कति पुरुषाः सुप्ताः ?**
A) चत्वारः (B) एकः (C) द्वयम् (D) त्रयः
उत्तर: A) चत्वारः

7. **अस्यां कथायां कस्य महत्त्वं वर्णितम् अस्ति ?**
A) परोपकारिणाम् (B) धूर्तानाम् (C) मानवगुणानाम्
D) विदूषाम्
उत्तर: C) मानवगुणानाम्

8. **विद्यापतिः लोकप्रियः आसीत् । रिक्त स्थानानि पूरयत ।**
A) भोजपुरी कविः   B) मैथिली कविः
C) अवधी कविः   D) हिन्दी कविः
उत्तर: B) मैथिली कविः

9. **नीतिकाराः आलस्यं मन्यन्ते । रिक्त स्थानानि पूरयत ।**
A) रिपुः   B) मित्रम्   C) सुखदम्   D) कष्टकारम्
उत्तर: D) कष्टकारम्

10. **आसीत् मिथिलायां .... नाम मंत्री । रिक्त स्थानानि पूरयत**
A) सुरेश्वरो   B) परमेश्वरो   C) वीरेश्वरो   D) रामेश्वरो
उत्तर: C) वीरेश्वरो

11. **'अलसकथा' के रचयिता कौन हैं ?**
A) कालिदास B) विद्यापति   C) विष्णुशर्मा D) नारायण पण्डित
उत्तर: D) नारायण पण्डित

12. **'अलसकथा' पाठ कहाँ से संकलित है ?**
A) अग्निपुराण (B) पुरुषपरीक्षा (C) रामायण (D) महाभारत
उत्तर: B) पुरुषपरीक्षा

13. **वीरेश्वर कौन था ?**
A) मिथिला का राजा   B) मिथिला का मंत्री
C) मिथिला का राजकुमार   D) मिथिला का संतरी
उत्तर: B) मिथिला का मंत्री

14. **मिथिला का मंत्री कौन था ?**
A) बुद्धिवीर B) कर्मवीर   C) धर्मवीर   D) वीरेश्वर
उत्तर: D) वीरेश्वर

15. **'मैथिली भाषा के कवि' कौन हैं ?**
A) भास   B) कालिदास C) विद्यापति   D) नारायण पण्डित
उत्तर: C) विद्यापति

16. **"मैथिल कोकिल" के नाम से कौन प्रसिद्ध थे**
A) विद्यापति B) नारायण पण्डित (C) कालिदास (D)वेदव्यास
उत्तर: A) विद्यापति

17. **आलसियों को कौन अन्न और वस्त्र देते थे?**
A) बुद्धिवीर B) कर्मवीर   C) धर्मवीर   D) वीरेश्वर
उत्तर: B) कर्मवीर

18. **आलसी पुरुष कितने थे?**
A) दो   B) तीन   C) पाँच   D) चार
उत्तर: B) तीन

19. **'गरीबों और अनाथों' को प्रतिदिन कौन भोजन कराते थे ?**
A) बुद्धिवीर B) कर्मवीर   C) धर्मवीर   D) वीरेश्वर
उत्तर: B) कर्मवीर

20. **मनुष्य को कौन नष्ट कर देता है ?**
A) धन   B) धर्म   C) आलस्य (D)इनमें से कोई नहीं
उत्तर: C) आलस्य

21. **वीरेश्वर नाम का मंत्री कहाँ रहता था ?**
A) पाटलिपुत्र में (B) मिथिला में (C) जनकपुर में(D)अयोध्या में
उत्तर: B) मिथिला में

22. **कारुणिकों (दयालुओं) के बिना किसकी गति नहीं है ?**
A) धूर्तों की   B) पतितों की C) वाचालों की (D) आलसियों की
उत्तर: D) आलसियों की

23. **अलसशाला में आग क्यों लगाई गई ?**

A) आलसियों को भगाने के लिए
B) आलसियों की परीक्षा करने के लिए
C) अलसशाला की सम्पत्ति को हड़पने के लिए
D) इनमें से किसी के लिए नहीं
उत्तर: A) आलसियों को भगाने के लिए

24. **अलसशाला में लगी आग को देखकर कौन भाग गए?**
A) आलसी   B) धूर्त   C) अधिकारी   D) नौकर
उत्तर: A) आलसी

25. **अलसशाला में आग लगने पर भी कितने लोग नहीं भागे ?**
A) तीन   B) पाँच   C) चार   D) छः
उत्तर: A) तीन

26. **भीषण भूख लगने पर भी कौन कुछ नहीं कर सकता ?**
A) आलसी   B) निर्बल   C) सच्चरित्र   D) निर्धन
उत्तर: A) आलसी

27. **'कोऽपि तथा धार्मिको नास्ति कटैस्मिान् प्रावृणोति'? किसने कहा?**
A) पहला आलसी   B) दूसरा आलसी
C) तीसरा आलसी   D) चौथा आलसी
उत्तर: B) दूसरा आलसी

28. **अलसशाला में आग किसने लगाई?**
A) आलसियों ने   B) मंत्री वीरेश्वर ने
C) अलसशाला के कर्मचारियों ने   D) विद्यापति ने
उत्तर: C) अलसशाला के कर्मचारियों ने

29. **'अलसकथा' पाठ में 'अहो कथमयं कोलाहलः। किसकी उक्ति है?**
A) पहला आलसी   B) दूसरा आलसी
C) तीसरा आलसी   D) चौथा आलसी
उत्तर: C) तीसरा आलसी

30. **अलसशाला में आग कब लगाई गई?**
A) रात में   B) दिन मे   C) जब सब सो रहे थे
D) जब सब भोजन कर रहे थे
उत्तर: C) जब सब सो रहे थे

प्रश्न 1. 'अलसकथा' पाठ से क्या शिक्षा मिलती है ?[2011C, 2014C, 2015AI, 2020AI, 2022AII, 2024AII
उत्तर– अलसकथा का संदेश है कि आलस्य एक महान रोग है। आलसी का सहायक प्रायः कोई भी नहीं होता । जीवन में विकास के लिए व्यक्ति को कर्मठ होना अत्यावश्यक है। आलस्य शरीर में रहनेवाला महान् शत्रु है । जिससे अपना, परिवार का और समाज का विनाश अवश्य ही होता है। यदि जीवन में विकास की इच्छा रखते हैं तब आलस्य लगाकर उद्यम को प्रेरित हो ।

प्रश्न 2. 'अलसकथा' का सारांश लिखें ![2012A, 2018C]
उत्तर-'अलसकथा' विद्यापति रचित 'पुरुष परीक्षा' कथासंग्रह से संकलित है
मिथिला में वीरेश्वर नाम का एक मंत्री था । वह स्वभाव से दानी एवंदयावान् था । वह संकटग्रस्तों, निर्धनों तथा अनाथों को इच्छाभर भोजन, वस्त्र दिया करता था । उसका मानना था कि आलसी के लिए हर कष्ट सहज होता है किन्तु परिश्रम असहज तब आलसी लोगों का इच्छानुकूल लाभ सुनकर कुछ लोग

सुख प्राप्त करने की इच्छा से कृत्रिम आलसी के रूप में मुफ्त भोजन ग्रहण करने लगे।
इसके बाद आलसियों पर अधिक खर्च होते जानकर किसी ने सलाह दी कि सिर्फ आलसी के लिए अन्न-वस्त्र देने की व्यवस्था है,लेकिन कुछ धूर्त भी आलसी होने का स्वांग रचकर लाभान्वित हो रहे हैं। इसलिए इन आलसियों के आलस्य की परीक्षा ली जाए। ऐसा विचार करके आलसियों के घर में आग लगा दी गई। घर में आग लगी देखकर सभी धूर्त भाग गए, लेकिन चारों आलसी कपड़ों से मुँह ढके सोए रहे। अगलगी के कारण लोग शोर-गुल मचाने लगे

प्रश्न 3. अलसशाला के कर्मियों ने आलसियों को आग से कैसे और क्यों निकाला ?[2020AII]
अथवा, 'अलसकथा' पाठ के आधार पर बताइए कि आलसी पुरुषों को किसने और क्यों निकाला
उत्तर– चारों आलसी पुरुष आग लगने पर भी घर से नहीं भागे। शोरगुल सुनकर वे जान गए थे कि घर में आग लगी हुई है। वे चाहते थे कि कोई धार्मिक एवं दयालु व्यक्ति आकर आग पर जल, वस्त्र या कम्बल डाल दें, जिससे आग बुझ जाएँ और वे लोग बच जाएँ। चूँकि आलसी व्यक्ति आग से बचने के लिए भी नहीं भाग सके । इसलिए नियोगी पुरुष ने उनकी प्राण रक्षा के लिए उन्हें घर से बाहर किया।

प्रश्न 4. 'अलसकथा' पाठ में किसका वर्णन है ? [2019A1, 2024AI
अथवा, अलसकथा का वर्ण्य-विषय क्या है ? [2014C, 2022Cj
अथवा, 'विद्यापति कौन थे? उन्होंने किस ग्रन्थ की रचना की तथा'अलसकथा' में किसकी कहानी है? छः वाक्यों में लिखें।
उत्तर -महाकवि विद्यापति द्वारा रचित कथा ग्रंथ 'पुरुषपरीक्षा' नामक ग्रंथ से लिया गया । 'अलसकथा' मानव महत्व एवं दोषों के निराकरण की शिक्षा देता है | महाकवि विद्यापति द्वारा रचित ग्रंथ पुरुष परीक्षा नामक ग्रंथ से लिया गया है अलस कथा मानव के गुण एवं दोषों को दर्शाता है । आलसियों का दान देने की इच्छा रखने वाले मंत्री वीरेश्वर ने यह जानने की उत्कंठा प्रकट की थी। आलसी जीवन जीने की कला का कैसे निर्वहन करते हैं ? इष्ट लाभ के लिए मेहनती भी आलसी का रूप लेकर आने लगते हैं। परीक्षा के लिए दानशाला में अग्नि को प्रज्वलित किया जाता है। आलसी भागने के क्रम में गीले कपड़े से ढकने, घर में आग लगी हैं, यहाँ कोई धार्मिक नहीं है आदि की चर्चा करते हैं। आलसी केवल करूणा के पात्र होते हैं।

प्रश्न 5. अलसशाला में आग लगने पर क्या हुआ ? [2018AI1
उत्तर– आग लगने पर भी चारों आलसी घर में ही थे। वह परस्पर बातचीत कर रहे थे कि हल्ला क्यों हो रहा है। मालूम पड़ता है कि घर में आग लग गई है। वे एक-दूसरे को चुप रहने की सलाह दे रहे थे ।

प्रश्न 6. चारों आलसियों के वार्तालाप को अपने शब्दों में लिखें। [2018A11, 2021A
उत्तर– अगलगी के कारण जब लोग शोर-गुल मचाने लगे तब एक आलसीने कहा- अरे ! यह कैसा शोर-कुल है ? दूसरे ने कहा- शायद घर में आग लगी है ? तीसरे आलसी ने कहा- कोई धार्मिक पुरुष नहीं है जो भींगी हुई चटाई से ढंक दें।तब

चौथे आलसी ने कहा- अरे वाचाल ! कितना बोलते हो ? चुप-चाप क्यों न रहते

प्रश्न 7. 'अलसकथा' पाठ में वास्तविक आलसियों की पहचान कैसे [2019AIउत्तर-

उत्तर-पाठ में वास्तविक आलसियों की पहचान के लिए अलसशाला में आग लगा दी गई । आग देखकर सभी धूर्त भाग गए लेकिन चारों आलसियों ने भागने का प्रयत्न नहीं किया। बल्कि इस मसय में भी वे दूसरों की मदद की चाह रखते थे । इस प्रकार वास्तविक आलसियों की पहचान हो गई ।

प्रश्न 8. मंत्री वीरेश्वर की विशेषताओं का वर्णन करें।[2020AI, 2023AJ

उत्तर- मंत्री वीरेश्वर स्वभाव से दयालु और दानशील थे। वह अनार्थी और निर्धनों को उनके इच्छा के अनुसार भोजन तथा वस्त्र देते थे। उन्होंने आलसियों को भोजन तथा वस्त्र देने के लिए अलसशाला का निर्माण करवाया था ।

प्रश्न 9. अलसशाला के कर्मियों ने आलसियों की परीक्षा क्यों ली ?[2020AI], 2023AII

उत्तर– अलसशाला में आलसियों के साथ-साथ धूर्त भी बनावटी आलस्यको दिखाकर भोजन ग्रहण करने लगे थे । इसलिए वास्तविक आलसियों की पहचान करने के लिए अलसशाला के कर्मियों ने आलसियों की परीक्षा ली।

प्रश्न 10. अलसशाला में आग क्यों लगाई गई ?[2021AII]

उत्तर– अलसशाला में धूर्त लोग अपने को आलसी बताकर भोजन एवं वस्त्रका उपभोग कर रहे थे । अतः आलसियों की परीक्षा लेने के उद्देश्य से वहाँ के कर्मचारियों ने अलसशाला में आग लगा दिया

प्रश्न 11. 'अलसकथा' पाठ की विशेषताओं का वर्णन अपने शब्दों में करें।[2022A]

उत्तर– अलसकथा पाठ की विशेषता यह है कि यह पाठ हमें बताता है कि आलस्य मनुष्यों का महान शत्रु है, परिश्रम से बड़ा कोई मित्र नहीं होता है। परिश्रमी व्यक्ति कभी दूसरों पर आश्रित नहीं रहता है। अतः आलस्य को त्याग कर परिश्रम करना चाहिए

'संस्कृतसाहित्ये लेखिकाः'

1. **'संस्कृतसाहित्ये लेखिकाः' पाठं कस्य महत्त्वं प्रातिपादयति ?**
A) पुरुषस्य   B) दुर्जनस्य   C) महिलायाः D) सज्जनस्य
उत्तर: C) महिलायाः

2. **कस्य यानं पुरुषैः नारीभिश्च चलति ?**
A) नगरस्य   B) देशस्य   C) प्रान्तस्य   D) समाजस्य
उत्तर: D) समाजस्य

3. **आधुनिक संस्कृत लेखिकासु का प्रसिद्धाः ?**
A) क्षमारावः (B) मिथिलेश कुमारी मिश्रः (C) शांति देवी:
D) गंगा देवी
उत्तर: A) क्षमारावः

4. **शंकरचरितस्य रचनाकार: का?**
A) पुष्पादीक्षितः (B) पुष्पादीक्षितः (C) गंगादेवी D) पण्डिता क्षमारावः
उत्तर: D) पण्डिता क्षमारावः

5. **अथर्ववेदे कति ऋषिकाः आसन् ?**
A) पञ्च   B) चतुर्विंशति:   (C) चत्वारिंशत् (D) nt
उत्तर: B) चतुर्विंशति:

6. **गंगादेवी किं महाकाव्यम् अरचयत् ?**
A) मधुराविजयम्   B) ग्रामज्योतिः
C) रामायण   D) मीरालहरी
उत्तर: A) मधुराविजयम्

7. **विजयभट्टारिका कस्य राज्ञी आसीत् ?**
A) चन्द्रगुप्तस्य   B) अशोकस्य
C) समुद्रगुप्तस्य   D) चन्द्रादित्यस्य
उत्तर: D) चन्द्रादित्यस्य

8. **कस्य सभायां शास्त्रार्थकुशला गार्गी वाचकन्वी तिष्ठति स्म ?**
A) रामस्य   B) कृष्णस्य   C) जनकस्य   D) अशोकस्य
उत्तर: C) जनकस्य

9. **विजयाङ्कायाः वर्णः कः आसीत् ?**
A) तानं   B) श्वेत   C) श्यामः   D) NONE
उत्तर: B) श्वेत

10. **'शङ्करचरितम्' इति जीवनचरित रचयित्री का ?**
A) क्षमारावः B) मिथिलेश कुमारी मिश्रः
C) शांति देवी D) गंगा देवी
उत्तर: A) क्षमारावः

11. **मीरालहरी ग्रन्थस्य कवयित्री का ?**
A) क्षमारावः   B) मिथिलेशकुमारी मिश्रः
C) शांति देवी   D) गंगा देवी
उत्तर: C) शांति देवी

12. **'ग्रामज्योति' का लिखितवती ?**
A) क्षमाराव   B) मिथिलेश कुमारी मिश्रः
C) पीत: D) गंगा देवी
उत्तर: A) क्षमाराव

13. **जनकस्य सभायां शास्त्रार्थकुशला का ?**
A) क्षमारावः   B) मिथिलेश कुमारी मिश्रः
C) शांति देवी   D) गार्गी
उत्तर: D) गार्गी

14. **'संस्कृतसाहित्ये लेखिकाः' पाठ में किसके महत्त्व का वर्णन किया गया है?**
A) पुरुषों के B) सज्जनों के C) दुर्जनों के D) औरतों के
उत्तर: D) औरतों के

15. **'पुरुषों और नारियों के सहयोग से किसकी गाड़ी चलती है ?**
A) देश का   B) नगर का   C) प्रांत का   D) समाज का
उत्तर: D) समाज का

16. **आधुनिक काल की संस्कृत कवयित्री कौन है ?**
A) गंगा देवी B) विजयाङ्का C) सुलभा (D) पण्डिता क्षमाराव
उत्तर: D) पण्डिता क्षमाराव

17. **वर्तमान काल की संस्कृत लेखिका कौन है ?**
A) गंगा देवी B) सुलभा (C) मिथिलेश कुमारी मिश्र
D) विजयाङ्का
उत्तर: C) मिथिलेश कुमारी मिश्र

18. **'अच्युतराय' की रानी कौन थी ?**
A) इन्द्राणी   B) गंगादेवी   C) उर्वशी   D) तिरुमलाम्बा
उत्तर: D) तिरुमलाम्बा

19. **शंकर-चरितम् की रचना किसने की ?**
A) पुष्पादीक्षित   B) तिरुमलाम्बा
C) गंगादेवी   D) पंडित क्षमाराव
उत्तर: D) पंडित क्षमाराव

20. ऋग्वेद में कितनी मंत्रदर्शनवती ऋषिकाओं का उल्लेख है ?
A) पञ्च   B) चतुर्विंशतिः (C) विंशतिः D) चत्वारिंशत
उत्तर: C) विंशतिः
21. अथर्ववेद में कितनी महिलाओं का वर्णन है ?
A) 7   B) 5   C) 6   D) 8
उत्तर: B) 5
22. मधुराविजयम् महाकाव्य की रचना किसने की ?
A) पुष्पादीक्षित   B) तिरुमलाम्बा
C) गंगादेवी   D) पंडित क्षमाराव
उत्तर: C) गंगादेवी
23. 'वदाराम्बिकापरिणय' महाकाव्य की रचना किसने की ?
A) पुष्पादीक्षित   B) तिरुमलाम्बा
C) गंगादेवी   D) पंडित क्षमाराव
उत्तर: A) पुष्पादीक्षित
24. क्षमाराव किस काल के लेखक हैं ?
A) आधुनिक काल   B) मध्यकाल
C) प्राचीनकाल   D) उपर्युक्त में से कोई नहीं
उत्तर: A) आधुनिक काल
25. कंपनराय की रानी कौन थी ?
A) पुष्पादीक्षित   B) तिरुमलाम्बा
C) गंगादेवी   D) NONE
उत्तर: B) तिरुमलाम्बा

प्रश्न 1. विजयनगर राज्य में संस्कृत भाषा की स्थिति क्या थी?1201203

उत्तर– विजयनगर राज्य के नरेश (राजा) संस्कृत भाषा के संरक्षण के प्रसिद्ध (वृद्ध संकल्पित) थे, ऐसा विदित ही है। उनके अन्तःपुर में संस्कृत रचना की कुशल रानियाँ हुई। कम्पन राज्य की(चौदहवींशताब्दी)गंगादेवी ने 'मधुराविजयम्' महाकाव्य अपने स्वामी को (मदुरै) विजय घटना पर आश्रित रचना की । वहाँ अलंकारों का सन्निवेश आकर्षक है। उसी राज्य में सोलह सौ (16वीं शताब्दी ई. में) शासन करते हुए अच्युतराय की रानी (राजी) तिरुमलाम्बा ने वरदाम्बिका परिणय नामक प्रौढ़ (गम्भीर) चम्पूकाव्य लिखा(रचना) । वहाँ संस्कृत गद्य की छटा समस्त पदावली द्वारा ललितपद विन्यास सेअतीव शोभता है। संस्कृत साहित्य में प्रयुक्त दीर्घतम समस्त पद भी वहीं प्राप्तहोता है।

प्रश्न 2. संस्कृत साहित्य में महिलाओं के योगदान में वर्णन करें2015A

उत्तर– समाजरूपी गाड़ी पुरुषों एवं स्त्रियों के द्वारा चलती है। संस्कृतसाहित्य में प्राचीन काल से ही साहित्य समृद्धि में स्त्रियों की भूमिका सराहनीयहै। वैदिक युग में मन्त्रों के वाचक न केवल ऋषि अपितु ऋषिकाएँ भी हैं। यमी,अपाला, इन्द्राणी, उर्वशी एवं मैत्रेयी स्त्रियों के मंत्रदर्शन आज के जाज्वल्यमाननक्षत्र की भाँति दीप्ति मान हैं। याज्ञवल्क्य की पत्नी ने स्वयं अपने पति से आत्मतत्त्व की शिक्षा ली है । जनक की सभा को बढ़ाने वाली गार्गी का नाम बड़े आदरसे लिया जाता है। लौकिक साहित्य में भी विदुषी क्षमाराव अत्यन्त प्रसिद्ध हैं

प्रश्न 3. संस्कृत में पण्डिता क्षमाराव के योगदान का वर्णन करें[2018AI, 2024AT

अथवा, संस्कृत साहित्य के संवर्द्धन में पण्डिता क्षमाराव के योगदानका उल्लेख करें ।[2021AX)

उत्तर-आधुनिक काल की लेखिका क्षमाराव ने अपने पिता शंकर पाण्डुरंगे पण्डित, जो महान विद्वान थे, का जीवन चरित्र, 'शङ्करचरितम्' की रचना संस्कृतमें की। साथ ही उन्होंने सत्याग्रह गीता, मीरालहरी, कथामुक्ता वली, विचित्र परिषद् यात्रा, ग्राम ज्योति इत्यादि अनेक गद्य-पद्य ग्रंथों की रचना कर संस्कृत को धन्य किया

प्रश्न 4. उपनिषद् में नारियों के योगदान का उल्लेख करें ||2018Ch

उत्तर– शास्त्रलेखन में वैदिक एवं उपनिषद्कालीन महिलाओं का काफी योगदान है। पुरुषों से वे किसी तरह कम नहीं थी । ऋग्वेद में चौबीस और संस्कृतवागाम्भृणी । वैदिककालीन महिलाएँ भी मन्त्रों की दर्शिकाएँ थी वृहदारण्यअथर्ववेद में पाँच महिलाओं का योगदान है-यमी, अपाला, उर्वशी, इन्द्राणी औरउपनिषद् याज्ञवल्क्य की पत्नी एक दार्शनिक महिला थी।

प्रश्न 5. तिरूमलाम्बा किसकी रानी थी और उसने किस प्रकार केकाव्य की रचना की थी ?[2019C]

उत्तर– तिरूमलाम्बा, अच्युतराय की रानी थी और उसने वरदाम्बिकायरिण्यनामक प्रौढ़ चम्पूकाव्य की रचना की थी ।

प्रश्न 6. आधुनिक काल की किन्हीं तीन संस्कृत लेखिकाओं के नाम लिखें।12020A11, 20231]

उत्तर– पण्डिता क्षमाराव, पुष्पा दीक्षित, मिथिलेश कुमारी आदि आधुनिककाल की संस्कृत लेखिकाएँ है

प्रश्न 7. विजयाङ्का कौन थी और उनका समय क्या माना जाता है ?[2020AII]

उत्तर– विजयाङ्का लौकिक संस्कृत साहित्य की प्रथम कल्पा है। उनका काल आठ सौ के आसपास माना जाता है ।

प्रश्न 8. विजयांका की विशेषताओं का वर्णन करें। [2021AJI]

अथवा, विजयांका को 'सर्वशुक्ला सरस्वती' क्यों कहा गया ?1202011

उत्तर-विजयांका श्याम वर्ण की थी। किन्तु उनकी कृतियाँ ज्योतिर्मय थी ।नील कमल की पंखुड़ियों की तरह विजयांका अपनी रचना में अद्भुत लेखन कला की आभा बिखरती है। एक असाधारण लेखिका की पराकाष्ठा से प्रभावित होकर दण्डी ने उन्हें सर्वशुक्ला सरस्वती कहा है

प्रश्न 9. संस्कृत साहित्य के संवर्धन में विजय नगर राज्य के योगदान का वर्णन करें [2022A1]

उत्तर– विजयनगर राज्य के राजाओं ने संस्कृत साहित्य के संरक्षण के लिए जो प्रयास किये थे वे सर्व विदित है। उनके अन्तःपुर में भी संस्कृत रचना में कुशल रानियाँ हुई। इनमें कम्पणराय की रानी गंगादेवी तथा अच्युताराय की रानी तिरुलाम्बा प्रसिद्ध हैं । इन दोनों रानियों की रचनाओं में समस्त पदावली और ललित पद विन्यास के कारण संस्कृत गद्य शोभित होता है।

प्रश्न 10. 'मधुराविजयम्' महाकाव्य का वर्ण्य विषय क्या है ?[2022AJJ

उत्तर-चौदहवीं शताब्दी के अनुमान में कम्पनराय की रानी गंगा देवी ने अपने स्वामी के मदुरै विजय घटनाचक्र पर आधारित मदुरा विजयम् नामक महाकाव्य की रचना की जिसमें वहाँ अलंकारों का सन्निवेश आकर्षक है

प्रश्न 11. अथर्ववेद में किन पाँच मन्त्रदर्शनवती ऋषिकाओं का उल्लेख है ?[2022AII]

उत्तर-अथर्ववेद में यमी, अपाला, उर्वशी, इन्द्राणी और वागम्भृणी आदिमन्त्रदर्शवती ऋषिकाओं का उल्लेख है।

प्रश्न 12. पण्डिता क्षमाराव की प्रमुख कृतियों के नाम लिखें ।[20224]|

उत्तर-पण्डिता क्षमाराव की प्रमुख कृतियाँ शंकरचरितम्, सत्याग्रहगीता,मीरालहरी, कथा मुक्तावली विचित्र परिषद् यात्रा ग्राम ज्योति आदि है

प्रश्न 13. महाकवि दण्डी की उक्ति 'सर्वशुक्ला सरस्वती' को व्यर्थ क्यों कहा गया है ?[2022C1

उत्तर-लौकिक संस्कृत साहित्य में प्रायः चालीस कवयित्रियों का डेढ़ सौ(150) पद स्पष्ट रूप से जहाँ-तहाँ प्राप्त हैं। उनमें विजयांका प्रथम कल्पा है ।वह श्यामवर्ण की थी। यह इस पद को स्पष्ट होता है ।नीलकमल के दन (पंखुरी) के जैसा श्यामल रंगवाली विजयांका को जानें।उसके सामने "सबसे सुंदर सरस्वती हैं" यह दण्डी के द्वारा कहा गया बेकार है

प्रश्न 14. 'शंकरचरितम्' काव्य की विशेषताओं का वर्णन करें। 2022C, 2024AII]

उत्तर-शंकरचरितम् काव्य की रचनाकार पण्डित क्षमाराव है। शंकरचरितम्पण्डित क्षमाराव के पिता शंकर पाण्डुरंग पण्डित का जीवन चरित है । इसमें उनकी महान् विद्वता का बखान किया गया है।

प्रश्न 15. उपनिषद में किसका वर्णन है ?

उत्तर-उपनिषद् वैदिक वाङ्मय का अभिन्न अंग है । इसमें दर्शनशास्त्री के सिद्धान्तों का प्रतिपादन किया गया है। परमात्मा के द्वारा ही यह संसार व्याप्त और अनुशासित है । सत्य की पराकाष्ठा ही ईश्वर का मूर्त रूप है। ईश्वर-प्राप्ति की सभी तपस्याओं का लक्ष्य है । अतः सर्वत्र परमपुरुष परमात्मा का गुणगान किया गया है

भारतमहिमा

1. पुराणग्रंथस्य रचनाकारः कः ?

A) चाणक्यः   B) कालिदासःC) महर्षि व्यासः (D) भर्तृहरिः

उत्तर: C) महर्षि व्यासः

2. कस्य महिमा सर्वत्र गीयते ?

A) देवस्य   B) भारतस्य   C) विश्वस्य   D) पाटलिपुत्रस्य

उत्तर: B) भारतस्य

3. 'भारतमहिमा' पाठस्य रचनाकारः कः ?

A) महात्मा विदु   B) महर्षि यास्कः

C) महर्षि वेदव्यासः   D) पं० रामस्वरूप शुक्लः

उत्तर: D) पं० रामस्वरूप शुक्लः

4. अस्माकं कर्तव्यरूपेण किं वर्तते ?

A) भारतं प्रति भक्तिः   B) संसारं प्रति आसक्तिः

C) ईश्वरं प्रति भक्तिः   D) पितरं प्रति भक्तिः

उत्तर: A) भारतं प्रति भक्तिः

5. भारतीय धरा कैः सेविता ?

A) सागरैः   B) पर्वतैः   C) निझरैः (D) सागर पर्वत-निझरैः

उत्तर: D) सागर पर्वत-निझरैः

6. 'परा' शब्दस्य अर्थः किम् अस्ति ?

A) सदा   B) सत्यम्   C) असत्यम्   D) श्रेष्ठा

उत्तर: D) श्रेष्ठा

7. भारतस्य महिमा कुत्र गीयते ?

A) अत्र   B) तत्र   C) सर्वत्र   D) पाटलिपुत्रे

उत्तर: C) सर्वत्र

8. भारत महिमायाः आधुनिकी गीतस्य रचनाकारः कः?

A) जयशंकर प्रसाद   (B) डॉ० रामविलास चौधरी

C) डॉ० मिथिलेश कुमारी मिश्र (D) डॉ० गिरिजानंन्दन मिश्र

उत्तर: C) डॉ० मिथिलेश कुमारी मिश्र

9. कति पुराणानि सन्ति ?

A) पञ्च   B) दश   C) पञ्चदश   D) अष्टादश

उत्तर: D) अष्टादश

10. इयं निर्मला मातृभूमिः कीदृशी अस्ति ?

A) भक्तिः   B) वत्सला   C) बन्धुरता   D) कृपणा

उत्तर: B) वत्सला

11. अस्माकं भारतं प्रति किं कर्तव्यं अस्ति?

A) भक्तिः   B) शक्तिः   C) मोहः   D) चीनं

उत्तर: A) भक्तिः

12. जगद् गौरवं किम् वर्तते ?

A) पाकिस्तानम्   B) भारतम्

C) बंग्लादेशम्   D) देवाः

उत्तर: B) भारतम्

13. के गीतकानि गायन्ति ?

A) ईश्वरः   B) मनुष्याः   C) देवाः   D) दानवाः

उत्तर: B) मनुष्याः

14. पैर्जन्म लब्धं नृपु............मुकुन्दसेवौपयिकं स्पृहाः हिनं । रिक्त स्थानानि पूरयत ।

A) भारतम्   B) विशाला   C) देवाः   D) भारताजिरे

उत्तर: D) भारताजिरे

15. एतत् भापूरयतरतम् .सदा पूजनीयम् । रिक्त स्थानानि

A) अस्माभिः B) अस्मदीया C) अस्माकम् D) अस्मद्

उत्तर: C) अस्माकम्

16. भारतीया धरा विशाला । रिक्त स्थानानि पूरयत ।

A) अस्मद्   B) अस्माभिः C) अस्माकम् D) अस्मदीया

उत्तर: C) अस्माकम्

17. भारत की शोभा से कौन प्रसन्न होते हैं? (2020 A

A) देव   B) जन्तु   C) दानव   D) मनुष्य

उत्तर: A) देव

18. पुराण के रचनाकार कौन हैं ?

A) महात्मा विदुर   B) महर्षि वाल्मीकि

C) महर्षि वेदव्यास   D) कालिदास

उत्तर: C) महर्षि वेदव्यास

19. किसकी महिमा सर्वत्र गाई जाती है ? (2020A)

A) ईश्वर   B) भारत   C) श्रीलंका   D) पाटलिपुत्र

उत्तर: B) भारत

20. किस देश का गुणगान देवता लोग भी करते हैं ?

A) भारत   B) पाकिस्तानC) श्रीलंका   D) बंग्लादेश

उत्तर: A) भारत

21. 'भारत महिमा' पाठ का प्रथम पद या श्लोक कहाँ से संकलित है? (2021A)

A) विष्णु पुराण से   B) पद्म पुराण से

C) भागवत पुराण से   D) वाराह पुराणसे

उत्तर: A) विष्णु पुराण से

22. भारत महिमा पाठ का द्वितीय श्लोक किस पुराण से संकलित है?

A) विष्णु पुराण से   B) भागवत पुराण से
C) पद्मपुराण से   D) वायुपुराण से
उत्तर: B) भागवत पुराण से

23. किस देश में देवता लोग बार-बार जन्म लेते हैं ?
A) पाकिस्तान (B) भारत   C) श्रीलंका   D) बांग्लादेश
उत्तर: B) भारत

24. कौन भारत वर्ष का गीत गाते हैं?
A) देवता   B) दानव   C) मनुष्य   D) कोई नहीं
उत्तर: A) देवता

25. भारत की शोभा से कौन प्रसन्न होते हैं ? (2020A)
A) देवता   B) दानव   C) मनुष्य   D) कोई नहीं
उत्तर: A) देवता

26. भारत की महिमा कहाँ गाई जाती है ?
A) देशभर में   B) विदेशों में   C) राज्यों में   D) सभी जगह
उत्तर: D) सभी जगह

27. भारतभूमि किससे सेवित है ?(2021A)
A) सागर   B) पर्वत   C) झरना   D) सभी से
उत्तर: D) उपर्युक्त सभी से

28. जगत का गौरव कौन है?
A) पाकिस्तान (B) भारत   C) श्रीलंका   D) बंगलादेश
उत्तर: B) भारत

29. 'भारत महिमा' का आधुनिक पद किसने रचा ?
A) कालिदास ने   B) नारद ने
C) जयशंकर प्रसाद ने   D) नारायण पंडित ने
उत्तर: C) जयशंकर प्रसाद ने

30. हमारी भारतीय धरा कैसी है? (2020A)
A) हरी-भरी   B) ऊँची   C) नीची   D) विशाल
उत्तर: D) विशाल

प्रश्न 1. 'भारतमहिमा' पाठ से हमें क्या संदेश मिलता है ?12011C
उत्तर– भारतमहिमा' पाठ से हमें संदेश मिलता है कि हमें भारतीय होने पर गर्व होना चाहिए । हम भारतीयों को हरि की सेवा करने का अवसर प्राप्त हुआ हैसाथ-साथ मोक्ष की प्राप्ति का भी अवसर प्राप्त हुआ है। हमें सच्चा देशभक्त होना चाहिए और अन्य भारतीयों से मिल-जुलकर एवं प्रेमपूर्वक रहना चाहिए।

प्रश्न 2. भारत-महिमा पाठ का सारांश प्रस्तुत करें ।।20124, 201701
उत्तर– भारत का प्राकृतिक सौन्दर्य स्वर्ग-सा है। यह ऋषियों, मुनियों देवताओं एवं महापुरुषों की अवतरण भूमि रही है। इसकी महिमा का वर्णन विष्णुपुराण एवं भागवतपुराण में भी देखने को मिलता है।भारतभूमि पर अवतरित होने वाले मनुष्य निश्चय ही धन्य हैं । हमारी भारत-भूमि विशाल, रम्यरूपा और कल्याणप्रदहै । अत्यन्त सोभनीय और संसार का गौरव हम सबों के लिए पूजनीय है। यहाँ धर्म और जाति के भेदों को भुलाकर एकता और सहिष्णुता का पाठ पढ़ाया जाता है । हम भारतीय सदैव कहते हैं– "वसुधैव कुटुम्बकम्' अर्थात् सम्पूर्ण पृथ्वी ही हमारा परिवार है।

प्रश्न 3. हमारी भारतभूमि कैसी है ?[2012C, 2013A, 2019AI, 2022AII, 2024AII]
अथवा, भारत महिमा पाठ के आधार पर हमारी मातृभूमि कैसी है ? 2023A
उत्तर– भारतवर्ष प्रसिद्ध राष्ट्र है । यह निर्मला, वत्सला मातृभूमि वाली यहाँ एकता में जीवन संचरित होती है । यहाँ की धरती सोना उपजाती है। गंगा, यमुना जैसी पवित्र नदियाँ यहाँ बहती है। हमारी मातृभूमि हर तरह से भरी-पूरी है।

प्रश्न 4. भारत भूमि किस प्रकार की भूमि है।2017A1, 2022AI
उत्तर– भारतवर्ष अति प्रसिद्ध देश है । यहाँ की भूमि सदैव पवित्र औरममतामयी है। देवता लोग भारत देश का गुणगान करते हैं क्योंकि भारतीय भूमिस्वर्ग और मोक्ष प्राप्त करने का साधन है। मनुष्य भारत भूमि पर जन्म लेकर भगवान हरि की सेवा के योग बन जाते हैं।

प्रश्न 5. सभी जनों की देशभक्ति कैसी होनी चाहिए ? |2019A1J
उत्तर– सभी व्यक्ति की देश के प्रति मित्रता, दया एवं उदारचित्त जैसे देशभक्ति होनी चाहिए ।

प्रश्न 6. 'भारत महिमा' पाठ के आधार पर भारतीय मूल्यों कीविशेषता पर प्रकाश डालें । [2019AII, 2021AI]
उत्तर भारत महिमा' पाठ में भारत की विशेषताओं का वर्णन करते हुए कवि कहते हैं कि यह भारत भूमि सदैव पवित्र और ममतामयी है । यह धरती विशाल, स्मरणीय, रूपवाली, शुभस्वरूपा और सुन्दर ऐश्वर्य वाली है । यह भारत भूमि सागरों, वनों, पर्वतों, झरनों तथा बहती हुई नदियों से सदा सेवित है।

प्रश्न 7. भारतीय लोगों की सर्वाधिक महत्वपूर्ण विशेषता क्या है ?[2020AI]
उत्तर– भारतीय लोग धर्म, जाति के भेदों को भूलकर एकता के भाव को धारण करते हुए शांतिपूर्वक रहते हैं

प्रश्न 8. 'भारत मेहिमा' पाठ में किन-किन पुराणों से पद्य संकलित है ?[2020 AII]
उत्तर– भारत महिमा पाठ में विष्णु पुराण और भागवत पुराणों से पद्यसंकलित है

प्रश्न 9. भारतभूमि कैसी है और यहाँ कौन लोग रहते हैं [2021AL, 2024AI]
अथवा, भारत में कौन-कौन लोग रहते हैं और कैसे? [2022C]
उत्तर – भारतभूमि निर्मल एवं ममतामयी है । यह भूमि विशाल, रम्यरूपाऔर कल्याणप्रद है । यहाँ धर्म, जाति के भेदों से भिन्न-भिन्न लोग एकतापूर्वकरहते हैं ।

प्रश्न 10. भारत महिमा पाठ के आधार पर भारत का वर्णन संक्षेप में करें ।2021AII]
अथवा 'भारतमहिमा'का वर्णन करे।
अथवा 'भारतमहिमा' पाठ के आधार पर भारत की विशेषताओंकावर्णन करें ।[2012C]
अथवा, 'भारतमहिमा' पाठ के आधार पर भारतीय मूल्यों की विशेषताओंपर प्रकाश डालें ।
अथवा, भारतभूमि किन-किन से सेवित है ?2019ALI][2023AI]
उत्तर– भारत महिमा पाठ में भारत की विशेषताओं का वर्णन करते हुए कवि कहते हैं कि यह भारत भूमि सदैव पवित्र और ममतामयी है। यह धरती विशाल,स्मरणीय, रूपवाली, शुभस्वरूप और बहुत सुन्दर ऐश्वर्य वाली है। यह भारत भूमिसागरों, वनों, पर्वतों झरनों तथा बहती हुई नदियों से सदा सेवित है

प्रश्न 11. 'भारत महिमा' पाठ का उद्देश्य क्या है ?2021AI, 2022AI

भारतीय संस्कारा

1. **भारतीय संस्कृतेः परिचय: केभ्यः जायते ?**
   A) आचारेभ्यः   B) संस्कारेभ्यः
   C) व्यवहारेभ्यः   D) सर्वे सत्यं
   उत्तर: D) सर्वे सत्यं

2. **संस्काराः प्रायेण कति विधाः सन्ति ?**
   A) पञ्च   (B) षष्ठ   C) त्रय   D) द्वादश
   उत्तर: D) द्वादश

3. **कति संस्काराः भवन्ति ?**
   A) पञ्चदश (B) पञ्च (C) विंशति D) षोडश
   उत्तर: D) षोडश

4. **अंत्येष्टि संस्कारः कदा भवति ?**
   A) मरणोपरान्तम्   B) पाणिग्रहण काले
   C) जीवनस्य पूर्वम् D) जीवन काले
   उत्तर: A) मरणोपरान्तम्

5. **प्राचीनकाले शिष्यः कथ्यते स्म ?**
   A) छात्रः   B) अन्तेवासिनः
   C) विद्यार्थी   D) ब्रह्मचारी
   उत्तर: B) अन्तेवासिनः

6. **जन्मतः पूर्व कति संस्काराः भवन्ति ?**
   A) पञ्च   (B) षष्ठ   C) त्रय   D) षोडश
   उत्तर: C) त्रय

7. **शैशवे कति संस्काराः भवन्ति ?**
   A) पञ्च   (B) षष्ठ   C) त्रय   D) षोडश
   उत्तर: C) त्रय

8. **अक्षरारम्भः कीदृशः संस्कारः ?**
   A) वेदारम्भ संस्कारः B) उपनयन संस्कारः
   C) विवाह संस्कारः   D) शिक्षासंस्कारः
   उत्तर: D) शिक्षासंस्कारः

9. **गृहस्थजीवनस्य एकः संस्कारः कः ?**
   A) अक्षरारम्भ   B) उपनयन
   C) विवाह   D) शिक्षासंस्कारः
   उत्तर: C) विवाह

10. **शैक्षणिका: संस्काराः कति सन्ति ?**
    A) पञ्च (B) षष्   C) त्रय   D) षोडश
    उत्तर: C) त्रय

11. **सप्तपदी क्रिया कस्मिन् संस्कारे विधीयते ?**
    A) अक्षरारम्भ संस्कारे (B) उपनयन संस्कारे
    C) विवाह संस्कारे   D) शिक्षासंस्कारे
    उत्तर: C) विवाह संस्कारे

12. **सीमन्तोन्नयनं केषु संस्कारेषु गण्यते ?**
    A) शैशव संस्कारेषु B) जन्मपूर्व संस्कारेषु
    C) उपनयन संस्कारेषु (D) विवाह संस्कारेषु
    उत्तर: B) जन्मपूर्व संस्कारेषु

13. **गुरुगृहे शिष्यः कान् पालयन् अध्ययनं करोति ?**
    A) अक्षरारम्भ   B) शिक्षानियमान्

C) विवाह   D) शिक्षासंस्कारः
    उत्तर: B) शिक्षानियमान्

14. **'भारतीय संस्कार' कितने हैं ?**
    A) 24 B) 20   C) 18   D) 16
    उत्तर: D) 16

15. **भारतीयों में संस्कार से किसका निर्माण होता है ?**
    A) सहिष्णुत्व   B) व्यक्तित्व
    C) करुणत्व   D) मानवत्व
    उत्तर: B) व्यक्तित्व

16. **संस्कारों को कितने भागों में बाँटा गया है ?**
    A) 2 B) 4   C) 5   D) 6
    उत्तर: B) 4

17. **जन्मपूर्व संस्कार कितने हैं ?**
    A) छ B) पाँच   C) एक   D) तीन
    उत्तर: D) तीन

18. **बचपन में कितने संस्कार होते है ?**
    A) 2 B) 4   C) 5   D) 6
    उत्तर: B) 4

19. **शिक्षा संबंधी संस्कार कितने हैं ?**
    A) 2 B) 3   C) 5   D) 6
    उत्तर: B) 3

20. **गृहस्थ के कितने संस्कार हैं ?**
    A) 1 B) 3   C) 5   D) 6
    उत्तर: B) 3

21. **मरने के बाद कितने संस्कार हैं ?**
    A) 1 B) 5   C) 3   D) 6
    उत्तर: A) 1

22. **प्राचीन संस्कृति की पहचान किससे होती है ?**
    A) धर्मों से   B) संस्कारों से
    C) कर्मों से   D) धन से
    उत्तर: B) संस्कारों से

23. **वेद की पढ़ाई शुरू करना किस संस्कार के अन्तर्गत आता है ?**
    A) जन्मपूर्व संस्कार B) गृहस्थ संस्कार
    C) शिक्षा संस्कार   D) विवाह संस्कार
    उत्तर: C) शिक्षा संस्कार

24. **किस संस्कार के द्वारा मनुष्य गृहस्थ जीवन में प्रवेश करता है ?**
    A) जन्मपूर्व संस्कार B) गृहस्थ संस्कार
    C) शिक्षा संस्कार   D) विवाह संस्कार
    उत्तर: D) विवाह संस्कार

25. **मरने के बाद कौन-सा संस्कार सम्पन्न होता है?**
    A) जन्मपूर्व संस्कार B) अंत्येष्टि संस्कार
    C) विवाह संस्कार   D) शिक्षा संस्कार
    उत्तर: B) अंत्येष्टि संस्कार

26. **अंत्येष्टि संस्कार कब होता है ?**
    A) जन्मपूर्व   B) पाणिग्रहण
    C) मरने के उपरांत   D) जीवन
    उत्तर: C) मरने के उपरांत

27. **अक्षर आरंभ करना किस संस्कार के अंतर्गत आता है ?**
    A) जन्मपूर्व संस्कार B) गृहस्थ संस्कार

C) विवाह संस्कार   D) शिक्षा संस्कार

उत्तर: D) शिक्षा संस्कार

28. **सप्तपदी क्रिया किस संस्कार में सम्पन्न की जाती है ?**
   A) जातकर्म संस्कार B) निष्क्रमण संस्कार
   C) विवाह संस्कार   D) समावर्तन संस्कार

   उत्तर: C) विवाह संस्कार

29. **पुंसवन किस संस्कार के अन्तर्गत आता है ?**
   A) जन्मपूर्व संस्कार B) गृहस्थ
   C) विवाह संस्कार   D) शिक्षा

   उत्तर: A) जन्मपूर्व संस्कार

30. **गुरु के घर से अलग होकर गृहस्थ जीवन में प्रवेश करना किस संस्कार के अन्तर्गत आता है ?**
   A) जन्मपूर्व   B) गृहस्थ संस्कार
   C) विवाह   D) शिक्षा संस्कार

   उत्तर: B) गृहस्थ संस्कार

प्रश्न 1. संस्कार कितने प्रकार के होते हैं? विवाह संस्कार का वर्णन करे।

उत्तर-संस्कार सोलह हैं। विवाह संस्कार के उपरांत ही मनुष्य वस्तुतः गृहस्थ जीवन में प्रवेश करता है विवाह एक पवित्र संस्कार हैं। जहाँ विधि विधान कर्मकांड होता है इसमें वाग्दान (वचनबद्धता), मण्डप निर्माण (मँडवा), वधू वाणिग्रहण (हाथ देना), लाजाहोम (धान के लावे से हवन), सप्तपदी (सातघर पर वरपक्ष का स्वागत, वर-वधू का परस्पर निरीक्षण, कन्यादान, अग्निस्थापना, वचनों से फेरे), सिन्दूरदान इत्यादि होते हैं। सभी जगह प्राय: विवाह-संस्कार काहोता है। तदनन्तर गर्भधान इत्यादि संस्कार पुनरावृत होकर जीवनक्रम है। मरण के अन्नतर अन्त्येष्टि संस्कार अनुष्ठित होता है । इस प्रकार आयोजन भारतीय दर्शन का महत्वपूर्ण स्रोत-स्वरूप संस्कार है

प्रश्न 2. विवाह संस्कार में कौन-कौन से मुख्य कार्य किये जाते हैं ?अथवा,[2015AI]

अथवा विवाह संस्कारों में होनेवाले कर्मकांडों के बारे में लिखें। [2023AI]

उत्तर– विवाह संस्कार से वस्तुतः मनुष्य गृहस्थ जीवन में प्रवेश करता है। इस संस्कार के अन्तर्गत निम्नलिखित कर्मकाण्ड होते हैं-वाग्दान, मण्डपनिर्माण, लाजाहोम, सप्तपदी, सिन्दूरदान इत्यादि। ये सभी कार्य प्राय: समान रूप से विवाह वरपक्ष स्वागत, वर-वधू परस्पर निरीक्षण, कन्यादान, अग्निस्थापना, पाणिग्रहण,

प्रश्न 3. शैक्षणिक संस्कार कौन-कौन से है ? संस्कारों में होते हैं।[2014C, 2018AI, 2021AII, 2024AI]

उत्तर-शिक्षा संस्कारों में अक्षरारम्भ, उपनयन, वेदारंभ, मुण्डन संस्कार और समापवर्तन संस्कार आते हैं। अक्षरारंभ में बच्चा अक्षर लिखना और अंक आरंभ करता है। उपनयन संस्कार में गुरू के द्वारा शिष्य को अपने घर में लाना होता था ।वहाँ शिष्य शिक्षा के नियमों का पालन करते हुए अध्ययन करते थे। गुरू के घरमें ही शिष्य वेद पढ़ना प्रारंभ करते थे। मुण्डन संस्कार गुरू के घर में किया जाता। समापवर्तन संस्कार का उद्देश्य शिष्य का गुरू के घर से गृहस्थ जीवन में प्रवेश कराना होता है।

प्रश्न 4. संस्कार कितने प्रकार के और कौन-कौन-से होते हैं ?[2017AI]

उत्तर-संस्कार सोलह प्रकार के हैं। इन सोलह संस्कारों को मुख्य पाँच प्रकारों में बाँटा गया है। तीन जन्म से पूर्व वाले संस्कार, छह शैशव संस्कार, पाँच शिक्षा-संबंधी संस्कार, एक विवाह के रूप में गृहस्थ संस्कार तथा एक मृत्यु के बाद अन्त्येष्टि संस्कार

प्रश्न 5. केशान्त संस्कार के गोदान संस्कार भी कहा जाता है, क्यों ?[2018AII]

अथवा, केशान्त संस्कार का वर्णन करें ।[2021AI, 2023AI]

उत्तर-केशान्त संस्कार में गुरूगृह में ही सर्वप्रथम क्षौरकर्म (मुण्डन) होता था। यहाँ गौदान मुख्य कर्म होता था । इसलिए साहित्य ग्रंथों में केशान्त संस्कार को गोदान संस्कार भी कहा जाता था ।

प्रश्न 6. सभी संस्कारों के नाम लिखें । [2018C]

अथवा, संस्कारों को कितने भागों में विभाजित किया गया है ? उनकेनाम लिखें ।[2022C, 2024AII]

उत्तर-भारतीय संस्कृति में मनुष्य का सोलह संस्कार किया जाता है जो इस प्रकार से है-(i) गर्भधान संस्कार, (ii) पुंसवन संस्कार, (iii) सीमन्तोन्नयन संस्कार,(iv) जातकर्म संस्कार, (v) नामकरण संस्कार, (vi) निष्क्रमण संस्कार,(vii) अन्नप्राशन संस्कार, (viii) मुंडन संस्कार, (ix) विद्या आरम्भ संस्कार, (x) कर्ण वेध संस्कार, (xi) उपनयन संस्कार, (xii) वेदारम्भ संस्कार, (xiii) केशान्त संस्कार, (xiv) समावर्तन संस्कार, (xv) विवाह संस्कार, (xvi) अंत्येष्टि संस्कार ।

प्रश्न 7. जन्मपूर्व व मरणोपरांत कौन-कौन से संस्कार होते हैं ?[2019C]

उत्तर– जन्मपूर्व संस्कार तीन हैं- गर्भधान, पुंसवन और सीमन्तोनयन । मरणोपरांत अन्त्येष्टि संस्कार का अनुष्ठान होता है ।

प्रश्न 8. गुरू के द्वारा शास्त्र का क्या लक्ष्य बतलाया गया है ?[2019AH]

उत्तर– मनुष्य को जिससे सांसारिक विषयों में अनुरक्ति अथवा विरक्ति अथवा मानवरचित विषयों का उचित ज्ञान मिलता है, उस धर्मशास्त्र कहा जाता है। तात्पर्य यह कि जिस शास्त्र से ग्रहणीय एवं त्याज्य अर्थात् किस आचरण को अपनाया जाए तथा किसे त्याग किया जाए तथा मानव रक्त है । अत: धर्मशास्त्र से हमें सत्य-असत्य की सभी जानकारी

प्रश्न 9. शैशव संस्कारों पर प्रकाशडालें।[2019A1, 2021AI]

उत्तर– भारतीय संस्कृति के अनुसार संस्कार को पाँच भागों में विभाजित किया गया है। शैशव संस्कार जो कि दूसरा भाग है । इस संस्कार के तहत जातकर्म, नामकरण, बाहर निकालना, अन्न ग्रहण, चूडाकर्म, कर्णवेध आदि संस्कार को सम्पन्न किया जाता है।

प्रश्न 10. मनुष्य के जीवन में संस्कारों की क्या उपयोगिता हैं ?[2020A1]

उत्तर– हमारे जीवन में संस्कार का व्यापक महत्व है। प्राचीन संस्कृति का ज्ञान संस्कार से होता है। सभी संस्कार मानव के अवगुणों को शुद्ध करने में, दोषों को दूर करने में और गुणों को ग्रहण करने में योगदान करते हैं। मुख्य अवसरों पर संस्कार मनुष्य को अनुशासित करता है।

प्रश्न 11. संस्कार का मूल अर्थ क्या है ?[2019C, 2020AI, 2022AII]

उत्तर– संस्कार का मौलिक अर्थ परिमार्जन रूप और गुणाधान रूप है ।

प्रश्न 12. गर्भाधान संस्कार का प्रयोजन क्या है ?[2020A1)

उत्तर– गर्भाधान संस्कार का प्रयोजन गर्भरक्षा के लिए होता है।

प्रश्न 13. समावर्तन संस्कार का वर्णन करें । [2022AIJ

उत्तर– समापवर्तन संस्कार का उद्देश्य शिष्य का गुरू के घर से अलग होकर गृहस्थ जीवन में प्रवेश करना होता था । शिक्षा की समाप्ति पर गुरू अपने शिष्यों को उपदेश देकर घर भेजते थे । उपदेशों में प्रायः जीवन के कर्तव्यों को बताया जाता था, जैसे-सत्य बोलो, धर्म का आचरण करो, अपने अध्ययन से प्रमाद मतकरो तथा अपने कर्तव्य से भी च्युत नहीं रहो

प्रश्न 14. विवाह संस्कार में कौन-कौन से कर्मकाण्ड किए जाते हैं ?[2022AI, 2023AI, 2024AII]

उत्तर- विवाह संस्कार एक पवित्र संस्कार माना जाता है । क्योंकि इसी संस्कार से लोग गृहस्थ जीवन में प्रवेश करते हैं। इस संस्कार में अनेक प्रकार के कर्मकाण्ड होते हैं। इसमें वाग्दान, मण्डप निर्माण, वधूगृह में वरपक्ष का स्वागत,वर-वधू का परस्पर निरीक्षण, कन्यादान, अग्निस्थापन, पाणिग्रहण, लाजाहोम,सिन्दूरदान इत्यादि कई कर्मकाण्ड शामिल हैं। सभी जगह प्रायः एकसमान विवाहसंस्कार का आयोजन होता है ।

प्रश्न 15. उपनयन संस्कार का वर्णन करें ।

उत्तर -उपनयन संस्कार शिक्षा संस्कार के अन्तर्गत आता है । जिसमें गुरू केंद्वारा शिष्य को अपने घर से ले जाना होता है, जहाँ शिष्य शिक्षा नियमों का पालन करते हुए अध्ययन करता है ।

प्रश्न 16. प्राचीन काल में शिष्य को ब्रह्मचारी क्यों कहा जाता था ?[2022C

उत्तर – शिक्षा संस्कारों में अक्षराम्भ, उपनयन, वेदारम्भ, केशान्त और समापवर्तनसंस्कार होते हैं। अक्षराम्भ में अक्षर-लेखन और अंक लेखन बच्चा आरंभ करता । उपनयन संस्कार का अर्थ गुरु के द्वारा शिष्य को अपने घर में लाना होता है । वहाँ शिष्य शिक्षा-नियमों का पालन करते हुए अध्ययन करते थे । वे सब नियम ब्रह्मचर्य व्रत में समाहित हैं। इसलिए प्राचीन काल में शिष्य ब्रह्मचारी कहे जाते थे ।

नीतिश्लोकाः

1. **रचनाकारः कः अस्ति ?**
   A) महात्मा विदुर   B) महात्मा वाल्मीकिः
   C) कालिदासः   D) महर्षि वेदव्यासः
   उत्तर: D) महर्षि वेदव्यासः

2. **'विदुरनीतिः ' कस्य रचना अस्ति ?**
   A) मनोः   B) महात्माविदुरस्य
   C) वाल्मीकेः   D) राधारमणस्य
   उत्तर: B) महात्मा विदुरस्य

3. **विदुरनीतेः संकलितः पाठस्य नाम किम् अस्ति ?**
   A) नीतिश्लोकाः   B) भारतमहिमा
   C) मंगलम्   D) मन्दाकिनीवर्णनम्
   उत्तर: A) नीतिश्लोकाः

4. **प्रश्नोत्तररूपे कः ग्रन्थः अस्ति ?**
   A) मनुस्मृतिः   B) मेघदूतम्
   C) विदुरनीतिः   D) मृच्छकटिकम्
   उत्तर: C) विदुरनीतिः

5. **कस्य प्रश्नस्य उत्तरं विदुरः ददाति ?**
   A) दुःशासनस्य   B) कृष्णस्य
   C) अर्जुनस्य   D) धृतराष्ट्रस्य
   उत्तर: D) धृतराष्ट्रस्य

6. **विदुरः कः आसीत् ?**
   A) राज़प्रवरः   B) नृपप्रवरः
   C) मंत्रीप्रवरः   D) विप्रप्रवरः
   उत्तर: C) मंत्रीप्रवरः

7. **उत्तमा शान्ति का ?**
   A) क्रोधः (B) लोभः C) क्षमा   D) मोह
   उत्तर: C) क्षमा

8. **का परमा तृप्तिः ?**
   A) विद्या (B) काम   C) अविधा   D) लोभः
   उत्तर: A) विद्या

9. **नरकस्य कियद् द्वारं परिगणितम् ?**
   A) एकविधम्   B) द्वौविधं
   C) त्रिविधं   D) चतुविधं
   उत्तर: C) त्रिविधं

10. **विनयं कं हन्ति ?**
    A) असत्यम्   B) कीर्ति
    C) सत्यम्   D) अकीर्ति
    उत्तर: D) अकीर्ति

11. **क्षमा कं हन्ति ?**
    A) क्रोधं
    B) सत्यं
    C) लोभं
    D) बलं
    उत्तर: A) क्रोधं

12. **धर्मः .... रक्ष्यते ।**
    A) योगेन
    B) धनेन
    C) सत्येन
    D) विनयेन
    उत्तर: C) सत्येन

13. **विनयः .... हन्ति ।**
    A) पराक्रमम्
    B) अपराक्रमम्
    C) अकीर्तिम्
    D) कीर्तिम्
    उत्तर: C) अकीर्तिम्

14. **धर्म की रक्षा किससे होती है ?**
    A) सत्य से
    B) विद्या से
    C) वृत्ति से
    D) इनमें से कोई नहीं
    उत्तर: A) सत्य से

15. 'नीतिश्लोकाः' पाठ किस ग्रन्थ से संकलित है ?
A) विदुरनीति से
B) नीतिशतक से
C) चाणक्यनीति दर्पण से
D) शुक्रनीति से
उत्तर: A) विदुरनीति से

16. 'विदुरनीति' किस ग्रंथ का अंश विशेष है ?
A) रामायण का   B) महाभारत का
C) उपनिषद का   D) वेद का
उत्तर: B) महाभारत का

17. 'नीतिश्लोक' के रचनाकार कौन हैं ?
A) महात्मा विदुर   B) महात्मा वाल्मीकि
C) महर्षि वेदव्यास   D) महाभारत का
उत्तर: A) महात्मा विदुर

18. किसके प्रश्न का उत्तर विदुर देते हैं ?
A) दुःशासन के   B) कृष्ण के
C) अर्जुन के   D) धृतराष्ट्र के
उत्तर: D) धृतराष्ट्र के

19. नरक के कितने द्वार हैं ?
A) एक   (B) तीन   C) दो   D) चार
उत्तर: B) तीन

20. क्षमा किसकी हत्या करता है ?
A) धर्म   (B) अर्थ   (C) काम   D) क्रोध
उत्तर: D) क्रोध

21. कौन सर्वश्रेष्ठ धन है ?
A) धर्म   (B) अर्थ   (C) काम   D) क्रोध
उत्तर: A) धर्म

22. किससे सुख की प्राप्ति होती है ?
A) धर्म से   B) अहिंसा से
C) काम से   D) क्रोध से
उत्तर: A) धर्म से

23. कौन ऐसा धन है जिससे संतुष्टि मिलती है ?
A) धर्म से   (B) अर्थ से   (C) विद्या से   (D) क्रोध से
उत्तर: C) विद्या से

24. किससे विद्या की रक्षा होती है ?
A) सत्य से   B) अभ्यास से
C) उबटन से   D) आचरण से
उत्तर: B) अभ्यास से

25. रूप की रक्षा किससे होती है ?
A) सत्य से   B) अभ्यास से
C) भोग से   D) दान से
उत्तर: C) भोग से

26. खानदान (कुल) की रक्षा किससे होती है ?
A) सत्य से   B) अभ्यास से
C) शुद्धता से   D) आचरण से
उत्तर: C) शुद्धता से

27. घर की शोभा कौन है ?
A) पुरुष   (B) बालक   (C) स्त्री   (D) कोई नहीं
उत्तर: C) स्त्री

28. अपयश को कौन नष्ट करता है ?
A) नम्रता   B) पराक्रम
C) क्षमा   D) सद्व्यवहार
उत्तर: B) पराक्रम

29. गरीबी को कौन समाप्त करता है ?
A) नम्रता   (B) उद्योग   (C) क्षमा   D) सद्व्यवहार
उत्तर: B) उद्योग

30. अशुभ लक्षणों को कौन समाप्त करता है ?
A) नम्रता   (B) पराक्रम   (C) क्षमा   D) सद्व्यवहार
उत्तर: B) पराक्रम

प्रश्न 1. 'नीतिश्लोकाः' पाठ में मूढचेतनाराधम किसे कहा गया है ?2019C
अथवा, नीतिश्लोकाः पाठ के आधार पर अधम नर किसे कहा गया है ?12011A,2014A1, 2024AII
उत्तर– इस पाठ में आए नीतिश्लोक के अनुसार जो बिना बुलाए प्रवेश करता है, बिना पूछे बहुत बोलता है । अविश्वसनीय व्यक्ति पर विश्वास करता है। वह मूर्ख हृदय वाला ही मूढचेतनाराधम (अधम नर) व्यक्ति कहा जाता है।

प्रश्न 2. नीतिश्लोकाः पाठ के आधार पर मनुष्य के छः दोषों का हिन्दी में वर्णन करें।[2012A]
अथवा, सम्पन्नता चाहने वाले को किन-किन दोषों को छोड़ देनाचाहिए ?[2023AI]
अथवा, अपनी प्रगति चाहने वाले को किन-किन दोषों को त्याग देनाचाहिए ?[2022C, 2024AI]
उत्तर– महात्मा विदुर द्वारा रचित 'विदुरनीति' ग्रंथ से संकलित 'नीतिश्लोकाः'पाठ में मनुष्य के छह दोषों का वर्णन किया गया है। ये छह दोष-नींद, तन्द्रा, भय,क्रोध, आलस्य और दीर्घसूत्रता (किसी काम को विलंब से करने की प्रवृत्ति)।नीतिकार का कहना है कि प्रगति की इच्छा रखनेवाले मनुष्यों को इन छह दोषों को त्याग देना चाहिए, क्योंकि अधिक निद्रा के कारण वह कोई काम समय पर नहीं कर पाता । वह तंद्रावश प्रत्येक काम में पीछे रह जाता है । भय के कारण काम आरंभ ही नहीं करता तथा क्रोध के कारण बना काम भी बिगड़ जाता है । आलस्य के कारण समय का सदुपयोग नहीं हो पाता, तो दीर्घसूत्रता अथवा काम को कल (आनेवाले समय) पर छोड़ने के कारण काम का बोझ बढ़ जाता है । अत: हमें इनका त्याग करना चाहिए ।

प्रश्न 3. नीतिश्लोकाः पाठ का पाँच वाक्यों में परिचय दें । [2013A]
उत्तर– इस पाठ में व्यासरचित महाभारत के उद्योग पर्व के अन्तर्गत आठ अध्यायों की प्रसिद्ध विदुरनीति से संकलित दस श्लोक है। महाभारत युद्ध के आरंभ में धृतराष्ट ने अपनी चित्त शान्ति के लिए विदुर से परामर्श किया था । विदुर ने उन्हें स्वार्थपरक नीति त्याग पर राजनीति के शाश्वत परमार्थिक उपदेश दिए थे।इन्हें 'विदुरनीति' कहते हैं। इन श्लोकों में विदुर के अमूल्य उपदेश भरे हुए हैं।

प्रश्न 4. नीतिश्लोकाः पाठ के अनुसार कौन-सा तीन वस्तु त्याज्य है ?[2013A]
उत्तर- नरक की त्रिविध त्याज्य वस्तु काम, क्रोध एवं लोभ है। इसमें लिप्तरहने वाले का नाश हो जाता है। अपने को बचाने के लिए इन तीनों को जीवन से हटा देना चाहिए। इनके बिना ही जीवन पथ पर शांति एवं सफलतापूर्वक चला जा सकता है

प्रश्न 5. 'नीतिश्लोकाः' पाठ के आधार पर पण्डित के लक्षण क्याहै ?[2018AI, 2024AII]
अथवा, पण्डित किसे कहा गया है ? [2019AL,2020A1, 2022AI]

उत्तर-सभी जीवों के तत्व को जानने वाला, अपने कर्म का योग के तरह जानने वाला और मनुष्यों के उपाय को जानने वाले मनुष्य पण्डित है। ये पण्डितो के लक्षण है।

प्रश्न 6. अपनी प्रगति चाहने वाले को क्या करना चाहिए ?[2018AII, 2022CJ]

उत्तर-अपनी प्रगति चाहने वाले को लगन, धैर्य और उत्साह के साथ कठिन परिश्रम करना चाहिए। इससे व्यक्ति किसी भी कठिनाई पर विजय प्राप्त कर सकता है। मेहनती व्यक्ति अवश्य सफल होते हैं।

प्रश्न 7. नरक के तीन द्वार कौन-कौन से हैं ? [2019AI, 2021AJJ]

उत्तर-नरक के तीन द्वार इस प्रकार से है-काम, क्रोध, लोभ

प्रश्न 8. कुल की रक्षा कैसे होती है ?[2019AI]

उत्तर- व्यक्ति के अच्छे आचरण से वंश या कुल की रक्षा होती है।

प्रश्न 9. 'नीतिश्लोका' पाठ के आधार पर 'मूढचेता नराधम' के लक्षणों को लिखें।[2019AII]

उत्तर– इस पाठ में आए नीतिश्लोक के अनुसार जो बिना बुलाए प्रवेश करता है, बिना पूछे बहुत बोलता है। अविश्वसनीय व्यक्ति पर विश्वास करता है। वह मूर्ख हृदय वाला ही मूढचेतानराधम (अधमनर) व्यक्ति कहा जाता है।

प्रश्न 10. नीतिश्लोकाः पाठ से किसी एक श्लोक को साफ-साफ शब्दों में लिखें।[2019AI1, 2023AII]

उत्तर-यस्य कृत्यं न विघ्नन्ति शीत मुष्णं भयं रति। समृद्धिर समृद्धिर्षा सर्वे पण्डित उच्चते।।

प्रश्न 11. विद्या व अहिंसा से क्रमश: क्या-क्या प्राप्त होता है ?[2019C]

उत्तर-विद्या से परम तृप्ति और अहिंसा से परम सुख प्राप्त होता है।

प्रश्न 12. वे छः दोष कौन-कौन से हैं जो ऐश्वर्य-प्राप्ति में अवरोध उत्पन्न करते हैं ?[2019C]

उत्तर-निद्रा, तन्द्रा, भय, क्रोध, आलस्य और सूत्रता ये छ: दोष है जो ऐश्वर्य प्राप्ति में अवरोध उत्पन्न करते हैं।

प्रश्न 13. नीतिश्लोकाः पाठ के आधार पर मूर्ख कौन है ?[2020AJI, 2021AII)

अथवा, नीतिश्लोकाः पाठ के आधार पर नराधम (मूर्ख) के लक्षण [2012C, 2018C, 2019AII]

अथवा, 'नीतिश्लोकाः' पाठ में मूर्ख किसे कहा गया है ? [2023A11]

उत्तर-बिना बोले प्रवेश करने वाला, बिना पूछे बोलने वाला, अविश्वासीव्यक्ति नराधर्म (मूर्ख) है। ऐसे लोगों से सदा दुरी बनाकर रखनी चाहिए। ऐसे व्यक्ति धोखेबाज हो सकता है।

प्रश्न 14. इस संसार में कैसे लोग सुलभ और कैसे लोग दुर्लभ है ?[2021AT]

उत्तर– इस संसार में प्रियवचन बोलने वाले लोग सुलभ हैं और अप्रिय एवं अनुचित बोलने वाले और सुनने वाले अप्रिय होते हैं।

कर्मवीरकथा

यहाँ सभी प्रश्नों के उत्तर विकल्पों सहित दिए गए हैं:

1. 'कर्मवीर कथा' समाजस्य कस्य पुरुषस्य कथा वर्तते ?
A) धनिकस्य B) दलितस्य C) अल्पसंख्यकस्य (D) कुलीनस्य
उत्तर: **B) दलितस्य**

2. कर्मवीरः उत्साहेन किं लभते ?
A) कर्मचारीपदम् B) लिपिकपदम्
C) लघुपदम् D) महत्पदम्
उत्तर: **D) महत्पदम्**

3. कस्मिन ग्रामे निर्धनजनाः निवसन्ति ?
A) भीखनटोला ग्रामे B) पहरपुरग्रामे
C) तिलौथुग्रामे D) विष्णुपुराग्रामे
उत्तर: **A) भीखनटोला ग्रामे**

4. दलितस्य पुरुषस्य नाम किम् आसीत् ?
A) रामप्रवेश रामः B) रामदिनेश रामः
C) रामनरेश रामः D) रामअवधेश रामः
उत्तर: **A) रामप्रवेश रामः**

5. कर्मवीरः कः अस्ति ?
A) रामप्रवेश B) दिनेशप्रवेशः C) रमेशप्रवेशः D) श्यामप्रवेशः
उत्तर: **A) रामप्रवेश**

6. भीखनटोला ग्रामः कुत्र अस्ति ?
A) उत्तरप्रदेशे B) मध्यप्रदेशे C) बिहारप्रदेशे D) गुजरातप्रदेशे
उत्तर: **C) बिहारप्रदेशे**

7. भीखनटोला द्रष्टुं कः आगतः ?
A) लेखक B) महात्मा C) शिक्षकः D) शिष्यः
उत्तर: **A) लेखक**

8. उद्योगिनं पुरुषसिंह कां उपैति ?
A) पार्वती B) सरस्वती C) महादेवी D) लक्ष्मी
उत्तर: **D) लक्ष्मी**

9. कर्मवीरः स्नातक परीक्षायां कं स्थानम् अवाप ?
A) प्रथम B) द्वितीयं C) तृतीयं D) पंचम
उत्तर: **A) प्रथम**

10. 'कर्मवीर कथा' समाज के किस वर्ग की कथा है ?
A) धनी B) दलित C) कुलीन D) अल्पसंख्यक
उत्तर: **B) दलित**

11. भीखनटोला किस प्रांत में है
A) बिहार में B) उत्तरप्रदेश में C) मध्यप्रदेश में D)गुजरात में
उत्तर: **A) बिहार में**

12. कर्मवीर कहाँ का रहनेवाला था ?
A) भीखनटोला का B) जीवनटोला का
C) रामाटोला का D) विष्णुपुरा का
उत्तर: **A) भीखनटोला का**

13. दलित पुरुष का नाम क्या था ?
A) रामप्रवेश राम B) रामनरेश राम
C) रामअवधेश राम D) दुखीत राम
उत्तर: **A) रामप्रवेश राम**

14. भीखनटोला देखने कौन आए ?
A) शिक्षक B) राजनेता C) छात्र D) धार्मिक नेता
उत्तर: **A) शिक्षक**

15. स्नातक परीक्षा में रामप्रवेश ने विद्यालय में कौन-सा स्थान प्राप्त किया?
A) द्वितीय B) तृतीय C) प्रथम D) कोई नहीं
उत्तर: **C) प्रथम**

16. किसकी ख्याति सभी जगह गूंजने लगी ?
A) रामप्रवेश राम की B) रामनरेश राम की
C) रामअवधेश राम की D) दुखीत राम की
उत्तर: **A) रामप्रवेश राम की**

17. कर्मवीर ने कौन-सा पद प्राप्त किया ?
A) लिपिक   B) लघु पद   C) कर्मचारी पद   (D) महत्तम पद
उत्तर: D) महत्तम पद
18. कर्मवीर रामप्रवेश ने किस परीक्षा में उच्च स्थान प्राप्त किया ?
A) मैट्रिक परीक्षा   B) स्नातक परीक्षा
C) केन्द्रीय लोक सेवा परीक्षा (D) राज लोक सेवा परीक्षा
उत्तर: B) स्नातक परीक्षा
19. परिश्रमी पुरुष को कौन वरण करती है ?
    A) सरस्वती
    B) लक्ष्मी
    C) दुर्गा
    D) गणेश
    उत्तर: B) लक्ष्मी
20. कर्मवीर कौन है
A) रामप्रवेश राम   B) जीतन राम
C) बलराम   D) जय राम
उत्तर: A) रामप्रवेश राम
21. बालक किसके शिक्षण शैली से आकृष्ट हुआ ?
A) शिक्षक के   B) प्रधानाध्यापक के
C) प्रशिक्षक के   D) पंडित के
उत्तर: A) शिक्षक के
22. स्नातक परीक्षा में प्रथम स्थान पाकर किसकी ख्याति बढ़ी ?
A) शिक्षक की   B) महाविद्यालय की
C) रामप्रवेश राम की   D) रामप्रवेश के पिता की
उत्तर: C) रामप्रवेश राम की
23. शिक्षक ने किसे पढ़ाना आरम्भ किया ?
A) बालक को   B) बालिका को
C) महिला को   D) रामप्रवेश राम को
उत्तर: D) रामप्रवेश राम को
24. किसके अर्थाभाव में भी रामप्रवेश ने महाविद्यालय में प्रवेश किया ?
A) माता के   B) पिता के   C) स्वयं के   D) शिक्षक के
उत्तर: B) पिता के
25. लक्ष्मी किस प्रकार के व्यक्ति के पास आती है ?
A) बलवान के पास   B) ज्ञानवान के पास
C) धूर्त के पास   D) उद्योगी के पास
उत्तर: D) उद्योगी के पास
26. 'कर्मवीर कथा' पाठ में किसकी कथा है ?
A) रामप्रवेश राम   B) श्यामप्रवेश राम
C) गणेशप्रवेश राम   D) घनश्याम राम
उत्तर: A) रामप्रवेश राम
27. छात्रों के लिए सबसे बड़ी तपस्या क्या है ?
A) अध्ययन   B) धनार्जन   C) नौकरी की प्राप्ति   (D) NT
उत्तर: A) अध्ययन
28. दलित ग्रामवासी पुरुष की कथा कौन है ?
A) कर्मवीर कथा   B) अलस कथा
C) व्याघ्रपथिक कथा   D) विश्वशांति
उत्तर: A) कर्मवीर कथा
29. 'उद्योगिनं पुरुषसिंहमुपैति लक्ष्मीः' यह उक्ति किस पाठ से संकलित है?

A) कर्मवीर कथा   B) व्याघ्रपथिक कथा
C) भारतीय संस्काराः   D) भारत महिमा
उत्तर: A) कर्मवीर कथा
30. परिश्रमी पुरुष को कौन वरण करती है ?
A) सरस्वती   B) लक्ष्मी   C) दुर्गा   D) गणेश
उत्तर: B) लक्ष्मी

प्रश्न 1. 'कर्मवीर कथा' का सारांश लिखेंप्रश्न : [2014AII]
उत्तर– कर्मवीर कथा में एक ऐसा प्रतिभाशाली कर्मनिष्ठ बालक की चर्चा है । जो निर्धन एवं दलित जाति में जन्म लेकर भी उच्च पद पर आसीन हो जाता विपरीत परिस्थितियों में भी अपने आत्मबल को दृढ़ बनाए रखता है। बालक के सहज आकर्षण से प्रभावित होकर अध्यापक ने अपने विद्यालय में पढ़ाना शुरू किया । पढ़ाई जीवन की उत्तम गति है इस बात को उसने चरितार्थ कर दिया। स्नातक परीक्षा में विश्वविद्यालय में प्रथम स्थान प्राप्त किया। केन्द्रीय लोक सेवा की परीक्षा में भी स्वाध्याय और व्यापक विषय ज्ञान के कारण ऊँचा स्थान प्राप्त किया
2.रामप्रवेश का जन्म कहाँ हुआ था ? अथवा, रामप्रवेश की जीवनी पर प्रकाश डालें ।[2016AII]
उत्तर- रामप्रवेश का जन्म बिहार राज्य अन्तर्गत 'भीखनटोला' नामक गाँव में हुआ था । वे पुस्तकालयों में अनेक विषयों की पुस्तकों का अध्ययन किया करते थे। वे अध्ययन को छात्रों की पूजा मानते थे। अपने परिश्रम के परिणामस्वरूप केंद्रीय प्रशासनिक सेवा की परीक्षा में सर्वोच्च स्थान प्राप्त करने में वे सफल रहे ।
प्रश्न 3. 'कर्मवीर कथा' से क्या शिक्षा मिलती है ?12014AI, 2018AII, 2020AI, 2021AII
अथवा, कर्मवीर कौन था एवं उसके जीवन से हमें क्या शिक्षा मिलतीहै ?[2020A1, 2021AII]
उत्तर– रामप्रवेश कर्मवीर कथा था। 'कर्मवीरकथा' पाठ से हमें यह शिक्षा मिलती है कि गाँव में रहने वाले दलित निर्धन छात्र भी मेहनत करने पर सर्वोच्च स्थान पर पहुँच सकते हैं। लगन, धैर्य, उत्साह और कठिन परिश्रम से मनुष्य किसी भी कठिनाई पर विजय प्राप्त कर सकते हैं
प्रश्न 4. अपनी प्रगति चाहने वाले को क्या करना चाहिए ?[2018AII]
उत्तर-अपनी प्रगति चाहने वाले को लगन, धैर्य और उत्साह के साथ कठिन परिश्रम करना चाहिए । इस से व्यक्ति किसी भी कठिनाई पर विजय प्राप्त कर सकता है। मेहनती व्यक्ति अवश्य सफल होते हैं ।
प्रश्न 5. रामप्रवेश राम की चारित्रिक विशेषताएँ क्या थी ?[2018C]
उत्तर- एक शिक्षक ने रामप्रवेश को विद्यालय में लाकर उनकी पढ़ाई आरम्भ की। रामप्रवेश शिक्षा को असली धन मानकर परिश्रमपूर्वक अध्ययन करने लगा । इस प्रकार उन्होंने उच्च शिक्षा में प्रथम स्थान प्राप्त किया । जब उनका नामांकन महाविद्यालय में हुआ तो वहाँ भी वे लोकप्रिय हो गए। हमे शापुस्तकालय तथा अपनी कक्षा में पूर्ण मनोयोग से बिना एक क्षण गँवाए अध्ययरनत रहने लगा । महाविद्यालय के पुस्तकालय में अनेक प्रकार के विषयों का अध्ययन करके आत्मसात् कर लिया।
स्नातक की परीक्षा में विश्वविद्यालय में प्रथम स्थान प्राप्त करके महाविद्यालय की इज्जत बढ़ाई । (इसके बाद) विश्वविद्यालय

तथा नगर में रामप्रवेश चर्चा का विषय बन गया । पिता को कोई नहीं जानते भी विद्यापुत्र के कारण प्रसिद्ध हो गए। अर्थात् पुत्र के कारण पिता-माता की इज्जतबढ़ गई ।

प्रश्न 6. रामप्रवेश की प्रतिष्ठा कहाँ-कहाँ देखी जा रही है ?हुए[2019AI]

उत्तर– रामप्रवेश की प्रतिष्ठा, विद्यार्थी जीवन के साथ-साथ प्रान्तीय प्रशासन एवं केन्द्रीय प्रशासन में देखी जा रही है। उनकी प्रशासन क्षमता और संकट के समय उनके द्वारा लिए गए निर्णय सबको मुग्ध कर देते हैं ।

प्रश्न 7. "शिक्षा कर्म जीवनस्य परमागतिः " रामप्रवेश राम पर उपरोक्त कथन कैसे घटित होता है ?[2019AII]

उत्तर- 'शिक्षा कर्म जीवनस्य परमागतिः' यह कथन रामप्रवेश के चरित्र परप्रभाव डालती है । रामप्रवेश एक साधारण गाँव के साधारण परिवार के लड़के थे। एक शिक्षक के माध्यम से शिक्षा के महत्व को वे समझ गए तो निरंतर अभ्यास करते हुए, भारतीय लोकसेवा आयोग की परीक्षा में प्रथम स्थान प्राप्तकिए । हुए ?

प्रश्न 8. साक्षात्कार के समय समिति सदस्य रामप्रवेश पर क्यों प्रसन्न[2019C]

उत्तर – साक्षात्कार के समय समिति के सदस्य रामप्रवेश के व्यापक ज्ञान से अत्यन्त प्रसन्न हुए

प्रश्न 9. महाविद्यालय में प्रवेश के बाद रामप्रवेश किस प्रकार स्वाध्यायमें लीन हो गया ?[2019C]

उत्तर-महाविद्यालय में प्रवेश के बाद रामप्रवेश गुरूओं का प्रिय होते हुएसदैव पुस्तकालय में और अपने वर्ग में सावधान मन से समय न गँवाते हुए अपने अध्ययन में संलग्न हो गया

प्रश्न 10. रामप्रवेश राम का घर कहाँ था और कैसा था ? [2020AII]

उत्तर– रामप्रवेश राम का घर भीखनटोला में था । उनका घर कुटिया(झोपड़ी) थी।

प्रश्न 11. रामप्रवेश राम किससे प्रभावित होकर अध्ययन में निरत हो[2021AI, 2023AII,2024AI]

उत्तर– राम प्रवेश राम अपने शिक्षक से प्रभावित होकर विद्या को अपनी जीवन के परमगति मानकर अध्ययन करना प्रारंभ किया ।

प्रश्न 12. 'कर्मवीर कथा' के आधार पर रामप्रवेश राम के परिवार का वर्णन करें ![2022A1]

उत्तर– रामप्रवेश राम का घर गाँव से बाहर था। जो रामप्रवेश राम के पिता दलित थे। उनकी पत्नी, एक पुत्र तथा एक पुत्री थी। कुल मिलाकर उनके परिवार में चार सदस्य थे ।

प्रश्न 13. प्रशासन द्वारा संस्थापित प्राथमिक विद्यालय के शिक्षक की विशेषताओं का उल्लेख करें ।[2022C]

उत्तर-प्रशासन द्वारा संस्थापित प्राथमिक विद्यालय के शिक्षक नई दृष्टिकोण सम्पन्न सामाजिक समतािप्रय थे। उनकी शिक्षण-शैली उत्कृष्ट थी। उनके सान्निध्य में रामप्रवेश राम जैसे गरीब विद्यार्थी ने उत्तम शिक्षा प्राप्त की।

प्रश्न 14. रामप्रवेश राम के महाविद्यालयीय शिक्षा के बारे में लिखें[2023 AJI

उत्तर– एक शिक्षक ने रामप्रवेश को विद्यालय में लाकर उनकी पढ़ाई आरंभ की। रामप्रवेश शिक्षा को असली धन मानकर परिश्रमपूर्वक अध्ययन करने लगा ।इस प्रकार उन्होंने उच्च शिक्षा में प्रथम स्थान प्राप्त किया । जब उनका नामांकन महाविद्यालय में हुआ तो वहाँ भी वे लोकप्रिय हो गए। हमेशा

पुस्तकालय तथा अपनी कक्षा में पूर्ण मनोयोग से बिना एक क्षण गँवाए अध्ययनरत रहने लगे ।

महाविद्यालय के पुस्तकालय में अनेक प्रकार के विषयों का अध्ययन करके आत्मसात् कर लिया । स्नातक की परीक्षा में विश्वविद्यालय में प्रथम स्थान प्राप्त करके महाविद्यालय की इज्जत बढ़ाई। इसके बाद विश्वविद्यालय तथा नगर में रामप्रवेश चर्चा का विषय बन गया। पिता को कोई नहीं जानते हुए भी विद्यापुत्र के कारण प्रसिद्ध हो गए, अर्थात् पुत्र के कारण पिता-माता की इज्जत बढ़ गई

स्वामी दयानन्दः

1. **स्वामी दयानंद: कः आसीत् ?**
A) पाटलिपुत्रसंस्कृतसंस्थानस्य संस्थापक:
B) समग्रविकाससंस्थानस्य संस्थापक:
C) आर्यसमाजस्य संस्थापक:
D) ब्रह्मसमाजस्य संस्थापक:
उत्तर: C) आर्यसमाजस्य संस्थापक

2. **कस्य प्रचारं दयानन्दः अकरोत् ?**
A) वैज्ञानिकतत्वज्ञानस्य   B) सामाजिकज्ञानस्य
C) नगरव्यवस्थायाः   D) शुद्धतत्वज्ञानस्य
उत्तर: D) शुद्धतत्वज्ञानस्य

3. **दयानन्दस्य जन्म कस्मिन् प्रांते अभवत् ?**
A) बिहार प्रांते   B) महाराष्ट्र प्रांते
C) गुजरात प्रांते   D) झारखंड प्रांते
उत्तर: C) गुजरात प्रांते

4. **स्वामी दयानन्दस्य रचना कः अस्ति ?**
A) सत्यार्थप्रकाशः   B) रामायणम्
C) वेदः   D) पुराणम्
उत्तर: A) सत्यार्थप्रकाशः

5. **कस्य स्थापना 1875 ईस्वी वर्षे अभवत् ?**
A) आर्यसमाजस्य   B) ब्रह्मसमाजस्य
C) किसान समाज   D) योग संस्थान
उत्तर: A) आर्यसमाजस्य

6. **दयानन्दस्य निधनः कदा?**
A) 1875 ईस्वी वर्षे   B) 1883 ईस्वी वर्षे
C) 1945 ईस्वी वर्षे   D) 1983 ईस्वी वर्षे
उत्तर: B) 1883 ईस्वी वर्षे

7. **स्वामी दयानन्दः आसीत् ।**
A) समाजोद्धारकः   B) कृषक
C) द्वारपालक: D) लेखकः
उत्तर: A) समाजोद्धारकः

8. **बालकस्य नाम...... इति कृतम् ।**
A) मूलविष्णु B) विष्णुः   C) मूलशंकरः D) ब्रह्मा
उत्तर: C) मूलशंकरः

9. **शंकरस्य विग्रहमारुह्य ....विग्रहार्पितानि द्रव्याणि भक्षयन्ति ।**
A) खगाः   B) मूषकाः   C) सर्पाः   D) शावकाः
उत्तर: B) मूषकाः

10. **रात्रिजागरणं विहाय मूलशंकरः..........गतः ।**
A) गृहम्   B) विद्यालयम् C) वस्त्रालयम् D) भोजनालयम्
(उत्तर: A) गृहम्

11. **स्वामी दयानन्द.......... संस्थापकः आसीत् ।**

रितिक कुमार सहनी

A) पारसीसमाजस्य   B) सिक्खसमाजस्य
C) आर्यसमाजस्य   D) जैनसमाजस्य
उत्तर: C) आर्यसमाजस्य

12. **"स्वामी दयानंद' कौन थे?**
A) आर्य समाज के संस्थापक
B) समग्र विकास संस्थान के संस्थापक
C) ब्रह्म समाज के संस्थापक
D) इनमें से कोई नहीं
उत्तर: A) आर्य समाज के संस्थापक

13. **स्वामी दयानन्द के बचपन का नाम क्या था ?**
A) शंकर   B) शिवशंकर C) मूलशंकर D) उमाशंकर
उत्तर: C) मूलशंकर

14. **स्वामी दयानन्द का जन्म किस ग्राम में हुआ था ?**
A) झंकारा   B) टंकारा   C) लंकारा   D) अंकारा
उत्तर: B) टंकारा

15. **आर्य समाज की स्थापना किस नगर में हुई?**
A) बंगलौर   B) मद्रास   C) मुम्बई   D) पटना
उत्तर: C) मुम्बई

16. **स्वामी दयानन्द का जन्म किस प्रांत में हुआ था ?**
A) गुजरात   B) राजस्थान C) बिहार   D) पंजाब
उत्तर: A) गुजरात

17. **सत्यार्थ प्रकाश किसकी रचना है?**
A) स्वामी दयानन्द   B) राम मोहन राय
C) विनोबा भावे   D) अरविंद
उत्तर: A) स्वामी दयानन्द

18. **आर्य समाज की स्थापना कब हुई?**
A) 1985   B) 1875   C) 1705   D) 1930
उत्तर: B) 1875

19. **मूलशंकर किनका नाम था ?**
A) स्वामी दयानंद का   B) राधामोहन औझा का
C) पंडित रामस्वरूप शुक्ल का   D) गणेश ओझा का
उत्तर: A) स्वामी दयानंद का

20. **स्वामी दयानंद का जन्म कब हुआ था ?**
A) 1985   B) 1885   C) 1824   D) 1830
उत्तर: C) 1824

21. **किसके कहने पर स्वामी दयानंद ने वैदिक ग्रंथ का प्रचार किया ?**
A) गिरिजानंद   B) अमृतानंद
C) विरजानंद   D) इनमें से कोई नहीं
उत्तर: C) विरजानंद

22. **निम्न में कौन मूर्ति पूजा के विरोधी थे?**
A) स्वामी दयानन्द   B) गिरिजानंद
C) अमृतानंद   D) विरजानंद
उत्तर: A) स्वामी दयानन्द

23. **स्वामी दयानंद के माता-पिता किसके उपासक थे ?**
A) शिव   B) विष्णु   C) गणेश   D) इन्द्र
उत्तर: A) शिव

24. **स्वामी दयानंद का निधन कब हुआ था ?**
A) 1875   B) 1883   C) 1945   D) 1983
उत्तर: B) 1883

25. **घर छोड़कर स्वामी दयानंद कहाँ गये?**
A) काशी   B) आगरा   C) मथुरा   D) दिल्ली
उत्तर: C) मथुरा

26. **आर्य समाज के संस्थापक कौन थे?**

A) स्वामी विवेकानन्द   B) स्वामी सरस्वत्यानन्द
C) स्वामी रामतीर्थ   D) स्वामी दयानन्द
उत्तर: D) स्वामी दयानन्द

27. **हिन्दू समाज को छोड़कर किसने धर्मान्तरण अपनाया ?**
A) निर्धन   B) दलित   C) अल्पसंख्यक (D) असहाय
उत्तर: B) दलित

28. **स्वामी दयानन्द का जन्म किस परिवार में हुआ था ?**
A) अधार्मिक B) एकल   C) संयुक्त   D) कर्मकाण्डी
उत्तर: D) कर्मकाण्डी

29. **'वेदभाष्य' की रचना किसने की ?**
A) विरजानन्द ने   B) दयानन्द ने
C) विद्यासागर ने   D) ज्योतिबा फूले ने
उत्तर: B) दयानन्द ने

30. **डी० ए० वी० विद्यालय समूह की स्थापना किसने की?**
A) स्वामी दयानन्द ने   (B)स्वामी दयानन्द के अनुयायियों ने
C) धार्मिक न्यास ने   D) किसी ने नहीं
उत्तर: B) स्वामी दयानन्द के अनुयायियों ने

प्रश्न 1. स्वामी दयानन्द ने समाज के उद्धार के लिए क्या किया ?[2015AII]
अथवा, स्वामी दयानन्द समाज के महान उद्धारक थे, कैसे ?[2014C]
उत्तर-स्वामी दयानन्द ने समाज के उद्धार के लिए स्त्री शिक्षा पर बल दिया और विधवा विवाह हेतु समाज को प्रोत्साहित किया । उन्होंने बाल-विवाह समाप्त कराने, मूर्तिपूजा का विरोध और छुआ-छूत समाप्त कराने का प्रयत्न किया ।

प्रश्न 2. स्वामी दयानन्द को मूर्तिपूजा के प्रति अनास्था कैसे हुई ?12018A1, 2024AI
अथवा, स्वामी दयानन्द मूर्तिपूजा के विरोधी कैसे बने ?
उत्तर– स्वामी दयानन्द के घर शिवरात्रि महोत्सव था। उसी रात्रि में उन्होंने मूर्ति पर चढ़ाए हुए प्रसाद को चूहों को खाते देखा। उनके मन में अलग-अलग प्रकार के विचार उत्पन्न हो गए। उसी दिन से ये मूर्तिपूजा के विरोधी हो गए।

प्रश्न 3. मध्यकाल में भारतीय समाज में फैली कुरीतियों का वर्णनअपने शब्दों में करें।12018A11, 2019A1, 2019A11, 2024A11)
उत्तर-मध्यकाल में अनेक गलत (बुरी) रीतियों ने भारतीय समाज को दूषित किया। मूर्तिपूजा, स्त्री शिक्षा का अभाव, धर्म कार्यों में आडंबर,जातिवाद, विधवाओं की निन्दित स्थिति आदि कुरीतियाँ भारतीय समाज में फैली हुई थी।

प्रश्न 4. महाशिवरात्रि पर्व स्वामी दयानन्द के जीवन का उद्बोधककैसे बना ?2018C, 2023A1]
उत्तर– स्वामी दयानन्द के माता-पिता भगवान शिव के उपासक थे।महाशिवरात्रि पूजा इसके परिवार में विशेष रूप से मनायी जाती थी। एक बार महाशिवरात्रि के दिन इन्होंने देखा कि एक चूहा भगवान शंकर की मूर्ति के ऊपर चढ़ाए हुए प्रसाद को खा रहा है। इससे उन्हें विश्वास हो गया कि मूर्ति में भगवान नहीं होते। इस प्रकार वे मूर्तिपूजा के विरोधी हो गए।

प्रश्न 5. स्वामी दयानन्द की शिक्षा-व्यवस्था का वर्णन करें।[2019AJI

उत्तर– स्वामी दयानंद ने प्राचीन शिक्षा पद्धति के दोषों को उजागर किया। वैदिक धर्म एवं सत्यार्थ प्रकाश नामक ग्रंथ की रचना कर भारतवासियों को एक नई शिक्षा नीति की ओर अभिप्रेरित किया। 1875 ई. में उन्होंने मुम्बई नगर में आर्य समाज नामक संस्था की स्थापना की, जिसके अन्तर्गत ही आज डी.ए.वी.नाम से विद्यालयों का संचालन होता है। आर्य समाज का योगदान स्मरणीय है।

प्रश्न 6. समाज के उन्नयन में स्वामी दयानंद के योगदान पर प्रकाश डालें [2020A1]

अथवा, स्वामी दयानंद समाज सुधारक थे, कैसे ? हिन्दी के पाँचवाक्यों में उत्तर दें।[2011A]

उत्तर– स्वामी दयानंद ने समाज की कुरीतियों को दूर कर सुधारात्मक कार्य किया । इन्होंने जाति पात की विषमताओं को हटाया। छुआ-छूत की परम्परा को दूर किया। स्त्रियों की हो रही दुर्दशा को रोका।स्त्री-शिक्षा को बढ़ावा दिया औरविधवा स्थिति को सुधारा ।

प्रश्न 7. स्वामी दयानन्द ने अपने सिद्धान्तों के संकलन के लिए क्या[202011, 2023AII]

अथवा, स्वामी दयानन्द ने अपने सिद्धान्तों के कार्यान्वयन हेतु क्या किया ?

उत्तर– स्वामी दयानन्द सरस्वती ने अपने सिद्धान्तों के कार्यान्वयन के लिए अनेक समाज सुधारकों के साथ स्त्री-शिक्षा तथा विधवा विवाह का समर्थन किया तो मूर्तिपूजा, छुआछूत, बाल विवाह का विरोध किया। अपने सिद्धांत के संकलन के लिए सत्यार्थ प्रकाश नामक ग्रंथ की राष्ट्रभाषा हिन्दी में रचना की। वेदों के प्रति अपने शिष्यों की रूचि जगाने के लिए वेद का हिन्दी एवं संस्कृत में भाषा लिखा । प्राचीन दोषपूर्ण शिक्षा पद्धति के बदले नवीन शिक्षा पद्धति बनाई। अपने सिद्धान्त के प्रचार-प्रसार के लिए 1875 ई. में मुंबई में आर्य समाज मंदिर कीस्थापना की ।

प्रश्न 8. स्वामी दयानन्द पर रात्रि जागरण का क्या प्रभाव पड़ा[2021AIT][2021A1]

अथवा, मूलशंकर में वैराग्य भाव कब उत्पन्न हुआ ?

उत्तर– महाशिवरात्रि की रात को मूलशंकर ने देखा कि भगवान शंकर की मूर्ति पर चढ़कर चूहा मूर्ति को अर्पित वस्तुओं को खा रहा है। तब उन्हें यह विश्वास हो गया कि देवता प्रतिमा में नहीं है और रात्रि जागरण छोड़कर वे घर चले गए और मूर्तिपूजा के प्रति अनास्था हो गई। दो वर्ष बाद ही उनकी प्रिय बहन का निधन हो गया। उसके बाद मूलशंकर में वैराग्य भाव उत्पन्न हुआ ।

प्रश्न 9. स्वामी दयानन्द पर रात्रि जागरण का क्या प्रभाव पड़ा 12021

उत्तर-दयानन्द के घर शिवरात्रि महोत्सव था। उसी दिन रात्रि मेंउन्होंने मूर्ति पर चढ़ाए हुए प्रसाद को चूहों को खाते देखा । उसी दिन से वे मूर्तिपूजा के विरोधी हो गए।

प्रश्न 10. प्राचीन समाज में कौन-कौन से प्रमुख दोष से थे 1202211

उत्तर– प्राचीन समाज में अनेक प्रकार के दोष थे। जैसे-जातिवाद की विषमता, छुआछूत, बाल-विवाह, स्त्री शिक्षा का अथाव, सती प्रथा, धर्म आडंबरआदि ।

प्रश्न 11. किन गुणों के कारण उन्नीसवीं सदी के समाज सुधारकों मेंस्वामी दयानन्द श्रेष्ठ थे ?[2022AII) अथवा,

स्वामी दयानन्द पाठ का पाँच वाक्यों में परिचय दें ।[2016AII]

उत्तर– उन्नीसवीं शताब्दी ईस्वी में अविर्भूत समाज सुधारकों में स्वामीदयानन्द अतीप प्रसिद्ध है । इन्होंने रूढ़िग्रस्त समाज और विकृत व्यवस्था पर कठोर प्रहार करके आर्य समाज की स्थापना की, जिसकी शाखाएँ देश-विदेश में शिक्षा सुधार के लिए भी प्रयत्नशील रही है। इन्होंने आधुनिक शिक्षा के लिए डी.ए. वी. विद्यालय जैसे संस्थाओं की स्थापना को प्रेरित किया था । इनका जीवनचरित्र प्रस्तुत पाठ में संक्षिप्त रूप से दिया गया है।

प्रश्न 12. आर्य समाज की स्थापना का मुख्य उद्देश्य क्या है ?12022C1

उत्तर– आर्य समाज की स्थापना का मुख्य उद्देश्य भारतीय समाज को एक नई दिशा प्रदान करना है। इसके द्वारा दोष युक्त शिक्षा को दूर करने के लिए नई शिक्षा पद्धति को लागू किया गया । अंधविश्वास एवं शिक्षा की अज्ञानता को दूर किया गया । वर्तमान शिक्षा पद्धति और समाज के प्रवर्तन में स्वामी

मन्दाकिनीवर्णनम्

1. 'मन्दाकिनीवर्णनम्' पाठस्य रचनाकारः कः अस्ति ?

A) महात्मा विदुरः   B) महर्षि वाल्मीकि
C) महर्षि वेदव्यासः   D) महाकवि कालिदासः

उत्तर: B) महर्षि वाल्मीकि

2. 'रामायणम्' ग्रन्थस्य रचनाकारः कः अस्ति ?

A) सूरदास   B) तुलसीदासः   C) वाल्मीकिः   D) वेदव्यासः

उत्तर: C) वाल्मीकिः

3. 'अयोध्याकाण्डः' कस्य ग्रंथस्य अंशः अस्ति ?

A) रामायणस्य   B) महाभारतस्य
C) भगवद्गीतायाः   D) रघुवंशस्य

उत्तर: A) रामायणस्य

4. 'रघुवंशमहाकाव्यम्' कस्य रचना अस्ति ?

A) महाकविभासस्य   B) कालिदासस्य
C) चाणक्यस्य   D) वाणभट्टस्य

उत्तर: B) कालिदासस्य

5. कः नदीम् अभितः प्रनृत्त इव ?

A) वृक्षाः   B) पर्वतः   C) नगरम्   D) धरा

उत्तर: A) वृक्षाः

6. कीदृशानि तीर्थानि रति सज्जनयन्ति ?

A) श्वेतानि   B) अश्वेतानि   C) अरमणीयानि   D) रमणीयानि

उत्तर: D) रमणीयानि

7. 'मन्दाकिनीनद्यां' के अवगाहन्ते ?

A) मानवः   B) सज्जनाः   C) तिलौथवासिनः   D) ऋषयः

उत्तर: D) ऋषयः

8. 'मंदाकिनी वर्णनम्' पाठ के कवि कौन हैं ?

A) तुलसीदास   B) व्यास   C) वाल्मीकि   D) कालिदास

उत्तर: C) वाल्मीकि

9. 'मन्दाकिनी वर्णनम्' पाठ रामायण के किस काण्ड से संग्रहीत है?

A) अरण्यकाण्ड से   B) अयोध्याकांड से
C) किष्किन्धा काण्ड से   D) सुन्दर कांड से

उत्तर: A) अरण्यकाण्ड से

10. 'मंदाकिनी वर्णनम्' पाठ के रचनाकार कौन हैं ?

A) सूरदास   B) वाल्मीकि   C) वेदव्यास   D) कालिदास

उत्तर: B) वाल्मीकि

11. अयोध्याकांड किस ग्रंथ का भाग है ?
A) रामायण   B) महाभारत C) रघुवंश   D) भगवद्गीता
उत्तर: A) रामायण

12. 'रघुवंश' काव्य की रचना किसने की है ?
A) महात्मा विदुर   B) महर्षि वाल्मीकि
C) महर्षि वेदव्यास   D) कालिदास
उत्तर: D) कालिदास

13. 'मंदाकिनी नदी' किस पर्वत के निकट प्रवाहित होती है ?
A) चित्रकूट   B) हिमालय   C) विंध्याचल D) पारसनाथ
उत्तर: A) चित्रकूट

14. मनुष्यः कम् उपतिष्ठन्ते ?
A) कृष्णम्   B) रामम्   C) लक्ष्मणम्   D) आदित्यम्
उत्तर: D) आदित्यम्

15. सीता रामचन्द्र की थी-
A) माता   B) पुत्री   C) बहन   D) पत्नी
उत्तर: D) पत्नी

16. मंदाकिनी नदी कहाँ स्थित है ?
A) अयोध्या में   B) चित्रकूट में
C) काशी में   D) वृन्दावन में
उत्तर: B) चित्रकूट में

17. मंदाकिनी वर्णन पाठ में किस नदी का वर्णन है ?
A) मृग   B) यमुना   C) मंदाकिनी D) गंडक
उत्तर: C) मंदाकिनी

18. मन्दाकिनी नदी में कौन स्नान करते हैं?
A) गंगा   B) पक्षी   C) नर   D) ऋषि
उत्तर: D) ऋषि

19. मन्दाकिनी नदी किस पर्वत के निकट बहती है ?
A) मंदराचल B) हिमालय   C) विन्ध्य   D) चित्रकूट
उत्तर: D) चित्रकूट

20. नाचने के समान कौन दिखता है ?
A) पर्वत   B) नदी   C) वृक्ष   D) पक्षी
उत्तर: C) वृक्ष

21. हंस-सारस से सेवित विचित्र तटों वाली कौन है ?
A) मुनि   B) पर्वत   C) मन्दाकिनी नदी (D) चित्रकूट
उत्तर: C) मन्दाकिनी नदी

22. चित्रकूट स्थित गंगा का वर्णन किस पाठ में है ?
A) कर्णस्य दानवीरता   B) व्याघ्रपथिक-कथा
C) मन्दाकिनी वर्णनम्   D) भारतमहिमा
उत्तर: C) मन्दाकिनी वर्णनम्

23. रमणीयानि तीर्थानि किं संजनयन्ति ?
A) रति को   B) गति को   C) मति को   D) भक्ति को
उत्तर: A) रति को

24. राम 'मन्दाकिनी' की शोभा किसको दिखा रहे हैं ?
A) लक्ष्मण को   B) ऋषियों को
C) विभीषण को   D) सीता को
उत्तर: D) सीता को

25. वनवास-प्रसंग में राम-सीता लक्ष्मण के साथ कहाँ पहुँचते हैं?
A) विचित्रकूट   B) स्वर्णकूट
C) चित्रकूट   D) पर्णकूट
उत्तर: C) चित्रकूट

26. वाल्मीकि रामायण से कौन सा पाठ संकलित है

A) विश्वशांति   B) कर्णस्य दानवीरता
C) नीतिश्लोकाः   D) मन्दाकिनी वर्णनम्
उत्तर: D) मन्दाकिनी वर्णनम्

27. 'रघुवंशम्' किनकी कृति है
A) वाल्मीकि B) तुलसीदास C) कालिदास (D) माघ
उत्तर: C) कालिदास

प्रश्न 1. किन कारण से मंदाकिनी का जल कलुषित हो गया है ?[2019AI, 2024AII]
उत्तर– हिरणों के झुंड द्वारा पानी पीने से मंदाकिनी का जल कलुषित हो गया।

प्रश्न 2. गंगा तट पर कौन-सा रमणीय दृश्य श्रीराम के मन में रति उत्पन्न कर रहा है ?[2019C]
उत्तर– गंगा (मन्दाकिनी) तट पर वहाँ का मनोरम दृश्य श्रीराम के मन में रति उत्पन्न कर रहा है

प्रश्न 3. श्रीराम के प्रकृति सौंदर्य बोध पर अपने विचार लिखें ।[2020AT]
उत्तर– 'मन्दाकिनी वर्णनम्' पाठ में राम ने प्रकृति सौंदर्य खासकर मन्दाकिनी नदी का बड़ा ही मनोरम दृश्य प्रस्तुत किया है। वह फूलों से सम्पन्न रंग-बिरंगे तटों वाली, हँसों से द्वारा शोभित आदि उपनामों द्वारा नदी को सुशोभित करते हैं। इस प्रकार उन्होंने प्रकृति का वास्तविक चित्रण प्रस्तुत किया है।

प्रश्न 4. पर्वत नाचता हुआ क्यों प्रतीत हो रहा है ? [2021AI
उत्तर– प्रस्तुत पंक्ति 'मन्दाकिनी वर्णनम्' से लिया गया है। भगवान राम ने सीता को सम्बोधित करते हुए प्रकृति के यथार्थ का वर्णन करते हुए कहते हैं- हे! सीते ! हवा के झोंकों से वृक्षों के शिखर झूमते हैं, तथा नदी के दोनों ओर पुष्प और पत्र बिखरते हैं। इन वृक्षों से ढका हुआ पर्वत भी नृत्य करते हुए प्रतीत होते हैं।

प्रश 5. अति संक्षेप में मन्दाकिनी नदी का वर्णन करें। 2021AII]
उत्तर– वाल्मीकिय रामायण के अयोध्याकाण्ड के सर्ग संख्या 95 से संकलित इस पाठ में चित्रकूट के निकट बहने वाली मन्दाकिनी नामक छोटी नदी का वर्णन है । इस पाठ में आदि कवि वाल्मीकि की काव्य शैली तथा वर्णन क्षमता अभिव्यक्त हुई है। श्री राम, सीता को मन्दाकिनी का वर्णन सुनते हैं।

प्रश्न 6. 'मन्दाकिनी वर्णनम्' पाठ में श्रीराम चन्द्र जी ने सीता जी को किन-किन सम्बोधनों से सम्बोधित किया है ?[2022AI]
उत्तर– 'परमपावनी गंगा' अनायास मन को आकर्षित करने वाली है । निर्मल जल,रंग-बिरंगी छटा, ऊँची कछारे राम को आह्लादित करती रहती है ।इसकी शोभा में वशीभूत 'राम' सीता को इसकी सुन्दरता का निरीक्षण करने के लिए अपने भाव का प्रकट करते हैं-हे सीते । शोभने, कल्याणि, आदि नामों से संबोधित करते हैं ।

प्रश्न 7. मन्दाकिनी का कैसा जल श्रीराम चन्द्रजी के मन को आकर्षित कर रहा है ?[2022AII]
उत्तर– भगवान राम सीता को संबोधित करते हुए मंदाकिनी नदी के प्रकृति यथार्थ का वर्णन करते हैं, हे सीते ! मृगों के झुंगे के द्वारा जल पिये जाने के कारण इसका जल दूषित हो गया है, फिर भी यह रमणीय नदी को जल मुझे आकर्षित कर रहा है ।

प्रश्न 8. मन्दाकिनी के जल में कैसे ऋषिगण स्नान कर रहे हैं ?[2022C, 2023AI, 2024AI

उत्तर– जटा और मुकुट धारण करने वाले तथा वृक्ष की छाल को वस्त्र के रूप में धारण करने वाले ऋषिगण मन्दाकिनी नदी के जल में स्नान कर रहे हैं

प्रश्न 9. 'मन्दाकिनीवर्णनम्' पाठ का वर्ण्य विषय क्या है ?[2023AII

उत्तर– वाल्मीकिय रामायण के अयोध्याकाण्ड के सर्ग संख्या-95 से संकलित इस पाठ में चित्रकूट के निकट बहने वाली मन्दाकिनी नामक छोटी नदी का वर्णन है । इस पाठ में आदि कवि वाल्मीकि की काव्य शैली तथा वर्णन क्षमता अभिव्यक्त हुई है। श्री राम, सीता को मन्दाकिनी का वर्णन सुनाते हैं

व्याघ्रपथिककथा

1. 'व्याघ्र पथिक कथा' के रचनाकार कौन हैं ?
A) नारायण पंडित   B) विष्णु शर्मा
C) रामचन्द्र ओझा   D) भर्तृहरिः
उत्तर: **A) नारायण पंडित**

2. 'व्याघ्र पथिक कथा' हितोपदेश के किस खंड से लिया गया है ?
A) मित्र लाभ खंड   B) शत्रु लाभ-खंड
C) अपरिचित खंड   D) मनुष्य लाभ खंड
उत्तर: **B) शत्रु लाभ-खंड**

3. 'कुत्र तव कङ्कणम्'-यह किसने कहा ?
A) सिंह ने   B) बाघ ने   C) पथिक ने   D) बूढ़े बाघ ने
उत्तर: **C) पथिक ने**

4. कौन स्नान किए हुए हाथ में कुश लिए तालाब के किनारे बोल रहा था ?
A) व्याघ्र   B) भालू   C) बन्दर   D) मनुष्य
उत्तर: **A) व्याघ्र**

5. पथिक किसके द्वारा मारा और खाया गया ?
A) बूढ़े बाघ द्वारा   B) भेड़िया द्वारा
C) बाघ द्वारा   D) सिंह द्वारा
उत्तर: **A) बूढ़े बाघ द्वारा**

6. व्याघ्र के हाथ में क्या था ?
A) संस्कृत पुस्तक   B) रजक कंगन
C) सुवर्ण कंगन   D) गज
उत्तर: **C) सुवर्ण कंगन**

7. हितोपदेश का अर्थ है –
A) हितोप का देश   B) भारी उपदेश
C) एक उपदेश   D) हित का उपदेश
उत्तर: **D) हित का उपदेश**

8. 'पथिक को किसने मारा ?
A) व्याघ्र   B) सिंह   C) मनुष्य   D) सर्प
उत्तर: **A) व्याघ्र**

9. पथिक कहाँ फंस गया ?
A) नदी   B) तालाब   C) कीचड़   D) गंगा तट
उत्तर: **C) कीचड़**

10. 'व्याघ्र पथिक कथा' से क्या दुष्परिणाम प्रकट होता है ?
A) क्रोध   B) लोभ   C) मोह   D) मूर्ख
उत्तर: **B) लोभ**

11. कौन लोभ से प्रभावित हुआ ?
A) पथिक   B) दुर्जन   C) सज्जन   D) दानव
उत्तर: **A) पथिक**

12. कौन वंशहीन था ?
A) व्याघ्र   B) दुर्जन   C) सज्जन   D) दानव
उत्तर: **A) व्याघ्र**

13. क्रिया किसके बिना भारस्वरूप हो जाता है ?
A) शास्त्र   B) विवेक   C) ज्ञान   D) पुस्तक
उत्तर: **B) विवेक**

14. दानशील कौन था ?
A) व्याघ्र   B) दुर्जन   C) सज्जन   D) दानव
उत्तर: **A) व्याघ्र**

15. 'व्याघ्र पथिक कथा' किस ग्रंथ से लिया गया है ?
A) पंचतंत्र   B) हितोपदेश   C) रामायण   D) महाभारत
उत्तर: **B) हितोपदेश**

16. दुराचारी कौन था ?
A) दानव   B) दुर्जन   C) सज्जन   D) व्याघ्र
उत्तर: **D) व्याघ्र**

17. किस जीव पर विश्वास नहीं करना चाहिए ?
A) हिंसक   B) अहिंसक   C) (A) और (B) दोनों   D) NT
उत्तर: **A) हिंसक**

18. वृद्धव्याघ्र क्या देना चाहता था ?
A) रुपया   B) सुवर्णकङ्कण   C) सोना   D) रुपये की थैली
उत्तर: **B) सुवर्णकङ्कण**

19. लोभ मनुष्य को कहाँ ले जाता है ?
A) उन्नति   B) विनाश   C) ऊपर   D) नीचे
उत्तर: **B) विनाश**

20. 'व्याघ्र पथिक कथा' के रचनाकार कौन हैं ?
A) नारायण पंडित   B) विष्णु शर्मा
C) रामचन्द्र ओझा   D) भर्तृहरिः
उत्तर: **A) नारायण पंडित**

21. 'व्याघ्र पथिक कथा' हितोपदेश के किस खंड से लिया गया है ?
A) मित्र लाभ खंड   B) शत्रु लाभ-खंड
C) अपरिचित खंड   D) मनुष्य लाभ खंड
उत्तर: **B) शत्रु लाभ-खंड**

22. 'कुत्र तव कङ्कणम्'-यह किसने कहा ?
A) सिंह   B) बाघ ने   C) पथिक ने   D) बूढ़े बाघ ने
उत्तर: **C) पथिक ने**

23. कौन स्नान किए हुए हाथ में कुश लिए तालाब के किनारे बोल रहा था ?
A) व्याघ्र   B) भालू   C) बन्दर   D) मनुष्य
उत्तर: **A) व्याघ्र**

24. पथिक किसके द्वारा मारा और खाया गया ?
A) बूढ़े बाघ द्वारा   B) भेड़िया द्वारा
C) बाघ द्वारा   D) सिंह द्वारा
उत्तर: **A) बूढ़े बाघ द्वारा**

25. व्याघ्र के हाथ में क्या था ?
A) संस्कृत पुस्तक   B) रजक कंगन
C) सुवर्ण कंगन   D) गज
उत्तर: **C) सुवर्ण कंगन**

26. हितोपदेश का अर्थ है –
A) हितोप का देश   B) भारी उपदेश
C) एक उपदेश   D) हित का उपदेश
उत्तर: **D) हित का उपदेश**

27. 'पथिक को किसने मारा ?

A) व्याघ्र   B) सिंह   C) मनुष्य   D) सर्प

उत्तर: A) व्याघ्र

28.   पथिक कहाँ फंस गया ?

A) नदी   B) तालाब   C) कीचड़   D) गंगा तट

उत्तर: C) कीचड़

29.   'व्याघ्र पथिक कथा' से क्या दुष्परिणाम प्रकट होता है ?

A) क्रोध   B) लोभ   C) मोह   D) मूर्ख

उत्तर: B) लोभ

30.   कौन लोभ से प्रभावित हुआ ?

A) पथिक   B) दुर्जन   C) सज्जन   D) दानव

उत्तर: A) पथिक

प्रश्न 1. 'व्याघ्रपथिक कथा' पाठ में हमें क्या शिक्षा मिलती है ?[2015C, 2015AII, 2017AII]

उत्तर-'व्याघ्रपथिक कथा' से हमें यह शिक्षा मिलती है कि मनुष्य को लोभ से आकृष्ट नहीं होना चाहिए तथा कदापि प्रलोभनों के चक्कर में नहीं पड़ना चाहिए ।

प्रश्न 2. 'व्याघ्रपथिक कथा' कहाँ से लिया गया है ? इनके लेखक कौन हैं तथा इससे क्या शिक्षा मिलती है ? छः वाक्यों में लिखें ।[2017AL, 2017C]

उत्तर-'व्याघ्रपथिक कथा' नारायण पंडित रचित 'हितोपदेश' ग्रन्थ से लिया गया है । प्रस्तुत कथा में लोभ का दुष्परिणाम प्रकट हुआ है । इस कथा मेंलो भविष्ट व्यक्ति की दुर्दशा का निरूपण है । इसलिए हमें कभी की लोभ नहीं करना चाहिए। हमें हमेशा अपनी मेहनत से कमाये हुए धन पर विश्वास करना चाहिए । अगर हम अनावश्यक लोभ करते हैं तो निश्चित ही किसी न किसी मुसीबत में पड़ सकते हैं।

प्रश्न 3. 'व्याघ्रपथिक कथा' के आधार पर बतायें कि दान किसको देना चाहिए ?[2018A1, 2023A1, 2024AI

उत्तर– देने योग्य दान को उसे देना चाहिए जिसने उपकार न किया हो ।

प्रश्न 4. सात्विक दान क्या है ? पठित पाठ के आधार पर उत्तर दें ।[2018A1, 2022A11, 2023AII]

उत्तर– देश, काल और पात्र के अनुसार जो दान किया जाता है, वह ही सात्विक दान कहलाता है ।

प्रश्न 5. "ज्ञानं भारः क्रियां बिना" यह उक्ति व्याघ्रपथिक कथा परकैसे चरितार्थ होती है ?[2019AII, 2021AII]

उत्तर-प्रस्तुत श्लोक के माध्यम से कहानीकार नारायण पंडित ने ब्राह्मण की मूर्खता के विषय में कहा है। कथाकार का कहना है कि व्यावहारिक ज्ञान केअभाव में शास्त्रीय ज्ञान व्यर्थ साबित होता है । इसलिए कहा गया है कि जिस व्यक्ति के इन्द्रियाँ तथा मन नियंत्रित नहीं हैं, उसकी सारी क्रियाएँ हाथी के स्नानके समान है क्योंकि हाथी स्नान करने के बाद धूल एवं कीचड़ अपने ऊपर डालकर यह साबित कर देता है कि क्रिया अर्थात व्यावहारिक ज्ञान के बिना शास्त्रीय ज्ञान बोझ के समान होता है । अतः बाघ हिंसक पशु होता है, यह जानते हुए भी पथिक व्यावहारिक ज्ञान के अभाव में बाघ की बातों पर विश्वास करने के कारण मारा जाता है।

प्रश्न 6. बाघ के द्वारा पकड़ लिए जाने पर पथिक अपने मन में क्या सोचता है ?[2019C]

उत्तर– बाघ के द्वारा पकड़ लिए जाने पर पथिक अपने मन में सोचता है कि जिसकी इन्द्रियाँ वश में नहीं है तथा चित्त की क्रिया हाथी के स्नान के समान है; उसके ज्ञान क्रिया के अभाव

में उसी तरह बोझ है जैसे विधवा स्त्री का श्रृंगार(आभूषण) होता है।

प्रश्न 7. धन और दवा किसे देना उचित है ?

उत्तर-गरीबों को धन देना और रोगी को दवा उचित है।

प्रश्न 8. अनिष्ट से इष्ट की प्राप्ति का परिणाम कैसे बुरा होता है ?[2020AI][2020A1, 2023A1]

उत्तर-अनिष्ट आदि लाभ की गति शुभ नहीं होती है, अर्थात् गलत रूप से धन की गति शुभ नहीं होती है, क्योंकि विष के संसर्ग में लोग अमृत पीकर भी मर जाते हैं

प्रश्न 9. सोने के कंगन को देखकर पथिक ने क्या सोचा ?[2020 AII, 2023AII]

उत्तर-सोने के कंगन को देखकर पथिक ने सोचा कि यह भाग्य से ही- संभव होता है । किन्तु इसमें आत्म संदेह वाले कार्य में झुकाव नहीं करनी चाहिए ।

प्रश्न 10. बाघ ने स्वयं को अहिंसक सिद्ध करने के लिए क्या तर्कदिया ?[2021AI]

उत्तर- बाघ ने स्वयं को अहिंसक सिद्ध करने के लिए यह तर्क देता है कि मैं पहले दुर्विचारी था अनेको गाय और मनुष्यों को मारा जिसके पाप से पुत्र और पत्नी मर गई। किसी धार्मिक व्यक्ति ने उपदेश दिया की दान और धर्म करो तबसे मैं दान और धर्म कर रहा हूँ, मेरे दाँत टूट गये नख जल गये अभी भी विश्वास नहीं होता है ? इस प्रकार बाघ स्वयं को हिंसक सिद्ध करता है।

प्रश्न 11. किसको दान देना चाहिए ?2021AII, 2023AI]

उत्तर– दान गरीबों को देना चाहिए। ऐश्वर्यवान को दान नहीं देना चाहिए।

प्रश्न 12. बूढ़े बाघ ने पथिक को कैसे मारा ? 12022C, 2024411]

उत्तर– बूढ़े बाघ ने पथिक को कंगन के लोभ में कीचड़ में फँसा कर मार डाला

कर्णस्य दानवीरता

1.   'कर्णस्य दानवीरता' पाठस्य रचयिता कः अस्ति ?

A) भासः   B) कालिदासःC) भारविः

D) मिथिलेश कुमारी मिश्र

उत्तर: A) भासः

2.   'कर्णस्य दानवीरता' पाठः कुतः संकलितः ?

A) पुराणात्   B) महाभारतात्

C) रामायणात्D) हितोपदेशात्

उत्तर: B) महाभारतात्

3.   कर्णः कस्य पक्षतः युद्धं करोति ?

A) कौरवपक्षतः   B) पाण्डवपक्षतः

C) रामपक्षतः D) बिहारपक्षतः

उत्तर: A) कौरवपक्षतः

4.   सूर्यपुत्रः कः अस्ति ?

A) भीमः   B) अर्जुनः   C) कर्णः   D) युधिष्ठिरः

उत्तर: C) कर्णः

5.   भासस्य कति नाटकानि सन्ति ?

A) पञ्चदशः B) त्रयोदशः C) द्वादशः D) अन्य

उत्तर: B) त्रयोदशः

6.   सर्वप्रथमः कर्णः किं ददाति ?

A) सालङ्कारं गोसहस्रम्   B) बहुसहस्त्ववाजिनान्

C) वारणानां वृन्दम्   D) अपर्याप्तं कनकम्

उत्तर: A) सालङ्कारं गोसहस्रम्

7. कर्णः कं कवचं कुण्डलं च ददाति ?
A) इन्द्रम्   B) भीष्मम्   C) कृष्णम्   D) युधिष्ठिरम्
उत्तर: A) इन्द्रम्

8. "सूर्य इव, चन्द्र इव, हिमवान् इव, सागर इव तिष्ठतु ते यशः" इति कः कथितवान् ?
A) कर्णः   B) इन्द्रः   C) अर्जुनः   D) युधिष्ठिरः
उत्तर: B) इन्द्रः

9. कालपर्यात् का क्षयं भवति ?
A) शिक्षा   B) विद्या   C) धनम्   D) पुस्तकम्
उत्तर: C) धनम्

10. 'कर्णभारं नाटकम्' कस्य रचना अस्ति ?
A) भासस्य   B) कालिदासस्य   C) बाणभट्टस्य   D) माघस्य
उत्तर: A) भासस्य

11. 'कर्णस्य दानवीरता' पाठ किस ग्रंथ से संकलित है ?
A) कर्णभार से   B) वासवदत्ता से
C) प्रतिमानाटक से   D) मृच्छकटिक से
उत्तर: A) कर्णभार से

12. महाभारत में किस लेखिका का उल्लेख मिलता है ?
A) गार्गी   B) मैत्रेयी   C) सुलभा   D) यमी
उत्तर: C) सुलभा

13. सूर्यपुत्र कौन था ?
A) भीम   B) अर्जुन   C) कर्ण   D) युधिष्ठिर
उत्तर: C) कर्ण

14. 'कर्ण' किसके पक्ष से युद्ध लड़ रहा था ?
A) कौरव   B) पांडव   C) राम   D) हनुमान
उत्तर: A) कौरव

15. ब्राह्मण रूप में कौन प्रवेश किया ?
A) इन्द्र   B) विष्णु   C) शिव   D) नारद
उत्तर: A) इन्द्र

16. दानवीर कौन था ?
A) भीम   B) अर्जुन   C) कर्ण   D) युधिष्ठिर
उत्तर: C) कर्ण

17. कर्ण किस देश का राजा था ?
A) अंगे   B) मगध   C) मिथिला   D) काशी
उत्तर: A) अंगे

18. कर्ण किसका पुत्र था ?
A) कुंती   B) कौशल्या   C) कैकेयी   D) शकुन्तला
उत्तर: A) कुंती

19. भिक्षुक किस रूप में आया था ?
A) राजा   B) भिखारी   C) मंत्री   D) ब्राह्मण
उत्तर: D) ब्राह्मण

20. 'कर्णस्य दानवीरता' पाठ के लेखक कौन हैं ?
A) भास   B) कालिदास   C) तुलसीदास   D) मिथिलेश कुमारी मिश्र
उत्तर: A) भास

21. समय परिवर्तन के साथ कौन नष्ट हो जाता है ?
A) शिक्षा   B) भिक्षा   C) धन   D) उपरोक्त सभी
उत्तर: C) धन

22. अर्जुन किसके पक्ष से युद्ध लड़ रहा था ?
A) कौरव   B) पांडव   C) राम   D) हनुमान
उत्तर: B) पांडव

23. कर्ण ने कवच और कुंडल किसको दिया ?
A) इन्द्र   B) भीष्म   C) कृष्ण   D) युधिष्ठिर
उत्तर: A) इन्द्र

24. कवच और कुंडल किसके पास था ?
A) इन्द्र   B) भीष्म   C) कृष्ण   D) कर्ण
उत्तर: D) कर्ण

25. कर्ण के कवच-कुण्डल की क्या विशेषता थी ?
A) वह बड़ा था   B) उसे भेदा नहीं जा सकता था
C) वह सोने का था   D) वह अति लघु था
उत्तर: B) उसे भेदा नहीं जा सकता था

26. कर्ण ने कवच कुण्डल देने के पूर्व अन्ततः क्या देने की इच्छा प्रकट की ?
A) स्वर्ण   B) कनक   C) पृथ्वी   D) अपना सिर
उत्तर: D) अपना सिर

27. 'न दातव्यम् न दातव्यम्' - यह किसने कहा ?
A) कर्ण ने   B) शक्र ने   C) शल्य ने   D) कृष्ण ने
उत्तर: B) शक्र ने

28. शक्र ने कर्ण से छलपूर्वक क्या ले लिया ?
A) कवच   B) कुण्डल   C) कवच और कुण्डल दोनों   D) धनुष वाण
उत्तर: C) कवच और कुण्डल दोनों

29. इन्द्र किस रूप में कर्ण के समक्ष आया ?
A) साधु   B) पाचक   C) दाता   D) ब्राह्मण
उत्तर: D) ब्राह्मण

30. 'भवन्तमहमेव नमस्करोमि' - किसका कथन है ?
A) शक्र   B) कर्ण   C) भीष्म   D) कुन्ती
उत्तर: A) शक्र

उत्तर– इस पाठ के नाटककार भास हैं। कर्ण सूर्य का पुत्र था । उन्होंने इन्द्रको दान में अपनी रक्षा के लिए मिला कवच और कुण्डल दे दिया । कर्ण जैसे दानवीर धरती पर पैदा नहीं हुआ

प्रश्न 2. कर्ण की दानवीरता का वर्णन करें । [2011C 2012C, 2014AI, 2015C|
उत्तर-'कर्ण की दानवीरता' जगत प्रसिद्ध है, क्योंकि उसने अभेद्य कवच और कुंडल भी इंद्र को दान में दिया। कर्ण जानता था कि जब तक उसके पास कवच कुंडल विद्यमान हैं, तब तक उसका कोई कुछ भी नहीं बिगाड़ सकता। कर्ण को यह आभास हो गया कि कृष्ण ने इंद्र के माध्यम से कवच और कुंडल माँगा है। कृष्ण चाहते थे कि पाण्डव विजयी हो। यह जानते हुए भी कर्ण ने कवच और कुंडल का दान किया । इसलिए उसकी दानवीरता विश्व प्रसिद्ध है।

प्रश्न 3. कर्णस्य वीरता पाठ के आधार पर इन्द्र की चरित्रि कि विशेषताओं का उल्लेख करें। 12015A11, 2016A11, 2018A, 2623 AS1, 2024A1!
उत्तर– इन्द्र कर्णस्य दानवीरता पाठ का द्वितीय केन्द्रीय चरित्र है। यह कर्ण को दीर्घायु होने का वरदान न देकर यशस्वी होने का देता है। इस प्रकार इन्द्र का चरित्र डली एवं प्रपंची है।

प्रश्न 4. कर्ण के कवच और कण्डल की विशेष श्री ?12018AL, 2021AL 2024A1
उत्तर:- कर्ण के शरीर से संबद्ध कवच और कुण्डल में उसकी रक्षा थी।तक कर्ण के शरीर में कवच और कुण्डल थे। तब तक कार्य को कोई भी मार नहीं सकता था।

प्रश्न 5. कर्ण की चारित्रिक विशेषताओं का वर्णन करें।12018ATI, 2020A1, 2023 A15

उत्तर-- कर्ण एक महान दानवीर व्यक्ति था। वह एक महान वीर योद्ध भी था। यह जानते हुए कि कवच और कुण्डल के बिना उसकी मृत्यु निश्चित है, के माँगने पर वह कवच और कुण्डल का दान कर देता है। इस प्रकार कर्ण की दानवीरता विश्व प्रसिद्ध है।

प्रश्न 6. 'कर्णस्य दानवीरता पाठ के आधार पर दान के महत्व कावर्णन करें ।12018C]

उत्तर– 'कर्णस्यदानवीरता पाठ में कर्ण ने इन्द्र को कवच और कुण्डल दान किया। इस पाठ से यह शिक्षा मिलती है कि दान ही मनुष्य का सर्वश्रेष्ठ गुण है,क्योंकि केवल दान की स्थिर रहता है। शिक्षा परिवर्तन से समाप्त हो जाती है, वृक्षभी समय के साथ नष्ट हो जाता है तथा जलाशय सुखकर समाप्त हो जाता है । शरीर का मोह किए बिना दान करना चाहिए

प्रश्न 7. ब्राह्मण के रूप में कर्ण के समक्ष कौन किस लिए पहुँचता है ? 2019C]

उत्तर– इन्द्र ब्राह्मण के रूप में कर्ण के समक्ष उसका कवच और माँगने जाते हैं। क्योंकि श्री कृष्ण चाहते थे कि पांडव ही युद्ध में विजई हो इसलिए उन्होंने इंद्र को साधु के रूप में भेजा और कवच और कुंडल मांग लिया अगर कवच और कुंडल कर्ण के शरीर में होती तब तक उनकी मृत्यु युद्ध में संभव थी।

प्रश्न 8. कर्ण के प्रणाम करने पर शक ने उसे दीर्घायु होने काआशीर्वाद क्यों नहीं दिया ?(2022A1

उत्तर – पुत्र-प्रेम में इन्द्र अपने कर्म पथ से वंचित हो जाते हैं। देवताओं के अधिपति स्वयं पाचक बनकर अपने पुत्र की रक्षा हेतु कुकृत्य के लिए उद्धृत है। कर्ण को दीर्घायु होने का आशीर्वाद की बात पर वे विमूढ़ हो जाते हैं। भली-भाँति जानते हैं कि कर्ण को दीर्घायु होने का आशीर्वाद देना पुत्र को संकट में डालना है ।

प्रश्न 9. शक्र ने कर्ण से कौन-सी बड़ी भिक्षा मांगी तथा क्यों ?[2022AI]

उत्तर– इन्द्र (शक्र) ने कर्ण से कवच और कुण्डल की याचना (मिक्षा) की, क्योंकि वे अर्जुन की सहायता करना चाहते थे। कर्ण कौरव पक्ष से युद्ध कररहे थे । कवच और कुण्डल जब तक कर्ण के शरीर पर विद्यमान रहता, तब तकउसकी मृत्यु नहीं हो सकती थी तथा पांडव विजयी नहीं हो पाते

विश्वशांति

यहाँ दिए गए सभी प्रश्नों के उत्तर के साथ विकल्प:

1. **"विश्वशांति" पाठे कस्य चित्रणं मिलति ?**
A) अशान्तिः वातावरणस्य   B) देशभक्तिः वातावरणस्य
C) वैज्ञानिकी वातावरणस्य   D) शांतः वातावरणस्य
उत्तर: A) अशांतिः वातावरणस्य

2. **दुःखस्य विषयः किम् अस्ति ?**
A) अशांतिः   B) सार्वभौमिकी अशांतिः
C) शांतिः   D) सार्वभौमिकी शांति
उत्तर: B) सार्वभौमिकी अशांतिः

3. **कानि मोदनानि लाभं वर्धयन्ति ?**
A) मित्रराज्यानि   B) शत्रुराज्यानि
C) अनेकराज्यानि   D) सर्वाणि राज्यानि
उत्तर: D) सर्वाणि राज्यानि

4. **परपीडनं कस्मै जायते ?**
A) स्वार्थिय   B) परमार्थिय   C) आत्मनाशाय (D) आत्मविकासाय
उत्तर: A) स्वार्थिय

5. **क्रियां विना किं भारम ?**
A) शास्त्रम्   B) विवेकम्   C) ज्ञानम्   D) पुस्तकम्
उत्तर: B) विवेकम्

6. **अनेकेषु राज्येषु परस्परं किं प्रचलितम् ?**
A) शीतयुद्धं   B) उष्णयुद्धम्(C) अस्त्रयुद्धम् D) शस्त्रयुद्धम्
उत्तर: A) शीतयुद्धं

7. **सर्वे किं त्यजेयुः ?**
A) स्वार्थम्   B) परमार्थम्   C) परोपकारम् D) असहिष्णुताम्
उत्तर: D) असहिष्णुताम्

8. **वैरेण कस्य शमनम् असम्भवम् ?**
A) अवैरस्य   B) वैरस्य   C) स्वार्थस्य   D) वैरस्य
उत्तर: B) वैरस्य

9. **विवादान् शमयितुं (देशानांमध्ये) का संस्था अस्ति ?**
A) राष्ट्रसंघः   B) संयुक्तराष्ट्रसंघः C) उच्च न्यायालयः
D) सर्वोच्च नयायालयः
उत्तर: B) संयुक्तराष्ट्रसंघः

10. **अशान्तेः कारणं कति सन्ति ?**
A) एकम्   B) द्वयम्   C) त्रीणि   D) चत्वारि
उत्तर: C) त्रीणि

11. **'विश्वशांति' पाठ में किस वातावरण का चित्रण किया गया है?**
A) अशांति   B) शांति   C) देशभक्ति D) वैज्ञानिक
उत्तर: A) अशांति

12. **दुःख का विषय क्या है ?**
A) अशांति   B) शांति   C) सार्वभौमिक अशांति   D) सार्वभौमिक शांति
उत्तर: C) सार्वभौमिक अशांति

13. **अशांति मानवता का क्या कर रही है ?**
A) उन्नति   B) विनाश   C) ऊपर   D) नीचे
उत्तर: B) विनाश

14. **मानवता के विनाश का भय किससे है ?**
A) शस्त्र   B) अस्त्र
C) (A) और (B) दोनों   Dकोई नहीं
उत्तर: C) (A) और (B) दोनों

15. **अनेक राज्यों में परस्पर क्या चल रहे हैं?**
A) उष्ण युद्ध B) अस्त्र युद्ध C) शस्त्र युद्ध D) शीत युद्ध
उत्तर: D) शीत युद्ध

16. **अशांति के कारण कितने हैं ?**
A) 1   B) 2   C) 3   D) 4
उत्तर: C) 3

17. **विश्वशांति को कौन काल माना जा सकता है?**
A) सूर्योदय B) सूर्यास्त   C) रात्रि   D) उषा काल
उत्तर: A) सूर्योदय

18. **देशों के बीच झगड़ों को शांत करने के लिए कौन संस्था है ?**
A) राष्ट्रसंघ   B) संयुक्त राष्ट्रसंघ
C) उच्च न्यायालय   D) सर्वोच्च न्यायालय
उत्तर: B) संयुक्त राष्ट्रसंघ

19. **वैर को कौन बढ़ाता है ?**
A) अबैर   B) बैर   C) स्वार्थ   D) परमार्थ
उत्तर: C) स्वार्थ

20. **भारतीय दर्शन का मूल तत्त्व किसे माना जाता है ?**
A) शांति   B) अशांति C) द्वेष   D) अवैर
उत्तर: A) शांति

21. अशांत सागर तटों के बीच कौन स्थित है ?
A) मानव   B) दानव   C) जीव   D) संसार
उत्तर: D) संसार
22. असहिष्णुता कौन पैदा करता है ?
A) स्वार्थ   B) परमार्थ   C) वैर   D) प्रसन्नता
उत्तर: C) वैर
23. क्या बलपूर्वक निवारणीय है ?
A) धर्मोपदेशः   B) कर्मोपदेशः
C) अर्थोपदेशः   D) स्वार्थोपदेशः
उत्तर: D) स्वार्थोपदेशः
24. शान्ति किससे स्थापित होती है ?
A) अपकार   B) परोपकार   C) स्वार्थ   D) क्रोध
उत्तर: B) परोपकार
25. "सारा संसार अपना परिवार" किसके लिए है ?
A) संकुचित हृदय वालों के लिए
B) भिखारी के लिए
C) उदारचरित वालों के लिए
D) राजा के लिए
उत्तर: C) उदारचरित वालों के लिए
26. "सत्यमेव जयते ...." किस उपनिषद् से संकलित है?
A) ईशावास्योपनिषद्   B) मुण्डकोपनिषद्
C) कठोपनिषद्   D) श्वेताश्वेतरोपनिषद्
उत्तर: A) ईशावास्योपनिषद्
27. किसकी जीत नहीं होती है ?
A) सत्य   B) धर्म   C) असत्य   D) शक्ति
उत्तर: C) असत्य
28. अवैर, करुणा और मैत्रीभाव से किसकी उत्पत्ति होती है ?
A) अशान्ति की   B) शान्ति की
C) उपद्रव की   D) स्थिरता की
उत्तर: B) शान्ति की
29. दुःख का विषय क्या है?
A) शान्तिः   B) अशान्तिः   C) हिंसा   D) आतंकवादः
उत्तर: B) अशान्तिः
30. "वैरेण वैरस्य शमनम् असम्भव्" यह किसकी उक्ति है ?
A) महात्मा बुद्ध   B) भगवान महावीर
C) चन्द्रगुप्त   D) कर्ण
उत्तर: A) महात्मा बुद्ध

प्रश्न 1. विश्व में अशान्ति के क्या कारण हैं ? [2011A, 2015AI, 2017AII]
अथवा, अशांति के मूल कारण क्या है ?
अथवा, विश्व में शांति कैसे स्थापित हो सकती है ?
उत्तर– अशांति मानव जीवन को नरक बना देती है।वास्तव में अशांति के मूल कारण द्वेष और असहिष्णुता । एक-दूसरे देश की उन्नति देख जलते हैं और इससे असहिष्णुता उत्पन्न होती है। स्वार्थ से अशांति बढ़ती है । इसअशांति को वैर से नहीं रोका जा सकता है, बल्कि यही दोष वैर और अशान्ति केमूल कारण हैं। करुणा और मित्रता से ही वैर को नष्ट कर संसार में शांतिस्थापित की जा सकती है।
प्रश्न 2. 'विश्वशान्ति' पाठ का मुख्य उद्देश्य क्या है ?

अथवा, 'विश्वशान्ति' पाठ से हमें क्या शिक्षा मिलती है ? [2023AI][2014AI]
उत्तर– 'विश्वशान्तिः' पाठ का मुख्य उद्देश्य है कि शांति से ही विश्व काकल्याण होगा। द्वेष,असहिष्णुता,अविश्वास, असंतोष, स्वार्थ आदि अनेकअवगुणों के कारण इस समय संसार में अशांति है। शांति भारतीय दर्शन का मूल तत्व माना जाता है । इस पाठ का उद्देश्य दया, परोपकार, मित्रता भाव से शांति स्थापित करना है ।
प्रश्न 3. विश्वशांति पाठ के आधार पर उदार हृदय पुरुष का लक्षणबताएँ ।12016AI]
उत्तर– उदार हृदय पुरुष अपना-पराया की भावना नहीं रखता है। सभी गुणों से परिपूर्ण वह सभी के साथ सद्व्यवहार करता है । उसके लिए सम्पूर्ण पृथ्वी ही अपना परिवार है।
प्रश्न 4. असहिष्णुता का कारण-निवारण बताएँ । [2019A1, 2024AI
उत्तर– एक देश दूसरे देश की उन्नति देख कर जलते हैं। इससे असहिष्णुता को समाप्त किया जा सकता है ।
प्रश्न 5. आज कौन-कौन से आविष्कार विध्वंसक है ?[2019A1, 20241]]
उत्तर– आज पुरे विश्व में अशांति फैला हुआ है। इस अशांति का सामना करने के लिए सभी देश विनाशकारी अस्त्र जैसे हाइड्रोजन बम, परमाणु बम आदि विध्वंसक का आविष्कार कर रहे हैं।
प्रश्न 6. सभी जनों की देशभक्ति कैसी होनी चाहिए ?[2019AL, 2020A1]
उत्तर– सभी व्यक्ति की देश के प्रति मित्रता, दया एवं उदारचरित जैसे देशभक्ति होनी चाहिए ।
प्रश्न 7. महात्मा बुद्ध के अनुसार वैर की शांति कैसे संभव है ?2019AT
उत्तर– महात्मा बुद्ध के अनुसार वैर के भावना को मित्रता, दया के द्वार शांति संभव हैं।
प्रश्न 8. वसुधैव कुटुम्बकम् की अवधारणा क्यों आवश्यक है ?[2019AII
उत्तर— 'वसुधैव कुटुम्बकम्' की अवधारणा इसलिए आवश्यक है कि आदेश जात-पात एवं ऊँच-नीच जैसे आक्रामक देशों को झेलता रहा तो हम शांति से नहीं रह पाएँगे । इसलिए जरूरी है कि सारा संसार को ही अपना परिवार समझा जाए।
प्रश्न 9. राष्ट्रसंघ की स्थापना का उद्देश्य स्पष्ट करें। [2020A1]
उत्तर- संयुक्त राष्ट्रसंघ की स्थापना का उद्देश्य देशों के मध्य में विवादों को शांत कर समय-समय पर विश्वयुद्ध की आशंका को हटाना है।
प्रश्न 10. विश्वशांति का सूर्योदय कब होता है ? [2020AL, 2021AI)अथवा, विश्वशान्ति का सूर्योदय हम कैसे देख सकते हैं ? [2023AJIT
उत्तर– आज एक देश दूसरे देश को संकट काल में सहायता राशि तथा विभिन्न प्रकार के सामग्री भेजते हैं। इससे विश्वशांति के सूर्योदय का पता चलता है।
प्रश्न 11. हर परिस्थिति में धर्म की ही रक्षा क्यों करनी चाहिए ?[2021AI]
उत्तर- धर्म मनुष्य के जीवन को सकारात्मक बनाता है । धर्म को मानने वाला व्यक्ति कभी भी बुरी संगत में नहीं पड़ता है

और धन का उपयोग सही दिशा में करता है । इसलिए मनुष्य को हर परिस्थिति में धर्म की रक्षा करनी चाहिए।

प्रश्न 12. कौन पूरी पृथ्वी को एक परिवार समझते हैं ? [2023AJ]

उत्तर– उदार चरित्र वाले व्यक्ति पूरी पृथ्वी को अपना परिवार समझते हैं।

शास्त्रकाराः

1. भारतवर्षे केषां महती परम्परा श्रूयते ?
A) पुस्तकानाम्   B) ग्रन्थानाम्
C) शास्त्राणाम्   D) स्वतंत्रग्रन्थकाराणाम्
उत्तर: C) शास्त्राणाम्

2. शास्त्राणि कस्य स्रोतः स्वरूपाणि सन्ति ?
A) सांसारिकस्य   B) ईश्वरस्य
C) विद्यालयस्य   D) समस्तज्ञानस्य
उत्तर: B) ईश्वरस्य

3. शास्त्रकाराः 'पाठे का शैली आसादिता वर्तते ?
A) प्रश्न-शैली   B) उत्तर-शैली
C) प्रश्नोत्तर-शैली   D) वार्तालाप-शैली
उत्तर: C) प्रश्नोत्तर-शैली

4. छात्राः कस्य अभिवादनं कुर्वन्ति ?
A) शिक्षकस्य   B) छात्रस्य
C) बालकस्य   D) नृपस्य
उत्तर: A) शिक्षकस्य

5. शास्त्र केभ्यः कर्तव्यम् अकर्तव्यम् च बोधयति ?
A) दानवेभ्यः   B) मानवेभ्यः   C) पशुभ्यः   D) छात्रेभ्यः
उत्तर: B) मानवेभ्यः

6. कक्षायां कः प्रविशति ?
A) शिक्षक   B) छात्रः   C) प्राचार्यः   D) लिपिकः
उत्तर: A) शिक्षक

7. कस्य षट् अंगानि भवन्ति ?
A) रामायणस्य   B) महाभारतस्य
C) पुराणस्य   D) वेदस्य
उत्तर: D) वेदस्य

8. केन कृतं व्याकरणं प्रसिद्धम् ?
A) व्यासेन   B) पाणिनिना   C) चाणक्येन   D) आर्यभट्टेन
उत्तर: B) पाणिनिना

9. कैः सह छात्राणां परिचयः भविष्यति ?
A) संस्कृतशास्त्रैः   B) आँग्लशास्त्रै
C) भोजपुरीशास्त्रैः   D) हिन्दीशास्त्रै
उत्तर: A) संस्कृतशास्त्रैः

10. न्यायदर्शन के प्रवर्तक कौन हैं ?
A) कपिल   B) गौतम   C) कणाद   D) पतञ्जलि
उत्तर: B) गौतम

11. 'आर्यभट्टीयम्' किसकी रचना है ?
A) पराशर की   B) चरक की
C) सुश्रुत की   D) आर्यभट्ट की
उत्तर: D) आर्यभट्ट की

12. भारतवर्ष में किसकी महती परम्परा सुनी जाती है ?
A) पुस्तक   B) ग्रंथ   C) शास्त्र   D) इनमें से कोई नहीं
उत्तर: C) शास्त्र

13. वर्ग में कौन प्रवेश करता है?
A) शिक्षक   B) छात्र   C) प्राचार्य   D) लिपिक
उत्तर: B) छात्र

14. किसके छः अंग हैं ?
A) रामायण   B) महाभारत   C) पुराण   D) उत्तर-शैली
उत्तर: C) पुराण

15. कक्षा में छात्र किसका अभिवादन करते हैं ?
A) शिक्षक का   B) पिता का
C) राजा का   D) माता का
उत्तर: A) शिक्षक का

16. शास्त्रकारा पाठ किस शैली में है?
A) प्रश्न-शैली   B) प्रश्नोत्तर-शैली
C) वार्तालाप शैली   D) वेद
उत्तर: B) प्रश्नोत्तर-शैली

17. किसका व्याकरण प्रसिद्ध है ?
A) व्यास   B) पाणिनी   C) चाणक्य   D) आर्यभट्ट
उत्तर: B) पाणिनी

18. ज्ञान का शासक कौन होता है ?
A) शास्त्र   B) विवेक   C) ज्ञान   D) धन
उत्तर: B) विवेक

19. मनुष्य को कर्तव्य और अकर्तव्य का बोध कौन कराता है ?
A) शास्त्र   B) विवेक   C) ज्ञान   D) धन
उत्तर: A) शास्त्र

20. वेदांग कितने हैं?
A) तीन   B) छः   C) पाँच   D) चार
उत्तर: B) छः

21. उच्चारण क्रिया का बोध कौन कराता है ?
A) शिक्षा   B) कल्प   C) छंद   D) ज्योतिष
उत्तर: C) छंद

22. निरूक्त के रचयिता कौन हैं ?
A) व्यास   B) पाणिनी   C) चाणक्य   D) यास्क
उत्तर: D) यास्क

23. छंद शास्त्र के रचयिता कौन हैं ?
A) व्यास   B) पाणिनी   C) पिङ्गल   D) यास्क
उत्तर: C) पिङ्गल

24. ज्योतिषशास्त्र के रचयिता कौन हैं ?
A) व्यास   B) पाणिनी   C) लगध   D) यास्क
उत्तर: C) लगध

25. कर्मकांड के रचनाकार कौन हैं?
A) व्यास   B) गौतम   C) चाणक्य   D) यास्क
उत्तर: B) गौतम

26. सांख्य दर्शन के संस्थापक कौन हैं ?
A) कपिल   B) पतंजलि   C) गौतम   D) कणाद
उत्तर: A) कपिल

27. योग दर्शन के संस्थापक कौन हैं ?
A) कपिल   B) पतंजलि   C) गौतम   D) कणाद
उत्तर: B) पतंजलि

28. वैशेषिक दर्शन के संस्थापक कौन हैं ?
A) कपिल   B) पतंजलि   C) गौतम   D) कणाद
उत्तर: D) कणाद

29. मीमांसा दर्शन के संस्थापक कौन हैं ?
A) कपिल   B) पतंजलि   C) गौतम   D) जैमिनी
उत्तर: D) जैमिनी

30. वेदान्त दर्शन के संस्थापक कौन हैं ?

A) कपिल   B) पतंजलि   C) बदरायण D) कणाद
उत्तर: C) बदरायण

प्रश्न 1. भारतीय शास्त्र कारों का परिचय दें ।
उत्तर – आयुर्वेद में चरक संहिता सुषुप्त संहिता आदि शास्त्र का विश्व प्रसिद्ध है खगोल ज्ञान में आर्यभट्ट बड़ा हमीरा प्रसिद्ध है बताया भारद्वाज गौतम वरिष्ठ आदि ऋषियों ने शास्त्रों की रचना की है तथा पाणिनि कृतज्ञ व्याकरण विश्व प्रसिद्ध है

प्रश्न 2. 'शास्त्रकाराः' पाठ में प्रश्नोत्तर शैली अपनाने से हमें क्याशिक्षा मिलती है ?[2012C1
उत्तर-'शास्त्रकाराः' पाठ में प्रश्नोत्तर शैली अपनाने से हमें यह शिक्षा मिलती है कि शास्त्रों का ज्ञान करना कठिन है, किन्तु उसका ज्ञान मनोरंजन द्वारा हल और शीघ्र हो जाता है। प्रश्नोत्तर शैली में प्रश्न और उत्तर सहित सहज भावमें होते हैं। इस पाठ में प्राचीन शास्त्रों का ज्ञान शास्त्र की परिभाषा, भारतीय वैज्ञानिक का वर्णन, दर्शन शास्त्रों तथा व्याकरण के प्रवर्तकों की जानकारी इस शैली में छात्रों को आसानी से होती है।

प्रश्न 3. विज्ञान की शिक्षा देनेवाले शास्त्र का परिचय दें । 1 [2012C]
उत्तर– प्राचीन भारत में विज्ञान की विभिन्न शाखाओं की पुस्तकों की रचना हुई। आयुर्वेदशास्त्र में चरक संहिता और सुश्रुत तो शास्त्रकार के नाम से ही प्रसिद्धहै। वहीं रसायन विज्ञान और भौतिक विज्ञान अन्तर्भुत हैं। ज्योतिश शास्त्र में खगोल विज्ञान, गणित इत्यादि शास्त्र हैं। आर्यभट्ट की पुस्तक आर्यभट्टीयम् नामसे विख्यात है। वास्तुशास्त्र भी यहाँ व्यापक शास्त्र है । कृषि विज्ञान पराशर केद्वारा रचित है।

प्रश्न 4. शास्त्र मनुष्यों को किन-किन चीजों का बोध कराता है ?[2013A, 2014AT |
उत्तर- शास्त्र मनुष्यों को काव्य और अकर्तव्य का बोध कराता है। कृत्रिम शास्त्र अर्थात् ऋषियों द्वारा लिखे गए शास्त्र तथा वेद स्वरूप शास्त्र अर्थात् ईश्वर-प्रदत्त शास्त्र का भी बोध कराता है । 'रामायण' कृत्रिम शास्त्र तथा 'वेद' वेद स्वरूप शास्त्र है। इसके अतिरिक्त शास्त्र वेदाङ्ग तथा दर्शन एवं वैज्ञानिक शास्त्रों का भी बोध कराता है।

प्रश्न 5. वेदाङ्ग कितने है ? उनके प्रवर्तकों एवं शास्त्रों के नाम लिखें।[2013A, 2014A, 2015C, 2021AII]
अथवा, वेदाङ्ग के नाम लिखें। [2018AII, 2019AI, 2020AII]
अथवा, 'वेदाङ्ग' संख्या में कितने हैं ?[2018C, 2019AII]
उत्तर-वेदाङ्ग छ: हैं-शिक्षा, कल्प, व्याकरण, निरुक्त, छन्द एवं ज्योतिष ।शिक्षा उच्चारण प्रक्रिया का बोध कराता है। इसके प्रवर्तक पाणिनी है। कल्प अंग में सूत्रात्मक कर्मकाण्ड ग्रन्थ है, जिसके प्रवर्तक बौधायन, भारद्वाज, गौतम, वशिष्ठआदि ऋषि है। निरुक्त वेद अर्थ का बोध कराता है, इसके प्रवर्तक यास्क है । छन्द अङ्ग सूत्र ग्रन्थ हैं, जिसके प्रवर्तक पिङ्गल हैं तथा ज्योतिष अङ्ग के प्रवर्तक लगधर ऋषि हैं।

प्रश्न 6. वेद कितने हैं ? सभी के नाम लिखें।[2014C]
उत्तर-वेद चार हैं, इनके नाम इस प्रकार से हैं-ऋग्वेद, सामवेद, अथर्ववेद,यजुर्वेद ।

प्रश्न 7. शास्त्रकाराः पाठ के आधार पर संस्कृत की विशेषता बताएँ ।[2016AI]
उत्तर– संस्कृत ज्ञान का समुद्र है। यह देववाणी है। यह कर्त्तव्य औरअकर्त्तव्य की शिक्षा देती है । वेदांत भी संस्कृत रूप है।

योगदर्शन, न्यायदर्शन,मीमांसादर्शन आदि सभी संस्कृत की व्यापकता ही है । आर्यभट्रीय विज्ञान,गणित की पृष्ठभूमि है । भारतीय शास्त्रकार प्रायः संस्कृत में ही लिखित है

8. 'शास्त्रकाराः' पाठ के आधार पर शास्त्र की परिभाषा अपनेशब्दों में लिखें।[2017AU]
अथवा, गुरु के द्वारा शास्त्र का क्या लक्ष्य बताया गया है ? [2019A1]
अथवा, शास्त्र क्या है ?[2023AI]
उत्तर– शास्त्र ज्ञान का शासक है। वह मनुष्यों के कर्त्तव्य एवं अकर्त्तव्य विषयों की शिक्षा देता है। शास्त्र ही इस समय अध्ययन का विषय कहा जाता है।पाश्चात्य देशों में इसे अनुशासन भी कहा जाता है। इस प्रकार, आसक्ति अथवाविरक्ति, नित्य अथवा कृत्रिम की शिक्षा मनुष्यों को जिससे दिया जाता है, वहशास्त्र है ।

प्रश्न 9. ज्योतिष शास्त्र के अन्तर्गत कौन-कौन शास्त्र है तथा उनके[]प्रमुख ग्रन्थ कौन से हैं ?2018AI
उत्तर– ज्योतिष शास्त्र के अन्तर्गत खगोल विज्ञान, गणित इत्यादि शास्त्र है। उनके प्रमुख ग्रंथ आर्यभट्ट रचित 'आर्यमहिमा' और वराहमिहिर रचित वृहत्संहिता आदि है।

प्रश्न 10. कल्प ग्रन्थों के प्रमुख रचनाकारों का नामोल्लेख करें।[2018AII, 2019AI]
उत्तर-कल्प ग्रन्थों के प्रमुख रचनाकार बोधायन, भारद्वाज, गौतम, वशिष्ठ,आदि ऋषि है ।

प्रश्न 11. शास्त्रकाराः पाठ में वर्णित वैज्ञानिक शास्त्रों पर प्रकाश[2019AI1, 2021AII] अथवा, भारतीय वैज्ञानिक शास्त्रकारों की संक्षेप में करें।12012C)
उत्तर- प्राचीन भारत में अनेक वैज्ञानिक ऋषि थे। जिन्होंने विज्ञान सम्बन्धी रचनाएँ लिखी। आयुर्वेद शास्त्र में चरक विरचित 'चरक संहिता' एवं सुश्रुत संहिता' अति प्रसिद्ध है। इनमें रसायन विज्ञान एवं भौतिक विज्ञान का भी वर्णन है। आर्यभट्ट का आर्यभट्टीय अति प्रसिद्ध ग्रन्थ है जिसमें अनेक विषयों का वर्णन है । कृषि विज्ञान के रचयिता महर्षि पराशर है। इसमें वैज्ञानिक कृषिका वर्णन है। इस प्रकार भारतीय वैज्ञानिक शास्त्रकार किसी भी क्षेत्र में अन्य देशोंसे कम नहीं है।

प्रश्न 12. भारतीय दर्शनशास्त्र एवं उनके प्रवर्तकों की चर्चा करें।12020A1)
उत्तर– सांख्य दर्शन के संस्थापक कपिल, योग-दर्शन के पतंजलि, न्यायदर्शन के गौतम, वैशेषिक दर्शन के कणाद ऋषि, मीमांसा दर्शन के जैमिनी और वेदान्त दर्शन के संस्थापक वादायण है।

प्रश्न 13. आयुर्वेद के प्रमुख ग्रन्थ कौन-कौन है ? [2021AI, 2023AII]
उत्तर– आयुर्वेद शास्त्र के प्रमुख दो चिकित्सकों चरक और सुश्रुत के द्वाराआयुर्वेद शास्त्र में चरकसंहिता और सुश्रुत संहिता प्रमुख ग्रन्थ है ।